긍정 심리학

행복의 과학적 탐구

권석만 지음

POSITIVE PSYCHOLOGY

학지사

머리말

우리는 누구나 행복한 삶을 추구한다. 그렇다면 과연 행복이란 무엇인가? 어떻게 사는 것이 행복한 삶인가? 좀 더 행복해지려면 어떤 변화가 필요한가? 이러한 물음은 우리의 삶에 있어서 가장 기본적이고 중요한 물음이다. 그 대답에 따라 우리 인생의 방향이 달라지기 때문이다. 동서고금을 통해서 많은 철학자나 종교인들이 나름대로의 행복론을 제시한 바 있다. 그러나 이러한 행복론은 주관적인 체험과 사유에 근거한 개인적인 주장일 뿐이다.

21세기로 접어들면서 행복이라는 주제에 대해 과학적인 접근이 본격적으로 시작되었다. 비로소 심리학자들이 과학적인 연구방법론을 적용하여 행복에 대해 집중적인 연구를 하기 시작한 것이다. 그 결과로 태동된 심리학의 새로운 분야가 긍정 심리학이다. 긍정 심리학은 과거의 심리학이 인간의 부정적 측면, 즉 심리적 결함과 장애에만 편향적인 관심을 기울여왔다는 반성 속에서 인간의 긍정적인 측면을 과학적으로 탐구하는 심리학의 새로운 분야이다.

그동안 우리 인류에게는 더 행복해지기보다 덜 불행해지는 것이 시급한 과제였는지 모른다. 그러나 21세기에는 이러한 소극적인 자세에서 벗어나 좀 더 행복한 삶을 추구하는 적극적인 자세로의 전환이 이루어지고 있다. 최근에 우리 사회에서도 '웰빙' 이 주요한 관심사로 떠오르고 있다. 또한 심리학 분야에서도 행복한 삶을 사는 것이 심리적 장애를 예방하는 최선의 방법이라는 깨달음이 확산되고 있다. 이제는 정신건강 분야도 질병모델에서 행복과 성장을 지향하는 예방모델로의 전환이 필요한 시기이다.

그러나 불행의 법칙으로는 행복을 설명할 수 없으며, 정신장애를 설명하는 이론으로는 성숙한 인격을 설명할 수 없다. 또한 불행을 감소시키는 방법으로는 행복을 증진하기 어려우며, 정신장애를 치료하는 방법으로는 인격적 성장을 함양하기 어렵다. 이러한 문제의식 속에서 행복의 법칙과 행복 증진의 방법을 과학적으로 탐구하는 학문이 긍정 심리학이라고 할 수 있다.

이 책은 그동안 긍정 심리학에서 축적해온 연구성과와 이론들을 소개하기 위한 것으로서 4부로 나누어진 15개 장으로 구성되어 있다. 제1부는 주관적 행복에 관한 과학적 연구방법과 주요한 연구결과를 소개하고 있으며, 제2부에서는 인간의 긍정적 성품과 강점에 대해서 살펴보고 있다. 제3부에서는 행복의 주요한 원천을 소개하고 있으며, 제4부에서는 긍정 심리학의 사회적 응용을 다루고 있다. 이 책은 긍정 심리학을 소개하는 학술적 입문서의 성격을 띠고 있지만 독자의 자기이해와 행복 증진에도 도움이 될 수 있도록 자기평가 질문지와 행동지침을 포함하고 있다. 이러한 질문지들은 자기평가를 위해서 저자가 번안하여 편집하거나 수정한 단축형 검사이므로 연구용으로 사용하기에는 적절치 않음을 밝혀둔다.

이 책은 저자에 의해 정리되었지만 많은 사람들의 노력이 담겨 있는 공동의 성과물이다. 지난 3년여 동안 긍정 심리학에 관한 주요 저술과 연구물을 공부하며 행복함을 함께 나누었던 서울대학교 임상 · 상담심리학 연구실의 유성진, 김윤희, 김지영, 임영진, 하승수, 임선영 선생을 비롯한 여러 대학원생들에게 고마운 마음을 전한다. 특히, 이 책의 교정작업을 도와준 손봉기, 김하경, 서장원 군과 오주용, 조혜진 양에게 고마움을 전한다. 아울러 긍정 심리학에 관한 강의를 핵심교양강좌로 개설하도록 격려하고 지원해주신 서울대학교 기초교육원 박은정 원장님께 감사드린다. 또한 지난 10여 년 동안 변함없이 저술을 후원해주신 학지사 김진환 사장님과 정성을 다해 이 책을 편집해주신 이지혜 차장님께도 깊이 감사드린다.

우리의 인생은 크고 작은 수많은 선택으로 이루어진다. 이 책이 행복한 삶을 위한 독자 여러분의 선택에 작은 도움이 될 수 있다면 저자에게는 커다란 행복이 될 것이다.

2008년 7월
관악산 기슭 연구실에서
권석만

차례

차 례

제1부 주관적 행복의 이해

제2부 인간의 긍정적 성품

제4부 긍정 심리학의 응용

서장
궁정 심리학이란 어떤 학문인가

심리학은 인간의 약점과 장애에 대한 학문만이 아니라 인간의 강점과 덕성에 대한 학문이기도 해야 한다. 진정한 치료는 손상된 것을 고치는 것만이 아니라 우리 안에 있는 최선의 가능성을 이끌어내는 것이어야 한다.

- Martin Seligman -

현대사회에는 수를 헤아릴 수 없을 만큼 매우 다양한 학문분야가 존재한다. 인간은 세상의 거의 모든 것에 대해서 연구하고 있으며 그 결과 많은 지식을 얻게 되었다. 고성능 전자현미경으로만 관찰할 수 있는 미세한 물질의 구조에서부터 거대한 망원경으로 겨우 관측할 수 있는 우주현상에 이르기까지 인간의 학문적 관심이 이르지 않은 영역이 없다. 극미의 물질세계를 탐구하는 나노과학이 출현하고, 엄청난 정보를 순식간에 처리하는 컴퓨터공학이 눈부시게 발전했으며, 태양계 밖까지 탐사선을 보낼 만큼 우주과학이 성장했다. 생명의 신비를 밝히고 인간의 유전자와 뇌구조를 규명할 만큼 생명과학 역시 놀라운 발전을 거듭하고 있다. 인간 세상의 다양한 사회문화적 현상에 대해서도 과학적인 접근이 이루어지고 있다.

심리학 역시 눈부시게 발전하여 인간의 마음과 행동에 대한 많은 사실을 밝혀냈으며 정신장애의 원인규명과 치료방법에서도 커다란 진전을 이루었다. 이처럼 세상의 거의 모든 현상에 대해서 학문적 접근이 이루어지고 있다. 그런데 정작 모든 인간이 궁극적으로 추구하는 '행복'에 대해서는 체계적인 학문적 접근이 이루어진 바가 없다. 물론 고대부터 현대에 이르기까지 수많은 철학자나 종교인들이 나름대로의 행복론을 제시해왔다. 그러나 이러한 행복론은 주관적인 체험과 사유에 근거한 개인적인 주장일 뿐 체계적인 학문적 접근이라고 할 수 없다. 행복에 대한 이해는 아리스토텔레스 이후 2,000여 년 동안 별다른 진전을 이루지 못했다(Diener, 1984). 우리가 '행복한 삶'을 설계하고 영위하는 데 근거로 삼을 수 있는 학술적 자료나 이론은 찾아보기 힘들다. 그 결과, 현대인들은 엄청난 과학적 지식으로 무장하고 눈부신 물질문명 속에서 살아가면서도 진정으로 행복한 삶을 누리지 못하며 방황하는지 모른다.

그러나 21세기로 접어들면서 비로소 행복에 대한 과학적 접근이 본격적으로 시작되었다. Martin Seligman을 비롯한 여러 심리학자들이 과학적인 연구방법론을 적용하여 행복에 대한 집중적인 연구를 하기 시작했다. 그 결과 긍정 심리학이라는 새로운 학문분야가 태동되었다. 긍정 심리학은 행복을 비롯한 인간의 긍정적인 측면을 과학적으로 탐구하는 학문분야로서 많은 사람들의 주목을 받고 있다.

1 망각된 심리학의 사명

심리학은 19세기 후반에 철학으로부터 독립하여 인간의 정신세계를 과학적으로 탐구하는 학문으로 탄생되었다. Seligman(2000)에 따르면, 제2차 세계대전 이전의 초기 심리학은 인간의 의식과 행동에 대한 과학적 연구를 통해서 구현하고자 하는 세 가지의 실천적 사명을 지니고 있었다. 그 첫째는 정신장애를 치료하는 일이었고, 둘째는 탁월한 재능과 천재성을 발견하여 육성하는 일이었으며, 셋째는 모든 사람들이 좀 더 행복한 삶을 살도록 돕는 일이었다.

그러나 세계를 혼란의 소용돌이로 몰아넣은 제2차 세계대전을 겪으면서, 심리학은 마지막 두 가지 사명을 망각하게 되었다. 미국의 경우, 전쟁에서 돌아온 수많은 퇴역군인들이 참전 후유증으로 다양한 심리적 장애를 나타내게 되었다. 이들을 돕기 위한 「퇴역군인 지원법」이 1946년에 제정되었고, 그 결과 많은 심리학자들이 심리적 장애를 치료하는 일에 종사하게 되었다. 1947년에는 국립정신보건원(NIMH: National Institute of

Mental Health)이 창립되었다. 국립정신보건원은 질병모델에 근거하여 정신장애의 연구와 치료에 집중적인 투자를 하였다. 많은 학자들 역시 연구비를 받기 위해서 정신장애에 관한 연구에 학술적 관심을 집중하게 되었다. 그 결과, 심리학의 첫 번째 사명과 관련된 많은 성과가 있었던 것은 사실이다. 다양한 정신장애의 원인에 대한 이해가 증대되었으며, 1950년대 초까지 적절한 치료방법이 없었던 주요한 정신장애를 효과적으로 치료할 수 있는 방법들이 개발되었다. 이렇게 정신장애의 연구와 치료에 관심을 집중하는 과정에서 심리학은 초기의 두 가지 사명을 망각한 채 길을 잃게 되었다.

인간이 지니는 다양한 재능과 천재성의 발견 및 육성이라는 두 번째 사명은 심리학의 초기에 지능 발달과 창의성에 대한 연구를 통해 부분적으로 이행되었다. 그러나 극소수의 연구를 통해서 재능과 천재성을 어떻게 육성할 것인지에 대한 관심이 이어져 왔을 뿐, 두 번째 사명은 오랫동안 심리학자들의 주된 관심사에서 벗어나 있었다.

인간의 행복 증진이라는 세 번째 사명 역시 정신장애에 대한 편향적 관심 속에서 망각되었다. 대다수 심리학자들은 부정 정서와 정신장애에 대한 연구에 집중했다. 심리치료자들은 정신장애 환자의 부적응적 증상을 제거하는 일에만 주된 관심을 쏟았을 뿐 이들의 행복과 성장 증진에는 깊은 관심을 갖지 못했다. 즉, 심리학은 평범한 모든 사람들이 좀 더 행복하고 만족스러운 삶을 영위하도록 돕는 사명을 망각했다.

그 결과 심리학은 인간의 어두운 측면만을 다루는 학문분야로 전락하게 되었다. 심리학자들은 정신장애, 심리적 결함, 부적응 행동, 이상심리와 같이 인간의 부정적 측면에만 관심을 지니는 사람들로 여겨지게 되었다. Myers와 Diener(1995)에 따르면, 1990년대까지 이루어진 심리학 연구 중에서 인간의 부정적 측면을 연구한 논문이 긍정적 측면을 다룬 논문보다 17배나 많았다. 물론 이러한 학술적 노력은 소중한 것이며 그동안 눈부신 성과를 거둔 것도 사실이다. 그러나 심리학은 인간의 긍정적 측면을 탐구하고 육성하는 두 가지 중요한 사명을 망각한 채 반쪽짜리 심리학으로 전락하게 되었다. 뿐만 아니라 심리학이 담당해야 할 영역을 인간의 부정적 측면에 대한 연구와 치료로 축소시키고 제한하는 결과를 초래하게 되었다.

2 긍정 심리학의 태동

1996년에 저명한 임상심리학자인 Martin Seligman이 미국심리학회 차기회장으로 선출되었다. 그는 심리학계에 새로운 변화가 필요하다고 생각했다. 정신건강의 질병모델에 대해 회의적인 태도를 지니고 있던 그는 심리학계에 활기와 생동감을 불어넣을 수 있는 새로운 관점이 필요하다고 믿었다. 심리학자들은 치료뿐만 아니라 예방에도 주력해야 한다고 생각했다. 그러나 당시에는 질병모델에 근거한 예방방법이 주류를 이루었다. 즉, 정신장애를 예방하기 위해서는 장애를 유발하는 부정적인 요인을 사전에 차단하는 것이 중요하다는 관점이 지배적이었다. 하지만 Seligman은 질병모델이 예방에 효과적이지 않을 뿐만 아니라 젊은 심리학자들의 관심과 흥미를 끌기에는 너무 진부한 것이라고 생각했다.

이러한 생각에 몰두하고 있던 Seligman은 어느 날 어린 딸 니키(Nikki)와의 우연한 경험을 통해서 커다란 깨달음을 얻게 되었다. 당시 다섯 살에 불과한 어린 딸이 스스로를 긍정적으로 변화시키며 성장하기 위해 부단히 노력하고 있다는 것을 충격적으로 깨닫게 되면서, 그는 심리학이 인간의 긍정적 변화와 성장을 돕는 학문이 되어야 한다는 확신을 얻게 되었다.

그는 다음날 몰입의 연구자로 잘 알려진 Mihaly Csikszentmihalyi에게 전화하여 심리학의 새로운 분야를 열기 위한 논의를 하자고 제안하였다. 이 회동에는 전임 미국심리학회장인 Ray Fowler를 비롯한 몇몇 학자들이 참석했으며 며칠 동안 숙식을 함께하며 심리학의 과거와 미래에 대한 깊이 있는 논의가 이루어졌다. 이 회동은 긍정 심리학이라는 새로운 학문분야가 태동하는 계기가 되었다.

1998년에 미국심리학회장으로 취임한 Seligman은 그동안 심리학자들이 망각하고 있던 사명을 상기시키면서 심리학의 새로운 방향과 입장을 제시하였다. "심리학은 인간의 약점과 장애에 대한 학문만이 아니라 인간의 강점과 덕성에 대한 학문이기도 해야 한다. 진정한 치료는 손상된 것을 고치는 것만이 아니라 우리 안에 있는 최선의 가능성을 이끌어내는 것이어야 한다."라고 제안하면서, 이러한 심리학의 새로운 방향을 **긍정 심리학**(Positive Psychology)이라고 명명하였다. 긍정 심리학은 인간의 강점과 재능을 함양하고 행복을 증진시키는 심리학의 중요한 사명을 재확인하고 구현하려는 노력이라는 것이다. Seligman의 제안을 계기로 인간의 행복과 강점에 대한 연구가 급격하게 증가하였다.

이러한 연유로 긍정 심리학은 1998년에 Martin Seligman에 의해 창시된 것으로 여겨지게 되었다. 그러나 긍정 심리학이 태동하는 데에는 몰입의 연구자인 Mihaly Csikszentmihalyi, 주관적 안녕 연구의 선구자인 Ed Diener, 성격적 강점과 덕성의 연구자인 Christopher Peterson과 같은 많은 심리학자들이 기여하였다.

긍정 심리학의 창시자: 마틴 셀리그먼

마틴 셀리그먼(Martin E. P. Seligman)은 1942년 8월 12일 뉴욕의 올버니(albany)에서 태어났다. 프린스턴 대학에서 철학을 전공하였으며 1967년에 펜실베이니아 대학에서 임상심리학 박사학위를 받았다. 그는 1975년에 우울증을 설명하는 학습된 무기력 이론(learned helplessness theory)을 발표하여 세계적인 명성을 얻게 되었으며 이후에는 절망감 이론(hopelessness theory)을 제시한 바 있다. 본래 우울증의 연구자였던 Seligman은 1991년에 『학습된 낙관주의(*Learned Optimism*)』라는 저서를 발표하면서 인간의 긍정적 측면과 행복에 대해 깊은 관심을 갖게 되었으며, 1998년 미국심리학회장에 취임하면서 긍정 심리학을 창시하였다.

그가 1996년에 미국심리학회장으로 출마했을 때, 대학교 연구실에서 평생을 보낸 학자가 15만 명의 심리학자를 이끌어야 하는 힘들고 어려운 일을 왜 하려고 하는지 묻는 사람들이 많았다고 한다. 이러한 물음과 관련하여 그는 다음과 같이 회상하고 있다. "이상하게 들리겠지만, 나는 내가 어떤 사명을 지니고 있다고 믿었다. 하지만 그 당시에는 그 사명이 무엇인지 몰랐다. 그러나 미국심리학회를 이끌어야 하는 위치에 서게 되면서 나의 사명을 발견하게 되었는데, 그것은 긍정 심리학을 개척하는 것이었다."

Seligman은 2002년에 『진정한 행복(*Authentic Happiness*)』을 발간하여 긍정 심리학의 토대를 제시했으며, 이 밖에도 『낙관적인 아동(*The Optimistic Child*)』, 『변화시킬 수 있는 것과 없는 것(*What You Can Change and What You Can't*)』과 같은 베스트셀러의 저자이기도 하다. Haggbloom 등(2002)에 따르면, 그는 심리학 개론서에서 13번째로 많이 인용되는 저명한 심리학자이다.

Seligman은 현재 펜실베이니아 대학의 심리학과 교수로 재직하고 있다. 부인인 Mandy와의 사이에 일곱 명의 자녀를 두고 있으며, 자녀를 모두 정규학교에 보내지 않고 홈스쿨링을 통해서 양육하고 있다. Seligman(2002a)은 긍정 심리학을 착안하는 계기가 되었던 니키와의 우연한 경험을 다음과 같이 전하고 있다.

> 나는 다섯 살이 갓 지난 딸 니키와 함께 정원에서 잔디를 깎고 있었다. 나는 아동에 관한 여러 권의 책을 썼지만 좋은 아빠가 아니었다는 점을 먼저 고백한다. 그때 나는 시간에 쫓기고 있었으며 잔디를 깎는 일에 목표지향적으로 집착하고 있었다. 그런데 니키는 깎아놓은 잔디를 하늘로 던지며 장난을 치고 있었다. 그래서 니키에게 하지 말라고 냅다 소리를 질렀다. 그녀는 그런 나를 보고 저만치 가다가 돌아서서 이렇게 말했다. "아빠, 말할 게 있어요." "그래, 말해 보거라." "아빠, 다섯 살이 되던 생일날 이전에 내가 어땠는지 아세요? 세 살부터 다섯 살이 될 때까지 나는 울보였어요. 나는 매일 징징거리며 울곤 했지요. 하지만 다섯 살이 되면서 나는 더 이상 징징거리며 울지 않기로 마음먹었어요. 그건 그동안 내가 한 일 중에서 가장 어려운 일이었어요. 하지만 나는 해냈어요. 나도 징징거리며 우는 것을 그만둘 수 있으니까, 아빠도 심술부리는 것을 그만둘 수 있을 거예요."
>
> 나는 그때 충격을 받았으며 자녀를 키우는 일에 대해서, 나 자신에 대해서 그리고 나의 직업에 관해서 많은 것을 깨닫게 되었다. 우선, 자녀 양육에서 중요한 것은 니키의 징징거리며 우는 부정적인 행동을 그만두게 하는 것이 아니라는 깨달음이었다. 그녀는 스스로 그 일을 해냈다. 오히려 자녀 양육에서 중요한 것은 니키가 지니고 있는 강점을 찾아서 키워주는 것이다. 부모의 역할은 그러한 강점을 잘 발휘하도록 도움으로써 미래에 겪게 될 역경을 잘 극복하도록 하는 것이다.
>
> 나에 대한 니키의 지적은 옳았다. 나는 불평꾼이었다. 귀여운 자녀들 속에 둘러싸여 살면서도 불평만을 일삼았다. 니키가 했던 것처럼 나도 그 순간부터 나 자신을 바꾸기로 결심했다. 그 일은 내가 평생 동안 해왔던 어떤 일보다 더 어려운 일이었지만 말이다.
>
> 니키와의 경험은 심리학자라는 나의 직업적 세계에도 영향을 미쳤다. 그동안의 심리학이 반만 구워진 빵이라는 점을 자각시켰다. 우리는 정신장애의 연구와 치료에서는 많은 진전을 이루었지만 다른 많은 영역에서는 별 진전을 이루지 못했다. 심리학은 질병, 약점, 결함의 탐구일 뿐만 아니라 행복, 강점, 덕성에 대한 학문이기도 해야 한다는 확신을 얻게 되었다 (pp. 3~4).

3 긍정 심리학의 정의

긍정 심리학은 인간의 긍정적인 심리적 측면을 과학적으로 연구하고 인간의 행복과 성장을 지원하는 학문이다. 달리 말하면, 긍정 심리학은 인간의 긍정적이고 적응적이며 창조적이고 자기실현적인 모습을 이해하고 증진하기 위해서 심리학 이론, 연구방법 그리고 개입방법을 사용한다. Sheldon 등(2000)은 긍정 심리학을 "인간이 나타낼 수 있는 최선의 기능상태에 대한 과학적 연구"라고 정의한 바 있다. 긍정 심리학은 개인, 집단 그리고 사회가 성장하고 번창하도록 만드는 요인들을 발견하고 촉진하는 것을 목표로 한다. 긍정 심리학을 소개한 *American Psychologist* 특집호에서, Sheldon과 King (2001)은 긍정 심리학을 좀 더 자세하게 소개하고 있다.

> 긍정 심리학이란 무엇인가? 그것은 보통 사람들이 지니는 강점과 덕성에 대한 과학적인 연구이다. 긍정 심리학은 '평범한 사람들' 에게 있어서 그들이 잘 기능하고, 올바르게 행동하며, 그들의 삶을 향상시키도록 만드는 것이 무엇인지를 찾아내려는 것이다. "타고난 적응능력과 학습한 기술들을 성공적으로 활용하면서 효율적으로 잘 살아가는 사람의 특징은 무엇인가? 여러 가지 역경에도 불구하고 목적의식을 가지고 의연하게 살아가는 많은 사람들의 삶을 어떻게 심리학적으로 설명할 것인가?" 하는 물음을 탐구한다. …… 이런 점에서 긍정 심리학은 심리학자들로 하여금 인간이 지니는 잠재력, 동기 그리고 능력을 좀 더 열린 마음으로 높이 평가하는 관점을 취하도록 촉구하는 노력이다(p. 216).

'긍정' 심리학이라는 용어로 인해서 다른 심리학자들이 하고 있는 일을 자칫 '부정' 심리학으로 간주하게 만들 수 있는 위험성이 있다. 그러나 그렇게 간주하는 것은 이분법적인 잘못이다. 대다수 심리학자들이 인간의 긍정적 측면과 부정적 측면을 연결하는 연속선상에서 다양한 활동을 하고 있으며, 부정적 측면의 이해와 극복 역시 소중하고 필요한 일이다. 다만 긍정 심리학은 부정적 측면의 제거보다는 긍정적 측면의 향상에 더 많은 관심을 지닌다. 예컨대, 인간의 적응상태를 수치로 표현한다면, 긍정 심리학은 −9의 상태를 0의 상태로 변화시키는 일보다 +1의 상태를 +9의 상태로 변화시키는 일에 더 많은 관심을 지닌다. 그동안 심리학이 부정적 측면의 제거에 많은 관심을 기울여온 데 비해서 긍정적 측면의 향상에는 상대적으로 소홀했기 때문에 이러한 측면에 대해서 좀 더 많은 관심을 기울이는 노력이 필요하다.

1) 긍정 심리학의 연구주제

긍정 심리학은 매우 광범위한 주제에 관심을 지니지만, 삶을 좀 더 행복하고 풍요롭게 하기 위한 세 가지 주제에 초점을 맞추고 있다(Seligman, 2002b; Seligman & Csikszentmihalyi, 2000). 그것은 **긍정 상태**(positive states), **긍정 특질**(positive traits), **긍정 기관**(positive institutions)으로서 **긍정 심리학의 세 기둥**이라고 불린다.

첫째, 긍정 심리학은 인간이 주관적으로 경험하는 다양한 긍정적 심리상태를 연구한다. 이러한 긍정 상태로는 행복감, 안락감, 만족감, 사랑, 친밀감 등과 같은 긍정 정서를 비롯하여 자신과 미래에 대한 낙관적 생각과 희망, 열정, 활기, 확신 등이 포함된다. 이러한 긍정 상태의 구성요소, 유발요인, 삶에 미치는 효과, 증진방법 등을 밝히고자 한다.

둘째, 긍정 심리학은 개인이 지니는 긍정적인 특질, 즉 개인의 긍정적인 성격특성과 강점의 연구에 초점을 맞추고 있다. 긍정 특질이란 일시적인 심리상태가 아니라 개인이 지속적으로 나타내는 긍정적인 행동양식이나 탁월한 성품과 덕목을 의미한다. 긍정 심리학자들이 관심을 지니는 긍정 특질로는 창의성, 지혜, 끈기, 진실성, 겸손, 용기, 열정, 리더십, 낙관성, 유머, 영성 등이 있다.

마지막으로, 긍정 심리학은 구성원의 행복과 자기실현을 지원하는 긍정적인 기관에 대해서 관심을 지닌다. 인간은 자신이 속한 조직의 영향을 받을 수밖에 없다. 이러한 조직이 구성원의 행복과 능력발휘를 효과적으로 지원할 수 있어야 개인이 행복할 수 있으며 또한 조직이 발전하게 된다. 과연 가족, 학교, 직장과 같은 기관이 어떤 조건과 기능을 갖추어야 구성원이 행복한 가운데 최고의 기능을 발휘할 수 있을 것인가? 긍정 심리학은 행복하고 건강한 가족, 학교, 직장, 지역사회의 특성과 실현방법을 탐구한다.

이처럼 긍정 심리학은 인간의 긍정적인 측면을 다양한 차원에서 연구한다. 우선 인간의 긍정적 요소를 신체적, 심리적, 대인관계적, 사회문화적 측면에서 탐구한다. 인간의 삶은 육체와 정신, 자신과 타인 그리고 개인과 환경의 상호작용 속에서 펼쳐지는 것이기 때문이다. 아울러 긍정 심리학은 인생의 특정한 발달단계뿐만 아니라 전생애에 걸쳐 나타나는 인간의 긍정적 특성과 그 변화과정을 연구한다. 아동기, 청소년기, 성인기, 노년기의 행복한 삶에 영향을 미치는 요인과 긍정적인 덕목의 발달에 관심을 지닌다. 마지막으로 긍정 심리학은 학술적 연구뿐만 아니라 실천적 개입을 중시한다. 행복에 영향을 미치는 요인에 대한 연구뿐만 아니라 행복을 증진시킬 수 있는 방법과 그 실행에 관심을 지닌다. 인간의 성격적 강점과 미덕에 관한 연구뿐만 아니라 그러한 긍정적 특질을 계발하고 함양할 수 있는 구체적인 방법에 대해서 탐구한다. 이런 점에서 긍정 심리학은 이론과 실제, 연구와 실천, 분석과 개입 모두에 관심을 지닌다.

긍정 심리학자들이 제기하는 근본적인 물음들은 다음과 같다. 과연 '잘 산다는 것'은 무엇을 의미하는가? 행복한 삶이란 어떤 것인가? 행복에 영향을 미치는 요인은 무엇이며 어떤 심리적 과정을 통해서 행복감을 느끼는가? 행복을 증진하기 위해서는 어떻게 해야 하는가? 인간의 긍정적 성품과 덕성에는 어떤 것들이 있는가? 지독한 고난과 난관을 극복하게 만드는 인간의 특성은 무엇인가? 뛰어난 성취를 이루거나 성숙한 인격을 지닌 사람들은 어떤 심리적 특성을 지니며 어떤 심리적 과정을 통해 이러한 상태에 이르는가? 인간은 어떤 상황에서 자신의 긍정적 성품과 능력을 가장 잘 발현하는가? 긍정적 성품과 덕목을 함양하기 위해서는 어떻게 해야 하는가? 정신장애를 좀 더 온전하게 치료하고 예방하기 위해서는 어떻게 해야 하는가? 학교나 기업체는 구성원들이 좀 더 행복하고 각자의 강점과 미덕을 더 잘 발휘하도록 어떻게 도울 수 있는가?

2) 긍정 심리학의 연구방법

긍정 심리학은 인간의 긍정적 측면을 연구하고 향상시키는 일에 있어서 기존의 심리학이 사용해온 과학적 방법론을 적용한다. 과거에도 여러 심리학자들이 인간의 긍정적 측면에 대한 관심을 기울여왔다. 특히, 1960～1970년대에 유행했던 인본주의 심리학은 인간의 건강하고 창의적인 긍정적 측면과 잠재력에 대해 깊은 관심을 보였다. 인본주의 심리학의 핵심인물인 Abraham Maslow(1954)는 『동기와 성격(*Motivation and Personality*)』이라는 책에서 '긍정 심리학을 향하여(Toward a Positive Psychology)'라는 제목의 글을 쓰기도 했다. 그러나 인본주의 심리학과 긍정 심리학은 연구방법에 있어서 현격하게 다르다. 인본주의 심리학자들은 주로 개인적인 치료 경험이나 사변적 논리에 근거하여 주장을 펼쳤으며, '과학적' 심리학에 대해서 저항적인 태도를 지녔다. 그러나 긍정 심리학자들은 과학적 심리학의 기초 위에서 인간의 행복과 강점을 과학적인 방법으로 연구한다.

이처럼 긍정 심리학은 기존의 심리학에서 사용하고 있는 다양한 연구방법론을 그대로 적용한다. 인간의 행동과 특성을 객관적으로 측정하기 위해서 면접법, 행동관찰법, 질문지법, 과제수행법 등과 같은 다양한 심리측정법을 사용한다. 아울러 행복과 강점을 연구하기 위해서 상관연구와 실험연구를 시행하며, 횡단적 연구뿐만 아니라 종단적 연구를 실시한다. 연구자료는 통계적 분석법을 적용하여 체계적으로 분석된다. 행복이나 강점을 향상시키는 개입방법 역시 실시 전후의 평가를 통해서 객관적으로 효과를 검증하려는 노력을 기울인다. 이 책에서는 과학적 연구방법에 의해서 밝혀진 긍정 심리학의 많은 연구결과들이 소개될 것이다.

3) 긍정 심리학의 현황

1998년에 Seligman이 미국심리학회에서 행한 연설을 계기로 '긍정 심리학' 이라는 용어가 공식적으로 사용되기 시작했다. 2002년에 그가 발간한 책인 『진정한 행복(*Authentic Happiness*)』은 긍정 심리학을 확산시키는 계기가 되었다. 긍정 심리학은 매우 새로운 분야임에도 불구하고 급속도로 확산되어 현재 학계와 대중의 뜨거운 호응을 받고 있다.

미국심리학회의 공식학술지인 *American Psychologist*는 2000년 1월과 2001년 3월에 긍정 심리학을 주제로 한 특집호를 통해서 관련된 논문들을 대대적으로 소개한 바 있다. 긍정 심리학을 주제로 한 최초의 학술대회가 1999년에 Nebraska주 Lincoln에서 열렸으며, 2000년 10월에는 두 번째 긍정 심리학회가 Washington D. C.에 있는 갤럽 본부에서 열렸다. 2000년 2월에는 긍정 심리학의 우수연구자에게 시상하는 Templeton Prize가 최초로 수여되었으며, 2002년 10월에는 긍정 심리학에 관한 국제학술대회가 처음으로 개최되었다. 임상심리학과 사회심리학을 위시한 다양한 심리학 분야의 연구자들이 긍정 심리학의 연구와 활동에 참여하고 있다. 2008년에는 국제긍정심리학회

(International Positive Psychology Association; www.ippanetwork.org)가 창설되었으며 초대 회장에 Ed Diener가 선출되었다. 2009년 6월에는 국제긍정심리학회가 개최하는 제1회 학술대회가 미국 필라델피아에서 열릴 예정이다.

Diener(1984)에 따르면, 1967년에는 행복에 관한 연구논문이 소수에 불과했지만 그 이후 15년 동안 현저하게 증가하여 700편 이상에 이르렀다. 1999년에는 행복에 관한 온라인 연구 데이터베이스에 축적된 논문이 5,000편 이상으로 증가되었다(Veenhoven, 1999). 긍정 심리학에 관한 연구들은 대표적인 학술지인 *Journal of Happiness Studies* 와 *Journal of Positive Psychology*를 비롯하여 다양한 학술지에 발표되고 있다.

현재 미국에서는 Seligman이 재직하고 있는 펜실베이니아 대학의 심리학과를 비롯하여 여러 대학에서 긍정 심리학 학위과정을 개설하고 있다. 긍정 심리학은 '역사는 짧지만 과거는 긴 학문' 이라고 할 수 있다. 긍정 심리학은 신생 학문이라고 할 수 있지만 그 사상적 뿌리는 먼 과거와 연결되어 있다. 앞으로 긍정 심리학을 통해서 밝혀질 연구결과들은 인류의 행복을 증진하고 인간의 강점과 덕성을 함양하는 데에 커다란 기여를 하게 될 것이다.

4 긍정 심리학의 기본적 입장

1) 인간의 근본적 동기

긍정 심리학은 인간이 근본적으로 행복과 성장을 추구하는 존재라는 가정에 근거한다. 인간은 누구나 행복하기를 원한다. 편안하고 즐거우며 만족스러운 삶을 추구한다. 또한 인간은 자신의 잠재능력을 계발하고 발휘함으로써 성장하려는 욕구를 지닌다.

인간의 근본적 동기에 대해서 다양한 주장이 제기되고 있다. Freud는 성적인 욕구를 가장 근본적인 동기로 보았으며, 대상관계 이론가들은 타자와의 관계형성 욕구를 가장 기본적인 것으로 여긴다. 이 밖에도 자기실현, 의미 추구, 자기초월 등이 인간의 근본적 동기라고 주장되고 있다. 이러한 동기들은 인간을 움직이는 중요한 욕구이지만 행복추구라는 근본적 동기의 하위 요소라고 할 수 있다. 진정한 행복을 위해서는 이러한 욕구들이 균형 있고 조화롭게 충족되어야 하기 때문이다.

인간의 가장 기본적 성향은 쾌락을 추구하고 고통을 회피하는 것이다. 인간은 누구나 편안하고 유쾌한 긍정적인 정서를 지향하는 반면, 불편하고 불쾌한 부정적인 정서는 회피하려 한다. 아울러 자신을 좀 더 유능하고 효율적인 존재로 성장시키기 위해서 노력한다. 이러한 성장의 노력은 긍정적 정서를 좀 더 지속적이고 강렬하게 경험하기 위한 것이기도 하다. 자신의 역량을 계발하여 타인 또는 환경과의 상호작용을 좀 더 원활하게 함으로써 만족스럽고 행복한 삶을 영위할 수 있기 때문이다. 성장동기는 과거에 인본주의 심리학자들이 주장한 바 있는 자아실현 동기와 밀접한 것이다. 인간은 자신의 잠재력을 충분히 계발하고 표현함으로써 자기실현을 이루려는 동기를 지닌다. 쾌락 추구와 성장 추구는 일시적으로 서로 괴리될 수도 있으나 장기적으로는 수렴되는 것이다.

인간이 불행해지는 이유는 이러한 동기를 효과적으로 추구하지 못하거나 부적절한 목표와 잘못된 방법을 통해서 추구하기 때문이다. 행복에 대한 잘못된 생각은 부적절한 목표를 추구하게 만든다. 예를 들어, 돈을 많이 벌면 반드시 행복해질 것이라는 생각은 잘못된 것이다. 3장에서 자세하게 소개되겠지만, 소득이나 재산에 비례하여 행복도가 증가하는 것은 아니다. 물론 가난 상태를 벗어나기까지는 소득이 중요하지만, 그 상태를 넘어서면 소득이 행복에 미치는 영향은 미미하다(Diener, Horwitz, & Emmons, 1985). 오히려 물질적인 가치를 지나치게 중시하며 추구하는 사람들의 행복도는 그렇지 않은 사람들에 비해서 낮은 것으로 밝혀졌다(Kasser & Ryan, 1993; Sirgy, 1998). 긍정 심리학자에 따르면, 행복은 효율적인 역할수행, 긍정적인 인간관계, 삶에 대한 목적의식, 성장의 변화인식, 자율성과 자기수용과 같은 다양한 구성요소로 이루어져 있다(Ryff, 1989). 또한 행복한 삶을 위해 적절한 목표를 추구한다 하더라도 그러한 목표를 실현할 수 있는 접근방법이 효과적이지 못하면 불행과 좌절의 늪에 빠져들 수 있다. 예를 들어, 친밀한 인간관계를 추구하지만 과도하게 자기중심적인 방법으로 관계를 영위하게 되면 갈등과 고립을 초래하게 된다.

과거의 심리학은 인간을 성욕이나 공격성에 의해 휘둘리는 존재로 여기거나 어떠한 내면적 지향성도 없이 환경적 영향에 의해 결정되는 존재로 간주하기도 했다. 또한 인간은 타고난 기질과 유년기 경험에 의해 형성되는 무의식적 갈등이나 습관적 행동의 노예가 되어 살아간다고 가정하기도 했다. 물론 인간에게 이러한 측면이 없는 것은 아니다.

그러나 인간은 자신의 삶을 끊임없이 개선하기 위해 노력하는 존재이다. 긍정 심리학은 많은 사람들이 인생의 여러 난관과 역경을 극복하고 성공적인 삶을 성취한다는 점에 주목하면서 이들의 성취과정을 밝혀내고자 한다. 이처럼 긍정 심리학은 인간의 행복과 성장에 관여하는 심리적 요인을 탐구한다. 나아가서 행복과 성장을 증진할 수 있는 효과적인 방법을 모색한다.

2) 긍정 정서와 부정 정서의 관계

긍정 심리학은 인간의 긍정 정서와 부정 정서가 서로 독립적이라는 사실을 중시한다. 과거의 심리학은 부정 정서를 제거하면 자동적으로 긍정 정서가 생겨날 것이라고 가정했다. 우울증과 같이 고통스러운 정서에서 벗어나면 자연적으로 행복한 긍정적 정서로 전환될 것이라고 생각했다. 부정 정서의 제거는 그 자체로 소중한 것이지만, 그 결과로 얻게 되는 것은 중립적인 정서일 뿐 긍정 정서가 자동적으로 유발되는 것은 아니다. 이미 오래전에 장기적인 연구(Bradburn, 1969)를 통해서 긍정 정서와 부정 정서가 서로 독립적인 관계를 지닌다는 사실이 입증된 바 있다. 긍정 정서와 부정 정서는 서로 다른 심리적 과정과 신경학적 기제에 의해서 유발될 뿐만 아니라 그 진화적 기능도 다르다.

또한 부정 정서의 감소와 긍정 정서의 증진은 매우 다른 독립적인 과정이다. 긍정 정서와 부정 정서에 영향을 미치는 요인들이 다르기 때문이다. 예컨대, 비관주의를 약화시키면 부정 정서는 감소하지만 긍정 정서가 증가하지는 않는다(Peterson, 2000; Peterson & Steen, 2002). 긍정 정서는 낙관주의의 강화에 의해서 증가되었다. 행복감을 증진하려면, 비관주의를 약화시켜 부정 정서를 감소시킬 뿐만 아니라 낙관주의를 강화하여 긍정 정서를 고양시켜야 했다. 이처럼 부정 정서를 중립 정서로 변화시키는 방법과 중립 정서를 긍정 정서로 변화시키는 방법은 다르다. 행복감과 불행감을 느끼는 심리적 과정은 상당히 독립적이며, 불행감을 제거하는 방법으로는 행복감을 증진하기 어렵다. 행복과 성장을 증진하기 위해서는 기존의 심리치료와 다른 개입방법이 필요하다.

3) 긍정 정서의 다양성

긍정 심리학은 인간이 경험하는 긍정 정서의 다양성을 인정한다. 긍정 정서는 색조, 강도, 지속기간, 유발요인 등에 있어서 매우 다양하다. 긍정 심리학은 사람들의 기분을 일시적으로 좋게 만드는 쾌락지향적인 노력이 아니다. 그보다는 지속적인 행복감 속에서 성장과 자기실현을 이루는 삶을 지향한다.

Csikszentmihalyi(1990)는 인간이 경험하는 긍정 정서를 크게 쾌락과 즐거움으로 구분하고 있다. 쾌락(pleasure)은 음식, 성행위, 휴식에 대한 생물학적 욕구나 타인의 칭찬과 같은 사회적 욕구가 충족될 때 느끼는 긍정 정서를 말한다. 이러한 쾌락은 유쾌한 심리상태지만 항상 심리적 성장이나 발달로 이어지지 않을 뿐만 아니라 쾌락을 지속하기 위해서는 반복적인 경험이 필요하다. 반면에, 즐거움(enjoyment)은 추구하는 목표의 달성, 기대의 충족, 뜻밖의 심리적 체험이나 창의적 성과에 의해서 경험되는 긍정 정서를 의미한다. 이러한 즐거움은 그 자체로 성취감과 생동감을 주며 그 영향이 지속적일 뿐만 아니라 우리의 가능성과 잠재력을 확장시켜 새로운 것을 창조하는 데 기여한다. 따라서 Csikszentmihalyi는 사람들로 하여금 쾌락과 더불어 좀 더 생산적이고 성장 촉진적인 즐거움을 많이 체험하도록 하는 방법을 연구하는 것이 긍정 심리학의 중요한 과제라고 주장한다.

쾌락과 즐거움의 구분은 쾌락주의적 행복과 자기실현적 행복의 구분과 연결될 수 있다. 쾌락주의적 입장에서는 쾌락 경험을 많이 하는 것이 행복한 삶이라고 여긴다. 그러나 일시적인 쾌락을 추구하다가 자신과 타인을 불행에 빠뜨린 사례는 수없이 많다. 쾌락주의에서 지향하는 행복은 긍정 정서를 지속적으로 경험할 수 있는 풍요로운 삶을 사는 것이라고 볼 수 있다. 반면에, 자기실현적 입장에서는 개인이 지닌 잠재력을 충분히 발현함으로써 진정한 자신의 모습을 구현하는 것이 행복의 중요한 요건이라고 여긴다. 개인이 지니는 강점과 미덕을 계발하고 발휘함으로써 잠재력을 최대한 구현하는 삶이 행복한 삶이라고 보는 것이다. 이러한 자기실현 과정은 쾌락을 수반할 수도 있고 그렇지 않을 수도 있다. 쾌락주의적 행복과 자기실현적 행복은 고대 그리스 시대 이래로 행복한 삶의 본질에 대한 두 기둥이 되어왔을 뿐만 아니라 오늘날 긍정 심리학자들이 행복에 대해 취하는 관점과 측정방법에도 영향을 미치고 있다.

4) 부정 정서에 대한 입장

긍정 심리학자들은 우리의 삶에 다양한 부정적 측면이 존재함을 부인하지 않는다(Compton, 2005). 이러한 부정적 측면을 제거하고 개선하기 위한 노력의 소중함을 부정하지도 않는다. 또한 우리의 삶에서 불안과 걱정 같은 부정 정서를 완전히 제거하는 것이 반드시 바람직하다고 여기지도 않는다. 왜냐하면 부정 정서가 적절한 수준에서는 적응적인 기능을 지닐 뿐만 아니라 인생의 비극적인 측면을 통해서 우리의 삶이 깊이 있고 풍성해질 수 있기 때문이다. 우리는 고난과 역경을 겪으면서 자신을 단련하고 인생의 의미와 교훈을 깨닫게 되는 경우가 많다. 인생의 부정적 측면을 경험하지 않고는 인생의 긍정적 측면에 대한 감사를 느끼기 어렵다. 긍정 심리학은 부정 정서의 존재와 그 감소 노력의 중요성을 충분히 인정한다. 다만 인간에게 있어서 행복하고 만족스러운 삶을 추구하는 욕구가 더 보편적이며 중요하다고 보는 것이다.

우리 사회의 일각에는 긍정 정서에 대한 부정적인 고정관념이 존재한다. "행복한 돼지보다 불행한 철학자가 되라."는 말이 있듯이, 유쾌한 기분을 느끼며 행복하게 사는 사람은 인생을 피상적인 태도로 살아가는 비지성적인 아둔한 사람으로 여기는 편견이 존재한다. 이러한 편견에는 Freud도 일부의 책임이 있다(Peterson, 2006). 그에 따르면, 인간은 자신의 진정한 내면적 동기를 잘 자각하지 못하며 진정한 동기는 성적이거나 공격적인 욕구로 이루어져 있다. 인간이 행복하거나 긍정적인 정서를 경험하는 것은 이러한 내면적 동기를 자각하지 못한 채 미숙한 방어기제를 사용한 결과일 뿐이라는 것이다.

그러나 실증적 연구에서는 Freud의 주장과 상반되는 결과가 나타났다. 행복한 사람과 불행한 사람의 특성을 비교한 결과, 행복한 사람들은 학교나 직장에서 더 우수한 성취를 나타냈고, 다른 사람들과 더 좋은 관계를 형성하고 있었으며, 평균 수명도 더 길었다(Lyubomirsky, King, & Diener, 2005). 또한 사람들은 긍정적인 정서를 경험할 때, 지적인 기능이 향상되었으며 유연하고 창조적인 성향을 보였다. 또한 지능 수준은 행복 정도와 미약하지만 정적인 상관을 나타내고 있다(Argyle, 1999).

행복한 사람들이 머리가 나쁘거나 비지성적인 사람이라는 생각은 잘못된 것이다. 긍정 정서에 대한 부정적 편견은 종종 행복감을 부적절하게 표현하여 주변사람을 불쾌하게 만드는 사람들 때문에 생겨난 것일 수 있으나, 과학적으로 밝혀진 사실과는 다른 것이다. 긍정 정서는 행복의 중요한 요소일 뿐만 아니라 인간의 기능과 성장을 촉진하는 조건이기도 하다.

5) 긍정 심리학의 행복관

행복한 삶이란 어떤 것인가? 행복은 사람마다 각기 다른 관점에서 볼 수 있기 때문에 절대적인 정의가 존재할 수 없다. 그러나 긍정 심리학자들은 행복에 관해 나름대로의 견해를 제시하고 있다. 긍정 심리학의 창시자인 Seligman(2002b; Seligman, Rashid, & Parks, 2006)은 다음과 같은 세 가지 측면에 주목하여 행복한 삶의 조건을 제시하고 있다.

그 첫째는 **즐거운 삶**(pleasant life)이다. 과거, 현재, 미래에 대해서 긍정적인 감정을 느끼며 살아가는 삶이다. 과거의 삶에 대해서는 수용과 감사를 통해서 만족감과 흡족함을 느끼고, 현재의 삶 속에서는 '지금 이 순간' 의 체험에 대한 적극적 참여와 몰입을 통해서 유쾌함과 즐거움을 경험하며, 미래의 삶에 대해서는 도전의식과 낙관적 기대를 통해서 희망감과 기대감을 느끼며 살아가는 삶이다. 즐거운 삶은 긍정 정서를 최대화하고 부정 정서를 최소화하는 삶으로서 행복에 대한 쾌락주의적 입장을 반영하는 것이라고 할 수 있다. 이런 점에서 긍정 심리학은 행복을 주관적 안녕, 삶의 만족, 긍정 정서의 증가와 부정 정서의 감소라는 관점에서 정의하고 연구하려는 시도가 이루어지고 있다.

행복한 삶의 두 번째 측면은 **적극적인 삶**(engaged life)이다. 매일의 삶에서 자신이 추구하는 활동에 열정적으로 참여하고 몰입함으로써 자신의 성격적 강점과 잠재력을 최대한 발휘하며 자기실현을 이루어나가는 삶이다. Seligman(2002b)은 사람마다 나름대로의 다양한 강점과 재능을 지니고 있다고 말한다. 그는 이러한 강점들 중에서 개인의 독특성을 가장 잘 보여주는 것들을 **대표 강점**(signature strengths)이라고 지칭하면서, **진정한 행복**(authentic happiness)은 이러한 대표 강점을 찾아내고 계발하여 일, 사랑, 자녀양육, 여가활동과 같은 일상생활에서 잘 활용하는 가운데 발견되는 것이라고 주장한다. 그러한 대표 강점을 활용할 수 있을 때, 우리는 활기와 열정을 느끼게 되며 '진정한 자기' 가 표현되고 있다는 느낌을 갖게 된다는 것이다. 긍정 심리학자들은 인간의 긍정적 성품과 강점에 대한 이해를 중시한다. 인간의 강점, 재능, 미덕, 덕목과 같은 긍정적 특성의 발달에 깊은 관심을 지닌다. 과학으로서의 긍정 심리학은 모든 사람이 삶의 궁극적 목표로서 반드시 행복을 중시해야 한다거나 특정한 성품을 갖추어야 한다거나 어떤 가치가 최선이라고 주장하지 않는다. 그보다는 특정한 성품과 가치관을 지녔을 때 나타나는 삶의 결과를 탐구한다. 긍정 심리학은 인간의 삶을 행복하고 풍요롭게 만드는 긍정적 성품과 강점을 이해하고 함양하는 일에 깊은 관심을 지닌다.

행복의 마지막 세 번째 측면은 의미 있는 삶(meaningful life)이다. 우리의 삶과 행위로부터 소중한 의미를 발견하고 부여할 수 있는 삶을 말한다. 즐거움 속에서 열정적인 삶을 영위했지만 의미를 발견할 수 없는 경우에는 진정한 행복감을 느끼기 어렵다. 삶의 의미는 자신보다 더 큰 것과의 관계 속에서 발견될 수 있다. 자신만을 위한 이기적인 삶보다는 자신보다 더 커다란 어떤 것을 위하여 공헌하고 있다는 인식으로부터 도출될 수 있다. 의미 있는 삶은 가족, 직장, 지역사회, 국가 또는 신을 위해 봉사하고 공헌함으로써 자신의 존재가치를 느낄 수 있을 때 가능하다. 인간은 사회적 맥락 속에서 살아가는 존재이기 때문에 이기적인 행복 추구만으로는 진정한 행복을 얻을 수 없다. 긍정 심리학은 개인과 사회의 밀접한 관계를 중시한다. 개인은 타인과 사회를 위해 봉사하고 기여할 때 더 큰 행복을 경험할 수 있을 뿐만 아니라 사회적 환경의 개선을 통해서 자신의 행복이 증진될 수 있음을 강조한다.

이처럼 Seligman은 즐거운 기분을 느끼면서 자신의 일에 열정적으로 몰입하며 삶의 의미를 발견할 수 있을 때 진정한 행복을 누릴 수 있다고 본다. 즐거운 삶, 적극적인 삶, 그리고 의미 있는 삶은 때때로 서로 일치하지 않는 경우도 있지만 밀접한 관련성을 지니며 서로 촉진적인 관계를 지닌다. 즐거운 기분을 느끼게 되면, 삶에 대한 활기와 흥미가 증가하여 자신이 하는 활동에 열정적으로 몰두하게 됨으로써 역량을 잘 발휘하게 되고 그 결과 타인과 사회를 위해 기여한다는 의미감을 느낄 수 있다. 또한 자신의 강점을 잘 발휘할 수 있는 활동에 열정적으로 몰두하게 되면, 더 많은 즐거움을 느낄 수 있을 뿐만 아니라 이러한 활동을 통해서 좋은 성과를 거둘 수 있기 때문에 사회적 기여를 하고 있다는 인식이 증진된다. 아울러 소중한 의미를 부여하는 활동에 참여하게 될 때, 우리는 즐거운 마음으로 자신의 역량을 최대한 발현할 수 있는 것이다.

이런 점에서 Keyes와 Lopez(2002)는 진정한 행복과 긍정적 정신건강이 정서적 안녕, 심리적 안녕, 사회적 안녕이라는 세 가지 측면으로 구성된다고 주장한다. 즉, 진정으로 행복하고 건강한 삶은 긍정 정서를 반영하는 정서적 안녕(emotional well-being), 개인의 원활한 기능 수준과 적응상태를 반영하는 심리적 안녕(psychological well-being) 그리고 적극적인 사회적 참여와 기여를 뜻하는 사회적 안녕(social well-being)으로 이루어진다는 것이다.

요 약

1. 현대 심리학이 출범하던 초기에는 인간의 의식과 행동에 대한 과학적 연구를 통해서 구현하고자 하는 세 가지의 실천적 사명을 지니고 있었다. 그 첫째는 정신장애를 치료하는 일이었고, 둘째는 탁월한 재능과 천재성을 발견하여 육성하는 일이었으며, 셋째는 모든 사람들이 좀 더 행복한 삶을 살도록 돕는 일이었다.
2. 1998년에 Martin Seligman은 그동안 심리학자들이 망각하고 있던 사명을 상기시키면서 인간의 긍정적 측면을 탐구하는 긍정 심리학을 창시했다. 심리학은 인간의 약점과 장애에 대한 학문만이 아니라 인간의 강점과 덕성에 대한 학문이기도 해야 한다. 진정한 치료는 손상된 것을 고치는 것만이 아니라 우리 안에 있는 최선의 역량을 이끌어내는 것이어야 한다.
3. 긍정 심리학은 인간이 나타낼 수 있는 최선의 기능상태에 대한 과학적 탐구이다. 긍정 심리학의 세 기둥은 인간의 긍정 상태, 긍정 특질 그리고 긍정 기관에 대한 탐구이다.
4. 긍정 심리학은 인간이 근본적으로 행복과 성장을 추구하는 존재라는 가정에 근거한다. 아울러 인간의 긍정 정서와 부정 정서가 서로 독립적이라는 사실을 중시하며, 지속적인 행복감 속에서 성장과 자기실현을 이루는 삶을 지향한다. 긍정 심리학은 인간의 부정적 측면을 부인하지 않으며 부정적 측면을 제거하고 개선하는 노력의 소중함을 부정하지도 않는다. 다만 행복하고 만족스러운 삶을 추구하는 욕구가 더 보편적이며 중요하다고 여긴다.
5. Seligman에 따르면, 행복한 삶은 긍정 정서를 많이 경험하는 즐거운 삶, 개인의 강점을 발휘하며 하는 일에 몰입하는 적극적인 삶 그리고 자신보다 더 큰 가족, 직장, 사회를 위해 봉사하고 공헌하는 의미 있는 삶으로 구성된다. 행복한 삶을 위해서는 개인의 독특한 성품과 능력을 가장 잘 보여주는 대표 강점을 발휘하는 것이 중요하다. 진정한 행복은 대표 강점을 찾아내고 계발하여 일, 사랑, 자녀양육, 여가활동과 같은 일상생활에서 잘 활용하는 가운데 발견되는 것이다.

제1부

주관적 행복의 이해

제1장 행복의 정의와 측정

제2장 행복 경험과 긍정 정서

제3장 행복한 사람들의 특징

제4장 행복의 심리학적 이론

제1장

행복의 정의와 측정

> 행복이란 단어 "Happiness"는 본래 옳은 일이 자신 속에서 일어난다는 뜻을 지닌 "Happen"에서 나온 말이다. 글자에 담긴 뜻과 같이, 행복은 우연히 외부에서 찾아온 행운이 아니라 그 사람에 의한 올바른 노력의 결과이다.
>
> \- Karl Menninger -

긍정 심리학은 인간의 행복을 과학적으로 탐구하는 학문이다. 과학은 연구대상이 되는 현상에 대한 구체적 정의와 측정에서 출발한다. 긍정 심리학이 과학으로 발전하기 위해서는 행복에 대한 조작적 정의와 양적인 측정방법을 필요로 한다. 우선 행복에 대해서 타당한 정의를 내리기 위해서는 행복에 관한 다양한 입장을 살펴볼 필요가 있다. 아울러 긍정 심리학에서 행복을 어떻게 정의하고 측정하는지에 대해서 살펴보기로 한다.

1 행복에 대한 다양한 관점

긍정 심리학의 역사는 짧지만 과거는 길다. 행복에 대한 과학적 접근이 이루어진 것은 최근의 일이지만, 고대부터 수많은 철학자와 종교인들이 행복에 대한 다양한 의견을 제시해왔다. '행복론' 이라는 제목을 지닌 저서들도 세네카, 알랭, 러셀, 카네기 등을 위시한 많은 위인들에 의해 저술된 바 있다.

과연 행복이란 무엇인가? 행복한 삶은 어떤 것인가? 행복해지기 위해서는 어떻게 해야 하는가? 이러한 물음은 동서고금을 막론하고 많은 사람들의 주된 관심사였으며 그에 관한 다양한 주장이 제기되었다. 행복에 대한 다양한 관점을 역사적인 시대 순으로 간략히 살펴보기로 한다.

1) 고대의 행복관

서양사상은 고대 그리스의 철학적 전통에 바탕을 둔 헬레니즘(Hellenism)과 기독교의 종교적 전통에 근거한 헤브라이즘(Hebraism)이 두 축을 이루고 있다. 서양사회에서 헬레니즘 전통은 철학, 과학, 예술 그리고 심리학의 토대를 마련하였으며, 헤브라이즘 전통은 윤리, 도덕, 종교적 신념에 영향을 미쳤다. 행복에 대한 관점 역시 헬레니즘 전통과 헤브라이즘 전통으로 나누어볼 수 있다. 일반적으로 헬레니즘 전통의 행복관은 개인의 이성과 수양을 중시하는 철학적 입장을 지니는 반면, 헤브라이즘 전통의 행복관은 신과의 관계를 중시하는 종교적 입장을 지니고 있다.

그리스 철학자의 행복관

고대 그리스 철학자들은 이성적 사유와 성찰을 통해서 행복에 이르는 길을 발견할 수 있다고 믿었다. 절대자인 신에 의지하기보다는 인간 자신이 스스로의 이성적 노력을 통해서 행복한 삶을 성취할 수 있다는 인본주의적 입장을 취했다.

소크라테스(Socrates: 469~399 B.C.)는 진정한 행복이 자기성찰을 통해서 성취될 수 있다고 믿었다. "너 자신을 알라."는 그의 말에 이러한 믿음이 잘 드러나 있다. 자기성찰을 통해서 지혜가 계발되고 인간 영혼의 진정한 본질이 드러날 수 있다는 것이다. 지혜는 인간이 영원불변한 진리를 파악할 수 있는 이성적 능력이다. 이를 통해서 인간 삶의 핵심적 요소를 인식하고 그것을 실천하며 사는 것이 행복한 삶이라고 보았다.

소크라테스의 수제자인 **플라톤**(Plato: 427~347 B.C.)은 진정한 지혜의 바탕을 이성과 직관으로 보았다. '동굴과 그림자의 비유'에서 제시했듯이, 감각 경험은 그림자와 같이 가변적이어서 신뢰할 만한 것이 아니라고 보았다. 이러한 감각세계를 초월한 불변의 본질, 즉 영원한 진리는 지혜에 의해서 발견될 수 있다고 믿었다. 진정한 지혜는 인간의 이성과 직관에 바탕을 두고 있다. 이러한 플라톤의 생각은 감각적 쾌락을 추구하기보다 인생의 본질과 의미를 지향하는 오늘날의 행복관에 영향을 미쳤다. 예컨대, 진정한 자기를 발견하고 실현하려는 노력, 행복에 영향을 미치는 무의식적 동기를 이해하려는 노력 그리고 인생의 심오한 의미를 체득하려는 영적인 노력은 플라톤의 철학적 전통을 이어받은 것이라고 할 수 있다(Compton, 2005).

플라톤의 제자인 **아리스토텔레스**(Aristotle: 384~322 B.C.)에 이르러 행복에 대한 좀 더 구체적인 철학적 견해가 나타나게 된다. 그에 따르면, 보편적 진리는 세상의 다양한 현상 속에 내재하는 질서를 의미하며 이러한 진리를 발견하기 위해서는 감각과 이성에 근거할 수밖에 없다. 감정이나 직관은 신뢰할 수 없는 것으로서 이성에 근거한 엄격한 자기수양에 의해 길들여져야 한다. 진리를 발견하는 최선의 방법은 오감에 의해 경험된 내용을 이성적으로 분석하는 것이다. 인생에서는 순간적인 경험들보다 일관성 있는 삶의 전체적 흐름이 중요하다. 따라서 최선의 삶은 일시적인 욕망 충족보다 도덕적 완성이나 인격적 덕성을 구현하는 것으로서, 아리스토텔레스는 이러한 삶의 상태를 **유대모니아**(Eudaimonia)라고 칭했다. 흔히 '행복' 이라고 번역되는 유대모니아는 번영하는 완전한 삶의 상태로서 지속적인 진정한 행복감을 주게 된다. 욕구충족을 위한 쾌락적 경험을 추구하는 것이 아니라 어떤 이상적 목표를 지속적으로 지향하는 삶이다. 그 목표는 인생의 중요한 영역에서 '중용(golden mean)' 을 이룰 수 있는 도덕적 완성이나 덕성을 구현하는 것이다(김대오, 2000; 윤희조, 2001).

자기실현적 행복관의 선구자: 아리스토텔레스

아리스토텔레스는 유대모니아로 이끌 수 있는 12가지 덕성(용기, 관용, 자존, 친밀, 재치, 정의, 절제, 희망, 온유, 정직, 양심, 고결)을 제시하였다. 이러한 덕성들은 양 극단의 사이에 위치하는 중용적인 것이다. 예컨대, 용기는 무모함과 비겁함 사이의 중용을 의미하며, 관용은 방관적임과 가혹함 사이의 중용을 뜻한다. 이러한 덕성은 누구나 타고나는 것으로서 잠재된 덕성을 발견하여 계발함으로써 행복에 이를 수 있다는 것이다. 이러한 주장을 행복의 **덕성 이론**(virtue theory)이라고 부른다(Compton, 2005). 즉, 덕성의 계발과 함양을 통해서 가장 행복하고 바람직한 삶을 살 수 있다는 생각이다. 아리스토텔레스의 행복관은 오늘날 긍정 심리학에서 성격적 강점과 덕성의 계발을 중시하는 자기실현적 행복관의 철학적 기반을 이루고 있다.

그리스 시대에는 즐겁고 안락한 삶을 중시하는 철학자들도 있었다. 아리스티포스(Aristippus: 435~360 B.C.)는 즉각적인 감각의 만족을 중시하면서 고통을 최소화하고 쾌락을 최대화하는 것이 행복의 관건이라고 주장하였다. 이후 **에피쿠로스**(Epicurus: 342~270 B.C.)는 이러한 주장을 발전시켜 **쾌락주의**(hedonism)를 제창하였다. 그에 따르면, 행복이란 권력투쟁의 정치적 세계로부터 벗어나서 친구들과 어울리면서 안락한 상태에 평온하게 머무름으로써 얻어지는 것이다. 쾌락주의 학파는 안락한 여가를 중시했으며 정원에서 토론을 즐겼기 때문에 '정원 철학자들(Garden philosophers)' 이라고 불리기도 했다. 오늘날에도 편안함, 절제된 쾌락, 고통이나 걱정으로부터의 자유, 좋은 친구들과의 교제가 행복한 삶의 핵심적 요소로 여겨지고 있다. 긍정 심리학은 행복의 주요한 측면으로서 긍정 정서와 주관적 만족감을 중시하고 있는데, 이는 에피쿠로스의 쾌락주의적 전통을 이어받은 것이라고 할 수 있다(Compton, 2005).

쾌락주의 학파가 생겨난 비슷한 시기에 **제논**(Zenon: 335~263 B.C.)은 스토아 철학을 주창하였다. 스토아 철학자들은 이성에 의한 감정조절을 행복의 핵심적 요건으로 보았다. 감정은 눈먼 야생마 같은 것이어서 필연적으로 인간을 불행으로 이끌기 때문에, 마음의 지속적인 평안을 얻기 위해서는 이성을 사용하여 감정을 조절하는 훈련이 필수적이라고 여겼다. 스토아 철학자인 세네카(Seneca)는 "인간의 비극은 이성에 대한 감정의 승리에 기인한다."라고 말한 바 있다. 또한 에픽테토스(Epictetus)는 "인간은 사건 자체에 의해 고통 받는 것이 아니라 그러한 사건에 대한 생각에 의해 고통 받는다."라고 주장하면서 합리적이고 이성적인 사고를 중시하였다(Gottlieb, 2002).

기독교의 종교적 행복관

헤브라이즘 전통의 행복관은 신과의 관계를 중시하고 있다. 유대교의 경우, 유일신 하나님의 뜻에 따라 복종하며 사는 것을 최선의 삶으로 여겼으며 이를 위한 많은 계율과 금지사항을 제시하고 있다. 그 대표적인 것이 십계명으로서, 하나님을 유일신으로 받아들이는 것뿐만 아니라 자기중심성, 부적절한 욕망, 비합리적 분노 등을 금지하는 사항들로 이루어져 있다. 이러한 계율에 순종하면 보상이 주어지고, 어기면 처벌이 주어진다. 진정한 행복은 하나님이라는 절대 권위에 순종하면서 자기중심적이고 쾌락추구적인 행동을 억제하는 삶 속에서 얻게 되는 것이라는 관점이다. 이처럼 초월적 존재가 정한 계율이나 규범을 따르며 살게 되면 행복을 얻게 된다는 주장을 철학에서는 신성한 계율 이론(divine command theory)이라고 부른다(Compton, 2005). 이러한 행복관은 지난 2,500여 년간 서양인의 삶에 깊은 영향을 미쳤다.

유대교의 전통에서 발생한 기독교는 하나님을 두려움의 대상이 아니라 인간에게 깊은 애정을 지닌 존재로 발전시키면서 종교적 헌신을 중시한다. 진정한 행복에 이르는 길은 예수의 가르침과 생애에서 발견될 수 있다는 것이다. 예수의 가르침은 "하나님이 세상을 사랑한 것과 같이 다른 사람을 사랑하라." "네 이웃을 네 몸과 같이 사랑하라."는 말에서 나타나듯이 사랑과 연민에 관한 것이었다. 기독교인들은 하나님과의 관계 속에서 사랑을 표현하고 타인과의 나눔을 통해 평화와 행복, 나아가서 구원을 얻을 수 있다고 믿는다.

2) 중세의 행복관

서양의 중세시대는 기독교가 주도한 시대라고 할 수 있다. 중세 기독교의 관점에 따르면, 진정한 행복은 세속적인 쾌락과 반대되는 것으로서 육체의 사망 이후 천국에서 부활할 때까지 미뤄진 것이었다. 인간은 육체적 욕망과 영적 추구라는 대립적 성향을 지니는 존재로서 영혼이 육체에 머무르는 한 이러한 두 가지 성향 간의 갈등은 지속될 수밖에 없다고 보았다. 인생의 본질을 육체적 욕망과 영적 추구 간의 갈등적 투쟁이라고 보았으며, 이러한 관점은 오늘날에도 상당히 넓게 퍼져 있다. Freud의 정신분석 이론도 육체적 쾌락을 추구하는 원초아(Id)와 종교-문화적 윤리를 반영하는 초자아(Superego) 간의 내면적 투쟁을 자아(Ego)가 중재하는 역학적 구조로 보고 인생의 본질을 설명하려는 시도라고 할 수 있다.

이처럼 인생의 본질을 육체적 욕망과 영적 추구 간의 투쟁으로 생각한 기독교 지도자들은 세속적인 쾌락의 위험을 경고하기 위해서 7대 죄악(seven deadly sins)을 제시했다(Compton, 2005). 7대 죄악은 분노, 질투, 나태, 교만, 성욕, 방종, 물욕으로서 인격을 파괴하고 다양한 죄로 인도하는 근본적인 악을 의미하며 그 핵심에는 쾌락 추구와 자기중심성이 있다. 반면에, 이러한 죄악을 포기하도록 이끄는 미덕으로서 4대 보편적 덕성(four cardinal virtues: 신중, 용기, 절제, 정의)과 3대 신학적 덕성(three theological virtues: 믿음, 사랑, 소망)을 제시하였다. 이러한 7가지 덕성은 서구 문화에 널리 퍼져 있는 윤리적 규범의 기초가 되었다. 즉, 내세에서의 구원과 영생을 얻기 위해 현생에서는 하나님과의 관계 속에서 이러한 덕성을 구현하며 살아가는 것이 최선의 삶이라고 보았다.

3) 근대의 행복관

15세기경부터 시작된 르네상스 시대에는 문예부흥이 일어나면서 인간의 예술가적 측면이 부각되었다. 예술가들의 사회적 지위가 상승하고 인간의 예술적 재능이 중시되면서 개인의 재능과 창의성이 높이 평가되기 시작했다. 많은 예술가들이 다양한 장르에서 개인적 독특성과 창의성을 표현하게 되었으며, 그 결과 개인적인 관점과 특성이 중요하게 부각되었다. 이러한 **개인주의**(individualism) 성향은 행복을 추구하는 방식에도 중대한 영향을 미쳤다.

17세기 말에 산업혁명과 더불어 과학의 발전이 거듭되면서 인간의 이성에 대한 믿음이 높아졌다. 인간은 이성에 의해서 스스로 옳고 그름과 궁극적으로 가치 있는 것을 판단할 수 있다는 **이성주의**(rationalism)가 확산되었다. 또한 진리는 이성적인 논리뿐만 아니라 오감에 근거한 경험에서 비롯된다는 **경험주의**(empiricism) 철학이 부각되었다. 아울러 우주 전체는 시계장치와 같이 어떤 법칙에 의해 움직이는 하나의 거대한 기계일 뿐만 아니라 그 모든 부분은 기계적 인과관계라는 냉혹한 법칙에 의해 지배된다는 **기계주의**(mechanism) 철학이 생겨났으며, 이러한 관점은 자연세계뿐만 아니라 인간의 심리세계에도 동일하게 적용되기 시작했다(Compton, 2005).

이러한 이성주의, 경험주의, 기계주의의 관점으로 인해서 인간의 속성을 좀 더 단순하고 명료하게 이해할 수 있다는 생각이 확산되었다. Jeremy Bentham이나 John Stuart Mill과 같은 사회개혁가들은 인간의 쾌락 추구와 고통 회피 성향에 근거하여 바람직한 사회가 어떠해야 하는지를 판단할 수 있다고 믿었다. 즉, 최대 다수의 최대 행복이 개인적 행동과 사회적 제도의 옳고 그름을 판단하는 최고의 기준이 되어야 한다는 생각으로서 **공리주의**(utilitarianism)라는 철학체계로 정립되었다. 이러한 공리주의적 사상에 의해서, 다수의 행복을 증진하는 것이 인간행동의 궁극적인 목표이자 중요한 판단기준으로 중시되었으며, 개인의 행복과 안녕에 대한 관심이 증대되었을 뿐만 아니라 이에 관한 과학적 이해를 지향하게 되었다(박영식, 2002; Compton, 2005).

18세기 중반에는 국가의 정치적 권력과 개인의 행복이 충돌하는 사회적 사건들이 많이 발생하였다. 그 결과, 미국 독립선언(1775년)과 프랑스 시민혁명(1789년)이 계기가 되어 사회구성원 개인의 자유와 행복이 중요하다는 인식이 확산되었다. 미국 독립선언문에는 "모든 인간은 평등하게 창조되었으며 생명, 자유, 행복을 추구하는 권리는 절대로 침해될 수 없는 것으로서 창조주로부터 부여받았다."라고 명시되어 있다. 또한 삶에 대한 개인의 자기결정권을 허용하는 정부가 수립됨으로써 행복의 추구는 개인의 선택이자 권리가 되었다. 이러한 **민주주의**(democracy)는 공리주의와 더불어 최대 다수의 최대 행복을 창출하는 새로운 정부 체계를 탄생시켰다.

한편으로 프랑스 혁명의 격렬한 혼란으로 인한 정신적 폐허 위에서, 19세기 초에는 자기 발견과 내면 경험에 충실하려는 **낭만주의**(romanticism)가 태동되었다. 또한 개인주의의 확산과 더불어 개인의 정서적 경험과 표현이 중요시되었다. 사회적 환경은 개성과 정서적 표현을 억압하는 경향이 있기 때문에, 사람들은 사회적 가면을 쓰고 살아가며 '진정한 자아'는 그 이면에 숨겨져 있다는 것이다. 따라서 행복을 위해서는 자신의 진정한 자아를 발견하고 표현하는 것이 중요하다는 생각이 확산되었으며, 이러한 생각은 오늘날의 행복 이론에 영향을 미쳤다. 또한 엄격한 가부장적인 사회의 결혼관이 변화하기 시작하여, 사랑이 결혼의 가장 중요한 동기가 되어야 한다는 생각이 생겨났다. 그 결과, 오늘날에는 사랑과 친밀감의 추구가 삶의 중요한 목표인 동시에 행복의 핵심적 요건으로 여겨지게 되었다(박영식, 2002; Compton, 2005).

동양문화권의 행복관

"무엇을 위하며 어떻게 사는 것이 '잘 사는 삶'인가?"라는 물음에 대한 대답은 문화권에 따라 상당한 차이가 있다. 각각의 문화권에 속한 사람들마다 추구하는 가치나 목표가 다르기 때문이다. 서양사회와는 삶의 환경과 문화가 다른 동양사회에서도 여러 철학적 사상가들과 종교지도자에 의해 다양한 행복관이 제시되었으며 현대인의 삶에 영향을 미치고 있다.

여기에서는 고대의 동양사회에서 태동하여 동양인의 행복관에 지대한 영향을 미친 유교, 도교, 불교 그리고 힌두교의 입장을 살펴보고자 한다.

유교(儒敎)는 중국 춘추시대의 인물인 공자(孔子: 552~479 B.C.)에 의해서 창시된 철학체계이자 윤리학이며 정치학이라고 할 수 있다. 극심한 정치적 혼란기에 살았던 공자는 개인적 삶에 있어 사회적 관계를 중시하면서 평화롭고 안정된 사회의 구현을 지향하였다. 이를 위해서 인(仁)을 최고의 덕목으로 삼았으며 수신(修身) · 제가(齊家) · 치국(治國) · 평천하(平天下)의 실현을 목표로 하였다. 그에 따르면, 인(仁)은 "사람을 사랑하는 것"으로서 효제(孝悌), 즉 부모에 대한 효도와 형제간의 우애를 실천함으로써 함양되는 것이다. 가족구성원 간의 진정한 애정을 중시하는 이러한 가족 윤리를 출발점으로 하여, 이를 인간사회의 조화와 평화를 이루는 원리로 삼아 정치에도 확대하여 적용하였다. 공자에게 있어서 최선의 삶은 긍정적이고 조화로운 인간관계 속에서 평화로운 사회과 국가를 위해 공헌하는 것이라고 할 수 있다. 그 후에 맹자(孟子: 372~289 B.C.)는 인의 실천을 위한 의(義)의 덕목을 내세워 인의(仁義)를 함께 중시했으며 인간의 본성은 선(善)하므로 이를 잘 발현시키도록 하는 것이 중요하다고 주장하였다. 이후에 유교에서는 인간이 지켜야 할 다섯 가지 기본적 덕목인 오상(五常), 즉 인(仁) · 의(義) · 예(禮) · 지(智) · 신(信)이 강조되었으며 구체적인 행동적 강령으로서 삼강오륜(三綱五倫)이 제시되었다.

도교(道敎)는 공자와 같은 시대를 살았던 노자(老子)에 의해서 제시된 철학체계이자 인생론이라고 할 수 있는데, 그의 가르침은 도덕경(道德經)에 전해지고 있다. 그는 세상만사의 근본원리이자 운행동력인 도(道)를 따르는 것이 최선의 삶이라고 주장한다. 도는 언어로 표현될 수 없으며 다양한 삶의 경험을 통해서 체득되는 것이지만 세상만물의 양극적 세력인 음(陰)과 양(陽)의 균형과 조화를 반영한다. 개인적 삶에 있어서는 이전투구의 세속적인 삶에서 벗어나 어떠한 일을 인위적으로 도모하기보다 자연의 도리에 순응하며 살아가는 무위자연(無爲自然)의 삶을 지향했다. 상선약수(上善若水), 즉 물이 흘러가는 것처럼 자연스럽게 살아가는 것이 최선의 삶이라고 주장하였다.

불교(佛敎)는 인도의 북부 카필라 왕국의 고타마 싯다르타(Gotama Siddhartha: 563~484 B.C.)에 의해 창시된 철학체계이자 종교이다. 그의 가르침은 사성제(四聖諦), 즉 고(苦: 인생은 고통스러운 것이다), 집(集: 모든 고통의 원인은 집착이다), 멸(滅: 집착을 없애면 열반에 이를 수 있다), 도(道: 열반에 이르는 길은 팔정도를 따르는 것이다)로 집약될 수 있다. 달리 말하면, 인간은 탐(貪: 탐욕) · 진(瞋: 분노) · 치(痴: 무지)라는 세 가지 집착인 삼독(三毒)에 의해서 고통을 받게 되므로 계(戒: 계율 준수) · 정(靜: 평정 유지) · 혜(慧: 통찰 증득), 즉 삼학(三學)의 수련을 통해 모든 집착으로부터 벗어난 자유로운 경지인 해탈(解脫)과 열반(涅

槃)에 이를 수 있다고 주장하였다. 불교의 교리에 따르면, 모든 인연은 인과업보에 따르는 것이므로 원하는 좋은 결과, 즉 선과(善果)를 얻기 위해서는 수행과 선행의 선업(先業)을 쌓아야 한다. 팔정도(八正道), 육바라밀(六波羅蜜), 삼학(三學), 지관쌍수(止觀雙修)와 같은 수행을 통해서 삶의 실상을 깨닫게 되면 어리석음과 집착에서 벗어나 모든 것으로부터 자유로운 해탈의 경지에 이를 수 있다. 북방의 대승불교에서는 상구보리 하화중생(上求菩提 下化衆生), 즉 위로는 깨달음을 추구하고 아래로는 중생을 구제하는 보살의 삶을 지향함으로써 개인적 해탈을 위한 수행뿐만 아니라 사회적 헌신의 중요성을 강조하고 있다.

힌두교(Hinduism)는 인도에서 고대부터 전해 내려오는 바라문교가 복잡한 민간신앙과 결합되며 발전한 종교로서 그 기본적 사상은 〈리그베다〉 〈우파니샤드〉 등의 경전에 바탕을 두고 있다. 신성한 최고신인 브라만(Brahman)을 숭배하는 브라만교에 다양한 신을 모시는 민간신앙과 더불어 윤회, 업, 해탈의 철학사상이 결합되면서 힌두교는 교리와 수행법에 있어서 매우 다양한 양상을 나타내고 있다. 힌두교는 다양한 신에 대한 숭배와 봉헌을 중시하는 유신론적 측면을 지닐 뿐만 아니라 지혜와 자기수련을 강조하는 철학적 측면을 지니고 있다. 힌두교는 생명이 죽은 뒤에서도 세상으로 회귀한다는 윤회(輪廻)와 현재의 삶은 과거의 행위에 의해 결정된다는 업(業: Karma)의 사상에 바탕을 두고 있으며 윤회의 사슬로부터 영원히 벗어나는 해탈(解脫: Moksa)을 궁극적인 목표로 삼는다. 이러한 힌두교의 유신론적 측면과 철학적 측면은 범아일여(梵我一如)의 사상, 즉 브라만(최고신)과 아트만(개인 영혼)이 하나라는 베단타 철학으로 통합되었다. 정신수련을 통해서 개인이 최고신과 하나임을 깨닫는 신비한 직관을 체득함으로써 해탈에 이를 수 있다는 입장이다. 힌두교에서는 신에 대한 헌신, 진언과 주문, 금욕과 신체수련, 선한 행위, 정신집중과 명상을 중시하는 다양한 요가 수행법이 제시되고 있으나 모두 범아일여의 체득을 통한 해탈을 지향하고 있다(Smart, 1998).

4) 20세기의 행복관 – 긍정 심리학의 선구자들

20세기에 들어서면서 인간의 자유와 선택권이 현저하게 증가했다. 특히, 산업화를 이룬 서구 민주주의 국가에서는 대다수의 사람들이 자신의 직업, 배우자, 종교적 신념, 정부조직을 비롯하여 행복한 삶을 위한 다양한 선택을 할 수 있게 되었다. 또한 20세기는 인간의 심리적 세계에 대해서 체계적이고 과학적 접근이 본격적으로 이루어진 시기이기도 하다. 다양한 심리학 이론이 발전하였으며 행복한 삶에 대한 명시적 또는 암묵적 입장이 제시되었다.

정신분석학을 창시한 Freud는 인간의 삶에 있어서 무의식적인 심리적 과정이 중요하다는 점을 강조하였다. 성격의 삼원구조 이론에서 제시했듯이, 인간의 삶은 육체적 쾌락을 맹목적으로 추구하는 원초아, 사회문화적 윤리가 내면화된 초자아 그리고 현실원리에 따라 중재하는 자아 간의 갈등과 타협과정이라고 보았다(Brenner, 1955). 인간의 행동과 경험은 대부분 성욕과 공격성으로 이루어진 무의식적 욕구를 사회문화적 요구에 맞추어 표출하려는 방어기제의 작동결과라고 간주했다. 인간에게 있어서 최선의 삶은 무분별한 욕망 추구와 과도한 문화적 억압을 자아가 성숙한 방어기제를 통해 생산적인 방식으로 조정하고 타협함으로써 내면적 갈등을 최소화하는 것이다. 즉, 자신의 무의식적 갈등과 과정을 최대한 자각함으로써 자아가 통제권을 확보하여 승화, 이타주의, 유머와 같은 성숙한 방어기제를 통해 내면적 욕망을 효과적으로 충족시키는 것이다. 근본적으로 인간의 본성적 욕망은 문화적 환경과 갈등을 겪을 수밖에 없으며 이러한 갈등을 최소화하는 것이 최선이라는 주장이다. 이런 점에서 Freud는 행복에 대해 소극적이고 비관적인 관점을 제시했다고 할 수 있다.

분석심리학을 제창한 Jung은 Freud의 성욕설을 비판하면서 무의식을 개인적 무의식과 집단적 무의식으로 구분했다. 집단적 무의식은 인간의 보편적이고 선험적인 내용으로 구성된 여러 가지 원형으로 이루어져 있다. 인간에게는 전체적이고 통합적인 존재로 살아갈 것을 스스로에게 요구하는 내면적 성향이 있는데, 이것은 자기원형(Self archetype)의 기능 때문이다. Jung에게 있어서 최선의 삶은 이러한 자기원형에 따라서 진정한 자기가 되어가는 것이며, 이를 실천하는 능동적인 과정이 개성화(individuation)이며 자기실현이다(이부영, 2002). 이와 반대로 타인의 평가나 사회적인 이상상에 맞추어 살아가게 되면 필연적으로 자기소외나 자기부정에 이르게 된다. 자기는 의식과 무의식을 모두 포함한 개인의 전체를 의미하며, 만다라(Mandala)와 같은 상징을 통해서 스스로의 모습을 나타낸다. 자기실현을 위해서는 자신의 무의식에 끊임없이 귀를 기울이며 자기원형의 메시지를 발견하고 그에 따라 살아가려는 진지한 태도가 필요하다.

Freud와 Jung이 개인의 무의식적 역동을 중시한 반면, Adler와 Sullivan 같은 정신역동적 이론가들은 대인관계를 중시했다. 개인심리학을 주장한 Adler에 따르면, 인간은 권력 의지와 열등감 보상동기 외에도 사회적 관심(social interest) 또는 공동체 의식을 지니고 있으며, 사회와 인류의 공동이익을 위해 공헌하는 것이 정신건강과 행복에 있어서 중요한 요소이다.

1960~1970년대의 인본주의 심리학자들은 인간의 건강하고 성장지향적인 긍정적 측면에 깊은 관심을 지녔다는 점에서 긍정 심리학의 선구자라고 할 수 있다. 인본주의 심리학의 관점에서 보면, 정신분석적 입장은 인간을 기본적으로 성적이고 공격적인 욕구에 의해 움직이는 부정적인 존재로 간주하는 반면, 행동주의적 입장은 인간을 로봇처럼 환경에 의해 조작되는 피동적인 존재로 여기는 것이다. 이러한 기존의 심리학적 입장을 비판하면서, 인본주의 심리학자들은 인간이 근본적으로 자기실현을 추구하는 성장지향적인 존재라고 보았다.

인본주의 심리학의 주요인물: 에이브러햄 매슬로(왼쪽)와 칼 로저스

Maslow(1954, 1968)는 인간의 욕구위계설을 주장하면서 자기실현 욕구를 가장 높은 수준의 욕구로 보았다. 그에 따르면, 자신과 타인을 있는 그대로 수용하면서 타인과 인간적인 유대를 형성하되 자율성과 독립성을 추구하면서 자신의 일에 애정을 지니고 몰입하며 창의적인 활동을 통해 자기실현을 이루는 것이 성숙하고 행복한 삶이다. 앞에서 언급한 바 있듯이, 그는 『동기와 성격』(Maslow, 1954)이라는 책에서 "긍정 심리학을 향하여(Toward a Positive Psychology)"라는 제목의 장을 쓰기도 했다.

인본주의 심리학의 또 다른 핵심인물인 Rogers(1951, 1957, 1961)는 인간중심적 심리치료를 제시한 바 있다. 인간은 좀 더 가치 있는 존재로 성장하기 위해서 자신의 모든 잠재력을 발현시켜 유능한 존재가 되려는 타고난 성향을 지니는데, 이를 자기실현 성향이라고 불렀다. 이러한 성향이 부모의 기대나 선호에 따라 수용되지 못하거나 차단되면 부적응과 정신장애가 나타나게 된다. 따라서 내담자가 무조건적 존중, 공감적 이해, 진솔함의 태도를 지닌 치료자와의 관계 속에서 자신의 진정한 모습을 자각하고 수용하면서 잠재능력을 충분히 발휘하게 되면 자기실현적 인간으로 성장할 수 있다고 주장했다.

인본주의 심리학은 긍정 심리학의 선구자인 동시에 가까운 친척관계라고 할 수 있다. 그러나 Seligman과 Csikszentmihalyi(2000)는 긍정 심리학이 인본주의 심리학과는 다르다고 주장한다. 인본주의 심리학자들은 암묵적으로 '과학적' 심리학에 대해서 비판적인 태도를 취하고 있다. 과학적 연구방법을 강조하는 심리학으로는 인간의 중요한 측면을 다루기 어렵다는 것이다. 이들은 현상학적 입장을 지니고 있어서 과학적이고 객관적인 검증보다는 개인의 의식적 경험을 중시하며 이를 기술하는 데에 주력함으로써 그들의 주장을 실증적인 연구를 통해 입증하거나 발전시키지 못했다. 또한 긍정 심리학은 삶의 긍정적 측면과 부정적 측면을 모두 인정하는 반면, 인본주의 심리학은 인간을 본질적으로 선한 긍정적 존재로만 간주하려는 경향이 있다. 이처럼 인본주의 심리학과 긍정 심리학은 여러 가지 측면에서 차이점이 있지만, 어떤 접근이 더 나은지에 대해서 논쟁하는 것은 아무런 도움이 되지 못한다. 긍정 심리학은 철학 또는 심리학 분야에서 성취된 선구자적 업적을 토대로 하여 인간의 긍정적 특성과 행복을 과학적으로 탐구하려는 시도일 뿐이다.

이 밖에도 많은 심리학자들이 인간의 긍정적 측면에 대한 이해 증진에 기여했다. 일찍이 Murray(1938)는 인간의 성격적 특성과 강점에 관한 연구를 시행한 바 있으며, Allport(1961)는 성숙한 성격의 특징을 고찰하였고, May(1969)는 실존주의적 관점에서 인생의 발달단계와 진실한 삶을 제시한 바 있다. Jahoda(1958)는 **긍정적 정신건강**(positive mental health)이라는 개념을 사용하면서 그 주요한 6가지 요소로서 자기수용, 자기성장 및 실현, 성격통합, 자율성, 정확한 현실인식, 환경적 숙달을 강조했으며, Ryff(1989, 1995; Ryff & Keyes, 1995; Ryff & Singer, 1998)는 행복한 사람들의 6가지 특성, 즉 환경적 통제, 긍정적 대인관계, 성장감, 인생의 목적의식, 자율성, 자기수용을 제시한 바 있다. Sternberg(1986a)는 천재성과 재능에 대해서 연구했으며, Gardner(1983, 1993)는 다중지능(multiple intelligence)의 개념을 제시하면서 인간이 지니는 다양한 능력을 탐구했다. Hayes, Strosahl과 Wilson(1999)은 내담자로 하여금 자신의 상태를 있는 그대로 수용하면서 지향하는 삶의 목표를 향해 전념하게 함으로써 행복하고 자기실현적인 삶으로 이끄는 수용전념치료(ACT)를 제시했으며, Taylor(2000), Davidson(2005)과 Gesch(2005)는 최근에 행복과 관련된 생물학적 측면을 연구하기도 했다.

2 행복의 정의

스스로 행복하다고 생각하지 않으면서 행복한 사람은 없다.

- Publilious Syrus -

행복에 대한 철학적 주장은 크게 두 가지 입장으로 구분될 수 있다. 그 첫째는 쾌락주의적 입장으로서 행복은 개인이 주관적으로 경험하는 유쾌한 상태라는 관점이다. 행복은 개인이 자신의 삶에 대해서 만족스럽게 느끼는 주관적인 상태라는 생각이다. 다른 하나는 자기실현적 입장으로서 행복은 개인의 잠재적 가능성을 충분히 발현하는 것이라는 관점이다. 성격적 강점과 덕목을 충분히 계발하고 발휘함으로써 인생의 중요한 영역에서 의미 있는 삶을 구현하는 것이 행복이라는 생각이다.

긍정 심리학은 이러한 두 가지 철학적 입장에 근거하고 있다. 전자의 입장에서 행복을 탐구하는 심리학자들은 긍정적인 주관적 경험들(주관적 안녕, 행복감, 삶의 만족도, 몰입 경험, 긍정 정서 등)에 초점을 맞추고 있다. 반면에 후자의 입장을 중시하는 심리학자들은 인간의 긍정적 특질, 즉 성격적 강점과 덕목(지혜, 용기, 창의성, 관용, 절제, 영성 등)의 연구에 초점을 맞추고 있다. 이 장에서는 전자의 입장에 근거한 행복의 정의를 소개할 것이며, 후자의 입장은 이 책의 제2부에서 논의하게 될 것이다.

긍정 심리학자들은 행복을 추상적인 개념으로 정의하기보다 실증적인 연구를 할 수 있도록 구체적인 방식으로 정의하고자 노력한다. 과학적인 연구를 위해서는 행복을 구체적으로 정의하고 측정하는 작업이 필수적이기 때문이다.

행복이라는 용어는 다양한 의미를 함축하고 있는 일상적인 용어이기 때문에 긍정 심리학자들은 좀 더 구체적인 의미를 지닌 용어를 사용하려고 한다. 행복을 쾌락주의적 관점에서 탐구하는 연구자들은 주관적 안녕(subjective well-being)이라는 용어를 선호한다. 주관적 안녕은 개인이 자신의 삶을 긍정적으로 경험하는 주관적인 심리상태를 의미한다. 또한 삶에 대한 인지적 평가에 초점을 맞추어 삶의 만족도(life satisfaction) 또는 삶의 질(quality of life)이라는 용어가 사용되기도 한다.

주관적 안녕은 가장 널리 사용되고 있는 용어로서 정서적 요소와 인지적 요소로 구성되어 있는 것으로 여겨지고 있다(Diener, 1984, 1994). 주관적 안녕의 정서적 요소는 **긍정 정서**와 **부정 정서**를 말한다. 즉, 행복감, 즐거움, 환희감과 같은 긍정 정서를 자주 강하게 경험하는 반면, 우울감, 슬픔, 질투감과 같은 부정 정서를 덜 경험할수록 주관적 안녕의 수준이 높다고 보는 것이다. 긍정 정서와 부정 정서는 서로 연관되어 있으나 상당히 독립적인 것으로 알려져 있다.

주관적 안녕의 인지적 요소는 개인이 설정한 기준과 비교하여 삶의 상태를 평가하는 의식적이고 인지적인 판단을 의미하며 **삶의 만족도**라고 지칭된다. 인간은 자신의 삶을 전체적으로 또는 영역별로 평가하고 그 결과가 긍정적일 때 만족감을 느끼게 된다.

주관적 안녕을 구성하는 정서적 요소와 인지적 요소는 서로 밀접한 관계에 있지만 상당히 독립적으로 변화하며 다른 요인과의 관계에서 차이를 나타낸다. 일반적으로 정서적 반응은 단기적인 상황변화에 대한 직접적인 반응으로서 지속기간이 짧으며, 무의식적 동기나 생리적 상태에 의해 영향을 받는 경향이 있다. 반면에 인지적 반응은 보다 장기적인 삶의 상태에 대한 의식적 평가로서 삶의 가치관이나 목표에 의해 영향을 받는다. 이러한 심리적 요소로 구성되는 주관적 안녕은 많은 긍정 정서와 적은 부정 정서 그리고 높은 삶의 만족도를 경험하는 상태로 정의되고 있다. 주관적 안녕의 구성요소를 좀 더 자세하게 제시하면 〈표 1-1〉과 같이 요약될 수 있다(Diener, Suh, Lucas, & Smith, 1999).

표 1-1 주관적 안녕의 구성요소

정서적 구성요소		인지적 구성요소	
긍정 정서	부정 정서	만족도 평가차원	평가 영역
즐거움	슬픔	현재의 삶에 대한 만족도	자기
만족감	우울감	과거의 삶에 대한 만족도	가족
행복감	불안감	미래의 삶에 대한 낙관도	건강
자존감	분노감	삶의 변화에 대한 필요성	직업
애정감	질투감	자신의 삶에 대한 중요한 타인의 견해	여가
고양감	부담감		재정상태
환희감	죄책감/수치감		소속집단

3 행복의 측정

행복에 대한 과학적 연구에서 중요한 것은 "행복한 정도를 어떻게 측정할 것인가?" 하는 문제이다. 이와 관련하여 제기될 수 있는 한 가지 문제점은 "누가 개인의 행복 정도를 판단할 것인가?" 하는 점이다. 고대 그리스 시대에는 철학자들이 행복을 정의할 뿐만 아니라 개인의 행복 정도를 판단할 수 있다고 믿었다. 중세의 기독교 지도자들은 자신들이 모든 사람의 행복을 판단해야 한다고 믿었다. 20세기에 들어서 긍정적 정신건강에 관한 많은 이론들이 제안되었으며 그 평가 주체에 대해서도 다양한 주장이 제기되었다.

현재 대다수의 긍정 심리학자들은 개인이 행복 판단의 주체가 되어야 한다고 믿고 있다. 행복은 주관적 현상이기 때문에 개인의 주관적인 보고에 의해 측정되어야 한다는 것이다. 즉, 어떤 사람에게 "당신은 행복하십니까?" 또는 "당신은 얼마나 행복하십니까?"라고 묻는 것이다. 이러한 평가방법에 대해서 Freud를 위시한 정신분석학자들은 자기보고가 무의식적인 방어기제에 의한 것일 수 있으므로 신뢰하기 어렵다고 주장한다. 만약 이들의 주장이 옳다면, 행복에 대한 개인의 자기보고는 그를 잘 아는 주변사람들에 의한 평가와 차이를 나타낼 것이다. 그러나 실증적 연구(Diener, 1994; Sandvik, Diener, & Seidlitz, 1993)에 의하면, 자기보고는 주변사람들에 의한 보고와 상당한 일치를 보였다. 높은 주관적 안녕과 삶의 만족도를 보고하는 사람들은 일상적 생활에서 행복하고 만족스러움을 행동으로 표현하는 경향이 있으며, 주변사람들 역시 그들이 행복하고 만족스러운 삶을 사는 것으로 인식하게 된다. 따라서 행복 정도에 대한 자기보고는 신뢰할 만한 것이라고 볼 수 있다(Compton, 2005).

행복 정도를 측정하기 위해서 많은 도구들이 개발되었다. 이러한 측정도구들은 대부분 행복 정도가 "매우 행복한"에서부터 "매우 불행한"까지의 연속선상에 나열될 수 있으며, 개인은 자신의 행복 정도에 해당되는 지점을 보고할 수 있다고 가정하고 있다. 측정도구에 따라서 행복 정도는 개인이 느끼는 주관적 행복 수준, 주변사람들과의 비교를 통한 행복 수준, 자신이 이상적으로 여기는 삶의 상태와의 비교를 통한 행복 수준으로 평가될 수 있다.

표 1-2 삶의 만족도 척도

◆ 아래에는 귀하가 동의할 수도 있고 그렇지 않을 수도 있는 다섯 문항이 제시되어 있습니다. 각 문항에 동의 또는 반대하는 정도에 따라서 1~7 사이의 숫자에 ○표 해주시기 바랍니다. 자유롭고 솔직하게 응답해주시기 바랍니다.

전혀 아니다	아니다	약간 아니다	중간 이다	약간 그렇다	그렇다	매우 그렇다
1	2	3	4	5	6	7

1. 전반적으로 나의 인생은 내가 이상적으로 여기는 모습에 가깝다	1	2	3	4	5	6	7
2. 내 인생의 여건은 아주 좋은 편이다	1	2	3	4	5	6	7
3. 나는 나의 삶에 만족한다	1	2	3	4	5	6	7
4. 지금까지 나는 내 인생에서 원하는 중요한 것들을 이루어냈다	1	2	3	4	5	6	7
5. 다시 태어난다 해도, 나는 지금처럼 살아갈 것이다	1	2	3	4	5	6	7

* 출처는 Diener 등(1985)이며, 저자가 번역한 것임.

주관적 안녕의 측정을 위해서 가장 널리 사용되는 척도는 삶의 만족도 척도(SWLS: Satisfaction With Life Scale; Diener, Emmons, Larsen, & Griffin, 1985)이다. 〈표 1-2〉에 제시되어 있듯이, 이 척도는 다섯 문항으로 구성되어 있으며 각 문항에 대해서 1점(전혀 아니다)에서 7점(매우 그렇다)까지의 척도상에서 응답하도록 되어 있다. 응답의 범위는 5~35점이다(31~35점=매우 만족함, 26~30점=상당히 만족함, 21~25점=약간 만족함, 20점=중립상태임, 15~19점=약간 불만족함, 10~14점=상당히 불만족함, 5~9점=매우 불만족함). 이 척도는 다섯 문항으로 구성된 매우 간단한 자기보고형 검사이지만 신뢰도와 타당도가 잘 입증되어 있어 널리 사용되고 있다.

이 밖에 Argyle(2001)이 개발한 옥스퍼드 행복 척도-개정판(The Revised Oxford Happiness Scale)도 널리 사용되고 있다. 본래 이 척도는 행복을 평가하는 29개 항목마다 그 정도를 달리하는 네 개의 문장(1번 문항의 경우: 나는 행복하지 않다; 나는 약간 행복하다; 나는 상당히 행복하다; 나는 매우 행복하다) 중 하나를 선택하는 4지 선다형으로 구성되어 있다. 〈표 1-3〉에는 문항 내용들을 소개하기 위해서 저자가 이 척도를 4점 평정척도로 바꾸어 제시하였다.

주관적 안녕의 정서적 요소인 긍정 정서와 부정 정서를 측정하는 도구들 역시 매우

표 1-3 옥스퍼드 행복 척도-개정판

◆ 아래에는 개인적인 행복과 관련된 문장들이 제시되어 있습니다. 각 문항에 대해서 귀하가 오늘을 포함하여 지난 한 주 동안 느낀 바를 가장 잘 나타내는 정도에 따라 1~4 사이의 숫자에 ○표 해주시기 바랍니다.

전혀 그렇지 않다	약간 그렇다	상당히 그렇다	매우 그렇다
1	2	3	4

1. 나는 행복하다	1	2	3	4
2. 나는 미래에 대해서 낙관적이다	1	2	3	4
3. 나는 내 인생의 많은 부분에 대해서 만족한다	1	2	3	4
4. 나는 내 인생을 잘 통제하고 있다고 느낀다	1	2	3	4
5. 나는 내 인생에서 상당한 보람을 느낀다	1	2	3	4
6. 나는 나 자신을 좋아한다	1	2	3	4
7. 나는 주변에서 일어나는 일들에 대해 상당한 영향력을 지니고 있다	1	2	3	4
8. 산다는 것은 좋은 것이다	1	2	3	4
9. 나는 다른 사람들에게 흥미를 느낀다	1	2	3	4
10. 나는 대부분의 결정을 쉽게 잘 할 수 있다	1	2	3	4
11. 나는 일들을 잘 해내는 편이다	1	2	3	4
12. 아침에 일어날 때마다 개운한 편이다	1	2	3	4
13. 나는 활기에 차 있다	1	2	3	4
14. 나는 많은 것들에서 아름다움을 느낀다	1	2	3	4
15. 나는 정신적으로 항상 맑게 깨어 있는 편이다	1	2	3	4
16. 나는 건강하다고 느낀다	1	2	3	4
17. 나는 다른 사람들에게 따뜻한 감정을 지니고 있다	1	2	3	4
18. 나는 과거에 대한 행복한 기억들을 많이 지니고 있다	1	2	3	4
19. 나는 종종 쾌활하고 즐거운 기분을 느낀다	1	2	3	4
20. 나는 내가 원했던 많은 것들을 해냈다	1	2	3	4
21. 나는 내 시간을 잘 관리하고 있다	1	2	3	4
22. 나는 다른 사람들과 함께 재미있는 일들을 자주 경험한다	1	2	3	4
23. 나는 다른 사람들을 유쾌하게 해주는 편이다	1	2	3	4
24. 내 인생의 의미와 목적에 대해서 분명한 인식을 지니고 있다	1	2	3	4
25. 나는 내가 하는 일에 몰입하여 전념하는 편이다	1	2	3	4
26. 나는 세상이 참 좋은 곳이라고 생각한다	1	2	3	4
27. 나는 잘 웃는다	1	2	3	4
28. 나의 외모는 매력적이라고 생각한다	1	2	3	4
29. 나에게는 대부분의 일들이 흥미롭게 느껴진다	1	2	3	4

다양하게 개발되어 있다. 널리 사용되는 정서 척도로는 긍정 및 부정 정서성 척도(Positive Affectivity and Negative Affectivity Scale; Watson, Clark, & Tellegen, 1988), 다중 정서 형용사 체크리스트(Multiple Affect Adjective Check-List), 기분 상태 프로파일(Profile of Mood States) 등이 있다. 〈표 1-4〉에 제시되어 있듯이, 긍정 및 부정 정서성 척도는 다양한 정서를 기술하는 형용사들을 나열하고 응답자에게 자신의 정서 경험을 5점 척도상에서 평정하게 한다.

표 1-4 긍정 및 부정 정서성 척도

◆ 다음에 나오는 단어들은 다양한 감정이나 기분을 기술하는 것입니다. 각 단어를 읽고, 요즘 귀하가 느끼는 감정이나 기분의 정도를 가장 잘 나타낸 곳에 ○표를 해주십시오.

전혀 그렇지 않다	약간 그렇다	어느 정도 그렇다	상당히 그렇다	매우 그렇다
1	2	3	4	5

1. 신나는 …………1	2	3	4	5	11. 화를 잘 내는 ………1	2	3	4	5
2. 괴로운 …………1	2	3	4	5	12. 맑고 또렷한 ………1	2	3	4	5
3. 활기에 찬 ………1	2	3	4	5	13. 창피한………………1	2	3	4	5
4. 혼란스러운……1	2	3	4	5	14. 의욕이 넘치는 ……1	2	3	4	5
5. 자신감 넘치는 …1	2	3	4	5	15. 신경질적인…………1	2	3	4	5
6. 죄책감 느끼는 …1	2	3	4	5	16. 확신에 차 있는 ……1	2	3	4	5
7. 위축된 …………1	2	3	4	5	17. 상냥한………………1	2	3	4	5
8. 분노를 느끼는 …1	2	3	4	5	18. 초조한………………1	2	3	4	5
9. 열정적인 ………1	2	3	4	5	19. 활동적인……………1	2	3	4	5
10. 자랑스러운……1	2	3	4	5	20. 두려운………………1	2	3	4	5

* 출처는 Watson 등(1988)이며, 저자가 번역하였다. 채점방법은 다음과 같다. 긍정 정서는 1, 3, 5, 9, 10, 12, 14, 16, 17, 19번 문항 평정점수의 합이며, 부정 정서는 2, 4, 6, 7, 8, 11, 13, 15, 18, 20번 문항 평정점수의 합이다.

이상에서 소개된 바와 같이, 주관적 안녕을 측정하는 대부분의 도구들은 자기보고형 평정 척도에 의해서 응답자로 하여금 "요즘" 또는 "지난 일주일 간" 경험한 전반적 행복도나 정서를 평가하게 한다. 그러나 이러한 측정방법은 과거 경험을 회상하면서 평가하는 것이기 때문에 평정 당시의 기억이나 기분상태에 의해서 영향을 받을 가능성이 있다. 이러한 문제점을 해결하기 위해서 개발된 방법이 **생태학적 순간 평가법**(EMA:

Ecological Momentary Assessment)으로서 일정기간 동안 일상생활 속에서 어떤 경험을 한 순간 또는 가까운 시간 내에 자기보고를 하게 하는 방법이다(Moskowitz & Young, 2006; Stone & Shiffman, 1994; Wheeler & Reis, 1991). 이 방법은 일상생활 속의 생생한 경험을 현장에서 곧바로 측정하므로 기억 왜곡의 문제를 최소화할 뿐만 아니라 일정한 기간 동안 여러 번의 자기보고를 통해서 응답자의 삶을 잘 대표하는 신뢰할 수 있는 평가자료를 얻을 수 있는 장점이 있다.

자기보고 시기는 연구목적에 따라 다양한 방법으로 정할 수 있다. 첫 번째 방법은 **고정 시간간격 기록법**(specified time-interval recording)으로서 일정한 시간 간격마다 자기보고를 하게 한다. 예를 들어, 응답자에게 1주일간 매일 자기 전에 1회 또는 매일 3시간마다 평정 척도에 응답하게 하는 것이다. 두 번째는 **사건-연계 기록법**(event-contingent recording)으로서 특정한 사건이나 경험을 하고 난 직후에 자기보고를 하게 하는 방법이다. 예를 들어, 일상생활에서 사람들과 의미 있는 만남을 가졌거나 특정한 경험(행복감, 불안 등의 감정 경험)을 했을 때마다 보고하게 한다. 마지막으로, **신호-연계 기록법**(signal-contingent recording)은 연구자나 전자장치에 의해서 신호음이 울릴 때마다 그 당시의 경험을 기록하게 하는 방법이다. 그 대표적인 방법이 경험표집법으로서 주관적 안녕의 연구에도 널리 사용되고 있다.

경험표집법(ESM: Experience Sampling Method; Larson & Csikszentmihalyi, 1983)은 전자장치를 사용하여 사람들의 일상생활 경험을 무선적으로 표집하여 보고하게 하는 방법이다. 이 방법은 연구 참가자들로 하여금 담뱃갑 크기의 전자장치를 항상 착용하게 하는데, 이 장치는 무선적으로 결정된 시간마다 신호음("삐-" 하는 소리)을 낸다. 그러면 참가자는 그 순간에 자신이 어디에 있으며, 무엇을 하고, 어떤 기분을 느끼며, 어떤 생각을 하고 있는지에 대해 응답하는 기록지를 작성한다. 참가자가 작은 키보드를 사용하여 응답을 하게 하는 경우도 있지만, 기록지를 사용하는 경우가 더 흔하다. 이러한 경험표집법에서 사용하는 기록지의 예가 〈표 1-5〉에 제시되어 있다.

경험표집법은 현재 경험에 근거하기 때문에 잘못된 기억에 의한 왜곡 문제를 해결해 준다(Stone, Shiffman, & deVries, 1999). 참가자들은 자신이 평소에 어떤 경험을 하는지 기억하여 떠올릴 필요가 없다. 단지 신호음이 울리는 순간에 어떤 일이 일어나고 있는지를 보고하면 된다. 이러한 즉시적인 보고를 통해서 연구자는 참가자가 일상생활에서

표 1-5 몰입의 경험표집 기록지(Csikszentmihalyi & Csikszentmihalyi, 1988)

일시 ____년 ___월 ___ 일　　신호음이 울린 시간 ___시 ___분　　기록 시간 ___ 시 ___분

* 당신은 어디에 있습니까? ______________________________
* 당신은 어떤 일을 하고 있었습니까? ______________________________
* 당신은 이 일을 왜 하고 있습니까?
  _______ 내가 해야 하기 때문에
  _______ 내가 하기를 원했기 때문에
  _______ 다른 할 일이 아무것도 없었기 때문에
* 신호음이 울렸을 때, 당신은 이 밖에 다른 어떤 일을 하고 있었습니까?

____

	전혀			약간			상당히			매우
1. 당신은 얼마나 잘 집중하고 있었습니까?	0	1	2	3	4	5	6	7	8	9
2. 집중하는 것이 어려웠습니까?	0	1	2	3	4	5	6	7	8	9
3. 당신은 얼마나 자기의식적이었습니까?	0	1	2	3	4	5	6	7	8	9
4. 당신은 자신에 대해서 좋은 느낌을 가졌습니까?	0	1	2	3	4	5	6	7	8	9
5. 당신은 상황을 잘 통제하고 있었습니까?	0	1	2	3	4	5	6	7	8	9
6. 당신은 자신의 기대에 잘 따르고 있었습니까?	0	1	2	3	4	5	6	7	8	9
7. 당신은 다른 사람의 기대에 잘 따르고 있었습니까?	0	1	2	3	4	5	6	7	8	9

	매우	상당히	약간	중간	약간	상당히	매우	
8. 각성된	0	1	2	3	4	5	6	졸린
9. 행복한	0	1	2	3	4	5	6	슬픈
10. 짜증나는	0	1	2	3	4	5	6	신나는
11. 강한	0	1	2	3	4	5	6	약한
12. 적극적인	0	1	2	3	4	5	6	소극적인
13. 외로운	0	1	2	3	4	5	6	사교적인
14. 수치스러운	0	1	2	3	4	5	6	자랑스러운
15. 관여된(집중된)	0	1	2	3	4	5	6	소외된(유리된)
16. 흥분된	0	1	2	3	4	5	6	지루한
17. 폐쇄적인	0	1	2	3	4	5	6	개방적인
18. 명료한	0	1	2	3	4	5	6	혼란스러운
19. 긴장된	0	1	2	3	4	5	6	이완된
20. 경쟁적인	0	1	2	3	4	5	6	협동적인

21. 신호가 울렸을 때 당신은 어떤 신체적인 불편감을 느끼고 있었습니까?

전혀			약간			상당히			매우
0	1	2	3	4	5	6	7	8	9

* 다음 사항에 대해 기록해주시기 바랍니다.

22. 당신은 누구와 함께 있었습니까?

혼자 어머니 아버지 형제나 자매
동성친구(______명) 이성친구(______명) 낯선 사람 기타

* 당신이 하고 있던 활동에 대해서 어떻게 느꼈는지를 표시해 주십시오.

	낮음									높음
23. 활동의 도전 수준(어려운 수준)	0	1	2	3	4	5	6	7	8	9
24. 활동에서의 당신의 기술 수준	0	1	2	3	4	5	6	7	8	9

	전혀 아니다									매우 그렇다
25. 이 활동이 당신에게 중요합니까?	0	1	2	3	4	5	6	7	8	9
26. 이 활동이 다른 사람에 중요합니까?	0	1	2	3	4	5	6	7	8	9
27. 당신은 지금 하고 있는 일에서 성공하고 있습니까?	0	1	2	3	4	5	6	7	8	9
28. 당신은 당신이 다른 어떤 일을 했으면 하고 바랐습니까?	0	1	2	3	4	5	6	7	8	9
29. 당신은 지금 하고 있는 일에 만족하십니까?	0	1	2	3	4	5	6	7	8	9
30. 이 활동이 당신의 전반적 목표에 비추어 중요합니까?	0	1	2	3	4	5	6	7	8	9

31. 만약 당신이 선택할 수 있다면, 누구와 함께 있고 싶습니까? ______________________
32. 만약 당신이 선택할 수 있다면, 당신은 무엇을 하고 싶습니까? ______________________
33. 신호가 울린 이후로, 당신의 기분에 영향을 줄 수 있는 어떤 일이 일어났습니까? ______________________

어떤 생각과 감정을 지니며 어떤 행동을 하는지 알 수 있다. 경험표집법의 또 다른 장점은 참가자가 어떤 환경과 상황에 자주 접하게 되는지를 알 수 있다는 점이다. 이러한 환경적 요인을 파악하는 것은 참가자의 행동과 생각을 이해하는 데 커다란 도움이 된다.

그러나 경험표집법은 참가자들이 하루에도 수차례 호출기가 울릴 때마다 기록을 해야 하므로 많은 부담을 주게 된다. 이러한 문제로 응답자의 중도 탈락률이 높기 때문에 연구에 어려움을 겪게 되기도 한다. 이러한 문제점을 극복하기 위해서 최근에 **일상재구**

성법(DRM: Day Reconstruction Method)이 제안되었다(Kahneman, Krueger, Schkade, Schwarz, & Stone, 2004). 이 방법은 응답자가 연구에 참여하기 전날의 하루 일상에 대한 보고를 하고 각 활동에 대한 심리적 경험을 평가하는 것으로서, 연구자로 하여금 응답자 개인이 경험한 하루의 활동과 심리적 경험에 대해 전반적인 이해를 할 수 있게 해준다. 또한 응답하기 하루 전날에 일어난 일에 대해 보고를 받기 때문에 구체적이며 기억 오류를 최소화할 수 있다. 이 방법은 심리적 경험과 시간 사용을 동시에 평가할 수 있는 방법으로서, 경험표집법과 시간대별 일기쓰기(time diary)를 결합한 것이라고 할 수 있다(장재윤, 유 경, 서은국, 최인철, 2007). 일상재구성법은 경험표집법에 비해서 연구 참여자들에게 부담을 덜 주고, 일상적인 활동을 방해하지 않으며, 하루 중 짧은 시간만을 표집하는 것이 아니라 온종일 일어난 일들을 연속적으로 평가할 수 있다는 점에서 매우 유용하다. 국내에서는 장재윤 등(2007)이 이 방법을 사용하여 남녀직장인과 주부의 삶의 질을 조사한 바 있다. 이 연구에서 연구 참여자들은 연구에 참여하기 바로 전날에 대한 짧은 일기를 작성하도록 지시받는다. 하루 중에 있었던 일들을 영화처럼 떠올리며 주요한 일화(episode)를 기록지에 적도록 한다. 개인에 따라서 10개 이상의 일화를 기억할 수도 있다. 이렇게 일기를 작성한 후, 참가자들은 각 일화마다 〈표 1-5〉와 유사한 구조화된 질문지에 응답한다. 일화가 시작되었을 때 어디에 있었고, 누구와 함께 있었으며, 무엇을 했는지에 대해서 답해야 하며, 그때 경험한 정서에 대해서 보고해야 한다.

이 밖에도 개인의 전반적인 인생 경로와 패턴을 직접 물어보는 것도 중요하다. 행복했던 경험들의 전반적인 진행과정을 무시하고 특정한 시점에서의 경험만을 측정하는 것은 나무만 보고 숲을 보지 못하는 일이 될 수도 있기 때문이다. 그 극단적인 한 예가 저명한 철학자 Ludwig Wittgenstein의 경우이다. 다른 사람이 보기에는 모든 면에서 탁월한 성취를 나타냈지만, 그는 자신에 대해서 매우 비판적이었으며 하루도 기분 좋은 날이 없었던 사람이다. 그러나 전하는 바에 따르면, 그가 죽어가면서 마지막으로 남긴 말은 "내가 아주 멋들어진 인생을 살았다고 전해주게." 였다고 한다(Monk, 1990). 이처럼 응답자로 하여금 인생에서 경험했던 중요한 사건들을 종합적으로 고려하여 삶의 만족도를 평가하게 하는 것이 필요하다.

4 행복 측정의 고려사항

행복의 측정도구가 개인차를 제대로 측정하고 있는지 평가하기 위해서는 각 척도의 내적 합치도와 시간적 안정성을 살펴보아야 한다. 행복과 주관적 안녕에 관한 대다수의 척도들은 이러한 기준을 상당히 잘 만족시키고 있다. 척도의 타당도 역시 까다롭지만 매우 중요한 문제이다. 과연 행복의 측정도구는 연구자들이 측정하고자 하는 바를 측정하고 있는 것인가? 심리학에서 타당도를 엄밀하게 평가하는 것은 쉽지 않다. 다른 척도들을 함께 사용하여 측정하고 난 후에, 척도들 간의 전체적인 패턴을 살펴보아야 한다. 이론적으로 예상될 수 있는 척도들 간의 관련성이 나타나는지를 확인함으로써 그 타당도를 평가할 수 있다.

주관적 안녕의 측정에 있어서 중요한 문제는 그 측정점수가 얼마나 시간적으로 안정된 것이냐 하는 점이다. 측정점수가 시간대별로 또는 매일 심하게 변화한다면, 그 점수들을 신뢰하기 어려울 뿐만 아니라 그처럼 급변하는 행복의 원인을 밝히기도 어려울 것이다. 그러나 다행히도 개인이 보고하는 주관적 안녕의 평균 수준은 비교적 안정적이라는 사실이 입증되었다(Costa & McCrae, 1984, 1988; Diener, 1994). 이러한 연구에 따르면, 주관적 안녕에 대한 자기보고 점수는 약 6년에 걸쳐 상당히 안정적으로 유지되었다. 즉, 시점 1과 시점 2 간의 상관이 .40～.50 수준이었다(Diener & Lucas, 1999). 더욱 흥미로운 사실은 주관적 안녕과 관련된 성격특질에 대한 연구에서 그러한 성격특질이 30년에 걸쳐 상당한 안정성을 보였다는 점이다(Costa & McCrae, 1986). 또한 Harker와 Keltner(2001)는 대학교 졸업앨범을 이용하여 여학생들의 사진에 나타난 긍정 정서의 양(미소의 정도로 측정)을 평가하고 30년이 지난 시점에서 그들의 주관적 안녕 정도를 비교한 결과 유의미한 상관이 있음을 발견했다.

행복의 안정성에 대한 연구들

인간의 삶은 시간과 환경의 변화에 따라 변하기 때문에 삶에 대한 만족도나 행복 정도 역시 변한다. 그러나 행복은 일시적인 상황변화를 반영할 뿐만 아니라 오랜 기간에 걸쳐 살아온 전반적인 결과를 반영한다. 이러한 점을 잘 보여주는 두 연구를 살펴보기로 한다.

첫 번째 연구는 미국의 노틀담 수녀원에 있는 수녀들이 쓴 자전적 에세이의 내용을 분석함으로써 이루어졌다. 1930년에 그 수녀원의 원장은 모든 수녀들에게 자신의 어린 시절, 출신학교, 종교적 체험, 종교에 귀의하게 된 이유에 관한 자전적 에세이를 적도록 하였다. 이는 수백자 내외의 짧은 글이었는데 대학에 지원할 때 작성하는 자기소개서와 비슷한 것이었다. 수녀들의 에세이는 이후 수십 년 동안 보관되어오다가 가톨릭 교단에서 알츠하이머형 치매의 신비를 풀어내는 데 사용하도록 연구자들에게 공개되었다. 수녀들은 식생활, 교육, 건강관리, 습관, 수입 등에 있어서 거의 비슷하다는 점에서 어떤 요인이 치매에 영향을 미치는지 확인할 수 있는 좋은 연구대상이기 때문이다.

켄터키 대학의 Danner, Snowdon과 Friesen(2001)은 1917년 이전에 출생한 수녀 180명의 글을 읽고 긍정 정서 단어를 포함하고 있는 문장과 부정 정서 단어를 포함하고 있는 문장의 수를 계산하여 정서 점수를 측정하였다. 1990년대에 이르기까지 이들 수녀 중 40%가 사망했는데, 연구자들은 60년 전에 기록된 에세이의 정서 내용이 생존 여부와 관련되는지를 조사하였다. 놀랍게도 긍정 정서, 즉 행복감은 장수와 관련성이 있었지만 부정 정서는 관련성을 보이지 않았다. 행복했던 수녀들(상위 25%)은 상대적으로 덜 행복했던 수녀들(하위 25%)보다 평균적으로 10년을 더 살았다. 흡연 여부가 평균수명에 7년 정도의 차이를 초래한다는 점에 비추어볼 때, 행복은 수명에 더 강력한 영향을 미친다는 것을 보여준다.

두 번째 연구는 캘리포니아 오클랜드에 소재하고 있는 여자대학인 Mills College의 졸업생 사진을 조사한 것이다. 다른 대학교와 마찬가지로 Mills College도 매년 졸업생들의 사진을 담은 연보를 발간하고 있었다. 심리학자인 Harker와 Keltner(2001)는 1958년과 1960년에 발간된 연보에서 114장의 사진을 분석하였다. 사진 속의 앳된 여학생들은 3명을 제외한 전원이 미소를 짓고 있었지만 모두 각기 다른 모습의 미소를 보이고 있었다. 이들의 웃는 얼굴표정을 뒤센형 미소(Duchenne smile: 눈 주위 근육이 수축되어 주름이 지는 정도로 표현되는 행복도)의 10점 척도상에서 측정한 결과 평균 3.8점을 보였다. 연구자들은 사진 속의 여성들을 장기적으로 추적하는 연구를 진행했는데, 30년 뒤에 이 여성들의 결혼만족도가 사진의 미소에서 나타난 행복도에 의해서 예측될 수 있을 것으로 가정했다. 연구결과, 이러한 가정이 입증되었다. 연보 사진에서 긍정 정서(행복)를 많이 나타낸 여성일수록 중년에 이르러서도 더 만족스러운 결혼생활을 영위하고 있었던 것이다.

이러한 연구결과에 대해서 비판적인 사람들은 신체적 매력도와 같은 다른 요인들이 영향을 미쳤을 것이라는 의문을 제기할 수도 있다. 그러나 신체적 매력도는 행복에 그다지 영향을 미치지 않는다는 연구결과(Argyle, 2001)가 있을 뿐만 아니라 이 연구에서도 미모는 결혼만족도에 영향을 미치지 못했다. Harker와 Keltner는 사진에 나타난 여성의 매력도를 평가하여 분석한 결과 결혼만족도와 무관한 것으로 나타났다.

이러한 연구결과들은 행복이 어떤 과정을 통해서 수명과 결혼생활에 영향을 미치는지 구체적으로 알려주지는 않는다. 그러나 일상생활 속에서 긍정적인 정서를 느끼고 밝은 미소를 지은 여성들은 조금씩 자신의 삶을 행복하게 가꾸어 나간 반면, 불행한 여성들은 이와 반대의 길을 걸었을 것으로 짐작해볼 수 있다. 이러한 연구결과들은 행복감이 어떤 시점에서 느끼는 일시적인 상태를 넘어서 미래의 삶에도 지속적으로 중대한 영향을 미칠 수 있다는 것을 보여주고 있다(Peterson, 2006).

주관적 안녕은 세월의 흐름에도 상당한 안정성을 보였을 뿐만 아니라 환경의 변화에도 상당히 안정적이었다. Diener와 Larsen(1984)의 연구에 따르면, 사람들은 외부환경이 현저하게 변하더라도 주관적 안녕의 보고에서는 상당히 안정된 패턴을 보였다.

연구자들은 자기보고형 척도를 이용한 연구에 매력을 느끼기 쉽다. 왜냐하면 간단하고 직접적인 방법일 뿐만 아니라 자료수집에 소요되는 비용도 덜 들기 때문이다. 응답자들 역시 자신이 행복한지 아닌지를 평가하는 질문에 간단히 응답하기만 하면 된다. 이러한 장점에도 불구하고 자기보고형 측정도구는 몇 가지 문제점을 지니고 있다. 우선, 자기보고는 개인의 주관적인 경험을 반영하는 것이지만 항상 정확한 것이라고 볼 수 없다. 평가가 이루어지는 상황이 상당한 영향을 미칠 수 있기 때문이다. 예를 들어, 피해 소송을 하고 있는 원고는 자신의 고통은 과장하지만 행복감이나 수행능력은 축소하여 보고할 것이며, 상사 앞에서 면접을 받는 피고용자는 자신의 주관적 상태를 솔직하게 표현하기 어려울 것이다. 뿐만 아니라 사람들은 자기고양 전략을 사용하여 자신에 대한 지각을 왜곡하는 경향이 있다. 또한 행복도의 자기보고가 상황변화에도 불구하고 전혀 불변하는 것은 아니다. 생활사건, 기분상태, 그 밖의 다른 일상적 변화들은 사람들이 자신의 주관적 안녕 정도를 평가하는 데에 영향을 미칠 수 있다.

Schwarz와 Strack(1999)은 사람들이 자신의 삶을 종합적으로 고려하여 행복 정도를 평가하기보다 현재의 기분상태에 따라 그 평가가 달라질 수 있다고 주장한다. 행복에 대한 판단은 응답 순간에 그 사람이 쉽게 떠올릴 수 있고 두드러지게 자각되는 정보에 근거하게 된다. 예를 들어, 젊은 청년들에게 데이트 빈도를 묻고 난 다음에 곧바로 삶의 만족도를 평가하게 한 결과, 두 평정치 간의 상관이 높았다. 또한 삶의 만족도를 평가할 때 사람들은 상대적인 판단을 한다. 따라서 어떤 판단기준을 적용하느냐에 따라 만족도 평가가 달라질 수 있다. 일반적으로 동양인들은 다른 문화권의 사람들보다 삶의 만족도를 낮게 보고하는 경향이 있다(Diener, Suh, Smith, & Shao, 1995). 그 이유는 판단기준이 다르기 때문인 것으로 추정되고 있다. 동양문화에서는 "모난 돌이 정 맞는다."라는 속담이 일반적이기 때문에, 동양인들은 자신이 다른 사람들보다 더 행복하다고 생각하더라도 평정 척도에는 '보통' 이라고 응답하는 경향이 있다는 것이다.

이처럼 Schwarz와 Strack(1999)은 행복을 측정하는 척도들의 문제점을 지적하면서 일상생활의 경험을 실시간으로 측정할 수 있는 경험표집법의 사용을 권장하고 있다. 그러나 대다수의 심리학자들은 이들의 주장이 부분적으로는 타당하지만 너무 완벽주의적인 주장이라고 여기고 있다(Peterson, 2006). 그들의 우려에도 불구하고 대부분의 사람들은 자신의 삶에 대해서 공정하게 평가를 하는 경향이 있다. 또한 자기보고형 척도를 통해 측정한 행복도가 수녀 연구나 졸업앨범 연구에서처럼 상당히 신뢰할 수 있고 안정적인 결과를 보이고 있다. 삶에 대한 전체적인 판단은 평가 순간의 상태나 상황에 영향을 받을 수 있지만 개인의 성격요인과 같이 비교적 안정된 특성에 의해서 영향을 받는 것으로 알려져 있다(Fiske & Taylor, 1984). 또한 자기보고형 척도를 사용한 연구결과들은 경험표집법을 사용한 연구결과와 상당히 일치하는 것으로 보고되고 있다(Sandvak et al., 1993).

자기보고형 척도는 이러한 우려에도 불구하고 여전히 주관적 안녕의 연구분야에서 가장 널리 쓰이고 있다. 그러나 이러한 척도의 한계를 보완하기 위해서 긍정 심리학자들은 주관적 안녕 상태를 반영하는 다양한 측정도구들을 개발하고 있다. 앞으로의 연구에서는 주관적 안녕을 자기보고형 척도뿐만 아니라 신체생리적인 반응, 행복감의 시간적 변화량, 실제 생활 속에서 맡은 역할을 성공적으로 수행하는 정도 등과 같은 다양한 지표에 의해서 평가하는 것이 필요하다.

요 약

1. 긍정 심리학의 역사는 짧지만 과거는 길다. 행복에 관한 고대의 철학적 사상이 긍정 심리학에 영향을 미치고 있다. 고대 그리스의 철학적 입장에 바탕을 둔 헬레니즘 전통의 행복관은 개인의 이성과 수양을 중시하는 반면, 기독교의 종교적 입장에 근거한 헤브라이즘 전통의 행복관은 신과의 관계를 중시하고 있다.
2. 아리스토텔레스는 일시적인 욕망 충족보다 도덕적 완성이나 인격적 덕성을 구현하는 삶을 행복이라고 보았으며 이를 **유대모니아**라고 지칭했다. 그는 12가지 덕성을 제시하면서 이러한 덕성을 발견하여 계발함으로써 행복에 이를 수 있다는 **행복의 덕성 이론**을 주장했다. 아리스토텔레스의 행복관은 긍정 심리학에서 성격적 강점과 덕성의 계발을 중시하는 **자기실현적 행복관**의 철학적 기반을 이루고 있다.
3. 에피쿠로스를 위시한 쾌락주의자들은 즉각적인 감각의 만족을 중시하면서 고통을 최소화하고 쾌락을 최대화하는 것이 행복의 관건이라고 주장하였다. **쾌락주의적 행복관**은 긍정 정서와 주관적 만족을 중시하는 긍정 심리학의 행복 개념에 영향을 주었다.
4. 근대에 들어서 많은 철학적 사상과 사회적 사건들이 행복의 개념에 영향을 미쳤다. 공리주의 사상가들은 최대 다수의 최대 행복이 개인적 행동과 사회적 제도의 옳고 그름을 판단하는 최고의 기준이 되어야 한다고 주장하였다. 19세기의 낭만주의자들은 사회적 가면 뒤에 숨겨져 있는 진정한 자아를 발견하고 표현하는 것이 행복에 중요하다고 여겼다.
5. 동양사회에서는 유교, 도교, 불교, 힌두교가 행복관에 영향을 미쳤다. **유교**의 창시자인 공자는 인간관계를 중시하면서 평화롭고 안정된 사회의 구현을 지향하였으며 인(仁)을 최고의 덕목으로 삼았다. **도교**는 자연의 도리에 순응하며 살아가는 무위자연의 삶을 지향하며, **불교**는 무지와 집착에서 벗어나 삶의 실상을 깨달음으로써 모든 것으로부터 자유로운 해탈의 경지를 추구한다. **힌두교**는 다양한 수행방법을 통해 범아일여의 체득을 통한 해탈을 지향한다.
6. 쾌락주의적 관점에서 행복을 연구하는 긍정 심리학자들은 주관적 안녕이라는 용어를 선호한다. 주관적 안녕은 긍정 정서와 부정 정서 그리고 삶의 만족도로 구성되며 주로 자기보고형 평정 척도에 의해서 측정된다. **생태학적 순간 평가법**(EMA)은 일상생활 속에서 어떤 경험을 한 순간 또는 가까운 시간 내에 자기보고를 하게 하는 방법이다. 이 방법에 속하는 **경험표집법**(ESM)은 전자장치를 사용하여 사람들의 일상생활 경험을 무선적으로 표집하여

보고하게 하는 방법이다. 최근에는 하루 전날의 일상생활을 보고하게 하는 **일상재구성법**(DRM)이 사용되고 있다.

7. 자기보고형 평정 척도에 의해 측정된 주관적 안녕은 시간의 흐름에도 비교적 안정적인 것으로 밝혀졌다. 주관적 안녕은 어떤 한 시점에서 느끼는 일시적인 상태를 반영할 뿐만 아니라 수십 년 후 미래의 삶에도 지속적으로 중대한 영향을 미칠 수 있다는 연구결과들이 보고되었다.

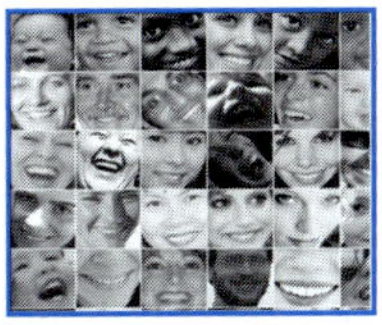

제2장

행복 경험과 긍정 정서

행복은 나비와 같다. 쫓아다닐 때는 붙잡을 수 없지만 조용히 앉아 있으면 당신의 어깨 위에 내려앉는다.

\- Nathaniel Hawthorne -

우리는 살아가면서 다양한 긍정적 경험을 하게 된다. 편안함, 즐거움, 기쁨, 친밀감과 같은 심리적 경험을 하게 되면서 행복하다는 느낌을 갖게 된다. 긍정 심리학자들은 인간이 행복하다고 느끼는 심리적 체험과 긍정 정서에 깊은 관심을 지닌다. 과연 행복은 어떤 심리적 체험으로 이루어지는 것일까? 행복 경험에는 어떤 유형이 있을까? 행복과 긍정 정서는 우리의 삶에 어떤 도움을 주는 것일까? 우리의 삶을 좀 더 충만하게 향유하기 위해서는 인간이 경험하는 긍정적 체험에 대한 깊은 이해가 필요하다. 이 장에서는 오감을 통해서 직접적으로 느끼게 되는 감각적 쾌감, 좀 더 복잡하고 지속적인 속성을 지닌 긍정 정서 그리고 긍정 정서뿐만 아니라 깊은 의미감을 수반하게 되는 긍정 경험을 살펴보기로 한다.

1 쾌 감

쾌감 또는 쾌락(pleasure)은 맛난 음식을 먹거나 향수 냄새를 맡을 때 느끼는 즐거운 감각처럼 오감을 통해 경험되는 긍정적인 감각을 의미한다. 이러한 쾌감은 오감을 통해 직접적으로 경험되는 순수한 쾌감에서부터 인지적 과정이 개입되어 체험되는 복합적 쾌감에 이르는 다양한 긍정적 경험을 포함한다.

Seligman(2002b)은 쾌감을 크게 육체적 쾌감과 고등한 쾌감으로 구분한 바 있다. **육체적 쾌감**(bodily pleasure)은 인간의 생물학적 기제에 의해 감각을 통해 자동적으로 느껴지는 긍정적 체험이다. 대부분 생물학적 욕구를 충족시키는 것으로서 지속기간이 짧다. 반면에 **고등한 쾌감**(higher pleasure)은 좀 더 복잡한 심리적 처리과정을 통해서 느껴지는 복합적인 긍정 경험이다. 이러한 쾌감은 고등한 심리적 욕구의 충족과 관련되는 경우가 많으며 장기간 지속된다.

순수한 육체적 쾌감은 피부, 특히 입, 성기, 항문, 귀, 코와 같은 구멍 부위에서 느껴지는 감각과 밀접하게 관련되어 있다(Rozin, 1999). 이러한 구멍 부위는 대부분 몸의 안팎으로 물질의 교류가 이루어지는 곳이다. 아마도 쾌감은 사람과 환경 사이에서 일어나는 교류를 예민하게 감지하고 감독함으로써 생존에 필요한 적응적 기능을 하는 것으로 이해된다. 유쾌한 감각은 그러한 감각을 유발한 물질이 우리에게 안전하고 유익하다는 것을 의미하며 물질의 지속적인 유입을 촉진하려는 신체적 반응인 것이다.

어린아이의 모습을 보고 귀여움을 느끼거나 음악을 들으며 즐거움을 느끼는 경우는 좀 더 복잡한 심리적 과정이 개입되는 고등한 쾌감이라고 할 수 있다. 고등한 쾌감의 적응적 기능은 쉽게 설명될 수 없다. 그러나 Fredrickson(1998)에 따르면, 고등한 쾌감은 안전의 신호일 뿐만 아니라 심리적 기능을 확대하고 적응능력을 향상시키는 기능을 하는 것으로 추정된다. 진화심리학자들은 쾌감이 진화과정에서 우리 종의 생존과 보존을 위해서 필요했던 과제들, 즉 양육, 짝짓기, 영양섭취, 안전 확보와 같은 과제들을 해결하는 데 도움이 되었다는 점을 강조하고 있다(Buss, 2000).

쾌감이 반드시 생물학적 기반만을 지닌 것은 아니다. 인간은 많은 세대를 통해서 전수되어온 문화 속에서 살아가는 사회적 존재이기 때문에, 문화의 영향을 많이 받게 된다.

우선 문화마다 쾌락에 대한 태도가 다르다. 그리스 시대의 에피쿠로스학파와 같이 쾌락과 안락을 소중하게 여기는 쾌락주의적 전통을 지닌 문화가 있는 반면, 쾌락을 거부하고 배척하는 그리스의 스토아학파와 같은 금욕주의적 전통을 지닌 문화도 있다. 과도한 쾌락 추구가 부적응적인 결과를 초래할 수 있지만, 과도한 쾌락 억제 역시 문제가 될 수 있다. 쾌락을 잘 느끼지 못하는 사람들은 어떤 활동 속에서 별다른 보상을 얻지 못하기 때문에 다른 사람들이 추구하는 다양한 활동에 동참하지 못하고 사회적 위축을 나타내는 것으로 알려져 있다(Chapman, Chapman, & Miller, 1982).

1) 쾌락 경험에 대한 기억: 절정-대미 이론

우리의 감각 경험은 매순간 변한다. 우리가 어떤 즐거운 경험을 묘사하거나 평가할 때는 그러한 경험에 대한 기억에 의존하게 된다. 사실 우리가 느끼는 즐거움은 지금-여기에서의 순간적인 감각보다 기억의 형태로 경험되는 경우가 더 흔하다(Rozin, 1999).

그렇다면 우리는 과거기억을 어떤 경험내용에 근거하여 구성하는 것일까? 경험을 구성하는 매 순간의 감각들을 충실하게 합산하거나 요약하여 기억하는 것일까? 2002년에 노벨 경제학상을 받은 심리학자 Daniel Kahneman(1999)에 따르면, 그렇지 않다. 과거 경험에 대한 기억은 그 경험을 하는 동안 가장 강렬했던 감각과 그 경험의 마지막 부분에서 느낀 감각에 의해 영향을 받는다는 것이다. 그는 연구 참가자들에게 유쾌한 상황(재미있는 영화 보기)과 불쾌한 상황(고통스러운 의학적 검사 받기)을 번갈아 제시하고 그 진행과정에서 실시간으로 유쾌-불쾌의 정도를 평가하게 했다. 이러한 과정을 종료한 후에, 참가자들에게 그들의 경험을 전반적으로 요약하여 평정하게 했다. 전반적인 평정점수는 그러한 경험을 하는 과정에서 가장 극단적인 평정치와 그러한 경험이 종료하기 직전의 평정치의 평균점수로 나타났다. 즉, 어떤 경험을 하는 과정에서 가장 강렬한 감각을 느낀 절정 경험과 그 경험이 끝나는 시점에서 느낀 종료 경험이 전체 경험의 평가에 중요한 역할을 한다는 것이다. 이러한 주장을 절정-대미 이론(peak-end theory)이라고 한다.

또 다른 실험(Kahneman, Fredrickson, Schreiber, & Redelmeier, 1993)에서는 참가자들에게 60초 동안 차가운 얼음물 속에 손을 담그고 있도록 했다. 이러한 경험은 위험하지는 않지만 고통스러운 것이었다. 이들 중 어떤 참가자들에게는 추가적으로 30초 동안 더 손을 담그고 있도록 했는데, 이들에게 알리지는 않았지만 물의 온도를 1도 정도 높여서 덜 고통스럽도록 만들었다. 몇 분이 지난 후에 그러한 경험에 대한 전반적인 평가를 하게 했다. 그 결과, 90초 동안 손을 담그고 있었던 두 번째 조건의 참가자들은 60초 조건의 참가자들보다 그 경험을 덜 고통스러운 것으로 평가했다. 사실 90초 조건의 참가자들은 60초 조건의 참가자들과 동일한 고통 상황에 있었으며 1도 정도 더 높기는 하지만 역시 고통스러운 경험을 30초 동안 더 경험했다. 그러나 이들은 60초 조건의 참가자들보다 전반적인 고통의 정도를 더 낮게 평가한 것이다. 이러한 결과는 절정-대미 이론을 뒷받침하는 것인 동시에 참가자들이 고통의 지속기간을 전반적 평가에 반영하지 않는다는 것을 의미한다. Kahneman(1999)은 이러한 현상을 **지속기간 경시**(duration neglect)라고 명명했다. 즉, 우리는 유쾌한 것이든 불쾌한 것이든 어떤 경험이 얼마나 오랫동안 지속되었는지를 중요하게 여기지 않는 경향이 있다는 것이다. 중요한 것은 가장 강렬했던 쾌감의 수준과 마지막 순간에 경험한 쾌감의 수준이라는 것이다.

이러한 결과들은 과거 경험에 대한 사람들의 기억에 오류가 있으며 비합리적인 면이 있다는 점을 보여준다. 이런 점에서 Kahneman(1999)은 이러한 현상을 실망스러운 것으로 여겼지만 동시에 매우 흥미로운 것으로 보았다. 이러한 연구결과가 시사하는 바는 즐거운 경험을 하게 될 때 그 경험이 단지 오래 지속되도록 하기보다는 강렬한 즐거움을 느끼는 절정 시점을 만들고 끝부분을 즐겁게 해서 나중에 돌이켜볼 때 긍정적인 경험으로 기억되도록 만들 수 있다는 점이다. 우리는 적당히 맛있는 음식을 여러 개 내어놓기보다 한 개라도 아주 맛있는 음식과 산뜻한 디저트를 내어놓는 음식점을 다시 찾게 될 것이다. 데이트를 할 경우에도 적당히 즐거운 여러 곳을 전전하기보다 한 곳이라도 아주 유쾌한 곳을 들리고 헤어지면서 좋은 인상을 심어주는 것이 다음 데이트 신청에 도움이 될 것이다. 아마도 노년기에 자신의 인생이 얼마나 행복했는지를 회고하는 사람에게는 그동안 살아오면서 가장 행복했던 몇몇 순간들과 노년기 현재의 행복 정도가 중요한 영향을 미치게 될 것이다. 그러나 지속기간이 결코 무시되어서는 안 된다. 아무리 즐거운 경험을 하게 되더라도, 방학이나 성행위 기간이 너무 짧으면 실망스럽게 여겨질 것이기 때문이다.

2) 쾌감에 대한 적응

쾌감은 유쾌한 보상적 경험이기 때문에 우리는 쾌감을 추구하며 반복적으로 경험하기를 원하게 된다. 그러나 쾌감은 반복적 경험을 통해서 그 유쾌함의 강도가 감소하는 경향을 지닌다. 처음에는 매우 유쾌한 경험이었지만 그러한 경험을 반복하면서 쾌감이나 흥미가 저하되는 경우가 흔하다.

쾌감 경험에 대한 지속기간 경시를 나타내는 이유는 우리가 그것에 적응하기 때문이다. 쾌감을 주는 동일한 자극을 반복하여 접하게 되면, 우리는 그에 대한 쾌감을 점점 덜 느끼게 된다. 이러한 현상을 **적응**(adaptation)이라고 하며, **둔감화**(desensitization) 또는 **습관화**(habituation)라고 부르기도 한다. 쾌감에 대한 이러한 적응 현상은 매우 보편적인 것으로 잘 알려져 있는 사실이다. 그래서 우리는 '쾌락의 쳇바퀴(hedonic treadmill)' 위에서 살고 있다고 말해지기도 한다. 즉, 우리는 쾌감을 추구하지만 반복되는 경험 속에서 지루함을 느끼며 항상 새로운 쾌감을 추구하며 살아간다는 의미이다.

이처럼 인간은 새로운 변화 상황에 계속적으로 적응하면서 중립적인 상태로 돌아가는 경향이 있다(Brickman & Campbell, 1971). 이러한 적응 경향은 행복을 이해하는 중요한 요인이다. 그토록 뜨겁게 사랑하던 사람과 결혼생활을 하게 되면서 왜 그 열정이 식게 되는지, 그토록 열망하던 성취를 이루고 나서 왜 그 기쁨이 오래가지 못하는지 그리고 우리는 왜 항상 새로운 경험을 추구하게 되는지의 이유는 인간의 적응 경향 때문이다.

커다란 행운 또는 불운을 경험했던 사람들도 시간이 흐르면 행복감과 불행감이 평소의 수준으로 회귀한다(Brickman, Coates, & Janoff-Bulman, 1978). 엄청난 복권에 당첨된 사람이나 척수손상으로 불구가 된 사람들도 우리가 생각하는 것처럼 특별히 더 행복하거나 불행하게 느끼지 않는다. 왜냐하면 현격한 삶의 변화를 겪더라도 그러한 삶에 곧 적응하기 때문이다.

이러한 적응과정은 어떤 특정한 감각을 유발하는 외부의 자극에 의해 우리가 압도되지 않도록 보호해주는 기능을 지닌다. 쾌감이든 고통이든 새로운 감각은 우리의 신체반응을 흥분시키며 주의를 분산시킨다. 따라서 생존을 위해서는 우리가 일상적인 생활로 돌아올 수 있도록 이러한 흥분상태가 오래도록 지속되지 않는 것이 유익하기 때문이다(Barkow, 1997).

또한, 적응과정은 우리가 주변 환경에서 일어나는 '변화' 에 민감해지도록 해준다. 우리의 생존을 위해서는 특히 환경의 변화를 예민하게 포착하고 그에 대처해야 한다. 그런데 반복되는 자극에 지속적으로 주의를 빼앗기고 있다면 새로운 환경변화에 대응하기 어렵기 때문이다.

물론 적응으로 인해서 즐거움을 경험할 수 있는 우리의 능력 자체가 영구히 저하되는 것은 아니다. 어쨌든 쾌감을 유발하는 자극에 대한 반복적 노출은 그 자극에 대한 쾌감의 정도를 저하시킨다. 행복의 비밀 중 하나는 우리가 '반복에 둔감하며 변화에 민감하다.' 는 점이다. 동일한 활동을 반복하게 되면 흥미를 잃게 되지만, 매번의 활동 속에서 약간의 변화를 주게 되거나 새로움을 발견하게 되면 흥미를 유지할 수 있다. 매력적으로 느껴지는 취미활동을 하게 되면서 처음에는 즐거움을 느끼게 되지만 어느 정도의 수준에 이르게 되면 흥미를 상실하게 되는 경우가 많다. 그러나 그러한 취미활동을 계속할수록 더욱 묘미를 느끼며 심취하게 되는 경우도 있다. 취미활동을 기계적으로 반복하게 되면 적응 또는 둔감화가 일어나 흥미를 상실하지만, 그 활동 속에서 미묘한 변화를 포착하거나 창의적으로 변화를 추구하게 되면 오히려 민감화(sensitization)가 일어나 흥미가 증대될 수 있다. 두 가지 경우의 차이는 활동의 속성 자체에 있을 수도 있지만 그 활동에 임하는 사람의 자세에 있는 경우가 더 많다.

행복과 쾌락의 관계는 단순하지 않다. 행복에는 쾌락의 강도뿐만 아니라 쾌락의 결과가 중요하다. 일시적 쾌락을 추구하다가 자기파멸의 길을 걷게 되는 경우가 허다하다. 그래서 우리 사회에는 쾌락에 대한 부정적 견해를 지니는 사람들이 많다. 쾌락 중에는 단기적으로는 즐거운 것이지만 장기적으로는 부정적인 결과를 초래하는 것들이 많다. Csikszentmihalyi(1990)는 쾌락과 즐거움을 구분하고 있다. 쾌락(pleasure)은 생물학적 욕구나 타인의 칭찬과 같은 사회적 욕구가 충족될 때 느끼는 긍정 정서상태지만 심리적 성장이나 발달로 이어지지는 않을 뿐만 아니라 반복적인 경험을 통해서만 이러한 유쾌함이 지속될 수 있는 것이다. 반면에, 즐거움(enjoyment)은 추구하는 목표의 달성, 기대의 충족, 뜻밖의 심리적 체험이나 창의적 성과에 의해서 경험되는 긍정 정서를 의미한다. 이러한 즐거움은 그 자체로 성취감과 신선감을 주며 그 영향이 지속적일 뿐만 아니라 우리의 가능성과 잠재력을 확장시켜 새로운 것을 창조하는 데 기여한다. 따라서 그는 사람들로 하여금 유쾌한 경험과 더불어 생산적이고 성장적인 즐거움을 체험해가도록 만드는 방법을 연구하는 것이 긍정 심리학의 중요한 과제라고 주장한다. 이러한 방법에 관해서는 '몰입 경험' 과 '열정적 관여' 를 소개하는 부분(10장)에서 자세하게 설명될 것이다.

쾌락에 대한 상반된 입장: 쾌락주의와 금욕주의

쾌락 추구가 우리를 행복하게 만드는가 아니면 불행하게 만드는가에 대해서 상반되는 두 가지 견해가 존재한다. 쾌락주의와 금욕주의가 그것이다. 쾌락은 욕망 충족과 관련되어 있기 때문에, 두 입장은 행복이 충분한 욕망 충족에 의해서 얻어지는지 아니면 철저한 욕망 억제를 통해서 이루게 되는지에 대한 태도를 반영한다.

욕망은 눈먼 야생마와 같아서 우리를 절벽으로 인도할 수 있다. 욕망에 대한 고삐를 틀어쥐고 제어하지 않으면 불행의 나락으로 떨어지게 된다. 이러한 견해의 극단적 입장이 금욕주의(asceticism)이다. 욕망은 사악할 뿐만 아니라 어리석고 위험한 것이므로 엄격하게 억제해야 한다는 입장이다. 실제로 욕망은 인간을 탐욕스럽고 방탕하게 만들어 개인적인 불행뿐만 아니라 도덕적 타락에 빠지게 한다. 금욕주의자들이 욕망과 쾌락을 위험한 것으로 보는 이유는 다음과 같다(권석만, 2008; Veenhoven, 2003).

첫째, 욕망은 충족되기 어렵다. 욕망 충족으로 인한 쾌락은 시간이 흐름에 따라 사라진다. 인간은 욕망 충족상태에 금방 적응하여 그로 인한 쾌락이 약화된다. 따라서 우리는 다시 쾌락을 찾아나서야 하고 좀 더 강한 쾌락을 추구하게 된다. 이러한 경향은 중독현상으로 나타나게 된다. 알코올 중독, 마약중독, 게임 중독, 쇼핑 중독 등과 같은 대부분의 중독현상은 욕망과 쾌락을 추구한 결과로 초래된 불행한 결과이다.

둘째, 욕망은 인간을 무절제하고 나태한 존재로 만들 수 있다. 욕망과 쾌락을 따라 살게 되면, 현실에 대한 통제력을 상실할 수 있다. 현실을 통제하기 위해서는 여러 가지 스트레스를 견딜 수 있어야 하고 자신의 욕망을 억제할 수 있어야 한다. 그런데 욕망에 따라 제멋대로 행동한다면, 현실 적응이 현저하게 훼손될 것이다.

셋째, 욕망과 쾌락에는 의미가 없다는 것이다. 욕망을 따라 사는 것은 동물의 삶과 같다는 생각이다. 욕망의 충족을 추구하며 쾌락을 따라 사는 것은 궁극적으로 공허감을 줄 수밖에 없다. 왜냐하면 세월이 흘러 병들고 늙게 되면, 즐거움을 느끼는 능력이 현저하게 감퇴되기 때문이다. 욕망을 추구하는 삶은 궁극적으로 공허한 종말을 초래할 수밖에 없기 때문에 무가치하다는 생각이다.

마지막으로, 욕망은 사회적 관계와 유대를 약화시킨다. 욕망은 기본적으로 이기적인 것이어서 다른 사람의 욕구나 입장에 둔감하다. 따라서 다른 사람의 이익을 무시하거나 침해하게 되므로 결과적으로 인간관계를 와해시키고 사회적 갈등과 대립을 악화시키게 된다는 것이다.

반면에, 욕망을 긍정적인 것으로 여기는 입장도 있다. 인간의 욕망은 오랜 진화의 과정에서 발달해온 적응 메커니즘이라고 할 수 있다. 따라서 욕망에 과도하게 탐닉하지만 않는다면, 욕망은 우리의 삶을 건강하고 적응적으로 인도하는 지혜로운 안내자의 역할을 한다는 입장을 지닌 사람들이 있다. 이러한 사람들은 다음과 같은 견해를 지니고 있다(권석만, 2008; Veenhoven, 2003).

첫째, 욕망은 삶의 의욕과 활기를 제공한다. 욕망은 삶에 에너지를 불어넣는 원천이라고 할 수 있다. 만약 아무런 욕망이 없다면, 무슨 동력으로 삶을 영위해 나갈 것인가? 욕망을 과도하게 억제하는 것은 생기 없는 무미건조한 삶을 초래할 뿐이다.

둘째, 욕망은 삶에 필요하고 시급한 과제에 대응하는 능력을 증진시킨다. 인간의 자연스러운 욕망은 생존과 적응에 필요한 활동을 촉진하는 신호라고 할 수 있다. 이러한 신호를 무시하게 되면 우리의 삶이 부적응적인 것으로 전락할 수 있다. 예를 들어, 우리의 몸은 수분이 부족할 때 갈증을 느끼게 하여 수분을 섭취하게 만들고, 영양이 부족할 때는 식욕을 느끼게 하여 영양을 섭취하게 만든다. 고독감은 사회적 존재인 인간으로 하여금 대인관계에 참여하도록 촉진한다. 욕망은 장구한 진화과정에서 갖추게 된 적응 메커니즘의 발현이라는 생각이다.

셋째, 욕망은 즐거움의 원천이다. 욕망의 충족을 통해서 우리는 즐거움과 행복감을 느끼게 된다. 이러한 긍정 정서는 그 자체로 보상적인 것일 뿐만 아니라 스트레스에 대한 인내력을 증가시키고 현실에 대한 통제력을 강화한다. 또한 대인관계를 증진하고 건강에도 긍정적인 영향을 미친다. 즐거움을 느끼지 못하는 우울증 상태는 그 자체로 고통스러울 뿐만 아니라 현실적 과제에 무기력하게 대응하고 위축된 대인관계를 초래하게 만든다.

마지막으로, 욕망에 대한 긍정적인 견해를 지닌 사람들은 금욕주의자들이 너무 편향적인 생각을 지니고 있다고 비판한다. 금욕주의자들은 욕망과 쾌락 추구를 무절제한 탐욕이나 방종과 같은 극단적인 상태로 간주한다는 것이다. 즉, 욕망의 위험성을 지나치게 과장하고 있다는 것이다. 그러나 적절한 욕망과 쾌락의 추구는 몸과 마음을 즐겁게 함으로써 인생을 향유하도록 만든다. 오히려 욕망에 대한 과도한 억제나 억압은 삶을 메마르게 할 뿐만 아니라 때로는 정신장애의 원인이 되기도 한다.

2 긍정 정서

주관적인 심리상태로서의 행복에 있어서 가장 중요한 요소는 긍정적인 정서체험이다. 만약 기쁘거나 편안한 즐거운 감정을 느끼지 못한다면, 우리의 삶이 행복하다고 할 수 있을까? 이런 점에서 긍정 정서는 주관적 안녕의 핵심적 요소라고 할 수 있다. 일반적으로 쾌감은 대부분 지속기간이 짧고 특정한 자극과 연결되어 있으며 단순한 것인 반면, 정서(emotion)는 주관적인 느낌뿐만 아니라 특징적인 생리적 반응, 사고 및 행동 패턴과 관련되어 있다는 점에 있어서 좀 더 복잡한 것이다.

정서는 외부적 상황에 대한 반응으로 경험하게 되는 느낌을 말한다. 정서는 주로 외부적 상황에 의해 유발되지만 때로는 내부적 상태(예: 기억, 상상, 생각 등)에 의해서 유발되는 경우도 있다. 정서는 크게 3가지 요소, 즉 정서적 체험, 생리적 반응 그리고 행동준비성으로 구성된다. 정서의 첫째 요소는 유쾌함-불쾌함 또는 좋음-싫음을 포함하는 주관적인 체험이다. 일반적으로 감정은 개인이 추구하는 목표와 관련된 사건에 대한 의식적, 무의식적 평가에 의해서 유발된다. 둘째, 정서는 생리적 반응을 수반한다. 특정한 감정은 그에 상응하는 자율신경계의 생리적 반응을 동반하게 된다. 마지막으로, 정서의 핵심적 요소는 행동준비성(action readiness)이다. 특정한 감정을 느끼게 되면, 그와 연관된 특정한 행동들을 표출하게 되는 압력을 느낌으로써 그러한 행동을 할 준비를 하게 된다. 이러한 행동준비성은 감정을 유발한 사건에 대해서 효과적인 대처를 하도록 돕는 정서의 핵심적 기능이라고 할 수 있다.

1) 정서의 다양성

우리가 경험하는 정서는 매우 다양하지만, 기본정서와 복합정서로 구분될 수 있다. **기본정서**는 모든 인간에게 공통적으로 나타나는 원형적 감정을 뜻하는 반면, **복합정서**는 기본정서의 조합에 의해 파생되는 감정을 의미한다. 기본정서의 분류에 초점을 맞추어온 심리학자들(Plutchik, 1980; Ekman, 1993)은 기본정서의 수를 7~10개 정도로 다양하게 추정하고 있으나 기쁨, 즐거움, 행복감과 같은 정서가 기본정서라는 점에서는 모두 동의

긍정 정서는 행복의 중요한 요소이다.

하고 있다. Plutchik(1980)는 8개의 기본정서를 주장하고 있는데, 그것은 공포(fear), 분노(anger), 기쁨(joy), 슬픔(sadness), 수용(acceptance), 혐오(disgust), 기대(expectancy), 놀람(surprise)이다. 그에 따르면, 복합정서는 이러한 기본정서들의 혼합에 의해 생성되는 것이다. 예를 들면, 사랑은 기쁨과 수용, 실망은 슬픔과 놀람, 경멸은 혐오와 분노, 낙관은 기대와 기쁨이 혼합된 것이다. 이러한 관계를 보여주는 Plutchik의 정서바퀴(emotion wheel)가 〈그림 2-1〉에 제시되어 있다. 8개의 기본정서들은 상호인접성의 정도에 따라 상호유사성의 정도가 결정되며, 바퀴의 양극에 있는 정서들은 서로 반대되는 관계의 정서들임을 표시한다(예: 기쁨과 슬픔, 수용과 혐오, 공포와 분노, 놀람과 기대). 한편, 정서는 강도나 흥분 수준에 따라 연속선상에 놓일 수 있는데 예를 들면, 분노는 격

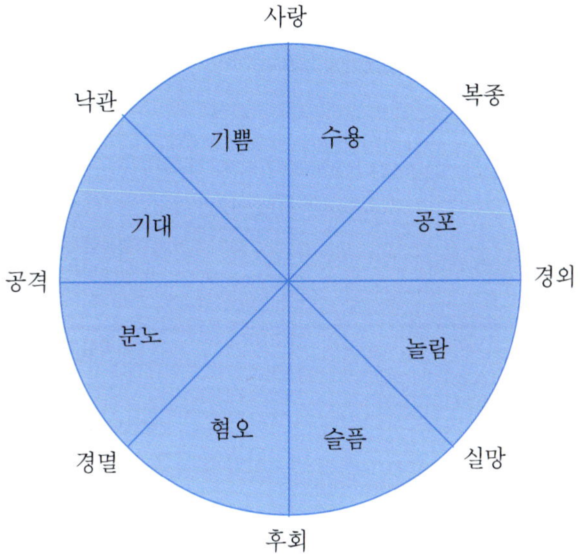

〈그림 2-1〉 Plutchik의 정서바퀴(민경환, 1995)

노-분노-짜증으로 약화되다가 수면으로 끝난다(민경환, 1995).

이처럼 서로 밀접한 관계를 맺고 있는 다양한 정서를 몇 개의 차원상에서 체계적으로 분류하려는 노력이 시도되었다. Russell(1980)은 28개의 정서단어를 사람들에게 유사성에 근거하여 평정하게 하였다. 자료를 분석한 결과, 정서는 크게 두 개의 차원, 즉 유쾌-불쾌 차원과 각성-비각성 차원상에 배열될 수 있다는 것을 발견하였다. 〈그림 2-2〉는 다양한 정서단어들이 2차원상에 공간적으로 배열된 위치를 나타내고 있다.

일반적으로 인간의 어휘 중에서 부정 정서를 기술하는 단어는 매우 다양한 반면, 긍정 정서를 기술하는 단어는 상대적으로 부족하다. 심리학 연구에서도 우울, 불안, 분노 등과 같은 부정 정서에 대해서는 많은 연구가 이루어진 반면, 긍정 정서에 대한 연구는 상대적으로 적다. 이처럼 긍정 정서에 대한 관심이 적었던 이유는 심리학의 문제-초점적인 속성뿐만 아니라 긍정 정서의 특수성 때문이기도 하다. 긍정 정서들은 그와 연관된 행동경향성이 모호하고, 생존과 적응을 위한 이점을 찾기 어려우며, 수반되는 생리적 반응이나 얼굴 표정으로 잘 구분되지 않기 때문이다.

그러나 긍정 정서는 다양한 측면에서 구분될 수 있다. 유쾌한 정도에 따라서 황홀감,

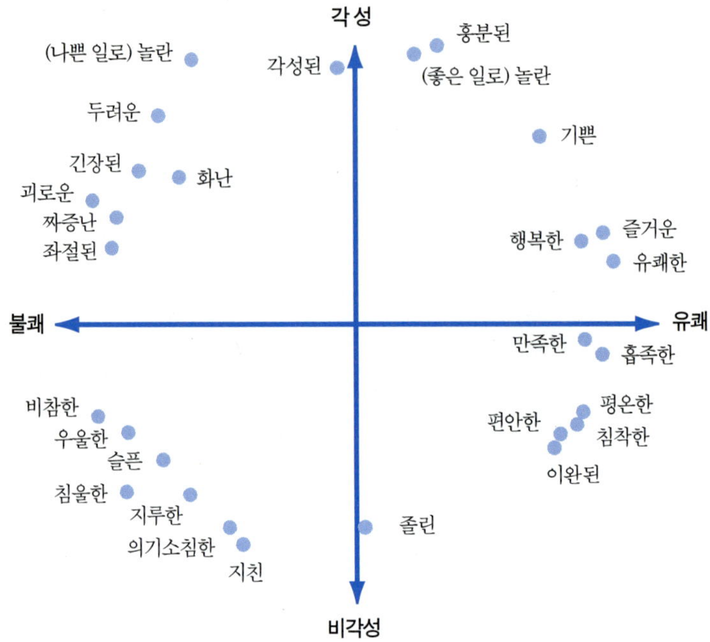

〈그림 2-2〉 Russell의 감정의 2차원과 개별정서들의 위치(민경환, 2002; Russell, 1980).

환희감, 고양감, 행복감, 만족감, 안락감, 편안감, 이완감, 안도감 등으로 연속선상에서 분류될 수 있다. 또한 긍정 정서를 유발하는 대상에 따라서 다양하게 구분될 수 있다. 다른 사람에 대해서는 애정감, 친밀감, 유대감, 귀여움, 사랑스러움, 신뢰감, 존경감 등을 경험할 수 있으며, 자기자신에 대해서는 자긍심, 자존감, 자신감, 수용감 등의 긍정 정서를 경험할 수 있다. 또한 어떤 대상이나 활동에 대해서는 열광적 흥미, 즐거움, 재미감, 유쾌감, 심미감(아름다움), 경외감 등을 경험할 수 있다.

Watson(2002)은 이처럼 다양한 긍정 정서에 세 가지의 기본적 차원이 존재한다고 주장한다. 그 첫째 차원은 행복감, 쾌활한 기분, 열광적 관심에서 볼 수 있는 유쾌성(joviality)이고, 둘째 차원은 자신감이나 대담한 용기에서 나타나는 확신성(assurance)이며, 셋째 차원은 주의집중, 명료한 의식, 전념에서 볼 수 있는 주의집중성(attentiveness)이다. 즉, 우리가 느끼는 긍정 정서는 얼마나 유쾌한 것인가 하는 점뿐만 아니라 얼마나 강렬한 확신이 담겨 있으며 그 초점이 집중되어 있는가에 따라 다양하게 분류될 수 있다는 주장이다. 그러나 부정 정서의 주요한 차원에 대해서는 학자들 간의 상당한 의견일치가 이루어져 있는 반면, 긍정 정서에 대해서는 의견일치가 잘 이루어지지 못하고 있다.

2) 정서의 표현

정서는 생리적 반응을 수반한다. 특히, 자율신경계의 흥분반응이 일어난다. 이러한 신체생리적 반응은 정서의 유형에 따라 독특하게 나타난다. Ekman, Levenson과 Friesen(1983)은 신체반응에 대한 정교한 측정방법을 사용하여 상이한 정서마다 독특한 자율신경 반응패턴이 있다는 것을 보고하였다. 심장박동은 행복, 놀람, 혐오보다 분노, 공포, 슬픔 등에서 더욱 빨랐다. 피부온도는 공포나 슬픔의 경우보다 분노의 경우에 더 높았다. 그러나 신체생리적 반응과 감정상태의 관계는 매우 미묘하여 아직 밝혀지지 않은 부분이 많다.

또한 정서는 행동을 촉진한다. Plutchik(1980)에 따르면, 정서는 진화론적인 관점에서 적응적 가치를 지니는 것이다. 정서는 종들이 생존하고 번식하는 데 필요한 적응반응을 돕는 것으로서 특정한 행동적 반응을 유발하는 경향성을 지닌다. 예를 들어, 불안과 공포는 위험으로부터 도피하는 행동을 유발하고 분노와 혐오는 공격자에 대응하여 물리치는 공격적 행동을 유발하며 사랑과 수용의 감정은 배우자나 동료에 대한 애착과 보호행동을 촉진한다.

정서는 신체생리적 반응과 행동적 반응으로 표출되지만, 정서가 가장 즉각적으로 표현되는 것은 얼굴표정이다. 우리는 주로 얼굴표정을 통해 정서를 표현하고 상대방의 정서상태를 읽는다. 특정한 정서상태와 얼굴표정 간에는 밀접한 관계가 있다. 그러나 어떤

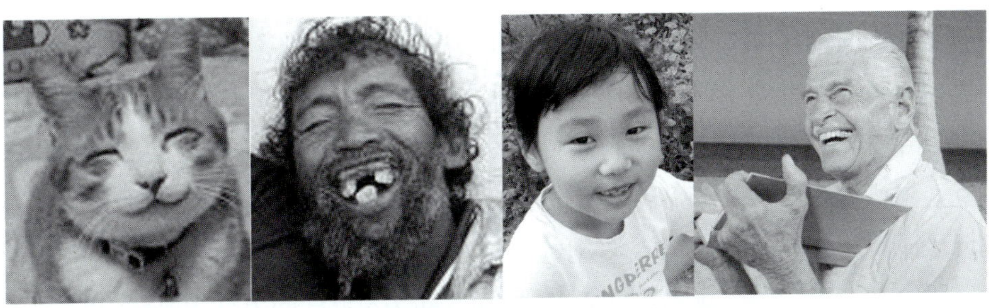

긍정 정서는 얼굴표정을 통해서 가장 즉각적으로 표현된다.

정서는 문화의 차이에 상관없이 보편적인 얼굴표정으로 표현되는 반면, 어떤 정서는 문화마다 차이를 보인다. Ekman(1984)에 따르면, 공포, 놀람, 분노, 혐오, 슬픔, 기쁨 등의 정서는 여러 문화권에 걸쳐 얼굴표정이 매우 유사한 보편성을 나타낸다고 한다. 그러나 수치, 관심, 경멸 등의 감정은 그러한 보편성이 현저하게 떨어진다. Ekman은 정서와 얼굴근육 간에는 신경회로에 의한 연결이 존재하여 어떤 정서를 느끼면 자동적으로 그에 상응하는 얼굴근육이 움직여 특정한 얼굴표정을 만들어낸다고 주장한다.

정서표현은 문화에 따라 달라질 수 있으며 개인에 따라 차이가 있다. 사람들은 정서표현의 정도에 따라 실제 정서보다 과장해서 표현하는 외현형(externalizer)과 반대로 축소해서 표현하는 내면형(internalizer)으로 구분할 수 있다(민경환, 1995). 여자는 대체로 외현형에 속하고 남자는 내면형에 속하는 경향을 보인다고 한다. 동양문화권의 사람들은 정서표현을 억제하는 내면형이 많은 반면, 서구문화권에는 정서를 잘 드러내는 외현형의 사람이 많다. 특히, 한국사회는 유교문화권으로서 정서표현을 억제하는 경향이 있으나 현대에 접어들면서 세대 간의 차이가 나타나고 있는 듯하다. 젊은 세대는 기성세대에 비해 좀 더 적극적인 정서표현을 하는 경향이 있다. 정서표현 성향이나 방식이 개인마다 다르기 때문에 제3자의 관찰을 통해서 개인의 내면적 정서상태를 정확하게 파악하는 것이 어렵다.

3) 긍정 정서의 적응적 기능

대부분의 기본정서는 타고나는 것이며, 이처럼 타고나는 것들은 대부분 적응에 필요한 진화적 기능을 지니고 있다. 그렇다면 긍정 정서는 인간의 삶에 있어서 어떤 기능을 지니는 것일까? 긍정 정서는 진화과정에서 어떤 적응적 기능을 했던 것일까? 과거에 일부 학자들은 긍정 정서가 유쾌한 것이긴 하지만 궁극적으로 종의 생존에는 그다지 중요하지 않다는 주장을 하기도 했다. 그러나 David Buss(2000)와 같은 현대의 진화심리학자들은 긍정 정서가 환경에 대한 적응과정에 중요한 역할을 하며 종의 생존에 필요한 것이라고 주장한다. 인간은 사회적 동물이며 생존을 위해서는 다른 사람의 보호와 지지를 필요로 한다. 우리가 특정한 사람에 대해서 느끼는 애착, 돌봄, 사랑의 유대가 없이는 공동생활과 협동적 양육, 공동방어를 위한 조건을 갖추기 어려울 것이다. 현재는 긍정 정서가 인간의 진화, 적응, 생존에 절대적으로 필요한 것이라는 의견이 지배적이다.

그렇다면 행복감을 느끼는 데에는 긍정 정서의 빈도가 중요한가 아니면 강도가 더 중요한가? 미약하지만 자주 긍정 정서를 느끼는 경우와 드물지만 강렬한 긍정 정서를 느끼는 경우 중 어느 경우에 더 행복할까? 정서의 강도와 빈도는 주관적 안녕에 각기 다른 영향을 미치는 것으로 여겨지고 있다(Diener, Larson, Levine, & Emmons, 1985). 일반적으로 긍정 정서의 빈도가 전반적인 행복감에 더 중요하다. 드물게 경험하는 환희 경험보다는 일상생활에서 일관성 있게 자주 경험되는 즐거움이 주관적 안녕에 더 중요하다. 그러나 적응과정에서 설명한 바 있듯이, 반복되는 정서는 주관적 안녕에 미치는 영향이 감소된다. 또한 절정-대미 이론에서 주장하듯이, 강렬한 긍정 정서가 그 경험의 기억에 중요한 영향을 미친다. 이처럼 정서의 강도 역시 주관적 안녕과 밀접한 관계를 맺고 있다. 그런데 연구에 의하면, 긍정 정서 강도는 부정 정서 강도와 상관이 있는 것으로 밝혀졌다(Diener et al., 1985). 매우 강렬한 행복감을 느끼는 사람은 부정적인 정서 경험 역시 매우 강렬하게 느낀다는 것이다. 이러한 현상은 성차나 연령과도 관계가 있다. 일반적으로 여성은 남성보다 긍정 정서든 부정 정서든 더 강렬하게 경험하는 것으로 알려져 있다. 또한 젊은이들은 노년층보다 정서를 더 강렬하게 경험하는 경향이 있는데, 일반적으로 연장자들의 행복도가 더 높은 것으로 알려져 있다(Argyle, 1999). 이처럼 정서의 빈도와 강도가 행복에 미치는 영향은 상당히 복잡하다.

긍정 정서와 부정 정서의 기능 차이

심리학에서는 오랫동안 긍정 정서의 역할이 간과되어왔다. 그 이유는 긍정 정서와 부정 정서가 동일한 연속선상의 양극단에 위치한다는 가정 때문이었다. 따라서 부정 정서에 영향을 미치는 요인은 자동적으로 긍정 정서에도 영향을 미칠 것이라고 생각되었다. 그러나 이러한 생각은 잘못된 것으로 판명되었다. 긍정 정서와 부정 정서는 작동 기제나 적응적 기능이 다른 것으로 밝혀지고 있다.

부정 정서는 인간이 처하게 될 위험과 위협에 대응하도록 만드는 적응적 기능을 지닌다. 따라서 다양한 잠재적 위험에 대해서 각기 다른 경고 메시지를 전달하는 다양한 부정 정서가 필요했을 것이다. 또한 부정 정서는 특정적인 행동경향성(specific action tendency)을 유발하여 특정한 방식으로 행동하도록 만든다. 예를 들어, 위험에 직면하여 위협감을 느끼게 되면, "싸우기 아니면 도망치기(fight or flight)" 의 행동반응을 나타내게 된다.

그러나 긍정 정서는 부정 정서보다 기본정서의 수가 적을 뿐만 아니라 행동경향성도 모호한 경향이 있다. 부정 정서에 수반되는 얼굴표정은 두려움, 분노, 슬픔에 따라 각기 다른 반면, 모든 긍정 정서는 웃음의 특성을 공유하고 있다. 긍정 정서와 부정 정서의 이러한 차이로 인해서, 연구자들은 부정 정서의 적응성에 대해서 가설을 세우는 것이 더 쉬웠을 것이다. 불안, 우울, 분노와 같은 부정 정서들은 생존과 적응의 측면에서 분명한 기능을 담당하고 있다. 그렇다면 긍정 정서의 적응적 기능은 무엇인가?

긍정 정서의 확장 및 축적 이론

긍정 정서에 대한 심리학적 관심은 Barbara Fredrickson(1998, 2000, 2001, 2004)의 연구에 의해서 불붙게 되었다. 그녀는 긍정 정서를 부정 정서에 대한 기존의 이론적 틀에 맞추어 이해해서는 안 된다고 주장했다. 긍정 정서는 그 심리적 체험이 다를 뿐만 아니라 기능도 다르다는 것이다. 부정 정서가 우리에게 위험을 알리고 반응범위를 좁혀서 위험신호에 재빨리 대처하도록 하는 반면, 긍정 정서는 안전의 신호로서 그 주요한 기능은 대처역량을 집중하는 것이 아니라 확장하고 증대시키는 것이라는 것이다. 긍정 정서의 진화적 이득은 현재 상황에 대한 것이 아니라 미래 상황에 대한 것이라는 주장이다.

Fredrickson(1998, 2000, 2001)의 실험실 연구에서 긍정 정서를 경험하도록 유도된 참가자들은 이러한 주장과 일치하는 인지적 변화를 보였다. 예컨대, 긍정 정서를 경험한 참가자들은 주의 폭과 작업기억이 확장되고 언어 유창성과 정보 수용성이 증가했다. 긍정 정서를 유도하게 되면, 참가자들은 시각정보처리의 전반성과 국부성을 평가하는 과제에서 주의 폭이 넓어져 자극의 전체적 측면을 더 잘 탐색하는 경향이 나타났다. 또한 다양한 주제에 대해서 창의적인 대답을 자유롭게 하는 '20개 질문과제'에서도 대답의 수가 많고 내용도 더 다양했다.

이러한 연구결과들에 근거하여, 그녀는 긍정 정서의 **확장 및 축적 이론**(broaden-and-build theory)을 제시하였다. 이 이론에 따르면, 긍정 정서 경험은 이후에 다른 상황에서 사용할 수 있는 개인적 자원을 확장하고 축적하는 기능을 지닌다.

우선, 긍정 정서는 적응적 행동으로 이끄는 불특정적인 행동경향성(nonspecific action tendency)을 유발한다. 예를 들어, 사람들은 긍정 정서를 느낄 때 다른 사람들과 더 많은 상호작용을 하게 되고, 새로운 경험을 찾아나서며, 창조적인 도전을 하거나 도움이 필요한 사람을 돕게 된다. 기분이 좋아지면 세상에 대해서 더 많은 호기심을 지니게 되며 더 개방적이고 이타적인 행동을 하게 된다.

또한 긍정 정서는 새로운 적응적 사고-행동경향성(thought-action tendency)을 생성하는 인지적 활동을 촉진한다. 즉, 사람들은 긍정적 경험을 하게 만든 특정한 사고와 행동 방식을 학습하고 기억에 저장하여 미래의 상황에 활용하게 된다. 긍정 정서는 이러한 적응적 학습과 활용에 필요한 인지적 활동을 촉진한다. 어린아이의 경우, 즐거움을 느끼며 시작한 놀이가 새로운 학습과 탐구활동으로 이어지게 된다. 이렇게 즐거움 속에서 학습한 내용은 기억에 더 잘 저장되어 미래에 더 잘 활용될 수 있다.

Fredrickson의 이론에 따르면, 〈그림 2-3〉에서 볼 수 있듯이, 긍정 정서를 경험하게 되면 우리의 일시적인 사고기능과 행동양식이 확장되며, 그 결과로서 얻어진 학습 경험을 통해서 미래의 상황에 효과적으로 대처할 수 있는 인지적 · 정서적 자원을 축적하게 된다. 여기에서 중요한 점은 일시적인 정서상태를 통해 습득한 자원들은 그러한 정서상태가 종료된 이후에도 지속된다는 점이다. 즉, 긍정 정서 경험은 이후에 다른 상황에서 사용될 수 있는 개인적 자원을 축적하고 증대시키는 효과를 지니는 것이다. 따라서 이러한 자원 증대로 인해 개인의 상향적 발전과 성장이 일어나며 새로운 상황에 대한 효과적인 대응으로 인해서 다시 긍정 정서를 경험하게 되는 선순환을 통해 적응을 돕게 된다.

이와 달리, 부정 정서는 일반적으로 사고와 행동의 선택범위를 축소시킨다. 위험에 처

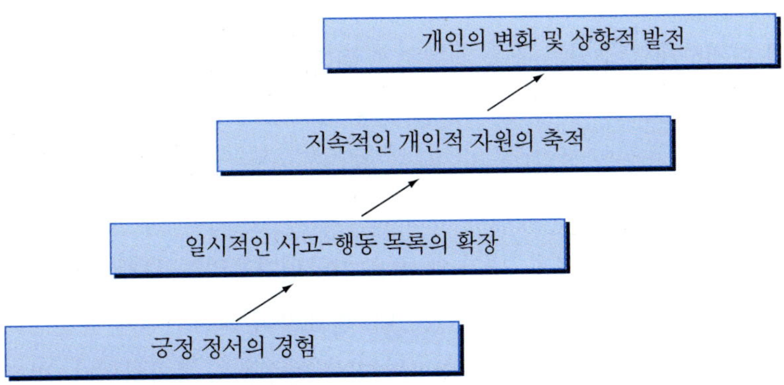

〈그림 2-3〉 긍정 정서의 확장 및 축적 이론(Fredrickson, 2002)

긍정 정서의 대표적 연구자 바버라 프레드릭슨

하면 그것을 피하기 위한 행동을 한다. 그러나 긍정 정서는 요구하는 선택범위의 축소가 아니라 미래의 대처자원을 극대화하기 위해 선택범위를 확장한다. 예를 들어, 사랑의 감정은 그 순간의 애정 표현에 대한 생각뿐만 아니라 애정의 확대, 미래의 애정 표현, 타인과의 사랑 경험 공유, 타인의 사랑 지원과 같은 다양한 생각들을 확장시킨다. 이처럼 긍정 정서는 우리의 인식을 확장시키고 대처자원을 축적시키는 기능을 지닌다.

대인관계에서 경험하게 되는 친밀감, 보살핌, 유대감은 타인과의 상호작용에서 느끼는 긍정 정서에 의해서 강화된다. 긍정 정서를 경험하게 되면 상대방에게 다양한 호의적 행동을 하게 되고, 그 결과 상대방의 긍정적인 행동을 유발하여 더 많은 긍정 감정을 느끼게 됨으로써 두 사람의 관계는 점점 더 깊어진다. 이러한 과정에서 긍정 정서는 다양한 생각과 행동을 촉발하고 그 범위를 확장함으로써 관계의 심화를 돕는다. 현재 노스캐롤라이나 대학의 심리학과에 재직하고 있는 Fredrickson은 긍정 정서에 관한 연구 공로로 2000년에는 긍정 심리학의 우수연구자에게 시상하는 Templeton Prize의 제1회 수상자가 되었다.

긍정 정서의 원상복구 가설

우리는 매우 불안한 긴장 상황에서 친구의 재치 있는 유머 한 마디에 웃음을 터뜨리면서 불안이 현저하게 감소되는 것을 경험하게 된다. 이처럼 긍정 정서는 부정 정서의 해독제 기능을 하는 것으로 밝혀지고 있다. 긍정 정서는 부정 정서의 생리적 효과를 원상태로 회복시키는 기능을 한다(Fredrickson & Levenson, 1998; Tugade & Fredrickson, 2004).

한 연구에서는 대학생들에게 "내가 왜 좋은 친구인가?"라는 주제로 짧은 발표를 하게 했다. 발표 전에 1분간 준비시간을 주었는데, 발표자의 교감신경계 흥분상태를 보여주는 심리생리적 측정치가 증가했을 뿐만 아니라 불안수준도 증가하였다. 발표 준비시간이 끝났을 때 연구자는 대학생들에게 기쁨, 만족감, 슬픔, 중립감정을 유발하는 4가지 영화필름 중 하나를 보여주었다. 이 필름들은 모두 내용의 자극성이 유사한 것으로서 그 자체로는 교감신경계의 흥분상태에 차별적인 영향을 주지 않는 것들이었다. 필름을 본 후에 심리생리적 측정을 한 결과, 긍정 감정(기쁨, 만족감)을 유발하는 필름을 본 사람들은 다른 필름을 본 사람들보다 심혈관계의 활성상태가 정상수준으로 더 빨리 회복되었다. 긍정적인 정서 경험을 통해서 불안과 긴장상태가 신속하게 감소한 것이다.

이러한 연구결과에 근거하여 Fredrickson은 긍정 정서가 부정 정서의 유해한 영향에 대해서 해독제 역할을 한다는 원상복구 가설(undoing hypothesis)을 제시하였다. 긍정 정서는 부정 정서나 스트레스의 신체적 · 심리적 후유증으로부터 안정된 평정상태로의 회복을 돕는다는 것이다. 예를 들어, 우리는 직장에서 상사로부터 비난을 받고 심한 스트레스를 경험하지만 퇴근하여 반갑게 맞이하는 귀여운 자녀를 만나 즐거운 시간을 보내며 직장에서의 스트레스를 해소하게 된다. 웃음은 위험 상황에서 겪게 되는 공포 경험에 수반되는 생리적인 잔존효과를 씻어내는 데 도움이 된다. 또한 웃음은 공포로 인해 축소된 주의 폭을 다시 확대하고 사고의 유연성을 회복하는 데에도 도움이 되는 것으로 알려져 있다.

이 밖에도 긍정 정서는 여러 가지 유익한 기능을 지니는 것으로 밝혀지고 있다. 행복한 긍정적 기분상태는 다양한 방식으로 세상에 대한 적응적 반응을 촉진한다. 예컨대, 긍정 정서는 이타주의 성향과 의사결정의 효율성을 높이고, 창의력을 증진시키며, 공격성을 줄이는 경향이 있다(Isen, 2002). 또한 인간관계의 질을 향상시키며 직업만족도 향상에도 도움이 된다(Isen, 2001; Morris, 1999). 특정한 기분을 느끼는 상태에서는 그 기분과 일치하는 기억들이 더 잘 회상되는 경향이 있는데, 이러한 현상을 기분 일치 회상(mood congruent recall)이라고 한다. 긍정적인 정서상태에서는 긍정적인 과거 기억의 회상을 촉진하는 반면, 부정적인 기억의 회상을 억제한다.

정서의 기본적 기능은 현재의 상황 또는 미래에 겪게 될 상황에 대응하는 현재의 대처방식이 얼마나 적절한지를 알려주는 것이다(Morris, 1999). 정서는 우리가 환경에 얼마나 잘 대처하고 있는지를 알려주는 지속적인 감찰시스템을 제공한다. 우울, 불안, 분노와 같은 부정 정서는 현재의 대처방식이 환경 적응에 부적절하므로 무언가 변화의 노력을 기울이라는 메시지를 전달하는 반면, 기쁨이나 즐거움 같은 긍정 정서는 현재의 대처방식이 적절하므로 더 강화하고 확대하라는 메시지를 전달한다는 것이다. 이러한 정서의 메시지에 귀를 기울인다면 우리는 올바른 삶의 방향을 찾게 될지 모른다.

긍정 심리학은 사람들로 하여금 평생 동안 매일 그리고 온종일 긍정 정서만을 경험하게 하는 것을 지향하지 않는다. 그러한 목표는 가능하지도 않다. Watson(2002)에 따르면, 사람들은 하루 중에도 여러 시점에서 기분이나 에너지 수준이 저하되는 것을 경험한다. 이러한 연구결과는 사람들이 긍정 정서를 동일한 수준으로 유지할 수 없을 뿐만 아니라 온종일 높은 수준의 긍정 정서를 지속시킬 수도 없다는 것을 보여준다. 긍정 심리학자들의 연구를 통해 알 수 있는 것은 긍정 정서가 우리로 하여금 새로운 것을 학습하고 성장할 수 있도록 촉진함으로써 환경에 더 잘 적응하도록 돕는다는 점이다.

4) 긍정 정서의 신체적 기반

행복과 긍정 정서는 심리적 현상이지만 신체적 요인의 영향을 받고 있다. 인간의 심리적 경험은 뇌의 활동과 밀접한 관계를 지니고 있을 뿐만 아니라 유전적 요인에 의해서도 많은 영향을 받고 있다. 행복은 뇌와 어떤 관련성을 맺고 있으며 얼마나 유전의 영향을 받는 것일까?

긍정 정서의 뇌 생화학적 기반

정서는 뇌의 다양한 부위에 의해서 영향을 받는다. 최근에는 EEG, fMRI, PET과 같은 뇌영상술을 통해 다양한 정서상태에서 활성화되는 뇌 부위들이 탐색되고 있다. 이러한 연구들에 의하며, 정서는 전전두엽(prefrontal cortex), 편도(amygdala), 해마(hippocampus)를 비롯한 여러 신피질 부위의 활동과 관련되는 것으로 알려지고 있다(Davidson, 2005).

또한 정서는 뇌 신경세포의 흥분을 전달하는 화학물질인 신경전도물질(neurotransmitter)과 밀접한 관계를 지니는 것으로 밝혀지고 있다. 특히, 행복 경험은 도파민(dopamine) 수준의 증가와 관련된다는 연구가 있다(Ashby, Isen, & Turken, 1999). 또한 엔도르핀(endorphin)과 엔세팔린(encephalin) 같은 신경전도물질 역시 쾌감을 높이고 고통의 경험을 감소시키는 것으로 알려져 있다. 마라톤과 같은 육체적 훈련 시에 경험하게 되는 유쾌감(runner's high)은 엔도르핀 수준의 증가 때문인 것으로 밝혀졌다(Farrell, Gustafson,

Morgan, & Pert, 1987). 강렬한 쾌감을 느끼는 성관계 시에는 엔도르핀 수준이 평소보다 200%까지 증가한다는 보고가 있다(Pert, 1997). 이처럼 다양한 신경전도물질이 행복감의 경험에 영향을 미치는 것으로 밝혀지고 있다.

그렇다면 행복감이나 사랑과 같은 긍정 정서가 뇌의 화학적 불균형, 즉 신경전도물질의 변화에 의해서 좌우된다는 것인가? 이에 대한 대답은 간단하지 않다. 정서에 관여하는 신경전도과정은 뇌와 몸의 여러 부위에서 분비되는 다양한 호르몬과 신경전도물질의 상호작용에 의해서 이루어지는 매우 복잡한 과정이다. 또한 마음은 뇌 활동에 의해 영향을 받을 뿐만 아니라 뇌 활동에 영향을 미친다. 적어도 인간의 경우, 정서 경험은 환경적 자극의 의미를 해석하는 인지적 과정과 밀접한 관련성을 지니고 있다.

체험기계 속에서 사는 삶이 진정 행복할까?

철학자 Robert Nozick(1974)은 다음과 같은 상상 실험(thought experiment)을 제안하였다. 만약 어떤 발명가가 뇌 부위에 전기적 자극을 줌으로써 개인이 원하는 어떤 경험도 하게 할 수 있는 체험기계를 발명했다고 하자. 그래서 당신은 탱크와 같은 안전한 공간 속에서 뇌의 각 부위를 전기장치에 연결한 채 살아간다고 하자. 당신은 이 체험기계를 통해서 실제 경험과 똑같은 생생하고 강렬한 경험을 체험하며 살아간다. 당신이 원한다면 매우 다양한 즐거운 체험을 할 수도 있다. 이러한 체험은 '실제' 경험과 구분이 되기 어려울 만큼 유사하다. 아마도 이러한 체험기계를 만들기 위해서 엄청난 전자장치와 소프트웨어가 필요할 것이지만 말이다. 자, 당신은 체험기계에 몸을 맡긴 채 살아가겠는가? 어쩌면 실제의 삶에서보다 더 즐겁고 색다른 다양한 체험을 할 수도 있다. Nozick에 따르면, 대다수의 사람들은 그렇게 살기를 거부한다. 그와 같은 가상적인 삶을 살기를 거부한다는 것이다. 왜냐하면 사람들은 독특한 성격을 지닌 존재로서 자신의 장점과 능력을 활용한 직접적인 행동을 통해서 그러한 쾌락을 얻고자 하기 때문이다. 우리가 바라는 행복한 삶은 뇌의 화학물질이나 전기자극이 만들어낸 환상이 아니라 우리가 능동적으로 만들어가는 실제적인 삶인 것이다.

긍정 정서의 유전적 영향

사람마다 평소에 자주 느끼는 정서의 종류나 강도가 각기 다르다. 이러한 정서 체험이 유전에 의해서 영향을 받는다는 주장이 제기되고 있다. Lykken과 Tellegen(1996)은 행복도가 오랜 세월에 걸쳐 비교적 안정적인 패턴을 보이는 것은 유전적 요인 때문이라고 주장했다. Lykken(1999)은 각기 떨어져 양육된 쌍둥이에 대한 연구를 통해서 주관적 안녕의 유전적 영향을 살펴보았다. 다면적 성격 질문지(Multidimensional Personality Questionnaire)의 안녕 척도(Well-being Scale)에 의해서 행복도가 측정되었다.

그 결과가 〈표 2-1〉에 제시되어 있는데, Lykken은 이러한 결과를 다음과 같이 해석하고 있다. 일란성 쌍둥이의 행복도 점수는 상당히 높은 상관(r=.44~.53)을 나타낸 반면, 이란성 쌍둥이의 상관(r=.08~.13)은 미약했다. 이러한 결과는 행복도의 44~53%가 유전에 의해 영향을 받는다는 점을 의미한다. 이 연구의 시작 시점에서 측정한 일란성 쌍둥이들의 행복도 점수와 9년 후에 측정한 이들의 행복도 점수 간 상관은 r=.55였으며, 연구의 시작 시점에서 측정된 일란성 쌍둥이 개인의 점수와 9년 후에 측정된 쌍둥이 형제의 점수 간 상관은 r=.54였다. 이러한 놀라운 결과는 행복의 기준점이 98%(.54/.55) 정도 유전에 의해 결정된다는 것을 의미한다. 여기에서 기준점이란 개인의 기분상태가 10년에 걸쳐 변동할 때 기준이 되는 평균점을 뜻한다.

이 쌍둥이 연구에 의하면, 긍정 정서에 대한 장기적 변화도의 40%, 부정 정서에 대한 장기적 변화도의 55% 그리고 전반적 안녕감에 대한 장기적 변화도의 48%가 유전에 기인하는 것으로 나타났다(Tellegen, Lykken, Bouchard, Wilcox, & Rich, 1988). 연구자들에 따르면, 개인의 기본적인 정서반응 성향은 상당부분 유전적 요인에 의해 정해지는 것이다. 우리의 장기적인 정서상태를 결정하는 주요한 요인은 초기 아동기의 정서 경험이나 후천적인 학습 경험보다 유전적 형질이라는 것이다.

표 2-1 **주관적 안녕의 유전적 영향에 관한 연구결과**(Lykken, 1999)

	쌍둥이의 수	상관계수
동일 환경에서 양육된 일란성 쌍둥이 간의 상관	69	.53
다른 환경에서 양육된 일란성 쌍둥이 간의 상관	663	.44
동일 환경에서 양육된 이란성 쌍둥이 간의 상관	50	.13
다른 환경에서 양육된 이란성 쌍둥이 간의 상관	715	.08
일란성 쌍둥이 개인의 9년 전-후 점수의 상관	410	.55
일란성 쌍둥이 간의 9년 전-후 점수의 상관	131	.54
이란성 쌍둥이 간의 9년 후 점수의 상관	74	.05

행복 기준점

Lykken과 Tellegen(1996)은 쌍둥이 연구결과에 근거하여 행복 기준점(happiness set point)이라는 개념을 제안했다. 대다수 사람들이 일시적으로 높거나 낮은 정서 경험을 한 후에 되돌아오게 되는 행복의 평균수준 또는 기준점을 갖고 있다고 보았다. 우리가 일시적으로 강렬한 기쁨이나 슬픔을 경험하게 되지만, 장기적으로 보면 어떤 수준의 정서상태로 되돌아오게 된다. 어떤 사람들은 기준점이 긍정 정서 쪽으로 기울어져 있어서 전반적으로 활기찬 기분상태를 유지하는 반면, 어떤 사람은 부정 정서 쪽으로 기울어져서 비관주의에 이끌리고 걱정을 많이 하는 경향을 나타내게 된다는 것이다.

Jerome Kagan(1989)은 아이들의 기질 연구를 통해서 외향성과 수줍음이 상당부분 유전의 영향을 받는다고 밝혔다. 기질(temperament)은 사건에 대한 정서반응 성향을 뜻한다. 그의 추정에 따르면, 아이들의 약 15~20%가 수줍어하는 기질을 타고나며, 약 25~30%는 사교적이고 외향적인 기질을 타고난다. 물론 이러한 기질이 운명을 결정하는 것은 아니며, 성장과정의 환경적 요인에 따라 변화될 수 있는 것이다. 그러나 이러한 생각은 행복의 기준점이 존재한다는 점을 시사하는 연구결과이다.

만약 유전적 요인이 정서의 장기적 안정성에 강력한 영향을 미친다면, 달리 말해서 사람마다 유전에 의해 결정된 행복 기준점이 존재한다면, 우리가 행복한 삶을 위해서 할 수 있는 일이 거의 없다는 것을 의미하는가? 이러한 물음에 대해서 대부분의 심리학자들은 유전적 요인이 완전하게 행복 수준을 결정하는 것은 아니라고 생각한다. 유전에 의한 행복 기준점을 주장한 Lykken(1999)은 다음과 같이 말하고 있다. "유전은 상당히 강력하게 정신에 영향을 미친다. 만약 당신의 행복 기준점이 평균 이하라면, 당신의 유전적 운전자가 당신을 비생산적인 방식으로 행동하도록 유혹하여 행복을 저하시키는 방향으로 인도해간다는 것을 의미한다. 만약 당신의 유전적 운전자가 제멋대로 하도록 당신이 내버려둔다면, 그것이 지향하는 목적지에 도달하게 될 것이다. 그러나 인생은 당신의 것이다. 당신은 상당히 넓은 선택의 범위 내에서 당신 자신의 목적지를 선택할 수 있다"(p. 60). 성장환경, 가족 상황, 교육 경험, 문화적 배경과 같은 다양한 요인들이 개인의 행복 수준에 영향을 미친다. 우리가 행복한 삶을 위해서 할 수 있는 일들은 분명히 많이 있다.

Lyubomirsky, Sheldon과 Schkade(2005)는 행복을 결정하는 주요한 요인들을 고려

하여 다음과 같은 등식을 제시했다.

행복 = 기준점 + 삶의 상황 + 의지적 활동

행복은 개인의 기준점, 삶의 상황, 의지적 활동이라는 세 가지 요인에 의해 결정된다는 것이다. 기준점은 앞에서 설명되었듯이 유전에 의해서 결정되는 것이며, **삶의 상황**(life circumstances)은 나이, 성별, 교육수준, 사회적 계층, 수입, 가족 및 자녀, 지능 수준, 신체적 매력도와 같이 행복에 영향을 미치는 외부적인 여건들을 의미한다. **의지적 활동**(volitional activity)은 개인의 동기와 의지에 의해서 선택된 자발적인 활동들을 의미한다. 즉, 행복은 유전적 요인에 의해 결정되는 기준점, 외부적인 환경 여건 그리고 개인의 의지와 선택에 의한 행위의 산물이라는 것이다. 그러나 세 가지 요인이 행복에 얼마나 강력한 영향을 미치는지 그리고 서로 어떤 상호작용을 통해 행복에 영향을 미치는지는 앞으로 연구되어야 할 과제이다. 〈그림 2-4〉에 제시되어 있듯이, Lyubomirsky 등(2005)은 기준점이 행복 수준의 50%를 결정하고 의지적 활동을 통해 40% 그리고 삶의 상황이

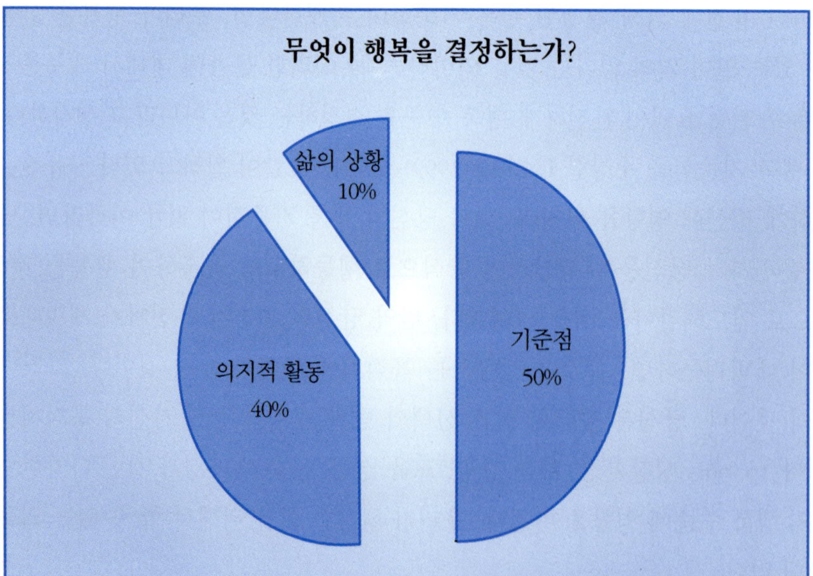

〈그림 2-4〉 행복의 결정요인(Lyubomirsky et al., 2005)

10%를 결정한다고 주장한다. 이들의 주장에 따르면, 우리의 행복수준은 상당부분 선천적으로 결정되어 있는 셈이다. 그러나 우리의 의지에 의해서 변화시킬 수 있는 행복의 범위도 상당히 넓다는 점을 주목해야 할 것이다.

긍정 정서성

정서는 외부적 사건과 내면적 인지과정에 의해 변화될 수 있는 일시적인 심리상태이다. 우리는 일상생활 속에서 다양한 감정을 경험하며 하루에도 수많은 감정 변화를 겪게 된다. 그런데 사람에 따라 부정 정서를 자주 경험하기도 하고 긍정 정서를 더 자주 경험하기도 한다. 낙관적인 태도로 여러 사람과 즐거운 경험을 나누며 활기와 열정을 지니고 긍정 정서를 주로 경험하며 살아가는 사람들이 있는 반면, 비관적이고 소극적인 태도로 다른 사람과의 접촉을 두려워하며 부정적인 감정을 자주 느끼며 살아가는 사람들이 있다.

과거에 심리학자들은 우울, 불안과 걱정, 신경질과 분노, 권태감과 같은 감정을 지속적으로 자주 경험하는 부정 정서 성향에 대해서 관심을 집중해왔다. Paul Meehl(1975)은 즐거움과 기쁨을 더 잘 느끼는 기질을 타고나는 사람들이 있음을 지적하면서 긍정적인 정서 성향에 대한 관심을 촉구하였다. 그는 긍정 정서를 경험하는 것도 일종의 능력이라고 가정하면서 '쾌락능력(hedonic capacity)' 이라는 용어를 사용하였다. 또한 그는 이러한 능력이 유전적 요인에 의한 기질적인 개인차일 것이라고 추정하면서 성격특질인 외향성과 연결되어 있을 것이라고 가정했다.

그 후 여러 연구에 의해서 Meehl의 주장 중 상당부분이 지지되었다. 요즘에는 어떤 사람이 긍정 정서를 자주 경험하는 정도를 **긍정 정서성**(positive affectivity)이라고 부른다(Watson, 2002). 이러한 정서 성향을 측정하는 가장 일반적인 도구는 1장에서 소개한 바 있는 긍정 및 부정 정서성 척도(PANAS; Watson et al., 1988)이다. 이 척도는 응답자에게 긍정 · 부정 정서를 묘사하는 단어들을 제시하고 자신의 정서를 평가하게 한다. 연구 목적에 따라 지시문을 "지금" "지난 며칠간" 또는 "평소에 일반적으로" 느끼는 기분을 표시하도록 조정할 수 있다. 물론 정서 성향을 측정하기 위해서는 평소에 일반적으로 경험하는 정서에 대해서 응답하게 하며, 긍정 · 부정 정서를 묘사하는 단어에 응답한 평정치를 각각 합산하여 긍정 또는 부정 정서성 점수를 산출하게 된다. 이렇게 긍정 정서성과 부정 정서성의 점수를 따로 계산하는 이유는 두 성향이 상당히 독립적이기 때문이다. 이러한 측정치를 사용한 연구에 따르면, 긍정 정서성은 시간이나 상황의 변화에 상당한 안정성을 보인다(Costa & McCrae, 1992; Diener & Larsen, 1984). 또한 그 변동폭 역시 사람마다 상당히 일정하게 나타났다. 이러한 결과는 일정한 강도의 긍정 정서를 안정되게 경험하는 사람들이 있는 반면, 매우 변덕스럽게 정서변화를 나타내는 사람이 있음을 보여준다(Larsen, 1987; Watson, 2000, 2002).

Meehl이 추측했던 바와 같이, 긍정 정서성은 성별에 상관없이 외향적인 사람에게서 높게 나타났다(Watson, 2000). 일반적으로 긍정 정서성이 높은 사람은 사회적으로 활달하여 친구와 지인이 많고 사회단체에 가입하여 활동하는 경우가 많았다. 또한 이들은 행복한 결혼생활을 하고 있었고 자신의 직업을 좋아했다. 그 인과관계는 아직 불분명하지만, 종단적 연구에 따르면 긍정 정서성이 결혼생활과 직업만족도에 영향을 미치는 것으로 추정된다(Staw, Bell, & Clausen, 1986; Watson, Hubbard, & Wiese, 2000). 또한 자신을 종교적 또는 영적이라고 묘사한 사람들은 긍정 정서성에서 높은 점수를 나타냈다(Clark & Watson, 1999).

긍정 정서성은 유전적 기반을 지니는 것으로 여겨지고 있다. 유전율(heritability)은 유전적 요인의 영향력을 나타내는 지표로서, 쌍둥이들 간의 유사성에 있어서 일란성 대 이란성 쌍둥이들의 차이로 산출된다. 일반적으로 키와 몸무게는 높은 유전율을 나타내며, 지능은 중간 정도의 유전율을 나타내는 것으로 알려져 있다. 쌍둥이 연구에 따르면, 긍정 정서성은 지능보다는 낮지만 다른 성격특질과 비슷한 .40 정도의 유전율을 나타냈다(Finkel & McGue, 1997). 그러나 유전율이 높다고 해서 그러한 특성이 불변적이라는 의미는 아니다. 일례로 우울 성향은 긍정 정서성보다 더 높은 유전율을 나타내지만 치료를 통해 변화될 수 있다. 따라서 중간 수준의 유전율을 나타내고 있는 긍정 정서성은 변화 가능성이 상당히 높은 것이다. 정서 성향에 대한 대표적 연구자인 David Watson(2002)은 다음과 같이 말하고 있다. "유전이나 생물학적 요인이 영향을 미친다고 해서 숙명론적 체념을 할 필요는 없다. 우리는 긍정 정서성을 증대시킬 수 있는 자유를 지니고 있다." 그에 따르면, 반복적으로 경험하는 정서를 좀 더 긍정적인 것으로 변화시키기 위해서는 개인이 지향하는 목표의 달성보다 목표를 향해 노력해가는 과정에 집중하면서 그 미세한 변화와 과정을 잘 음미하는 것이 도움이 된다고 한다(Peterson, 2006).

5) 인지가 정서에 미치는 영향

정서는 진화과정에서 형성한 생물학적 기반을 지니고 있지만 주로 인지적 평가의 결과로 발생한다. 이런 점에서 감정은 인지적 요인과 매우 밀접한 관계를 지니고 있다. 인지적 심리치료자인 Albert Ellis나 Aaron Beck은 정서 경험에 있어서 인지적 요인의 중요성을 강조하고 있다(권석만, 2003, 2004). 이 세상에 그 자체로 의미를 지니는 것은 없다. 인간이 의미를 부여하지 않고서 그 자체로 의미를 지니는 것은 없다. 모든 현상과 사건의 의미는 인간에 의해 부여된 것이다. 이런 점에서 인간은 외부적 사건에 의해 수동적으로 영향을 받는 존재이기보다 사건의 의미를 능동적으로 해석하여 반응하는 존재이다. 인간은 의미 부여를 통해 세상을 능동적으로 구성하는 존재라고 할 수 있다.

Lazarus(1981)는 정서가 사건에 대한 인지적 평가에 의해 유발된다는 가정하에, 평가과정을 일차적 평가와 이차적 평가로 구분하고 있다. **일차적 평가**(primary appraisal)는 개인이 추구하는 목표와 관련지어 사건의 의미를 평가하는 과정인 반면, **이차적 평가**

표 2-2 주요 정서와 관련된 인지의 핵심주제(민경환, 2002; Lazarus, 1991)

정 서	인지의 주제
행복감(happiness)	목표의 실현을 향해서 적당한 정도의 진전을 함
자부심(pride)	가치 있는 대상이나 성취에 대해서 자신의 정체감을 향상시킴
안도감(relief)	고통스러운 목표-불합치 조건이 좋은 쪽으로 변화했거나 사라짐
희망(hope)	최악을 두려워하지만 더 좋아지는 것을 열망함
사랑(love)	대개 상호적이지만 가끔은 일방적인 애정에 대한 욕망이나 참여
연민(compassion)	타인의 고통에 의해서 마음이 움직이고 도와주고 싶어 함
분노(anger)	나와 나의 것을 모욕하는 공격
불안(anxiety)	불확실하고 실존적인 위협에 직면
공포(fright)	즉각적, 구체적, 압도적인 신체적 위험에 직면
죄책감(guilt)	도덕적 잘못을 저지름
수치심(shame)	자아이상에 미치지 못함
슬픔(sadness)	돌이킬 수 없는 상실을 경험
시기(envy)	다른 사람이 갖고 있는 것을 원함
질투(jealousy)	어떤 사람의 애정에 대한 위협이나 상실을 이유로 제3자를 미워함
혐오(disgust)	소화할 수 없는 대상이나 생각을 삼키거나 너무 가까이 있음

(secondary appraisal)는 사건 상황에 효과적으로 대응하기 위한 대처방법을 평가하는 과정을 의미한다. Lazarus에 따르면, 정서는 일차적 평가의 산물이다. 일차적 평가과정에서 개인은 직면한 사건을 목표관련성, 목표합치성, 자아관여성의 측면에서 평가한다. Lazarus(1991)는 다양한 정서와 관련된 사고내용을 〈표 2-2〉와 같이 제시하고 있다. 사고의 주제나 내용에 따라 정서가 다양하게 변화될 수 있음을 보여준다.

긍정적 사고와 부정적 사고의 균형

우리는 누구나 일상생활 속에서 긍정적인 생각과 부정적인 생각을 동시에 지니며 살아간다. Schwartz(1986)와 같은 인지이론가는 이러한 긍정적 사고와 부정적 사고의 비율이 기분상태를 결정하는 중요한 요인이라고 주장한다. 심리적으로 건강한 사람들은 긍정적 사고와 부정적 사고가 대체로 황금비, 즉 1.6 대 1.0의 비율로 적절한 균형을 이루고 있다고 한다(Kendall, Howard, & Hays, 1989).

우울증은 부정적 생각이 압도적으로 많아지거나 긍정적 사고가 현저하게 감소하여 황금비의 균형이 무너진 상태라는 것이다. 이와는 반대로, 기분이 비정상적으로 고양되는 조증상태는 긍정적인 사고가 증폭하고 부정적인 사고가 감소한 상태라고 볼 수 있다. 이러한 조증상태에서는 자신을 과대평가하여 비현실적인 거창한 계획을 세우고 무모하게 행동하여 결과적으로 실패와 부적응을 초래하게 된다.

긍정적 사고와 부정적 사고의 비율은 우리의 삶에 중요한 의미를 지닌다. 긍정적 사고는 우리에게 낙관적 기대와 더불어 의욕과 활기를 불어넣는 삶의 추진기(accelerator)인 반면, 부정적 사고는 비관적 기대와 더불어 삶의 폭과 속도를 감소시키는 삶의 제동기(brake)라고 할 수 있다. 자동차에는 추진기와 제동기가 모두 필요하듯이, 우리의 삶에는 긍정적 사고와 부정적 사고가 모두 필요하다. 우리가 자신에 대한 과대평가의 환상 속에서 삶을 지나치게 확장하며 무모하게 과속할 때, 삶의 속도를 조절하게 해주는 제동기가 바로 부정적인 생각인 것이다. 반면, 자신감을 잃고 슬럼프에 빠져 침체된 삶을 살고 있을 때, 우리에게 희망과 용기를 갖게 해주는 가속기가 바로 긍정적 생각인 것이다. 따라서 심리적으로 건강한 사람은 삶의 추진기와 제동기를 모두 구비하고 적절하게 사용하는 사람이라고 할 수 있다. 즉, 긍정적 사고와 부정적 사고의 적절한 균형이 건강한 삶의 비결이라고 할 수 있다(권석만, 2003).

3 긍정 경험

우리는 살아가면서 다양한 긍정 경험을 하며 행복해한다. 우리가 삶 속에서 체험하는 긍정 경험은 다양한 심리적 요소들의 복합체로 경험되는 경우가 흔하다.

1) 사랑과 친밀감

우리는 어떤 사람과 사랑이나 친밀감을 느낄 때 행복감을 느낀다. 긍정 심리학에서는 사랑, 우정, 유대감, 애착과 같이 인간관계에서 경험하게 되는 긍정적 체험에 대해서 깊은 관심을 지닌다. 특히, 사랑은 삶 속에서 특별하게 경험하는 강렬한 긍정적 체험이다. 사랑에는 여러 가지 유형이 있으나, 이성 간의 낭만적 사랑은 강렬한 애정과 더불어 신체적 흥분을 동반하며 사랑하는 사람에 대해서 강렬하게 집착하여 사랑하는 사람과 늘 함께 있고 싶은 강렬한 욕망을 느끼며, 심지어 사랑하는 사람에게는 모든 것을 다 주어도 아깝지 않을 것 같은 느낌이 들게 만드는 독특한 체험이다. 이 밖에 친구 간의 우정과 친밀함, 타인과의 신뢰감 등과 같이 인간관계에서 다양한 긍정적 체험을 하게 된다. 사랑과 친밀감에 대해서는 이 책의 9장에서 자세하게 설명될 것이다.

2) 플로우 또는 몰입 경험

긍정 심리학에서 많은 연구가 이루어진 긍정적 체험이 플로우(flow), 즉 몰입 경험이다. 플로우는 어떤 일을 하면서 고도의 집중상태에서 즐겁게 몰입하는 긍정적인 심리상태로서 Mihalyi Csikszentmihalyi(1975)가 명명한 용어이다. 처음에는 자기목적적 경험(autotelic experience)이라는 명칭을 사용하다가 좀 더 일상적인 용어인 몰입 경험으로 개칭하였다. 몰입 경험은 무언가에 “흠뻑 빠진 집중상태(being in flow)”로서 흔히 스포츠를 좋아하는 사람들은 이런 상태가 어떤 것인지를 경험해보았을 것이다. 몰입 경험은 개인의 역량을 최고도로 발휘하게 하는 기능을 지니고 있으며 다양한 상황에서 경험할 수 있다. 창의적 예술활동뿐만 아니라 종교의식에의 참여, 컴퓨터 사용, 교실에서 가르칠 때, 즐기기 위해 독서를 할 때, 직업적 일을 즐길 때, 혼자만의 시간을 갖는 휴양 시에 몰입 경험을 보고하였다. 직업적 일을 즐길 때도 몰입을 경험하며, 몰입 경험은 직업만족의 중요한 요소이다. Csikszentmihalyi에 따르면, 몰입 경험은 사람들이 인생을 더 즐기고, 더 행복하게 살며, 다양한 상황에서 더 잘 기능하도록 만드는 경험이라고 주장한다. 몰입 경험에 대해서는 10장에서 자세하게 설명될 것이다.

3) 여가와 안식 경험

우리는 여가를 즐기면서 긍정적인 체험을 하게 된다. 여가(leisure)는 의무적인 일이나 직업적인 업무를 떠나 한가하게 즐기는 여유로운 휴식이나 재미를 찾기 위한 취미활동을 의미하는데, 긍정적 체험을 제공하며 행복과 삶의 만족과 밀접한 관계를 지니고 있다. 특히, 운동을 하는 여가활동은 우울이나 불안과 같은 부정 정서를 감소시킬 뿐만 아니라 행복 수준을 증가시키는 것으로 알려져 있다(Alfermann & Stoll, 2000).

여가는 단순한 쾌락의 추구, 스트레스 해소, 휴식의 제공과 원기회복뿐만 아니라 다양한 기능을 지닌다. 여가는 (1) 자율성에 대한 욕구를 충족시키게 해 주고, (2) 가족생활의 즐거움을 주며, (3) 휴식을 제공하고, (4) 일상으로부터 벗어날 수 있는 기능을 지닌다(Argyle, 1987). 여가가 자율성과 관련되는 것은 어떻게 여가시간을 보낼 것인가의 선택을 내재적 동기에 의해 스스로 할 수 있기 때문이다. 반면에 권태는 할 일이 없는 상태가 아니라 무엇을 할지 선택하지 못하고 있는 상태이다. 또한 여가는 휴식과 안락의 기능뿐만 아니라 도전 의지와도 연관되어 있다. 사람들은 지식을 습득하고 기술과 능력을 계발하기 위해 여가활동을 통해서 스스로 도전하기를 즐긴다. 이처럼 여가는 개인의 잠재력 확장과 성장을 도모하는 기능도 지닌다. 여가에 대해서는 11장에서 자세하게 설명될 것이다.

4) 절정 경험

인본주의 심리학자인 Maslow(1970, 1976)는 절정 경험이 행복과 성장에 중요하다고 주장했다. **절정 경험**(peak experience)은 인생의 과정에서 경험하게 되는 매우 기쁘고 황분되는 감격적인 순간으로서 강렬한 행복감을 준다. 커다란 환희에 휩싸이게 될 뿐만 아니라 놀라움과 경외감, 시간과 공간 감각의 상실, 세상을 산 정상에서 바라보는 듯한 깨달음을 수반하기도 한다. 절정 경험이 특히 강렬할 때는 자기의식이 없어지고 거대한 존재와 합일되는 듯한 느낌을 느끼기도 한다.

절정 경험은 자기실현의 과정에서 느끼는 일시적인 경험이라고 할 수 있다. Maslow가 욕구위계설에서 가장 고차원적인 것으로 제시한 자기실현 욕구가 충족될 때 느끼게 되는 일시적 경험이 절정 경험인 것이다. 이러한 절정 경험은 오랜 기간 힘든 노력을 통해 목표하는 바를 성취했을 때, 강렬한 사랑을 체험했을 때, 위대한 미술작품을 보거나 음악을 듣게 되었을 때, 자연의 아름다움에 압도되었을 때, 종교적 수행이나 의식에 몰두하게 되었을 때 갑작스럽게 또는 우연하게 찾아오게 된다. 드물게는 심한 질병이나 죽음에의 직면과 같은 강렬한 부정적 상황에 의해서 촉발되는 경우도 있다. 대부분의 사람들은 절정 경험을 할 수 있을 뿐만 아니라 인생의 과정에서 여러 번 그러한 경험을 하게 되지만 그 각별한 의미를 인식하지 못하고 넘겨버리게 된다. Maslow(1970)에 따르면, 이러한 절정 경험을 통해서 개인의 창조적 에너지가 발산되고, 존재의 의미를 느끼게 되며, 인생의 목표의식을 갖게 되고, 조화와 통합의 느낌을 얻게 된다. 이런 점에서 절정 경험은 치유적인 동시에 성장을 촉진하는 기능을 지닌다.

5) 고원 경험

Maslow는 1970년에 사망하기 19개월 전에 심한 심장발작을 경험한 바 있다. 그때 담당의사는 심장이 회복되기까지 2~3년 동안 또 다른 심장발작이 엄습할 수 있으니 세심한 주의를 기울여야 한다고 조언했다. 이후로 Maslow는 언제든지 죽을 수 있다는 사실에 직면하면서 하루하루의 삶을 새로운 관점에서 음미하며 살았다. 이러한 자신의 체험을 다른 학자들과 나누면서 다음과 같이 말한 바 있다(Cleary & Shapiro, 1995).

> "삶에 대한 나의 태도가 변했다. 사실 나는 이미 죽은 것이나 다름없다. 지금 나는 일종의 보너스로 삶을 살고 있는 것이다. 이제 권력, 경쟁, 명예 같은 것은 중요치 않게 되었다. 죽음에 대한 두려움이 없어졌기 때문에 하루하루의 삶이 감사하게 느껴지고, 한순간 한순간이 신

비롭게 느껴진다."

그는 자신이 경험한 초월의 의식상태를 고원 경험(plateau experience)이라고 불렀다. 이에 관해 명료한 설명을 하지는 않았지만 그는 이렇게 묘사한 바 있다.

> "우리의 모든 경험이 기적적이고 신비로운 것으로 여겨지면서 느껴지는 평온하고 고요한 감정상태이다. 정서적인 속성이 강한 절정 경험에 비해서 고원 경험은 어떤 깨달음을 수반하는 인지적 요소를 지니고 있다. 고원 경험은 절정 경험에 비해서 훨씬 더 의지적인 것이기도 하다. 마치 곁에서 놀고 있는 소중한 아이를 조용히 바라보는 엄마처럼."

초월적 경험에 관심을 갖기 이전부터, Maslow는 절정 경험이라는 개념의 한계를 느끼기 시작했다. 만족감은 절정 경험처럼 강렬한 감정상태에서뿐만 아니라 일상생활의 평범한 경험에서도 느낄 수 있다는 것을 알게 되었다. 절정 경험은 의도하지 않게 찾아오는 순간적인 경험이기 때문에 그러한 상태에 머무를 수가 없다. 의식의 초월상태를 탐구하면서 Maslow는 평정상태, 즉 현재 순간에 대한 자각과 이완상태를 영적인 자기계발의 주요한 요소로 여기게 되었다. 그는 자신의 경험에 근거하여 "나이가 들면서 절정 경험의 강도나 빈도가 줄어들었다."라고 말한 바 있다. 절정 경험이 자율신경계에 부담을 줄 수 있기 때문에 나이가 들면서 그런 경험이 감소하는 것은 몸을 보호하려는 자연의 이치인지 모른다고 생각했다. 그는 절정 경험을 성적인 오르가슴에 비교하여 흥분이 고조되어 절정에 이르고 그 이후에 감퇴하는 일련의 과정을 거치는 것으로 보았다. 그러나 고원 경험은 그러한 과정을 거치지 않으며 그 높이는 낮지만 지속기간이 길다. 또한 절정 경험보다 의도적으로 그런 상태를 유도할 수 있다. 또한 절정 경험이 우발적으로 우연하게 발생하는 반면, 고원 경험에 이르는 방법은 학습될 수 있다. 그리고 그는 나이가 들면서 절정 경험과 정서적 동요가 감소하는 반면, 인생의 경험을 통해 얻게 되는 일종의 깨달음을 경험하게 된다고 말하고 있다. 즉, 고원 경험은 절정 경험에 비해 인지적 속성이 강하다. '지금 여기' 의 경험에만 국한하여 세상을 협소하게 보는 것이 아니라 넓은 관점에서 새롭게 보게 된다. 즉, 지금 여기에 매몰되지 않은 채 많은 것들과의 연관성 속에서 사물을 보기 때문에 매사가 새롭게 느껴지며, 강렬하지는 않지만 평온함 속에서 세상의 소중함과 아름다움을 경험하게 된다(Cleary & Shapiro, 1995).

요 약

1. 쾌감은 오감을 통해 직접적으로 경험되는 **육체적 쾌감**과 좀 더 복잡한 심리적 과정을 통해서 느껴지는 **고등한 쾌감**으로 구분될 수 있다. 쾌감에 대한 전반적 평가는 어떤 경험을 하는 과정에서의 가장 강렬한 감각과 마지막 시점의 감각에 의해서 결정되는 경향이 있는데, 이러한 주장을 **절정-대미 이론**(peak-end theory)이라고 한다. 쾌감의 평가에서는 지속기간이 중요시되지 않은데, 이러한 현상을 **지속기간 경시**(duration neglect)라고 한다. 그 이유는 지속되는 쾌감에 대해서는 적응과정을 통해서 둔감화가 일어나기 때문이다.
2. 정서는 기본정서와 복합정서로 구분되며 매우 다양하며 쾌-불쾌 차원에 따라 긍정 정서와 부정 정서로 나누어진다. 긍정 정서는 사고기능과 행동양식을 확장시킬 뿐만 아니라 그 결과로 얻어진 학습 경험을 통해서 미래의 상황에 효과적으로 대처할 수 있는 인지적 · 정서적 자원을 축적하는 데 기여한다. 이러한 설명을 긍정 정서의 **확장 및 축적 이론**(broaden-and-build model)이라고 한다. 또한 긍정 정서는 부정 정서의 유해한 영향을 해독하는 기능을 지니는데, 이러한 주장을 **원상복구 가설**이라고 한다.
3. 다양한 정서 경험에도 불구하고 시간이 흐르면 긍정 또는 부정 정서가 어떤 수준으로 회귀하는 경향이 있는데, 이를 행복 기준점이라고 한다. **행복 기준점**은 유전적 요인에 의해서 결정되는 것으로 알려지고 있다. Lyubomirsky와 동료들(2005)은 행복을 결정하는 세 가지 요인과 그 영향력을 다음과 같이 공식화한 바 있다: 행복 = 기준점(50%)+삶의 상황(10%) + 의지적 활동(40%).
4. 정서는 환경적 사건에 대한 **인지적 해석**에 의해서 강력한 영향을 받는다. 정서에 영향을 미치는 인지적 과정은 사건의 의미를 개인이 추구하는 목표와 관련지어 평가하는 일차적 평가와 상황에 대한 대처방법을 평가하는 이차적 평가로 구분될 수 있다. 긍정 정서는 개인이 자신과 상황에 대해서 긍정적인 평가를 하게 될 때 경험된다.
5. 사람들이 행복감을 느끼게 되는 긍정 경험은 사랑과 친밀감, 플로우 또는 몰입 경험, 여가와 안식 경험, 절정 경험, 고원 경험 등과 같이 매우 다양하다.

제3장

행복한 사람들의 특징

행복의 원칙은 다음과 같다. 첫째, 어떤 일을 할 것, 둘째, 어떤 사람을 사랑할 것, 셋째, 어떤 일에서든 희망을 가질 것.

- Immanuel Kant -

최근 우리 사회에 '웰빙(well-being)' 이라는 말이 유행하고 있듯이, "잘 사는 것", 즉 행복에 대한 관심이 증가하고 있다. 행복은 자신의 삶에 대한 긍정적인 인식으로서 주관적 안녕의 관점에서 많은 연구가 이루어지고 있다. 그렇다면 행복하다고 느끼는 사람들은 어떤 특성을 지니고 있을까? 일반적으로 남자와 여자 중 누가 행복감을 더 많이 느끼고 있을까? 경제적 수입이 많은 사람일수록 행복도가 높을까? 나이는 행복도와 어떤 관련성을 지니고 있을까? 세계의 여러 국가 중 어떤 국민들의 행복도가 높을까?

이러한 물음에 대한 학문적 관심이 증대된 것은 1960년대부터이다. 국가는 국민 대다수의 행복을 증대시키는 것이 궁극적인 목적이다. 따라서 국가의 발전과 기능 정도를 국민의 행복 정도로 평가하려는 학문적 시도가 나타나게 되었다. 국가, 계층, 연령, 성별, 종교 등에 따른 집단구성원이 느끼는 삶의 행복감이나 만족도를 측정하려는 **사회지표운동**(social indicators movement)이 일어나 행복과 관련된 인구사회학적 요인을 밝히려는 많은 연구가 진행되었다(Duncan, 1969).

그러나 행복감은 개인이 생활 속에서 주관적으로 경험하는 것이기 때문에, 인구사회학적 변인은 삶의 만족도에 영향을 주는 일반적인 요인일 뿐 개인의 주관적 행복을 설명하는 데에는 한계가 있다고 지적되었다. 따라서 최근에는 개인의 행복에 영향을 미치는 심리적 요인에 대한 연구가 활발하게 진행되고 있다. 1장에서 설명한 바 있듯이, 이러한 연구에서는 행복이라는 일상적 용어보다 주관적 안녕(subjective well-being), 삶의 질(quality of life), 삶의 만족도(life satisfaction)라는 용어를 사용하는 경향이 있다. 긍정 심리학에서 행복과 삶의 만족도를 유발하는 원인, 예측변인 그리고 그 결과를 주제로 하는 연구들을 **주관적 안녕 연구**라고 부른다.

주관적 안녕의 대표적 연구자: 에드 디너

에드 디너(Ed Diener)는 주관적 안녕(subjective well-being) 연구의 대표적 인물이다. 그는 마틴 셀리그먼과 함께 긍정 심리학을 창설한 인물 중 한 명으로서 2008년에 창립된 국제긍정심리학회(International Positive Psychology Association)의 초대 회장으로 선출되었다. 디너는 1946년 7월 25일 미국 캘리포니아의 글렌데일에서 태어났으며 현재 일리노이 대학의 심리학 석좌교수로 재직하고 있다. 1974년에 워싱턴 대학에서 박사학위를 받았으며 그 이후로 줄곧 일리노이 대학의 심리학과 교수로 재직해왔다. 주관적 안녕에 관한 연구논문을 140편 이상 발표했으며 '국제 삶의 질 연구회(International Society of Quality of Life Studies)' 와 미국심리학회 내의 '성격 및 사회 심리학회(Society of Personality and Social Psychology)' 회장을 역임한 바 있다.

디너의 가족 중에는 심리학자들이 많다. 그는 고등학교 재학 중에 현재의 부인 캐롤(Carol)을 만나 1966년에 결혼했으며 5남매의 자녀를 두었다. 캐롤은 임상심리학자인 동시에 변호사로서 일리노이 대학에서 심리학과 법학을 가르치고 있다. 첫 자녀가 쌍둥이 자매인데, 큰딸인 마리사(Marissa)는 발달심리학자로서 유타 대학의 교수로 재직하고 있으며 둘째 딸인 메리 베스(Mary Beth)는 임상심리학 박사로서 임상활동과 더불어 켄터키 대학에서 강의를 하고 있다. 아들 로버트(Robert) 역시 임상심리학을 공부했으며 사회심리학 박사과정을 이수하고 있다(http://s.psych.uiuc.edu/~ diener/personal/prsonal.html).

주관적 안녕은 가장 널리 사용되고 있는 용어로서 다양하게 정의되고 있으나 정서적 요소와 인지적 요소로 구성되어 있는 것으로 여겨지고 있다(Diener, 1984, 1994). 주관적 안녕의 정서적 요소는 긍정 정서와 부정 정서를 말하며, 인지적 요소는 자신의 삶에 대한 인지적 평가로서 삶의 만족도라고 흔히 지칭된다. 즉, 주관적 안녕은 많은 긍정 정서와 적은 부정 정서 그리고 높은 삶의 만족도를 경험하는 상태라고 정의되고 있다. 국제긍정심리학회 초대 회장으로 추대된 Ed Diener는 주관적 안녕 연구의 선구자이자 대표적인 인물이다.

주관적 안녕에 관한 초기 연구자인 Wilson(1967)은 젊고, 건강하고, 잘 교육받고, 돈을 잘 벌고, 외향적이고, 낙천적이고, 걱정이 없으며, 종교적이고, 결혼한 사람으로서 자기존중감, 직업의욕, 적절한 포부를 지닌 사람이 행복하다고 주장하였다. 그는 지능과 성별은 행복에 영향을 미치지 못한다고 주장하였다. 그가 주장한 주관적 안녕의 요인에 대해서 이후에 많은 경험적 연구가 이루어졌다.

그동안 긍정 심리학자들은 주관적 안녕에 영향을 미치는 다양한 요인들에 대해서 연구해왔다. 주관적 안녕의 예측요인으로는 크게 인구사회학적 요인들(성별, 나이, 경제적 수준, 결혼상태, 직업, 종교 등)과 성격적 요인들(낙관성, 외향성, 정서적 안정성, 자존감 등)이 고려되었다. 여기에서는 이러한 요인들과 주관적 안녕의 관계를 살펴볼 것이다.

1 행복에 영향을 미치는 인구사회학적 요인들

1) 성별

남성과 여성 중 누가 더 행복하다고 느끼고 있을까? 행복이나 삶의 만족도에 대한 자기보고 연구에서, 남성과 여성의 차이는 일관성 있게 나타나지 않고 있다. 유의미한 차이가 없거나 여성이 더 행복하거나 남성이 더 행복하다는 연구결과들이 혼재하고 있다. 이처럼 다양한 연구결과를 종합적으로 분석한 Wood, Rhodes와 Whelan(1989)은 일반적으로 여성이 남성보다 약간 더 높은 수준의 행복을 보고하는 경향이 있지만 그 차이는 매우 작다고 잠정적인 결론을 내린 바 있다.

성인의 경우, 일반적으로 여성의 정신장애 유병률은 남성보다 더 높다. 특히, 우울증의 유병률은 여성이 남성보다 2배 정도 높은 것으로 보고되고 있다(Bland, 1997; Nolen-Heoksema, 1987). 이 밖에 불안장애, 신체형장애 등의 대다수 정신장애들 역시 여성의 유병률이 더 높은 것으로 나타나고 있다. 그 주된 이유는 남성 중심적인 사회에서 여성들이 겪는 좌절과 갈등이 더 많기 때문인 것으로 추정되고 있다.

그런데 왜 주관적 안녕에 있어서는 남성과 여성의 차이가 거의 없거나 오히려 여성이 더 행복하다는 결과들이 나타나고 있는 것일까? 이에 대한 한 가지 설명은 여성이 긍정 정서와 부정 정서를 모두 더 강하게 자주 느끼기 때문이라는 것이다. 즉, 여자는 남성보다 불행감도 많이 느끼지만 행복감도 더 많이 느낀다는 설명이다. 예를 들어, 여성은 일반적으로 남성보다 기쁨을 더 강하게 경험할 뿐만 아니라(Fujita, Diener, & Sandvik, 1991), 우울이나 불안과 같은 부정 정서들도 더 자주 경험한다(Nolen-Hoeksema & Rusting, 1999). 반면, 남성은 여성에 비해 정서체험에 있어서 더 둔감한 경향이 있기 때문에, 평균적으로 남성과 여성은 대체로 비슷한 수준의 행복감을 느낀다는 것이다.

성별은 행복도 예측에 매우 미미한 영향을 미치는 것으로 여겨진다. 여러 연구에서 성별은 주관적 안녕의 개인차를 1% 정도밖에 설명하지 못한다(Nolen-Hoeksema & Rusting, 1999). 요컨대, 우리는 남성이든 여성이든 다른 성보다 더 행복하거나 더 불행해질 운명을 지니고 있지는 않다.

2) 연령

연령에 따라서 행복도에 차이가 있을까? 한 연령대 집단이 다른 연령대보다 더 행복할까? 우리 사회에는 청년들이 노인들보다 더 행복할 것이라는 생각이 일반적이지만, 이러한 생각은 경험적 연구에서 입증되고 있지 않다. 연구결과에 따르면, 이러한 생각은 문화적인 편견으로서 오히려 반대의 결과를 나타내고 있다. 주관적 안녕은 연령이 높아짐에 따라서 다소 증가하는 경향이 있으며, 적어도 떨어지지는 않는 것으로 밝혀졌다. 연로한 사람들이 젊은이들보다 삶에 대해 더 만족하며 더 행복하다는 결과들이 보고되고 있다(Argyle, 1999).

그 이유는 무엇일까? 첫째, 젊은이들은 연로한 사람들보다 더 강렬한 감정을 경험하는 것으로 보인다. 그러나 성별의 경우처럼, 정서의 강도가 더 높은 행복감을 보장하지는 않는다. 긍정 정서를 더 강하게 느낄 수도 있지만 부정 정서 역시 더 강하게 느낄 수 있기 때문이다. 둘째, 주관적 안녕을 어떻게 측정하느냐에 따라 연령 집단 간의 차이가 달라진다. 연로한 사람들은 오랜 인생의 과정에서 자신이 목표하거나 열망하던 것들을 더 많이 성취할 수 있다. 개인차가 있기는 하지만, 일반적으로 연로한 사람들은 그들이 열망하던 삶의 목표와 실제로 성취한 것의 차이를 작게 인식하는 경우가 많다. 또한 그러한 차이를 수용하는 경향이 상대적으로 높기 때문에 삶의 만족도 역시 높아진다. 그러나 나이가 많아지면서 건강문제가 증가하기 때문에 연령은 주관적 안녕에 부정적인 영향을 미칠 수도 있다. 일반적으로 연로한 사람은 젊은이에 비해서 성취감이나 삶의 만족도가 더 높지만, 미래에 대해서는 만족도가 저하되는 경향이 있다(Argyle, 1999).

성별과 연령을 동시에 고려한 연구들에 따르면, 노년기 여성들은 노년기 남성들에 비해서 행복도가 낮은 경향이 있다(Argyle, 1999). 남성의 행복도는 나이가 많아짐에 따라 증가하는 경향이 있는 반면, 여성의 행복도는 25세까지는 증가하지만 25~35세 사이에 일시적인 저하를 보이다가 다시 점진적으로 증가하는 경향을 보인다(Mroczek & Kolarz, 1998). 어린 자녀의 양육부담이 25~35세 여성의 행복도를 일시적으로 저하시키는 것으로 추정되고 있다. 이처럼 행복도에 영향을 미치는 요인은 연령대에 따라 그 영향이 달라진다. 의학이 발전하고 건강과 체력이 향상되면서, 은퇴한 노년층의 행복도가 다른 연령층에 비해 높아지는 경향이 나타나고 있다.

3) 경제적 수준

대다수의 사람들은 돈이 많으면 행복해질 것으로 생각한다. 우리 사회는 돈이 행복을 보장해줄 것이라는 메시지를 끊임없이 전달하고 있다. 그래서 사람들에게 행복해지기 위해 필요한 것을 물으면, 흔히 '돈과 경제적 여유'를 들곤 한다(Myer, 2000). 부의 증가는 더 큰 집, 더 좋은 차, 더 잦은 휴가를 갖도록 해줄 뿐만 아니라 일상생활의 여러 걱정을 줄여주고 가족의 예기치 못한 재난으로부터 보호해줄 수 있다. 따라서 경제적 부는 안락, 안전, 자유, 권력, 애정 등에 대한 욕구를 다양한 방법으로 충족시켜주는 중요한 수단으로 간주되고 있다.

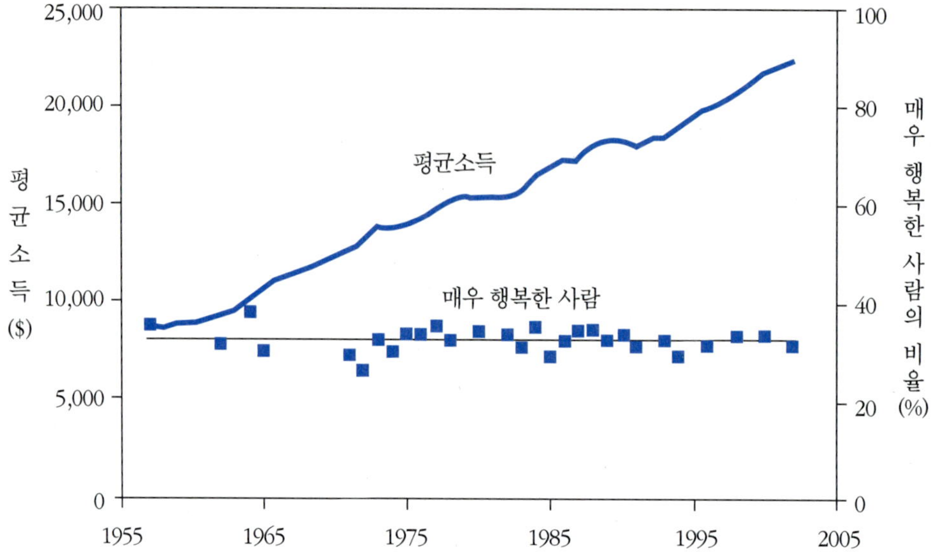

〈그림 3-1〉 미국인의 시대별 개인 평균소득과 행복비율의 변화(Myers, 2007)

그렇다면 경제적 수준이 높을수록 행복도 역시 증가하는 것일까? 이 물음에 대해서 먼저 국가 간 비교연구를 통해 살펴보자. 부유한 국가의 국민일수록 주관적 안녕이 증가하는 것일까? 연구결과에 따르면, 그렇다. 국가 간 비교에서 부유한 국가의 국민은 가난한 나라의 국민보다 훨씬 행복했다. 국가의 1인당 GDP는 국민의 주관적 안녕과 .50 수준의 상관을 나타내는 것으로 보고되고 있다(Diener & Biswas-Diener, 2002; Diener, Diener, & Diener, 1995).

그러나 연구결과를 좀 더 자세히 살펴보면, 부와 행복의 관계는 상당히 복잡하다. 예컨대, 아일랜드 국민은 미국인보다 약간 더 높은 주관적 안녕을 보고했지만, 아일랜드의 국민소득은 미국의 절반에도 미치지 못한다(Myers, 2000). 세계에서 최빈국에 속하는 네팔의 국민들은 상당히 높은 행복도를 보고하고 있다. 또한 미국에서 이루어진 연구(Myers, 2007)에 따르면, 1950년대부터 2000년대에 이르는 기간 동안 개인의 소득 수준은 3배 이상 증가했지만 개인의 행복 수준은 거의 증가하지 않았다.

그렇다면 한 국가 내에서 소득 수준이 높은 사람일수록 더 행복한 것일까? 그렇다. 개인의 소득이 빈곤 수준을 넘어서기까지는 그렇다. 그러나 그 이상의 증가액은 사실상 행복 수준에 영향을 미치지 않는다. 즉, 낮은 소득 수준에서는 소득과 행복 간의 상관이 나타나지만, 더 높은 소득 수준에서는 유의미한 관계가 나타나지 않는다(Diener et al., 1985). 매우 부유한 사람들은 다른 사람들보다 단지 약간 더 행복하다고 보고하고 있을 뿐이다. 한 연구(Diener, Sandvick, Seidlitz, & Diener, 1993)에서는 10년간의 월급 증가가 행복 수준과 유의미한 상관을 지니지 않는 것으로 나타났다. 복권당첨자들을 대상으로 한 연구(Brickman et al., 1978)에 따르면, 복권당첨 초기의 행복 수준은 오래 지속되지 않으며 대부분 비교적 빨리 당첨 이전의 행복 수준으로 복귀했다. 일부의 복권당첨자들은 갑작스러운 재산 증가로 인한 삶의 혼란으로 인해 행복 수준이 오히려 떨어지는 것으로 나타났다(Argyle, 1999). 또한 돈에 큰 가치를 두는 물질주의자들은 그렇지 않은 사람들에 비해서 삶의 만족도가 떨어지는 것으로 밝혀졌다(Kasser & Ryan, 1993; Sirgy, 1998).

요컨대, 돈은 가난 수준을 벗어나서 의식주와 질병치료 같은 기본적 욕구를 충족시킬 때까지만 행복 수준에 중요한 영향을 미친다. 그러나 이러한 기본적 욕구가 해결된 상태에서는 수입이나 재산이 행복에 미치는 영향은 미미한 것으로 나타났다. 수입의 절대적 액수보다는 수입의 증가가 행복감에 더 많은 영향을 미치게 되는데, 사람들은 증가된 수입에 곧 익숙해지기 때문에 수입이 행복에 미치는 영향은 일시적일 뿐이다. 즉, 소득 수준에 비례해서 행복 수준이 증가하는 것은 아니다. 개인의 소득 및 재산이 행복에 미치는 영향이 제한적인 이유는 다음 장에서 자세하게 설명될 것이다.

4) 교육 및 지능 수준

많은 사람들은 교육 수준이 행복에 중요한 영향을 미치는 것으로 생각하고 있다. 교육 수준이 높을수록, 좋은 직장을 얻을 수 있고 더 높은 소득을 올릴 수 있을 뿐만 아니라 직업 만족도도 높으며 더 많은 여가시간을 보낼 수 있을 것이라고 생각하기 때문이다. 여러 연구의 결과들을 종합하면, 교육 수준이 행복도와 정적인 상관을 보이긴 하지만 그 상관정도가 상당히 미약한 것으로 밝혀졌다(Argyle, 1999). 특히, 소득이 어떤 수준을 넘어서게 되면, 교육 수준이 행복에 미치는 영향력은 저하된다. 오히려 실업상태에서는 교육 수준이 높은 사람이 낮은 사람보다 더 많은 불행감을 느끼는데, 이는 기대수준이 높기 때문인 것으로 해석되고 있다. 오늘날 대부분의 사회에서 교육 수준이 행복도에 미치는 영향은 과거에 비해 감소하는 추세에 있다.

지능은 행복의 강력한 예언변인으로 알려져 있지만, 다른 인구사회학적 변인(예: 교육 수준, 경제적 수입 등)을 통제하면 거의 관계가 없는 것으로 나타났다. 즉, 지능 수준 그 자체는 행복도에 영향을 미치지 못했다. 다만 지능이 현저하게 우수하고 적절한 기대 수준을 지니는 경우에는 행복도가 높아지는 경향이 있다.

5) 직업

직업은 행복에 있어서 중요하다. 직업을 가진 사람들은 미취업자보다 더 행복하며, 전문직 또는 숙련직 노동자가 비숙련직 노동자보다 더 행복한 것으로 나타났다(Argyle, 2001). 그러나 직업의 유형보다는 직업만족도가 행복에 더 중요하다. 행복과 직업만족도의 상관은 약 .40으로서 상당히 높은 편이다(Diener et al., 1999). 직업적 활동은 개인이 즐거움과 보람을 느낄 수 있는 적절한 일거리를 제공할 뿐만 아니라 호기심과 기술 개발의 욕구를 충족시킬 수 있는 기회와 더불어 사회적 연결망과 소속감을 제공하기 때문일 것이다.

직업만족도가 높아지기 위해서는 개인과 직업의 적합도가 중요하다. 개인의 성격과 적성이 직업적 업무나 작업환경과 잘 맞아야 직업에 대한 만족도가 증가한다. 또한 일반적으로 개인의 자율성, 내재적 보상, 지지적 관계 등의 특성을 지닌 직업에서 만족도가 높아진다. 즉, 상사로부터 세부적인 지시에 따라 일하기보다는 상당한 자율성과 결정권을 부여하는 직업에서 만족도가 높다. 흥미를 느낄 수 있고 자신의 기술과 장점을 발휘함으로써 내재적으로 보상을 받는 일을 할 때 만족도가 높아진다. 이 밖에도 상사의 지지적 후원, 동료와의 우호적 관계, 분명한 역할분담, 사회적으로 인정받는 지위, 신체적 안전과 재정적 안정이 직업만족도에 영향을 미친다(Warr, 1999). 행복한 사람은 업무생산성이 높아지고, 업무생산성이 높아지면 직업만족도가 높아진다. 이처럼 행복과 생산성은 상호작용적인 관계를 지닌다.

6) 결혼

결혼한 사람들이 더 행복하다.

결혼은 행복에 중요한 영향을 미치는 것으로 알려져 있다. 주관적 안녕 연구에서 일관성 있게 나타나는 결과는 기혼자의 행복도가 미혼자보다 높다는 것이다(Argyle, 1987; Diener et al., 1999; Myers, 2000). 남성과 여성 모두 결혼한 사람들이 더 행복하고 삶에 만족하는 것으로 나타났다. 이러한 결과는 모든 연령대, 소득 수준, 교육 수준, 인종에서 공통적으로 나타나고 있다. 이런 점에서 결혼상태는 주관적 안녕을 예측하는 가장 강력한 요인으로 간주되고 있다.

결혼과 행복의 관계에 대해서 두 가지 설명이 제시되고 있다. 하나는 행복한 사람들이 결혼을 하게 되는 반면, 불행한 사람들은 결혼을 하지 않는 경향이 있다는 것이다. 행복한 사람들은 불행한 사람들보다 결혼상대자로서 더 매력적이기 때문이라는 것이다. 다른 설명은 결혼생활이 행복해질 수 있는 다양한 혜택을 주기 때문이라는 것이다. 물론 결혼 자체가 행복을 보장하는 것은 아니다. 더 중요한 요인은 결혼생활의 질이다. 부부가 긍정적 관계를 맺고 있을수록 결혼은 행복도에 더 강력한 영향을 미친다(Sternberg & Hojjat, 1997). 긍정적인 상호작용과 정서적 표현을 많이 하고, 역할분담이 잘 되어 있으며, 자기개방을 통해 솔직하고 친밀한 관계를 맺을수록 결혼만족도가 높아진다. 이 밖에도 성격, 신체적 매력, 가치관과 흥미, 정치적 입장에서 유사성이 높은 부부는 결혼만족도가 높고 갈등과 외도 가능성이 낮으며 좀 더 안정된 가정환경에서 자녀를 양육하는 경향이 있다(Buss, 2000; Newman & Newman, 1991). 그러나 부부관계와 같이 친밀한 관계에서 갈등과 문제를 지니게 되면 행복 수준이 많이 저하될 뿐만 아니라 우울증을 유발하는 중요한 요인이 될 수 있다(Paykel, 1979). 결혼상태에 따른 행복도는 만족스러운 부부관계를 지닌 기혼자가 가장 높으며, 그 다음이 독신 여성이고, 독신 남성이 뒤를 이으며, 고통스러운 부부관계에 빠져 있는 기혼자가 가장 낮은 것으로 나타나고 있다.

흥미로운 사실은 행복에 미치는 결혼의 영향이 남성에게서 더 크게 나타난다는 점이다. 일반적으로 독신 남성은 독신 여성에 비해 낮은 행복도를 보고하지만, 기혼 남성은 기혼 여성에 비해 비슷하거나 더 높은 행복도를 나타낸다(Lee, Seccombe, & Shehan, 1991). 즉, 남성과 여성의 행복도는 결혼 이후에 모두 증가하지만, 남성의 행복 증가도가 더 높다.

결혼은 심리적 행복뿐만 아니라 신체 건강에도 영향을 미친다. Burman과 Margolin (1992)에 따르면, 결혼은 신체 건강이나 수명과 관련되어 있다. 결혼의 신체적 효과 역시 남성에게서 더 크게 나타난다. 미혼 남성과 비교했을 때, 기혼 남성은 감염성 질환에 덜 걸렸으며 더 오래 살았다. 기혼 여성의 경우, 결혼은 긍정적인 신체적 효과를 지니지만 결혼생활의 질이 더 중요한 영향을 미친다. 즉, 남성의 경우는 결혼생활 자체가 신체 건강에 도움이 되지만, 여성의 경우는 결혼생활이 원만해야 신체 건강에 도움을 받게 된다.

최근에 일어나고 있는 주목할 만한 현상은 1970년대 이후 결혼과 행복도의 관계가 지속적으로 감소하고 있다는 점이다. 즉, 기혼 여성의 행복도가 과거에 비해 감소하는 반면, 독신 남성의 행복도는 증가하고 있다(Glenn & Weaver, 1988). Rogers와 Amato(1997, 2000)에 따르면, 과거 세대에 비해 요즘의 젊은 부부들은 만족도가 더 낮은 반면, 갈등 수준은 더 높다. 이러한 현상의 원인은 아직 밝혀지지 않았지만, 맞벌이 부부에 있어서 새로운 성역할에 따른 갈등과 긴장이 증가한 때문이라고 추정되고 있다.

7) 종교

종교는 정신건강에 도움이 되며 주관적 안녕에 영향을 미치는 것으로 알려져 있다. 종교는 개인적으로 삶의 의미를 제공하고 생활 속의 위기대처에 도움이 될 뿐만 아니라 사회적으로는 집단적 정체감을 느끼고 비슷한 가치와 태도를 지닌 사람들과의 사회적 지지체계를 형성하게 해준다. 종교는 특히 사회적 지지가 부족한 사람에게 커다란 도움이 된다. 그러나 종교는 삶의 만족도의 5～7%, 정서적 안녕의 2～3%를 설명하고 있을 뿐이다(Argyle, 1999). 종교가 주관적 안녕에 미치는 영향은 개인적 특성에 따라 달라진다. 예컨대, 외향적인 사람은 종교활동을 통해서 실존적 의미보다는 실제적인 사회적 보상을 많이 받는다. 또한 종교적인 사회에서 종교는 주관적 안녕에 더 강한 영향을 미치는데, 이는 사회적 동조현상과 관련된 것으로 이해되고 있다. 그러나 종교는 죄책감과 같은 부정적 영향을 미치기도 한다. 종교와 행복의 관계는 주로 기독교와 관련하여 연구가 이루어졌기 때문에 그 결과를 다른 종교에 일반화하기는 어렵다.

8) 건강

건강은 주관적 안녕과 밀접한 관계를 지닌다. 질병은 개인이 지향하는 목표달성을 방해하므로 주관적 안녕에 부정적 영향을 미친다. 특히, 질병이 심각하여 다양한 만성적 문제를 야기할 경우에는 더욱 그러하다. 그러나 경미한 질병의 경우에는 쉽게 적응할 수 있기 때문에 그 영향력이 미미한 것으로 밝혀졌다. 질병과 장애는 그에 적응하는 능력에 따라 주관적 안녕에 미치는 영향력이 달라진다.

건강에 대한 개인의 주관적 평정치는 행복과 상관을 나타내지만, 의사에 의한 객관적 평정치는 그렇지 않다(Diener et al., 1999). 건강에 대한 주관적 평정치는 객관적 건강상태보다 성격특질(예: 신경증 성향)이나 대처방법(예: 질병의 부정이나 합리화)에 의해서 더 많은 영향을 받는다. 신경증 성향을 지닌 사람들은 신체상태에 대해서 더 예민하고 불평을 많이 하지만 전문의로부터 진료를 받게 되면 별문제가 없는 경우가 많다. 또는 부정의 방어기제를 지니는 사람들은 심각한 질병을 지녔음에도 불구하고 주관적으로 별 문제를 느끼지 않는다. 또한 긍정 정서는 고통에 대한 인내력을 증가시킨다(Weisenberg, Raz, & Hener, 1998). 심각한 질병을 제외하면, 사람들은 건강문제에 빨리 적응한다. 그러나 행복이 면역체계에 영향을 미쳐 건강을 증진한다는 연구결과들이 증가하고 있다. 행복한 사람들은 불행한 사람들보다 면역체계가 더 효과적으로 작동한다(Kamen-Siegel, Rodin, Seligman, & Dwyer, 1991; Segerstrom, Taylor, Kemeny, & Fahey, 1998; Stone & Shiffman, 1994). 이러한 이유 때문에 행복한 사람은 더 오래 사는 경향이 있다.

한국인의 행복도

한국인의 행복도는 어느 정도일까? 세계의 여러 국가들과 비교했을 때, 한국 국민의 행복도는 어느 수준에 해당할까? Kahneman, Diener와 Schwartz(1999)에 따르면, 여러 국가의 주관적 안녕을 조사한 결과에서 한국은 40개국 중 삶의 만족도가 25위였다. 조사된 국가 중에서 삶의 만족도가 가장 높은 나라는 스위스(8.39)였으며, 그 다음으로 덴마크(8.16), 아이슬란드(8.02), 스웨덴(7.97), 캐나다(7.88) 순이었고, 영국(7.48), 이탈리아(7.24), 중국(7.05), 프랑스(6.76) 등에 이어 한국(6.69)으로 나타났다. 그 다음으로 일본(6.53), 터키(6.41), 인도(6.21) 등의 순서였고, 루마니아(5.88), 벨로루시(5.52), 러시아(5.37)가 뒤를 이었으며, 불가리아(5.03)의 삶의 만족도가 가장 낮은 것으로 나타났다. 행복도의 국가 간 순위는 질문내용이나 표본구성법에 따라 연구마다 차이가 있지만, 일반적으로 서유럽 국가들의 행복도가 가장 높으며, 그 다음은 아메리카 대륙의 국가들이고, 한국을 비롯한 일본, 중국의 동아시아 국가들은 중위권에 속하며, 동유럽 국가들이 최하위권에 속하고 있다. 이러한 국가 수준의 행복도는 상당히 안정된 것이어서 시간의 흐름에 따라 잘 변하지 않는 것으로 알려져 있다(Diener & Suh, 2000).

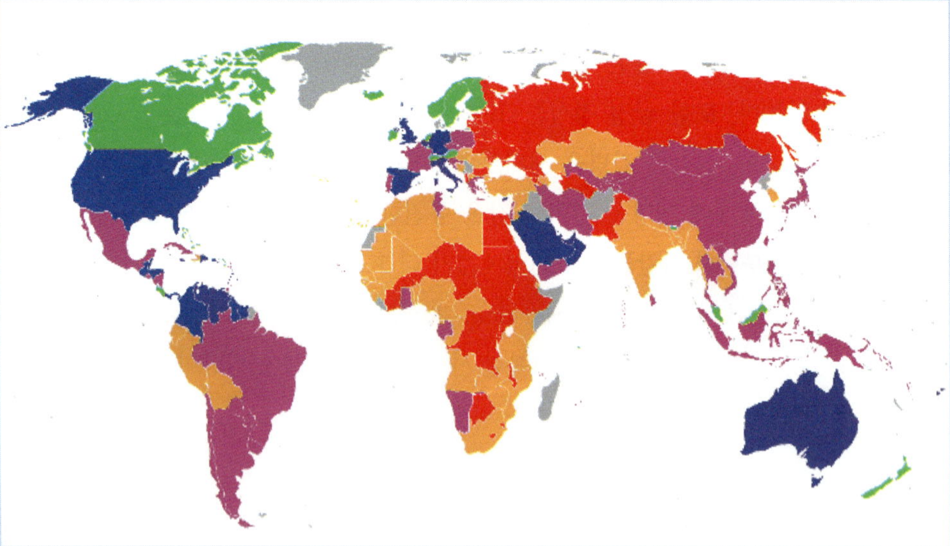

〈그림 3-2〉 세계의 지역 및 국가 별 행복수준(White, 2007)

(녹색→청색→보라색→황색→붉은색→회색)

한국갤럽(2006)은 전국의 13세 이상 학생 및 성인 남녀 1,634명을 대상으로 행복도를 조사한 바 있다. 이 조사는 가구방문을 통한 1:1 개별면접을 통해 이루어졌다. 이 조사에서 응답자에게 '스스로 느끼는 행복감' 을 0~100점으로 물은 결과, 전체 평균점수가 69.1점으로 나타났다. 성별로는 남자(67.9점)가 여자(70.4점)보다 2.5점 낮았으며, 연령별로는 10대가 72.6점, 20대가 70.9점, 30대가 70.6점, 40대가 69.4점 그리고 50대 이상이 65.2점으로 연령이 많아질수록 행복도가 낮아지는 것으로 나타났다. 이 밖에 직업별로는 중고생이 73.1점, 대학생이 74.0점, 사무직이 73.6점으로 다른 직업종사자들보다 행복도가 상대적으로 높았으며, 월 가구 수입액이 높을수록 행복도가 높은 것으로 나타났다.

행복의 가장 큰 요건이 무엇이라고 생각하는지 물은 결과, '건강' (60.3%)이 압도적으로 높은 응답률을 나타냈으며, 그 다음은 '가족구성원 간 배려와 화목' (18.1%), '돈' (10.6%), '인간관계' (3.2%)의 순으로 나타났다. 나이가 많을수록 '건강' 을 가장 중요한 행복의 요건으로 꼽은 비율이 높게 나타났으며, 여자가 남자보다 '건강' 과 '가족 간 배려와 화목' 을 더 중요하게 생각하는 것으로 나타났다.

1년 전과 비교했을 때 얼마나 행복한지를 실문한 결과, '1년 전보다 더 행복하다.' (22.8%)는 응답이 '덜 행복하다.' (15.8%)는 응답보다 약간 더 많았고, 응답자의 61.4%는 '1년 전과 비슷하다.' 고 응답하였다. 1년 전보다 더 행복하다고 응답한 응답자에게 그 이유를 질문한 결과, '마음의 안정' (19.4%), '가족의 화목' (16.9%)과 같은 정서적인 측면을 주로 꼽았으며, 그 다음으로 '경제적 여유' (12.2%), '취업 및 일자리 안정' (8.0%) 등의 순으로 나타났다. 10대는 '인간관계' 를, 20대는 '취업/일자리 안정' 을, 30대는 '결혼/임신/출산' 을 1년 전보다 행복한 이유로 높게 응답하여 연령대별 차이를 보였다. 반면에 '1년 전보다 덜 행복하다.' 고 응답한 응답자에게 그 이유를 질문한 결과, 응답자의 절반에 가까운 사람이 '경제적 문제' (47.7%)를 꼽았으며, 그 다음은 '공부/학업' (15.3%), '실업/회사문제' (8.5%), '건강문제' (8.1%) 순으로 나타났다. '경제적 문제' 는 특히 40대와 30대에서 높게 나타났으며, 10대는 '공부/학업문제' , 20대는 '취업/회사문제' 와 '인간관계' , 50대는 '자녀문제' 와 '가정불화' 에 상대적으로 많이 응답하였다.

2 행복에 영향을 미치는 심리적 요인들

주관적 안녕에는 인구사회학적 요인들보다 심리적 또는 성격적 요인들이 더 중요한 영향을 미치는 것으로 보고되고 있다. 행복은 외부환경으로부터 주어지는 것이 아니라 개인이 스스로 만들어나가고 발견하는 것이기 때문이다. 따라서 개인의 성격적 특징은 환경과의 상호작용에 영향을 미칠 뿐만 아니라 자신과 환경에 대한 주관적 평가에도 영향을 주기 때문에 행복에 커다란 영향을 미치게 된다.

행복에 영향을 미치는 주요한 심리적 요인으로는 낙관성, 자존감, 외향성, 통제감, 긍정적 대인관계, 인생의 목적의식 등이 중요한 것으로 알려지고 있다(원두리, 김교헌, 2006; Argyle, 1987; Diener et al., 1999; Myers, 1992). 이러한 심리적 요인과 행복도의 관계를 Compton(2005)의 설명에 근거하여 살펴보기로 한다.

1) 낙관성

낙관성(optimism)은 주관적 안녕을 예측하는 강력한 성격요인으로 알려져 있다. 낙관성은 미래에 대해서 긍정적인 기대와 전망을 하는 인지적 경향성을 의미하는데, 크게 세 가지 관점에서 연구되어왔다. 첫째는 미래에 일들이 긍정적인 방향으로 잘 펼쳐질 것이라는 전반적인 기대를 뜻하는 **기질적 낙관성**(dispositional optimism)이고, 둘째는 자신의 행동과 노력으로 인해서 추구하는 목표를 성취할 수 있을 것이라는 믿음을 의미하는 **희망**(hope)이며, 셋째는 사건의 원인을 자신에게 유리한 긍정적 방향으로 돌리는 설명방식(explanatory style)이다.

이러한 낙관성이 높은 사람들은 자신의 행복도와 삶의 만족도가 높은 것으로 보고한다(Diener et al., 1999). 미래의 긍정적 결과를 예상하게 되면, 기분이 고양될 뿐만 아니라 스트레스 상황에서도 적극적으로 대처하게 된다. 또한 낙관성은 주관적 안녕의 예측요인인 자존감, 인생에 대한 통제감, 긍정적인 대인관계와도 밀접한 관계를 지니고 있다.

Seligman(1991)은 낙관성이 학습될 수 있는 것이라고 주장한다. 사람들에게 자신이 인생의 사건들을 어떻게 설명하는지 주의를 기울이게 하고 그 원인을 좀 더 긍정적인 방향으로 재귀인하는 방법을 가르침으로써 낙관성을 증진시킬 수 있다고 제안하면서, 이를 **학습된 낙관주의**(learned optimism)라고 불렀다. 그는 청소년을 대상으로 낙관성 증진 프로그램을 실시하여 그 효과를 입증한 바 있으며, 낙관성 증진을 통해 정신장애를 예방할 수 있을 뿐만 아니라 행복을 증진할 수 있다고 주장하였다.

Aspinwall과 Brunhart(2000)에 따르면, 낙관주의자들은 비관주의자들보다 부정적 정보나 피드백을 더 잘 수용하며 인간관계의 문제들을 더 잘 해결했다. 그러나 낙관성은 일종의 신념으로서 잘못된 것일 수도 있다. 비현실적인 낙관성은 거짓된 안전감과 잘못된 위험 지각을 하게 하여 불행한 결과를 초래할 수도 있다. 낙관성이 장기적인 행복 증진에 기여하려면 현실적인 근거에 바탕을 두고 있어야만 한다(Schneider, 2001).

2) 자존감

자존감(self-esteem) 역시 주관적 안녕의 매우 강력한 예측변인으로 알려져 있다(Campbell, 1981). 자존감은 자기 자신에 대한 전반적인 긍정적 평가와 우호적 태도를 의미한다. 자존감이 높은 사람은 자신을 가치 있는 유능한 존재로 생각하며 자신에 대한 만족감을 지닌다. 이러한 자존감은 주관적 안녕과 매우 높은 상관을 보인다. 자존감을 측정하기 위해서 가장 널리 사용되는 도구는 〈표 3-1〉에 제시되어 있는 Rosenberg 자존감 척도(Rosenberg, 1965)이다. 최근에 국내에서 대학생을 대상으로 시행한 연구(김빛나, 2008)에서는 자존감이 삶의 만족도와 높은 상관(r=.72)을 나타냈다.

자존감은 개인의 다양한 적응적 기능과 밀접하게 관련되어 있다. 긍정적 자존감을 지닌 사람은 인간관계에서의 만족도, 친밀감, 타인을 배려하는 능력, 생산적 수행능력 등이 높을 뿐만 아니라 분노를 잘 조절하며 반사회적 행동을 하지 않는 경향이 있다(Hoyle, Kernis, Leary, & Baldwin, 1999). 자존감은 개인의 건강한 성장과 성취에 따른 결과물인 동시에 인간관계와 생산적 활동에 긍정적인 영향을 미침으로써 행복을 증진하게 된다(Ryan & Deci, 2000). 반면에, 만성적으로 낮은 자존감을 지닌 사람은 자신의 삶에 대해서 만족감을 느끼기가 어렵다. 낮은 자존감은 실패와 좌절의 결과로서 우울증을 비롯한 다양한 정서장애의 유발요인이 될 수 있다.

그러나 자존감과 행복의 관계는 문화에 따라 차이가 있는 듯하다. 중국과 같이 자율성

표 3-1 **Rosenberg 자존감 척도**(이훈진, 원호택, 1995; Rosenberg, 1965)

◆ 아래에는 귀하가 동의할 수도 있고 그렇지 않을 수도 있는 다섯 문항이 제시되어 있습니다. 각 문항에 동의 또는 반대하는 정도에 따라서 1~7 사이의 숫자에 ○표 해주시기 바랍니다. 자유롭고 솔직하게 응답해주시기 바랍니다.

전혀 아니다	아니다	약간 아니다	중간이다	약간 그렇다	그렇다	매우 그렇다
1	2	3	4	5	6	7

1. 나는 내가 적어도 다른 사람들만큼은 가치 있는 사람이라고 느낀다	1	2	3	4	5	6	7
2. 나는 좋은 자질들을 많이 가지고 있는 것 같다	1	2	3	4	5	6	7
3. 대체로 나는 내가 실패자라고 생각하는 경향이 있다	1	2	3	4	5	6	7
4. 나는 대부분의 다른 사람만큼 일을 잘할 수 있다	1	2	3	4	5	6	7
5. 나는 자랑할 만한 것이 별로 없다	1	2	3	4	5	6	7
6. 나는 내 자신에 대해 긍정적인 태도를 지니고 있다	1	2	3	4	5	6	7
7. 대체로 나 자신에 대해 만족하고 있다	1	2	3	4	5	6	7
8. 나 자신을 좀 더 존중할 수 있었으면 좋겠다	1	2	3	4	5	6	7
9. 나는 때때로 내가 정말 쓸모없는 사람이라고 느낀다	1	2	3	4	5	6	7
10. 때때로 나에게 좋은 점이라곤 전혀 없다는 생각이 든다	1	2	3	4	5	6	7

* 3, 5, 8, 9, 10번은 역채점 문항임.

이나 자기주장보다 가족애나 사회적 단합을 중시하는 집단주의 국가에서는 자존감이 주관적 안녕을 예측하는 데에 덜 중요한 변인으로 나타났다(Diener & Suh, 2000). 또한 너무 높은 수준의 자존감은 오히려 주관적 안녕에 부정적인 영향을 미칠 수도 있다. 흔히 지나치게 높은 자존감은 비현실적 근거에 기초하고 있거나 취약한 자존감을 보상하기 위해 과장된 것일 수 있기 때문이다. 뿐만 아니라 높은 자존감으로 인해 과도하게 높은 목표나 기대 수준을 지니게 됨으로써 결과적으로 실패와 더불어 자기비난을 초래할 수도 있다.

3) 외향성

인간의 성격 유형을 구분하는 가장 중요한 차원은 외향성-내향성이다. 이러한 성격차원은 Jung에 의해 처음 제안되었다. 그에 따르면, 외향성(extroversion)은 개인의 심리적 에너지, 즉 주된 관심사가 외부환경으로 지향되는 성향인 반면, 내향성(introversion)은 관심의 방향이 자신의 내면적 경험으로 향하는 성향을 의미한다. 외향적인 사람들은 사교성이 높고 활동적이며 정서적 흥분을 추구하는 경향을 지닌다. 이러한 외향성-내향성은 선천적으로 타고나는 기질적 성향이라고 Jung은 주장했다.

외향성은 주관적 안녕을 예측하는 매우 중요한 성격요인으로 알려져 있다(Diener et al., 1999). 많은 연구에서 외향성과 행복도의 높은 상관이 일관성 있게 보고되고 있을 뿐만 아니라 일부 연구에서는 그 상관이 무려 .80 수준인 것으로 보고되기도 했다(Fujita, 1991). 더구나 외향성은 최초로 조사가 이루어진 시점부터 이후 30년까지의 행복 수준을 잘 예측하는 것으로 나타났다(Costa & McCrae, 1986).

그렇다면 외향성이 어떻게 행복에 영향을 미치는 것일까? 연구자들은 외향성의 구성요소인 사교성이 행복에 영향을 미치는 것으로 생각했다. 친구가 많을수록 행복도가 높아진다는 연구결과(Okun, Stock, Haring, & Witter, 1984)와 관련하여, 사교적인 사람들은 다른 사람과 긍정적인 관계를 맺을 기회가 많고 그들로부터 긍정적인 피드백을 많이 얻게 되므로 행복도가 높아질 수 있다. 그러나 최근의 연구에 따르면, 외향적인 사람들이 내향적인 사람들보다 더 많은 시간을 다른 사람과 보내는 것은 아니라는 것이 밝혀졌다(Pavot, Diener, & Fujita, 1990). 오히려 외향적인 사람들은 혼자 시간을 보낼 때에도 내향적인 사람들보다 행복도를 높게 보고했다(Diener, Larsen, & Emmons, 1984). 그렇다면 외향적인 사람들은 왜 더 행복하다고 보고하는 것일까?

일부 연구자들(Larsen & Ketelaar, 1991; Lucas, Diener, Grob, Suh, & Shao, 2000; Rusting & Larsen, 1998)은 외향적인 사람들이 긍정 정서 성향, 즉 긍정적 보상에 대한 민감성을 타고나서 긍정적 사건에 더 강하게 반응하기 때문이라고 주장한다. 따라서 이들은 사건들을 긍정적으로 기억하고 나중에 긍정적인 것으로 회상하는 경향이 있다(Seidlitz & Diener, 1993). 또한 외향적인 사람들은 사교적인 상황을 편안하고 즐거운 것으로 느끼고 사회적 상호작용을 통해서 만족스러운 일들이 생겨난다고 여기기 때문에, 더 높은 행복감을 보고할 수 있다. 즉, 외향성은 요즘과 같이 매우 사교적인 시대에 잘 맞는 성격특질이라고 할 수 있다(Moskowitz & Cote, 1995).

외향성과 행복도의 상관이 높다고 해서, 내향적인 사람들은 불행감과 우울감에 빠지게 된다는 의미는 아니다. 다만 상대적으로 행복감을 느끼는 수준이 낮을 뿐이다.

Larsen과 Kasimatis(1990)는 일주일 간의 행복도를 평정하게 했을 때 긍정 정서의 수준이 수요일 이후 상승하기 시작하여 일요일에 다시 떨어지는 소위 "주말효과"를 발견했다. 이 경우에, 내향적인 사람들이 외향적인 사람들보다 평균점수가 낮았지만 중립점수 이상의 행복도를 보고했다.

4) 통제감

통제감(sense of perceived control)은 개인적으로 중요한 삶의 사건들에 대해서 자신이 통제할 수 있다는 신념을 의미한다. 심리학에서는 중요한 사건의 통제권을 개인 자신이 지니고 있는지 아니면 타인이나 외부요인이 지니고 있다고 보는지를 의미하는 통제 소재(locus of control)와 주관적 안녕의 관계를 연구해왔다. 많은 연구결과들은 내적 통제 소재(internal locus of control)를 지닌 사람들이 외적 통제 소재를 지닌 사람들보다 다양한 측면에서 주관적 안녕 수준이 더 높다는 것을 보여주고 있다(Lefcourt, 1981). 자신의 인생을 스스로 통제할 수 있다는 믿음은 자기유능감, 삶에 대한 자신감, 미래에 대한 긍정적 확신을 심어주어 행복감을 증진시킬 것으로 생각된다. 반면에 이러한 믿음을 지니지 못한다면, 인생이 매우 힘겹고 혼란스럽게 여겨질 것이다.

최근에 Peterson(1999)은 **개인적 통제감**(sense of personal control)이란 "좋은 결과를 극대화하고 나쁜 것은 최소화하는 방향으로 스스로 행동할 수 있다는 믿음"이라고 정의하면서 어떤 일을 하게 되었을 때 우리에게 정서적, 동기적, 행동적, 생리적 활력을 북돋우는 것이라고 설명했다. 즉, 통제감은 통제 소재뿐만 아니라 내재적 동기, 역량 강화, 효율적 선택, 대처행동 등 개인행동의 전반에 영향을 미치는 중요한 요인으로 여겨지고 있다.

그러나 흥미로운 사실은, 신을 믿는 독실한 종교인의 경우 신이 자신의 삶에 대한 통제권을 가지고 있다고 믿는데도 높은 행복도를 보고하고 있다는 점이다. 이러한 경우는 Rothbaum, Weisz와 Snyder(1982)가 이차적 통제감(secondary control)이라고 명명한 개념에 의해서 이해될 수 있다. 사람들은 자신보다 강력한 존재인 타인, 조직, 이념 또는 절대자에게 의식적으로 자신의 통제권을 이관함으로써 더 강력한 어떤 존재의 관리와 보호하에 있다는 느낌을 갖게 된다는 것이다. 이처럼 통제감과 행복도의 관계는 단순하지 않지만, 개인적 통제감은 여러 문화권에서 행복과 밀접한 관계를 나타내고 있다

(Diener, Oishi, & Lucas, 2003).

5) 긍정적인 인간관계

주관적 안녕을 예측하는 또 다른 강력한 변인은 긍정적인 사회적 관계의 존재 여부이다(Diener et al., 1999; Myers, 2000). 긍정적인 인간관계는 주관적 안녕에 긍정적 영향을 미치는 정서적 친밀감과 사회적 지지를 제공한다. 배우자, 가족, 친구와의 관계에서 경험하는 친밀감은 삶의 만족도를 예측하는 가장 강력한 변인으로 알려져 있으며, 이는 물질적 풍요, 건강 및 여가활동보다 더 강력한 예측요인이었다(Cummins, 1996).

Diener와 Seligman(2002)은 대학생 중 행복도가 가장 높은 10%의 집단을 대상으로 그 원인을 조사한 결과, 가장 두드러진 요인은 매우 풍요롭고 만족스러운 인간관계를 맺고 있다는 점이었다. 또한 많은 연구(예: Sarason, Sarason, & Pierce, 1990)에서 사회적 지지가 행복에 긍정적인 영향을 미친다는 것이 밝혀졌다. 좋은 사람들과 친밀하고 지지적인 관계 속에서 살고 있다고 느낀다면, 자존감과 자신감이 높아질 뿐만 아니라 어려움에 적극적으로 잘 대처하게 될 것이며 심리적 장애를 나타낼 가능성이 줄어든다. 또한 긍정적인 인간관계와 행복은 상호작용적인 것이어서, 행복감을 느낄 때 인간관계가 증진될 뿐만 아니라 타인과의 긍정적 관계 경험을 통해 행복감이 증진된다.

6) 인생의 목적의식

인생의 의미와 목적에 대한 인식을 갖는 것 역시 주관적 안녕에 중요한 것으로 여겨지고 있다. 인생의 목적의식은 실증적 연구에서 흔히 종교성(religiosity)으로 측정되었다(Myers, 1992, 2000). 종교는 인생에 대한 목적과 의미를 제공할 뿐만 아니라 존재론적 고독과 죽음에 대한 두려움을 이겨내는 데 도움이 된다. 여러 연구에 따르면, 종교적 신념이 강하고 삶에 있어서 종교의 중요성이 높을수록 그리고 종교의식에 자주 참석하는 사람일수록 주관적 안녕 수준이 높은 것으로 보고되었다. 이러한 결과는 종교가 사람들에게 인생의 의미를 제공할 뿐만 아니라 사회적 지지를 제공하고 가치를 공유하는 사람들과의 교제 속에서 자신의 신념을 지지 받는 과정을 통해 자존감을 고양시키게 된다는 것을 보여준다.

그러나 주목할 점은 인생의 목적의식이 반드시 종교적 신념과 연관되는 것은 아니라는 점이다(Compton, 2000; McGregor & Little, 1998). 연구에 따르면, 그것이 어떤 것이라도 자신에게 의미 있는 다양한 목표를 적극적으로 추구할수록 행복감이 증진될 수 있다(Oishi, Diener, Suh, & Lucas, 1999). 그러한 목표들은 반드시 종교적인 것이 아니더라도 의미를 지닐 수 있다.

이 밖에도 다양한 심리적 또는 성격적 요인들이 주관적 안녕에 영향을 미치는 것으로 알려져 있다. 심리적 갈등과 고통에 민감한 신경증 성향(neuroticism)은 주관적 안녕과 역상관을 나타낸다. 달리 말하면, 개인의 자기구조를 이루는 여러 측면들 간의 통합성과 응집성이 높을수록, 주관적 안녕의 수준이 높아진다(Donahue, Robins, Roberts, & John, 1993). 따라서 성격통합(personality integrity)이 주관적 안녕을 예측하는 변인이라고 할 수 있다. 성격통합은 자기 성격의 여러 측면들을 잘 수용하면서 이러한 측면들을 조화롭게 잘 조절하는 것을 의미한다. 성격통합은 어떤 목표를 추구하는 과정에서 겪게 될 좌절이나 갈등을 잘 이겨낼 수 있는 자아의 탄력성을 증진시킬 것이다.

문화와 주관적 안녕

행복을 추구하는 것은 모든 인간에게 있어서 보편적인 성향이다. 그러나 행복에 대한 개념이나 영향요인은 개인이 살아가는 문화적 환경의 특수성에 따라 다를 수 있다(Suh & Oishi, 2004). 지난 30여 년에 걸쳐 이루어진 주관적 안녕 연구에 따르면, 문화마다 사람들이 추구하는 목표, 가치, 사회규범 등이 다르기 때문에 주관적 안녕과 상관을 나타내는 요인들도 달라질 수 있다(한덕웅, 2006a; Diener & Suh, 2000). 따라서 주관적 안녕에 대해 어느 한 문화에서 이루어진 연구결과가 다른 문화에 그대로 적용된다고 보기는 어렵다.

주관적 안녕의 연구는 주로 유럽-북미지역의 서양인을 중심으로 이루어졌다. 서양인의 주관적 안녕을 설명하는 이론들은 개인주의적인 자기개념에 근거하고 있다(Lu & Gilmore, 2004). 그러나 동양인의 자기개념은 개인을 다른 사람과의 사회적 관계 속에 얽혀 있는 상호의존적인 존재로 여기는 집단주의적 사고방식에 근거하고 있다(Markus & Kitayama, 1991). Triandis(1994)는 서양문화의 개인주의(individualism)와 대비하여 동양문화의 특징을 집단주의(collectivism)라고 지적한 바 있다. 동양인과 서양인은 자기개념과 문화적 배경의 차이로 인해서 행복의 개념과 구성요소가 다를 수 있다. 일반적으로 서양인들은 개인지향적 행복관을 지니고 있으며 개인적 성취와 자율성을 중시하는 반면, 동양인들은 사회지향적 행복관을 지니고 있으며 사회적 역할에 대한 의무과 더불어 조화와 균형을 중시하는 경향이 있다(Kitayama & Markus, 2000; Lu & Gilmore, 2004; Uchida, Norasakkunkit, & Kitayama, 2004).

한국인의 주관적 안녕에 대한 연구는 1990년대부터 시작되었다(예: 조명한, 김정오, 1993; 조명한, 김정오, 권석만, 1994). 1995년에는 한국심리학회에서 '삶의 질의 심리학' 이라는 제목으로 심포지엄을 개최한 바 있다. 그 이후로 한국인의 주관적 안녕에 대한 많은 연구들이 이루어졌다. 국내에서 이루어진 최근의 연구결과들을 간략하게 살펴보기로 한다.

김명소, 김혜원과 차경호(2001)는 20대부터 70대까지의 성인 남녀 578명을 대상으로 Ryff와 Keyes(1995)가 제안한 심리적 안녕의 6개 구성요소(자기수용, 긍정적 인간관계, 자율성, 환경통제력, 삶의 목직, 개인적 성장)와 주관적 안녕의 관계를 살펴보았다. 연구결과, 한국인의 주관적 안녕은 자기수용이나 환경통제력과 가장 높은 상관을 나타냈다. 그러나 서구의 연구결과와 달리, 긍정적 인간관계 역시 중요한 요인으로 나타났다. 일반적으로 젊은 사람의 경우에는 자기수용과 환경통제력의 중요성이 두드러진 반면, 나이가 많아질수록 자기수용과 더불어 삶의 목적, 개인적 성장, 긍정적 인간관계가 중요한 것으로 나타났다. 남성의 경우는 삶의 목적이 상대적으로 더 중요한 것으로 나타난 반면, 여성에서는 개인적 성장의 중요성이 두드러졌다.

박영신과 김의철(2006)은 다양한 연령층을 대상으로 '한국 사회의 삶의 질' 을 높이는 요소를 조사한 바 있는데, 한국인이 가장 중요하게 여기는 요소는 경제적인 요인으로 나타났으며, 그다음으로 국민의 노력, 문화 및 여가 생활, 원만한 인간관계, 올바른 정책 등을 중요시하는 것으로 나타났다. 그러나 가정생활에서 삶의 질을 높이는 요소를 물었을 때는 경제적 여유나 여가생활보다 '화목한 가족관계' 가 더 중요한 것으로 나타났다. 또한 직장생활에서 삶의 질을 높이는 중요한 요소로 한 가지만 기록하도록 했을 때에도 '원만한 인간관계' 가 가장 중요한 요소로 지적되었으며, 다음으로 월급과 같은 경제적 요인, 일에서의 성취감과 보람, 자기계발 등의 순서로 나타났다. 이러한 연구결과들을 종합하여 논의한 김의철과 박영신(2006)에 따르면, 한국인은 삶의 질을 높이기 위한 조건으로 경제적 안정을 중요시하는 경향이 있지만 가정·학교·직장과 같은 구체적인 집단 내에서의 삶의 질에서는 인간관계로부터 받는 정서적 지원에 의해 가장 많은 영향을 받았다. 한덕웅(2006a)의 연구에서도 한국인의 주관적 안녕에서는 인간관계(효도, 가족관계, 친척관계, 아랫사람과의 관계)가 중요한 것으로 나타났는데,

이러한 결과는 한국인의 행복에는 혈연과의 관계가 매우 중요하다는 것을 보여준다.

남녀 대학생을 대상으로 조사한 구재선과 김의철(2006a)에 따르면, 사회적 관계 경험과 경제적 여유가 건강보다 행복에 더 중요한 것으로 나타났으며 외향성, 성실성, 자기효능감, 집단주의 성향, 낮은 신경증 성향과 같은 심리적 특성이 행복과 관련되어 있었다. 대학생과 중년 성인 남녀를 대상으로 조사한 결과, 강렬한 행복감(또는 불행감)을 유발하는 경험은 성공(또는 실패) 경험이었으며, 행복감을 빈번하게 유발하는 경험은 가족이나 친구와의 사회적 관계 경험이었다(구재선, 김의철, 2006b).

장재윤 등(2007)은 일상재구성법(DRM)을 사용하여 남녀 직장인과 전업주부의 삶의 질을 조사하였다. 삶의 만족도는 주부, 여성 직장인, 남성 직장인의 순서로 높게 나타났으나 집단 간 유의미한 차이는 없었다. 전체적으로 사람들이 가장 많이 하는 활동은 '일하기' '먹기' '대화하기' 였으며 전반적으로 '음식을 먹을 때' 와 '대화할 때' 가장 강한 행복감을 경험하는 것으로 나타났다. 강한 행복감을 느끼는 활동은 남성 직장인의 경우 '음식 먹기' '대화하기' 'TV 보기' '누워서 쉬기' '일하기' '자녀 돌보기' '운동하기' 순서로 나타난 반면, 여성 직장인의 경우는 '음식 먹기' '대화하기' '자녀 돌보기' '집안일 하기' 'TV 보기' '누워서 쉬기' '식사 준비하기' 의 순서였다. 주부의 경우에는 '음식 먹기' '대화하기' '식사 준비하기' 'TV 보기' '자녀 돌보기' '누워서 쉬기' '집안일 하기' 의 순서로 나타났다. 누구와 함께 있을 때 가장 강한 행복감을 경험하는지 알아본 결과, '배우자와 함께 있을 때' 라고 응답한 사람이 가장 많았으며, 그다음은 자녀, 친구나 동료, 부모의 순서로 나타났다.

3 행복의 원인과 결과

1) 행복과 관련요인의 인과관계

앞에서 살펴본 바와 같이, 행복은 다양한 신체적 · 심리적 · 사회환경적 요인들과 관련되어 있다. 저명한 긍정 심리학자인 Peterson(2006)은 수많은 연구결과들을 개관하고 이러한 요인들을 행복과의 상관 정도에 따라 세 가지 수준으로 분류하여 제시하고 있다. 〈표 3-2〉에 제시된 바와 같이, 나이, 성별, 교육 수준 등은 행복과 미미한 상관을 나타내는 반면, 결혼, 종교, 여가활동 등은 중간 정도의 상관을 나타내며, 직업, 낙관성, 자존감

표 3-2 행복(삶의 만족도)과 긍정적 상관을 나타내는 요인들(Peterson, 2006)

낮은 상관	중간 정도의 상관	높은 상관
나이	결혼	직업만족도
성별	종교	낙관성
교육 수준	여가활동	자존감
사회계층	친구의 수	성적 활동의 빈도
수입액	신체적 건강	긍정 감정의 경험빈도
자녀유무	성실성	행복 척도의
종족(다수집단 대 소수집단)	외향성	검사-재검사 신뢰도
지능 수준	정서적 안정성	일란성 쌍둥이의 행복도
신체적 매력도	내부적 통제소재	감사 경험

등은 높은 상관을 나타내고 있다.

〈표 3-2〉는 행복과 관련요인들 간의 상관관계를 보여주고 있다. 상관관계는 두 변인 간의 관련성을 보여주는 것으로서 이들 간의 인과관계를 보여주지는 않는다. 예를 들어, 자존감과 행복은 높은 상관을 나타내고 있지만 자존감이 높기 때문에 행복한 것인지 아니면 행복하기 때문에 자존감이 높은 것인지는 알 수 없다. 따라서 〈표 3-2〉에 제시된 요인들을 행복의 원인이라고 간주할 수는 없다. 이들은 행복의 결과일 수도 있다. 때로는 제3의 요인이 자존감과 행복에 공통적인 영향을 미치기 때문에 높은 상관이 나타날 수도 있다. 물론 나이나 성별과 같이 상황에 따라 변화시킬 수 없는 요인들은 행복의 결과가 될 수 없겠지만, 대다수의 심리적 · 사회적 요인들은 그 인과관계를 쉽게 판단하기 어렵다.

이러한 인과관계를 밝히기 위해서는 실험연구와 종단연구가 필요하다. 실험연구(experimental research)는 한 요인을 조작적으로 변화시키고 다른 요인에 대한 그 효과를 살펴봄으로써 인과관계를 확인할 수 있다. 종단연구(longitudinal research)는 시간의 흐름에 따라 관심요인들의 변화를 측정하고 그 변화의 시간적 순서와 관련성을 살펴봄으로써 인과관계에 대한 이해가 가능하다. Lyubomirsky 등(2005)은 행복과 관련된 요인들을 원인적 요인과 결과적 요인으로 구분하기 위해서 현재까지 이루어진 일부의 실험연구들과 종단연구들을 분석하였다. 그 결과, 이들은 행복한 사람들이 훗날 삶의 여러 영역(결혼생활, 친구관계, 직업생활 및 직업성취도, 경제적 수입, 정신건강, 신체건강)에서 긍정적인 결과를 나타내게 된다는 잠정적인 결론을 내리고 있다. 즉, 행복이 이러한 삶의 영역에 긍정적인 영향을 미친다는 것이다. 그러나 좀 더 체계적으로 잘 설계된 연구를 통해서 행복과 관련요인들 간의 인과관계를 밝히는 연구가 필요하다.

2) 행복의 상향 이론과 하향 이론

행복과 관련요인들의 인과관계는 논란의 여지가 있지만, 일부 요인들은 행복에 영향을 미치는 원인적 요인으로 알려지고 있다. 외향성, 긍정적 인간관계, 인생의 목적의식, 정서적 안정성 등은 삶의 만족도를 향상시키는 요인이라는 증거들이 있다(Argyle, 1999; Compton, 2005; Diener & Lucas, 1999). 그렇다면 이러한 요인들은 어떤 방식으로 주관적 안녕에 영향을 미치는 것일까?

주관적 안녕 연구에는 어떤 요인들이 행복에 중요한가를 보는 시각에 따라 두 가지의 설명방식이 존재한다. 그 첫째는 행복이 생활 속에서 경험하는 여러 가지 즐거운 순간들의 총합에 의해서 결정된다는 입장으로서, 이를 상향 이론(bottom-up theory)이라고 부른다. 〈그림 3-3〉에서 볼 수 있듯이, 주관적 안녕 또는 삶의 만족은 삶 속에서 얼마나 많은 행복한 순간들을 경험하느냐에 달려 있다는 것이다. 예를 들어, 소득의 증가로 좀 더 윤택한 의식주 생활을 누리면서 느끼는 만족감, 결혼생활을 통해 가족과 함께 느끼는 기쁨, 직장생활을 통해 얻게 되는 성취감과 사회적 소속감, 다양한 여가활동을 통해 경험하는 즐거움, 종교생활을 통해 얻게 되는 집단적 유대감과 영적인 체험들이 모여서 삶에 대한 만족과 행복을 느끼게 된다는 것이다. 대부분의 국가 간 비교연구들에 따르면, 부

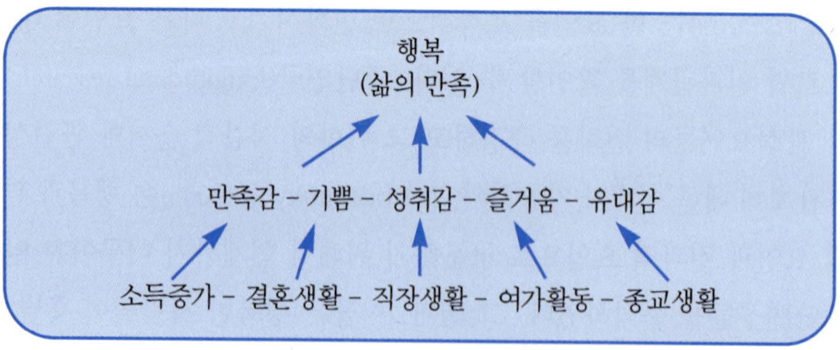

〈그림 3-3〉 행복의 상향 이론

유한 국가의 국민들이 가난한 국가에 비해 더 높은 주관적 안녕을 보고하고 있다(Diener & Biswas-Diener, 2002). 뿐만 아니라 앞에서 살펴보았듯이, 부부만족도, 직업만족도, 종교생활 등이 행복에 중대한 영향을 미치는 것으로 나타나고 있다.

상향 이론에 따르면, 행복은 이처럼 인생에서 접하는 긍정적 경험들의 합계로서 사람들은 다양한 긍정적 경험들을 나름대로 합산하여 주관적 안녕에 대한 전체적 판단을 내린다는 것이다. 즉, 즐겁고 기쁜 순간들을 더 자주 많이 경험할수록 사람들은 더 행복할 것이라는 것이다. 이러한 입장에 따르면, 우리는 생활 속에서 즐거운 경험들을 증가시킬수록 행복도 증가할 것이다. 또한 즐거운 경험을 제공할 수 있는 삶의 환경적 여건들(결혼, 직업, 종교, 재정상태, 건강 등)이 행복에 중요하다. 따라서 행복을 증진하려는 노력은 환경적 여건과 상황을 개선하는 데에 중점을 두어야 할 것이다.

다른 설명방식은 행복이 개인의 유전적 기질, 성격, 정서 성향 등에 의해서 강력한 영향을 받는다는 것으로서 이를 **하향 이론**(top-down theory)이라고 한다. 1장에서 소개한 바 있는 수녀들에 대한 연구(Danner et al., 2001)나 대학교 졸업생의 장기적 추적연구(Harker & Keltner, 2001)에 따르면, 행복은 오랜 세월에 걸쳐서 비교적 안정된 패턴을 나타낸다. 또한 Lykken(1999; Lykken & Tellegen, 1996)은 행복의 장기적 안정성이 유전적 요인에 기인한 것이라고 주장하면서 사람마다 유전에 의해 결정된 행복 기준점을 지니고 있다고 제안한 바 있다. 이 밖에도 낙관성, 외향성, 긍정 정서성 등의 성격적 요인들이 행복도와 높은 상관을 나타내고 있다(DeNeve & Cooper, 1998; Diener & Lucas, 1999). 〈그림 3-4〉에서 볼 수 있듯이, 개인의 유전적 기질이나 성격적 요인들은 일상적 경험을 긍정적인 방식으로 해석하고 인간관계에서 사교적인 행동을 나타내며 환경에 적극적인

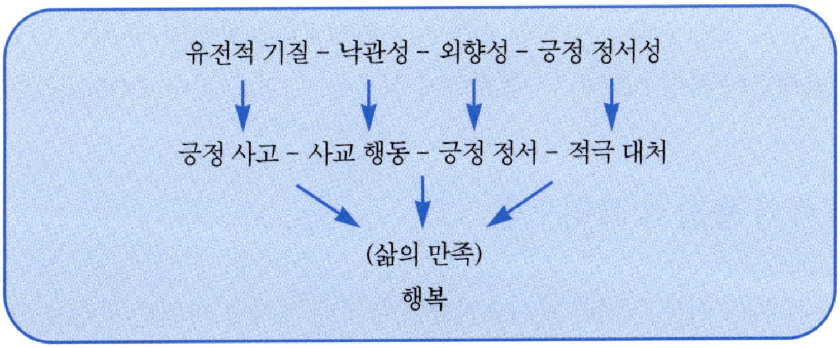

〈그림 3-4〉 행복의 하향 이론

대처를 하게 함으로써 주관적 안녕에 영향을 미치게 된다.

하향 이론에 따르면, 행복은 개인이 처한 환경적 여건보다 삶에 대한 태도에 의해서 더 강력한 영향을 받는다. 예를 들어, 비슷한 여건에서 살고 있는 두 사람의 경우를 비교해보자. 낙관주의적 태도를 지닌 사람은 미래에 대한 긍정적 기대에 따라 희망과 열의를 가지고 대처하기 때문에 좋은 결과를 얻게 되어 긍정 정서가 고양될 수 있는 반면, 비관주의적 태도를 지닌 사람은 일상 경험을 부정적으로 받아들이고 회의적인 태도를 취함으로써 부정 정서를 경험하게 될 가능성이 높다. 따라서 행복 증진을 위해서는 개인의 태도와 신념을 변화시키는 데에 중점을 두어야 할 것이다. Seligman(1991)은 낙관주의와 같은 삶의 태도도 학습에 의해서 변화될 수 있다고 주장한다.

이러한 두 가지 입장의 연구결과들을 종합적으로 비교한 Diener와 Larsen(1984)에 따르면, 행복도의 편차 중 52%는 성격에 의한 것이며 단지 23%만이 상황적 여건들에 의한 것이었다. 다른 유사한 연구에서는 상황적 요인의 영향이 8~15% 정도로 더 작게 나타났다(Diener et al., 1999; Lyubomirsky, 2001). 이러한 연구들은 성격과 환경여건이 모두 중요하지만 성격이 주관적 안녕에 더 중요하다는 것을 보여준다.

그러나 좀 더 자세하게 살펴보면, 우리의 인생은 매우 복잡한 것이어서 이처럼 간단히 결론을 내리기 어렵다. 최근의 연구들은 성격과 환경여건이 상호작용할 뿐만 아니라 행복의 평가방식에 따라 그 영향이 달라질 수 있다는 점을 시사하고 있다. 객관적인 환경여건과 성격특질은 행복의 측정방식과 평가차원에 따라 서로 다른 방식으로 상호작용하여 영향을 미칠 수 있다(Heady, Veenhoven, & Wearing, 1991; Leonardi, Spazzafumo, Marcellini, & Gagliardi, 1999). 예를 들어, 연봉에 대한 만족도는 개인의 낙관성, 성취동기, 직업 유형, 재산 정도, 사회계층 등에 따라 달라질 수 있다. 또한 구체적인 삶의 영역(예: 결혼, 직업)에 대한 만족도는 상향 이론에 의해서 더 잘 설명될 수 있는 반면, 인생 전반에 대한 만족도는 하향 이론이 더 적절하게 적용될 수 있을 것이다(Diener et al., 2003).

3) 행복의 통합적 설명모델

상향 이론과 하향 이론은 여러 관련요인들이 행복에 영향을 미치는 과정을 설명하기 위한 것이다. 두 이론 중 어떤 한 이론만이 옳다고 하기보다는 두 이론의 종합적 고려를 통해서 행복의 과정을 이해할 수 있을 것이다. 즉, 행복은 성격적 요인에 의해 하향적인 영향을 받는 동시에 삶의 여건과 경험들을 통해서 상향적인 영향을 받는 것이라고 볼 수 있다.

심리학에서 인간의 심리적 반응은 대부분 성격과 환경의 상호작용에 의한 것으로 이해되고 있다. 즉, 동일한 상황에 처해 있더라도 사람들의 성격에 따라서 그에 대한 반응이 각기 달라진다. 따라서 행복의 경우도 개인이 처해 있는 삶의 상황뿐만 아니라 그의 성격적 요인에 대한 고려 없이는 충분히 설명되기 어렵다. 성격적 요인이 외부환경에 대한 의미부여와 행동적 반응에 영향을 미치기 때문이다. 따라서 행복은 개인이 삶의 상황을 어떻게 인식하고 그에 반응하느냐에 따라서 영향을 받게 된다. 이러한 관점에서 행복은 〈그림 3-5〉와 같이 이해될 수 있다. 즉, 행복은 성격특성과 삶의 여건의 상호작용에 영향을 받게 되는 심리적 과정에 의해서 결정되는 것이다.

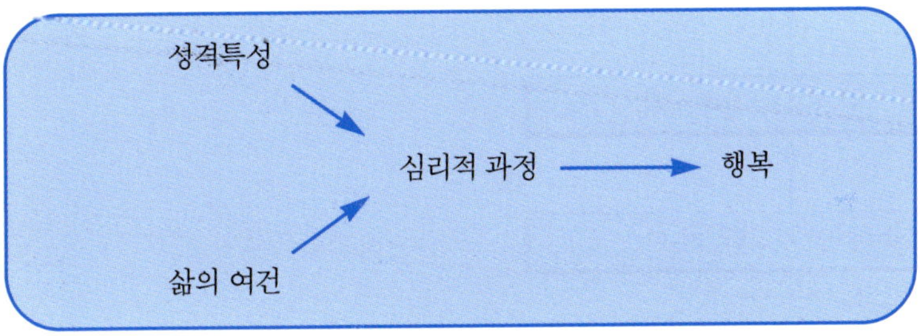

〈그림 3-5〉 행복에 대한 기본적 설명모델

비유적으로 설명하면, 삶의 여건들(가정, 직업, 여가를 비롯한 일상생활 속에서 겪게 되는 크고 작은 사건들)은 '심리적 과정'이라는 공장에 행복의 원재료를 공급하며, 성격특징은 이러한 원재료를 가공하는 방식을 제공한다. 행복은 이러한 가공방식에 따라 원재료를 처리하는 심리적 과정의 산물이라고 볼 수 있다. 행복의 상향 이론은 원재료의 중요성을 강조하는 반면, 하향 이론은 가공방식을 중시하는 설명이라고 할 수 있다.

이러한 설명방식을 좀 더 확대하여 적용하면, 〈그림 3-6〉과 같은 통합적 설명모델이 가능하다. 이 모델은 행복의 종합적 설명을 위해 고려해야 할 몇 가지 측면들을 포함하고 있다. 첫째, 행복은 유전적 · 심리적 · 사회환경적 요인들에 의해 영향을 받는다는 점이다. 앞 장에서 소개한 바 있듯이, Lyubomirsky 등(2005)은 행복이 기준점, 환경 여건, 의지적 활동에 의해서 결정된다고 제시한 바 있다. 달리 말하면, 행복은 개인의 행

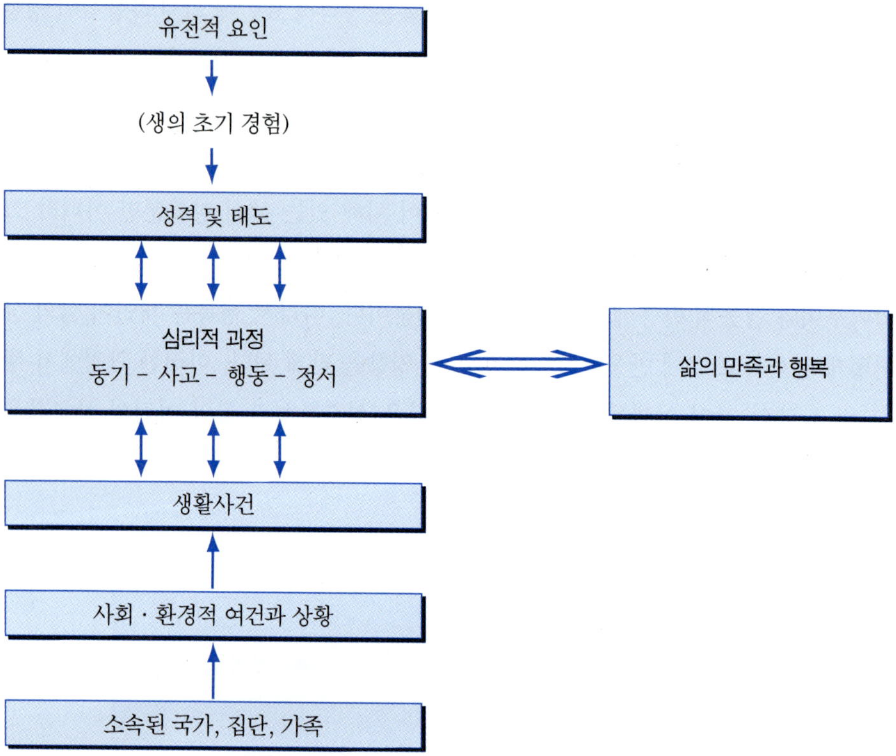

〈그림 3-6〉 행복에 대한 통합적 설명모델

복 기준점에 영향을 미치는 유전적 요인, 삶을 영위하는 사회 · 환경적 요인 그리고 의도적 활동을 유발하는 심리적 요인에 의해 결정된다고 볼 수 있다. 이처럼 행복은 개인의 유전적 · 심리적 · 사회환경적 요인들에 대한 종합적 고려를 통해서 이해될 수 있는 것이다.

둘째, 행복의 하향 이론과 상향 이론이 통합될 필요가 있다. 행복에 영향을 미치는 성격특징은 유전에 의한 아동의 기질과 어린 시절의 양육 경험이 상호작용하여 결정되는 것으로 여겨지고 있다. 유전적 요인이 행복에 강력한 영향을 미친다면, 그것은 성격의 중요한 결정인자이기 때문일 것이다. 이처럼 유전적 요인과 성격특성은 생활사건에 대한 심리적 과정에 영향을 미침으로써 행복에 영향을 주게 된다. 반면에, 개인은 그가 속하는 집단(국가, 사회, 가족 등)에 따라 삶의 전반적 여건이 크게 달라진다. 또한 그 여건

속에서 발생하는 크고 작은 생활사건들은 행복에 영향을 미치게 된다. 이러한 생활사건들 역시 심리적 과정을 통해 그 의미가 부여됨으로써 행복에 영향을 미치게 된다. 이 모델은 하향 · 상향 이론과 더불어 심리적 매개모델을 포함하고 있다.

셋째, 행복에 영향을 미치는 요인들은 그 영향력의 근접성에 따라 원격 원인과 근접 원인으로 구분될 필요가 있다. **원격 원인**(distal causes)은 어떤 심리적 경험을 유발하는 인과적 과정에서 여러 단계를 거치거나 간접적인 방식으로 영향을 미치는 요인을 의미하는 반면, **근접 원인**(proximal causes)은 그 심리적 경험을 직접적으로 유발하는 요인을 뜻한다(Abramson, Alloy, & Metalsky, 1988). 행복 경험을 유발하는 원격 원인에는 소속 국가, 집단, 가족환경과 같은 환경적 요인과 유전적 요인, 생의 초기 경험, 성격특질과 같은 개인적 요인이 해당될 것이다. 근접 원인으로는 최근의 생활사건과 같은 환경적 요인과 이러한 사건에 대한 의미부여와 대응행동을 나타내는 심리적 과정이 포함될 것이다.

마지막으로, 행복은 이러한 요인들의 결과인 동시에 원인이 될 수도 있다는 점이다. 특히, 행복감은 심리적 과정의 산물인 동시에 그 일부이기도 하다. 생활사건에 대한 긍정적 의미부여를 통해서 행복감이 느껴질 수도 있지만, 행복감을 느끼기 때문에 사건들을 좀 더 긍정적으로 바라볼 수도 있다. 뿐만 아니라 반복적인 행복 경험은 심리적 과정의 변화를 통해 장기적으로는 성격과 태도에도 영향을 줄 수 있다. 일반적으로 성격은 상당히 안정된 것으로 여겨지고 있지만 반복적인 생활 경험에 의해서 그 색채나 유연성이 변화될 수 있는 것이다. 또한 행복 경험은 개인의 행동을 변화시킴으로써 생활사건에도 영향을 미칠 수 있다. 예컨대, 행복감을 느끼는 사람은 다른 사람에게 밝은 표정과 호의적인 태도를 보임으로써 좀 더 많은 친구를 얻게 되고 긍정적인 대인관계를 창출할 수 있다. 직장에서도 적극적인 행동을 나타냄으로써 업무성과가 증대되고 지위와 소득이 향상될 수 있다.

지금까지의 연구결과에 근거하여 행복의 관련요인들을 이 모델에 적용하여 제시하면 〈그림 3-7〉과 같다. 아마도 이 세상에서 행복도가 가장 높은 사람들은 서유럽 국가의 중상류계층에 속하는 행복한 가정에서 태어나 수용적이고 지지적인 부모의 양육을 받으며 성장하여 군건한 자존감을 갖춘 낙관적이고 외향적인 성격의 소유자로서 원하는 직업분야에서 활동하고 있는 건강한 기혼자들일 것이다. 이들은 내재적인 동기를 지니고 가정, 직장, 여가 등의 영역에서 적극적이고 효율적으로 행동하며, 여러 가지 유쾌한 생활사건

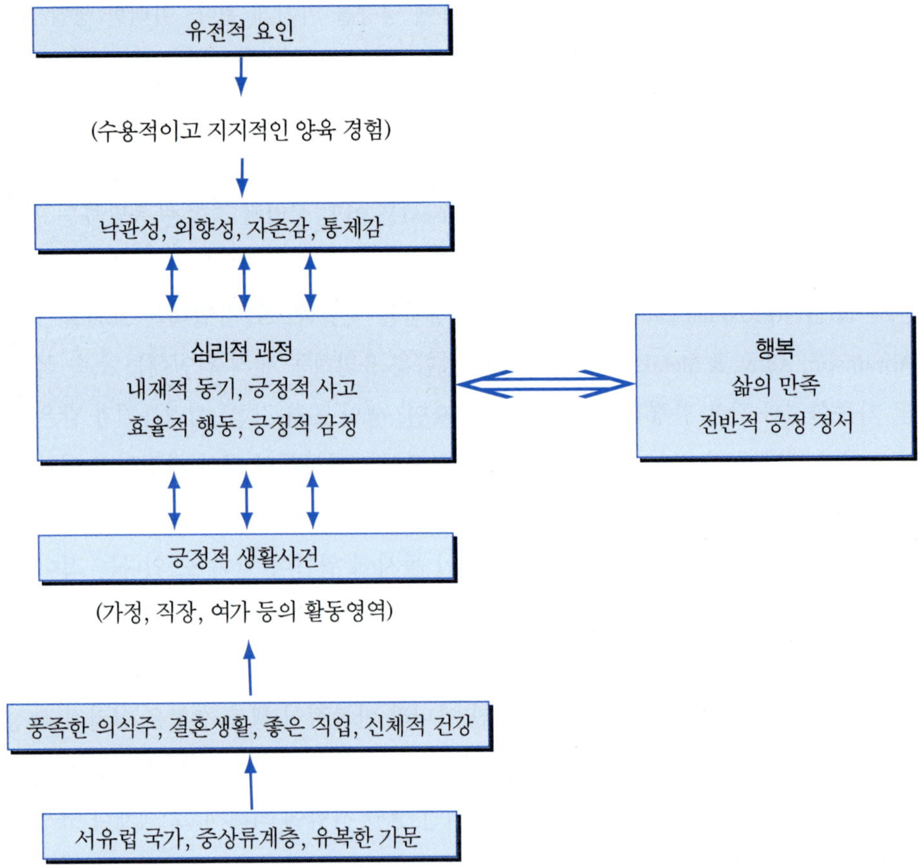

〈그림 3-7〉 행복에 대한 통합적 설명모델의 예

을 경험하는 동시에 이러한 사건들에 긍정적인 의미를 부여하면서 다양한 긍정적 감정들을 느낄 것이다. 그 결과, 자신의 삶 전반에 대해 긍정적인 평가를 하면서 주로 긍정 정서를 많이 느끼고 부정 정서를 드물게 느끼며 살고 있을 것이다.

이 모델은 행복과 관련되는 요인들의 관계를 종합적으로 포괄하여 설명하기 위한 것이다. 과연 모델 속에 제시된 인과방향(화살표) 중 어떤 것들이 행복에 더 강력하게 작용하는지, 그 인과관계는 구체적으로 어떤 과정을 통해서 일어나는지 그리고 이러한 원인적 요인들은 서로 어떻게 상호작용하며 행복에 영향을 미치는지 등에 대한 설명은 앞으로의 연구과제라고 할 수 있다.

통합적 설명모델에 따르면, 행복에 가장 강력한 영향을 미치는 근접적 원인은 심리적 과정이다. 즉, 생활사건이라는 원재료를 성격이라는 가공방식에 따라 행복이라는 제품으로 만들어가는 공정과정에 해당하는 심리적 과정이다. 과연 마음속에서 어떤 과정들이 진행되어 행복을 느끼게 되는 것일까? 이 물음은 다음 장에서 살펴볼 주제이다.

요 약

1. 긍정 심리학에서는 행복한 상태를 **주관적 안녕**이라는 용어로 지칭한다. 주관적 안녕은 많은 긍정 정서와 적은 부정 정서 그리고 높은 삶의 만족도를 경험하는 상태라고 정의된다.
2. 주관적 안녕은 다양한 인구사회학적 요인들과 상관관계를 나타내고 있다. 연구결과에 따르면, 주관적 안녕은 나이, 성별, 교육 수준, 사회계층, 수입액, 지능 수준과는 낮은 상관을 나타내며 직업, 결혼상태, 종교유무와는 중간 정도 이상의 상관을 나타낸다.
3. 주관적 안녕은 다양한 성격적 또는 심리적 요인들과 밀접한 상관관계를 나타내고 있다. 연구결과에 따르면, 주관적 안녕은 **낙관성**, **자존감**, **긍정 정서성**과 높은 상관을 나타내며 외향성, 성실성, 정서적 안정성, 통제소재의 내부성과는 중간 정도의 상관을 나타낸다.
4. 주관적 안녕과 상관관계를 나타내는 요인들이 주관적 안녕에 어떻게 영향을 미치는지에 대해서 두 가지의 설명방식이 존재한다. 첫째는 일상생활 속에서 경험하는 여러 가지 즐거운 경험들의 총합에 의해서 주관적 안녕이 결정된다는 설명으로서 **상향 이론**이라고 부른다. 다른 설명방식은 주관적 안녕이 개인의 유전적 요인, 성격특성, 정서 성향 등에 의해서 강력한 영향을 받는다는 것으로서 **하향 이론**이라고 한다. 현재의 연구결과는 하향 이론을 지지하는 연구결과들이 우세하다.
5. 주관적 안녕에 영향을 미치는 요인들을 좀 더 종합적으로 고려한 설명모델이 필요하다. 이를 위해서는 상향 이론과 하향 이론의 통합뿐만 아니라 주관적 안녕에 영향을 미치는 생물 · 심리 · 사회적 요인들은 물론 원격 원인과 근접 원인에 대한 고려가 필요하다. **원격 원인**으로는 소속된 국가, 집단, 가족환경과 같은 환경적 요인과 유전적 요인, 생의 초기 경험, 성격특질과 같은 개인적 요인이 있다. **근접 원인**으로는 최근의 생활사건과 같은 환경적 요인과 이러한 사건에 대한 의미부여와 대응행동을 나타내는 심리적 과정이 고려되어야 한다.

제4장

행복의 심리학적 이론

그대가 갖지 못한 것을 상상함으로써 그대가 이미 갖고 있는 것의 소중함을 훼손하지 말라. 그대가 지금 갖고 있는 것은 그대 자신이 한때 갖기를 열망했던 것임을 결코 잊지 말라.

- Epicurus -

앞 장에서는 행복과 관련된 다양한 요인들을 살펴보았다. 이 장에서는 그러한 요인들이 어떤 심리적 과정을 통해서 행복감을 느끼도록 하는지에 관해서 살펴볼 것이다. 인간은 어떤 심리적 조건이나 상태에서 행복감을 느끼는 것일까? 행복은 어떤 심리적 과정을 통해서 경험되는 것일까? 이러한 물음에 대한 이론적 설명은 고대 그리스 철학자들이 여러 주장을 한 이래로 그다지 큰 진전이 이루어지지 않았다. 그러나 최근에 이루어진 긍정 심리학의 연구들을 통해서 행복의 심리적 과정에 대한 이해가 증진되고 있다. 다양한 주장들이 제기되고 있지만 여기에서는 욕망충족 이론, 비교 이론, 목표 이론, 적응과 대처 이론을 중심으로 살펴볼 것이다.

1 욕망충족 이론

전통적으로 인간은 욕망이 충족된 상태에서 행복을 느낀다는 생각이 가장 일반적이었다. 인간은 식욕, 성욕, 재물욕, 권력욕, 명예욕 등과 같은 다양한 욕망을 지니게 되고 이러한 욕망이 충분히 충족되었을 때 행복감을 느낀다는 주장이다. 이를 **욕망충족 이론**(desire fulfillment theory)라고 한다(Diener, 1984). 욕망충족 이론은 행복에 대한 쾌락주의적 입장과 종종 일치한다. 이러한 입장에서는 인간의 행복 정도가 욕망의 충족으로 인한 쾌락이나 만족 수준에 비례할 뿐만 아니라 욕망을 충족시킬 수 있는 외부적 또는 상황적 조건(예: 의식주, 재산, 계층, 사회적 지위, 교육 수준 등)에 비례한다는 생각으로 이어진다.

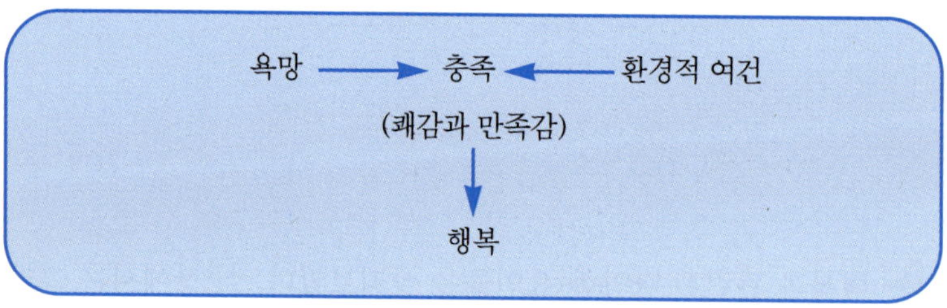

〈그림 4-1〉 욕망충족 이론

1) 인간의 욕망과 동기

인간은 다양한 욕망을 지닌다. **욕망**(desire)은 흔히 욕구(need), 충동(impulse), 동기(motive)라는 용어와 혼용해서 사용되고 있다. 심리학에서는 동기라는 용어를 선호하는 경향이 있으며 '특정한 목표를 향해 행동하게 하는 내면적인 원동력' 을 의미한다.

동기는 세 가지의 주요한 기능을 지닌다(Ford, 1992). 첫째, 동기는 목표지향적 행동을 유발한다. 즉, 목표의 달성을 위해 특정한 행동을 하도록 행동의 방향을 결정한다. 목마를 때는 밥을 찾지 않고 물을 찾아 마시듯이, 다른 행동이 아닌 목마름의 해소라는 목표를 향한 일련의 행동을 하도록 인도한다. 동기의 둘째 기능은 목표지향적 행동을 지속하게 하는 추진력, 즉 에너지를 제공하는 것이다. 목이 마를 때 물을 발견하지 못하면 지속적으로 물을 찾도록 하며 여러 가지 난관이 있더라도 이를 감내하면서 물을 찾는 행동을 계속하게 하는 기능을 한다. 셋째, 동기는 목표지향적 행동을 조절하는 기능을 한다. 목마른 자가 물을 충분히 마시면 더 이상 물을 찾지 않듯이, 목표지향적 행동을 시작하고 지속하며 종결하게 하는 기능을 한다. 이렇게 목표가 성취되었을 때 느끼게 되는 심리적 체험이 만족감이다.

2) 다양한 욕구와 발달적 위계

인간의 욕구는 매우 다양하며 여러 가지 방식으로 구분될 수 있다. 우선, 욕구는 그 근원에 따라 생리적 욕구와 심리적 욕구로 구분될 수 있다. 생리적 욕구는 그 생리적 근거가 분명하고 태어날 때부터 갖추어진 욕구로서 모든 인간들이 공유하는 선천적인 욕구이다. 이러한 욕구들은 개체와 종족의 보존에 기여하고 진화의 과정에서 선택되어왔으며 우리의 생물학적 유산을 이룬다. 여기에는 음식, 수분, 산소, 따뜻함, 고통 회피, 자극추구 등에 대한 개인의 생리적 욕구들과 더불어 번식에 대한 종의 생물학적 욕구가 포함된다. 심리적 욕구는 생리적 근거보다는 학습의 영향이 더 뚜렷한 후천적인 욕구이다. 이러한 욕구들은 다른 종들과 공유되지 않고 모든 사람들에게서 발견되지도 않는다. 왜냐하면 이러한 욕구들은 환경과의 상호작용 과정에서 습득되기 때문이다. 따라서 사람마다 어떤 욕구를 습득한 정도가 다르고 또 욕구를 만족시키는 방법이 다를 수 있다.

다양한 욕구는 서로 밀접한 관계를 지니고 있으며 체계적으로 발달하는 경향이 있다. Freud는 성적 욕구와 공격성 욕구를 인간의 가장 근원적인 욕구로 보았다. 그는 인간의 삶을 이러한 욕구의 충족을 위한 과정으로 보았으며, 정신분석 이론은 이러한 욕구가 사회문화적 현실 속에서 충족되기 위해 타협과 절충을 이루는 심리적 과정을 설명하는 것이라고 할 수 있다. Maslow(1954, 1970)는 인간의 욕구를 좀 더 자세하게 구분하였을 뿐만 아니라 **욕구의 위계적 발달 이론**을 주장하였다. 그는 인간의 욕구를 〈그림 4-2〉에서 볼 수 있듯이, 5가지의 위계로 구분하고 있다. 가장 낮은 위계에 있는 것은 **생리적 욕구**(physiological needs)로서 음식, 물, 산소에 대한 기본적인 욕구를 말한다. 이러한 욕구는 개체가 생존하기 위한 기본적인 조건을 공급받기 위한 것으로서 다른 욕구에 비해 기

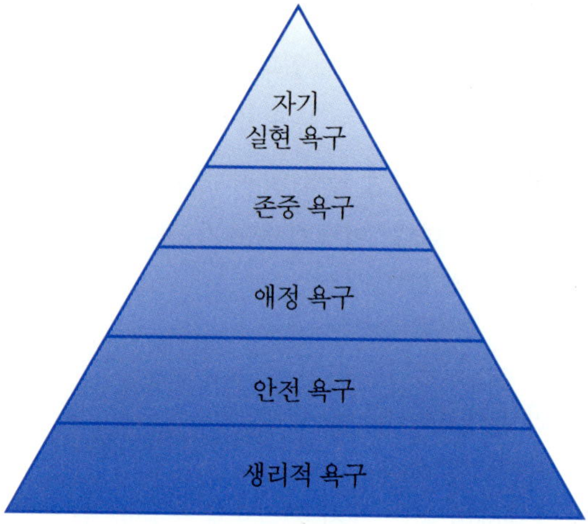

〈그림 4-2〉 Maslow의 위계적 욕구 발달 이론

본적이며 일차적인 욕구이다. 둘째는 **안전 욕구**(safety needs)이다. 이러한 욕구는 위험으로부터 보호받을 수 있으며 안전하고 편안한 피난처를 갈구하는 욕구를 뜻한다. 안전한 삶을 항상 지속적으로 유지하려는 안정의 욕구도 이에 속한다. 셋째는 **애정 욕구**(love needs)이다. 인간은 의미 있고 강한 집단에 소속되고자 하는 욕구를 지닌다. 이런 소속감의 욕구는 다른 소속원으로부터 사랑과 보호를 받고자 하는 사랑의 욕구와 밀접한 관계를 가지고 있다. 소속감과 사랑의 욕구는 타인과의 친밀하고 밀접한 관계를 통해 충족될 수 있는 대인 욕구의 바탕이 된다. 넷째는 **존중 욕구**(esteem needs)로서 자신이 가치 있는 존재라는 것을 느끼고자 하는 욕구이다. 자기긍지와 자기만족을 느끼기 위해 자신을 발전시키려는 욕구이기도 하다. 마지막으로, 가장 높은 위계에 위치하는 것이 **자기실현 욕구**(self-actualization needs)이다. 이는 자신이 지니고 있는 잠재능력을 충분히 표현하고 발현하려는 욕구이다.

Maslow는 이렇게 5가지 종류의 욕구를 위계적으로 분류하고 이들 간의 발달적 관계를 설명하고 있다. 욕구는 낮은 위계의 하위욕구로부터 높은 위계의 상위욕구로 발달해 간다. 특히, 하위욕구가 만족되지 않으면 상위욕구로의 발달이 이루어지지 않는다. 따라서 상위욕구로의 발달은 하위욕구의 충족을 전제로 이루어진다. 예를 들어, 배고프고 목마르고 위험에 쫓기는 상황에서 애정 욕구나 존중 욕구는 뒤로 밀려나며 음식과 물을 찾아 안전한 곳에 피신하려는 욕구와 행동이 우선적으로 나타나게 된다. 뿐만 아니라 애정 욕구가 충분히 충족되지 않은 사람에게는 존중 욕구나 자기실현 욕구가 잘 발달되지 않는다. 하위욕구의 충족에 의해 상위욕구가 발전하여 행동에 영향을 미치더라도 하위욕구에 불만족이 생겨나면 우리의 행동은 하위욕구의 충족을 위해 퇴행된다. 이렇듯, 인간의 욕구는 서로 위계적인 관계를 지니고 있으며 상위욕구로의 발달은 하위욕구의 안정된 충족을 필요로 한다.

3) 욕망충족 이론의 한계

욕망충족 이론은 행복에 대한 쾌락주의적 입장과 종종 일치한다. 이러한 입장에서는 인간의 행복 정도가 욕망의 충족으로 인한 쾌락이나 만족 수준에 비례할 뿐만 아니라 욕망을 충족시킬 수 있는 외부적 또는 상황적 조건(예: 의식주, 재산, 계층, 사회적 지위, 교육 수준 등)에 비례한다는 생각으로 이어진다.

그러나 욕망충족 이론은 주관적 안녕에 대한 연구결과들과 일치하지 않는 점들이 많다. 첫째, 앞 장에서 살펴보았듯이, 다양한 욕망을 충족시킬 수 있는 외부적 조건과 행복도의 상관관계는 상당히 미미하다. 둘째, 욕망의 충족상태는 일시적이다. 따라서 시간이 지나면 욕망의 요구가 반복된다. 끊임없이 보채는 아이와 같은 욕망을 지속적으로 충족시키기는 어렵다. 셋째, 하나의 욕망이 충족되면 다른 욕망이나 상위의 욕망이 부각되며 그 충족을 요구한다. 넷째, 인간은 욕망이 충족되면, 곧 그러한 상태에 익숙해져 행복감을 느끼지 못하는 경향이 있다. 마지막으로, 개인적 욕망이 충분히 충족되어도, 자신보다 더 풍요로운 상태에 있는 사람을 보게 되면 행복감이 저하된다. 이처럼 행복은 욕망의 충족 이외에 타인과의 비교, 지향하는 목표, 적응과정 등과 같은 다양한 심리적 요인의 영향을 받는 것으로 여겨지고 있다.

4) 내재적 동기와 외재적 동기

최근에는 동기의 유형에 따라 행복에 미치는 영향이 달라진다는 주장이 제기되면서, 외재적 동기와 내재적 동기의 구분이 주목을 받고 있다. 즉, 외부적 보상에 의해 충족되는 동기보다는 행위 자체에서 만족을 얻게 되는 동기를 추구하는 사람들이 더 행복감을 느낀다는 주장이다.

외재적 동기(extrinsic motivation)는 우리가 외적인 보상을 얻기 위해 행동할 때 작동한다. 외적 보상은 돈이나 소유물, 지위와 권력, 사회적 인정과 명예 등과 같이 외부에서 발생하는 행동 유인요인을 의미한다. 반면에, **내재적 동기**(intrinsic motivation)는 우리가 어떤 외부적 보상과 상관없이 일 자체를 위한 활동에 참여하도록 이끌릴 때 작동하는 것이다. 내재적 동기는 기본적인 심리적 욕구에 의해 생겨나는 것으로서 그러한 동기를 충족시키기 위한 행위 속에서 자체적으로 만족감을 느낄 수 있는 것이다. 이러한 동기는 인간에게 내재해 있는 심리적 성장과 자기실현 욕구를 반영하는 것으로서 이러한 동기의 충족은 행복에 필수적이다.

우리는 동일한 행위를 하더라도 그 행위를 하는 동기가 다를 수 있다. 이러한 동기의 유형에 따라 행위에 대한 흥미나 만족감이 달라질 수 있다. Lepper, Greene과 Nesbitt (1973)의 연구는 이러한 점을 잘 보여주고 있다. 그들은 아동들의 자유놀이 시간에 재미있는 그림 그리기 활동을 하도록 했다. 아동들의 활동을 관찰한 후, 연구자들은 그림 그리기를 좋아하며 내재적 만족을 얻은 것처럼 보이는 아이들을 선발했다. 그런 다음에 아이들을 세 조건 중 하나에 할당했다. 첫 번째 조건에서는 아동들에게 '훌륭한 화가' 인정서를 보여주면서 그림을 열심히 그리면 이러한 상을 주겠다고 했다. 즉, 보상을 얻기 위해서 자신이 좋아하는 일을 하도록 한 것이다. 두 번째 조건에서는 아무런 지시 없이 단지 그림을 그리도록 한 후 나중에 '훌륭한 화가' 인정서를 주었다. 그리고 세 번째 조건에서는 단지 그림을 그리도록 했으며 아무런 보상도 주지 않았다. 2주 후에 다시 그림 그리기 활동에 참여하게 된 아동들을 관찰한 결과, 상을 받기 위해서 그림을 그렸던 첫 번째 조건의 아동들은 그리기에 별로 흥미를 보이지 않았다. 더구나 보상이 주어지지 않는 상황에서 이 아이들은 그림 그리기를 그만두었는데, 외적인 보상이 그림 그리기에 대한 본래의 내재적 동기를 없애버린 것처럼 보였다. 그러나 다른 두 조건의 아동들은 2주 후에도 그림 그리기에 대해 비슷한 수준의 흥미를 나타냈다.

첫 번째 조건의 경우처럼 내재적 동기가 외적인 보상에 의해 대체되는 현상을 **과잉정당화**(overjustification)라고 한다. 우리가 어떤 일을 하게 되는 동기는 그 일 자체를 좋아하기 때문이거나 어떤 보상을 기대하기 때문일 수 있다. 동일한 일을 하더라도 외적인 보상에 대한 기대를 갖게 하면, 그 일 자체에 대한 흥미나 선호는 오히려 떨어지게 된다. 왜냐하면 그 일을 하게 되는 이유가 일 자체에 대한 흥미 외에도 외적 보상이라는 이유로 정당화될 수 있기 때문이다. Lepper와 Greene(1978)은 이러한 현상에 관한 연구들을 종합하여, 내재적인 만족을 얻고 있는 활동에 대해서 보상을 주게 되면 이후에 그 활동에 참여하게 만드는 내재적 동기가 저하될 수 있다고 결론지었다. 이러한 결과는 외적인 보상이 사람들로 하여금 어떤 행동을 하게 만드는 유일한 동기가 아니라는 점을 분명하게 보여준다. 사실 우리를 행복하게 만드는 것은 어떤 보상의 기대보다 그 자체에 대한 만족이나 재미를 느껴서 참여하게 되는 활동들이다.

외재적 동기는 타인의 인정이나 칭찬을 얻기 위한 욕구나 사회적 비판과 처벌을 회피하기 위한 욕구에서 파생되는 것으로서 그 자체로는 행복을 고양시키는 역량이 없는 것이다. 여러 연구에 따르면, 외재적 가치(경제적 성공, 신체적 매력, 사회적 인기)를 추구하는 사람은 주관적 안녕이 저하되어 있는 것으로 나타난 반면, 내재적 목표를 추구하는 사람들은 주관적 안녕 수준이 높은 것으로 나타났다(Kasser & Ryan, 1993, 1996). 내재적 목표를 중요시하는 사람들이 자기실현감과 생동감이 높았으며 신체적 증상이나 우울감이 낮았다. Emmons(1991)는 연구 참여자들에게 21일간 매일 하루 중에서 가장 즐거웠던 두 가지 사건과 가장 불쾌했던 두 가지 사건 그리고 긍정적 · 부정적 기분과 심리적 · 신체적 스트레스를 보고하게 하는 일기분석 연구를 시행했다. 그 결과, 권력 욕구가 높은 사람들은 부정적 기분과 심리적 · 신체적 스트레스를 많이 보고한 반면, 친화 욕구가 높은 사람들은 긍정적 기분을 많이 보고했다.

내재적 동기와 외재적 동기의 구분은 행복과 정신건강을 이해하는 데에 중요하다. Deci와 Ryan(1985; Ryan & Deci, 2000)에 따르면, 내재적 동기를 지닌 사람들은 외적인 보상에 의해 동기가 부여된 사람들에 비해서 업무성과, 끈기, 창의성, 자존감, 활기가 향상되었으며 전반적 행복 수준을 더 높게 보고했다. 동일한 과제를 수행하는 경우에도 두 집단은 이러한 차이를 나타냈다. 또한 내재적 동기를 지닌 사람들은 건강 증진 행동, 종교적 참여, 친밀한 인간관계, 정치적 활동과 같은 다양한 영역에서도 긍정적인 결과를 나타내는 경향이 있었다. 내재적 동기를 지니고 흥미로운 일에 전념하게 될 때, 몰입이라는 독특한 긍정적 심리상태를 경험하게 된다.

이러한 일관된 결과에 근거하여, Ryan과 Deci(2000)는 내재적 동기를 '새롭고 도전적인 것을 추구하고, 자신의 능력을 확장하여 연마하며, 항상 탐구하고 배우고자 하는 선천적 성향' 이라고 정의하면서 인간의 대표적인 긍정적 속성으로 간주했다. 나아가서 이들은 내재적 동기를 구성하는 세 가지의 기본적 욕구를 제시하였다. 그 첫째는 **유능성**(competence)의 욕구로서 환경에 효과적으로 대응할 수 있는 숙달된 경험을 추구하는 성향이고, 둘째는 **관계성**(relatedness)의 욕구로서 서로에게 지지적인 인간관계를 형성하고자 하는 성향이며, 셋째는 **자율성**(autonomy)의 욕구로서 삶의 중요한 문제에 관해서 독립적이고 자주적인 결정을 내리고자 하는 성향이다. 이러한 성향은 자발적인 동기부여(self-motivation)와 성격 통합의 바탕이 된다.

이러한 욕구들이 충족될 수 있을 때, 내재적 동기가 촉진된다. 예를 들어, 과제의 목표와 수행방식을 스스로 선택할 수 있게 하여 자율성의 욕구를 충족시키고 수행성과에 대한 긍정적 피드백을 통해 유능감을 증진시킬 때 내재적 동기가 강화된다. 반면에, 내재적 동기는 처벌이나 처벌의 위협 또는 평가의 압박을 가하면 약화된다. 또한 정해진 목표나 완성시간을 강요하게 되면 약화된다. 놀라운 결과는 흥미로운 과제를 수행한 것에 대해서 보상을 주게 되면, 내재적 동기가 약화된다는 점이다(Deci, Koestner, & Ryan, 1999). 즉, 보상적인 것이든 처벌적인 것이든 외부적인 유인가는 내재적 동기를 감소시킨다. 왜냐하면 자신의 수행이 자발적인 내면적 흥미에 의한 것이기보다 외부적 보상이나 처벌에 의한 것이라고 지각하도록 만들기 때문이다. Deci와 Ryan(1985; Ryan & Deci, 2000)은 내재적 동기를 증진하는 요인들을 설명하기 위해서 **자기결정 이론**(self-determination theory)을 제시한 바 있다.

재물과 행복의 관계

현대사회는 외재적 동기와 가치를 강조하고 있다. 자본주의 시장경제 체제는 필연적으로 돈과 재화를 중시하는 사회적 문화를 창출한다. 현대인은 물질의 가치와 소비를 홍보하는 광고문화와 더불어 물질과 경제적 성공을 강조하는 소비문화 속에서 살아간다. 우리는 돈과 재물 그리고 사회적 지위를 얻는 것이 행복에 이르는 길이라고 믿고 있다. 돈은 안락한 의식주를 보장할 뿐만 아니라 삶의 여유와 자유, 사회적 인정을 누릴 수 있게 해준다고 믿고 있다. 심지어 부모들은 자녀에게 외재적 가치의 중요성을 주입한다.

그러나 연구결과에 따르면, 외재적 가치를 중시하는 사람은 행복이 저하되는 것으로 일관성 있게 나타나고 있다. 그렇다면 우리는 커다란 착각 속에서 살고 있는 것인가? 과연 행복은 돈과 재물로 얻을 수 없는 것인가? 그렇다면 왜 그런가?

첫째, 외재적 가치는 행복한 삶을 영위할 수 있는 수단이 될 수 있지만 그 자체로는 우리에게 행복을 주지 않는다. 대부분의 사람들은 걱정, 염려, 두려움의 원천이 줄어들면 자동적으로 행복해질 것이라고 생각한다. 그러나 걱정, 염려, 우울을 예측하는 요인들은 보통 행복, 만족, 기쁨을 예언하는 요인들과 다르다. 소득증가는 부채 부담, 자녀 교육비 걱정, 퇴직 이후의 노후생활에 대한 걱정을 감소시킬 수는 있지만 행복과 만족을 증진시키지는 못한다. 또한 소득이 증가한다고 해서 모든 걱정과 염려로부터 해방될 것이라고 믿는 것은 잘못된 생각이다.

둘째, 복권에 당첨된 사람들은 강렬한 행복감을 경험하지만, 그 행복감은 오래도록 지속되지 않는다. 왜 그럴까? 당첨자들이 행복감을 느끼는 이유는 그들의 미래가 훨씬 더 편안하고 즐거울 것이라고 기대하기 때문이다. 소득증가가 다양한 욕구에 대한 충족을 가져올 것이라고 믿는다. 염려, 걱정, 두려움에서 좀 더 자유로운 미래를 기대하며, 삶의 문제들이 대부분 사라져 행복해질 것이라 기대한다. 그러나 지각현상을 설명하는 심리학 이론인 적응수준이론(adaptation level theory)에 따르면, 우리는 어떤 자극에 계속 노출될 경우 비교적 빨리 그에 익숙해져서 적응이 되어버린다. 또한 변화를 지각하기 위해서는 더 강한 자극이 필요하다. 우리는 인생에서 일어나는 대부분의 변화에 대해 대략 3개월 이내에 적응하게 된다(Diener & Lucas, 2000). 처음 월급이 올랐거나 복권에 당첨되었을 때, 우리는 급격한 변화를 인식하고 주의를 기울이며 기쁨을 느낀다. 그러나 적응기제가 작동하게 되면서 증가된 소득 수준은 불가피하게 우리의 새로운 기준점이 되어버린다. 그렇게 되면, 월급이 많다고 지각되지 않는다. '보통 수준' 이 되는 것이다. 이러한 현상은 소득 수준의 증가가 항상 행복의 증가로 이어지지 않는다는 사실을 보여준다.

셋째, 경제적 부가 지속적인 행복을 가져오지 못하는 이유가 또 있다. 그것은 사회적 비교과정(social comparison process) 때문이다. 사람들은 자신의 삶을 다른 사람의 삶과 비교하는 경향이 있다. 소득에 대한 만족은 누구를 비교대상으로 선택하느냐에 달려 있다(Argyle, 1999). 예컨대, Sirgy(1998)에 따르면 물질주의자들은 이상화되고 전반적이며 비현실적인 비교기준을 사용하는 경향이 있다. 그래서 이들은 항상 자신이 다른 사람들보다 못하다는 결론을 내리게 만드는 비교방법을 사용한다. 비교기준으로 세계 최고 부자인 빌 게이츠를 비교기준으로 사용한다고 상상해보라. 항상 만성적인 불만족을 경험하게 될 것이다. 사람들이 전보다 더 많은 돈을 벌더라도 만족감을 느끼지 못하는 이유는 그만큼 기대 수준이 높아지기 때문이다.

넷째, 돈과 행복에 관한 일관된 연구결과 중 하나는 소득 수준이 증가할수록 물질에 대한 욕구도 증가한다는 점이다(Sirgy, 1998). 소득 수준이 증가할수록 행복해지기 위해서 "가져야만 하는 필요한 것들"의 기대 수준이 상승한다(Brickman & Campbell, 1971). Schor(1998)는 연수입이 10만 불 이상인 미국인을 대상으로 조사를 한 바 있는데, 놀랍게도 이들 중 19%는 "기본적인 욕구"를 충족시키는 데에 수입의 전부가 들어간다고 응답했으며, 27%는 그들이 "정말 원하는 것들"을 살 만한 여유가 없다고 응답했다. 일반적으로 '경제적인 성공'을 주된 가치로 생각하는 물질주의 성향자들은 그렇지 않은 사람들에 비해서 전반적인 적응수준을 더 낮게 보고했으며 더 많은 행동적 문제들을 나타냈다(Kasser & Ryan, 1993).

마지막으로, 외재적 동기의 추구는 오히려 행복을 잠식할 수 있다. 왜 그럴까? 첫째, 외재적 가치를 지나치게 중시하게 되면 기본적인 심리적 욕구(자율성, 관계성, 유능성)를 경시하는 경향이 생겨나기 때문이다. 둘째, 외재적 가치는 경쟁을 부추긴다. 재화를 얻기 위한 추구는 필연적으로 타인과의 경쟁과 비교를 초래하여 끊임없는 긴장을 유발한다. 셋째, 재물을 지나치게 중시하는 문화에서는 인간의 비인격화가 초래된다. 인간을 비롯한 모든 것은 재화로 계산되고 타인은 수단적인 존재로 전락하게 된다.

행복해지기 위해서는 돈이 수단적 가치라는 것을 깊이 인식하고 우리의 내재적 동기를 충족시키려는 노력이 필요하다. Diener와 Biswas-Diener(2002)에 따르면, 돈이 많아서 행복해지는 것이 아니라 행복해지면 소득이 증대될 가능성이 높은 것이다. 물론 행복이 돈과 성공을 보장하는 것은 아니지만, 행복과 관련된 성격요인들은 직업세계에서도 커다란 자산이 될 것이다. 즉, 활기차고 낙관적이며 확신에 찬 사람들은 직업적 성공을 거둘 가능성이 높다.

2 목표 이론

우리가 강렬한 행복을 느끼는 순간은 오랫동안 추구해왔던 목표를 달성했을 때이다. 행복을 설명하는 주된 심리학 이론 중 하나는 목표 이론(goal theory)이다(Austin & Vancouver, 1996). 즉, 인간은 자신이 추구하는 목표를 달성하거나 목표를 향해 진전되고 있다고 믿을 때 행복을 느낀다는 입장이다. 이 이론은 욕망충족 이론의 발전된 형태라고 할 수 있는데, 왜냐하면 욕망을 좀 더 구체적인 목표로 명료화하고 목표달성과 관련된 인지적 평가를 포함하고 있기 때문이다.

인간은 환경과의 접촉을 통해서 욕망을 충족시킨다. Freud의 성격이론에 따르면, 원초아(욕망)는 맹목적인 쾌락원리를 따르기 때문에 현실을 고려하지 못한다. 그래서 자아가 현실원리에 따라 욕망과 현실을 중재한다. 이처럼 우리는 환경의 현실을 고려하여 욕망을 충족시킬 수 있는 구체적인 목표를 설정하고 그 달성을 위해 노력한다. 성장과정을 통해 인지적 발달과 사회화 과정을 겪으면서, 인간의 욕망은 인지적 요소와 사회적 영향이 복합된 형태인 가치관으로 변화되어 영향을 미치게 된다. 즉, 가치(value)는 '개인이 특정 상황에서 어떤 선택이나 결정을 내려야 할 때, 특정한 방향으로 행동하게 하는 원칙, 믿음, 신념'을 의미한다. 〈그림 4-3〉에서 볼 수 있듯이, 내면적인 충동상태인 동기는 성장과정을 거치면서 인지적 요인과 결합되고 사회적 영향을 받으면서 가치로 변환된다. 달리 말하면, 가치는 동기가 사회적 영향을 받아 인지적 믿음의 형태로 변화된 것이라고 할 수 있다. 이러한 가치는 우리의 선택과 행동에 영향을 미칠 뿐만 아니라 어떤 목표를 지향하게 만드는 중요한 심리적 요인이 된다.

우리는 개인적 가치를 부여하는 목표들을 향해 살아가거나 그 성취를 이루는 과정에서 행복을 느낀다. 목표(goal)는 개인이 행동을 통해 성취하고자 하는 구체적인 지향점을 의미한다. 미래에 대한 기대나 희망의 구체적인 내용이기도 하다. 이러한 목표의 설정과 성취는 주관적 안녕과 긍정 정서를 증가시킨다(Brunstein, 1993; Brunstein, Schultheiss, & Graesman, 1998). 목표 이론에 따르면, 인간은 목표의 설정, 목표를 향한 진전감 그리고 목표의 성취를 이룰 때 행복을 느낀다(Austin & Vancouver, 1996).

주관적 안녕 연구의 선구자인 Wilson(1967)은 행복을 목표성취의 관점에서 바라보았

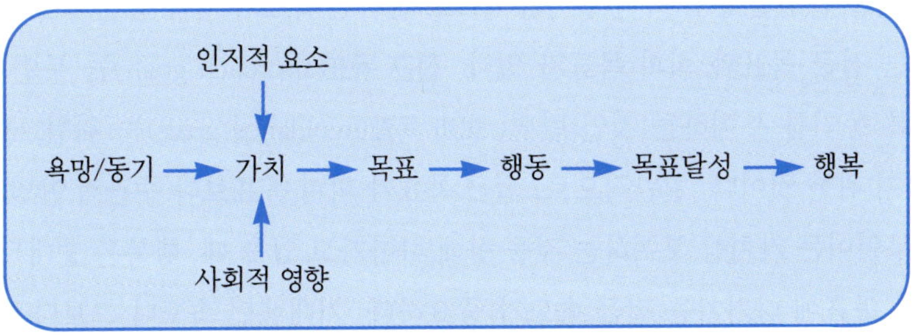

〈그림 4-3〉 목표 이론

다. 인생에서의 목표와 성취 간의 격차가 작을수록 더 행복하다고 보았다. 이 격차가 작다는 것은 실제 자기모습이 추구하는 목표에 가까워졌다는 것을 의미한다. 그러나 목표를 이루었을 때 행복해진다는 점은 분명하지만, 목표와 행복의 관계는 간단하지 않다. 모든 목표가 행복을 증가시키는 것은 아니며, 문화에 따라 가치 있게 여기는 목표와 유형이 다르다. 목표 이론은 개인이 지향하는 목표의 유형과 구조, 목표를 성취할 수 있는 가능성, 목표를 향한 진전 속도에 의해서 행복이 결정된다고 보고 있다.

1) 목표의 유형

무언가 추구하는 목표가 있다는 것은 그 자체로 행복을 증진한다. 왜냐하면 목표를 향해 살아가는 것은 삶의 의욕과 생동감을 줄 뿐만 아니라 일상적인 삶의 방향과 의미를 제공하기 때문이다. 그러나 모든 목표가 행복을 증진하는 것은 아니다. 어떤 목표는 다른 목표에 비해서 더 많은 행복과 만족감을 유발한다. 개인이 선택하는 목표의 유형에 따라서 행복에 대한 영향력이 달라질 수 있다.

일반적으로, 추구하는 목표가 인간의 내재적 동기와 잘 부합할 때 행복감이 증가한다. 자기수용, 긍정적 인간관계, 다른 사람을 돕는 것과 관련된 목표를 추구하는 사람들이 물질적 성공, 신체적 매력, 사회적 명성을 추구하는 사람들보다 행복 수준이 더 높다(Cantor & Sanderson, 1999; Kasser & Ryan, 1993). 특히, 지나치게 물질주의적이거나 권력지향적인 사람들은 행복 수준이 낮은 경향이 있다(Sirgy, 1998). 그 이유는 외재적 가치(예: 재물, 미모, 지위, 명성)보다 인간의 내재적 욕구(예: 유대감, 친밀감, 자기수용)를 충족시키는 목표를 달성하는 것이 더 큰 행복감을 주기 때문인 것으로 이해되고 있다. 이처럼 내재적 동기를 반영할 뿐만 아니라 자율적으로 선택된 목표가 행복 증진에 도움이 된다.

목표에는 접근 목표와 회피 목표가 있다. **접근 목표**(approach goals)는 무언가를 향해 움직이도록 동기를 부여하는 것인 반면, **회피 목표**(avoidance goals)는 위험, 곤란, 공포 등을 피하기 위한 것이다. 일반적으로, 접근 목표가 회피 목표보다 주관적 안녕과 관련성이 높다. 무엇이든 가치를 부여하는 것을 향해 나아가고 있을 때, 행복은 증대된다. 이 경우, 중요한 목표에 다가가는 접근 속도가 중요하다. 기대했던 속도나 그보다 더 빠른 속도로 진전되는 것을 느끼게 되면, 행복감이 훨씬 더 증대된다(Hsee & Abelson, 1991). 목

추구하는 목표를 달성했을 때 행복감을 느끼게 된다.

표를 향해 진전되거나 예상되는 진전 속도는 목표의 달성 못지않게 행복에 중요하다. 또한 자신의 상황적 조건을 고려하여 달성 가능성이 높은 현실적인 목표를 추구하는 것이 중요하다. 죄수의 경우, 뚜렷한 목표가 없거나 교도소 밖에 있는 사람과의 친밀한 관계를 추구하는 사람은 체력단련의 목표를 지닌 사람보다 삶의 만족도가 현저하게 낮았다.

또한 목표의 구체성에 따라 행복에 미치는 영향이 달라진다. Emmons(1992)에 따르면, 추상적인 목표를 추구할수록 현재의 행복도가 낮아진다고 한다. 왜냐하면 추상적인 목표일수록 그것이 언제 성취될 수 있는지를 알 수 없기 때문이다. 예를 들어, "타인을 배려하는 좋은 사람 되기" 보다 "하루에 한 명 이상 도움이 필요한 사람을 도와주기" 의 목표가 더 구체적이며 그 성취 여부를 즉각적으로 알 수 있다. 그러나 행복에 있어서 더 중요한 것은 구체적인 목표와 더불어 추상적인 장기적 목표를 함께 지니는 것이다. 추상적 목표만을 추구하는 경우는 그 달성 가능성을 확인할 수 없으며, 구체적 목표만을 추구하는 경우는 장기적인 방향감각 없이 우왕좌왕할 수 있다. Little(1989)은 이러한 딜레마를 "장대한 환상과 하찮은 추구" 의 갈등이라고 불렀다. 구체적인 목표와 추상적인 목표 간의 균형을 위해서는, 추상적이며 의미 있는 장기적 목표와 더불어 직접 행동으로 연결될 수 있는 구체적인 목표를 세우는 것이 가장 좋은 방법이다(Emmons, 1992).

2) 목표의 위계와 통합성

추구하는 목표가 다양하게 많은 사람들은 삶의 만족도와 긍정 정서수준이 높지만 부정 정서 수준도 높은 경향이 있다. 여러 가지 목표를 추구하는 사람은 성취의 즐거움도 많지만 이러한 목표들을 성취해야 하는 부담감뿐만 아니라 여러 목표들 간의 불일치와 갈등으로 인한 스트레스도 많이 경험하기 때문이다. Sheldon과 Kasser(1995)는 추구하는 목표들 간의 일관성과 통합 정도가 행복에 중요하다고 주장한다. 양립되기 어려운 갈등적인 목표들을 추구하는 사람은 부정 정서와 스트레스를 경험할 가능성이 높기 때문이다.

행복한 삶을 위해서는 서로 조화롭게 밀접히 연결된 목표를 선택하여 추구하는 것이 중요하다. 연구에 따르면, 추구하는 목표들 간의 통합성이 높고 경쟁적 목표들 간의 내적 갈등이 적을수록, 주관적 안녕의 수준이 높았다. Emmons(1992)는 공통적인 주제를 중심으로 여러 가지 작은 목표들을 통합시키는 것이 가능하다고 제안했다. 이렇게 어떤 공통적 주제, 즉 더 크고 추상적인 목표를 성취하는 데 도움이 될 만한 작은 목표들을 **개인적 추구**(personal strivings)라고 불렀다. 그는 의미 있고 성취 가능한 개인적 추구를 지니는 것이 성격특질보다 주관적 안녕을 더 잘 예측하는 요인이라고 주장했다.

가치의 분류와 구조

목표의 이면에는 그것을 통해 추구하는 가치가 존재한다. 소중한 가치가 있기 때문에 그러한 목표를 추구하는 것이다. 어떤 가치의 추구는 다른 가치와 일치할 수도 있고 갈등적일 수도 있다. 또한 여러 목표들은 서로 보완적일 수도 있고 경쟁적일 수도 있다. Schwartz(1994)는 인간이 추구하는 다양한 가치들을 체계적으로 분류하고자 시도했다. 그에 따르면, 70개 국가를 대상으로 한 연구를 통해서 다음과 같은 10개의 보편적 가치들이 도출되었다.

- 성취(achievement): 사회적 기준에 따라 개인의 유능함을 나타내는 개인적 성공(예: 직업적 성공이나 야망).
- 박애(benevolence): 다른 사람의 안녕을 유지해주거나 강화시켜주는 것(예: 이타주의,

용서, 자원봉사).

- 순응(conformity): 사회적 규범에 반하는 행동들을 억제하는 것(예: 예의바름, 정중함).
- 쾌락주의(hedonism): 개인적 만족과 쾌락(예: 식도락, 성행위, 여가).
- 권력(power): 사회적 신분, 특권, 우월성, 타인에 대한 통제력(예: 사회적 지위나 경제적 부).
- 안전(security): 사회의 안전, 조화 및 안정(예: 법과 질서).
- 자기지향(self-direction): 독립적인 사고와 행동(예: 자유).
- 자극추구(stimulation): 흥분, 새로움, 삶의 도전(예: 다양성).
- 전통(tradition): 자신의 문화나 종교적 관습을 존중하고 수용하는 것(예: 종교적 헌신).
- 보편주의(universalism): 모든 인류와 자연을 보호하고, 이해하며 그 가치를 인정하는 것(예: 사회적 정의, 평등, 친환경주의).

이러한 가치들 간의 관계는, 〈그림 4-4〉에 제시되어 있듯이, 두 가지 차원에서 분류될 수 있다. 첫째는 자기강화(self-enhancement) 대 자기초월(self-transcendence)의 차원으로서

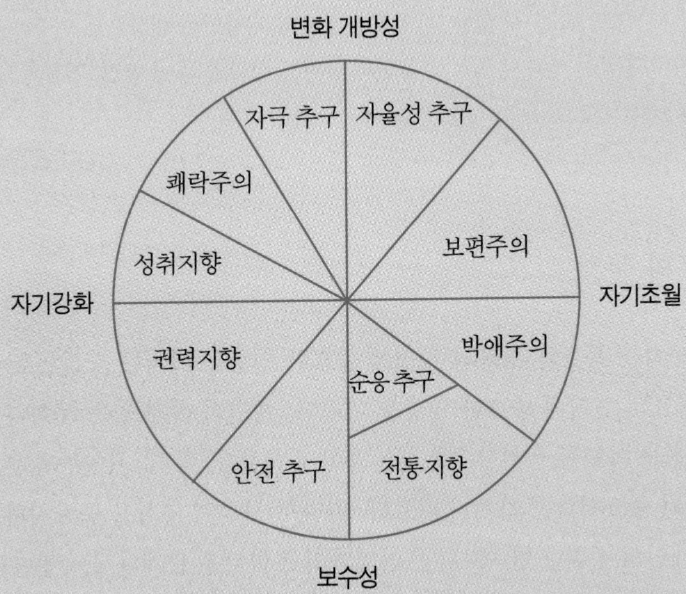

〈그림 4-4〉 개인적 가치 구조에 대한 원형모델(Schwartz, 1994)

가치의 초점이 자기인가 타인인가 또는 개인인가 공동체인가에 따라 분류된다. 성취나 권력은 전자에 해당되는 가치인 반면, 보편주의와 박애는 후자에 해당하는 가치이다. 이 차원은 개인주의 대 집단주의의 가치를 반영하는 것으로도 볼 수 있다. 두 번째 차원은 변화에 대한 개방성(openness to change)과 보수성(conservation)의 차원으로서 진보주의 대 보수주의 또는 세속주의 대 전통주의의 가치관을 반영하는 것이다. 쾌락주의, 자극추구, 자기지향은 전자에 해당하는 가치인 반면, 순응, 전통, 안전은 후자에 속하는 가치라고 할 수 있다.

개인은 이 원형모델에서 근접한 가치들을 추구하는 경향이 있다. 이 모델을 통해서 개인이 추구하는 가치체계의 전반적 구조와 균형상태를 파악할 수 있다. Rohan(2000)에 따르면, 인권운동가는 정의나 평등과 같은 보편주의에 높은 가치를 부여하며 그와 인접한 박애나 자기지향의 가치를 지닐 가능성이 높다. 그러나 권력은 보편주의와 정반대의 위치에 있기 때문에 인권운동가가 고급 호텔에 투숙하거나 항공기의 특석을 이용할 가능성은 희박하다고 볼 수 있다.

이러한 가치들은 Ryan과 Deci(2000)의 내재적 동기와 비교될 수 있다. Sagiv와 Schwartz (2000)에 따르면, 자기지향이나 자극 추구는 자율성 욕구를 반영하고, 보편주의나 박애는 관계성 욕구를, 그리고 성취는 유능성 욕구를 반영하는 반면, 권력, 안전, 순응, 전통은 외재적 동기를 나타내는 것으로 볼 수 있다. 독일의 대학생과 직장인을 대상으로 연구한 결과, 성취, 자기지향, 자극 추구는 행복의 정서적 측면과 긍정적 상관을 보인 반면, 전통과 순응은 부정적 상관을 보였다(Sagiv & Schwartz, 2000).

3) 목표와 문화

문화는 추구하는 목표와 행복의 관계에 중요한 영향을 미치는 요인으로 여겨지고 있다. 문화는 목표의 선택에 중요한 영향을 미친다. 개인이 속해 있는 문화나 하위문화에서 높이 평가하는 목표를 성취할수록 행복감이 증가한다. 특히, 개인주의 문화와 집단주의 문화는 각기 중요시하는 가치가 다르다. 따라서 사회적 조화를 중요시하는 집단주의 문화에서는 개인의 성취나 만족보다는 타인과의 조화로운 관계나 소속집단의 전체적 이익을 위한 목표가 더 많은 보상을 받게 되고 더 큰 행복감을 주게 된다. 또한 추구하는 목표가 소속한 문화에서 수용되거나 중시되느냐에 따라 목표가 행복에 미치는 영향이 달라질 수 있다. 이처럼 목표가 행복에 미치는 영향은 복잡하다. 목표 이론은 행복을 이해하는 이론적 체계를 제공하였지만 앞으로 좀 더 정교하게 발전될 필요가 있다.

4) 목표의 실현 가능성과 진전속도에 대한 평가

목표 이론에 따르면, 행복은 개인이 추구하는 목표의 실현 가능성뿐만 아니라 목표달성을 위해 다가가고 있다는 진전속도에 대한 주관적 평가에 의해서 결정된다. Diener와 Lucas(2000)는 주관적 행복을 설명하는 다양한 이론을 통합하는 한 가지 방법으로 **평가 이론**(evaluation theory)을 제안한 바 있다. 이들에 따르면, 행복은 지속적으로 유입되는 정보들을 어떻게 평가하느냐에 의해서 결정된다는 것이다. 행복은 정보를 처리하는 능동적인 인지과정에 의존하는데, 대부분의 경우 가장 중요한 평가요소는 주요한 목표를 향해 얼마나 진전되고 있느냐에 관한 것이다. 이러한 진전과정에 대한 평가는 개인의 기질과 성격, 진전을 평가하는 기준, 처해 있는 상황, 소속된 문화 등과 같은 다양한 요인에 의해 영향을 받는다. 그러나 평가과정의 핵심은 우리가 추구하는 주요한 목표가 현재 얼마나 달성되었으며 앞으로 얼마나 잘 달성될 것인가에 대한 평가이다.

또한 어떤 목표를 추구할 것인지 여부를 결정하는 중요한 요인은 그 목표를 성취할 수 있다는 기대, 즉 희망이다. 우리는 성취할 수 없는 불가능한 목표를 추구하지 않는다. 또한 중요하지만 도달할 수 없는 목표에 대해서는 열정을 지니기 어렵다. 이처럼 희망이라는 개념은 목표 이론과 밀접한 관계를 지니고 있다. Snyder, Rand와 Sigmon(2002)에 따르면, **희망**(hope)은 두 가지 믿음의 결과이다. 그 첫째는 목표에 이르는 경로에 대한 것으로서 목표를 달성하는 방법을 찾을 수 있다는 믿음이다. 두 번째는 목표를 향한 추구의지에 관한 것으로서 그러한 목표를 달성할 만큼 충분히 동기와 의지를 지니고 있다는 믿음이다. 즉, 희망이란 목표를 달성할 수 있는 현실적인 방법이 있으며 그 목표를 향해 충분한 욕구를 스스로 불러일으킬 수 있다는 믿음의 결과라는 것이다. 이러한 희망 수준이 높은 사람들은 긍정 정서를 더 많이 느끼고, 미래에 행복해질 것이라고 기대하며, 더 확신에 차 있고, 스트레스에도 더 성공적으로 대처하며, 목표를 향한 대안적인 방법들을 찾을 가능성이 높고, 더 많은 사회적 지원을 받아내는 경향이 있다(Snyder et al., 2002).

Cantor와 Sanderson(1999)에 따르면, 목표 추구가 행복에 영향을 미치는 이유 중 하나는 삶에 능동적으로 참여하고 있다는 느낌을 주기 때문이다. 목표를 추구한다는 것은 우리가 삶에 적극적으로 참여하고 있다는 징표이다. 삶을 충만하게 살아가는 능동적인 참가자인 것이다. 내재적인 동기에 의해 자발적으로 목표를 선택하여 추구하면서 현실적이고 구체적인 목표를 향한 활동에 적극적으로 참여함으로써 행복이 증진될 수 있다. 여기에서 중요한 것은 어떤 활동을 하느냐가 아니라 삶에 대한 적극적인 참여이다.

3 비교 이론

주관적 안녕과 행복에 대한 인지적 이론들은 자신과 환경에 대한 정보처리과정을 강조한다. 긍정 정서는 진화과정에서 형성한 생물학적 기반을 지니고 있지만 주로 인지적 평가의 결과로 발생한다는 것이다. 행복과 불행은 우리의 삶에서 일어나는 사건들보다 그에 대한 인지적 해석에 달려 있다는 주장이다.

인지적 심리치료자인 Albert Ellis(1962)나 Aaron Beck(1976)은 정서 경험에 있어서 인지적 요인의 중요성을 강조한 바 있다. 이 세상에는 그 자체로 의미를 지니는 것은 없다. 인간이 의미를 부여하지 않고서 그 자체로 의미를 지니는 것은 없다. 모든 현상과 사건의 의미는 인간이 그렇게 의미를 부여했기 때문에 그러한 의미를 지니는 것이다. 이런 점에서 인간은 매우 능동적으로 환경과 상호작용하는 존재이다. 외부 사건에 의해 수동적으로 영향을 받는 존재라기보다는 사건의 의미를 능동적으로 해석하여 반응하는 존재이다. 즉, 인간은 세상에 의미를 부여함으로써 세상을 능동적으로 구성하는 존재이다.

행복에 대한 인지적 이론가들은 행복의 주요한 예측요인들(예: 자존감, 낙관주의, 지각된 통제감, 의미와 목적의식)이 기본적으로 자신과 환경에 대한 해석이나 기대 또는 신념이라는 점을 지적하고 있다. 긍정적인 해석패턴은 개인이 세상과 관계를 맺는 비교적 안정적인 방식으로 알려져 있다. 특히, 행복의 핵심적 예측요인인 긍정적 자존감은 인지적 해석에 의해 강력한 영향을 받는 것으로 이해되고 있다.

행복에 대한 인지적 이론 중 대표적인 것이 **비교 이론** 또는 **괴리 이론**(discrepancy theory)이다(Michalos, 1985). 비교 이론에 따르면, 인간은 자신의 상태를 어떤 기준과 비교하여 그 기준과의 긍정적 차이를 인식할 때 행복감을 느낀다. 특히, 자존감은 우리가 자신에 대해서 내리는 판단과 밀접하게 연관되어 있다. 우리는 자신에 대한 평가를 할 때, 어떤

우리는 비교를 통해서 자신을 평가한다.

기준과의 비교를 통해서 자신의 가치에 대한 결론에 이르게 된다. 우리는 비교기준 없이 우리 자신의 가치를 평가할 수 없기 때문이다. 그렇다면 우리는 자기평가를 위해서 어떤 기준을 사용하는 것일까? 인간은 매우 다양한 기준에 의해서 자신을 평가하지만, 가장 주요한 비교기준은 다른 사람, 과거의 삶, 이상적 자기상, 지향하는 목표이다. 비교 이론에 따르면, 개인은 자신의 현재 상태를 이러한 기준들과 비교했을 때 우월한 방향으로의 차이가 클수록 더 높은 행복감을 경험한다. 즉, 개인이 처해 있는 현재의 상태 그 자체보다는 현재의 상태를 평가하기 위해 적용하는 기준의 속성이 행복에 중요하다는 것이다. 또한 비교 이론에 따르면, 높은 기준과의 상향적 비교를 하는 사람은 불행감을 느끼기 쉬운 반면, 하향적 비교를 하는 사람은 행복감이 증가할 것이다. 이처럼 우리가 자신을 평가하기 위해 선택하는 비교기준은 우리의 자존감과 행복뿐만 아니라 우리의 과거와 미래에 대한 태도에도 영향을 미치게 된다.

1) 다른 사람과의 비교

우리가 자기평가를 위해 적용하는 가장 일반적인 비교기준은 다른 사람들이다. 그래서 우리는 다른 사람들이 어떻게 살고 있는지에 대해서 궁금해한다. 그들이 우리보다 더 성공적인지, 더 재능이 있는지, 더 만족스럽고 행복해하는지에 관심을 갖는다. 이러한 **사회적 비교**(social comparison)는 우리가 자기평가를 하는 가장 대표적인 방법인데, 이때 어떤 사람들을 비교대상으로 하느냐에 따라 평가결과가 크게 달라진다. 비교대상에 따라서 사회적 비교는 자신과 비슷한 사람들과 비교하는 **수평적 비교**(lateral comparison), 자신보다 더 나은 사람들과 비교하는 **상향적 비교**(upward comparison), 자신보다 못한 사람들과 비교하는 **하향적 비교**(downward comparison)로 구분할 수 있다. 어떤 비교방식을 선택하느냐에 따라 우리의 주관적 안녕은 커다란 영향을 받게 된다.

실증적 연구에 따르면, 행복한 사람들은 상향적 비교보다 하향적 비교를 더 많이 한다(Lyubomirsky & Ross, 1997). 일반적으로, 하향적 비교를 많이 할수록 행복도가 증가한다. 그러나 사회적 비교와 행복도의 관계는 좀 더 복잡하다. 행복감은 우리가 다른 사람들보다 우월하다는 평가와 관련되어 있다. 그러나 하향적 비교를 과도하게 적용하게 되면, 우월의식이 지나쳐서 자기도취와 교만으로 변질될 수 있다. 이러한 우월의식과 자존감은 구별되어야 한다. 일반적으로, 높은 자존감은 자기를 구성하는 요소들의 높은 일관성, 자기정체성에 대한 명확한 인식 그리고 시간과 상황을 넘어선 자기개념의 안정성과 연관되어 있다(Hoyle et al., 1999).

비교 이론에 따르면, 주변의 비교대상이 어려운 상황에 처해 있을수록, 개인은 더 행복감을 느낀다. 그러나 암 환자의 경우, 다른 암 환자가 자신보다 상태가 더 나쁘다고 해서 행복감을 느끼지는 않는다. 다른 사람의 건강악화는 자신의 건강악화를 의미하기 때문이다. 또한 사람들에게 인기가 있는 친구를 둔 사람은 그렇지 않은 사람보다 더 많은 행복감을 느낀다. 낮은 성적을 얻은 대학생들은 다른 학생과 비교하지 않는 경향이 있다는 보고가 있다.

또한 비교 이론은 높은 기대 수준이 현실과의 괴리를 증가시키는 불행의 주요한 요인임을 시사한다. 그러나 연구결과는 그렇게 간단하지 않았다. 과도하게 높거나 낮은 기대 수준을 지닌 사람들은 모두 높은 수준의 불안과 우울을 느꼈으며 행복도가 낮았다. 낮은 기대 수준은 과거의 실패 경험을 반영하는 것으로서 행복의 예언변인이 되기 어렵다.

이러한 연구결과들은 사회적 비교를 통한 괴리에 의해 행복을 느낀다는 비교 이론의 한계를 보여준다. 사회적 비교를 통한 행복감은 흔히 일시적이며, 비교를 통해 얻은 사회적 정보와 자신이 추구하는 목표와 어떤 연관성을 지니느냐가 중요하다는 주장이 제기되었다. 또한 기대 수준 자체보다는 기대 수준이 얼마나 현실적이고 개인의 능력과 일치하느냐가 중요하다. 즉, 기대 수준에 도달할 수 있다는 성공 가능성의 평가가 중요하다. 뿐만 아니라 목표성취의 최종상태보다는 목표를 향해 진전되고 있는 과정이 중요하다. 높은 기대 수준과 낮은 성취상태에 있더라도 목표를 향해 적절한 진전이 있다고 느낀다면 행복감을 느끼게 된다. 기대하는 최종결과에 과도하게 집착하는 것은 행복에 역효과를 초래하는 것으로 밝혀졌다.

행복의 자기보고 척도에서 높은 점수를 얻는 사람들은 상당히 융통성 있게 선택적으로 사회적 비교를 하는 경향이 있다. 이들은 행복감을 유지하고 긍정적인 대인관계를 유지하는 데에 도움이 될 수 있도록 적절한 사회적 비교를 선택하여 활용한다 (Lyubomirsky, 2001). 자신에게 도움이 될 수 있도록 적절한 비교기준을 선택하는 것은 행복한 사람들의 지혜 중 하나이다.

2) 과거와의 비교

현재의 자신을 평가하는 두 번째 비교기준은 과거의 자신이다. 우리는 현재를 과거와 비교하여 긍정적인 변화를 인식할 때 행복감을 느끼게 된다. 주관적 안녕 연구에 따르면, 사람들은 수입의 절대액수보다 수입의 증가된 변화량에 더 민감하다. 즉, 과거에 비해서 수입이 얼마나 증가했느냐가 주관적 안녕에 더 강력한 영향을 미친다. 빈곤상태에서는 약간의 수입증가가 현저한 변화로 느껴지게 되는 반면, 부유한 상태에서는 동일한 수입증가가 미미한 변화로 느껴지게 된다. 따라서 빈곤상태에서는 수입증가가 행복에 미치는 영향이 큰 반면, 부유한 상태에서는 그 영향이 저하되는 것이다.

과거와의 비교를 할 경우, 삶의 여건이 열악한 상태에 있었던 사람들은 비교기준이 낮기 때문에 새로운 변화를 긍정적인 것으로 경험할 가능성이 높다. 반면에, 탁월한 삶의 조건에서 생활해온 사람은 비교기준이 높기 때문에 긍정적 변화를 인식하기 어려울 것이다. 그렇다면 과거에 불행했던 사람은 미래에 행복해질 가능성이 높고, 행복했던 사람들은 앞으로 불행해질 가능성이 높다는 것일까? 개인의 행복을 예측하는 일은 그렇게 간단하지 않다. 불행한 사람은 자신의 성격이나 태도로 인해서 불행을 영속화시키는 경향이 있으며, 행복한 사람은 긍정적 변화를 위해 끊임없이 노력하는 경향이 있다. 또한 사람들은 자신을 평가할 때 과거의 자기모습뿐만 아니라 다른 사람, 이상적 자기상, 지향목표 등과 같은 다른 기준을 적용한다. 또한 과거와의 비교는 일시적인 효과를 지닌다. 사람들은 새로운 긍정적 변화에 금방 익숙해져 그것을 당연한 것으로 여기기 때문이다.

행복에 있어서 중요한 것은 현재의 절대적 상태가 아니라 과거보다 나아졌다는 긍정적 변화의 인식이다. 행복한 삶을 지속하기 위해서는 점진적인 긍정적 변화를 지속적으로 인식하는 것이 필요하다. 실제적인 긍정적 변화뿐만 아니라 그러한 변화의 인식이 행복에 있어서 더 중요하다. 삶 속에서 사소한 것이라도 긍정적 변화를 인식하고 그것을 소중하게 여기는 것이 행복한 삶을 영위하는 한 가지 비결이라고 할 수 있다.

3) 이상적 자기상과의 비교

자기를 평가하는 세 번째 방법은 자신이 어떤 사람이 되어야 하는지에 대한 절대적 기준을 세우고 그 기준과 비교하는 것이다. 인간은 의식적이든 무의식적이든 생활경험에 근거하여 자기의 구성요소들을 끊임없이 평가하며, 그 평가결과는 자존감의 기초가 된다. 자기평가에서 중요한 한 가지 기준은 **이상적 자기상**(ideal self-image)이다. 이상적 자기상은 자신이 지녀야 한다고 생각하는 특성들을 의미한다. Higgins(1987)에 따르면, 이러한 이상적 자기상에는 이상적 자기와 의무적 자기가 있다. **이상적 자기**(ideal self)는 스스로 이상적인 것으로 여기는 자신의 특성인 반면, **의무적 자기**(ought self)는 부모와 같이 중요한 사람들에 의해 기대되는 자신의 모습이다. 우리는 자기평가를 할 때 이상적 자기와 더불어 의무적 자기와도 비교를 하게 된다.

실제적 자기와 이상적 자기의 괴리가 클수록, 불행감이 증대된다. 예를 들어, 주변 사람들과 비교하여 자신이 우월하다고 여기더라도 이상적 자기상에 미치지 못할 때는 불행감을 느끼게 되는 것이다. 연구에 따르면, 실제적 자기와 이상적 자기의 격차가 적을수록 긍정적 자존감과 주관적 안녕이 증가했다. 반면에, 실제적 자기와 이상적 자기의 불일치가 클수록 자기평가는 더 부정적이 되고 주관적 안녕 역시 저하되었다(Morretti & Higgins, 1990). 여기에서 중요한 것은 자신에 대한 만족감이 실제적 자기뿐만 아니라 이상적 자기의 수준에 의해 결정된다는 것이다. 이상적 자기의 수준이 너무 높은 경우에는 자신에 대한 만족감을 느끼기 어렵다.

또 다른 비교는 실제적 자기와 의무적 자기의 비교이다. 이 괴리가 크면 불안과 부담감을 느끼게 된다. 부모나 주변사람들의 기대 수준이 높고 실제적 자기가 그것에 못 미치면 심한 부담감을 안게 된다. 자신이 생각하는 이상적 자기와 실제적 자기 간의 차이가 없다 하더라도 주변사람들이 기대하는 의무적 자기가 높은 사람은 불안을 느끼게 된다.

요컨대, 개인의 행복은 자기평가를 할 때 적용하는 이상적 자기와 의무적 자기의 수준에 의해서 커다란 영향을 받는다. 너무 높은 이상적 자기상을 지닌 사람들은 행복감을 느끼기 어렵다. 그렇다고 이상적 자기상의 수준이 낮은 사람들이 행복감을 더 많이 느끼는 것도 아니다. 이상적 자기상의 수준이 낮은 것은 과거의 실패와 좌절로 인한 낮은 자존감을 반영하는 것일 수 있기 때문이다. 또한 실제적 자기와 이상적 자기의 괴리가 크더라도 그 괴리가 감소될 수 있다고 예상될 경우에는 불만족감이 감소한다. 즉, 현재는 실제적 자기에 불만족할 뿐만 아니라 이상적 자기나 의무적 자기와 괴리가 있다 하더라도, 자신이 노력할 경우 그러한 기준에 도달할 수 있다는 자신감과 자기효능감을 지닌다면 불만감은 일시적일 수 있다.

4) 지향 목표와의 비교

행복감은 우리의 삶 속에서 일어나는 크고 작은 사건들에 의해서 영향을 받게 된다. 어떤 사건들이 얼마나 행복감에 영향을 미치는지는 우리가 지향하는 목표와의 비교를 통해서 이루어진다. Lazarus(1981, 1991)는 정서가 사건에 대한 인지적 평가에 의해 유발된다는 가정하에, 평가과정을 일차적 평가와 이차적 평가로 구분하고 있다. **일차적 평가**(primary appraisal)는 개인이 추구하는 목표와 관련지어 사건의 의미를 평가하는 과정인 반면, **이차적 평가**(secondary appraisal)는 사건 상황에 효과적으로 대응하기 위한 대처방법을 평가하는 과정을 의미한다. Lazarus에 따르면, 정서는 일차적 평가의 산물이다. 일차적 평가과정에서 개인은 직면한 사건을 목표 관련성, 목표 합치성, 자아 관여성의 측면에서 평가한다.

목표 관련성(goal relevance)은 특정한 사건이 내가 현재 추구하는 목표와 관련성을 지니고 있는 정도를 말한다. 우리가 지향하는 목표와 무관한 사건에 대해서는 관심을 지니지 않게 되며 정서를 유발하지 않는다. 그러나 목표와 매우 밀접한 관련성을 지닌 사건에 대해서는 강한 관심을 갖게 된다. **목표 합치성**(goal congruence)은 사건이 목표 추구에 도움이 되는 정도를 뜻한다. 목표 추구에 도움이 된다고 평가되는 사건에 대해서는 긍정적 감정을 느끼게 되는 반면, 오히려 방해가 된다고 평가되는 사건에 대해서는 부정적 감정을 느끼게 된다. 좀 더 세부적인 감정은 사건이 개인의 안녕과 자존감에 어떤 영향을 미치고 있는지에 대한 평가, 즉 **자아 관여성**(ego-involvement)의 평가에 의해 결정된다. 이처럼 일차적 평가내용과 그에 따라 체험되는 정서의 관계가 〈그림 4-5〉에 제시되어 있다.

자존감은 이러한 인지적 평가과정을 통해 형성된다. 긍정적 자존감의 형성과 유지에는 세 가지 과정이 관여하는 것으로 여겨지고 있다. 첫째는 자신에 대해서 정확한 평가를 하려고 노력하는 **자기평가 과정**(self-assessment)이고, 둘째는 현재의 자신에 대한 자기평가를 확인하려고 노력하는 **자기입증 과정**(self-verification)이며, 셋째는 자신에 대해서

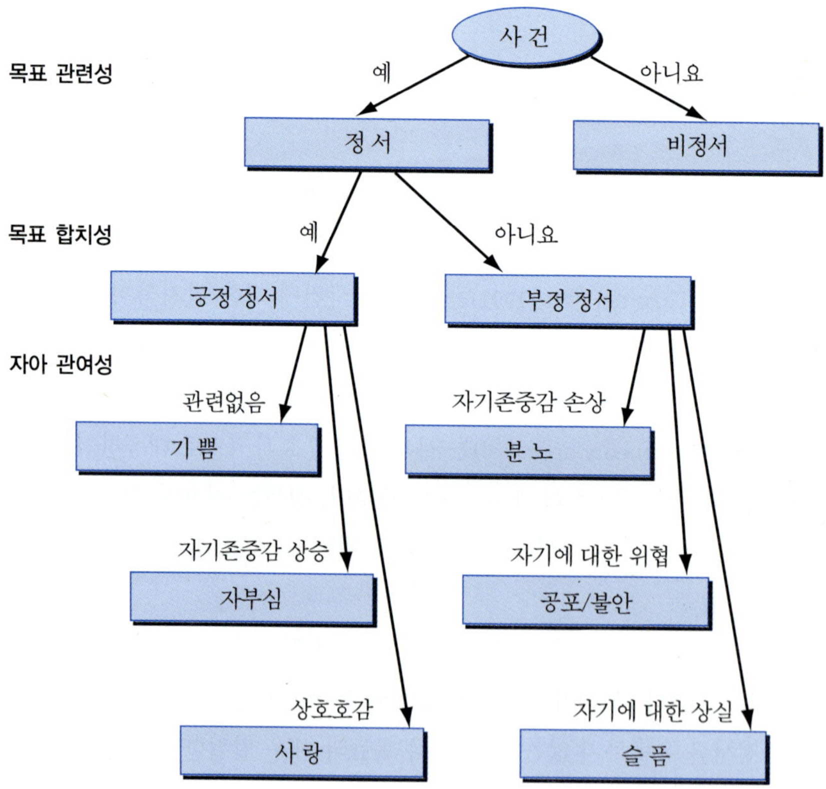

〈그림 4-5〉 사건의 단계적 평가와 정서의 체험(민경환, 2002; Lazarus, 1991)

호의적인 평가를 하려고 노력하는 **자기고양 과정**(self-enhancement)이다. 연구에 의하면, 자존감이 높은 사람들은 자기고양 과정을 많이 사용하는 경향이 있었다(Sedikides, 1993). 자신을 평가할 때, 이들은 자신에 대한 긍정적 자존감을 고양시킬 수 있는 정보에 더 많은 관심을 기울이고 그 중요성을 더 높게 평가했다. 이 경우, 관련된 정보가 반드시 정확할 필요는 없다. 이러한 자기고양 과정은 문화의 영향을 받는 것으로 알려져 있다. 아시아 문화권에서는 자기평가에서 나타나는 긍정적인 자기편향적 오류가 나타나지 않거나 미약했다(Diener et al., 2003). 이러한 현상은 자신이 다른 사람보다 더 우월하다고 인식하는 것보다 사회적 관계에서 조화와 겸양을 중시하는 아시아 문화의 집단주의적 경향을 반영하는 것으로 여겨지고 있다.

4 적응과 대처 이론

우리 시대에 가장 위대한 발견은 "인간은 마음가짐을 바꿈으로써 인생을 바꿀 수 있다."는 것이다.

- William James -

행복의 비밀 중 하나는 아무리 긍정적인 환경과 행복감 속에 있더라도 그러한 상태가 지속되면 행복감은 저하된다는 점이다. 욕망이 충족되고 목표가 달성되어 행복감을 느끼게 되더라도, 그러한 상태가 지속되면 행복감이 저하된다. 인간은 지속되는 긍정적 상태에 대해서 적응을 하기 때문이다. 즉, 쾌락 경험의 지속기간은 행복에 있어서 경시되는 경향이 있는데, 그 이유는 우리가 그것에 적응하기 때문이다.

1) 적응과정의 중요성

쾌락을 주는 동일한 자극을 반복적으로 접하게 되면 그에 대한 쾌락을 점점 덜 느끼게 되는데, 이러한 현상을 **적응**(adaptation)이라고 한다. 적응은 지속적인 반복적 자극에 대해서 인식이 점진적으로 감소되는 지각적 경향을 의미하며, **둔감화**(desensitization) 또는 **습관화**(habituation)라고 불리기도 한다. 쾌락에 대해서도 적응과정이 일어난다. 쾌락은 유쾌한 보상적 경험이기 때문에 우리는 쾌락을 추구하며 반복적으로 경험하기를 원하게 된다. 그러나 쾌락은 반복적 경험을 통해서 그 유쾌함의 강도가 감소한다. 처음에는 매우 유쾌한 경험이었지만 그러한 경험을 반복하면서 쾌감이나 흥미가 저하되는 경우가 흔하다. 쾌락에 대한 적응과정은 매우 보편적인 것으로서 행복을 이해하는 데 중요하다.

인간은 변화에 예민하며, 행복은 새로운 긍정적 변화에 대한 반응이다. 행복은 항상 주어지는 자극보다 최근에 발생한 새로운 긍정적 사건에 대한 반응이다. 그러나 인간은 그러한 긍정적 변화에 대해서 상당히 빠른 시간 내에 적응하게 된다. 적응현상에 관해서 가장 자주 인용되는 연구 중 하나는 복권당첨자에 대한 Brickman 등(1978)의 연구이다. 당시에 이 연구자들은 일리노이 주의 노스웨스턴 대학에 재직하고 있었는데, 일리노이 주가 복권 사업을 하기 시작하면서 복권당첨자들의 삶이 어떻게 변화하는지를 연구하고자 했다. 그들은 1년 전에 5만 불에서 100만 불을 타게 된 22명의 복권당첨자들을 대상으로 면담을 했다. 또한 당첨자들에게 일상적 활동에서 느끼는 즐거움과 더불어 과거와 현재의 행복도 그리고 미래에 예상되는 행복도를 0점(전혀 행복하지 않음)에서 5점(매우 행복함) 척도상에서 평정하게 했다. 이들의 행복도 평정점수를 같은 동네에 거주하는 58명의 사람들과 비교한 결과, 복권당첨자들은 현재의 행복도(4.00 대 3.82)와 미래의 행복도(4.20 대 4.14)에 있어서 별로 더 행복하지 않은 것으로 나타났다. 또한 당첨자들은 이웃에 비해 일상적 활동에서 즐거움을 덜 느끼는 것(3.33 대 3.82)으로 나타났다.

이 연구자들은 전년도에 사고를 당해 사지가 마비되어 회복될 가능성이 없는 29명의 사람들에 대해서도 동일한 방식으로 행복도를 조사했다. 예상했던 바대로, 이들이 경험하는 현재의 행복도는 2.96으로 복권당첨자의 4.00보다 현저하게 낮았다. 그러나 사고를 당한 사람들이 미래에 예상하는 행복도와 일상적 활동에서 느끼는 즐거움은 복권당첨자의 점수보다 오히려 약간 더 높았다.

이러한 결과는 커다란 행운 또는 불운을 경험한 사람들이 우리가 생각하는 것보다 자신의 삶을 현저하게 더 행복하거나 불행하게 느끼지 않는다는 것이다. 왜냐하면 현격한 삶의 변화를 겪더라도 그러한 삶에 적응하기 때문이다. 이러한 적응현상은 왜 일어나는 것일까?

첫째, 적응과정은 어떤 특정한 감각을 유발하는 외부의 자극에 의해 우리가 압도되지 않도록 보호해주는 기능을 지닌다. 쾌감이든 고통이든 새로운 감각은 우리의 신체반응을 흥분시키며 주의를 분산시킨다. 따라서 생존을 위해서는 우리가 일상적인 생활로 돌아올 수 있도록 이러한 흥분상태가 오래도록 지속되지 않는 것이 좋다(Barkow, 1997).

둘째, 적응은 우리가 주변 환경에서 일어나는 변화에 민감해지도록 해준다. 우리의 생존을 위해서는 특히 환경의 변화를 예민하게 포착하고 그에 대처해야 한다. 그런데 반복되는 자극에 지속적으로 주의를 빼앗기고 있다면 새로운 환경변화에 대응하기 어렵게 된다.

이처럼 인간은 새로운 변화 상황에 계속적으로 적응하면서 중립적인 상태로 돌아가는 경향이 있다(Brickman & Campbell, 1971). 이러한 적응 경향은 행복을 이해하는 데 중요하다. 뜨겁게 사랑하던 사람과 결혼생활을 하게 되면서 그 열정이 왜 식게 되는지, 열망하던 성취를 이루고 나서 그 기쁨이 왜 오래가지 못하는지, 그래서 우리는 항상 새로운 경험을 추구하게 되는지를 이해할 수 있다.

물론 적응으로 인해서 즐거움을 경험할 수 있는 우리의 능력 자체가 영구히 저하되는 것은 아니다. 하지만 쾌감을 유발하는 자극에 대한 반복적 노출은 그 자극에 대한 쾌감의 정도를 저하시킨다. 행복의 비밀 중 하나는 우리가 "반복에 둔감하며 변화에 민감하다."라는 점이다. 동일한 활동을 반복하게 되면 흥미를 잃게 되지만, 매번의 활동 속에서 약간의 변화를 주게 되거나 새로움을 발견하게 되면 흥미를 유지할 수 있다. 매력적으로 느껴지는 취미활동을 하게 되면서 처음에는 즐거움을 느끼게 되지만 어느 정도의 수준에 이르게 되면 흥미를 상실하게 되는 경우가 있는 반면, 그러한 취미활동을 계속할수록 더욱 묘미를 느끼며 심취하게 되는 경우도 있다. 취미활동을 기계적으로 반복하게 되면 적응 또는 둔감화가 일어나 흥미를 상실하지만, 그 활동 속에서 미묘한 변화를 포착하거나 창의적으로 변화를 추구하게 되면 오히려 **민감화**(sensitization)가 일어나 흥미가 증대될 수 있다. 두 가지 경우의 차이는 활동의 속성 자체에 있을 수도 있지만 그 활동에 임하는 사람의 자세에 있는 경우가 더 많다.

또한 어떤 상황은 적응하는 데 많은 시간이 걸린다. 배우자를 잃은 사람은 시간이 흐름에 따라 우울감이 감소하기는 하지만 2년 후에도 여전히 상당한 우울감을 지닌다는 보고가 있다. 치매환자를 둔 가족은 시간이 흐름에 따라서 고통이 증가하는 경향이 있다. 인도나 나이지리아와 같은 나라의 국민은 수십 년간 유사한 생활조건에서 살고 있지만 부유한 나라의 사람보다 주관적 안녕이 현저하게 낮다. 이러한 결과는 적응에 오랜 시간이 걸리는 삶의 조건들이 있다는 것을 의미한다.

2) 대처의 중요성

새로운 변화에 대한 적응과 관련하여 중요한 요인이 **대처**(coping)이다. 적응은 수동적인 과정인 반면, 대처는 능동적인 적응과정이다. 대처능력은 주관적 안녕과 밀접한 관계를 갖고 있다. 신경증적 대처를 하는 사람보다는 성숙한 대처를 하는 사람이 유쾌한 감정을 더 많이 느낀다. 새로운 변화에 대해서 긍정적 의미를 부여하고, 합리적으로 행동하며, 필요할 때는 도움을 요청할 줄 알고, 역경 속에서 분발하며 문제해결적 대처를 하는 사람이 행복감을 많이 느낀다.

대처에는 낙관성이 중요하다. 미래에 대해 낙관적인 사람들은 삶에 대한 만족도와 행복도를 더 높게 보고한다(Diener et al., 1999). 미래의 긍정적 결과에 대한 기대는 기분을 고양시킬 뿐만 아니라 스트레스 상황에서도 더 효과적인 대처전략을 사용하게 만든다. 또한 자존감이 높고 자신의 인생에 대한 통제감이 높으며 대인관계에서 성공적인 사람들은 희망과 긍정적 기대를 가지고 미래를 바라보게 될 가능성이 높다.

Aspinwall과 Brunhart(2000)는 낙관주의자들이 비관주의자들보다 수행에 대한 부정적 피드백과 건강에 대한 부정적 소식을 더 잘 받아들였고, 인간관계의 어려운 문제들을 더 잘 직면한다고 밝혔다. 그러나 낙관성이란 하나의 신념이므로 잘못된 것일 수도 있다. 비현실적인 낙관성은 거짓된 안전감과 잘못된 위험 지각을 하게 하여 불행한 결과를 초래할 수 있다. 일반적으로, 장기적인 안녕감 증진에 도움이 되기 위해서는 낙관성이 현실적이어야만 한다(Schneider, 2001).

행복에 있어서 낙관주의는 명백한 이득이 있는 반면, 비관주의는 결점이 있는 것으로 보고되고 있다. 낙관주의는 긍정적 기분과 의욕, 인내심과 효과적인 문제해결, 신체적 건강, 학업적·직업적 성공을 촉진할 뿐만 아니라 심지어 장수와 관련되는 것으로 알려져 있다. 반면, 비관주의는 우울증, 소극성, 실패 경험, 사회적 고립, 신체적 질병, 사망률을 높이는 것으로 알려져 있다(Peterson & Bossio, 1991). 종단적인 장기추적 연구에 따르면, 낙관적인 사람일수록 십수 년 후에 신체적으로 건강할 확률이 높았다(Peterson, Seligman, & Vaillant, 1988).

낙관주의는 현재에 대한 긍정적 평가와 미래에 대한 희망적 기대를 의미한다. 현재 사건의 긍정적인 측면과 변화에 주의를 기울이고, 그 의미를 다양하게 해석하여 미래의 희망으로 연결한다. 이와 관련된 현상이 Shelley Taylor와 Jonathan Brown(1988)이 주장하는 **긍정적 환상**이다. Taylor(1989)는 『긍정적 환상(*Positive Illusions*)』이라는 책에서 가능한 한 긍정적인 관점에서 바라보고자 하는 전반적 경향이야말로 행복의 조건이라고 주장했다. 이러한 주장에 동조하는 연구자들은 자신과 미래에 대한 긍정적 편향이 정확한 자기평가보다 정신건강에 더 유익하다고 주장한다.

Talyor와 Brown(1988)은 자신에 대한 긍정적 평가, 미래에 대한 낙관적 신념, 통제감에 대한 실제 이상의 과장된 지각이 모두 정신건강을 향상시킨다고 주장함으로써 이러한 논의를 촉발했다. 그들은 긍정적 환상이 더 나은 신체적 건강, 역경에 대한 보다 나은 대응방법과 연관되어 있다고 밝혔다(Talyor, Kemeny et al., 2000). 심지어 한 연구에서는 긍정적 환상을 더 자주 사용하는 학생들이 더 좋은 성적을 받는다고 보고했다(Wright, 2000).

그러나 긍정적 환상의 효용성에 대해서 반대하는 학자들도 많다. 긍정적 환상이 일부의 경우에는 도움이 될지 모르지만, 안녕감 증진을 위한 보편적 전략으로 권장되어서는 안 된다는 것이다. 정신건강에 대한 긍정적 환상의 영향력은 긍정적 환상을 어떻게 측정하느냐에 달려 있다. 자기애적 성향을 지닌 사람들은 자신을 매우 긍정적으로 바라보는 경향이 있다. 그러나 자기애는 시간이 지나면서 다른 사람들로부터 덜 긍정적인 평가를 받게 된다(Campbell et al., 2000). 대학생 집단을 조사한 바에 따르면, 긍정적 환상이 자존감에 대한 즉각적인 위협에 대처할 때는 다소 적응적이지만, 궁극적으로 낮은 학점과 중도하차 등과 같은 더 초라한 장기적 결과를 초래했다(Beer & Robins, 2000).

또한 사람들이 긍정적 환상을 사용하느냐의 여부는 구체적으로 무엇에 대한 판단이냐에 달려 있다. 예컨대, 가치평가가 이루어지는 특질에 대해서 자기평가를 하도록 요구받았을 때, 긍정적 환상의 사용이 더 잘 일어날 수 있다. 또한 인간관계에서의 긍정적 환상의 사용은 누구와 교제를 하느냐에 좌우될 것이다. 낯선 사람들과의 상호작용은 친구들과의 교제보다 긍정적 환상을 자극할 가능성이 크다. 이 사실은 왜 우리가 친구들과 함께 있을 때 더 편안하게 느끼는지에 대한 한 가지 이유를 제시해준다. 우리는 그들에게 더 정직하고 개방적일 수 있기 때문이다. 긍정적 자존감을 지니는 것은 타인으로부터 받는 피드백의 내용과 무관하게 스스로에게 자신이 가치 있는 존재라고 계속 말하는 것이 아니다. 우리는 타인으로부터 받는 피드백에 주의를 기울일 필요가 있다. 자존감과 행복 수준이 높은 사람들은 부정적 피드백을 더 잘 수용하는 사람들이다(Aspinwall & Brunhart, 2000).

안녕감은 긍정적 환상이나 다른 자기기만 전략들과 복잡한 방식으로 연관되어 있다. Baumeister(1989)는 **환상의 적정 경계선**(optimal margin for illusions)이 있을 것이라고 제안했다. 즉, 우리는 어느 정도의 객관성을 잃을 여유가 있다. 그것이 예측 불가능한 미래에 대한 약간의 낙관주의라면 그러하다. 물컵을 "반이나 채워진 것"으로 보느냐 "반이나 모자란 것"으로 보느냐 사이의 선택이라면, 낙관적 관점이 더 유익할 것이다. 그러나 우리 자신에 대해 정확히 보는 능력은 정신건강과 밀접한 관련을 맺고 있다. 더 높은 정신건강 수준은 현실에 대한 정확한 지각과 관련되어 있다(Compton, 1992; Shedler, Mayman, & Manis, 1993).

적응과 대처 이론이 시사하는 바는 다음과 같다. 첫째, 긍정적 변화에 주목하라. 그것이 미세한 것이라도 주목하여 긍정적 변화가 있음을 자각하라. 둘째, 사건의 부정적 측면을 무시하지 않되, 긍정적 측면에 주의를 기울여라. 셋째, 사건의 의미를 긍정적으로 해석하여 받아들여라. 부정적 사건에 대해서는 수용을 하면서 미래를 위한 교훈적 의미를 발견하라. 마지막으로, 미래에 대한 긍정적 기대를 지니고, 최선의 결과를 유발할 수 있는 대처를 하라. 행복은 주어지는 것이 아니라 적극적으로 발견하고 발굴하는 것이다.

♣ 행복의 기도(1)

바꿀 수 없는 것에 대해서는
　그것을 겸허히 수용할 수 있는 평안을 주시고,
바꿀 수 있는 것에 대해서는
　그것을 과감히 변화시킬 수 있는 용기를 주시며,

바꿀 수 있는 것과 없는 것을
냉철히 구별할 수 있는 지혜를 주소서.

\- Reinholt Niebur의 기도문 -

♣ 행복의 기도(2)

새롭게 일어나는 것 중에서
긍정적인 것으로부터는 감사를 배우게 하시고,
부정적인 것으로부터는 교훈을 배우게 하소서.
항상 주어지는 것 중에서
긍정적인 것에 대해서는 '민감화' 가 일어나게 하시고,
부정적인 것에 대해서는 '둔감화' 가 일어나게 하소서.

♣ 행복의 기도(3)

지나간 과거의 일에 대해서는
후회와 자책을 하기보다 수용과 감사를 하게 하시고,
지금 여기 현재의 일에 대해서는
거부와 방황을 하기보다 참여와 몰입을 하게 하시며,
다가올 미래의 일에 대해서는
걱정과 회피를 하기보다 기대와 도전을 하게 하소서.

♣ 행복의 기도(4)

이미 갖고 있는 것에 대해서는 만족과 감사를 하게 하시고
아직 갖지 못한 것에 대해서는 희망과 기대를 갖게 하소서.

좋아하는 사람에 대해서는 사랑과 신뢰를 하게 하시고,
미워하는 사람에 대해서는 용서와 화해를 하게 하소서.

하고 싶지만 해서는 안 되는 일에 대해서는
포기와 망각을 통해서 영원히 결별하게 하시고,
하고 싶지 않지만 해야만 하는 일에 대해서는
결단과 실천을 통해서 조속히 실행하게 하소서.

요 약

1. 행복의 심리적 과정을 설명하는 이론으로는 욕망충족 이론, 비교 이론, 목표 이론, 적응과 대처 이론이 있다.
2. 욕망충족 이론은 우리의 욕망이 충족될 때 행복을 느낀다는 주장이다. 인간의 행복 정도는 욕망의 충족으로 인한 쾌락이나 만족 수준에 비례할 뿐만 아니라 욕망을 충족시킬 수 있는 외부적 또는 상황적 조건에 비례한다는 견해를 포함한다. 그러나 욕망충족 이론은 주관적 안녕에 대한 연구결과에 의해서 잘 지지되고 있지 않다.
3. 목표 이론은 행복이 목표의 달성과 밀접한 관계를 지닌다는 주장이다. 우리가 추구해왔던 목표를 달성했거나 목표를 향해 진전되고 있을 때 행복을 느낀다는 설명이다. 목표는 개인이 행동을 통해 성취하고자 하는 구체적인 지향점을 의미한다. 추구하는 목표가 있을 때 행복감이 증진된다. 목표를 향해 살아가는 것은 삶에 의욕과 생동감을 줄 뿐만 아니라 일상적인 삶에 방향과 의미를 제공하기 때문이다. 또한 행복한 삶을 위해서는 서로 조화롭게 밀접히 연결된 목표를 선택하여 추구하는 것이 중요하다. 아울러 행복은 개인이 추구하는 목표의 실현 가능성뿐만 아니라 목표달성을 위해 다가가고 있다는 진전속도에 대한 주관적 평가에 의해서 결정된다. 즉, 인간은 목표의 설정, 목표를 향한 진전감 그리고 목표의 성취를 이룰 때 행복을 느낀다.
4. 비교 이론은 개인이 자신의 상태를 어떤 기준과 비교하여 그 기준과의 긍정적 차이를 인식할 때 행복감을 느낀다는 주장이다. 인간은 매우 다양한 기준에 의해서 자신을 평가하지만, 가장 주요한 비교기준은 다른 사람, 과거의 삶, 이상적 자기상, 지향하는 목표이다. 개인은 자신의 현재상태를 이러한 기준들과 비교했을 때 우월한 방향으로의 차이가 클수록 더 높은 행복감을 경험한다. 비교 이론에 따르면, 개인이 처해 있는 현재의 상태 그 자체보다는 현재의 상태를 평가하기 위해 적용하는 기준의 속성이 행복에 중요하다.
5. 적응과 대처 이론은 행복을 이해하는 데 적응과 대처의 심리적 과정이 중요하다는 주장이다. 쾌락을 주는 동일한 자극이 반복적으로 제시되면 그에 대한 쾌감이 감소되는데, 이러한 현상을 적응 또는 둔감화라고 한다. 대처는 새로운 변화에 대한 인지적 또는 행동적 반응을 의미한다. 적응은 수동적인 반응인 반면, 대처는 능동적인 반응이다. 행복은 대처행동과 밀접한 관계를 지니고 있다. 행복은 주어지는 것이 아니라 적극적으로 발견하고 발굴하는 것이다.

제2부

인간의 긍정적 성품

제5장
자기실현적 행복과 긍정적 성품

행복이 삶의 목표라면, 덕성은 행복의 바탕이다.

- Thomas Jefferson -

인간은 참으로 다양한 성품을 지닌 존재이다. 인간의 본성에 대해서 동서고금을 통해 성악설과 성선설이 공존해왔듯이, 인간은 사악하고 나약한 부정적 측면을 지니는 동시에 고결하고 강인한 긍정적인 측면을 지니고 있다. 그동안 심리학은 인간을 부적응과 정신장애로 몰아가는 부정적인 특질의 연구에 관심을 집중해왔다. 그 결과, 인간이 나타내는 다양한 심리적 약점, 단점, 결함 그리고 이상심리와 성격장애에 대한 이해가 깊어졌으며, DSM과 같이 정신장애에 대한 정교한 분류체계가 개발되었다. 반면에, 인간의 긍정적 특질에 대한 이해는 상대적으로 매우 미흡한 상태이다. 긍정 심리학의 주요한 과제는 인간이 지니는 다양한 긍정적 성품과 강점을 밝히고 계발하는 것이다.

1 긍정적 성품에 대한 관심

긍정 심리학은 인간의 긍정적 성품을 연구하고 육성하는 일에 깊은 관심을 지닌다. 삶을 풍요롭고 행복하게 만드는 개인의 성격적 강점과 덕성에는 어떤 것들이 있는가? 혹독한 고난과 난관을 극복하고 성공적인 삶을 쟁취한 사람들은 어떤 심리적 특성을 지니는가? 탁월한 성취와 인격적 성숙을 이룬 사람들의 특성은 무엇인가? 이러한 강점과 덕성을 어떻게 측정할 수 있는가? 그리고 이러한 특질을 어떻게 육성하고 계발할 수 있는가? 긍정 심리학자들은 이러한 물음에 답하고자 노력하고 있다. 긍정적 특질론은 긍정 심리학의 세 기둥 중 하나이다.

인간의 긍정적 특질을 밝히는 일은 그 자체로도 의미 있는 일이지만 행복을 증진하기 위해 필수적인 일이기도 하다. 긍정적 특질에 대한 관심은 자기실현적 행복관과 밀접하게 연관되어 있다. 개인이 지닌 재능과 강점을 충분히 발현함으로써 행복한 삶을 누릴 수 있다는 관점과 연결되어 있다. Seligman(2002b)은 개인이 지니는 대표 강점을 발휘하며 사는 것이 진정한 행복이라고 주장한다. **대표 강점**(signature strength)은 개인을 잘 나타내고 그의 독특성(개성)을 보여주는 긍정적인 성격특징을 뜻한다. 모든 사람은 나름대로의 다양한 긍정적인 강점과 자질을 지니고 있지만, 그중 어떤 것은 그들의 개성에 더 중요하고 핵심적이다. 그러한 특징적 강점을 활용할 때, 사람들은 더 활기찬 열정을 느끼고 '진정한 자기' 가 표현되고 있다는 느낌을 갖게 된다.

Seligman에 따르면, **진정한 행복**(authentic happiness)은 자신의 가장 근본적인 강점을 찾아내어 계발하고 일, 사랑, 놀이, 자녀양육에 매일 매일 활용함으로써 발견될 수 있는 것이다. 이러한 특징적 강점을 꾸준히 계발하여 활용하게 되면, 시간이 흐름에 따라 더욱 발전하여 개인의 탁월한 덕목과 재능이 될 수 있다. **만족**(gratification)은 대표 강점과 재능을 발휘하면서 느끼는 정서적 반응이라고 할 수 있다. **좋은 삶**(good life)이란 자신의 특징적 강점을 활용하면서 삶의 여러 중요한 영역에서 만족을 얻는 삶이며, **의미 있는 삶**(meaningful life)은 자기보다 더 크고 중요한 어떤 것을 위해서 특징적 강점을 사용하며 기여하는 삶이다. **충만한 삶**(full life)은 과거, 현재, 미래에 대해서 긍정적인 감정을 느끼고 즐기면서 많은 만족을 얻는 삶이다. 이러한 충만한 삶은 자신의 강점을 계발하여 일상생활에 잘 활용함으로써 얻어지는 것이다.

"행복이 삶의 목표라면, 덕성은 행복의 바탕이다."라는 Thomas Jefferson의 말처럼, 개인의 긍정적 성품을 발견하고 계발하는 것은 행복한 삶을 위한 필수조건이라고 할 수 있다. 긍정 정서에 초점을 맞추는 쾌락주의적 행복은 개인적 성장과 강점을 중시하는 자기실현적 행복과 통합되어야 비로소 진정한 행복의 모습을 갖출 수 있는 것이다. 이 책의 제1부에서는 쾌락주의적 행복관에 근거한 긍정 심리학의 연구결과를 제시한 반면, 제2부에서는 자기실현적 행복관에 근거하여 인간의 성격적 강점과 덕성을 소개할 것이다. 제2부에서 소개되는 주요한 내용들은 Peterson과 Seligman(2004)의 『성격적 강점과 덕성(*Character Strengths and Virtues*)』에 근거하고 있다.

2 인간의 보편적 덕목들

동서고금을 통해 인간의 다양한 특성들이 덕목으로 제시되어왔다. 그러나 시대와 문화에 따라서 중시되는 덕목들이 다르다. 긍정 심리학자들이 주목하는 특질들을 살펴보기 전에, 동양과 서양 문화에서 중시되었던 덕목들을 간략히 살펴보기로 한다.

1) 동양문화의 주요 덕목들

오랜 기간 중국문화의 골격을 이루어온 유교는 인간이 지켜야 할 기본적인 다섯 가지 덕목으로 오상(五常), 즉 인(仁) · 의(義) · 예(禮) · 지(智) · 신(信)을 강조한다. 창시자인 공자의 주된 가르침은 『논어(論語)』에 제시되어 있는데, 그가 강조한 덕목은 오상으로 요약될 수 있다. 공자는 타인에 대한 관심과 배려를 의미하는 인(仁)을 가장 중요한 덕목으로 여겼으며 이에 관해서 "자기가 원하지 않는 것을 남에게 하지 않는 일" "자기가 서고자 하면 남을 먼저 세워주고, 자기가 이루고자 하면 남이 먼저 이루게 해주는 일" "남을 사랑하는 일"이라고 언급한 바 있다(조긍호, 2006). 영어권에서는 인을 humanity, human-heartedness, benevolence로 번역하고 있다. 의(義)는 어떤 행동을 할 때 개인의 이익보다 사회적 공익과 의무에 충실하려는 공정한 마음자세를 의미한다. 공자는 의에 관해서 "군자는 의무에 대해서 분명하고, 소인은 이익에 대하여 분명하다."라고 언급한 바 있다. 예(禮)는 다른 사람을 존중하고 배려하는 세심한 태도를 뜻하며 관습적 규범과 의례를 잘 준수하는 것뿐 아니라 일상적 행동에서의 공손함과 공경함을 포함한다. 지(智)는 인, 의, 예를 실제적으로 잘 적용하는 현명함을 의미하며, 신(信)은 앞에서 언급된 네 덕목에 대한 믿음과 실천의지를 뜻한다. 아울러 공자는 인간의 삶에 있어서 절제와 중용을 강조하면서 극단적인 태도보다는 욕망을 잘 조절하며 삼가는 자기조절을 중시했다. 유교에서 중시하는 덕목들은 주로 인간사회의 조화와 평화를 이루는 데 필요한 긍정적 특질로 이루어져 있을 뿐만 아니라 종교적 또는 영적인 측면보다 현세적이고 이성적인 측면을 강조하고 있다.

중국문화의 또 다른 중요한 축인 도교는 무위자연(無爲自然)을 통한 초월적인 삶을 지향하며 우주를 지배하는 원리인 도(道)를 따르는 삶을 추구한다. 도(道)는 말로 표현할 수 없는 심오한 것으로서 우주만물의 운행을 관장하면서도 의도적 노력 없이 자연스럽게 이루어진다. 노자는 이러한 도에 따르며 살아가는 자연(自然)의 태도를 가장 중요한 덕목으로 여겼다. 인위적 노력을 기울이지 않는 무위(無爲)는 자연의 태도를 사회적 삶에 실현하는 방법이라고 할 수 있다. 노자는 유교에서 중시하는 덕목인 인의를 버리라고 주장하기도 했는데, 이는 이러한 덕목들이 상위의 덕목인 자연으로부터 나올 때에만 가치가 있다는 의미로 이해될 수 있다.

불교는 인도에서 발원하여 중국, 티베트, 한국, 일본, 태국 등의 동양문화에 심대한 영향을 미친 종교이다. 불교에서 중시하는 주요한 덕목을 꼽는다면, 석가모니가 불교의 기본 교리로 제시했던 사성제(四聖諦)의 일부인 팔정도(八正道)를 들 수 있다. 팔정도는 고통의 근원인 욕망과 집착에서 벗어나 해탈에 이르는 여덟 가지 덕목으로서 ① 정견(正見: 올바로 보는 것), ② 정사(正思: 올바로 생각하는 것), ③ 정어(正語: 올바로 말하는 것), ④ 정업(正業: 올바로 행동하는 것), ⑤ 정명(正命: 올바로 생계를 유지하는 것), ⑥ 정근(正勤 또는 正精進: 올바로 부지런히 수행하는 것), ⑦ 정념(正念: 올바로 마음을 바라보는 것), ⑧ 정정(正定: 올바로 마음을 안정하는 것)을 말한다. 팔정도는 다시 계(戒: 정어, 정업, 정명), 정(定: 정근, 정념, 정정), 혜(慧: 정견, 정사)로 구분되기도 한다.

불교에서 중시하는 덕목을 살펴볼 수 있는 다른 행동지침은 오계이다. 오계(五戒)는 살아 있는 것을 죽이지 말라는 불살생(不殺生), 주지 않은 것을 훔치지 말라는 불투도(不偸盜), 감각적인 쾌락으로 인한 부정을 저지르지 말라는 불사음(不邪淫), 거짓말을 하지 말라는 불망어(不妄語), 술을 마시지 말라는 불음주(不飮酒)를 의미한다. 또한 불교의 덕목으로 여러 경전에 언급되고 있는 사무량심(四無量心)에는 다른 사람에게 즐거움을 주려는 우애의 마음인 자(慈), 다른 사람의 고통을 공감하여 감소시켜 주려는 연민의 마음인 비(悲), 다른 사람의 행복을 보고 기뻐하는 마음인 희(喜), 다른 사람에 대한 미움을 버리고 공정하게 대하는 마음인 사(捨)가 포함된다. 기본적으로 불교는 초월과 지혜를 핵심덕목으로 지향하는 종교이다. 아울러 팔정도, 오계, 사무량심에서 볼 수 있듯이, 불교는 생명존중과 인간존중, 사랑과 자비, 절제, 근면, 정의 등과 같은 덕목을 중시하고 있다.

힌두교는 우주의 본체인 브라만(brahman, 梵)과 개인의 본질인 아트만(atman, 我)이 서로 연결된 일체라는 범아일여(梵我一如)의 사상에 근거하고 있으며 초월과 영성을 핵심덕목으로 중시한다. 또한 죽은 뒤에서도 생명은 계속하여 순환하며 현생의 업(karma)이 내세의 삶을 결정한다는 윤회사상에 근거하는 힌두교에서는 좀 더 나은 내세의 삶을 위한 자기정화로서 고행과 금욕 등의 개인적 덕목을 강조한다. 그러나 카스트 계급사회에서는 각 계층마다 중시하는 덕목에 차이가 있다. 예컨대, 교육받은 귀족계층인 브라만에서는 속죄, 회개, 절제, 관용, 청렴, 공정, 지식, 영성이 중시되었고, 무사계급인 크샤트리아에서는 전쟁에서의 용맹, 명예, 활력, 인내 등이 강조되었으며, 하층계급에서는 노동의 의무를 충실히 따르는 것이 중요시되었다.

2) 서양문화의 주요 덕목들

고대 그리스 철학자들은 인간을 선한 존재로 만드는 덕목에 대해서 탐구했다. 서구문화에서 중시하는 덕목들은 플라톤의 대표작인 『국가론(*Republic*)』에서 처음으로 제시되었다. 플라톤은 소크라테스를 화자로 내세워 지혜, 용기, 절제, 정의를 이상적인 도시국가의 네 가지 **핵심덕목**으로 제안했다. 그는 신체의 부위마다 기능이 다르듯이 사회를 구성하는 계층마다 시민적 덕목이 다르다고 생각했다. 예컨대, 지혜는 통치자의 덕목이며, 용기는 군인의 덕목으로 보았다. 계급과 직업에 따라 덕목을 분류했다는 점에서 플라톤의 주장은 힌두교의 입장과 비슷하다고 볼 수 있다.

1장에서 언급한 바 있듯이, 아리스토텔레스는 도덕적 완성과 덕성을 구현하는 이상적인 삶을 **유대모니아**(Eudaimonia)라고 지칭하면서 그에 이를 수 있는 **12가지 덕목**(용기, 관용, 자존, 친밀, 재치, 정의, 절제, 희망, 온유, 정직, 양심, 고결)을 제시하였다. 이러한 덕목들은 '중용(golden mean)'의 원리에 따르는 것으로서 양 극단의 중간에 위치하는 것이다.

예컨대, 용기는 무모함과 비겁함 사이의 중용을 의미하며, 관용은 방임함과 가혹함 사이의 중용을 뜻한다. 이러한 덕성은 누구나 타고나는 것으로서 잠재된 덕성을 발견하여 계발함으로써 행복에 이를 수 있다. 이러한 주장을 행복의 **덕성 이론**(virtue theory)이라고 부른다.

에피쿠로스를 비롯한 쾌락주의자들은 안락과 평안을 추구했으며 절제된 쾌락, 고통이나 걱정으로부터의 자유, 좋은 친구들과의 교제를 중시했다. 반면, 제논을 비롯한 스토아 철학자들은 이성에 의한 감정조절을 강조했으며 절제와 지혜를 중시했다.

유일신을 숭배하는 유대교와 기독교에서는 신앙과 관련된 덕목들이 강조되었다. 『구약 성서』에 나타나는 모세의 십계에서는 다른 신을 믿는 일, 우상을 숭배하는 일, 신을 모독하는 일, 살인, 간통, 절도, 사기, 탐욕을 금하고 있으며 안식일 준수와 부모 공경을 명하고 있다. 또한 도덕적이고 종교적인 행동에 대한 교훈을 담고 있는 잠언에서는 신에 대한 경외뿐만 아니라 정직, 의로움, 사랑, 배려, 근면, 겸손, 절제, 희망, 지혜 등과 같은 다양한 덕목이 강조되고 있다.

중세시대의 신학자인 아퀴나스는 『신학대전(*Summa Theologie*)』에서 인간의 죄악을 극복하게 만드는 **칠덕**(七德, seven heavenly virtues)을 주장했다. 칠덕은 플라톤이 제시한 네 가지 보편적 덕목(절제, 용기, 정의, 지혜)에 사도 바울이 제안한 세 가지 신학적 덕목(믿음, 소망, 사랑)을 추가한 것이다. 아퀴나스는 덕목에 위계가 있다고 주장했는데, 보편적 덕목 중에서는 지혜가 가장 중요하지만 신학적 덕목들이 그보다 더 중요하며 그중에서 사랑이 제일의 덕목이라고 보았다.

이슬람교는 무하마드(Muhammad: 570~632)가 가브리엘 천사로부터 받은 계시를 기록한 『코란』을 경전으로 하고 있다. 유일신을 숭배하다는 점에서는 기독교와 유사하지만 다양한 철학적 요소와 독특한 관습적 율법을 지니고 있으며 "계시와 신의 율법에 대한 감사"를 중시하고 있다(Mahdi, 2001). 이슬람교의 뛰어난 신학자인 Alfarabi(870~950)는 그리스 철학자들의 주장을 차용하여 중요한 덕목을 제안하고 있다. 그에 따르면, 인간의 영혼은 이성과 욕망으로 나누어지며 각각 이성적 덕목과 도덕적 덕목을 구현하는 주체가 된다. 이성적 덕목에는 지혜, 지성, 명민함, 재치, 우수한 이해력과 같은 개인적인 덕목이 속하는 반면, 도덕적 덕목에는 온건함, 용기, 관대함, 정의와 같이 대인관계에 필요한 사회적 덕목이 속한다. 그는 종교와 철학이 통합될 수 있다고 생각했으며 이러한 덕목을 실천하는 것이 초월을 위한 영적인 행위라고 주장했다.

3) 심리학자들이 제시한 덕목들

20세기에 접어들면서 여러 심리학자들이 인간의 긍정적 특질에 대해서 관심을 지니기 시작했다. 긍정 심리학이 태동하기 40년 전인 1958년에 Jahoda는 그 당시로는 도발적인 저서라고 할 수 있는 『긍정적 정신건강의 현대적 개념(*Current Concepts of Positive Mental Health*)』을 저술하였다. 이 책에서 그녀는 임상가들이 결함과 장애에 초점을 맞추기보다 심리적으로 건강하다고 할 수 있는 상태와 특질에 주목해야 한다고 주장하면서, 긍정적인 정신건강의 공통적 요소를 다음과 같이 여섯 가지로 정리하여 소개하였다: (1) 자기수용, (2) 성장과 발달, (3) 성격통합, (4) 자율성, (5) 정확한 현실지각, (6) 환경적 통제. 이러한 분석은 탁월한 것이었지만 오랜 기간 관심을 끌지 못한 채 40년이 흐른 후에야 긍정 심리학자들에 의해서 주목을 받게 되었다.

정신분석학자인 Erikson(1963, 1968, 1982)은 인간의 심리사회적 발달단계 이론을 제시하면서 인생의 단계마다 겪게 되는 도전적 과제와 그 결과로 생성되는 긍정적인 성격특질을 주장하였다. 〈표 5-1〉에서 볼 수 있듯이, 인생의 발달단계마다 각기 다른 심리사회적 덕목들이 발달한다. 예를 들어, 신생아기에 일관성 있고 애정 어린 양육자로부터 안전감과 안락감을 반복적으로 경험하게 되면, 세상에 대한 신뢰를 형성하게 된다. 이러한 신뢰는 주어진 것에 대해서 감사하고 미래에 대해 희망을 갖는 성격적 강점의 기반이 될 수 있다.

인본주의 심리학자인 Maslow(1970)는 인간의 다양한 욕구들이 위계적으로 배열될 수 있다고 주장하였다. 즉, 생리적 욕구, 안전의 욕구, 애정과 소속감의 욕구, 자존감의 욕구, 자기실현의 욕구의 순서로 배열될 수 있으며 선행 욕구가 충족되어야 후속 욕구가 부각된다고 주장했다. 그는 특히 자기실현의 욕구에 관심을 지녔으며 자기실현적인 사람들의 16가지 특성을 다음과 같이 제시한 바 있다: 정확한 현실지각, 자기수용, 자발성, 문제 중심적 태도, 사생활의 욕구, 자율성, 심미안, 절정 경험, 자애 및 타인존중, 동료의식, 깊이 있는 대인관계, 윤리의식, 수단보다 목적에 초점을 두는 성향, 공격적이지 않은 유머감각, 창의성, 개방적 태도. 그에 따르면, 욕구 위계의 최정상에는 초월에의 욕구가

표 5-1 Erikson이 제시한 심리사회적 발달단계와 결과적인 성격적 강점(Peterson & Seligman, 2004)

연령	특 징	결과적인 성격적 강점
생후~18개월	유아는 양육자가 안락을 제공한다고 신뢰하면서 안전감을 성취해야 한다.	신뢰(희망, 감사)*
18개월~3세	아동은 자신의 의지를 선택하고 행위를 통해서 그것이 실현되는 것을 배워야 한다.	자율성(끈기)
3~6세	아동은 자신의 행위를 주도하고 그 결과 자신에 대한 신뢰감을 얻는 것을 배워야 한다.	주도성(호기심)
6~12세	아동은 자신의 기술과 능력을 체계적으로 탐색하는 것을 배워야 한다.	유능성(학구열, 창의성)
12~18세	청소년은 일관성 있는 정체감을 반영하는 개인적 가치관과 목표를 정립해야 한다.	자기정체성(사회적 지능, 영성)
18~35세	청년은 다른 사람과 자신의 정체감을 융합하는 것을 배워야 한다.	친밀감(사랑)
35~60세	중년은 자신이 세상과 다음 세대에 기여하는 것을 배워야 한다.	다산성/공헌성(친절성)
60~사망	노년은 그들이 이전의 주제들을 해결해온 방식과 화해해야 한다.	자기통합(지혜)

* 괄호 안은 VIA 분류체계에 해당하는 성격적 강점과 덕성들임.

있는데, 이는 영적인 또는 종교적인 욕구를 의미한다.

Ryff와 동료들(1989, 1995; Ryff & Keyes, 1995; Ryff & Singer, 1996, 1998)은 여러 이론가들이 주장하는 심리적 행복의 구성요소들을 통합하여 다음과 같이 여섯 가지로 정리하였다: (1) 자기수용, (2) 타인과의 긍정적 관계, (3) 자율성, (4) 환경적 통제, (5) 인생의 목적의식, (6) 개인적 성장. 이 목록은 40여 년 전 Jahoda가 제시했던 요소들과 상당 부분 일치하고 있다. Ryff 등은 이러한 심리적 요소들을 측정할 수 있는 평가도구를 개발하여 여러 실증적 연구를 시행함으로써 심리적 행복의 개념적 토대를 제공하고 있다.

어휘사전에 나타나는 성격 기술 용어들을 사용하여 요인분석을 하고 그 결과를 통해서 성격의 기본 구조를 이해하려는 시도가 진행되었다. 특히, Norman(1963)의 노력에 의해서 다섯 가지 기본적인 성격특질(Big Five)이 존재한다는 성격의 5요인설이 제기되었다. 그 다섯 가지 성격특질은 외향성(extroversion: 사교적인, 재미를 추구하는, 활동적인), 개방성(openness: 독창적인, 창의적인, 예술적인), 우호성(agreeableness: 호의적인, 온화한, 동정적인), 성실성(conscientiousness: 믿음직한, 근면한, 시간을 잘 지키는), 신경증 성향(neuroticism: 걱정이 많은, 신경질적인, 감정적인)이다. 5요인설은 성격적 강점이나 덕성을 찾기 위한 것이 아니라 일반적인 성격특성의 기본적 요소를 발견하기 위한 것이다. 그러한 5요인의 대부분은 주관적 안녕과 밀접한 관계를 지니고 있다.

Cawley, Martin과 Johnson(2000)은 어휘사전을 통해 덕목을 나타내는 140여 개의 용어들을 선별하여 덕목 척도(virtue scale)를 개발하였다. 이러한 척도로 측정된 덕목들을 요인분석한 결과, 다음과 같은 네 개의 요인을 추출하였다: 공감(empathy: 관심, 동정, 친절), 질서(order: 절제, 신중, 조심), 행동력(resourcefulness: 목적의식, 끈기, 집요성), 평안(serenity: 온화함, 용서, 참을성).

Vaillant(1971, 1977, 1993, 2000)는 정신역동적 관점에서 심리적 건강에 기여하는 성숙한 방어기제들을 제시하고 있다. 그는 다양한 방어기제들을 부정과 같이 미성숙한 것에서부터 승화와 같이 성숙한 것에 이르기까지 현실왜곡 정도에 따라 적응도를 평가할 수 있다고 가정하였다. 성숙한 방어기제들은 심리적 행복뿐 아니라 육체적 건강과 연관되어 있으며 인격적 강점으로 정착될 수 있다고 보았다. 그는 대표적인 성숙한 방어기제로서 이타주의(altruism), 유머(humor), 승화(sublimation), 억제(suppression), 기대(anticipation) 등을 제시하였다. Vaillant의 주장은 정신분석적 입장에서도 인간의 긍정적 특성을 제시할 수 있다는 점을 보여주었으며 긍정 심리학의 발전에 기여하였다.

근래에 커다란 주목을 받고 있는 진화심리학에서도 인간의 강점과 매력에 대한 연구가 이루어지고 있다. 특히, 진화심리학자들의 주된 관심사는 배우자에게 매력으로 여겨지는 특징들이다. 즉, 진화과정에서 어떤 특징들이 적응적 가치를 지니며 이성에게 매력적으로 느껴지는지에 대한 관심이다. Buss 등(1990)은 37개국 9,474명을 대상으로 배우자의 바람직한 특성을 조사한 바 있다. 성별과 국가에 따라 차이가 있었지만, 대다수 응답자들이 바람직한 것으로 평가한 특성들은 다음과 같다: 야망과 근면성, 신뢰할 수 있는 성품, 가정과 자녀에 대한 애정, 교육과 지능, 정서적 안정성, 좋은 요리솜씨와 가정관리, 재정적 능력, 건강, 외모, 상호 매력과 애정, 유쾌한 성격, 세련됨, 사교성.

이처럼 그동안 심리학에서는 다양한 이론적 관점에서 인간의 긍정적 특질에 대한 연구들이 산발적으로 이루어져 왔다. 최근에 긍정 심리학자들은 그동안의 연구결과들을 종합하여 성격적 강점과 덕성에 관한 분류체계를 구축하고 그 측정방법을 개발하는 노력을 기울이고 있다.

3 성격적 강점과 덕성의 분류체계: VIA 분류체계

Peterson과 Seligman의 주도하에 여러 긍정 심리학자들이 인간의 긍정적 특질, 즉 성격적 강점과 덕성의 분류체계를 개발하는 노력을 기울여왔다. 인간의 심리적 결함과 장애에 대해서는 DSM(Diagnostic and Statistical Manual of Mental Disorders)이라는 방대한 분류체계가 구성되어 수차례의 개정작업을 거치며 발전하고 있지만, 정작 인간의 강점과 덕성에 대해서는 그동안 체계적인 분류작업이 이루어지지 않았다. 이러한 반성 속에서 긍정 심리학자들은 인간의 강점과 덕성에 대한 탐구를 해왔으며 그 분류체계를 구축하기 위해 노력해왔다. DSM에 상응될 수 있는 심리적 강점과 덕성에 대한 분류체계가 최근에 개발되었는데, **VIA(Virtues in Action) 분류체계**가 그것이다. 이것은 1999년 Don Clifton에 의해 시작되었으며, Mayerson 재단의 후원 아래 Peterson과 Seligman이 확장한 것이다. VIA 분류체계는 6개의 범주 아래 24개 강점과 덕성이 분류되고 있다. 이러한 분류체계는 앞으로 인간의 강점과 덕성을 체계적으로 연구하고 평가하는 이론적 체계를 제공할 뿐만 아니라 의사소통을 원활하게 만듦으로써 이에 관한 지식과 경험이 축적되는 기틀이 될 것으로 기대된다.

성격적 강점 연구의 시발점: VIA 프로젝트

학술연구를 지원하고 있는 미국의 Mayerson 재단 이사장인 Niel Mayerson은 1999년에 Seligman이 신문에 기고한 긍정 심리학에 관한 칼럼을 읽고 깊은 인상을 받았다. 그리고는 Seligman에게 연락하여 긍정 심리학에 관한 연구를 지원하겠다고 제안하였다. Mayerson과 Seligman은 처음에 청소년의 행복과 정신건강 증진을 위한 프로그램의 개발과 보급 사업을 하기로 결정했다.

Christopher Peterson

이러한 사업을 진행할 연구자를 선정하는 과정에서 심사자들은 성격적 강점과 덕성에 대한 분류체계와 측정방법을 개발하는 것이 급선무라는 데 의견을 모으게 되었다. 과거에 DSM의 분류체계가 발전하기 이전에 정신장애의 진단에 있어서 많은 혼란이 있었듯이, 긍정적 특질에 대한 신뢰할 만한 분류체계가 없이는 체계적인 연구뿐만 아니라 효과적인 덕성함양 프로그램을 개발하는 것이 어렵다. 왜냐하면 청소년을 위한 여러 프로그램들이 육성하고자 하는 심리적 특성들이 어떻게 다른지를 평가하기 어려울 뿐만 아니라 프로그램의 효과를 검증할 수 있는 평가방법도 없기 때문이다.

이러한 긍정적 특질의 분류체계를 개발하는 연구책임자로 선임된 사람이 미시건 대학 심리학과 교수인 Christopher Peterson이다. 희망과 낙관주의에 관한 연구의 세계적 권위자인 Peterson은 당시에 세계적으로 명성을 떨치고 있던 미시건 대학 부설 임상심리학 연구소의 소장이었다. Seligman의 제안을 받아들인 Peterson은 대학에 휴직계를 내고 3년간 성격적 강점과 덕성의 분류체계를 개발하기 위한 노력에 매진하였다. 이를 위해서 2000년에 The Values in Action(VIA) 연구소가 창립되었으며 우수한 많은 연구자들이 이러한 분류체계의 개발을 위한 VIA 프로젝트에 참여하였다.

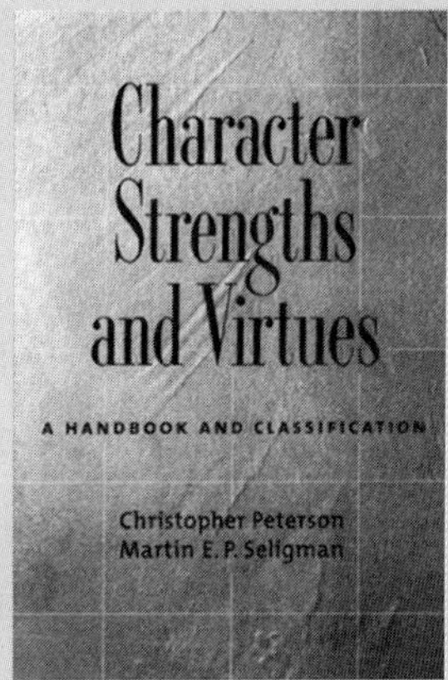

Peterson을 비롯한 연구자들은 세계의 주요 종교와 철학자들이 제시하는 덕목들을 광범위하게 조사하였으며 심리학자들의 연구자료를 검토하였다. 그 결과 총 200여 개의 덕목을 찾아냈으며 이들 중에서 비교적 보편적인 덕목들을 10가지 기준에 근거하여 선별하였다. 그 결과, 6개 영역의 24개 강점과 덕성이 최종적으로 선발되었다. Peterson과 Seligman의 주도하에 진행된 VIA 프로젝트의 결과물 중 하나가 2004년에 발간된 『성격적 강점과 덕성(*Character Strengths and Virtues*)』이다.

1) 성격적 강점과 덕성의 선발기준

인간이 나타내는 심리적 강점과 탁월성은 매우 다양하다. 예를 들어, 언어지능, 공간지능, 예술적 재능, 운동능력, 강인한 체력 등은 개인의 탁월한 능력에 속한다. 그러나 성격적 강점과 덕성은 능력(ability)이나 재능(talent)과 구분되어야 한다. 물론 구분이 모호한 경우도 있지만 다음과 같은 두 가지 점에서 다르다고 할 수 있다. 첫째, 재능과 능력은 강점과 덕성에 비해서 좀 더 선천적으로 타고나는 것이며 환경에 의해 변화되기 어렵고 의도적으로 나타내기 어려운 것이다. 예를 들어, 지능은 다분히 선천적이며 자신이 지능을 높이고자 노력한다고 해서 지능이 증가되는 것이 아니다. 둘째, 강점과 덕성은 그 자체로 긍정적인 가치를 지니는 반면, 재능과 능력은 그 자체보다 구체적 성과에 의해서 가치를 지닌다. 예를 들어, 우수한 지능(IQ)은 학업이나 업무를 통해서 탁월한 성과를 나타낼 때 그 가치를 인정받는다. 우수한 지능을 지녔더라도 전혀 노력하지 않거나 그 지능을 발휘하지 못할 경우에는 가치를 인정받기 어렵다. 우수한 지능으로 범죄나 해로운 행위를 범했을 경우에는 오히려 사회적인 해악을 미칠 수도 있다. 반면에, 친절함, 정직성, 지혜와 같은 강점과 덕목은 그 자체로 가치를 지닌 것이며 대부분 도덕적으로 긍정적인 것이다.

긍정적 특질의 분류체계를 구성하기 위해서, Peterson과 Seligman을 비롯한 VIA 연구진들은 다양한 시대와 문화에서 소중하게 여겨졌던 수십 개의 성격적 강점들을 추출했다. 그리고 이러한 강점들을 다음과 같은 10가지 기준에 따라 세밀하게 검토하였다(Peterson & Seligman, 2004).

① 보편성: 이러한 강점은 대다수 문화에서 긍정적 덕목으로 여겨지고 있는가?
② 행복 공헌도: 이러한 강점은 다양한 긍정적 행동과 성취를 촉진함으로써 그 소유자와 다른 사람의 행복에 기여하는가?
③ 도덕성: 이러한 강점은 그 자체로 도덕적 가치를 지니는가?
④ 타인에의 영향: 이러한 강점이 한 사람에 의해서 표현될 경우, 다른 사람에게 부정적인 영향을 미치지는 않는가?
⑤ 반대말의 부정성: 이러한 강점의 반대말이 확실히 부정적인 것으로 간주되는가?

⑥ 측정 가능성: 이러한 강점은 측정될 수 있도록 개인의 행동(생각, 감정, 행위)으로 표출되는 것인가? 또한 상황과 시간의 변화에도 안정성을 나타내는가?
⑦ 특수성: 이러한 강점은 다른 강점들과 잘 구별되는 것인가? 다른 강점들로 분해될 수 있는 것은 아닌가?
⑧ 모범의 존재: 이러한 강점은 모범적 인물에 의해서 구체화될 수 있는가?
⑨ 결핍자의 존재: 이러한 강점이 현저하게 부족한 사람들이 존재하는가?
⑩ 풍습과 제도: 사회는 이러한 강점을 육성하기 위한 풍습이나 제도를 지니고 있는가?

2) VIA 분류체계의 구조

Peterson과 Seligman은 이러한 기준들을 잘 충족시키는 6개의 핵심덕목과 24개의 강점으로 구성된 분류체계를 구성하였다. 그것이 성격적 강점과 덕성에 대한 **VIA 분류체계**(VIA Classification of Character Strengths and Virtues)이다. 이 분류체계에 포함된 6개의 핵심덕목은 **지혜**(wisdom), **자애**(humanity), **용기**(courage), **절제**(temperance), **정의**(justice), **초월**(transcendence)이다. Peterson과 Seligman(2004)에 따르면, 이 핵심덕목은 방대한 문헌을 조사한 결과 시대와 문화를 통틀어 놀라울 정도의 공통성을 보인 것들로서 **상위 6개 덕목**(the High Six)이라고 불린다. 각 핵심덕목은 각각 3~5개의 하위 강점으로 구성되어 있다. VIA 분류체계에 포함된 6개의 핵심덕목과 그 하위요소인 24개인 성격적 강점과 덕성을 소개하면 다음과 같다.

(1) 지혜 및 지식과 관련된 강점들

지혜 및 지식(wisdom & knowledge)과 관련된 강점들은 더 나은 삶을 위해서 지식을 습득하고 활용하는 것과 관련된 인지적인 강점들이다. 많은 철학자들은 지혜와 이성을 다른 덕목의 구현을 지원하는 최상의 덕목으로 여겼다. 이러한 강점들은 삶에서의 지혜로운 판단과 지적인 성취를 돕는 강점들이다. 이 덕목은 5개의 강점, 즉 창의성, 호기심, 개방성, 학구열, 지혜로 구성되어 있다.

① 창의성(creativity): 어떤 일을 하면서 새롭고 생산적인 방식으로 생각하는 능력으로서 참신한 사고와 생산적인 행동방식을 포함한다.

② 호기심(curiosity): 일어나고 있는 모든 경험과 현상에 대해서 흥미를 느끼는 능력으로서 다양한 주제와 화제에 매혹되어 조사하고 발견하는 것을 포함한다.

③ 개방성(open-mindedness): 사물이나 현상을 다양한 측면에서 철저하게 생각하고 검토하는 능력으로서 모든 증거를 동등하게 취급하고 새로운 증거에 따라 신념을 수정하는 태도를 포함한다.

④ 학구열(love of learning): 새로운 기술, 주제, 지식을 배우고 숙달하려는 동기와 능력을 의미한다.

⑤ 지혜(wisdom): 사물이나 현상을 전체적인 관점에서 생각하고 다른 사람에게 현명한 조언을 제공해주는 능력을 뜻한다.

(2) 자애와 관련된 강점들

자애(humanity)와 관련된 강점들은 다른 사람을 보살피고 친밀해지는 것과 관련된 대인관계적 강점들을 의미한다. 정의와 관련된 강점들은 다수의 타인을 대상으로 하는 광범위한 사회적 강점인 반면에, 자애와 관련된 강점은 일대일 관계에서 나타나는 개인적인 사회적 강점이라고 할 수 있다. 이 덕목은 3개의 강점, 즉 사랑, 친절성, 사회지능으로 구성되어 있다.

① 사랑(love): 다른 사람과의 친밀한 관계를 소중하게 여기고 실천하는 능력을 뜻한다. 즉, 다른 사람을 사랑할 수 있고 다른 사람으로부터 사랑을 받아들일 수 있는 능력을 의미한다.

② 친절성(kindness): 다른 사람을 위해서 호의를 보이고 선한 행동을 하려는 동기와 실천력으로서 다른 사람을 돕고 보살피는 행동을 포함한다.

③ 사회지능(social intelligence): 자신과 다른 사람의 동기와 감정을 잘 파악할 뿐만 아니라 다양한 사회적 상황에서 어떻게 행동하는 것이 적절한지를 잘 아는 능력을 의미한다.

(3) 용기와 관련된 강점들

용기(courage)와 관련된 강점들은 내면적 · 외부적 난관에 직면하더라도 추구하는 목표를 성취하려는 의지와 관련된 강점들이다. 용기의 덕목은 4가지의 강점, 즉 용감성, 끈기, 진실성, 활력으로 구성되어 있다.

① 용감성(bravery): 위협, 도전, 난관, 고통으로부터 위축되지 않고 이를 극복하는 능력을 의미하며 저항이 있더라도 무엇이 옳은지 이야기하고 인기가 없을지라도 신념에 따라 행동하는 것을 포함한다.

② 끈기(persistence): 시작한 일을 마무리하여 완성하는 능력을 말하며 난관에도 불구하고 일련의 계획된 행동을 지속하거나 과업을 성취하는 과정에서 기쁨을 느끼는 것을 포함한다.

③ 진실성(authenticity): 진실을 말하고 자신을 진실한 방식으로 제시하는 능력으로 자신을 거짓 없이 드러내고 행동이나 감정을 수용하고 책임지는 것을 포함한다.

④ 활력(vitality): 활기와 에너지를 가지고 열정적으로 삶과 일에 임하는 태도를 의미하며, 생기와 생동감을 느끼고, 삶을 도전적으로 사는 것을 포함한다.

(4) 절제와 관련된 강점들

절제(temperance)와 관련된 강점들은 지나침으로부터 우리를 보호해주는 긍정적 특질들로서 극단적인 독단에 빠지지 않는 중용적인 강점들이다. 이에는 4개의 강점, 즉 용서, 겸손, 신중성, 자기조절이 포함된다. 용서는 미움과 증오로부터 우리를 보호하며, 겸손은 교만으로부터, 신중성은 단기적 쾌락으로부터 그리고 자기조절은 모든 극단적인 감정적 동요로부터 우리를 보호한다.

① 용서(forgiveness): 나쁜 일을 한 사람들을 용서하는 능력으로서 잘못을 행한 자를 용서하고, 사람들에게 다시 기회를 주며, 앙심을 품지 않는 것을 포함한다.

② 겸손(modesty): 자신이 이루어낸 성취에 대해서 불필요하게 과장된 허세를 부리지 않는 태도로서 자신의 성취나 업적을 떠벌리지 않고, 세인의 주목을 구하지 않으며, 스스로를 특권적인 존재로 생각하지 않는 것을 포함한다.

③ 신중성(prudence): 선택을 조심스럽게 함으로써 불필요한 위험을 초래하지 않으며 나중에 후회할 일을 말하거나 행하지 않는 능력을 말한다.

④ 자기조절(self-regulation): 자신의 다양한 감정, 욕구, 행동을 적절하게 잘 조절하는 능력을 의미한다.

(5) 정의와 관련된 강점들

정의(justice)와 관련된 강점들은 건강한 공동체 생활과 관련된 사회적 강점을 말한다. 이는 개인과 집단 간의 상호작용을 건강하게 만드는 사회적 강점으로서 3개의 강점, 즉 시민정신, 공정성, 리더십으로 구성되어 있다.

① 시민정신(citizenship): 자신이 속한 집단의 이익을 추구하고자 하는 책임의식으로서 사회나 조직 속에서 자신에게 주어진 임무와 역할을 인식하고 부응하려는 태도를 뜻한다.

② 공정성(fairness): 편향된 개인적 감정의 개입 없이 모든 사람을 동등하게 대하고 모두에게 공평한 기회를 주는 태도를 의미한다.

③ 리더십(leadership): 집단활동을 조직화하고 그러한 활동이 진행되는 것을 파악하여 관리하는 능력으로서 구성원을 고무시켜 좋은 관계를 창출해내고 사기를 진작시켜 각자의 일을 해내도록 지휘하는 것을 포함한다.

(6) 초월과 관련된 강점들

초월(transcendence)과 관련된 강점들은 현상과 행위에 대해 의미를 부여하고 커다란 세계인 우주와의 연결성을 추구하는 초월적 또는 영적 강점을 의미한다. 이러한 덕목은 5개의 강점, 즉 감상력, 감사, 낙관성, 유머감각, 영성을 포함한다.

① 감상력(appreciation of beauty and excellence): 다양한 삶의 영역에서 나타나는 아름다움, 수월성, 뛰어난 수행을 인식하고 평가하는 능력을 의미한다.

② 감사(gratitude): 좋은 일을 잘 알아차리고 그에 대해 감사하는 태도를 뜻한다.

③ 낙관성(optimism): 최선을 예상하고 그것을 성취하기 위해 노력하는 태도를 의미한다.

④ 유머감각(humor): 웃고 장난치는 것을 좋아하며 다른 사람에게 웃음을 선사하는 능력을 말한다.

⑤ 영성(spirituality): 인생의 궁극적 목적과 의미에 대한 일관성 있는 신념을 가지고 살아가는 태도를 말한다.

3) 성격적 강점의 평가

Peterson과 Seligman(2004)은 24개의 성격적 강점을 평가하기 위한 자기보고형 검사인 **VIA 강점척도**(VIA-IS: Values in Action Inventory of Strengths)를 개발하였다. VIA-IS는 각 강점당 10문항씩 할당되어 총 240문항으로 구성되어 있는 성인용 검사이다. 피검사자는 각 문항의 내용이 자신과 얼마나 같거나 다른지를 5점 척도상에서 평정한다. 검사 문항의 예가 〈표 5-2〉에 제시되어 있다.

표 5-2 강점별 VIA-IS 문항의 예

창의성	- 누가 나에게 어떤 일을 하는 방법을 알려주면, 자동적으로 나는 그 일을 할 수 있는 다른 방법들을 생각해낸다. - 친구들은 나에 대해서 새롭고 이색적인 생각이 많다고 한다.
호기심	- 나는 세상이 매우 흥미 있는 곳이라고 생각한다. - 나는 결코 지루해하지 않는다.
개방성	- 나는 중요한 결정을 내릴 때 충분한 근거를 찾으려 한다. - 나는 항상 어떤 문제의 양면을 살펴본다.
학구열	- 나는 새로운 것을 배우는 것을 좋아한다. - 난 매우 다양한 책을 읽는다.
지 혜	- 나는 현재 진행되고 있는 것에 대한 전체적인 조망을 지니고 있다. - 사람들이 내게 조언을 구하기 위해서 찾아오곤 한다.
사 랑	- 내 친구와 가족들이 어떤 일을 하더라도 난 그들을 사랑한다. - 내 감정과 행복에 대해 마치 자신의 감정과 행복인 듯 생각해주는 사람들이 있다.
친절성	- 나는 다른 사람에게 친절을 베푸는 것을 좋아한다. - 나는 지난 한 달 이내에 자발적으로 이웃을 도운 적이 있다.
사회지능	- 나는 여러 가지 사회적 상황에서 처신하는 방법을 알고 있다. - 나는 다른 사람의 감정을 잘 알아챈다.

용감성 - 나는 환영받지 못할 의견을 다른 사람 앞에 내어놓는 것을 주저하지 않는다.
- 나는 강한 반대에 접하더라도 지지 않고 저항한다.

끈 기 - 나는 열심히 일하는 사람이다.
- 나는 시작한 것은 항상 끝내고 만다.

진실성 - 나는 상처가 되더라도 진실을 이야기한다.
- 친구들은 항상 나를 보고 솔직하다고 평한다.

활 기 - 나는 어떤 일을 할 때 온 힘을 다 기울인다.
- 사람들은 나를 보고 활기가 가득 찬 사람이라고 한다.

용 서 - 용서하고 잊는 것이 최선이라고 믿는다.
- 다른 사람이 나에게 함부로 대하더라도 난 그 사람을 이해하려고 노력한다.

겸 손 - 난 내가 특별한 사람인 것처럼 행동하지 않는다.
- 나는 내가 이룬 것에 대해서 자랑을 하지 않는다.

신중성 - 난 매우 조심스러운 사람이다.
- 나는 행동하기 전에 항상 결과를 생각한다.

자기조절 - 나는 내게 주어진 일을 예외 없이 예정된 시간까지 한다.
- 나는 내 감정을 잘 조절한다.

시민정신 - 나는 내가 속한 집단의 이익을 위해서 내 개인의 이익을 기꺼이 희생한다.
- 집단의 일원으로 일할 때, 나는 최선을 다한다.

공정성 - 나는 그 사람이 어떤 사람이든 모든 사람을 동등하게 대우한다.
- 나는 내가 하지 않은 일에 대해서 공로를 인정받는 것을 거부한다.

리더십 - 나는 집단활동을 계획하는 데 능하다.
- 나의 장점 중 하나는 서로 다른 여러 사람들이 협력해서 일을 하도록 도울 수 있다는 점이다.

감상력 - 나는 일반인이 모르고 지나치는 것에서 아름다움을 발견한다.
- 나는 대부분의 예술 장르를 매우 즐긴다.

감 사 - 내 삶을 돌이켜볼 때 감사해야 할 일들이 많다.
- 나는 나에게 호의적인 사람들에게 극진히 감사함을 표한다.

낙관성 - 어려움에도 불구하고 난 미래에 대해서 항상 희망적이다.
- 다른 사람들이 부정적이라고 생각하는 것에서 나는 항상 긍정적인 면을 찾는다.

유머감각 - 나는 내가 무슨 일을 하든지 유머를 곁들이려고 노력한다.
- 대부분의 사람들은 나와 함께 있으면 즐겁다고 한다.

영 성 - 나는 종교에 전념하고 있다.
- 나는 지난 24시간 이내에 기도나 명상을 하는 데 30분 이상 시간을 보냈다.

VIA-IS는 현재 영문판으로 공개되어 있으며 지필식 검사뿐만 아니라 인터넷(www.viastrengths.org)을 통해 검사를 받을 수 있도록 되어 있다. 웹 기반 검사는 위의 인터넷 사이트에 접속하여 검사문항에 모두 응답하면 즉시 5개의 대표 강점을 알려주는 검사결과가 제시된다. 현재 이 검사는 접속자에게 무료로 시행되고 있다.

VIA 검사는 10~17세 청소년에게 시행할 수 있도록 청소년용(VIA-Youth)도 개발되어 있다. 이 검사는 좀 더 쉬운 어휘로 기술된 198개 문항으로 구성되어 있으며 각 강점은 6~12문항으로 평가된다. VIA-IS와 마찬가지로, 이 검사는 응답자가 5점 척도상에서 평정하도록 되어 있다.

VIA-IS와 VIA-Youth는 신뢰도와 타당도가 상당히 높은 것으로 보고되고 있다(Peterson, 2006). Peterson과 Seligman(2004)에 따르면, 15만 명 이상이 접속하여 검사를 받은 VIA-IS는 높은 신뢰도와 타당도를 나타냈다. 모든 척도의 내적 합치도(Cronbach alpha)는 .70이상이었으며, 4개월 이상의 시간간격을 둔 검사-재검사 신뢰도 역시 .70이상이었다. 개인 스스로에 의해서 평가된 각 강점 점수는 VIA척도에 의해 측정된 점수와 .50 이상의 상관을 보였다. 뿐만 아니라 친구나 가족구성원에 의해 평가된 개인의 강점 점수는 24개 강점 대부분에서 VIA 척도의 점수와 중간 정도의 상관을 보였다. VIA-IS는 긍정적 특질을 평가하는 자기보고형 검사이므로 사회적 선희도(social desirability)가 개입되어 강점을 적절하게 측정하기 어려울 것으로 우려되었다. 그러나 Marlow-Crowne 사회적 선희도 척도와의 상관을 구한 결과, 신중성(r=.44)과 영성(r=.30)을 제외한 대부분의 척도들은 유의미한 상관을 나타내지 않았다.

VIA-IS는 각 강점의 점수가 타인에 의해 평가된 강점 점수와 미약한 상관을 나타낸다는 문제점이 제기되었다. 특히, 용감성, 공정성, 용서, 낙관성, 진실성, 리더십, 신중성, 자기조절, 시민정신이 그러했다. 그 이유 중 하나는 이러한 강점들이 일상생활 속에서 평소에 발휘되기보다는 특수한 상황에서 주로 발현되기 때문이다. 따라서 그러한 강점이 발현되는 특수한 상황을 관찰하지 못한 타인들은 그 개인이 그러한 강점을 지니고 있는지를 잘 알 수 없다. 이러한 문제점을 개선하기 위해서 VIA-RTO(VIA Rising to the Occasion Inventory)를 개발하였다. 이 척도는 특정한 강점의 반대 경험에 대해서 묻는다. 예를 들어, 용기와 관련된 강점을 평가하기 위해서 '공포'를 느낀 경험에 대해서 묻는다. 그리고 이러한 공포 상황을 얼마나 자주 경험하며 그러한 상황에서 보통 어떻게

표 5-3 VIA-RTO 문항의 예(용기의 경우)

◆ 극심한 공포를 경험했던 실제적 상황들을 떠올려보십시오.
이러한 상황을 얼마나 자주 경험하십니까?

① 매우 자주(일주일 한 번 이상)
② 자주(한 달에 한 번 정도)
③ 가끔(일 년에 몇 번)
④ 드물게(일 년에 한 번 정도)
⑤ 거의 전혀(평생에 한 번 정도)

◆ 이러한 상황에서 보통 당신이 어떻게 행동했는지를 떠올리고, 당신이 어떻게 행동함으로써 공포에 대응했는지를 간략히 적어주십시오.

◆ 이러한 상황들에 비추어볼 때, 당신은 '용기'가 당신의 강점에 속한다고 말할 수 있습니까?

① 분명히 그렇다
② 아마도 그렇다
③ 잘 모르겠다
④ 아마도 아니다
⑤ 분명히 아니다

대처하는지를 기술하게 한다. 그런 연후에, 이러한 상황에서 보인 행동들에 비추어볼 때, 용기가 자신의 강점이라고 생각하는지를 묻는 방법이다. VIA-RTO에서 사용하는 문항의 예가 〈표 5-3〉에 제시되어 있다.

또한 자기보고형 질문지 이외에도, 면접을 통해서 강점을 평가할 수 있는 VIA Structured Interview가 개발되었다. 면접자는 응답자에게 특정한 강점이 개입될 수 있는 상황들을 제시하고 이러한 상황에서 보통 어떻게 행동하는지를 묻는다. 그러한 상황에서 어떤 강점을 자주 나타낸다고 보고하면, 면접자는 추가질문을 통해서 그러한 강점을 어떻게 명명할 수 있는지, 그 강점이 응답자의 특성을 얼마나 잘 대변하는지, 그러한 강점을 지닌다고 친구나 가족들이 얼마나 동의할 것인지 등을 묻는다. 이러한 면접을 하는 데 보통 30분 정도의 시간이 걸린다.

4) 성격적 강점에 대한 실증적 연구결과

성격적 강점에 대한 VIA 분류체계와 측정도구를 사용하여 이미 많은 연구들이 수행되었다. 여기에서는 지금까지 연구된 주요한 연구결과들을 살펴보기로 한다.

성격적 강점과 행복의 관계

VIA 분류체계에 포함된 강점들은 행복과 자아실현에 중요한 영향을 미치는 강점들로 구성되어 있다. 그렇다면 24개 강점 중에서 어떤 강점이 행복과 가장 밀접한 관계를 지닐까? 각 강점과 삶의 만족도의 상관을 구해본 결과, 지혜 및 지식과 관련된 강점들을 제외한 대부분의 강점들은 높은 상관을 보였다(Park & Peterson, 2005; Park, Peterson, & Seligman, 2004, 2005). 이러한 연구결과를 좀 더 자세히 살펴보면, 삶의 만족도는 학구열, 창의성, 개방성과 같은 '지성적 강점들' 보다 활력, 감사, 낙관성, 사랑과 같은 '감성적 강점들' 과 더 밀접한 관계를 나타냈다. 이러한 현상은 대부분의 연령대에서 마찬가지로 나타났으며, 종단적 연구에서도 감성적 강점들이 미래의 삶의 만족도를 예측하는 데 더 중요한 역할을 했다. 이러한 연구결과들에 따르면, 개인적 성장에 도움이 되는 강점들보다 타인을 배려하며 지향하는 강점들이 삶의 만족이나 행복과 더 밀접한 관련성을 맺고 있는 것으로 보인다.

강점은 일, 사랑, 여가활동과 어떤 관련성을 지니는 것일까? Peterson과 Seligman (2004)은 응답자들에게 현재의 직업, 친구관계, 연인관계, 취미활동뿐만 아니라 가장 소망하는 직업, 최선의 친구, 진정한 연인, 선호하는 취미활동을 물었다. 분석결과, 응답자들은 현재의 상황이나 일반적인 선택기준(예: 연봉, 지위, 상대의 외모나 재산, 취미활동 자체의 쾌락도)보다 자신의 강점과 일치하는 직업, 인간관계, 취미활동을 선호했다. 예를 들어, 친절성의 점수가 높은 사람은 다른 사람을 돕는 직업을 가장 소망했으며, 호기심의 점수가 높은 사람은 성적 경험이 많은 연인과의 모험적인 연애를 선호했으며, 학구열의 점수가 높은 사람은 정원 가꾸기를 좋아했다.

성격적 강점들의 빈도

그렇다면 24개 강점 중에서 어떤 강점이 가장 흔할까? Peterson(2006; Park, Peterson,

& Seligman, 2006)에 따르면, 여러 나라의 다양한 성인집단들을 대상으로 VIA-IS를 사용하여 조사한 결과 24개 강점에 대한 평정에 있어서 상당한 일치도를 나타냈다. 전 세계 54개국을 대상으로 조사한 결과, 가장 빈번하게 보고된 강점('자신에게 해당되는 정도'를 5점 평정척도로 평가하게 했을 때 가장 높은 평균점수를 보이는 강점)은 친절성이었으며, 그 다음으로 공정성, 진실성, 감사, 개방성이 뒤를 이었다. 반면에, 가장 드물게 보고된 강점은 신중성, 겸손, 자기조절이었다. 이러한 강점들의 순위에 대한 국가 간 상관은 .80 이상으로서 매우 높았다. 이러한 결과는 국가, 문화, 종교, 경제적 수준 등이 다르더라도 강점에 대한 자기평가가 상당히 유사함을 보여준다.

성인과 청소년은 강점에 대한 자기평가에서 어떤 차이를 보일까? 미국의 성인들과 청소년들은 강점의 순서에 있어서 높은 일치도를 나타냈지만, 미국의 성인과 다른 나라의 성인이 나타내는 순서의 일치도보다는 현저하게 낮았다(Park, Peterson, & Seligman, 2005). 특히, 미국의 청소년들은 성인에 비해 낙관성, 시민정신, 활력 등을 더 높게 평정한 반면, 성인은 청소년에 비해 진실성, 개방성, 감상력, 지도력 등을 더 높게 보고했다.

성격적 강점들의 관계

우리는 여러 가지 강점들을 동시에 지닐 수 있는가? 강점 간의 관계는 어떠한가? 강점들은 서로 유사하거나 밀접하게 연관된 것들이 있는 반면, 서로 반대되거나 비교적 관계가 적은 것들이 있다. 예를 들어, 친절성, 용서, 사랑 등의 강점은 서로 밀접한 관계를 지니는 반면, 학구열, 신중성, 공정성 등과는 상충되거나 직접적 관계가 없을 수 있다. Schwartz와 Sharpe(2006)는 강점들의 유사성과 상충성을 고려하여 원형모델(circumplex model)에 여러 가지 강점들을 배열하였다. 〈그림 5-1〉에 제시되어 있듯이, 이 모델의 X축은 강점의 초점이 자신에게 지향된 것인지(예: 창의성, 호기심) 아니면 타인에게 지향된 것인지(예: 시민정신, 공정성)에 대한 것이다. Y축은 지적인 억제와 관련된 지성적 강점(예: 개방성, 신중성)인지 아니면 정서적 표현과 관련된 감성적 강점(예: 사랑, 감사)인지에 대한 것이다. 이 모델에서 서로 가까이 있는 강점들은 한 사람이 함께 지닐 수 있지만, 거리가 먼 강점들은 함께 지닐 가능성이 낮다(Peterson, 2006).

Peterson과 Seligman(2004)은 강점들 간의 관계를 살펴보기 위하여 VIA-IS의 24개 강점 점수에 대한 탐색적 요인분석을 시행했다. 그 결과, 다음과 같은 강점들로 구성된 5개

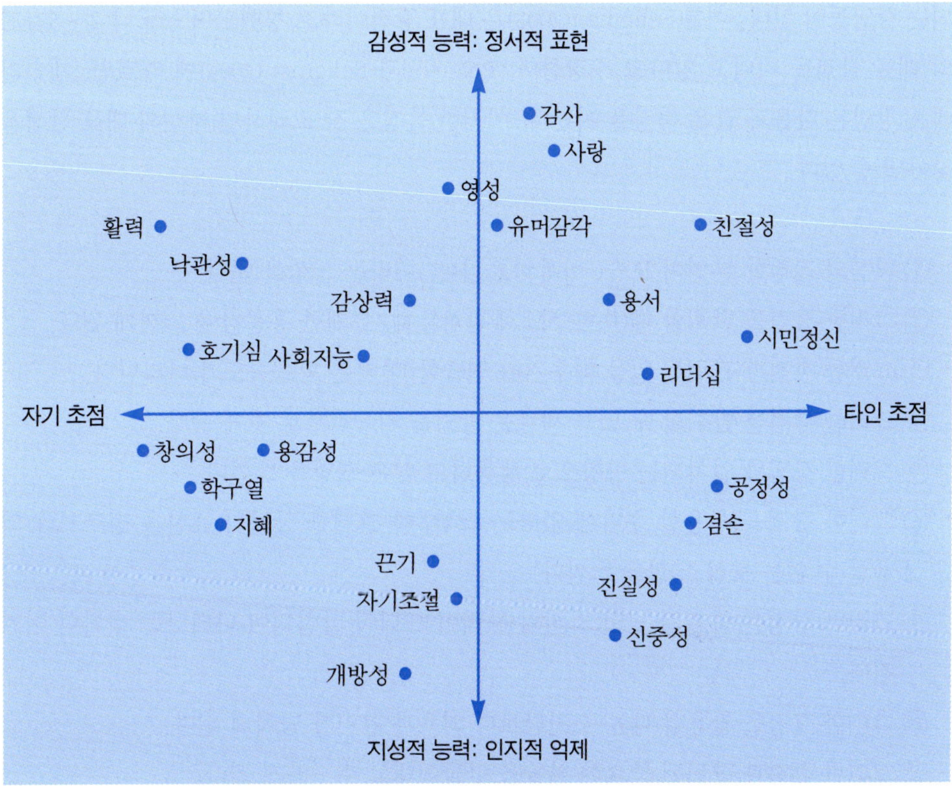

〈그림 5-1〉 성격적 강점들에 대한 원형모델(Peterson, 2006)

의 요인이 추출되었다: (1) 억제적 강점(예: 공정성, 겸손, 용서, 신중성), (2) 지적 강점(예: 창의성, 호기심, 학구열, 감상력), (3) 대인관계적 강점(예: 친절성, 사랑, 지도력, 시민정신, 유머감각), (4) 정서적 강점(예: 용감성, 낙관성, 자기조절, 활력), (5) 신학적 강점(예; 감사, 영성). 이러한 요인구조는 VIA 분류체계와 동일하지는 않지만 상당히 유사하다. 즉, 억제적 강점은 대체로 절제와 관련된 강점들에 해당하고, 지적 강점은 지혜 및 지식과 관련된 강점들에, 대인관계적 강점은 자애 또는 정의와 관련된 강점들에, 그리고 정서적 강점은 용기와 관련된 강점들에 해당하며, 신학적 강점은 초월과 관련된 강점을 포함하고 있다.

대표 강점의 특성

인간은 여러 가지의 강점을 지닐 수 있다. 그러나 개인의 특성을 잘 반영하며 흔히 사용되는 강점들이 있다. 이를 Seligman(2002)은 대표 강점이라고 칭했으며 누구나 2~5가지의 대표 강점을 지니고 있다고 주장한다. Peterson과 Seligman(2004)에 따르면, 개인의 대표 강점은 다음과 같은 특징을 지닌다. 이러한 특징을 잘 고려하면 자신의 대표 강점을 찾아낼 수 있다.

① 자신의 진정한 본연의 모습("이게 바로 나야")이라는 느낌을 준다.
② 그러한 강점을 발휘할 때(특히, 처음에 발휘할 때) 유쾌한 흥분감을 느끼게 된다.
③ 그러한 강점과 관련된 일을 배우거나 연습할 때 빠른 학습속도가 나타난다.
④ 그러한 강점을 발휘할 수 있는 새로운 방법을 지속적으로 찾게 된다.
⑤ 그러한 강점과 일치되는 방향으로 행동하고 싶은 열망을 느낀다.
⑥ 그러한 강점을 사용할 수밖에 없다는 느낌, 즉 그러한 강점의 표현을 멈추거나 억제할 수 없는 듯한 느낌을 느낀다.
⑦ 그러한 강점은 숨겨져 있던 자신의 능력이 드디어 발현되어 나타나는 것처럼 여겨진다.
⑧ 그러한 강점을 활용할 때는 소진감보다 의욕과 활기가 넘치게 된다.
⑨ 그러한 강점과 관련된 중요한 일들을 만들어내고 추구하게 된다.
⑩ 그러한 강점을 사용하고자 하는 내재적 동기를 지닌다.

대표 강점을 찾아내어 활용하는 것은 자기실현에 있어서 매우 중요하다. 이러한 강점은 어떤 일에서 탁월한 결과와 성취를 이루게 만드는 역량인 동시에 그 일을 하면서 의욕과 활기를 느끼게 만드는 동기를 부여한다. Seligman(2002)과 Peterson(2006)은 우리에게 자신의 대표 강점들을 파악하라고 권유한다. 그리고 이러한 강점 중 하나를 택하여 일주일 동안 매일 그러한 강점을 일상생활 속에서 다양한 방식으로 활용해보라고 권유한다. 그러면 행복해진다는 것이다. 이것은 행복을 증진하는 데 효과적인 것으로 확인된 방법이다(Seligman, Steen, Park, & Peterson, 2005).

다음 장부터 VIA 분류체계에서 제시하고 있는 24개의 성격적 강점과 덕성들을 하나씩 자세하게 소개할 것이다. 각 강점의 특성뿐만 아니라 측정방법과 촉진방법도 소개될 것이다.

요 약

1. 긍정 심리학의 주요한 과제는 인간이 지니는 다양한 긍정적 성품과 강점을 밝히고 계발하는 것이다.
2. 긍정적 성품에 대한 관심은 자기실현적 행복관과 밀접하게 관련되어 있다. 행복한 삶은 개인이 지닌 성격적 강점과 덕성을 충분히 발휘하며 사는 것이다. Seligman은 개인이 지니는 대표 강점을 일상생활에서 잘 발휘하며 사는 것이 진정한 행복이라고 주장한다.
3. 성격적 강점과 덕성은 능력이나 재능과는 다르다. 재능과 능력은 강점과 덕성에 비해서 좀 더 선천적으로 타고나는 것이며 환경에 의해 변화되기도 어렵고 의도적으로 나타내기도 어렵다. 강점과 덕목은 그 자체로 긍정적인 가치를 지니는 반면, 재능과 능력은 그 자체보다 그 구체적 성과에 의해서 가치를 지닌다.
4. Peterson과 Seligman을 비롯한 긍정 심리학자들은 10가지의 선정 기준을 잘 충족시키는 6개의 핵심덕목과 24개의 강점으로 구성된 분류체계를 구축하였다. 성격적 강점과 덕성에 대한 VIA 분류체계(VIA Classification of Character Strengths and Virtues)가 그것이다. 이 분류체계에 포함된 6개의 핵심덕목은 지혜, 자애, 용기, 절제, 정의, 초월이다.
5. 지혜 및 지식과 관련된 강점에는 창의성, 호기심, 개방성, 학구열, 지혜가 있으며, 자애와 관련된 강점에는 사랑, 친절성, 사회지능이 포함된다. 용기와 관련된 강점에는 용감성, 끈기, 진실성, 활력이 있으며, 절제와 관련된 강점에는 용서, 겸손, 신중성, 자기조절이 포함된다. 정의와 관련된 강점에는 시민정신, 공정성, 리더십이 있으며 초월과 관련된 강점에는 감상력, 감사, 낙관성, 유머감각, 영성이 포함된다.
6. 24개의 성격적 강점을 평가하기 위한 자기보고형 검사로서 VIA 강점척도(VIA-IS: Values in Action Inventory of Strengths)가 개발되었다. VIA-IS는 각 강점마다 10문항씩 할당되어 총 240문항으로 구성되어 있는 성인용 검사이다.
7. 성격적 강점과 덕성에 대한 많은 실증적 연구가 이루어졌다. 이러한 연구결과에 따르면, 삶의 만족도는 학구열, 창의성, 개방성과 같은 '지성적 강점들' 보다 활력, 감사, 낙관성, 사랑과 같은 '감성적 강점들' 과 더 밀접한 관계를 나타냈다. 가장 빈번하게 보고된 강점은 친절성이었으며, 그다음으로 공정성, 진실성, 감사, 개방성이 뒤를 이었다. 반면에, 가장 드물게 보고된 강점은 신중성, 겸손, 자기조절이었다.

제6장

성격적 강점과 덕성(1)
- 지혜와 자애 -

자신의 숨겨진 강점을 발견하여 계발하면 그것이 자신의 참모습이 된다.
행복한 삶의 공식은 자신의 대표 강점을 일상생활 속에서 매일 발휘하며
커다란 만족과 진정한 행복을 경험하는 것이다.

- Martin Seligman -

행복과 자기실현을 위해서는 자신의 성격적 강점과 덕성을 잘 이해하는 것이 중요하다. 이러한 강점과 덕성을 더욱 계발하여 일상생활 속에서 발휘함으로써 만족스러운 결과와 즐거움을 얻게 된다. 이 장에서는 VIA 분류체계에서 소개되고 있는 6개의 핵심덕목 중에서 지혜 및 지식과 관련된 강점(창의성, 호기심, 개방성, 학구열, 지혜)과 자애와 관련된 강점(사랑, 친절성, 사회지능)을 소개할 것이다.

1 지혜 및 지식과 관련된 강점들

지혜로운 사람은 모든 것에 담겨 있는 깊은 의미와 가치를 인식하고 음미할 수 있고, 즉각적인 가치뿐만 아니라 궁극적인 가치를 이해하며, 이러한 관점에서 세상을 바라보는 사람이다.

- Robert Nozick -

VIA 분류체계(Peterson & Seligman, 2004)에서 제시하고 있는 '지혜 및 지식(wisdom and knowledge)과 관련된 강점들'은 더 나은 삶을 위해서 지식을 습득하고 활용하는 것과 관련된 인지적인 강점들이다. 많은 철학자들은 지혜와 이성을 다른 덕목의 구현을 지원하는 최상의 덕목으로 여겼다. 이러한 강점들은 삶에서의 지혜로운 판단과 지적인 성취를 돕는 것으로서 VIA 분류체계에서는 5개의 강점, 즉 창의성, 호기심, 개방성, 학구열, 지혜를 제시하고 있다.

1) 창의성

이론적 정의

창의성(creativity)은 독창적이고 적응적인 생각과 행동을 만들어내는 개인적인 특성을 의미한다. 창의적인 사람은 평범하지 않은 기발하고 놀라운 독창적인 생각이나 행동을 나타낸다. 그러나 이러한 특성만으로 창의적이라고 할 수는 없다. 예를 들어, 정신분열증을 지닌 사람들도 보통사람들과 현저하게 다른 매우 독특한 생각이나 행동을 나타낼 수 있다. 따라서 독특한 생각이나 행동들은 독창적이면서 동시에 적응적이어야 한다. 창의성은 자신이나 타인의 삶에 긍정적인 영향을 미치는 것이어야 한다. 이처럼 창의성은 '독창성'과 '적응성'이라는 두 가지 요건을 모두 충족시키는 것이어야 한다.

창의성은 개인에 따라 상당한 차이가 있으며 다양한 양상으로 나타난다. 심리학자들은 창의성을 두 가지 유형, 즉 일상적 창의성과 위대한 창의성으로 구분한다(Simonton, 2000). **일상적 창의성**(everyday creativity: small c)은 가정이나 직장에서 부딪히는 일상적인 문제들을 독창적으로 해결하는 능력을 의미하며 그 영향력이 가정이나 직장에 한정되는 반면, **위대한 창의성**(big creativity: big C)은 뛰어난 과학자나 예술가들이 나타내는 놀라운 독창성을 뜻하며 그 영향력이 광범위하다. 위대한 창의성을 지닌 대표적인 인물로는 미켈란젤로, 에디슨, 퀴리부인,

위대한 창의성을 지닌 대표적 인물: 아인슈타인(왼쪽)과 피카소

비트겐슈타인, 아인슈타인, 피카소, 빌 게이츠 등 무수히 많으며, 모차르트처럼 어린 시절부터 창의성을 나타내는 신동도 있다.

창의성은 '천재'라는 개념과 밀접한 연관성을 지니고 있다. 고대에는 창의적 천재성이 신의 영향에 의해서 생겨난다고 여겨졌다. 그러나 근대에 들어 창의성의 원천은 신으로부터 인간으로 옮겨져 왔으며, Francis Galton, William James, Sigmund Freud, Wolfgang Koehler, Max Wertheimer, F. Skinner, J. P. Guilford와 같은 심리학자들이 창의성 연구에 깊은 관심을 보였다. 현대에 들어서 심리학자들은 창의성을 나타내게 만드는 기저의 사고과정, 창의성과 관련된 심리적 요인들(동기, 흥미, 가치, 성격특징 등), 창의성의 발달과정, 창의성을 촉진하거나 억제하는 사회적 환경, 창의성을 증진하는 방법, 창의성을 활용한 심리치료법 등에 깊은 관심을 보이고 있다.

측정도구

개인의 창의성을 측정하는 도구들은 매우 다양하게 개발되어 있다. 우선 창의성 측정도구는 평가대상의 연령대에 따라서 아동 · 청소년용 또는 성인용으로 나누어진다. 또한 창의성의 영역에 따라서 크게 예술적 창의성과 과학적 창의성으로 구분된다. **예술적 창의성**은 음악, 미술, 문학 등의 영역으로 나누어지며, **과학적 창의성**은 수학영역을 비롯한 과학의 학문영역과 발명영역으로 구분될 수 있다. 창의성의 측정도구는 그 평가 측면에 따라 크게 세 가지의 형태, 즉 창의성의 구체적인 성과, 인지적 과정 그리고 개인적 성격을 평가하는 것으로 구분될 수 있다.

성과 중심 척도들은 개인이 만들어낸 성과물을 대상으로 창의성을 평가하고 있다. Amabile(1982)가 개발한 합의적 평가기법(CAT: Consensual Assessment Technique)에 따르면, 피평가자에게 어떤 과제를 주고 창의적인 결과물을 내놓도록 하며 이 결과물을 대상으로 여러 전문가들이 창의성을 평가한다. 이 기법은 한 개의 과제를 통해서 개인의 창의성을 평가한다는 점과 주어진 과제가 개인의 전문분야가 아닐 수도 있다는 점이 단점으로 지적되고 있다. 다른 방법은 전생애 창의성 척도(Lifetime Creativity Scale)로서 개인이 오랜 시간에 걸쳐 창작한 작품들을 평정하는 기법이다(Richards, Kinney, Lunde, Benet, & Merzel, 1988). 자신의 창의성이 잘 반영된 성과물들을 제시하게 하여 이를 근거로 창의성을 평가한다. 위대한 창의성(big C)을 측정하는 방법으로는 개인이 성취한 업적의 양과 질을 평가하는 생산성 척도(Productivity Measure)가 사용되기도 한다. 예를 들어, 과학자의 창의성은 학술지에 발표한 논문의 수나 내용의 질을 통해서 평가될 수 있다.

과정 중심 척도는 외적인 성과물보다 창의성에 관여하는 심리적 과정을 평가한다. Mednick(1962)이 고안한 원격 연합 검사(RAT: Remote Association Test)에서는 실험 참여자로 하여금 기준 단어와 세 개의 자극 단어 간의 관련성을 찾아내도록 한다. 예를 들어, 기준 단어인 '의자'와 자극 단어인 '바퀴, 전기, 높이'와의 연관성을 찾아내도록 함으로써 개념들 간의 연관성을 찾아내어 이를 독창적으로 결합시키는 과정을 평가하는 것이다. Guilford(1967)는 창의성의 기초가 되는 '확산적 사고'를 측정하는 검사를 개발한 바 있다. **확산적 사고**란 주어진 문제에 대해서 매우 다양한 응답을 만들어내는 능력으로서, 가장 적절한 한 가지 응답을 찾아내는 '수렴적 사고'와 대비되는 것이다. 예를 들어, 특이한 용도 검사(Unusual Uses Test)는 이쑤시개나 클립과 같은 일상적인 물건을 활용할 수 있는 다양한 용도를 가능한 한 많이 찾아내게 하는 방법으로서 참여자가 제시한 응답은 다양성(응답의 수), 융통성(응답이 해당되는 범주의 수), 독창성(응답의 희귀성)의 기준에 의해서 평가된다.

성격 중심 척도는 창의성과 관련된 개인적 특질을 측정한다. Gough(1979)가 개발한 창의적 성격검사(Creative Personality Scale)는 창의성과 밀접한 관련성을 지닌 성격특성을 기술하는 형용사 체크리스트(예: 유능한, 영리한, 자신만만한, 통찰력 있는, 독창적인)를 통해서 개인의 특성을 평가한다. Davis(1975)가 개발한 'How Do You Think Scale'은 창의성과 관련된 개인의 흥미, 가치관, 활력, 자신감, 유머, 유연성, 쾌활함, 비인습성, 개방성 등을 평가한다.

창의성과 관련된 심리적 특성

창의성과 관련된 심리적 특성에 관해서는 두 가지의 일관된 결과가 나타나고 있다(Simonton, 1999, 2000, 2002). 첫째, 창의적인 사람들이 반드시 지능이 높은 것은 아니다. 창의성이 높다고 해서 반드시 천재적인 높은 수준의 지능을 지니는 것은 아니며, 지능이 높다고 해서 창의성 검사에서 높은 점수를 얻는 것도 아니다. 그러나 창의성이 높은 사람은 낮은 지능을 나타내지 않으며, 최소한 평균 이상의 지능 수준을 보인다. 문학

영역의 경우는 IQ 120 이상이면 최고도의 창의성을 나타낼 수 있는데, IQ 120은 대학교 졸업자들의 평균적인 지능 수준이다. 또한 지능이 다소 낮더라도 일상적인 수준의 창의성을 나타내는 데는 어려움이 없다. 다만 지능 수준이 현저하게 낮은 경우에는 창의성을 나타내기 어렵다.

둘째, 창의성은 지능 수준보다 성격특성과 더 밀접한 관련성을 지닌다(Feist, 1998). 창의적인 사람들은 독립적이고, 비순응적이며, 비인습적일 뿐만 아니라 관심분야가 넓고 새로운 경험에 대한 개방성을 지니며 행동적 · 인지적 유연성과 모험적 성향을 가지고 있다. 이러한 일련의 특성들은 '창의적 성격' 이라고 불리기도 한다. 그러나 이러한 성격특성들은 창의성의 영역, 정도, 성과물 형태에 따라 차이가 있다. 예를 들어, 과학자는 예술가에 비해 덜 독립적이고, 더 관습적이며, 새로운 경험에 대해 덜 개방적이고, 더 지능이 높다. 반면에, 예술가는 과학자에 비해 정서적으로 더 섬세하며 더 독특한 성격을 지니는 경향이 있다. 또한 창의성의 정도에 따라서 성격특성의 목록이 달라지는데, 일상적 창의성은 평범한 사람들의 특성과 연관되는 반면, 비범한 창의성을 지닌 사람들은 평균에서 벗어난 독특한 성격특성을 지닌다.

창의성과 정신병리는 관련성이 있는 것으로 알려져 있다. 특히, 매우 높은 수준의 창의성을 지니는 사람들은 보통사람들에 비해서 정신병리(극심한 정서적 변화, 대인관계의 결여, 반사회적 행동 등)를 나타내는 경우가 더 많으며, 정신병리를 많이 보이는 가문에서 뛰어난 창의성을 지닌 사람이 나올 확률이 더 높다(Perterson & Seligman, 2004). 그러나 창의성이 정신병리와 필연적인 관련성을 지니는 것은 아니다. 우선 정신병리의 발생 빈도는 창의성의 영역에 따라 많은 차이를 보인다. 시인과 같은 예술가들은 우울증과 같은 정신병리에 매우 취약한 반면, 과학자들은 정서적으로 훨씬 더 안정되어 있다. 또한 창의성이 정신병리에 근거하는 것은 아니다. 대다수의 창의적인 사람들은 전혀 정신병리를 나타내지 않을 뿐만 아니라 설혹 정신병리를 나타내더라도 그것은 창의성의 원인이기보다 결과인 경우가 많다. 일반적으로 창의적인 개인들은 평범한 사람들에 비해서 더 많은 갈등과 비판에 시달리는 경우가 많기 때문이다. 또한 창의적인 사람들은 자신의 약점을 상쇄하거나 보완하는 독특한 특성을 지니는 경우가 많다. 즉, 기괴한 사고나 조증적인 열정을 창의적인 활동으로 잘 활용하는 것이다. Maslow나 Rogers와 같은 인본주의 심리학자들이 주장하듯이, 창의성은 '자기실현' 을 위한 긍정적인 성향일 뿐만 아니라 정신병리적 성향에 대한 효과적인 대처방식일 수도 있다. 즉, 창의성은 잠재적인 정신병리적 성향이 오히려 비범한 개인적 장점으로 발현되어 활용된 것일 수 있다.

창의성이 발현되는 정도는 환경의 영향을 많이 받는 것으로 알려져 있다. 일반적으로, 지적이고 문화적이며 심미적인 자극을 풍부하게 제공하는 가정환경은 창의성을 촉진한다. 예를 들어, 다양한 많은 책과 잡지를 구비하고 있고 예술 공연, 전시회, 박물관, 여행과 같은 문화활동을 많이 하는 가정환경이 그러하다. 부모는 평균보다 높은 교육 수준을 지니고, 자녀의 자발적 관심사에 초점을 맞추며 양육한다. 학교에서 교사는 융통성을 지니면서 새로운 모험을 장려하는 것이 바람직하다. 그러나 창의성이 일상적 수준을 넘어 발휘되기 위해서는 특정한 영역의 전문적 기술을 습득해야 한다. 즉, 특정한 영역에서 최소한 10년간 필수적인 지식과 기술을 습득해야만 창의적인 공헌을 할 수 있는데, 이를 **10년 법칙**(10-year-rule)이라고 부른다(Hayes, 1989). 이러한 전문적 기술을 습득하는 단계에서 좋은 스승이나 조언자의 역할이 창의성 함양에 매우 중요하다.

창의성에 관한 실증적 연구에서 가장 오래된 관심사 중 하나는 연령대와 창의적 성취 간의 관계이다. 연구결과에 의하면, 창의적 업적은 30대 후반부터 40대 초반에 절정에 이르렀다가 그 이후에 하강한다. 그 하강 정도는 전성기의 창의성 정도, 창의성의 영역, 개인이 직업을 갖게 된 연령 등의 요인에 따라 달라진다.

창의성의 촉진 및 억제 요인

창의성은 비교적 안정된 특성이지만 환경적 요인에 의해 촉진되거나 억제될 수 있다. 창의성을 촉진하고 발현시키는 것은 개인의 성공적인 삶뿐만 아니라 사회와 국가에도 커다란 영향을 미치게 된다. 창의성을 꽃피우는 사회는 종종 황금기를 맞이하게 되지만, 창의성이 결여된 사회는 암흑기에 접어들게 된다. 창의성 증가는 사회의 활기와 생산성을 증대시켜 사회적 발전을 촉진한다.

창의성은 지지적이고 개방적이며 격식을 따지지 않는 자유스러운 환경에서 촉진된다. 창의성 검사에서는 '창의성을 발휘해보라.' 는 간단한 지시만으로도 과제에 대한 반응이 풍부해진다. 반면에, 시간적 제약의 압박, 계속적인 감독, 비판적인 판단, 해결책에 대한 엄격한 제한이 주어지면 창의성이 떨어진다. 일반적으로 창의성을 억제하는 것은 촉진하는 것보다 훨씬 더 쉽다.

일반적으로 창의성을 육성하기 위해서는 지지적인 멘터가 필요하며, 해당분야의 전문적 기술을 가르치고, 창의성 억제 요인을 제거하는 것이 중요하다. 또한 집단적으로 창의성을 고양시켜주는 **브레인스토밍**(brainstorming)을 활용할 수 있다. 브레인스토밍은 무비판적인 분위기 속에서 구성원 개개인의 생각을 자유롭게 제시하도록 하는 방법인데, 이렇게 제시된 생각은 다른 사람들의 생각을 자극하여 새로운 아이디어가 떠오르도록 촉진한다. 브레인스토밍을 통해서 새로운 아이디어들이 떠오르게 된다는 증거들은 있지만, 이를 통해서 실제로 창의적인 결과물이 산출된다는 증거는 부족하다. 브레인스토밍에 관한 연구결과는 매우 복잡하며, 어떤 진행방법이 창의성 발현에 기여하는지는 분명하게 알려져 있지 않다.

개인적 수준에서 문제해결을 하는 경우에도 브레인스토밍과 유사한 방법이 적용될 수 있는데, 문제해결의 초기단계에서는 해결안의 적절성에 대한 판단을 보류하고 자유롭게 다양한 방안을 떠올리는 것이 중요하다(Parnes, 1963). 예를 들어, 작가들은 토해내기 방법(spew method)을 사용하곤 하는데, 일단 마음에 떠오르는 문장들을 마음대로 토해내어 기록하되 편집이나 철자 교정 등을 하지 않는 것이다. 이런 방식은 미술과 같이 비언어적인 작업보다 글쓰기와 같은 언어적인 창조적 작업에 적합하며, 위대한 창의성보다는 일상적 창의성에 더 적합한 것으로 보인다.

다른 개인적인 방식은 창의적인 사람들이 흔히 사용하는 '발견법(heuristics)' 으로서 'SCAMPER' 라는 약자로 표현되기도 한다. 즉, 대체(Substitution), 조합(Combination), 개조(Adaptation), 수정(Modification), 용도변경(Putting to other uses), 제거(Elimination), 재배열(Rearrangement)의 7가지 단계를 거치는 것이다(Eberle, 1977).

Nickerson(1999)은 아동의 창의성을 촉진하기 위해서 '생산적 사고 프로그램(Productive Thinking Program)' 'CoRT 사고 교육 프로그램(Cognitive Research Trust Program)' '지능 프로젝트(Project Intelligence)' 등의 방법을 개발한 바 있다. 이러한 프로그램들은 다양한 영역에서 창의적 사고를 통해 문제를 해결하도록 촉진하는데, 단기적으로는 효과가 있는 것으로 밝혀졌지만 장기적인 효과는 확인되지 않았을 뿐만 아니라 검사문제를 잘 풀도록 가르치는 것이 아니냐는 비판도 있다. Nickerson은 정형화된 규칙을 통해서 창의적인 문제해결을 하도록 유도하는 것보다 호기심, 내재적 동기, 모험심, 자기관리 등을 육성하는 것이 창의성 증진에 더 많은 도움이 된다고 주장하였다. 또한 아무리 천재적인 재능을 지녔더라도 매우 창의적인 결과물이 산출되기 위해서는 수년간의 훈련과 노력이 필수적이라는 점을 강조하고 있다.

창의성에 관해서는 앞으로 더 많은 연구가 필요하다. 창의성은 유전의 영향을 받는 것으로 알려져 있지만, 환경과의 상호작용을 좀 더 정밀하게 밝히는 연구가 필요하다. 또한 일상적 창의성과 위대한 창의성이 질적으로 다른 것인지 아니면 단순히 정도의 차이인지가 아직 밝혀져 있지 않다. 아울러 창의성이 호기심, 용감성, 낙천성, 리더십, 진실성 등의 강점들과 어떤 관련성을 지니는지 밝힐 필요가 있다.

나의 창의성 평가[1]

◆ 아래에 있는 문항을 주의 깊게 읽고, 귀하가 지난 1년간 실제로 어떠했는지에 근거하여 귀하에게 가장 적절한 숫자에 ○표 하십시오.

전혀 그렇지 않다	약간 그렇다	어느 정도 그렇다	상당히 그렇다	매우 그렇다
1	2	3	4	5

문항	전혀 아니다	약간 그렇다	어느 정도 그렇다	상당히 그렇다	매우 그렇다
1. 나의 상상력은 다른 친구들에 비해서 뛰어나다	1	2	3	4	5
2. 나는 어떤 일을 할 때 항상 새로운 방법을 생각해낸다	1	2	3	4	5
3. 새롭고 독특한 생각을 해내는 능력은 나의 장점 중 하나다	1	2	3	4	5
4. 친구들은 내가 새롭고 이색적인 생각을 많이 한다고 말한다	1	2	3	4	5
5. 나는 나의 독창성을 자랑스럽게 생각한다	1	2	3	4	5
6. 새롭거나 혁신적인 일을 할 때, 나는 독창적이고 기발한 창의적인 생각을 잘 해내는 편이다	1	2	3	4	5

1) 6장부터 8장까지 소개되는 24개 강점에 대한 간편형 평가 척도는 저자가 독자들의 이해를 돕기 위해 VIA-IS와 BST(Brief Strength Test)의 일부 문항에 근거해 나름대로 수정하여 구성한 것이다.

◆ 결과해석[2]

6 ~ 9점: 창의성이 부족한 상태이므로 계발을 위한 적극적 노력이 필요함.
10 ~ 20점: 창의성이 보통 수준이므로 계발을 위한 노력이 필요함.
21 ~ 25점: 상당한 창의성을 지니고 있으므로 강점으로 계발하기 바람.
26 ~ 30점: 매우 탁월한 창의성을 지니고 있으며 대표 강점으로 계발하기 바람.

◆ 창의성 증진을 위한 작은 노력[3]

1. 도예, 사진술, 조각, 회화, 서예를 가르치는 교육 프로그램에 등록한다.
2. 집에 있는 어떤 물건을 선택하여 그것의 평소 용도와 다른 새로운 용도를 가능한 한 많이 생각해본다. 예를 들어, 핸드폰, 손톱깎이, 옷걸이는 어떤 다른 용도로 사용할 수 있을까?
3. 나름대로 시를 써본다. 내가 쓴 시를 적어서 친구에게 보내본다.

2) 호기심

이론적 정의

호기심(curiosity)은 새로운 정보, 지식, 경험을 얻고자 하는 욕구로서 탐색적인 행동을 유발하는 심리적 성향을 뜻한다. Naylor(1981)는 평소에 다양한 상황에서 호기심을 느끼는 개인의 성향인 **특질 호기심**(trait curiosity)과 호기심을 야기하는 상황에 대한 반응인 **상태 호기심**(state curiosity)을 구분하고 있다. 또한 호기심은 흥미(interest), 새로운 것에 대한 추구(novelty-seeking), 경험에 대한 개방성(openness to experience) 등과 혼용되어 사용되고 있지만, 서로 같은 개념이라고 할 수는 없다. 일반적으로 흥미는 호기심과 비슷한 의미로 사용되고 있으며, 새로운 것에 대한 추구는 호기심보다 좁은 의미이다. 그리고 경험에 대한 개방성은 호기심보다 넓은 의미로서 새로운 공상, 느낌, 사고, 가치에

2) 6문항에 동그라미한 숫자를 합하면 총점이 된다. 이 총점에 대한 해석이 제시되어 있다. 6~8장에 소개된 24개 강점의 평가 척도에서도 총점계산법은 동일하다.

3) 6장부터 8장까지 소개되는 24개 강점에 대한 증진방법은 Haidt(2002a), Rashid와 Anjum(2005)의 제안에 근거한 것이다.

호기심의 대표적 인물 콜럼버스(왼쪽)와 헬렌 켈러

대한 수용성을 뜻한다. 호기심은 경험에 대한 개방성의 동기적 요소만을 지칭하는 것이라고 할 수 있다.

호기심은 새로운 경험과 학습을 촉진하며 내재적인 만족과 성취를 이루게 하는 긍정적인 심리적 특성이다. 호기심을 통해서 성취를 이룬 대표적 인물로는 콜럼버스, 마젤란, 에드먼드 힐러리와 같은 탐험가들과 수많은 발명가들이 있다. 또한 헬렌 켈러는 청각과 시각의 장애를 지녔음에도 불구하고 세상에 대한 놀라운 호기심으로 장애를 극복한 대표적 인물이다.

호기심은 심리학의 선구자인 William James를 비롯하여 많은 심리학자들이 깊은 관심을 지녔던 주제이다. James(1890)는 호기심을 두 가지 유형, 즉 새로운 자극에 대한 흥미와 탐색 행동을 유발하는 흥분과 불안의 혼합 감정으로서의 정서적 호기심과 지식의 불일치에 의해서 유발되는 인지적 호기심으로 구분한 바 있다. 그는 호기심이 지식을 증가시킨다는 점에서 진화적으로 유용한 것이라고 주장했으나, 새로운 것이 대부분 위험한 것이기 때문에 이를 피하는 것이 오히려 진화적으로 유익할 수도 있다는 비판을 후대에 받기도 했다.

Freud는 호기심을 식욕이나 성욕과 같이 누구나 지니고 있는 근본적인 욕구로 여겼으며, 이러한 욕구가 억제되거나 충족되지 못했을 때 더 활성화된다고 보았다. 호기심은 지루함을 피하기 위한 내면적 욕구일 수도 있지만 새롭고 복잡한 자극의 매력에 의해서 외부적으로 유발될 수도 있다.

인지적 입장에서도 호기심을 설명하려는 시도가 이루어졌다. Deci(1975)는 개인이 기존에 지니고 있던 인식의 틀로 이해하거나 설명할 수 없는 새로운 자극을 경험할 때 발생하는 정서가 호기심이라고 설명하였다.

호기심은 다양한 요소로 구성된 복합적 특질로 여겨지고 있다. Berlyne(1962)은 지식의 획득을 목적으로 하는 인지적 호기심과 자극에 대한 감각을 추구하는 지각적 호기심으로 구분한 바 있다. Day(1971)는 다양한 경험에 대한 일반적 호기심과 특수한 영역에 대한 구체적 호기심으로 구분한 바 있는데, 이러한 구분방법은 현재 호기심과 관련된 연구에서 가장 많이 사용된다. 특히, 일반적 호기심은 새로운 것에 대한 추구(novelty seeking)라는 개념으로 연구되고 있다.

Spielberger와 Starr(1994)는 호기심에 대한 이중 과정 모델(dual-process model of optimal stimulation)을 제안하였다. 우리는 새롭고 도전적인 상황에서 불안과 호기심을 함께 느끼게 된다. 불안과 호기심의 강도는 새로운 자극의 네 가지 속성, 즉 새로움, 복잡성, 불확실성, 모순성에 비례한다. 새로운 자극을 위협적인 것으로 인식하게 되면 그것으로부터 회피하려고 하지만, 새로운 학습의 기회로 여기게 되면 그것에 접근하려고 할 것이다. 자극 수준이 낮을 경우에는 호기심이 촉발되지 않으며, 자극 수준이 적당한 경우에 호기심이 생겨나면서 경미한 불안감이 동반된다. 자극 수준이 과도한 경우에는 불안감이 호기심을 압도하여 회피적인 행동을 하게 된다.

호기심은 인지 발달의 핵심적 요인으로 알려져 있다. Kashdan, Rose와 Fincham (2002)은 아동이 호기심을 느끼고 그러한 호기심이 유지되거나 해결되는 과정에서 새로운 호기심으로 통합되는 과정을 통해 인지 발달이 이루어진다고 설명하였다. 호기심은 새로운 호기심을 야기하는 연쇄적 과정을 유발하는데, 호기심을 해결하는 과정에서 통제감이나 유능감과 같은 긍정 정서를 경험함으로써 새로운 호기심이 발생된다.

측정도구

호기심은 자기보고형 질문지의 형태로 측정되는 것이 일반적이다. 상태-특질 호기심 척도(State-Trait Curiosity Inventory; Spielberger, 1979)는 호기심을 상태 호기심과 특질 호기심으로 구분하여 측정하고 있으며, 호기심 및 탐색 척도(Curiosity and Exploration Inventory; Kashdan et al., 2002)는 구체적 호기심과 일반적 호기심을 측정하고 있다. 인지 욕구 척도(Need for Cognition Scale; Cacioppo & Petty, 1982)는 일반적 호기심을 위주로 측정하고 있으며, NEO-PI-R의 경험 개방성 척도(Openness to Experience Scale)는 좀 더 포괄적으로 새로운 공상, 느낌, 사고, 가치에 대한 수용성을 측정한다.

호기심을 실험실에서 유도하여 측정하려는 방법도 시도되고 있다(Loewenstein, 1994). 예를 들어, 얼굴 사진을 조각으로 나누어 뒤섞어 뒤집어 놓은 다음에 피험자로 하여금 한 장씩 뒤집도록 한다. 계속 뒤집게 하다가 어느 시점에서 사진 주인공의 나이가 얼마인지 추측해 보도록 묻는다. 동시에 피험자에게 다음의 세 가지 질문을 던진다: (1) 주인공의 나이가 얼마나 궁금한가? (2) 주인공의 나머지 사진 조각을 다 보고 싶은가? (3) 만약 50센트를 내야 나머지 사진 조각을 다 볼 수 있다면, 50센트를 내겠는가? 이러한 질문의 대한 응답을 수치화하여 호기심의 정도를 측정한다(Peterson & Seligman, 2004).

호기심과 관련된 심리적 특성

호기심은 여러 가지 긍정적인 심리적 특성들과 정적인 상관을 나타내고 있다. 예를 들어, 호기심은 긍정 정서, 창의성, 통제감, 일이나 놀이에서의 적극성, 고정관념에 도전하는 성향 등과 정적인 상관을 보이는 반면, 스트레스나 권태와는 부적인 상관을 보였다(Cacioppo et al., 1996; McCrae & Costa, 1997). 호기심은 흥분, 즐거움, 주의력을 향상시키고(Kashdan & Roberts, 2002), 복잡한 의사결정을 수월하게 하며, 목표를 오랜 기간 유지하도록 하는 데 도움을 주었다(Sansone & Smith, 2000). 호기심은 학업수행이나 자발적 직업 선택과 같은 행동적 변인과도 정적인 상관을 지닐 뿐만 아니라 대인관계에서 다른 사람과의 친밀한 관계를 유도하며, 특히 낯선 사람과 친밀감을 형성하는 데 큰 도움을 준다. 호기심은 지능, 자존감, 주관적인 안녕감, 독립성, 문제해결 능력과 같은 긍정적 변인과도 정적 상관을 보였다(Kashdan et al., 2002).

일부 연구에서는 호기심의 부정적 결과가 보고되기도 했다. 호기심은 충동성, 폭력적 행동이나 성적 행동에 대한 선호, 분노 표현, 욕구 지연의 어려움, 비행행동 등의 부정적 행동이나 성향과 관련이 되는 경우도 있었다(Aluja-Fabregat, 2000; Zuckerman, 1994).

호기심은 유아에서도 관찰되는 것으로서 선천적이고 보편적인 정서적 현상으로 여겨지고 있다(Izard, 1977). 새롭고 흥미로운 자극을 보게 되면, 우리는 생리적 흥분, 주관적 쾌감, 환경에 대한 탐색행동을 나타낸다. 유아의 경우, 새로운 자극을 시각적으로 탐색하고 그에 관여하려는 행동을 통해서 호기심을 표출한다. 기본적으로 호기심은 개인과 환경의 상호작용에 의해 촉발된다. 새로운 환경적 자극으로 유발된 정서적 흥분은 그 자극이 위험한 것인지 아니면 보상적인 것인지의 평가에 따라 호기심 또는 두려움으로 구체화되는데 이 과정에서 유아의 기질이 관여한다. 새로운 상황, 사람, 대상에 대해서 두려움을 느끼고 위축되는 성향을 의미하는 행동 억제 기질은 생후 21개월부터 뚜렷하게 나타나게 된다(Kagan, 1989). 일반적으로 모호하거나 복잡한 사회적 상황은 호기심을 유발하게 되는데, 억제적 기질을 지닌 아동들은 이러한 상황에 대해서 불편감을 느끼며 위축된다(Reznick et al., 1986).

호기심의 개인차는 생후 첫 해에 형성되는 양육자와의 애착과 밀접히 관련되는 것으로 여겨지고 있다. 양육자가 호의적이고 허용적이라고 느끼는 아동은 새로운 자극에 대한 불안을 잘 견딜 뿐만 아니라 새로운 경험에 대해 개방적인 자세를 지니게 되며 발달적 과제를 더 잘 해결하게 된다. 애착연구에 따르면, 인간관계에서 안전감을 느끼는 정도가 호기심과 밀접히 연관되어 있다(Mikulincer, 1997). 이러한 연구결과들은 어린 시절의 긍정적인 부모-자녀관계가 호기심에 영향을 미친다는 점을 시사한다.

장기적인 연구는 드물지만, 호기심은 전생애를 통해서 상당히 안정적인 것으로 보인다. 그러나 새로운 경험을 추구하는 성향, 즉 쾌락이나 모험을 추구하고 지루함을 잘 견디지 못하는 성향은 나이가 많아짐에 따라 감소한다.

생물학적으로 호기심은 생물행동적 접근체계(BAS: biobehavioral approach system)와 관련되어 있는 것으로 보고되고 있다. BAS는 어떤 유인 자극이 있을 때 이에 접근하도록 만드는 역할을 담당하며 외향성, 충동성, 자극 추구 성향과 관련되어 있다. 또한 호기심은 신경전도물질인 도파민(Dopamine)의 활동과 관련되어 있는 것으로 알려져 있다(Benjamin, Ebstein, & Belmaker, 1997). 새로움의 추구 성향은 D4 도파민 수용기 유전자(D4DR)와 관련된 것으로 보고되는데, D4DR은 주의력 결핍 및 과잉행동 장애(ADHD)의 유전적 징표로 알려져 있다. ADHD는 새로움을 추구하는 극단적인 성향으로서 높은 충동행동과 낮은 행동 억제를 나타낸다.

쌍둥이 연구에서는 호기심과 유사한 요인인 경험에 대한 개방성에 관한 연구가 이루어진 바 있는데, 경험에 대한 개방성은 43%가 유전적인 영향으로 설명된다고 한다(Loehlin, 1992). 경험에 대한 개방성은 유전적인 영향으로 설명되는 비율이 다른 Big 5 성격 변인에 비해 높은 편인데, 경험에 대한 개방성이 BAS 체계, 진화적 생존 가치, 지능 등과 관련성이 높기 때문이다.

호기심의 촉진 및 억제 요인

호기심은 자극이 새롭고 복잡하며 불확실하고 상충되는 면이 많을수록 커진다. 다만 이러한 자극의 강도가 적정 수준이어야 하며, 과도하게 높은 강도의 자극은 오히려 호기심을 떨어뜨린다. 또한 호기심의 수준은 특정한 대상으로부터 새로운 지식을 학습할 수 있을 것이라고 지각하고 새로운 지식의 학습에 높은 가치를 부여할수록 증가된다. 호기심은 그 상황에서의 행동 선택이 자발적이라는 믿음과도 관련된다. 외부적인 처벌, 위협, 보상이 없을 뿐만 아니라 내부적 두려움과 죄책감이 없는 상태에서 개인이 자발적으로 행동할 수 있다고 느낄 때 호기심은 더 잘 유발된다.

이와는 반대로 불안, 특히 사회적 상호작용에 대한 불안은 호기심을 억제하는 것으로 알려져 있다. 또한 자기초점적 주의 성향도 호기심을 억제하는 것으로 알려져 있는데, 그 이유는 누구나 제한된 용량의 주의력을 지니고 있으며 과도한 자기초점적 주의로 인해서 호기심에 필요한 주의력을 소진하기 때문이다(Rodrigue, Olson, & Markley, 1987).

호기심은 학업성취와 업무성과에 영향을 미치므로 학교, 학원, 직장 등의 장면에서는 호기심을 증진시키는 노력이 필요하다. 또한 호기심은 긍정 정서를 고양시키는 기능을 하므로 정서적 문제를 지닌 사람들을 위해서 호기심을 높이는 개입도 유용할 것이다. 예를 들어, 정서적 문제로 비행행동을 할 수 있는 빈민가의 청소년들에게 심야에 농구 게임을 하게 하거나 인지 기능이 어느 정도 유지되고 있는 정신과 환자에게 장기를 두게 하는 것 등의 개입방법은 정서적 문제의 해소에 도움이 될 것이다.

상태 호기심은 실험실에서의 조작을 통해서 유발될 수 있다. Silvia(2006)는 환경특성(예: 위험성 수준, 자율성 지원 정도)과 활동특성(예: 경쟁 수준, 의미를 부여하는 정도)을 조작함으로써 상태 호기심을 변화시킬 수 있었다. 이러한 연구결과에 따른다면, 호기심을 높이기 위한 다양한 개입방법이 가능하다. 개인의 능력을 가장 잘 발휘할 수 있는 심리적 상태는 과제의 난이도가 그 사람의 기술 수준과 잘 맞아떨어져서 내재적 동기와 호기심을 유발할 뿐만 아니라 통제감을 줄 수 있을 때 가능하다. 또한 호기심은 개인이 중요한 의미를 느끼면서 참여하고 있는 영역에서 알고 싶은 것과 현재 알고 있는 것 간의 괴리를 느낄 때 증대된다.

이러한 연구결과들을 종합하면, 호기심을 증진하기 위해서 (1) 현재 알고 있는 것과 모르고 있는 것에 대한 자각을 높이고, (2) 자율성과 유능감을 느끼는 경험을 하도록 촉진하며, (3) 개인적으로 중요한 의미를 느끼는 영역에서 멘터와 지지적인 관계를 맺도록 하는 것이 필요하다. 호기심을 통해 학습을 육성할 수 있는 활동은 정서적 어려움을 이겨내는 데 도움이 될 뿐만 아니라 개인의 성장을 돕는 기회가 될 수 있다.

나의 호기심 평가

◆ 아래에 있는 문항을 주의 깊게 읽고, 귀하가 지난 1년간 실제로 어떠했는지에 근거하여 귀하에게 가장 적절한 숫자에 ○표 하십시오.

	전혀 아니다	약간 그렇다	어느 정도 그렇다	상당히 그렇다	매우 그렇다
1. 나는 세상이 매우 흥미 있는 곳이라고 생각한다	1	2	3	4	5
2. 나는 결코 지루해하지 않는다	1	2	3	4	5
3. 나는 다른 나라나 문화에 대해 이야기 듣는 것을 매우 좋아한다	1	2	3	4	5
4. 나는 어떤 상황에서든 흥미로운 것을 찾아낼 수 있다	1	2	3	4	5
5. 나는 흥미 있는 일을 하느라 항상 분주하다	1	2	3	4	5
6. 나는 새로운 것을 알아보거나 색다른 일을 하게 될 때, 호기심이나 흥미를 많이 느끼는 편이다	1	2	3	4	5

◆ 결과해석

6 ~ 9점: 호기심이 부족한 상태이므로 계발을 위한 적극적 노력이 필요함.

10 ~ 20점: 호기심이 보통 수준이므로 계발을 위한 노력이 필요함.

21 ~ 25점: 상당한 호기심을 지니고 있으므로 강점으로 계발하기 바람.

26 ~ 30점: 매우 강한 호기심을 지니고 있으며 대표 강점으로 계발하기 바람.

◆ 호기심 증진을 위한 작은 노력

1. 전혀 알지 못하는 낯선 주제에 관한 강의를 듣는다.
2. 잘 모르는 음식을 하는 음식점에 가본다.
3. 내가 살고 있는 도시의 새로운 장소에 가보고 그 역사에 관해서 알아본다.

3) 개방성

이론적 정의

개방성(open-mindedness)은 자신이 지지하는 신념, 계획, 목표에 반대되는 증거들을 적극적으로 탐색하며 그것이 적절한 것이라면 기꺼이 수용하려는 열린 마음자세를 뜻한다. 이러한 특성은 경직된 편견적 태도와 대비되는 것으로서 사실을 있는 그대로 받아들이고자 하는 객관적이고 냉철한 태도를 의미한다. 개방성의 강점을 지닌 사람들은 "우리는 항상 자신의 신념에 반대되는 증거들을 고려해야 한다." "신념은 새로운 증거에 따라 수정되어야 한다." "기존의 신념을 사실적 증거에 근거하여 포기하는 것은 훌륭한 인격의 징표이다."라는 신념을 지니고 있다.

Francis Bacon은 다음과 같이 이야기한 바 있다. "일단 어떤 견해를 채택하게 되면 인간은 그것을 지지하고 옹호하기 위해서 모든 것들을 끌어들인다. 그와 반대되는 중요한 사례들이 무수히 생겨나더라도, 이를 무시하거나 폄하하거나 어떤 이유로든 배제하고 거부한다. 이처럼 거대한 치명적인 성향에 의해서 이전에 내린 결론은 수정되지 않은 채 권위적인 것으로 남게 된다."

이처럼 사람들은 이미 자신의 마음에 강력하게 자리 잡은 생각에 집착하여 현명한 판단을 하지 못하는 경향을 지니기 때문에, 개방성이 중요한 강점으로 인식되고 있다. 개방성은 자신의 생각과 믿음을 옹호하려는 강력한 편견적 성향을 거슬러 교정하려는 것이기에 성격적 강점으로 여겨지고 있다(Perkins, Bushey, & Faraday, 1986). 따라서 개방성은 현명한 판단에 기여하게 되며 적응적인 기능을 지닌다. 우리 사회에 만연되어 있는 편견, 고정관념, 완고성, 편협성, 교조주의, 권위주의 등의 부정적 영향을 인식한다면, 개방성과 열린 마음자세의 중요성을 알게 될 것이다.

개방성에 대해서 수많은 성현들과 철학자들이 중요한 덕목으로 강조해왔다. 20세기 초의 심리학자로는 John Dewey(1933)가 개방성에 깊은 관심을 지녔다. 특히, 개방적인 사고에 대한 Dewey의 생각은 심리학계의 많은 사람들에게 깊은 영향을 미쳤다. 이후 개방성에 대한 대표적인 학자인 Irving Janis(1982)는 편견적 태도를 유발하는 집단사고(groupthink)가 미국의 쿠바 침공과 같은 외교정책의 커다란 실패를 초래한 원인이라고 주장했다. 그는 미국 대통령의 자문집단과 같이 중요한 판단과 결정을 하는 집단의 경우 일부 구성원으로 하여금 반대의견을 내는 임무를 부여해서 상반된 의견을 경청하여 고려할 수 있도록 보장함으로써 집단의 의사결정이 개선될 수 있다고 제안했다.

Herek, Janis와 Huth(1987)는 1947년의 그리스 내전부터 1973년의 제4차 중동전쟁에 이르는 19차례의 국제적 위기에 미국 대통령과 자문집단이 어떻게 생각하고 대응했는지를 조사했다. 특히, 현명하지 못했던 의사결정이 이루어진 과정에 관한 역사적 기록을 평가한 결과, 대응 목표의 부적절한 선택, 그러한 선택의 비용과 위험에 대한 고려 부족, 대안에 대한 고려 부족, 정보에 대한 편향된 해석 등의 특징이 드러났다. 이들의 연구는 개방성의 결여로 인해서 부적절한 판단과 국제적 재난이 초래될 수 있음을 보여주고 있다.

측정도구

개방성은 크게 세 가지 방법으로 측정되고 있다. 첫 번째 방법은 사람들의 신념을 묻는 자기보고형 검사이다. 권위주의적 신념에 동의하는 정도를 측정하는 F 척도(F-scale; Adorno et al., 1950)와 독단주의적 생각에 동의하는 정도를 측정하는 독단주의 척도(Dogmatism Scale; Rokeach, 1960)에서 낮은 점수를 얻은 사람일수록 더 개방적인 것으로 간주된다. 그러나 이러한 방법은 개방성을 간접적으로 평가하는 것이다. 이러한 한계를 보완하기 위해서 Stanovich와 West(1997, 1998)는 개방적 사고방식을 평가하는 자기보고형 검사를 개발하였다. 이 검사는 '좋은 사고방식(good thinking)' 의 특징들을 문항으로 제시하고 이에 동의하는 정도가 높을수록 개방성이 높은 것으로 평가한다.

두 번째 평가방법은 다양한 주제에 대한 언어적 진술의 내용분석을 함으로써 사고방식의 개방성을 평가한다. 예컨대, "여러 대안적 관점을 고려하고 있는가?" "찬성과 반대의 증거들을 모두 고려하고 있는가?" 등의 측면에서 언어적 진술을 분석한다. 이러한 대표적 측정방법은 통합적 복합성(Integrative Complexity) 평가법이다(Suedfeld & Tetlock, 1977; Suedfeld, Tetlock, & Streufert, 1992). 통합적 복합성은 사람들이 어떤 주제(예: 낙태, 사형제도 등)에 대해서 생각하는 방법의 두 가지 측면인 분화와 통합을 포함한다. 분화(differentiation)는 특정한 주제에 대해서 여러 가지 다른 관점을 적용할 수 있는 개인의 능력을 말하며, 통합(integration)은 이러한 여러 가지 관점들 간의 연결성을 고려할 수 있는 능력을 의미한다. 통합적 복합성이 낮은 사람들은 주어진 주제에 대해서 융통성 없는 단순한 견해를 나타낸다.

세 번째 방법은 피평가자들로 하여금 어떤 주제에 대해서 토론을 하게 하고 전문가가 이들의 개방성 정도를 판단하는 방법이다. 이러한 대표적인 측정도구는 토론평가 검사(Argument Evaluation Test; Stanovich & West, 1998)이다. 이 검사의 점수는 개방성을 측정하는 자기보고형 검사의 점수와도 비교적 높은 상관을 보인다.

개방성과 관련된 심리적 특성

Kuhn(1991)은 사회적 주제에 관한 논의를 통해서 개방적 사고방식의 특징을 살펴보고자 했다. 그는 나이와 교육적 배경이 각기 다른 사람들에게 "죄수들이 석방된 후에 다시 범죄를 저지르는 이유는 무엇인가?"와 같은 주제에 관한 구조화된 면접을 실시했다. 이들이 과연 자신이 지지하는 입장 이외의 대안을 생각해낼 수 있는지, 자신의 입장을 지지하거나 반대하는 증거들이 무엇이라고 생각하는지, 비판자들이 자신의 견해에 대해 무엇이라고 논박할 것으로 예상하는지, 그러한 비판자들에게 무엇이라고 응수할 것인지 등의 측면에서 면접내용을 평가했다. 나이가 어리거나 교육 수준이 낮은 사람들은 자발적으로 대안을 만들어내지 못했으며, 대안을 생각해보도록 요청하더라도 자신의 원래 입장을 단지 다른 단어로 바꾸어 말했으며, 입장 자체에 관한 질문과 그 증거에 관한 질문을 잘 구분하지 못했다.

이러한 결과는 Kuhn, Amsel과 O' Loughlin(1988)의 연구결과와 일치되는 것이다. 이 연구에서는 사람들에게 그들의 입장과 다른 어떤 과학적 사실을 제시하면서 그 의미는 무엇이며 과연 어떤 입장이 옳은지에 관해서 말해보도록 했다. 그리고 자신의 견해에 대해서 얼마나 확신하는지, 전문가들의 견해가 옳은지, 사람마다 다른 견해를 지닐 수 있는지, 그리고 여러 다른 견해들이 모두 옳을 수 있는지에 관해서 물었다. 이들의 반응에 근거하여 연구자들은 사람들이 지식에 관한 사고방식에 따라 크게 세 가지 유형으로 구분될 수 있다고 제안했다.

그 첫째는 자신의 견해에 대해서 가장 강한 확신을 지니고 있는 절대주의자들(absolutists)이다. 이들은 전문가들의 견해가 옳을 가능성이 높으며 자신의 견해가 그와 일치한다고 믿는다. 그런데 역설적이게도 이들 중 대다수는 다른 견해들도 옳을 수 있다는 점에 동의한다. 이것은 아마도 이들이 사람들은 각기 나름대로의 관점을 지니고 있으며 그들의 견해가 그들 자신에게는 진실이라고 여기기 때문일 수 있다. 대학생을 비롯한 대다수의 응답자가 이러한 절대주의자에 속했다.

둘째 유형은 자신의 견해에 대해서 중간 정도의 확신을 나타낸 다중주의자들(multiplists)인데, 이들은 전문가의 견해가 잘못된 것일 수도 있으며 상충되는 견해들이 동시에 옳을 수 있다고 주장한다. 이러한 사람들은 개인적인 경험이나 느낌을 자신의 견해에 대한 근거로 여겼다. 또한 사람마다 각기 다른 입장에 있기 때문에 다른 사람의 견해가 잘못되었다는 것을 증명하기가 어렵다는 입장을 보였다.

세 번째 유형인 평가적인 이론가들(evaluative theorists)은 자신의 견해가 전문가들의 견해보다 잘못된 것일 가능성이 높다고 생각했다. 이들은 비록 절대적 진실은 알 수 없더라도 "견해들은 서로 비교될 수 있고 그 적절성이나 장점에 따라 평가될 수 있다."라는 입장을 보였다. 대학생의 14%만이 이 범주에 속했으며, 이들은 다른 사람들에 비해서 자신의 견해가 옳다는 확신을 보이지 않았다.

Kuhn 등(1988)은 반성(reflection)의 유용성을 강조하고 있는데, 반성이란 최소한 한 가지 이상의 대안을 고려할 뿐만 아니라 자신의 견해를 채택하고 대안을 기각하게 되는 구체적인 근거들을 찾는 노력을 말한다. 이러한 반성을 하기 위해서는 토론과 논쟁이 올바른 인식으로 인도하는 가치 있는 일이라는 암묵적인 믿음을 지니고 있어야 한다. 모든 사람의 의견이 똑같이 타당하다는 입장을 지닌 사람들은 토론이나 진리 추구에 대한 열의를 갖기 어렵다.

개방적인 사고방식은 긍정적인 결과들과 관련되는 것으로 나타나고 있다. Stanovich와 West(1997, 1998)는 토론평가 검사에 의해서 측정된 개방성과 여러 다른 과제들에서의 긍정적 결과들과 정적인 상관을 발견했다. 자신의 입장에 대한 편향성이 적은 학생들은 논리적인 삼단논법 테스트에서 더 좋은 성적을 보였다. 또한 이들은 일반적인 인지능력 검사에서도 더 좋은 점수를 얻었는데, 이러한 결과들은 개방적인 사고방식이 다양한 과제에서의 긍정적인 결과를 가져올 수 있다는 점을 보여준다.

내용분석 방법을 사용한 통합적 복합성 연구에 따르면, 복합적으로 사고하는 개방적인 사람들이 다양한 영역에서 효과적인 수행을 나타내는데, 그 이유는 이들이 더 많은 정보, 특히 모순되는 견해에 대해서 주의를 기울이기 때문일 것이다(Winter, 1996). 복합적인 사유자들은 단일한 사건에 의해서 영향을 덜 받으며 단순한 사유자들보다 암시와 조작에 잘 넘어가지 않는다. 인지적으로 복합적인 사람들은 다른 사람들이 어떻게 행동할 것인지를 더 잘 예측할 수 있으며 자신의 생각을 다른 사람에게 투사하는 경향이 적을 뿐만 아니라 스트레스에도 더 잘 대응하는 것으로 알려져 있다(Bieri, 1955; Suedfeld & Piedrahita, 1984).

개방성의 촉진 및 억제 요인

개방성은 생각을 조직화하는 방식에 따라 촉진될 수도 억제될 수도 있다. 어떤 주제에 대해서 상반된 입장의 주장들을 열거해보라고 하면, 사람들은 대부분 주로 자신이 지지하는 입장의 주장들을 나열한다. 그러나 양측의 입장을 모두 말해보라고 좀 더 격려하면, 사람들은 자신과 반대되는 입장에 관한 주장들을 더 많이 만들어냈다(Perkins et al., 1986). 사람들은 반대의견의 주장들을 인식하고는 있지만 처음의 요청에는 잘 생각해내지 않는 경향이 있다. 이처럼 상반된 주장을 개진하도록 요구하는 훈련은 개방성을 증진시킬 수 있다.

Janis와 Mann(1977)에 따르면, 중요한 결정을 해야 하고 그러한 결정을 내릴 충분한 시간이 있으며 긍정적인 결과가 예상될 때 사람들은 더 개방적인 사고를 하는 경향이 있다. 심한 시간적 압력을 받거나 희망을 지닐 수 없을 때, 자기중심적 편향이 더 극단적이거나 혼란스러운 형태로 일어나는 경향이 있다. Tetlock(1986)의 연구에 따르면, 사람들은 상충되는 강렬한 가치나 목표에 관해서 어떤 판단을 해야 할 때 더 적극적으로 개방적인 사고를 한다.

사람들이 나타내는 보편적인 인지적 경향성으로 개방성이 억제될 수 있다. 그 첫째는 선택적 노출(selective exposure)로서 자신이 믿고 싶어 하는 것을 지지하는 정보에 스스로를 노출시킴으로써 신념을 유지하려는 경향성이다. 보수주의자들은 보수주의 신문을 읽고, 진보주의자들은 진보주의 신문을 읽는 것이 그 예이다. 둘째는 초두 효과(primacy effects)로서 처음에 접하게 된 정보에 더 강한 영향을 받는 현상을 의미한다. 실험실에서 어떤 믿음을 형성하게 된 피험자들은 그다음에 주어지는 반증 정보를 무시하는 경향이 있다. 즉, 처음에 제시되는 증거가 훨씬 더 중요한 영향을 미치게 된다. 셋째는 극단화(polarization)로서 중립적 정보보다 극단적 정보가 더 강력한 영향을 미치는 현상을 말한다. 서로 대립하는 강력한 두 입장을 절충한 중립적 정보는 그 영향력이 감소된다.

여러 연구에 의하면, 개방성은 나이가 많아지고 교육을 많이 받을수록 증가한다. 그러나 노년기에는 개방성이 감소한다는 연구결과들이 제시되기도 했으나 일관성 있는 결과를 얻지 못했다. 개방성에 성차가 있다는 증거는 발견되고 있지 않다.

개방성과 판단력은 교육에 의해 증진시킬 수 있다는 견해가 일반적이다. Perkins 등(1986)은 고등학생을 대상으로 16회의 개방성 훈련을 시행하여 긍정적인 성과를 거둔 바 있다. 이 훈련에서 학생들은 논란이 되는 주제에 대해서 토론을 했으며, 상반된 입장의 주장을 가능한 한 많이 제시하고 그에 대한 평가를 하게 했다. 그 결과 학생들은 이 훈련과정에서 논의한 바 없는 주제에 관해서도 상대방 입장의 주장들을 두 배나 많이 생각해냈다.

Kuhn(1991)의 연구에 따르면, 철학과 대학원생은 다른 학생들에 비해서 과학적 사고에서 자기중심적 편향을 덜 보였다. 상반된 견해를 함께 고려하는 객관적인 탐구과정을 통해서 진리가 발견될 수 있다는 신념은 교육에 의해서 가르칠 수 있는 것으로 여겨지고 있다.

나의 개방성 평가

◆ 아래에 있는 문항을 주의 깊게 읽고, 귀하가 지난 1년간 실제로 어떠했는지에 근거하여 귀하에게 가장 적절한 숫자에 ○표 하십시오.

문항	전혀 아니다	약간 그렇다	어느 정도 그렇다	상당히 그렇다	매우 그렇다
1. 나는 중요한 결정을 내릴 때 충분한 근거를 찾으려 한다	1	2	3	4	5
2. 난 항상 찬성하는 의견과 반대하는 의견을 비교해본다	1	2	3	4	5
3. 내 친구들은 나의 판단력을 높게 평가한다	1	2	3	4	5
4. 나는 항상 어떤 문제의 양면성을 살펴본다	1	2	3	4	5
5. 나의 의견과 다르더라도 타당한 주장이라면 기꺼이 받아들인다	1	2	3	4	5
6. 복잡하게 얽힌 중요한 결정을 해야 할 때, 나는 내 견해와 다른 입장들도 공정하게 고려하여 냉철하게 잘 판단하는 편이다	1	2	3	4	5

◆ 결과해석

6 ~ 9점: 개방성이 부족한 상태이므로 계발을 위한 적극적 노력이 필요함.
10 ~ 20점: 개방성이 보통 수준이므로 계발을 위한 노력이 필요함.
21 ~ 25점: 상당한 개방성을 지니고 있으므로 강점으로 계발하기 바람.
26 ~ 30점: 매우 탁월한 개방성을 지니고 있으며 대표 강점으로 계발하기 바람.

◆ 개방성 증진을 위한 작은 노력

1. 대화를 하면서, 나의 의견과 반대되는 입장을 취해서 주장을 해본다.
2. 내가 강력하게 믿고 있는 의견을 생각해보고, 그것이 잘못된 것일 수 있는 가능성을 생각해 본다.
3. 나와 다른 정치적 입장을 선전하는 신문을 읽어보거나 라디오 방송을 들어본다.

4) 학구열

이론적 정의

학구열, 즉 배움에 대한 사랑(love of learning)은 새로운 지식이나 기술을 배우는 것에 대한 갈망과 더불어 그러한 기술과 지식을 숙달하면서 긍정 정서를 경험하는 성향을 의미한다. 이러한 강점을 지닌 사람들은 기술을 익히고 호기심을 충족시키며 지식을 증진하고 새로운 것을 배울 때 즐거움과 기쁨을 느낀다. 무언가를 배우는 과정에서는 긍정 정서뿐만 아니라 좌절과 관련된 부정 정서를 경험할 수도 있는데, 학구열은 이러한 좌절과 곤란에 직면해서도 학습을 지속하도록 돕는다는 점에서 동기적 추진력을 제공한다. 학구열은 즉각적인 성과를 얻을 수도 있고 그렇지 않을 수도 있는 내용을 배우려는 노력으로서 결국에는 깊고 넓은 지식을 발전시켜 실제적이고 창의적인 기여를 하도록 돕는다.

학구열은 그 자체로 가치가 있는 것이다. 이러한 강점은 교사들이 가장 소중하게 여기는 학생의 장점 중 하나이다. 배움에 대한 사랑은 어떤 정당화도 불필요한 진정한 덕목으로 여겨져 왔다. 학구열은 일생 동안 비교적 안정적이라는 점에서 성격적 특질이라고 할 수 있다. 이러한 강점의 유명한 예는 문법책을 빌리기 위해 30여 킬로미터를 걸어 도서관에 다녀온 젊은 시절의 에이브러햄 링컨이나 대학설립에 커다란 기여를 한 벤저민 프랭클린과 토머스 제퍼슨 등이 있다. 11세에 학술적 논문을 발표한 발달심리학자 피아제는 이러한 강점을 지닌 신동이라고 할 수 있다.

측정도구

학구열을 측정하는 도구들은 크게 세 가지 측면, 즉 동기, 가치, 유능감의 측면에서 평가하고 있다. 일부 연구자들은 내재적 동기의 측정을 통해서 학구열을 평가하려 한다. 내재적 동기는 외적인 보상보다 학습과정 자체에 관심과 흥미를 느끼고 호기심을 충족시키며 만족을 얻는 동기를 의미한다. 이러한 동기적 성향을 평가하는 가장 일반적인 측정도구는 작업 선호 척도(Work Preference Inventory; Amabile, Hill, Hennessey, & Tighe, 1994)이다. 이 척도는 내재적 동기를 평가하는 문항들(예: 나는 새롭게 느껴지는 문제를 해결하는 것을 좋아한다)과 외재적 동기를 평가하는 문항들(예: 다른 사람으로부터 인정을 받게 위해서 열심히 일한다)로 구성되어 있다. 내재적 동기 척도는 즐거움(enjoyment)과 도전(challenge)의 하위척도로 구성되며, 외재적 동기 척도는 외부지향(outward)과 보상(compensation)의 하위척도로 이루어져 있다. 내재적 동기 척도에서 더 높은 점수를 얻을수록 학구열이 강한 것으로 평가된다.

학업동기 척도(Academic Motivation Scale; Vallerand & Bissonnette, 1992)는 Deci와 Ryan의 자기결정 이론에 근거하고 있는데, 대학에 다니는 이유를 나타내는 문항들로 구성되어 있다. 여러 유형의 내재적 동기와 외재적 동기를 평가하고 있으며, 이 척도의 점수를 통해서 한 사람이 대학에 다니는 주요한 동기가 내재적 동기에 근거한 학구열인지를 알 수 있다.

두 번째 유형의 측정도구는 학구열과 관련된 가치관을 측정하고 있다. Eccles(1984; Eccles & Jacobs, 2000)가 개발한 과제가치 척도(Task Value Scale)는 과제에 부여하는 가치를 반영하는 네 차원, 즉 유용성(예: 당신이 수업에서 배우고 있는 것이 얼마나 유용한가?), 중요성(예: 공부를 잘하기 위해 들이는 노력이 당신에게 얼마나 소중한가?), 흥미(예: 수업에서 배우는 내용을 당신은 얼마나 좋아하는가?), 지각된 비용(예: 공부하기 위한 시간 때문에 당신이 좋아하는 일을 얼마나 하지 못하고 있는가?)을 측정한다. 과제를 통한 배움의 가치를 높게 평가하는 사람은 학구열이 높은 사람이라고 할 수 있을 것이다.

유능감을 측정하는 세 번째 유형의 도구들에는 학구열을 반영하는 문항들이 포함되어 있다. 유능감의 연구자들에 따르면, 학구열을 지니기 위해서는 배움의 과정에서 유능감이나 효능감을 경험해야 한다. 또한 어떤 일을 하는 기술을 익히려는 숙달지향성 역시 학구열과 밀접한 관련성을 지닌다. 예를 들어, 숙달지향성을 지닌 학생은 정교화 방략(예: 독서할 때, 나는 내가 이미 아는 것과 읽는 것을 연결시키려고 노력한다)을 사용할 뿐만 아니라 현재 배우고 있는 영역에 대해서 더 큰 관심과 즐거움을 보고한다. 또한 어떤 기술을 숙달하려는 접근 목표를 지닌 사람들은 회피 목표를 지닌 사람들보다 학구열이 더 강할 것이다. 이러한 전제하에서 유능감이나 숙달지향성의 평가를 통해 학구열을 측정하기도 한다.

학구열과 관련된 심리적 특성

학구열에 관한 직접적인 연구는 부족한 상태이지만, 학구열이 긍정적인 경험을 촉진하며 심리적 · 신체적 안녕에 기여한다는 간접적인 자료들은 많다. 일반적으로 학구열이 높은 사람들은 낮은 사람들에 비해서 다음과 같은 심리적 특성을 더 많이 지니는 것으로 알려져 있다(Peterson & Seligman, 2004): 새로운 것을 배우는 것에 대한 긍정적인 감정, 도전과 좌절에도 불구하고 자기 조절을 잘 해나갈 수 있는 능력, 학습한 내용의 의미를 찾아내고 음미하는 노력, 자율감과 도전의식, 유능감과 효능감, 다른 사람으로부터 지원을 받는다는 인식. 이러한 점들을 고려한다면, 학구열은 심리적 · 신체적 건강에 긍정적인 영향을 미칠 것으로 예상된다. 또한 배움에 대한 관심을 유지하고 발전시키는 것은 건강하고 생산적인 노화로 이어질 수 있다. 직업에서 요구하는 지식과 기술이 빠르게 변화하기 때문에, 지속적인 교육과 학습이 더욱 중요해지고 있다. 따라서 학구열이 강한 사람들은 이러한 도전에 더 신속하게 대응하여 극복할 수 있을 것이다.

누구나 학구열을 어느 정도 지니고 있으며, 사람에 따라서 특수한 영역에 각별한 관심을 지닐 수 있다. Travers(1978)에 따르면, 어떤 영역에도 특별한 관심을 보이지 않는 사람은 그 자체로 정신병리를 지닌 것으로 볼 수 있다. 특수한 영역에 대한 각별한 관심을 지속시키기 위해서는 양육과 교육이 필요하다. Fried(2001)에 따르면, 학습환경은 여러 가지 관계들, 즉 교사와 학생의 관계, 학생과 학습내용의 관계, 교사와 학습내용의 관계 그리고 학생, 부모, 교사 간의 관계 등으로 구성된다. 학생의 학구열을 강화하기 위해서 이러한 여러 가지 관계들이 서로 협동적이고 유기적으로 이루어질 필요가 있다.

학구열이 나이의 증가와 더불어 감소한다는 보고가 있다. 특히, 학생이 중 · 고등학교에 들어가면서 학문적인 내용에 대한 관심이 감소한다(Krapp, 2000; Sansone & Morgan, 1992). 그러나 학교환경(교수법, 성적, 선택과목의 제한)에 따라서 배움에 대한 관심이 달라질 수 있다. 성인의 경우, 학구열은 그 관심사가 어떠한 것이든 상관없이 개인의 성장, 직업활동, 가족관계에 긍정적인 영향을 미친다(Krapp & Lewalter, 2001; Renninger & Shumar, 2002).

학구열의 촉진 및 억제 요인

대부분의 사람들은 일반적인 학구열이 높지 않더라도 특수한 분야에 대해서는 흥미를 느끼고 배우려 한다. 이러한 특수한 분야의 학습 흥미는 그 분야의 지식이 증가하고 그로 인한 유능감과 가치를 경험하면서 자연스럽게 높아진다. 그러나 그러한 학습동기는 상황적 요인에 의해서 촉진될 수 있다. 교사가 사용하는 교육방법, 학생의 강점이나 흥미를 충족시키는 과제 부여 그리고 학생이 학습과정을 스스로 조절하는 방법 등에 의해서 촉진될 수 있다(Sansone & Morgan, 1992). 일반적으로 개인의 학습 의욕을 촉진하기 위해서는 다음과 같은 조건들이 필요하다: 특정한 영역에 대한 긍정적인 관심, 그 영역에 대한 지식, 과제를 해낼 수 있다는 믿음, 과제에 대한 호기심, 과제수행을 위해 필요한 강점을 찾아내고 활용하는 능력.

학구열은 보편적인 것이지만 그 형태와 육성 조건은 개인이 살아가는 국가나 문화에 따라 달라질 수 있다. 예를 들어, 독립성을 강조하는 서구문화에서는 개인적 역량을 육성하는 학습을 장려하는 반면, 상호의존성을 중시하는 동양문화에서는 대인관계 역량을 증진하는 학습을 장려한다. 학구열이나 성취동기에 있어서 성별의 차이는 없는 것으로 알려져 있다. 물론 남자와 여자는 성별에 따른 경험의 차이로 인해서 특정한 주제에 관한 관심이나 성공하고자 하는 영역이 다를 수 있다. 이러한 연구결과들은 개인의 사회문화적 배경에 따라 학구열을 발달시키고 유지시키는 요인이 다를 수 있다는 점을 보여준다.

학구열을 증진하기 위해서는 현재의 감정, 과거 경험, 잘못된 믿음, 고정관념 등을 잘 극복하는 일이 필요하다. Dewey(1913)가 언급한 바 있듯이, 학생으로 하여금 학습내용을 잘 이해하도록 돕는 것이 학구열을 증진시키는 데 필수적이다. 교사는 학습내용에 따라 교습방법을 적절하게 적용하고, 학습내용을 학생들의 흥미와 수준에 맞도록 조정하며, 학생들로 하여금 스스로 공부할 수 있는 능력을 지원하는 것이 중요하다. 또한 교사는 학생의 재능을 발견하고 발현되도록 촉진하는 역할을 해야 한다.

학구열을 유지하기 위해서는 좌절을 잘 견딜 수 있도록 지원하는 것이 필요하다. Steele(1997)은 대학 신입생들이 학구열을 유지하면서 대학생활을 잘 해나갈 수 있는 학교생활 지원 프로그램(wise schooling intervention)을 시행한 바 있다. 학생들에게 이 프로그램은 높은 학습 잠재력을 지닌 학생들에게만 제공되는 것이라고 알려줌으로써 도전의식을 부여하여 학생들의 학습 기대 수준을 높이고자 했다. 또한 학생들이 사회적 관계망을 구축하고 관심사에 따라 관계형성을 하도록 지원하면서 학생들의 대인관계 욕구를 충족시키도록 도왔다. 예를 들어, 공동의 주제에 대해서 독서를 하고 토론하는 그룹에서 동료들을 매주 만날 뿐만 아니라 첫 학기 동안 같은 동의 기숙사에 살도록 하였다. 상당한 비용과 집중적인 노력이 필요했지만, 이 프로그램을 통해서 학생들의 학습 의욕이 현저하게 증진되었다.

또한 숙달지향성에 관한 연구자들은 교실환경의 변화에 의해서 학습 의욕이 증진될 수 있음을 시사한다. 교사는 학생들에게 학습에 관한 권한을 상당 부분 넘겨주고, 질문하는 것을 장려하며, 더 깊은 이해를 위해 도움을 청하는 것을 권장하는 것이 바람직하다. 또한 학생들 간의 협동을 촉진하여 학습 권한을 공유하고 공동의 목표를 달성하도록 교실환경을 유도하는 것이 중요하다. 이처럼 성취뿐만 아니라 대인관계를 향상시킬 수 있도록 교실 분위기가 조성될 때, 학생들의 학습 흥미가 효과적으로 증진될 수 있다(Isaac, Sansone, & Smith, 1999). 학습 의욕을 향상시키는 프로그램은 소속감, 유능감, 긍정 감정을 경험하려는 학생들의 욕구를 잘 다루어 주어야 한다.

성인이나 고학년 학생들은 배움에 대한 관심과 흥미를 능동적으로 조절할 수 있는 능력을 지닌다. 흥미를 느끼지 못하는 분야에서 일을 하는 사람들에게는 그러한 업무를 해야 할 훌륭한 이유와 더불어 업무를 보다 흥미롭게 할 수 있는 방법을 선택하게 함으로써 업무에 대한 흥미를 고양시킬 수 있다. 흥미는 지속적인 관심 유지에 강력한 영향을 미치기 때문에, 배움에 대한 흥미를 스스로 잘 관리하도록 지원하는 것은 장기적으로 동기 유지와 성과 향상에 도움이 된다.

나의 학구열 평가

◆ 아래에 있는 문항을 주의 깊게 읽고, 귀하가 지난 1년간 실제로 어떠했는지에 근거하여 귀하에게 가장 적절한 숫자에 ○표 하십시오.

	전혀 아니다	약간 그렇다	어느 정도 그렇다	상당히 그렇다	매우 그렇다
1. 나는 매우 다양한 책을 읽는다	1	2	3	4	5
2. 나는 새로운 것을 배울 때 흥분된다	1	2	3	4	5
3. 무언가를 알고 싶으면 즉시 인터넷과 도서관을 통해 찾아본다	1	2	3	4	5
4. 나는 매일 무언가를 배울 수 있는 기회를 찾곤 한다	1	2	3	4	5
5. 나는 공개강연회가 있으면 항상 찾아가서 경청한다	1	2	3	4	5
6. 학교 안에서든 밖에서든 새로운 어떤 것을 배우게 되는 경우에, 나는 무엇이든 새롭게 배우는 것을 매우 좋아하는 편이다	1	2	3	4	5

◆ 결과해석

6 ~ 9점: 학구열이 부족한 상태이므로 계발을 위한 적극적 노력이 필요함.

10 ~ 20점: 학구열이 보통 수준이므로 계발을 위한 노력이 필요함.

21 ~ 25점: 상당한 학구열을 지니고 있으므로 강점으로 계발하기 바람.

26 ~ 30점: 매우 탁월한 학구열을 지니고 있으며 대표 강점으로 계발하기 바람.

◆ 학구열 향상을 위한 작은 노력

1. 학생이라면, "요구되는 것"이 아니라 "추천되는 것"을 읽어본다.
2. 매일 새로운 어휘를 배우고 활용해본다.
3. 논픽션 책을 읽어본다.

5) 지혜

이론적 정의

지혜(wisdom)는 동서고금을 막론하고 인간의 주요한 덕목으로 여겨져 왔지만, 합의된 정의가 없다. 상식적인 수준에서 지혜는 박학다식함, 올바르게 판단하는 능력 또는 진실하고 중요한 것이 무엇인지를 아는 능력 등으로 다양하게 정의되어왔다.

그리스 철학자들(예: Socrates, Plato, Aristotle)은 지혜의 핵심적인 요소로서 학문적 태도를 강조했다. Aristotle은 지혜를 실천지(phronesis)와 이론지(sophia)로 구분했다. 히브리 전통과 중동 문명에서는 효율적인 삶을 살도록 돕는 판단력을 중시했다. Saint Augustine과 같은 초기 그리스도교 신학자들은 실용적인 기능보다 초월적인 목적을 위한 통찰력을 강조했다. 일부 사상가들은 전통적 사상과 기독교적 입장을 혼합하여, 세속적인 실용적 지혜뿐만 아니라 신성한 초월적 지혜를 지니는 것이 가능하다고 주장하기도 했다. 이 경우, 실용적 지혜는 초월적 지혜를 위한 바탕이 된다. Descartes는 지혜를 과학적인 지식과 구별했는데, 지식은 사실들을 축적하는 것인 반면, 지혜는 그러한 사실들을 해석하고 조직화하는 것이라고 보았다. 지혜는 세속적인 것에서 신성한 것까지 다양하며, 개인은 기민한 지각능력에서부터 깊은 이해력과 탁월한 판단력에 이르는 다양한 수준의 지혜를 지닐 수 있다고 보았다.

현대의 심리학자들은 지혜가 (1) 지능(intelligence)과는 다른 것으로서, (2) 뛰어난 수준의 지식과 판단 및 조언 능력을 의미하며, (3) 인생의 의미는 무엇이며 어떻게 살아야 하는가 하는 어렵고도 중요한 물음에 대해서 현명한 대답을 지니게 하고, (4) 자신 또는 다른 사람의 행복을 위해 유익하게 활용될 수 있는 덕목이라는 점에서 대부분 동의하고 있다. 특히, 심리학자들은 지혜라는 용어가 너무 다양하고 모호한 의미를 내포하고 있어 실증적 연구를 하기 어렵기 때문에 지혜로운 사람들이 지니는 유용한 세계관에 주목하여 안목(perspective)이라는 용어를 선호하기도 한다. 이 용어는 지혜로운 사람들이 세상을 바라보는 관점이나 시각을 강조하는 것이다.

지혜는 개인과 사회를 위해 유익한 기능을 지니는 것으로서, 특히 복잡하고 혼란스러운 상황에서 현명한 판단과 대응을 하게 해주는 심리적인 능력이다. 그래서 우리는 어떻게 해야 할지 판단하기 어려운 혼란상태에 빠지게 되면 지혜로운 사람을 찾아가 조언을 구하게 된다. 이러한 지혜는 시간과 상황에 상관없이 일관성을 지니는 비교적 지속적인 성격특질로 여겨지고 있다. 인류 역사에 있어서 지혜로운 사람들로는 예수, 붓다, 노자와 같은 종교적인 지도자나 윈스턴 처칠, 지미 카터와 같은 세속적인 정치인들을 들 수 있다. 일반적으로 지혜는 나이가 듦에 따라 증대되는 것으로 여겨지고 있으나 나이와 상관없이 어리석은 사람들도 있기 때문에 나이와 지혜가 반드시 비례하는 것은 아니다.

심리학에서는 지혜를 크게 세 가지 측면, 즉 지혜의 심리적 과정, 지혜의 결과, 지혜로운 사람의 특성으로 나누어 연구한다. 다행히도 세 가지 측면에서 밝혀진 지혜의 특성이 상당히 일치하고 있다. 특히, 지혜로운 사람의 긍정적 특성에 대해서는 상당한 일치가 이루어지고 있다. 즉, 지혜로운 사람은 (1) 자기이해를 잘 하고 있고, (2) 어떤 결정을 할 때 감성과 이성을 모두 잘 활용하며, (3) 의미나 관계의 거시적 양상을 잘 이해하고 있고, (4) 폭넓은 안목이나 관점을 지니며, (5) 다른 사람과 사회를 위해 기여하려는 강한 욕구를 지니고, (6) 다른 사람들의 욕구를 배려하며, (7) 자신이 알 수 있는 것과 할 수 있는 것의 한계를 잘 알고 있고, (8) 중요한 문제들의 핵심을 파악할 수 있으며, (9) 자신의 강점과 약점에 대한 정확한 식견을 지니고, (10) 다른 사람에게 현명한 조언을 해 줄 수 있으며, (11) 자신의 개인적인 규범과 일치하는 행동을 한다.

측정도구

지혜는 그 정의가 어렵기 때문에 학자들마다 자신의 이론적 관점에 따라 다양한 방식으로 측정되고 있다. 지혜의 심리적 과정을 연구하는 심리학자들은 지혜로운 사고의 변증법적 과정, 대화적 양식, 고차원적인 인지과정에 주목하고 있다(Assmann, 1994; Sternberg, 1998, 1999; Valera, 1999).

지혜의 결과에 초점을 맞추는 연구자들은 복잡한 딜레마 상황에서 개인이 어떻게 판단하고 행동하는지를 관찰하고 그러한 반응내용을 전문가들이 명시적인 기준에 따라 평가한다. 예를 들면, Max Planck 연구팀(Baltes & Staudinger, 2000)은 연구 참가자에게 "절친한 친구가 전화를 해서 이렇게는 계속 살 수 없다고 호소하면서 자살을 결심했다고 말합니다."라는 상황을 제시하고 "이 전화를 받은 사람은 무엇을 고려해야 하며 어떻게 해야 할까요?"라는 질문을 던진다. 그리고 참가자로 하여금 자신의 생각과 판단을 소리 내어 말하게 하고 그 응답을 녹음한다. 나중에 글로 옮겨진 응답내용을 훈련된 평가자들이 다음과 같은 5개의 기준에 따라 7점 척도에서 평정한다: (1) 참가자가 제공한 사실적 정보의 양, (2) 판단과 조언의 다양성, (3) 상대방 삶의 배경을 다양하게 탐색하는 정도, (4) 인생의 가치에 대한 상대성과 우선순위 인식 정도, (5) 불확실성의 인식과 대응방법의 적절성. 물론 평가자들은 다양한 대상과 딜레마 상황에서 평가자들 간의 평정 점수가 일치되도록 충분한 훈련을 받는다.

Sternberg(1998)도 이와 비슷한 방법을 사용하고 있다. 예를 들어, 연구 참가자에게 특정한 삶의 영역(예: 가정이나 직업 장면)에서 겪게 되는 어렵고 중요한 상황을 어떻게 헤쳐나갔는지 면담을 통해 이야기하게 하고, 그 내용을 다양한 기준에 따라 전문가들이 평정함으로써 지혜를 평가하고자 했다.

지혜로운 사람을 연구하는 심리학자들은 지혜를 일종의 성격적 특성으로 간주하고 이러한 특성들을 평가하려고 한다(Hartman, 2000; Wink & Helson, 1997). 예를 들어, 연구 참가자에게 그들이 알고 있는 사람 중에서 "지혜로운" 인물들을 지목하도록 하고 그들의 특성을 자세히 기술하게 한다. 또는 참가자들에게 그들이 생각하는 지혜의 속성을 이야기하게 하고, 이러한 속성을 평가하는 성격 척도를 개발하여 사용하기도 한다. 이러한 척도로는 삼차원 지혜 척도(Three-Dimensional Wisdom Scale; Ardelt, 2003), 획득된 지혜 척도(Acquired Wisdom Scale; Hartman, 2000), 실제적 지혜 척도(Practical Wisdom Scale; Wink & Helson, 1997), 초월적 지혜 척도(Transcendent Wisdom Scale; Wink & Helson, 1997) 등이 있다. Ardelt(2003)의 삼차원 지혜 척도에서는 지혜의 정서적 · 인지적 · 반성적 요소를 평가한다. 지혜의 정서적 요소는 다른 사람에 대해서 공감적이고 동정적인 애정을 지니는 태도이고, 인지적 요소는 인생을 이해하는 능력으로서, 특히 개인이나 대인관계에서 발생하는 사건의 중요성과 깊은 의미를 이해하는 능력이며, 반성적 요소는 자기인식과 자기통찰을 발달시키기 위해서 사건과 현상을 다양한 관점에서 바라보는 노력을 의미한다.

국내에서 이루어진 한 연구(김민희, 2008)에서는 지혜가 네 가지 요인, 즉 인지적 역량, 절제와 균형, 긍정적 인생태도, 공감적 대인관계로 구성되는 것으로 나타났다. 인지적 역량을 평가하는 대표적 문항들은 "사물의 본질을 잘 꿰뚫어본다." "문제해결 능력이 뛰어나다." 였고, 절제와 균형의 평가 문항은 "어떤 상황에서도 침착성을 잃지 않는다." "자기절제를 할 줄 안다." 였으며, 긍정적 인생태도는 "미래에 대한 목표와 비전이 있다." "내 자신의 삶을 즐긴다." 였고, 공감적 대인관계는 "상대방의 입장에서 생각할 줄 안다." "다른 사람의 감정을 이해하고 공감한다." 였다. 이 연구에 따르면, 지혜의 구성요소 중 남자는 인지적 역량을 중시하는 반면, 여자는 절제와 균형, 공감적 대인관계를 중시하는 경향이 있었다. 또한 인지적 역량과 긍정적 인생태도는 연령집단에 따른 차이가 없는 반면, 절제와 균형, 공감적 대인관계는 청년에 비해 중 · 노년기 성인이 높은 것으로 나타났다.

Hartman(2000)은 심리전문가들이 생각하는 지혜로운 사람의 전형적 특성들을 Q-sort 방법(특성 형용사가 적힌 카드들을 어떤 기준에 따라 분류하는 방법)으로 구성한 다음, 연구 참가자들에게 이러한 특성들이 얼마나 자신에게 해당되는지를 평정하게 했다. 심리전문가들이 지혜로운 사람의 특성이라고 의견 일치를 보인 특성은 (1) 중요한 문제의 핵심을 파악하는 능력, (2) 자신의 동기와 행동에 대한 이해력, (3) 타인과의 진솔하고 효과적인 관계 형성능력, (4) 조언을 해주고 확신을 심어주는 능력, (5) 윤리적으로 일관성 있는 행동 등이었다. 이러한 특성에 근거한 Q-sort 방법으로 연구 참가자에 관한 다른 정보(면접자료, 성격검사 점수, 생활사건 등)를 전문가들이 평정한다. 그렇게 평정된 점수를 통해서 참가자의 지혜 점수가 할당되는데, 평정자 간 신뢰도가 상당히 높은 것으로 보고되었다.

전반적으로 이러한 세 가지 측면의 연구결과들은 상당히 일치하고 있다. Hartman(2000)과 Baltes 등(1995)에 따르면, 세 측면을 측정하는 도구들은 서로 상관이 높다. 즉, 지혜로운 결과는 지혜로운 사람에 의해 지혜로운 과정을 통해서 나타난다는 것이다.

지혜와 관련된 심리적 특성

지혜에 관한 실증적 연구는 최근에야 이루어지고 있어 드물지만, 지혜는 심리적 · 신체적 안녕이나 삶의 만족도와 밀접한 관계를 지니는 것으로 나타나고 있다. 특히, 노년기의 행복을 다룬 횡단적 연구(예: Ardelt, 1997; Hartman, 2000)에서 지혜는 객관적인 조건(신체적 건강, 사회경제적인 지위, 재정상태, 다른 사회환경적 지표들)보다 노인의 행복도와 더 밀접하게 연관되어 있었다. 또한 지혜는 IQ 검사를 통해 측정된 지능과 약간의 중복은 있었지만 상당히 독립적인 것으로 나타났다(Sternberg, 2000). 아울러 지혜는 심리적 성숙도, 개방성, 정서 안정성, 사교성, 사회지능과 같은 성격특성과도 연관되어 있는 것으로 나타났다(Staudinger, Lopez, & Baltes, 1997).

지혜에 대한 종단적 연구는 아직 부족한 상태이다. 그러나 Hartman(2000)의 연구에 따르면, 43세에 측정된 여성들의 지혜 점수로 53세의 행복도를 예측할 수 있었다. 특히, 지혜로운 중년여성들은 폐경기에 성공적으로 대처하는 경향이 있었다. 대다수 연구가 노인들을 대상으로 이루어졌지만, 지혜라는 성격적 강점이 노인들에서만 나타나는 것은 아니다. 앞으로 젊은 사람들을 대상으로 한 지혜에 관한 연구가 필요하다.

지혜는 성공적인 노화의 원인일 뿐만 아니라 그 결과로 여겨지고 있다. 일반적으로 지혜가 다양한 경험에 의해서 생겨나며 나이가 많을수록 증대되는 것으로 여겨지고 있으나, 20대부터 90대까지의 연령층을 대상으로 한 연구에서는 지혜가 나이와 연관된다는 점을 발견하지 못했다(Orwoll & Perlmutter, 1990; Staudinger et al., 1998). 이러한 결과는 지혜의 발달과정에 대한 실증적인 연구가 필요함을 의미할 뿐만 아니라 젊은 연령층도 지혜를 증진하는 훈련을 통해서 지혜가 향상될 수 있음을 시사하는 것이다. 최근의 연구(Pasupathi, Staudinger, & Baltes, 2001)에 따르면, 지혜와 관련된 지식이 발달하는 주요한 시기는 15~25세 사이인 것으로 추정되고 있다.

아직 연구가 부족한 상태이지만, 지혜는 어려움에 처한 사람을 조언하거나 조언을 받는 경험을 통해서 발달하는 것으로 알려져 있다. Staudinger, Smith와 Baltes(1992)는 특정한 직업이나 사회적 위치가 지혜를 발달시키는 데 기여할 수 있다고 주장한다. 특히, 어려운 삶의 문제들을 다루며 그에 관한 이론과 개입방법을 공부하고 체계적 훈련과 실제적 경험을 하게 되는 직업이 그러할 수 있다. 그러한 직업의 대표적인 예가 임상심리학이다(Peterson & Seligman, 2004). Wink와 Helson(1997)은 나이와 직업 경험이 지혜에 미치는 영향을 연구했는데, 임상심리학자의 경우 20대 후반부터 50대 초반에 이르기까지 다른 집단에 비해서 지혜가 더 급격하게 증가하는 것으로 나타났다. 그러나 직업과 지혜의 관계는 장기적인 종단연구를 통해서 좀 더 구체적으로 밝힐 필요가 있다.

Hartman(2000)에 따르면, 일부 사람들의 경우 젊은 나이에도 상당히 높은 지혜의 수준에 도달할 수 있다. 그러나 일반적으로 지혜는 40대에 최고조에 도달하는 것으로 여겨지고 있다. 40대에 지혜가 발달하는 주요한 이유는 30대에서 40대로 이행하는 과정에서 겪게 되는 직업 경험과 대인관계의 변화뿐만 아니라 40대에 경험하게 되는 스트레스 사건들, 특히 직업에서 경험하는 사건들 때문인 것으로 나타났다. 아울러 30대부터 50대에 이르는 과정에서 겪게 되는 다양한 인생 경험들을 얼마나 잘 통합하여 성격적 성숙을 이루느냐에 따라 50대의 지혜 수준이 상당부분 결정되는 것으로 나타났다.

지혜의 촉진 및 억제 요인

지혜는 어떻게 함양될 수 있는 것일까? 현재 심리학계에서는 성격이 전생애를 통해서 변화하는 것으로 여기고 있다. 나이가 듦에 따라 자동적으로 변화하는 것은 주름밖에 아무것도 없다. 성인기의 성격변화는 단지 시간의 경과에 의한 것이 아니라 삶의 경험, 특히 삶의 변화에 어떻게 대응했느냐에 의해 일어나는 것이다. 중년 여성에 대한 종단적 연구(Hartman, 2000)를 통해서 지혜를 촉진하거나 억제하는 몇 가지 요인들이 확인되었다. 특히, 성격, 창의적 능력과 성과, 자녀양육 동기가 지혜의 발달에 중요한 요인이었으나 다양한 성인기 경험이 지혜 발달의 토대가 되는 것으로 나타났다.

첫째, 지혜는 인생의 각 단계에서 자연적으로 겪게 되는 삶의 과업들(life tasks)을 적극적으로 잘 해결하는 경험을 통해서 발달하는 것으로 보인다. 50대 초반 여성의 지혜 수준은 40세 전후에 겪게 되는 삶의 과제에 대한 적극적 관여도에 의해서 가장 잘 예측되었다. 특히, 인생의 단계마다 사회에서 일반적으로 기대되는 삶의 과제들을 잘 헤쳐나가는 것이 중요했다. 아울러 40세 전후의 직업활동 경험이 40대 중반의 지혜에 의미 있는 영향을 미쳤다.

둘째, 적응 수준은 지혜와 무관한 것으로 나타났다. 사회적 관습을 어느 정도 잘 따르는 것은 지혜 발달과 관련이 있었지만, 사회적 기대에 부응하여 잘 적응하는 것은 지혜의 발달에 별 영향을 미치지 않는 것으로 나타났다. 심리적 또는 신체적 장애의 경험 유무는 중년기 여성의 지혜 발달과 특별한 관계를 보이지 않았다. 예를 들어, 심리적 문제로 상담을 받아야 했거나 신체적 질병으로 병원에 입원해야 했던 경험의 유무는 지혜에 영향을 미치지 않았다. 그보다는 그러한 심리적·신체적 어려움에 어떻게 대처했느냐가 지혜 발달에 중요한 영향을 미쳤다. 그리고 결혼기간, 자녀 유무와 같은 사회적 적응의 객관적 지표는 지혜와 무관한 것으로 나타났다.

셋째, 인생의 커다란 변화 경험은 지혜를 발달시키는 것으로 보인다. Freud는 인생의 중요한 과제를 사랑과 일이라고 보았다. 사랑과 직업에 있어서 커다란 변화를 경험한 사람들이 중년기에 더 높은 지혜 수준을 나타냈다(Hartman, 2000). 특히, 30대에 경험한 주요한 삶의 변화들이 지혜 발달에 긍정적인 영향을 미치는 것으로 나타났다. 또한 인생에서 결정한 중요한 선택을 수용하는 것이 지혜에 중요한 영향을 미친다. Birren과 Fisher(1990)에 따르면, 지혜는 변증법적으로 생겨난다. 한 극단은 자신의 한계를 넘어서는 것이고, 다른 한 극단은 자신의 한계를 수용하는 것이다. 지혜는 무엇이 변화시킬 수 있는 것이고 무엇이 그럴 수 없는 것인지를 결정해야 하는 상황에서 발휘되는 것이다. Hartman(2000)의 연구에서는 과거의 결정에 후회를 했었지만 50대 초반에 그것을 수용하게 된 사람들이 여전히 수용을 하지 못하거나 후회 경험이 없는 사람들에 비해서 더 지혜로운 것으로 나타났다.

넷째, 스트레스 경험은 지혜 발달에 도움이 된다. 스트레스가 항상 나쁜 것만은 아니다. 스트레스는 개인을 자극하여 도전에 적응하도록 촉진하고 변화시키는 기능을 할 수 있다. Ardelt(1998)에 따르면, 대공황 시기에 심한 경제적 곤란을 겪었던 사람들이 그렇지 않은 사람들에 비해서 그 10년 이후에는 더 심리적으로 건강했으며 노년기에도 더 높은 지혜 수준을 나타냈다. 그는 지혜와 심리적 건강이 서로 밀접한 관계를 지닐 뿐만 아니라 위기와 고난을 성공적으로 해결해나가면서 지혜가 획득된다고 주장했다.

Hartman(2000)도 스트레스 사건의 경험이 지혜의 발달을 촉진할 수 있다는 것을 발견했다. 그러나 부정적인 스트레스가 과도하게 많거나 자아탄력성이 낮은 사람들에서는 반대의 결과가 나타났다. 스트레스 경험으로부터 의미를 발견하고 자기성장으로 통합시키는 능력을 의미하는 자아탄력성(ego-resilience)이 스트레스의 양이나 비율에 상관없이 지혜의 발달에 중요한 것으로 나타났다. 이런 점에서 자아탄력성은 스트레스에 유연하고 효과적으로 적응하는 일반적인 능력으로서, 지혜의 발달에 중요한 성격적 요인이라고 할 수 있다.

Staudinger와 Baltes(1996)는 사회적인 협동이 지혜를 촉진한다는 사실을 실험적으로 입증한 바 있다. 나이가 많은 사람들이 젊은 사람들보다 대화를 통해서 더 많은 긍정적 효과를 나타냈다. 이러한 사실은 지혜를 함양하기 위해서 집단적 또는 대인관계적인 접근이 중요함을 시사한다.

Sternberg(1999, 2001)는 지혜를 육성하기 위해서 지혜 교육 프로그램(Teaching for Wisdom Program)을 시행하고 있다. 이 프로그램은 많은 학생들이 지적으로는 우수하지만 지혜롭지 못하다는 가정에서 출발한다. 이러한 학생들은 학교에서 뛰어난 성적을 나타내고 직업에서도 탁월한 성과를 거두지만 자신의 삶에 있어서 미숙한 판단을 하여 자신과 타인의 삶을 불행하게 만든다. Sternberg는 자신이 주장한 '지혜의 균형 이론' (Sternberg, 1998)에 근거하여 개발한 이 프로그램을 중학교 학생들에게 적용하고 있다. 이 프로그램은 학생들에게 문학과 철학의 고전적 작품을 통해서 '위대한 지혜' 가 어떤 것인지를 보여주고, 독서를 통해 배운 교훈들을 이끌어내기 위해서 글을 쓰거나 토론하게 하며, 자신에게 의미를 지니는 진실과 가치에 대해서 성찰해 보도록 권장하고, 지혜가 사회적 목적을 위해 활용될 수 있음을 강조하며, 교사는 소크라테스식 교수법을 통해 지혜의 모범을 보이는 것으로 구성되어 있다. Sternberg는 '지혜로운 사람'을 양성하는 것이 교육의 목적이라면 지혜 교육 프로그램이 정규 교육과정에 포함되어야 한다고 주장하고 있다.

나의 지혜 평가

◆ 아래에 있는 문항을 주의 깊게 읽고, 귀하가 지난 1년간 실제로 어떠했는지에 근거하여 귀하에게 가장 적절한 숫자에 ○표 하십시오.

문항	전혀 아니다	약간 그렇다	어느 정도 그렇다	상당히 그렇다	매우 그렇다
1. 사람들은 나를 보고 나이에 비해 현명하다고 한다	1	2	3	4	5
2. 나는 항상 사물을 폭넓은 시각에서 볼 수 있다	1	2	3	4	5
3. 나는 삶에 대해서 성숙한 관점을 지니고 있다	1	2	3	4	5
4. 다른 사람들은 나를 현명한 사람이라고 생각한다	1	2	3	4	5
5. 사람들이 내게 조언을 구하기 위해서 찾아오곤 한다	1	2	3	4	5
6. 다른 사람이 도움을 청하여 조언을 해주어야 할 경우에, 나는 그 사람이 처한 상황을 종합적으로 깊이 있게 고려하여 조언을 해줄 수 있는 안목과 지혜를 지니고 있는 편이다	1	2	3	4	5

◆ 결과해석

6 ~ 9점: 지혜가 부족한 상태이므로 계발을 위한 적극적 노력이 필요함.

10 ~ 20점: 지혜가 보통 수준이므로 계발을 위한 노력이 필요함.

21 ~ 25점: 상당한 지혜를 지니고 있으므로 강점으로 계발하기 바람.

26 ~ 30점: 매우 탁월한 지혜를 지니고 있으며 대표 강점으로 계발하기 바람.

◆ 지혜 향상을 위한 작은 노력

1. 내가 알고 있는 가장 지혜로운 사람을 생각해본다. 그리고 내가 그 사람인 것처럼 하루를 살아보도록 노력한다.
2. 요청된 경우에만 조언을 해준다. 그러나 그 경우에 내가 할 수 있는 한 가장 사려 깊게 조언을 해준다.
3. 친구이든 가족이든 아니면 직장동료이든 두 사람 간의 갈등을 해결하도록 노력한다.

2 자애와 관련된 강점들

꽃의 향기는 바람을 거슬러 퍼질 수 없지만, 자애로운 사람의 향기는 바람을 거슬러 사방으로 퍼진다.

– 법구경(法句經) –

VIA 분류체계(Peterson & Seligman, 2004)에서 제시하고 있는 '자애(humanity, 慈愛)와 관련된 강점들'은 다른 사람을 보살피고 이해하며 그들과 따뜻하고 친밀한 관계를 형성하도록 돕는 강점들이라고 할 수 있다. 인간의 이기적이고 공격적인 성향으로부터 인간 세상을 조화와 균형 속에서 좀 더 따뜻해지도록 만드는 데 기여하는 것들이다. 이러한 강점들은 다른 사람과 호의적인 관계를 형성하고 심화시키는 데 기여하는 것으로서 VIA 분류체계에서는 3개의 강점, 즉 사랑, 친절성, 사회지능을 제시하고 있다.

1) 사랑

이론적 정의

사랑(love)은 다른 사람과 깊은 애정을 형성하고 유지할 수 있는 심리적 능력을 의미한다. '사랑은 아무나 하나' 라는 제목의 유행가가 있듯이, 사랑은 다른 사람에게 애정을 느끼고 표현할 뿐만 아니라 상대방의 애정을 받아들임으로써 깊이 있는 애착관계를 안정적으로 유지할 수 있는 능력이 뒷받침되어야 한다. 이렇게 사랑을 하고 사랑을 받아들일 수 있는 능력은 개인의 성격적 강점으로서 연인관계와 부부관계를 비롯하여 다양한 인간관계에 영향을 미치게 된다.

사랑은 전형적으로 세 가지의 형태를 갖는다. 첫 번째는 애정, 보호, 보살핌을 제공하는 사람들에 대한 사랑으로서 그 전형은 부모에 대한 아이의 사랑이다. 우리는 그러한 사람들에게 의지하며 그들과 함께 있으면 안전감을 느끼기 때문에 그들이 항상 곁에 있어주기를 원한다. 사랑의 두 번째 유형은 안전과 보살핌을 얻기 위해서 우리에게 의지하는 사람들에 대한 사랑으로서 아이에 대한 부모의 사랑이 그 전형이다. 우리는 그러한 사람들을 보호하고 지원할 뿐만 아니라 그들을 위해 희생을 하고, 그들의 필요를 나 자신의 필요보다 우선시하며, 그들이 행복할 때 우리도 행복감을 느낀다. 마지막으로 세 번째 유형은 우리가 특별하다고 생각하고 우리를 특별하게 느끼도록 해 주는 사람과 성적·정서적 친밀함을 형성하려는 열정적 욕망을 느끼는 사랑으로서 그 전형은 연인과의 낭만적 사랑이다.

이러한 세 가지 유형의 사랑을 느낄 수 있는 능력은 인간의 진화과정에 필요했던 기본적인 것으로 여겨지고 있다. 인간은 종의 존속을 위해서 적어도 세 가지의 도전적 과제를 성공적으로 해결해야만 했다. 첫째, 인간은 동물 중에서 가장 미성숙한 상태로 태어나 가장 오랜 기간 타자에게 의존하면서 살아남아야 했다. 둘째, 인간은 매우 미성숙한 상태로 태어난 자손들이 생존하여 성장할 수 있도록 적절한 보호와 보살핌을 제공해야만 했다. 셋째, 인간은 번식을 위해서 이성 짝을 찾고 그 관계를 충분히 오래 유지하면서 자손을 낳아 양육해야만 했다. 이러한 도전적 과제들에 적응하는 진화과정에서 인간은 선천적으로 사랑의 능력을 갖게 되었을 것이다.

가장 발달된 형태의 사랑은 다른 사람과의 상호적인 관계 속에서 일어난다. 따라서 짝사랑, 스토킹, 영웅 숭배, 유명인의 팬이 되는 것과 같이 상대방에게 일방적으로 애정을 느끼는 것은 성격적 강점으로서의 사랑에 해당되지 않는다. 사랑은 낭만적 사랑과 우정, 부모와 자녀 간의 사랑, 사제관계, 팀 구성원이나 동료들 사이의 정서적 유대 등을 포함한다.

사랑하고 사랑받을 수 있는 능력은 시간과 상황을 뛰어넘어 지속되는 일종의 특질로 여겨지고 있다. 실제로 유아기에 형성된 부모와의 애착 유형은 성인기의 낭만적인 연인관계에서 반복되어 나타나는 것으로 알려져 있다. 사랑의 대표적 예로는 흔히 로미오와 줄리엣을 들고 있지만 성숙한 사랑을 오래도록 나누며 자녀를 건강하게 키우고 있는 수많은 부부들이 모두 그에 해당한다. 사랑을 할 능력이 없는 것처럼 보이는 사람들이 있다. 안정된 결혼생활을 유지하지 못하고 결혼과 이혼을 여러 차례 반복하는 사람들이 있다. 아울러 자기애성, 반사회성, 분열성 성격장애를 지닌 사람들은 상호적인 애착관계를 형성하지 못하는 경향이 있다.

사랑의 관계를 이해하기 위해서 과학적 방법을 적용해온 것은 지난 30년간의 일이다. 이 기간 동안 크게 두 개의 독립된 방향으로 연구가 진행되어왔다. 그 하나는 부모-자녀 간의 유대관계를 연구하는 흐름으로 Bowlby(1969, 1973, 1979, 1980)의 애착 이론이 대표적이다. Bowlby는 어린 시절에 적어도 한 명의 양육자와 따뜻하고 지속적인 애착관계를 형성하는 것이 성인기의 건강한 인간관계에 필수적이라고 주장했다. 연구의 다른 방향은 성인들의 낭만적 사랑을 연구하는 흐름이다. 1975년 Ellen Berscheid와 Elaine Hatfield가 연구비를 받아 사랑과 매혹에 관한 연구를 수행하기 시작한 것이 효시이며 그 이후로 많은 연구가 이루어졌다. 낭만적 사랑은 친밀감, 열정, 헌신이라는 세 가지 요소로 구성된다는 사랑의 삼각형 이론(Aron & Westby, 1996; Sternberg, 1986b)과 진화론적인 짝짓기 전략(Buss & Schmitt, 1993)이 그 대표적인 성과라고 할 수 있다. 최근에 두 개의 연구 흐름이 통합되기 시작하여 의미 있는 결실을 일궈내고 있다. 이제 사랑하고 사랑받을 수 있는 능력은 영아기에서 노년기에 이르기까지 심리적 · 신체적 건강에 강력한 영향을 미치는 선천적인 종-특유적 경향성으로 여겨지고 있다. 또한 이러한 능력은 어린 시절의 관계 경험에 의하여 지속적인 영향을 받는 것으로 알려지고 있다.

측정도구

사랑하고 사랑받을 수 있는 능력은 주로 애착의 평가로 이루어지고 있다. 애착의 개인차를 측정하기 위하여 다양한 측정도구들이 개발되었다. 영아와 유아의 경우, 대표적인 애착 측정도구는 낯선 상황 검사(Strange Situation Test; Ainsworth, Blehar, Waters, & Wall, 1978)로서 다음과 같은 8개의 단계로 이루어져 있다: (1) 낯선 사람이 어머니와 아이를 실험실로 데려간다; (2) 어머니와 아이 둘만이 남게 된다; (3) 낯선 사람이 들어온다; (4) 어머니가 떠나고, 아이는 낯선 사람과 남는다; (5) 어머니가 돌아오고 낯선 사람이 실험실을 나간다; (6) 어머니가 다시 떠나고 이번에는 아이가 혼자 남는다; (7) 낯선 사람이 돌아온다; (8) 어머니가 돌아오고 낯선 사람이 떠난다. 이러한 상황에서 어린아이가 보이는 행동이 녹화되고, 훈련된 평가자에 의해서 어머니에 대한 아이의 행동이 근접성 추구, 접촉 유지, 저항, 회피의 네 차원에서 평가된다. Ainsworth 등(1978)의 첫 번째 연구에서는 세 가지의 애착 유형, 즉 어머니와 함께 편안한 상태를 유지하며 이별로 인한 적절한 불안이 어머니의 복귀로 신속하게 회복되는 안정 애착(secure attachment), 어머니와의 이별에 극심한 불안을 경험하고 어머니가 돌아와 달래도 밀쳐내며 저항하는 양가 애착(ambivalent attachment), 어머니와의 이별에 무관심할 뿐만 아니라 어머니가 돌아와도 품속에 안기기를 피하는 회피 애착(avoidant attachment)이 확인되었다. 나중에는 네 번째 유형인 혼란 애착(disorganized attachment)이 추가되었다(Main & Solomon, 1990).

애착 이론에 따르면, 초기의 애착 경험이 내면적인 심리적 표상으로 형성되어 성인기의 인간관계에 영향을 미친다. 이러한 이론적 근거에 따라서 성인기 애착은 외적인 행동보다 심리적 표상에 초점을 맞추어 측정된다. George, Kaplan과 Main(1985)은 성인 애착 면접(Adult Attachment Interview)을 개발했다. 면접자는 아동기에 경험한 부모와의 관계에 관해서 일련의 질문을 하게 되는데, 응답내용보다는 어떻게 말하는가에 따라 네 가지 애착 유형 중 하나로 분류한다. 아동기 경험의 긍정성과 부정성에 상관없이 질문에 관해서 신뢰할 만한 태도로 명확하고 자세한 응답을 한 사람들은 자율형(autonomous)으로 분류되며, 긍정적 내용과 부정적 내용을 오가며 불필요한 세부사항을 과도하게 설명하면서 부모에 대한 분노를 나타낸 사람들은 집착형(preoccupied)으로 명명된다. 면접주제를 불편하게 여기고 부모를 이상적으로 묘사하지만 그를 입증하는 구체적인 내용을 제시하지 못하며 인간관계의 중요성을 축소시키는 경우는 거부형(dismissing)으로 분류되며, 상실이나 학대와 같은 고통스러운 경험을 보고하면서 그것에 대해 이야기하는 것을 혼란스러워하는 사람들은 미해결형(unresolved)으로 명명된다. 낯선 상황 검사와 성인 애착 면접의 유형 간에는 높은 일치도가 보고되고 있다. 즉, 자율형은 안정 애착에 해당되고, 몰입형은 양가 애착, 거부형은 회피 애착 그리고 미해결형은 혼란 애착에 해당되는 것으로 여겨지고 있다(Van Ijzendoorn, 1992).

Hazan과 Shaver(1987)은 성인의 애착양식을 평가하는 자기보고형 질문지인 성인 애착 전형(Adult Attachment Prototypes)을 개발하였다. 이들은 성인의 낭만적 관계를 연구해온 사회심리학자로서 애착 이론의 연구를 통합하고자 하였다. 성인의 사랑 유형이 Ainsworth가 제시한 어린 아동의 애착 유형에 상응한다는 점에 착안하여, 세 가지 애착양식을 성인에게 적절한 문구로 제시하여 자신에 잘 해당되는 것을 고르게 하는 자기보고형 검사를 개발한 것이다. 이후에 개정을 거치면서 Hazan과 Shaver(1990)는 성인 애착의 자기보고형 검사에 두 개의 차원, 즉 불안(버림받음에 대한 두려움과 관련된 정서적 반응)과 회피(사회적 철수의 행동적 반응)가 존재한다는 중요한 발견을 보고하였다.

사랑과 관련된 심리적 특성

사랑하고 사랑받을 수 있는 건강한 능력은 어린 시절의 안정 애착과 밀접한 관계를 지니는 것으로 여겨지고 있다. 애착 유형과 관련된 심리적 특성에 대한 연구는 크게 두 가지 범주로 나눌 수 있다. 첫째는 영유아기의 애착 유형이 이후의 삶에 어떤 영향을 미치는지를 평가하는 종단적 연구들이며, 둘째는 다른 애착 유형을 가진 성인들이 인간관계에서 어떤 특성을 나타내는지를 살펴보는 연구들이다.

영유아기에 안정 애착을 형성한 아동들은 그렇지 못한 아동에 비해서 나중에 부모에게 '주장적 관계성(assertive relatedness)'을 나타낼 가능성이 높다. 이들은 보다 적극적이고 끈기 있게 도전적 과제들을 탐색하는 동시에 필요할 때에는 도움을 요청하고 위안을 받을 수 있는 접촉을 추구하는 모습을 보였다(예: Londerville & Main, 1981; Waters, Wippman, & Sroufe, 1979). 즉, 자율적 탐색과 의존적 접촉의 건강한 균형을 지니고 있다. 교사와의 관계에서 이들은 주의를 끌려는 행동, 충동성, 무력감 등을 덜 나타냈으며 교사들로부터 호감과 애정을 더 많이 받았다(Pierrehumbert, Iannotti, Cummings, & Zahn-Waxler, 1989). 또한 이들은 친구가 많고 인기가 있으며(Sroufe, 1983), 왕따를 시키거나 왕따 피해자가 될 가능성이 적었다(Troy & Sroufe, 1987). 영유아기의 안정 애착이 양호한 발달을 보장하는 것은 아니지만, 이후의 삶에서 부모, 교사, 또래와의 관계에 긍정적 영향을 미치는 것으로 나타났다.

또한 청소년기와 성인기에 나타내는 안정 애착은 다른 영역의 긍정적 특성과 상관을 나타내고 있다. 안정 애착의 관계패턴을 지닌 사람들은 그렇지 않은 사람들에 비해서 공동과제를 수행하면서 상대방에게 더 많은 지지를 보내는 반면, 거부적 행동을 더 적게 나타냈다(Kobak & Hazan, 1991). 또한 보다 더 안전한 성행위를 하고, 스트레스를 받았을 때 심리신체적 증상을 덜 나타내며, 어려움에 직면하면 도움을 더 잘 요청하고, 갈등상황에서 파괴적인 전략보다 타협적 전략을 사용하며, 자기존중감이 더 높고, 이혼할 가능성이 더 적었다. 요컨대, 안정 애착을 맺은 청소년과 성인들은 삶의 스트레스에 더욱 효과적으로 대처하고, 신뢰와 친밀감으로 구성된 만족스러운 인간관계를 형성하는 데 더 능숙하다.

일반적으로 애착관계는 상대방에 대해서 다음과 같은 네 가지 특징을 나타낸다는 점에서 다른 인간관계와 구분된다(Peterson & Seligman, 2004). 첫째는 근접성 유지(proximity maintenance)로서 애착대상에 가까이 있거나 붙어 있기를 원하며, 둘째는 애착대상을 안전한 피난처(safe haven)로 여기며 위안이나 확신을 얻기 위해 의지한다. 셋째는 이별 고통(separation distress)으로서 애착대상과의 예기치 못한 또는 장기간의 이별에 대해서 괴로움을 느끼며, 마지막으로 애착대상을 안전기지(secure base)로 삼아 세상을 적극적으로 탐색하고 활동하게 된다. 애착과 탐색의 균형은 발달단계에 따라 달라지는데, 성장할수록 애착대상과 떨어져 편안하게 견딜 수 있는 시간과 거리가 증가한다. 평균적으로 12개월의 유아는 36개월의 아동에 비하여 어머니와의 단기간 이별에 더 많은 스트레스를 경험할 뿐만 아니라 어머니로부터 떨어져 탐색하는 범위가 더 좁다. 일반적으로 아동기 후기나 청소년기에 이르러서 분리불안이 감소되면서 장기간의 이별이 가능해진다.

또한 성장함에 따라 애착대상의 구조에도 변화가 나타난다. 유아는 일차적 애착대상 외에 친척, 보모, 보육원 교사 등 이차적, 삼차적 애착대상들을 갖게 된다. 아동들은 부모와의 애착에서 언제부터 또래에 대한 애착으로 전환하는 것일까? Hazan과 Zeifman(1994)에 따르면, 대부분의 아동과 청소년은 부모보다 친구와 함께 시간 보내기를 선호하는 등 근접성 유지에서는 또래지향적인 양상을 보였나. 또한 위로와 확신을 주는 피난처로서의 주요 애착대상은 10~14세 사이에 부모로부터 또래 친구로 옮겨갔다. 그러나 대부분 사춘기까지 부모는 안전기지이자 분리불안의 일차적인 근원으로 남아 있었다. 10대 후반부터 주된 애착대상이 부모로부터 또래, 특히 애인으로 전환되는 경향이 나타났다. 적어도 2년 이상 교제한 애인이 있는 성인의 경우에는 애인이 분리불안의 근원이자 안전기지라는 반응을 나타낸 반면, 애인이 없거나 교제기간이 짧은 사람들은 여전히 부모를 주요한 애착대상으로 꼽았다. 이러한 연구결과에 따르면, 부모와의 애착이 끝나는 청소년기 또는 청년기 초기가 또래 애착이 시작되는 시기로 보인다. 애착의 네 가지 기준을 충족시키는 또래관계는 대부분 애인과의 낭만적 관계에 한정되었다.

Freud는 부모자녀관계와 연인관계가 신체적 친밀감의 측면에서 유사하다는 점을 지적하고 있다. 살을 맞댄 상태에서 서로를 바라보고 껴안고 입을 맞추거나 성기부위를 만지는 친밀한 관계는 우리 문화에서 부모-자녀관계와 연인관계밖에 없다. 이러한 두 관계의 유사성은 신체적 접촉 시에 나타나는 생화학적 현상에서도 찾을 수 있다. 어머니가 자녀에게 젖을 주고 아이가 젖을 빨 때 분비되는 화학물질인 옥시토신(Oxytocin)은 어머니의 모성애와 유아의 애착을 자극하는 것으로 여겨지는데, 옥시토신은 성적인 애무나 절정상태에서도 분비된다(Carter, 1992). 요약하면, 연인관계와 유아-양육자관계 간에는 신체적 접촉의 측면에서 현저한 유사성이 있다. 이러한 독특한 관계에서 맺게 되는 친밀한 유대감이 바로 애착이며 사랑의 심리적 바탕이라고 할 수 있다(Hazan & Shaver, 1990).

일반적으로 남자는 여자보다 애착 형성에 있어서 다양한 심리사회적 스트레스 요인에 취약한 것으로 알려져 있다. 애착연구자들(Colin, 1996)에 따르면, 여자에 비해 남자는 낮은 사회경제적 상태, 의붓아버지, 온종일 탁아소에 맡겨진 경험, 학대나 폭행 등의 요인에 의해서 불안정 애착을 나타낼 가능성이 더 높다. 또한 장기 종단연구(Turner, 1991)에 따르면, 불안정 애착의 행동적 결과도 성별에 따라 달라서 남자 아이는 공격적인 행동을 나타낸 반면, 여자 아이는 의존적 경향을 나타냈다.

사랑의 촉진 및 억제 요인

영유아기에 부모와 안정 애착을 맺는 경우와 불안정 애착(양가 애착과 회피 애착)을 맺는 경우의 차이는 무엇일까? Ainsworth 등(1978)이 신생아를 생후 1년간 면밀하게 관찰한 결과에 따르면, '양육자의 반응성(caregiver sensitivity)' 이 다르다는 것이다. 양육자가 유아의 요구에, 특히 유아가 스트레스를 받고 있을 때, 신속하고 따뜻하며 일관되게 반응한 경우에는 안정 애착을 발달시키는 경향이 있었다. 이러한 아이들은 관찰실 상황에서 양육자가 곁에 있으면 편안하게 주변을 탐색하고, 양육자와 떨어지면 힘들어하지만 안아주면 곧 달래지는 모습을 보였다. 이것은 아이들이 양육 경험을 통하여 양육자가 믿고 의지할 만한 존재라는 내면적 표상, 즉 내면적 작동모델(internal working model)을 만들기 때문이다. 반면에, 양육자가 유아의 요구에 둔감하거나 일관성 없이 어떤 때는 반응적이었다가 어떤 때는 반응하지 않는 등의 행동을 보이면, 아이들은 양가 애착을 형성할 가능성이 높았다. 마지막으로, 양육자가 유아의 신체적 접촉을 싫어하거나 유아의 불안을 달래주지 않거나 일관되게 거부적 태도를 보이게 되면, 회피 애착을 발달시키는 경향이 있었다.

Ainsworth 등(1978)의 발견은 영아의 애착 유형이 얼마나 안정적인가 하는 물음을 제기하였다. 애착 유형이 초기에는 양육자와의 관계에 한정된 것이지만 내면화된 심리적 표상을 통해서 다른 새로운 인간관계에 적용될 수 있다. 즉, 다른 사람들이 자신의 요구에 따뜻한 수용적 반응을 보일 것이라는 표상을 발달시킨 사람은 다른 사람들이 예측 불가능하고 거부적일 것이라고 예상하는 사람과 다르게 행동할 것이다. 새로운 사람에게 행동하는 반응 방식(reactive pattern), 다른 사람으로부터 특정한 반응을 불러일으키는 촉발 방식(evocative pattern) 그리고 미리 예상하여 특정한 대인관계 상황을 찾거나 피하는 지향 방식(proactive pattern)으로 구성된 애착의 내면적 작동모델은, 성격특질과 같이 기존의 모델을 입증하는 방향으로 유지되는 경향이 있으며 다양한 인간관계에 중대한 영향을 미치게 된다.

그러나 태어나서 죽을 때까지 대부분의 사람들은 다른 사람들과 다양한 관계를 맺으며, 이러한 관계 경험을 통해서 애착의 내면적 작동모델이 수정될 수 있다. Bowlby (1973)는 애착모델이 유아기, 아동기, 청소년기의 경험을 통해서 점진적으로 구축되는 것으로서 쉽게 변화되지 않지만 변화가 불가능한 것은 아니라고 보았다. 그렇다면 불안정 애착을 치유하기 위해서 무엇을 할 수 있을까?

낯선 상황 검사에서 영아들이 나타내는 행동의 개인차가 양육자의 반응방식 때문인지 아니면 영아의 타고난 기질 때문인지를 규명하려는 연구가 진행되었다. 이 연구(Vaughn, Lefever, Seifer, & Barglow, 1989)에 따르면, 영아의 기질보다는 양육자의 반응성이 애착 유형을 예측하는 데 더 중요했다. 그러나 쉽게 짜증을 잘 내는 기질을 타고난 영아는 달래기가 어렵고 평균 이상의 반응성을 필요로 하기 때문에, 그러한 영아들은 불안정 애착을 발달시킬 가능성이 높다. van den Boom(1994)은 까다로운 기질을 지닌 6~9개월 된 영아의 어머니를 대상으로 아이의 요구에 민감하게 반응하는 훈련을 시켰다. 그런 훈련을 받지 못한 통제집단과 비교하여, 이러한 훈련을 실시한 실험집단의 경우는 약 6개월 후에 그 자녀들이 안정 애착을 발달시킬 확률이 거의 3배 정도 높았다. 추적연구(van den Boom, 1995)에 따르면, 이러한 훈련의 긍정적 효과는 2년 후에도 아동-부모관계에서뿐만 아니라 아동의 또래관계에서도 지속되었다.

성인의 애착관계 변화에 대한 좋은 예는 정서초점적 커플치료(Johnson & Greenberg, 1985)이다. 정서초점적 치료의 주요 가정은 어려움을 겪는 커플들이 부정적인 상호작용 패턴 때문에 안전한 유대감 형성에 필요한 반응성이 저해받고 있다는 것이다. 정서초점적 치료는 체계적 평가와 부정적 상호작용 패턴의 단계적 축소, 상호작용 패턴의 변화와 유대감 경험의 촉진 그리고 이러한 변화를 일상생활에 통합시키는 단계로 이루어진다. 정서초점적 치료의 효과를 검증한 연구(예: Johnson, Hunsley, Greenberg, & Schindler,

1999)에 따르면, 70%가량의 사람들에서 유의미한 관계 개선이 나타났으며, 3개월 이후에 그 효과가 더 강해졌다. 이러한 연구결과는 성인의 애착관계도 훈련과 치료를 통해서 변화될 수 있음을 보여주고 있다. 요약하면, 모든 연령대에 걸쳐서 안정 애착은 애착대상의 반응성에 달려 있다. 민감한 반응성은 가르칠 수 있고 배울 수 있는 일종의 기술이며, 반응성을 훈련함으로써 좀 더 만족스럽고 긍정적인 관계로 개선시킬 수 있다.

나의 사랑능력 평가

◆ 아래에 있는 문항을 주의 깊게 읽고, 귀하가 지난 1년간 실제로 어떠했는지에 근거하여 귀하에게 가장 적절한 숫자에 ○표 하십시오.

문항	전혀 아니다	약간 그렇다	어느 정도 그렇다	상당히 그렇다	매우 그렇다
1. 나는 내 삶에 사랑이 존재하는 것을 항상 느낀다	1	2	3	4	5
2. 나는 다른 사람에게서 사랑스러운 면을 잘 발견하는 편이다	1	2	3	4	5
3. 나는 어떤 사람에게 있어서 가장 중요한 사람이다	1	2	3	4	5
4. 나의 감정과 행복을 마치 자신의 것처럼 여기는 사람들이 있다	1	2	3	4	5
5. 친구, 직장 동료, 이웃 사람 중에서 내가 인간으로서 좋아하는 사람들이 있다	1	2	3	4	5
6. 나는 평소에 다른 사람들(친구, 가족 등)에게 사랑과 애정을 잘 표현하는 편이다	1	2	3	4	5

◆ 결과해석

6 ~ 9점: 사랑능력이 부족한 상태이므로 계발을 위한 적극적 노력이 필요함.

10 ~ 20점: 사랑능력이 보통 수준이므로 계발을 위한 노력이 필요함.

21 ~ 25점: 상당한 사랑능력을 지니고 있으므로 강점으로 계발하기 바람.

26 ~ 30점: 매우 탁월한 사랑능력을 지니고 있으며 대표 강점으로 계발하기 바람.

◆ 사랑능력 증진을 위한 작은 노력

1. 누군가가 나를 칭찬하면 어색해하거나 주저하지 말고 "고맙다" 고 말하며 칭찬을 받아들

인다.
2. 사랑하는 사람에게 나의 애정을 표현하는 간단한 메모를 적는다. 그리고 그것을 볼 수 있는 곳에 놓아둔다.
3. 가장 친한 친구에게 그가 정말 좋아할 수 있는 어떤 일을 해본다.

2) 친절성

이론적 정의

친절성(kindness)은 다른 사람의 행복을 위해서 배려하고 호의를 베풀며 선한 행동을 함으로써 보살펴주려는 개인의 성향을 뜻한다. 친절성은 다양한 행동으로 나타날 수 있다. 예컨대, 버스에서 노인에게 자리를 양보하는 행동과 같이 낯선 사람과의 관계에서 일어나기도 하고, 가까운 친척에게 신장을 기증하는 행동처럼 친밀한 지인과의 관계에서 나타나기도 한다. 밝은 표정을 보여주거나 길을 안내해주는 행동처럼 많은 노력이 필요하지 않은 것도 있지만, 부당하게 박해당하는 사람을 도와주거나 숨겨주는 행동과 같이 심각한 처벌을 감수해야 하는 것도 있다. 이러한 친절성은 이타적 사랑(altruistic love), 관대성(generosity), 양육(nurturance), 보살핌(care), 연민(compassion) 등과 밀접하게 관련되어 있으며 '이기주의'와 대비되는 것으로서 자신의 이익에 상관없이 다른 사람에게 호의를 베푸는 태도를 뜻한다. 진정한 친절성은 단순히 의무나 규범에 따른 배려와 구분되는 것일 뿐만 아니라 개인적 이익이나 명예와 평판을 얻기 위한 것이 아니다.

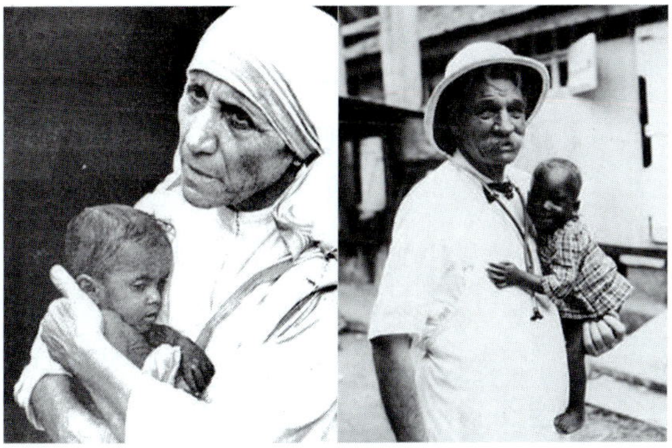
자애와 헌신의 대표적 인물인 테레사 수녀(왼쪽)와 슈바이처

친절성은 매우 생산적인 것이라고 할 수 있다. Erikson(1963)은 사회심리적 발달 이론에서 '다산성(generativity)'이라는 개념을 강조하고 있는데, 이것은 개인이 자신을 넘어서서 다음 세대와 후손의 안녕을 위해 노력하는 행동을 뜻한다. 이

처럼 개인적 이익을 넘어서서 가족이나 다른 사람들의 안녕을 위해서 배려하고 보살피려는 친절성은 사회적 안정과 발전에 기여하는 성격적 강점이라고 할 수 있다. 이러한 친절성에 반대되는 개념으로는 이기성, 인색함, 간악함, 공격성 등을 들 수 있다.

친절성 또는 이타적 사랑을 몸소 실천한 대표적 예로는 길에서 만난 나병환자의 몸을 자신의 체온으로 녹여주었던 성 프란체스코와 호스피스 운동을 시작한 Dame Cicely Saunders를 들 수 있다. 이 밖에도 병들고 가난하며 핍박 받는 이들을 위해 기부활동이나 봉사활동을 한 많은 사람들이 해당된다.

친절성 또는 이타적 사랑을 실천한 인물

Dame Cicely Saunders

Dame Cicely Saunders는 죽어가는 사람들을 돕기 위한 호스피스 활동을 통해서 이타적 사랑을 몸소 실천한 대표적 인물이라고 할 수 있다. 그녀는 영국에서 간호사로 시작하여 이후에는 사회사업가이자 의사로 활동했는데, 1948년부터 불치병 환자들을 돌보는 데 참여했으며 1967년에는 최초의 호스피스 병원인 '성 크리스토퍼 병원' 을 런던에 설립하였다. 그녀는 불치병 환자의 통증을 완화시켜주는 치료분야에서 선구적인 업적을 남겼을 뿐만 아니라 80세 이후에도 매일 성 크리스토퍼 병원에 출근하여 환자들을 돌보며 죽어가는 이들과 함께했다. 그녀의 삶을 가까이에서 지켜본 사람들은 Dame Cicely가 진정으로 따뜻하고 친절한 인품을 지니고 있으며 깊은 이타적 사랑을 품고 있어서 주위사람들에게 깊은 감화를 미쳤다고 말한다. 그녀는 불치병 환자들을 비롯하여 사람들에게 친절한 행동을 하는 것이 마땅히 인간으로서 서로에게 해주어야 하는 일이라고 생각했으며 자신이 특별한 활동을 하고 있다고 여기지 않았다.

Dame Cicely는 불치병 말기환자를 간호하는 시설을 '호스피스(hospice)' 라고 명명했는데, 이 용어는 중세에 순례자들이 쉬어가는 숙박소를 뜻하는 말이었다. 그녀는 죽어가는 사람들 역시 인생이라는 고된 순례여행에서 편안히 쉬어갈 수 있는 곳이 필요하다는 의미에서 이러한 용어를 사용하였다. 그녀는 인종과 종교를 비롯한 모든 특성에 상관없이 모든 죽어가는 사람이 호스피스에서 쉬어갈 수 있다고 하였다(Peterson & Seligman, 2004).

측정도구

친절성과 이타주의는 보통 개별적인 행동에 초점을 맞추어 연구되고 있지만, 이를 성격적 특질로 간주하는 연구들도 이루어지고 있다. 특질로서의 친절성과 이타주의는 자기보고 질문지를 통해 측정되고 있는데, 흔히 친절한 사람이 사회적으로 바람직하게 여겨지는 경향이 있기 때문에 자기보고가 왜곡될 가능성이 있다. 따라서 자기보고 질문지는 주위사람들의 보고나 실제적인 이타행동의 관찰을 통해 보완되어야 한다.

이타주의 자기보고 척도(Self-Report Altruism Scale)는 친절성을 측정하는 대표적인 자기보고형 질문지인데, 이 척도는 관찰자들의 보고와 높은 상관을 나타내고 있으며 특정 상황에서 도움을 제공하는 여부를 잘 예측하는 것으로 알려져 있다(Rushton, Chrisjohn & Fekken, 1981). 이 척도는 20개의 상황을 제시하는 질문으로 구성되어 있으며, 각 상황에서 응답자가 이타적인 행동을 보인 빈도에 대해서 물어본다. 예를 들어, '모르는 사람에게 길을 가르쳐 준 경험' 과 같은 상황을 제시하면서 그 빈도를 5점 척도로 평정하게 한다.

친절성을 측정하는 또 다른 척도로는 NEO-PI-R의 이타성 척도(Altruism Facet Scale; Costa & McCrae, 1992)가 있다. 이 척도는 성격 5요인 중 우호성(agreeableness) 차원의 하위척도로서 높은 신뢰도와 타당도를 나타내고 있다. 앞서 언급한 이타주의 자기보고 척도와 마찬가지로 다양한 나라의 언어로 번역되어서 널리 쓰이고 있다(McCrae & Costa, 1997). NEO-PI-R의 이타성 척도는 다른 사람들의 안녕을 위해 적극적으로 행동하는 정도를 묻는 8개의 문항으로 구성되며, 이에 대해서 5점 척도로 평정하게 되어 있다.

친절성과 관련된 심리적 특성

친절성과 이타주의가 비교적 안정적인 성격적 특질이라는 연구결과들이 다수 존재한다. 성인의 친절성과 이타주의 성향은 아동기와 청소년기의 행동을 통해 예측될 수 있었다. 청년을 대상으로 공감이나 연민과 같은 친사회적 행동을 자기보고로 측정한 결과, 이것은 수년 전에 실시한 검사의 결과와 유의미한 상관을 나타냈다(Eisenberg et al,. 2002). 뿐만 아니라 취학 전에 측정한 친사회적 행동 성향으로도 성인기의 친사회적인 도덕적 판단을 예측할 수 있다.

이타주의 성향은 유전적 영향을 받는 것으로 여겨지고 있다. 이타주의 자기보고 척도

(SRA)를 사용한 쌍둥이 연구에서, 이타주의 행동 성향의 약 50%는 유전적인 요인에 의한 것이었다(Rushton, Fulker, Neale, Nias, & Eysenck, 1986). 나머지 요인은 대부분 쌍둥이의 공통적인 경험에 의한 것이기보다 각자의 독특한 개인적 경험에 의한 것이었다. 또한 성격의 주요한 5요인 중 이타주의 성향과 가장 깊은 관련을 맺고 있는 '우호성' 도 상당 부분 유전적 요인에 의해 영향을 받는 것으로 알려져 있다(Plomin & Caspi, 1999). 그러나 이타적인 행동은 형제관계와 깊은 관련을 맺고 있다는 주장도 있다. 외동으로 자란 사람들보다는 많은 형제들 속에서 자란 사람들이 더 높은 이타주의 성향을 나타냈다(Dunn & Munn, 1986).

친절성이 성별에 따라 다른가의 문제는 수십 년간 연구자들 사이에서 논란이 많았던 문제였다. Eagly와 Crowley(1986)는 여러 연구결과를 요약하면서, 남자가 여자에 비해 도움을 제공하는 경향이 아주 조금 높다고 결론지었다. 그러나 이러한 차이는 통계적으로 매우 작은 것일 뿐만 아니라, 연구들이 주로 다른 사람에 대한 '기사도적인 도움' 을 측정하는 것이어서 성별에 대한 고정관념이 포함될 수 있다. 흥미로운 점은 여성이 남성보다 도움을 많이 받는 경향이 있다는 것이다. 도움을 주는 쪽이 어떤 성별이든, 여성이 남성보다 더 많은 수혜를 받았다.

Johnson 등(1989)은 여러 문화에서 도움을 주는 행동에 차이가 있음을 발견하였다. 그는 호주, 이집트, 한국, 대만, 미국, 유고슬라비아의 학생들에게 56가지의 도움행동을 실천한 빈도에 대해서 물어보았는데, 국가 간에 약간의 통계적 차이가 있음을 발견하였다. 또 다른 연구에서는 종교문화적 차이를 밝혀냈는데, 자기보고식 설문조사에서 기독교도들이 힌두교도나 이슬람교도들보다 높은 이타주의 점수를 나타냈다.

친절성의 긍정적 결과는 계량적인 수치로 양화될 수 있다. 친절성과 이타주의는 '자원 봉사' 의 가장 큰 동기로 알려져 있다(Omoto & Snyder, 1995). 미국의 경우, 1998년 한 해 동안 사람들이 자원봉사활동을 한 시간은 200억 시간에 이르는데, 이는 2,260억 달러의 경제적 가치를 지닌다(Independent Sector, 1999). 자원봉사활동은 사회적 · 경제적 효과 외에 개인의 신체적 · 정신적 건강에도 기여한다. 봉사활동은 특히 나이가 많은 봉사자들의 심신건강에 도움이 되며, 수혜자의 측면에서도 나이가 많은 자원봉사자들의 도움을 받은 이들의 정신건강이 향상되었다(Wheeler, Gorey, & Greenblatt, 1998).

친절성의 촉진 및 억제 요인

성격적 특질로서의 친절성이나 이타주의는 다양한 심리적 요인에 의해서 촉진될 수도 있고 억제될 수도 있다. 친절성은 크게 세 가지 요인, 즉 공감과 연민, 도덕적 추론, 사회적 책임감과 밀접한 관계를 지니는 것으로 알려지고 있다.

첫째, 공감과 연민은 다른 사람들을 도와주고자 하는 이타적 행동의 주요한 촉진 요인으로 여겨지고 있다. 공감(empathy)은 다른 사람의 정서상태를 느낄 수 있는 능력을 의미하며, 연민(sympathy)은 다른 사람의 곤경을 공감함으로써 유발되는 관심과 동정의 온화한 정서를 뜻한다. 이러한 공감능력과 연민 정서는 자기보고로 측정된 이타적 행동뿐만 아니라 실제로 위급한 상황에서 나타난 이타적 행동을 잘 예측할 수 있었다(Bierhoff, Klein, & Kramp, 1991; Unger & Thumuluri, 1997). 그러나 Batson 등(1986)은 공감 성향이 실제적인 이타적 행동으로 이어지지 않는 경우가 있다는 것을 발견했다. 특히, 도와주지 않아도 정당화될 수 있는 상황에서 그러했다. 요컨대, 공감 성향이 이타적 행동에 미치는 영향력은 도와주지 않아도 정당화되는 상황보다 도움을 주어야만 하는 상황에서 더 강하게 나타난다.

둘째, 도덕적 추론능력이 이타적 행동에 영향을 미친다. 즉, 도덕적 추론능력이 정교하게 발달된 사람일수록 다른 사람에 대한 이타적 행동을 더 많이 나타낸다. 타인지향적인 도덕적 신념을 지닌 아이들이 그렇지 않은 아이들보다 친구들에게 더 많은 도움을 제공했다(Miller, Eisenberg, Shell, & Fabes, 1996). 그리고 타인의 곤경에 초점을 맞추는 도덕적 신념을 내면화한 학생들은 친사회적 행동을 더 높게 나타냈다. 반면에, 쾌락주의적인 관점을 지닌 아이들, 즉 이타적 행동을 함으로써 잃게 되는 만족과 즐거움의 양에 따라 행동을 결정하는 아이들은 친사회적인 행동을 덜 나타내는 경향이 있었다.

셋째, 사회적 책임감은 이타적 행동을 촉진하는 것으로 여겨지고 있다. 강한 사회적 책임감을 지닌 사람은 자신이 이웃과 다른 사람들에 대해서 개인적인 윤리적 책임을 지닌다고 믿는다. 사회적 책임감이 낮은 사람들에 비해서, 이들은 자동차 사고가 났을 때 도움을 제공하는 빈도가 더 높았다(Bierhoff et al., 1991). 또한 다른 사람의 곤경을 목격하게 되었을 때 이를 더 충격적인 것으로 받아들였을 뿐만 아니라 복잡하게 얽힌 갈등상황이라 하더라도 더 적극적으로 도움을 주려고 했다.

이 밖에도 여러 가지 성격요인이 친절성에 영향을 미칠 수 있다. 앞에서 언급했듯이,

친절성과 이타주의 성향을 지닌 사람들은 성격의 '우호성' 차원이 높게 나타난다. 달리 말하면, 이타주의 성향을 지닌 사람들은 반사회성 성향과 자기애 성향이 낮다고 할 수 있다. 따라서 반사회성이나 자기애성 성격 성향은 친절성의 억제요인이 될 수 있다 (Axelrod, Widiger, Trull, & Corbitt, 1997).

나의 친절성 평가

◆ 아래에 있는 문항을 주의 깊게 읽고, 귀하가 지난 1년간 실제로 어떠했는지에 근거하여 귀하에게 가장 적절한 숫자에 ○표 하십시오.

문항	전혀 아니다	약간 그렇다	어느 정도 그렇다	상당히 그렇다	매우 그렇다
1. 나는 다른 사람들을 행복하게 해주는 것을 즐긴다	1	2	3	4	5
2. 친구가 어려움에 처해 있으면, 나는 아무리 바빠도 그를 돕는다	1	2	3	4	5
3. 나는 다른 사람에게 친절을 베푸는 것을 좋아한다	1	2	3	4	5
4. 나는 지난 한 달 동안 자발적으로 이웃을 도운 적이 있다	1	2	3	4	5
5. 나는 친구들을 위해 조그만 호의를 베푸는 것을 정말 즐긴다	1	2	3	4	5
6. 나는 평소에 다른 사람들에게 친절하고 관대한 편이다	1	2	3	4	5

◆ 결과해석

6 ~ 9점: 친절성이 부족한 상태이므로 계발을 위한 적극적 노력이 필요함.

10 ~ 20점: 친절성이 보통 수준이므로 계발을 위한 노력이 필요함.

21 ~ 25점: 상당한 친절성을 지니고 있으므로 강점으로 계발하기 바람.

26 ~ 30점: 매우 탁월한 친절성을 지니고 있으며 대표 강점으로 계발하기 바람.

◆ 친절성 증진을 위한 작은 노력

1. 병원이나 요양원에 있는 누군가를 방문하여 위로한다.
2. 운전을 하면서 보행자에게 양보한다. 걸으면서 차에게 양보한다.
3. 친구나 가족을 위해서 몰래 좋은 일을 해본다.

3) 사회지능

이론적 정의

사회지능(social intelligence)은 다른 사람들과의 관계에서 친밀감과 신뢰감을 형성할 뿐만 아니라 그들에게 영향력을 행사할 수 있는 개인적 능력을 의미한다. 일반적으로 지능은 적응과제를 효과적으로 잘 수행하게 만드는 개인적 능력을 의미하는데, 근래에는 지능이 적응영역에 따라 다양한 요소로 구성된다는 주장이 지배적이다. 특히, 지능을 차가운 인지적 지능(cold intelligence)과 정서, 동기 또는 사회적 관계를 다루는 따뜻한 감성적 지능(hot intelligence)으로 구분하고 있다(Mayer & Mitchell, 1998). 사회지능은 자신과 다른 사람의 감정상태를 잘 파악하고 적절하게 정서적 표현을 할 수 있는 능력을 의미하는 정서지능(emotional intelligence)뿐만 아니라 자신에 대한 정확한 이해와 평가 능력을 뜻하는 개인적 지능(personal intelligence)과 밀접하게 관련되어 있다.

사회지능은 인간관계를 원활하게 만들기 때문에 성격적 강점으로 여겨지고 있다. 사회지능이 높았던 역사적 인물로는 마하트마 간디와 엘레노어 루스벨트가 대표적이다. 지혜와 마찬가지로 사회지능도 나이와 경험이 축적됨에 따라 성숙하는 것으로 알려져 있다. 사회지능이 극히 낮은 사람들은 자기자신이나 다른 사람의 심리적 세계를 잘 이해하지 못한다. 또한 다른 사람의 의도를 잘 파악하지 못할 뿐만 아니라 자신의 의사를 제대로 전달하지도 못한다. 이러한 상태의 정신병리적 극단에는 감정표현불능증과 자폐증이 있다.

사회지능이라는 용어는 미국의 심리학자인 Thorndike(1920)에 의해서 가장 먼저 도입되었는데, 그는 "남자와 여자, 아동과 성인을 이해하고 다루는 능력으로서 인간관계에서 현명하게 행동하는 능력"이라고 정의했다. 사회지능은 일반지능과 너무 유사해서 독립적으로 측정하기 어렵다는 점 때문에 연구가 더디게 진행되었으나, 이를 측정하는 평가목록들이 개발되면서 많은 연구가 이루어졌다. O' Sullivan, Guilford와 deMille(1965)에 따르면, 사회지능은 다음과 같은 6가지 영역의 능력으로 구성되어 있다: (1) 사람들의 다양한 내면적 심리상태를 파악하는 능력; (2) 유사성에 근거하여 다양한 심리상태를 유형화하는 능력; (3) 행동들 간의 관계를 해석하는 능력; (4) 사회적 행동에 영향을 미치는 요인이나 원리를 이해하는 능력; (5) 사회적 행동의 변화를 융통성 있게 해석하는 능력;

(6) 대인관계 상황에서 다음에 무슨 일이 일어날지를 예측하는 능력.

사회지능에는 일반지능의 요소뿐만 아니라 대인관계에 관한 지식이 중요한 것으로 여겨지고 있다. 예를 들어, Cantor와 Kihlstrom(1987)은 지능 자체보다 사회적 지식의 축적에 초점을 맞추어 사회지능을 '개인이 주변환경에 대해 알고 있는 지식과 이를 자신의 행동에 활용하는 방법' 이라고 해석하고 있다.

측정도구

지능은 일종의 능력으로 정의되기 때문에 과제수행을 통해 측정되는 것이 일반적이다. 사회지능을 평가하는 가장 현대화된 척도는 Jones와 Day(1997)에 의해서 개발된 평정과제이다. 이 평정과제에서는 참가자들이 비디오를 보면서 등장인물의 행동을 해석하거나 그 적절성을 평가하게 된다. 이 과제를 통해서 사회적 지식과 사회적 추론능력이 평가되는데, 이것은 각각 사회적 결정지능(crystallized intelligence)과 사회적 유동지능(fluid intelligence)에 해당되는 것이다. 이 평정과제는 인지적 지능을 측정하는 검사와의 상관계수가 .20 이하로서 상당한 변별 타당도를 나타내고 있다(Lee, Wong, Day, Maxwell, & Thorpe, 2000).

사회지능은 밀접하게 연관된 정서지능이나 개인적 지능의 측정도구를 통해서 평가되기도 한다. 현재 정서지능을 평가하는 대표적인 검사는 다요인 정서지능 척도(Multifactor Emotional Intelligence Scale; Mayer, Caruso, & Salovey, 1999)이다. 이 검사는 정서지능의 4요인 모델에 따라 구성된 12개의 개별적 과제로 구성되어 있다. 이 척도의 신뢰도와 타당도는 잘 확립되어 있다. 그러나 실시하는 데에 너무 많은 시간을 요하기 때문에 현재는 개정판(MSCEIT v2.0)이 더 널리 사용되고 있다.

개인적 지능을 평가하는 대표적인 검사는 심리적 내성능력 평가방법(Psychological Mindedness Assessment Procedure; McCallum & Piper, 1987)이다. 이 수행검사에서는 참가자가 비디오를 통해 제시되는 일련의 일화들을 보고 "무엇 때문에 이 사람이 곤란을 겪고 있는가?" 와 같은 질문에 응답해야 한다. 응답은 정교성과 복잡성에 따라 점수가 평정된다. 이 방법은 신뢰도가 높을 뿐만 아니라 심리치료 결과를 잘 예측하는 등 높은 타당도를 나타내고 있다(Piper et al., 1999).

사회지능과 관련된 심리적 특성

사회지능을 비롯하여 정서지능과 개인적 지능에 대해서는 아직 많은 연구가 이루어져 있지 않다. 사회지능에 대한 연구는 최근까지 인지적 지능과의 독립성을 입증하는 데에 초점을 두고 있었다. 그러나 근래의 연구들을 통해서 사회지능이 일반적인 인지적 지능과 구별될 수 있다고 입증됨에 따라 최근에야 사회지능과 다른 심리적 특성과의 관련성이 탐색되고 있다.

반면에, 정서지능은 가장 최근에 소개된 개념이지만 많은 연구가 이루어졌다. 정서지능이 높은 사람들은 삶에 대한 판단력이 우수하며 사회적인 기능도 유연한 것으로 알려져 있다. 정서지능 중에서도 특히 정서이해 척도에서 높은 점수를 얻은 사람들이 좀 더 적응적인 것으로 나타났다(Pelletteri, 1999). 남학생의 경우, 정서지능이 높을수록 약물이나 알코올을 남용할 가능성이 낮았으며(Brackett & Mayer, 2003; Trinidad & Johnson, 2002), 또래에 대한 공격성도 낮았다(Formica, 1998; Rubin, 1999). 사업을 하는 경우, 정서지능이 높은 사람들이 더 좋은 고객 서비스를 제공하는 것으로 나타났다(Rice, 1999). 그러나 정서지능과 다른 외적인 기준들(예: 생활상태, 적응행동 등)과의 상관계수는 .10～.40 사이로 낮은 편이다. 이는 정서지능이 다른 요인들과 복합적으로 작용하여 적응상태에 영향을 미친다는 점을 시사한다.

정서지능 검사에서 여성은 남성에 비해 좋은 점수를 얻는 경향이 있다(Mayer & Geher, 1996; Mayer et al., 1999, 2002). 그러나 사회지능이 문화나 인종에 따라 어떤 차이가 있는지에 대해서는 연구된 바가 없다.

Perterson과 Seligman(2004)은 심리사회적 발달 이론을 제시한 Erikson(1963), 개인적 지능의 발달과정을 설명한 Gardner(1983) 그리고 초기 아동기의 사회정서적 능력이 발달하는 과정을 제시한 Saarni(1999, 2001)의 주장에 근거하여 감성적 지능(hot intelligence)의 발달과정을 네 단계로 나누어 설명하고 있다.

유아기와 초기 아동기: 이 기간에 유아는 이후의 발달을 위한 기초적 능력을 발달시키기 시작한다. 이러한 능력에는 긍정적/부정적 기분상태를 자각하고 감정을 상징화하여 명명하는 능력이 포함된다. 사회적으로는 다른 사람과 게임을 하는 것을 배우기 시작하고, 주의를 끌기 위해 고통스러운 모습을 흉내 내는 것도 배운다. 또한 어린아이는 만족 지연이나 기분 조절과 같은 기본적인 자기조절방법을 배우며 타인에 대해 공감을 하기 시작한다.

중기 아동기: 정서적 · 사회적 자기조절능력이 발달하고 정교화되며, 특히 다른 사람과 상황에 자신을 맞추려는 노력을 하게 된다. 이 기간에 아동은 친구들 앞에서 멋진 모습을 보이는 방법을 익히게 되며 당혹감과 수치심에 대해서 민감해진다. 아동은 능력과 근면성에 초점을 두며 감정으로부터 어느 정도 거리를 두려고 한다. 아동은 동일한 사람에 대해서 모순되는 감정을 가질 수도 있다는 것을 이해하게 되고 친밀한 우정을 만들어가기 위해 개인적인 정보를 교환하기 시작한다(Saarni, 2001).

청소년기: 정서의 다양한 변화와 이차적 정서(가령 화나는 것에 대한 죄책감)와 같은 내적 상태에 대한 자각이 증가한다. 의사소통에서도 감정이나 욕구에 관한 것들이 교류된다. 사회적으로는 도덕성, 의미, 정체감에 초점을 두게 되며 특히 중요하다고 여기는 대의명문이나 사상적 이념에 자신을 헌신하기도 한다(Erikson, 1963; Saarni, 2001).

성인기: 성숙한 많은 변화들이 생겨난다. Saarni(2001)에 따르면, 개인은 자신의 정서적 경험을 온전히 받아들이며, 자신의 신념과 일치하는 방향으로 정서적 수용이 일어난다. 즉, 정서에 대한 자신의 개인적 신념에 합치되는 삶을 살아가게 된다. 또한 개인은 좀 더 성숙해지며 세련된 자기감(sense of self)을 발달시킨다. Gardner에 따르면(1993), 이러한 발달과정의 최종 목표는 타인과 완전히 구별되는 잘 발달된 자기(self)를 형성하는 것이다. 아울러 개인은 자기자신과 인간의 연약함에 대해서 많은 것을 이해하게 된다.

사회지능의 촉진 및 억제 요인

일반적으로 지능은 크게 두 가지의 구성요소로 이루어진다. 그 하나는 유동지능으로서 순수한 학습능력을 의미하며, 다른 하나는 결정지능으로서 개인에 의해서 습득되어 축적된 지식을 의미한다. 유동지능은 배우고 분석하고 이해하는 능력으로서 개인의 발달단계나 신경학적 상태와 밀접하게 관련되는 반면, 결정지능은 다양한 분야에서 습득한 전문가적 지식으로서 비교적 안정적이다(Cattell, 1943). 이처럼 지능은 정신적 능력과 그 능력으로부터 생겨나는 축적된 지식의 조합이라고 할 수 있다. 유동지능은 외부적 개입에 의해 잘 변하지 않는 것이기 때문에 향상시키기가 비교적 어렵지만, 결정지능은 지식과 경험의 축적에 따라 증진될 수 있다. 이러한 점들은 감성적 지능에도 해당된다. 정서지능의 경우, 정서의 인식은 그 순간의 정신적 활동에 좌우되는 유동지능에 가까운 반면, 정서의 이해와 통합은 시간과 경험에 따라 습득되는 것으로 결정지능에 가깝다. 따라서 사회적 결정지능은 사회적 상호작용, 정서, 자기 이해에 대한 지식을 축적함으로써 향상될 수 있는 것이다.

그러나 감성적 지능에 대한 신뢰할 수 있는 측정도구가 최근에야 개발되어 이러한 지능을 촉진하거나 억제하는 요인들에 관한 연구는 미진한 상태이다. 우울과 같은 정서적 상태를 지속적으로 경험하는 것이 정서지능의 발달을 저해할 것이라고 가정되었지만 연구결과는 그러하지 않았다(Caruso, Mayer, & Salovey, 2002). 또한 긍정 정서의 경험은 정서지능의 발달과 별 관련성이 없는 것으로 보인다. 오히려 우울과 같은 정서는 사회적 상황이나 사건에 대한 정확한 현실인식을 반영하는 것이라는 주장도 있다(Alloy & Abramson, 1979). 정서지능이 높은 사람 중 일부는 누군가가 해야만 한다고 생각되는 정서적으로 힘든 직업, 그래서 우울하게 만드는 직업을 자발적으로 선택하는 경향이 있다(Mayer, 2001).

교육자들은 교과과정에 감성적 지능과 관련된 내용을 포함시키는 것이 학생들에게 도움이 될 것이라고 오래전부터 주장해왔다. 1920년대에는 보이스카우트와 걸스카우트 같은 인성교육 프로그램들이 생겨나서 도덕적인 사회적 행동을 함양하였으며, 1970년대에는 좀 더 심리학적인 방식으로 비슷한 주제들을 다루는 정서교육 프로그램들이 등장했다. 오늘날에는, 사회 및 정서 학습(SEL: Social and Emotional Learning)이라는 이름 아래 다양한 프로그램들이 시행되고 있다(참고: http://www.casel.org; Mayer & Cobb, 2000).

정서지능에만 기반한 프로그램과 사회 및 정서 학습에 기초한 프로그램은 공통점과 차이점을 지니고 있다. 이러한 두 가지 프로그램의 상대적인 장점을 분석하기 위해서는 실증적인 연구가 필요하겠지만, 사회 및 정서 학습 프로그램이 좀 더 넓은 범위를 다루고 있다는 점에서 장점을 지닌다. 그러나 이 프로그램의 단점은 학생들에게 서로 잘 지내는 것에 대해서만 지나치게 강조를 하기 때문에 창조성, 건강한 의심, 자발성을 억제할 수도 있다는 점이다. 이러한 우려로 인해서 좀 더 집중적인 정서교육이 필요하다거나 사회지향적 학습과 개인지향적 학습의 균형이 필요하다는 주장이 제기되고 있다(Cobb & Mayer, 2000).

나의 사회지능 평가

◆ 아래에 있는 문항을 주의 깊게 읽고, 귀하가 지난 1년간 실제로 어떠했는지에 근거하여 귀하에게 가장 적절한 숫자에 ○표 하십시오.

문항	전혀 아니다	약간 그렇다	어느 정도 그렇다	상당히 그렇다	매우 그렇다
1. 나는 여러 가지 사회적 상황에서 처신하는 방법을 잘 알고 있다	1	2	3	4	5
2. 나는 처음 만난 사람과도 잘 어울린다	1	2	3	4	5
3. 다른 사람을 기분 좋게 하기 위해서 어떻게 해야 하는지 잘 알고 있다	1	2	3	4	5
4. 어떤 사람이라도 나는 잘 적응할 수 있다	1	2	3	4	5
5. 나는 다른 사람의 감정을 잘 알아챈다	1	2	3	4	5
6. 나는 다른 사람의 마음을 잘 이해하고 적절하게 잘 반응해주는 대인관계능력이나 사회적 기술이 좋은 편이다	1	2	3	4	5

◆ 결과해석

6 ~ 9점: 사회지능이 부족한 상태이므로 계발을 위한 적극적 노력이 필요함.

10 ~ 20점: 사회지능이 보통 수준이므로 계발을 위한 노력이 필요함.

21 ~ 25점: 상당한 사회지능을 지니고 있으므로 강점으로 계발하기 바람.

26 ~ 30점: 매우 탁월한 사회지능을 지니고 있으며 대표 강점으로 계발하기 바람.

◆ 사회지능 증진을 위한 작은 노력

1. 누군가 다른 사람을 편안하게 느끼도록 해준다.
2. 친구나 가족이 괴로움을 느끼는 때를 인식하고, 그들을 격려해준다.
3. 어떤 사람이 나를 화나게 할 때, 복수를 하기보다 그 사람의 의도를 이해해보려고 노력한다.

요 약

1. 창의성은 독창적일 뿐만 아니라 적응적인 사고와 행동을 만들어내는 개인적인 특성을 의미한다. 창의적인 사람은 평범하지 않은 기발하고 놀라운 독창적인 생각이나 행동을 나타낸다.
2. 호기심은 새로운 정보, 지식, 경험을 얻고자 하는 욕구로서 탐색적인 행동을 유발하는 심리적 성향이다. 호기심은 새로운 경험과 학습을 촉진하며 내재적인 만족과 성취를 이루게 만든다.
3. 개방성은 자신이 지지하는 신념, 계획, 목표에 반대되는 증거들을 적극적으로 탐색하며, 그것이 적절한 것이라면 기꺼이 수용하려는 열린 마음자세를 뜻한다. 이는 경직된 편견적 태도와 대비되는 것으로서 사실을 있는 그대로 받아들이고자 하는 객관적이고 냉철한 태도이다.
4. 학구열은 새로운 지식이나 기술을 배우는 것에 대한 갈망과 더불어 그러한 기술과 지식의 숙달에 대해서 긍정적인 정서를 경험하는 능력을 의미한다. 이러한 강점을 지닌 사람들은 기술을 익히고 호기심을 충족시키며 지식을 증진하고 새로운 것을 배울 때 즐거움과 기쁨을 느낀다.
5. 지혜는 매우 정의하기 힘든 성품이다. 긍정 심리학자들은 지혜가 (1) 지능과는 다른 것으로서, (2) 뛰어난 수준의 지식과 판단 및 조언 능력을 의미하며, (3) 인생의 의미는 무엇이며 어떻게 살아야 하는가 하는 어렵고도 중요한 물음에 대해서 현명한 대답을 지니게 하고, (4) 자신 또는 다른 사람의 행복을 위해 유익하게 활용될 수 있는 덕목이라는 점에서 대부분 동의하고 있다.
6. 사랑은 다른 사람과 깊은 애정을 형성하고 유지할 수 있는 심리적 능력을 의미한다. 사랑에는 전형적으로 세 가지의 유형, 즉 (1) 타인에게 애정, 보호, 보살핌을 제공하는 사랑(자녀에 대한 부모의 사랑), (2) 안전과 보살핌을 얻기 위해서 타인에게 의지하는 사랑(부모에 대한 자녀의 사랑), (3) 성적 · 정서적 유대관계를 형성하려는 열정적 욕망을 느끼는 사랑(연인들의 낭만적 사랑)이 있다.
7. 친절성은 타인의 행복을 위해서 배려하고 호의를 베풀며 선한 행동을 함으로써 보살펴주려는 개인의 성향을 뜻한다. 친절성은 이타적 사랑, 관대성, 배려, 보살핌과 밀접히 관련된 것으로서 자신의 이익에 상관없이 타인에게 호의를 베푸는 태도이다.

8. **사회지능**은 다른 사람들과의 관계에서 친밀감과 신뢰감을 형성할 뿐만 아니라 그들에게 영향력을 행사할 수 있는 개인적 능력을 의미한다. 사회지능은 자신과 다른 사람의 감정 상태를 잘 파악하고 적절하게 정서적 표현을 할 수 있는 정서지능과 자신에 대한 정확한 이해와 평가능력을 뜻하는 개인적 지능과 밀접하게 관련되어 있다.

제7장

성격적 강점과 덕성(2) - 용기와 절제 -

남을 아는 사람은 지혜로운 자이지만
자신을 아는 사람은 더욱 지혜로운 자이다.
남을 이기는 사람은 강한 자이지만
자신을 이기는 사람은 더욱 강한 자이다.

- 노자(老子) -

이 장에서는 VIA 분류체계에서 제시하고 있는 6개의 핵심강점 중에서 용기와 절제에 관한 성격적 강점과 덕성들을 소개할 것이다. 먼저, 용기와 관련된 강점에 속하는 용감성, 끈기, 진실성, 활력에 대해서 살펴보고 절제와 관련된 강점들인 용서, 겸손, 신중성, 자기조절에 관해서 논의할 것이다.

1 용기와 관련된 강점들

목숨을 가벼이 여기고 날뛰는 것은 소인의 용기이다. 목숨을 소중히 여기되 의로움으로 마음을 늦추지 않는 것이 군자의 용기이다.

- 순자(荀子) -

에베레스트 산을 최초로 등정한 에드먼드 힐러리(왼쪽)와 암을 이겨내고 세계 사이클 대회를 7연패한 랜스 암스트롱.

우리는 어떤 목표를 추구하는 과정에서 여러 가지 난관에 부딪히게 된다. 특히, 소중하고 가치 있는 목표를 성취하기 위해서는 많은 노력이 필요할 뿐만 아니라 다양한 장애물을 극복해야 한다. 세계 최고봉인 히말라야의 에베레스트(8,848m)를 처음으로 등정한 에드먼드 힐러리 경(Sir Edmund Hillary)은 수많은 좌절을 겪었으며 등정과정에서 체력저하, 추위, 고산증세와 더불어 죽음의 공포와 실패의 두려움을 이겨내야 했다. 이처럼 어렵고 힘든 상황에서 이를 극복하게 만드는 인간의 강점이 용기이다.

용기(courage)는 목표 추구 과정에서 외부적·내면적 난관에 직면하더라도 이를 극복하면서 목표를 성취하려는 강인한 투지를 의미한다. 이러한 용기와 관련된 강점들로는 다양한 것이 있다. 강력하게 분발하고 맹렬하게 추진하는 능동적인 강점들뿐만 아니라 고통과 좌절을 인내하고 유혹을 견뎌내는 수동적인 강점들도 있다. 이 절에서는 VIA 분류체계(Peterson & Seligman, 2004)에서 용기와 관련된 강점으로 제시되고 있는 4가지의 강점, 즉 용감성, 끈기, 진실성, 활력에 대해서 살펴볼 것이다.

1) 용감성

이론적 정의

용감성(bravery)은 위험하고 위협적인 상황에서 두려움을 이겨내고 그 상황을 극복하기 위한 적절한 행동을 자발적으로 하는 능력을 의미한다. 위협, 도전, 난관, 고통으로부터 위축되지 않고 이를 극복하는 능력으로서, 반대가 있더라도 옳다고 생각하는 것을 주장하거나 다른 사람이 싫어하더라도 신념에 따라 행동하는 것을 말한다. 용기에는 육체적 용기뿐만 아니라 도덕적 용기를 포함한 다양한 유형이 존재한다.

용기는 다음과 같은 특징을 지닌다. 첫째, 용기 있는 행동은 반드시 자발적인 것이어야 한다. 강제된 행동은 용기에 해당되지 않는다. 둘째, 용기는 위험과 손상을 인식한 상태에서 나타내는 태도이다. 셋째, 용기에는 그러한 위험과 손상뿐만 아니라 자기행동의 결과를 감수하겠다는 판단이 포함되어야 한다. 이러한 용기는 위험에 대한 즉각적인 회피반응을 줄이고 적절한 대처행동을 하도록 만든다는 점에서 가치 있는 것이다. 용기는 두려움을 모르는 것이 아니라 두려움을 이겨내는 것이다.

용기의 개념은 시대에 따라 점진적으로 변화되어왔다. 용기는 대조적인 두 가지 유형으로 구분되어왔다. 즉, 육체적 용감성 대 도덕적 용감성, 도전적 행위 대 방어적 행동, 공격 대 인내로 구분될 수 있다. 이에 관해서 Miller(2000)는 전자의 용기가 후자의 용기보다 더 요란한 방식으로 표출된다고 언급한 바 있다. 중세의 신학자인 Thomas Aquinas는 전투사들보다 순교자들을 용기 있는 사람의 전형으로 보았으며, 오랜 기간 고통을 참아내는 인내심을 용기의 핵심적 요소로 여겼다.

용기는 공포로부터 탄생하는 것이다. 즉, 용기는 다양한 상황에서 겪게 되는 공포를 극복하기 위한 노력이다. 이런 점에서 용기는 극복하고자 하는 공포의 내용에 따라서 구분될 수 있다. 용기는 크게 육체적 용감성과 도덕적 용감성으로 구분되어 왔다. **육체적 용감성**(physical bravery)은 신체적 손상과 죽음의 공포를 이겨내기 위한 것으로서 신체적 손상이 초래될 수 있는 다양한 상황에서 유발된다. 이에 반해, **도덕적 용감성**(moral bravery)은 다른 사람의 의견에 대한 공포와 관련되어 있다. 즉, 사회적 무시와 비난을 비롯하여 따돌림, 경제적 곤란, 직업 상실, 명예 손상의 두려움에도 불구하고 자신이 옳다고 믿는 것을 행하는 것이다. 육체적 용감성은 구체적 행위를 통해서 그 결과가 신속하게 나타나지만, 도덕적 용감성으로 인한 선택의 결과는 상대적으로 서서히 나타나며 때로는 평생 동안 영향을 미치는 경우도 있다.

육체적 용감성과 도덕적 용감성의 구별은 비교적 명확하다. 보다 더 구별이 어려운 것은 도덕적 용감성과 심리적 용감성이다. 세 번째 유형인 **심리적 용감성**(psychological bravery)은 정신적 안정을 잃는 것에 대한 두려움과 관련되어 있다(Putnam, 1997). 많은 사람들은 자신의 공포와 불안에 직면하기 위하여 심리적 용기를 필요로 한다. 그러나 이들의 용기 있는 행동은 다른 사람에게 보이지 않을 수 있다. 예를 들어, 자신의 심리적 문제나 약점을 인정하는 일 그리고 이러한 문제를 극복하기 위해 스스로 노력하거나 도움을 요청하는 일은 심리적 용기를 필요로 한다. 도덕적 용감성이 자신의 윤리적 신념과 양심을 지키기 위한 것이라면, 심리적 용감성은 자신에 관한 진실을 직면하고 성장과 성숙을 추구하기 위한 것이라고 할 수 있다.

측정도구

용기에 관한 이론적 문헌은 많지만, 용기에 초점을 맞춘 실증적인 연구는 매우 드물다. 용기의 정도를 나타나게 할 수 있는 실험실 조건을 만들기가 어렵기 때문이다(Deutsch, 1961). 현재 대부분의 연구들은 개별 사례를 분석하거나 면접 또는 가상적 상황에 대한 반응을 평가하고 있다. Evans와 White(1981)는 사람들에게 무서운 비디오를 보여준 후에 비디오를 보면서 경험한 반응이나 비디오의 등장인물에 관해 질문을 함으로써 용기에 관한 연구를 한 바 있다. Goldberg와 Simon(1982)은 사람들이 평생 동안 용기 있게 행동했던 사건들에 대해서 심층적인 면접을 함으로써 용기에 관한 사례연구를 시행하였다.

그러나 다른 성격적 강점과 달리, 용기는 개인차로서 측정할 수 있는 도구가 부족한 상태이다. 자기보고형 질문지로 용기를 평가할 경우, 평가문항들은 어떤 가치나 다른 강점들(예: 공정성, 진실성 등)에 관한 문항들과 중복될 수밖에 없기 때문에 용기 있는 행동에 관련되는 요인들만을 평가하기가 어렵다. 그러나 다양한 방법으로 용기를 평가하려는 시도들이 이루어지고 있다. Szagun(1992)은 여러 가지 위험한 상황을 제시하고 그러한 상황에서 어떻게 행동할 것인지를 물음으로써 용기를 평가하고자 했다. 또한 Spreitzer, McCall과 Mahoney(1997)는 권위적 인물에게 자기주장을 하거나 도전하는 것과 관련된 여러 행동들에 대해서 자신이 얼마나 해당되는지를 평정함으로써 용감성을 측정하려고 시도하였다.

용감성과 관련된 심리적 특성

용기를 측정할 수 있는 신뢰할 수 있고 타당한 평가척도가 드물기 때문에 용기와 관련된 심리적 특성들에 대해서 알려진 바가 많지 않다. 그러나 기존의 연구에 따르면, 용기는 친사회적 태도, 내적 통제 소재, 자기효능감, 독립성이나 자유를 소중하게 여기는 가치관, 만족 지연 능력, 행위지향성, 스트레스하에서의 낮은 각성 수준 등과 관련되는 것으로 나타났다(Peterson & Seligman, 2004). 뿐만 아니라 불확실성에 대한 인내력, 위험을 평가하는 능력, 소중한 사회적 목표에 대한 관여도가 용기와 관련되는 것으로 알려져 있다.

용기는 직장과 같이 특수한 상황에서 일어나는 부당한 일에 대해서 취하는 내부고발 행동을 통해서 연구되기도 했다. 부당한 문제를 지적하며 시정을 요구하는 사람들과 침묵하는 사람들의 차이를 전국적 표본을 통해 조사한 연구(Rothschild & Miethe, 1999)에서는 인구통계학적 특성이나 태도에 있어서 어떠한 차이도 발견하지 못했다. 다만 나이가 많을수록 잘못을 더 많이 지적하는 미약한 경향이 있었다. 또한 어떤 결정이 사례별로 이루어지기보다 일반적 원칙에 의해 이루어져야 한다는 신념, 즉 공정성의 강점을 지닐수록 내부고발 행동이 증가했다. 용기는 소중한 만큼 위험하기도 하다. 내부고발의 결과로서 우울, 불안, 고독, 건강악화, 경제손실, 가족문제, 타인에 대한 불신 등이 증가했다. 그럼에도 불구하고 내부고발자의 90%는 다시 그런 기회가 오게 되면 같은 행동을 하고 힘든 결과를 견뎌낼 것이라고 응답했다.

스릴추구 행동과 연령의 관계를 연구한 Cavanagh와 Moberg(1999)에 따르면, 젊은 사람이 나이 많은 사람보다 스릴추구 행동을 더 많이 했다. 또한 스릴추구 성향이 높은 사람은 그렇지 않은 사람보다 공포에 직면하기가 더 쉬울 것이라고 생각할 수 있지만, 스릴추구 성향과 용기 간에는 분명한 관계가 발견되지 않았다. 사실, 고통스러운 일인 줄 잘 알면서도 위험한 활동을 자발적으로 행하는 사람들이 위험으로부터 흥분을 기대하는 스릴추구자들보다 더 용기 있는 사람이라고 할 수 있다.

용기는 다른 사람과 깊이 있는 관계를 맺는 과정에도 필요하다. 부부나 친구 사이에서 자신의 취약한 면을 상대방에게 보여주는 것은 용기를 필요로 한다(Fowers, 1998). 자기공개와 진실성은 잠재적으로 상처와 거절을 초래할 수도 있기 때문이다. Way(1998)는 일상생활에서 용기 있게 행동하는 것이 타인과의 진실한 관계 형성에 도움이 된다고 보고했다.

용기는 연령의 변화에 따라 그 개념도 변한다. 어린아이들은 심리적인 것보다는 신체적인 행동을 더 용기 있는 것으로 인식한다(Szagun, 1992). 청소년은 심리적 복잡성이 발달하게 되므로 용기에 수반되는 사회적 위험을 이해하게 된다. 성인이 되면, 다양한 감정에 대한 이해가 심화되어 공포가 용기와 밀접하게 관련된다는 점을 인식하게 된다(Szagun & Schauble, 1997). Finfgeld(1999)에 따르면, 용기 있게 행동하는 능력은 주로 청소년기에 중요한 생활사건을 경험하면서 형성된다. Way(1998)는 위험 상황에 노출된 청소년들에게 있어서 용기가 특히 중요하다고 강조했다. 위험과 불확실성이 증가되는 미래사회에서, 용기는 매우 중요한 강점이 될 수 있다. 이러한 상황에서 용기를 발달시키기 위해서는 타인과의 유대, 도덕적 신념의 발달, 또래와의 정보교환 그리고 자신의 삶에 대한 책임의식이 필요하다.

용기에 대한 성차는 실증적으로 확인된 바 없지만, Miller(2000)는 남자들이 병역의무를 치르기 때문에 여자들보다 용기 있는 행동을 더 많이 나타낸다고 주장했다. 역사적으로 용기는 전쟁과 관련하여 남자에게 기대되는 덕목으로 여겨져 왔으며 이러한 행동에 대해서 사회적인 보상과 칭송이 주어져 왔다. 영웅적 인물의 용기에 대해서는 모든 국가와 문화에서 칭송되어왔다. 문화인류학자인 Malinowski(1926)에 따르면, 대부분의 문화에는 용기 있는 영웅에 대한 신화들이 존재하지만 그들의 구체적 행위는 상당히 다르다. 어떤 행동이 용기 있는 행동인가에 대해서 문화마다 상당한 차이가 있다. 예를 들어, 제2차 세계대전 중에 사이판에 주둔하던 일본군 4만여 명이 포로가 되는 불명예를 당하지 않기 위해 자살을 했는데, 이러한 행동은 일본에서 용기로 찬양을 받았지만 서양인들에게는 이해할 수 없는 어리석은 행동으로 받아들여졌다.

용감성의 촉진 및 억제 요인

용감성을 촉진하는 것으로 알려진 요인들은 매우 다양하다. 우선 용감성을 높이 평가하고, 진실을 말하는 것과 친사회적 가치를 중시하는 사회적 환경은 용감성을 촉진하게 된다. 또한 유대감이 강하고 구성원에게 강력한 신뢰감과 리더십을 부여하는 공동체에서는 용기 있는 행동이 더 많이 나타나는 경향이 있다(Chaleff, 1996; Way, 1998).

용기 있는 행동에 대해서 다른 사람이 처벌할 수 있는 권력을 많이 지니고 있을수록, 그러한 행동은 위축되었다(Van Eynde, 1998). 달리 말하면, 위계적 조직에서 낮은 지위에 있는 사람들은 용기 있는 행동을 나타내기가 어렵다. 왜냐하면 이들은 마음대로 행동할 자유가 적을 뿐만 아니라 용기 있는 행위가 상사에게는 도전적인 행위로 여겨지기 때문이다. 반면에, 높은 지위에 있는 사람들은 다른 사람에 의한 처벌의 위협이 적기 때문에 용기 있는 행동을 더 많이 나타낼 수 있다.

또한 다양한 개인적 요인들이 용기를 촉진할 수 있다. 자신의 삶에 대한 통제 성향이 강한 사람들은 그렇지 않은 사람들에 비해서 부당한 일에 더 용감하게 대응한다(Dweck,

1986). Shepela 등(1999)에 따르면, 친사회적 태도는 용기의 발달에 필수적인 요소이다. 어려서 안정 애착을 형성하고 친사회적인 역할모델을 지니는 것은 용감성을 발달시킬 뿐만 아니라 용기 있는 행동을 표출하는 데 기여한다.

용감성은 도덕적 행위에 대한 훈련을 통해서 증진될 수 있으며 용기 있는 인물의 행동을 모방함으로써 향상될 수 있다. 또한 용감성과 관련된 개인적 특성을 향상시킴으로써 촉진될 수 있다. 군인들을 대상으로 하여 이루어진 연구(Gal, 1995)에 따르면, 용감한 행동은 사교성이나 소속감과 같은 사회적 특성에 의해서 촉진된다. 이러한 사회적 특성은 용기를 촉진하는 집단응집력과 상호적 책임감을 높임으로써 용감한 행동을 유발하게 된다. 집단의 상호작용을 활발하게 함으로써, 사회적 특성은 개인으로 하여금 용감한 행동을 하도록 만들 수 있다.

용기의 영어 단어인 courage는 '심장(heart)'을 의미하는 라틴어 *cor*에 뿌리를 두고 있다. 또한 격려라는 뜻의 단어 encouragement는 '다른 사람에게 심장을 준다.'는 의미를 담고 있다. 즉, 격려를 통해서 다른 사람의 용기를 북돋을 수 있다는 의미이다. Adler(1946)는 많은 정신장애가 낙담(discouragement)에 뿌리를 두고 있다고 보았으며 사람들로 하여금 서로를 인정하고 격려하는 대인관계 기술들을 개발한 바 있다. 자신감을 갖도록 격려하는 방법들은 용기를 촉진할 수 있다. 심리치료에서 내담자를 격려하고 자신감을 갖도록 하는 주요한 기술은 내담자를 신뢰하는 것, 내담자를 있는 그대로 수용하는 것 그리고 내담자의 행동을 긍정적 관점에서 재조명하는 것이다(Sherman & Dinkmeyer, 1987). 이 밖에도 긍정적 자존감을 갖게 하고 높은 동기를 심어주며 실수로부터 배우는 능력을 함양함으로써 격려와 더불어 용기를 북돋울 수 있다.

Finfgeld(1999)는 말기 질병을 앓고 있는 환자와의 면접을 통해서 용기를 촉진하는 요인을 조사하였다. 그녀의 연구에 따르면, 용기를 강화하는 가장 중요한 심리적 요인은 강한 가치체계, 희망, 낙관성 그리고 자신감이었다. Finfgeld는 동일한 상황을 용기 있게 이겨내는 사회적 모델을 관찰함으로써 환자들이 용기를 얻게 된다고 주장했다. 또한 다른 사람으로부터의 존중, 칭찬, 확인, 친절한 행위는 환자의 용기를 북돋울 수 있는 인간관계 요인이라고 주장했다.

나의 용감성 평가

◆ 아래에 있는 문항을 주의 깊게 읽고, 귀하가 지난 1년간 실제로 어떠했는지에 근거하여 귀하에게 가장 적절한 숫자에 ○표 하십시오.

문항	전혀 아니다	약간 그렇다	어느 정도 그렇다	상당히 그렇다	매우 그렇다
1. 나는 환영받지 못할 의견을 다른 사람 앞에 내어 놓는 것을 주저하지 않는다	1	2	3	4	5
2. 나는 내가 두려워하는 것을 회피하지 않는다	1	2	3	4	5
3. 다른 사람이 비열한 언행을 하면 나는 항상 소리 높여 항의한다	1	2	3	4	5
4. 비록 결과가 내게 불리하더라도 나는 내가 믿는 것을 고수하곤 한다	1	2	3	4	5
5. 나는 강한 반대에 부딪히더라도 지지 않고 저항한다	1	2	3	4	5
6. 두려운 위협적인 상황에서도, 나는 두려움과 위험을 감수하고 자발적으로 용기 있는 행동을 잘 하는 편이다	1	2	3	4	5

◆ 결과해석

6 ~ 9점: 용감성이 부족한 상태이므로 계발을 위한 적극적 노력이 필요함.
10 ~ 20점: 용감성이 보통 수준이므로 계발을 위한 노력이 필요함.
21 ~ 25점: 상당한 용감성을 지니고 있으므로 강점으로 계발하기 바람.
26 ~ 30점: 매우 탁월한 용감성을 지니고 있으며 대표 강점으로 계발하기 바람.

◆ 용감성 증진을 위한 작은 노력

1. 여러 사람들(집단)에서 나의 독특한(색다른, 인기가 없을 수 있는) 생각을 말해본다.
2. 분명히 정당하지 않은 것을 나에게 지키도록 요구하는 기관이나 권위자에게 항의한다.
3. 두렵기 때문에 내가 평소에 하지 않았던 일들을 해본다.

2) 끈기

이론적 정의

끈기(persistence)는 여러 가지 난관과 좌절에도 불구하고 목적지향적인 행동을 자발적으로 지속하는 능력을 말한다. 시작한 일을 마무리하여 완성하는 능력으로서 장애물에도 불구하고 일련의 계획된 행동을 지속해나가면서 과제를 완수할 뿐만 아니라 그로부터 만족감을 느끼는 태도를 말한다. 끈기는 인내(perseverance)나 근면성(industriousness)과 유사한 개념이라고 할 수 있다.

끈기는 용기와 같이 강렬하지는 않지만 어려움에 맞서서 굴복하지 않고 자신이 추구하는 가치를 성취하게 만든다는 점에서 공통점이 있다. 그러나 용기와 달리, 끈기를 통해서 이겨내야 하는 것은 공포가 아니라 권태와 좌절의 고통이며 다른 한편으로는 쾌락과 나태의 유혹이다.

끈기와 인내는 도덕적인 가치를 지닌다. 우리는 부지런한 사람을 높이 평가하며 성실하고 근면한 노력을 통해서 성취를 이룬 사람들을 존경한다. 끈기, 인내, 근면성의 반대말은 게으름, 나태함, 포기, 의욕상실, 편법사용, 임시변통, 우유부단 등으로서 모두 부정적인 의미를 담고 있다. Jaynes(1976)에 따르면, 끈기는 인간의 고유한 강점이며 문명의 필요조건이다. 인간은 오랜 기간 끈기 있는 농사활동을 통해서 잉여식량을 생산하게 되었으며 그것의 저장과 보호를 위한 사회조직이 요청되면서 문명이 발전하게 되었다.

끈기의 대표적 인물: 토머스 에디슨

끈기는 시간과 상황에 대해 상당히 안정된 특질로 여겨지고 있다. 끈기를 보여주는 대표적 인물로는 에디슨을 들 수 있는데, 그는 전구의 필라멘트 개발을 위해 6,000가지 재료를 사용하여 실험을 했으며 "천재는 1%의 영감과 99%의 노력으로 이루어진다."라는 유명한 말을 남겼다.

측정도구

끈기는 성격을 비롯한 다양한 개인차 요인들과 연관되어 있다. 끈기를 평가할 때는 능력, 동기, 성격요인을 잘 고려하는 것이 중요하다. 첫째, 능력을 많이 지닌 사람들은 성공에 대한 기대, 긍정적 자기평가, 초기단계에서의 진전으로 인한 자신감과 의욕 증진으로 인해 끈기와 인내 수준이 높아질 수 있다. 그러나 일반적으로 능력이 우수하다고 해서 모든 과업에서 높은 인내를 보이는 것은 아니다. 둘째, 동기 수준은 끈기와 밀접한 관계를 지닌다. 사람들이 과업성취에 높은 가치를 부여하고, 통제와 숙달에 대한 강한 동기적 지향을 지니며, 높은 자율성과 통제에 대한 강한 욕구를 지닐수록 끈기를 나타내는 경향이 높다. 셋째, 끈기는 감정통제력이나 강인성과 같은 성격요인들과 밀접하게 관련되어 있다. 감정통제를 잘 할수록 끈기를 보인다. 스트레스에 대한 저항력을 의미하는 강인성(hardiness)은 자신의 삶에 대한 열정, 사건들을 통제할 수 있다는 믿음, 변화를 긍정적인 도전으로 받아들이는 태도로 구성되어 있는데, 끈기를 잘 예측하는 것으로 알려져 있다(Wiebe, 1991). 또한 A유형의 성격(Type A personality)은 끈기를 보이는 반면, 꾸물거림(procrastination)은 어려운 과업에 대한 인내능력을 저하시킨다.

끈기를 측정하는 주요한 도구들은 다음과 같다. 아동용 끈기 척도(Persistence Scale for Children; Lufi & Cohen, 1987)는 40문항으로 구성된 자기보고형 검사로서 "나는 많은 일들을 충동적으로 한다." "나는 많은 격려를 받아야 어떤 일을 완수할 수 있다." "한 번 시도해서 답을 얻지 못한 문제에는 다시 도전하지 않을 것이다."와 같은 문항으로 구성되어 있다. 삼차원 성격질문지(Tridimensional Personality Questionnaire; Cloninger, Przybeck, & Svrakic, 1991)에는 끈기를 측정하는 하위척도가 있는데, 이 질문지는 끈기를 비롯한 성격특성들이 특정한 뇌신경학적 활동패턴과 연관되어 있다는 가정하에서 개발되었다. 자기통제 척도(Self-Control Scale; Tangney, Baumeister, & Boone, 2004) 역시 끈기를 측정하는 하위척도를 지니고 있으며 "나는 유혹을 잘 견딘다." "나는 장기적인 목표를 위해서 효과적으로 일할 수 있다."와 같은 문항들로 구성되어 있다. 이 밖에도 끈기의 부족은 꾸물거림 척도(Adult Inventory of Procrastination; McCown & Johnson, 1989)를 통해 평가되기도 한다.

끈기와 관련된 심리적 특성

끈기는 다양한 이익과 혜택을 제공한다. 첫째, 성취하기 어려운 목표를 달성할 가능성을 높여준다. 둘째, 인내를 통해 얻게 되는 성공적 결과를 즐길 수 있게 된다. 물론 성취에 대한 즐거움이 성취에 필요했던 고통이나 인내의 정도에 반드시 비례하는 것은 아니지만 그러한 경향이 있다. 셋째, 끈기를 통해서 기술과 역량이 향상될 수 있다. 난관을 극복하면서 목표에 도달하기 위해서는 과제를 해결하는 새로운 방법과 기술을 발전시켜야 하기 때문이다. 넷째, 끈기는 자기효능감을 향상시키게 된다. 역경을 견뎌내며 무언가를 완수한 경험은 무엇이든 성취해낼 수 있다는 자신감을 키워준다. 특히, 어렵게 일구어낸 성취일수록 자신감이 향상된다.

끈기는 대부분의 경우 이롭지만 때로는 실패를 초래할 수 있다. 불가능한 일에 집착하는 것은 단지 노력과 시간의 낭비가 될 수 있다. 전투에서 낡은 전술을 고집하는 장군은 수많은 젊은이들의 목숨을 희생시키게 된다. 기업경영에서도 낙후된 사업전략을 고수하는 것은 실패로 이어진다. 이처럼 추구하는 일을 중단하지 못하게 만드는 데는 다양한 요인들이 관여한다. 이미 투자한 시간, 노력, 자금 때문에 포기하지 못할 수 있고, 추구하는 목표에 근접했다고 느낄 때 그만두기 어려우며, 어떤 행위에 공식적으로 투신했거나 의사결정의 책임감을 느낄 때에도 그만두기가 어렵다.

끈기는 적절한 판단에 의해서 효과적으로 사용될 때만 이로운 것이다. 어떤 일을 추진하다가 곤경에 빠지게 되었을 때, 그 일을 지속함으로써 성공을 하게 될지 아니면 더 많은 문제를 초래하게 될지를 냉철하게 평가해야 한다. 성공의 열쇠는 끈기가 아니라 지속할 때와 그만둘 때를 아는 능력이다.

끈기와 인내는 성인기 중반까지 나이를 먹을수록 증가한다. 좌절에 대한 인내를 발달시키는 데에는 많은 시간이 걸린다. 영아와 유아는 매우 어려운 것보다 적당히 어려운 과제를 선호하고 더 오래 그 일을 한다. 또한 유아의 경우 인지능력이 발달할수록 어떤 과제에서 끈기를 보인다. 그러나 나이가 증가함에 따라 인지능력과 인내의 상관관계는 감소한다.

아동들의 인내에 관한 연구(Masters & Santrock, 1976)에 의하면, 아동들은 스스로 재밌고 쉽다고 명명한 과제를 재미없고 어렵다고 명명한 것에 비해서 끈기 있게 계속했다. 또한 자긍심을 느끼게 되거나 즐거운 기억을 떠올릴 수 있을 때, 인내를 잘 하는 경향이 있었다.

만족 지연(delay of gratification)에 관한 연구들은 인내와 관련된 점들을 보여주고 있다. 만족 지연 능력은 미래의 보상을 위해서 즉각적인 충동을 억제하는 능력으로서 인내와 매우 밀접한 특성이다. 장기 종단연구(Mischel, Shoda, & Rodriguez, 1989)에 따르면, 4세경에 만족을 지연시켰던 아이들은 그렇지 못한 아이들보다 10년 후 청소년기에 학업성취, 대인기술, 대처능력 등에 있어서 더 우수했다.

끈기의 성차에 대한 연구결과는 일관적이지 않다. 여학생들이 도형과 산수문제에 더 끈기를 보이고 학교생활에 잘 적응하며 자기통제를 더 잘한다는 연구들이 있다(Nygard, 1977; Summers, 2000). 그러나 남학생들은 실패를 외적인 불안정 요인에 귀인하는 반면, 여학생들은 주로 능력 부족에 귀인하는 경향이 있다(Bjorklund & Kipp, 1996). 따라서 남학생들은 실패를 계속하더라도 여학생에 비해서 이를 잘 견디며 인내할 수 있다는 의견도 있다. 그러나 일반적으로 끈기에 있어서 성차는 무시해도 좋을 만큼 작은 것이라고 할 수 있다(Tangney et al., 2004).

끈기의 촉진 및 억제 요인

끈기와 인내는 다양한 요인에 의해서 촉진될 수 있다. 첫째, 노력에 대한 보상 경험이 끈기를 촉진한다. 학습된 근면성 이론(learned industriousness theory; Eisenberger, 1992)에 따르면, 노력에 대해서 보상을 받은 경험이 있는 아이들이 그렇지 않은 아이들에 비해 더 많은 노력을 나타냈다. 이러한 결과는 실험실 상황에서도 입증되었다. 노력이 필요한 끈기행동은 보상에 의해서 증가되었다(Eisenberger & Selbst, 1994).

둘째, 긍정적 피드백은 끈기와 인내를 촉진할 뿐만 아니라 자기결정감을 증가시키는 것으로 알려져 있다. Kelley, Brownell과 Campbell(2000)의 연구에 따르면, 어머니로부터 긍정적인 피드백을 받은 2세 아동은 과제가 어렵든 쉽든 더 끈기 있는 행동을 보였다. 또한 10~11세의 여자 아이들의 경우, 처음의 실패에 대해서 긍정적인 피드백을 주게 되면 다음 과제에서 더 끈기 있는 행동을 나타냈다(Draper, 1981). 긍정적 피드백은 유능감뿐만 아니라 내재적 동기를 증가시키는 것으로 여겨지고 있다. 그러나 긍정적 피드백이 항상 끈기를 증가시키는 것은 아니다. Paulus와 Konicki(1973)의 연구에서는 오히려 부정적 피드백을 받은 사람들이 아무런 피드백을 받지 못하거나 긍정적 피드백을 받은 사람들보다 더 끈기 있는 행동을 보였다.

셋째, 긍정적 피드백 자체보다는 긍정적 피드백의 강도나 방식이 끈기에 더 중요한 영향을 미칠 수 있다. Drucker 등(1998)은 강화와 끈기가 곡선적 관계를 지닌다고 주장했다. 즉, 중간 수준의 강화는 인내를 증가시키지만, 과도하게 높거나 낮은 수준의 강화는 오히려 인내를 감소시킨다는 것이다. 또한 Nation, Cooney와 Gartrell(1979)은 부분적 강화가 지속적 강화보다 끈기를 더 증가시킨다는 연구결과를 얻었다. Miller와 Hom(1990)에 따르면, 보상을 제공하는 것은 개인의 정체성과 깊은 관련성을 지니는 과제에서는 인내를 증가시키지만, 자신과의 관련성이 낮은 과제에서는 인내를 감소시킨다. 특히, 과도한 물질적 보상은 내재적 동기를 감소시켜서 그러한 보상이 더 이상 주어지지 않으면 지속적인 끈기 있는 행동을 급격히 감소시킬 수도 있다. 따라서 보상을 개인의 능력에 대한 긍정적 피드백으로 전달함으로써 과제가 자기유능감의 상징적 가치를 지니는 것으로 인식되면, 내재적 동기와 더불어 끈기가 향상될 수 있다.

마지막으로, 사회적 지지도 끈기와 인내를 촉진하는 요인으로 알려져 있다. 사회적 지지를 받게 되면 학생들은 학업에서 더 끈기 있는 행동을 보였다(Gloria et al., 1999). Zaleski(1988)에 따르면, 친밀하고 지지적인 인간관계를 지닌 사람들이 더 끈기 있는 노력을 기울였다. 사회적 지지는 개인의 자기결정감을 증가시켜 끈기를 촉진하는 것으로 여겨지고 있다.

이와 반대로, 끈기를 억제하는 요인들도 다양하다. 첫째, 여러 유형의 정신병리가 끈기 있는 행동을 억제할 수 있다. 예를 들어, 주의력 결핍 및 과잉행동 장애, 정신지체, 학습장애, 우울증 등의 장애를 지닌 사람들은 한 과제에 끈기있게 주의를 집중하기 어렵다. 둘째, 자기조절도 끈기와 밀접한 관계를 지닌다. 자기조절 능력이 부족한 사람들은 끈기도 낮은 경향이 있다. 예를 들어, 흡연자나 습관적 약물사용자들은 실험실 상황의 과제수행에서 낮은 인내력을 보였다(Quinn, Brandon, & Copeland, 1996). 셋째, 과제가 자기와의 관련성이 낮다고 인식하면 끈기가 저하된다. Scheier와 Carver(1982)는 자기에 대한 의식이 강한 사람들의 경우에 한해서 긍정적 피드백이 끈기를 향상시킨다는 것을 발견했다.

끈기를 함양하는 프로그램에는 크게 두 가지 유형이 있다. 첫째는 노력훈련(effort training)으로서 매우 어렵고 부담스러운 과제를 수행하는 집중적 훈련을 통해서 좌절과 실패에 대한 인내심을 향상시키는 것이다. 둘째는 귀인방식을 변화시키는 훈련이다. 실패를 능력과 같은 내부적 원인에 돌리게 되면 무기력감이 생성될 수 있으므로 그 귀인방식을 재조정하는 것이다. 무기력감에 시달리는 사람들에게 실패의 원인을 능력 부족이 아니라 노력 부족에 돌리도록 격려한 결과, 과제수행에 대한 끈기가 증가했다(Craske, 1985). 무력감을 나타내는 아동들에 관한 연구(Dweck, 1975)에 의하면, 실패에 대한 책임은 지되 그 원인을 노력 부족에 돌리도록 훈련시키는 것이 단순히 성공 경험을 제공하는 것보다 실패를 견디며 끈기를 증가시키는 데 더 효과적이었다.

나의 끈기 평가

◆ 아래에 있는 문항을 주의 깊게 읽고, 귀하가 지난 1년간 실제로 어떠했는지에 근거하여 귀하에게 가장 적절한 숫자에 ○표 하십시오.

문항	전혀 아니다	약간 그렇다	어느 정도 그렇다	상당히 그렇다	매우 그렇다
1. 내가 원하는 것을 얻을 수 있는 것은 내가 열심히 노력했기 때문이다	1	2	3	4	5
2. 나는 일이 마무리되기 전에 결코 그만두지 않는다	1	2	3	4	5
3. 나는 열심히 일하는 사람이다	1	2	3	4	5
4. 나는 일을 할 때 결코 딴 짓을 하지 않는다	1	2	3	4	5
5. 나는 중간에 어려움이 있더라도 시작한 일을 끝까지 마친다	1	2	3	4	5
6. 시간이 많이 들어가는 어려운 과제를 수행해야 할 경우, 나는 인내심을 지니고 끈기 있고 부지런하게 그 일을 잘 완수해내는 편이다	1	2	3	4	5

◆ 결과해석

6 ~ 9점: 끈기가 부족한 상태이므로 계발을 위한 적극적 노력이 필요함.

10 ~ 20점: 끈기가 보통 수준이므로 계발을 위한 노력이 필요함.

21 ~ 25점: 상당한 끈기를 지니고 있으므로 강점으로 계발하기 바람.

26 ~ 30점: 매우 탁월한 끈기를 지니고 있으며 대표 강점으로 계발하기 바람.

◆ 끈기 증진을 위한 작은 노력

1. 해야 할 일들의 목록을 만들어보고, 매일 그 목록에 있는 일들을 하나씩 해본다.
2. 중요한 일들을 계획한 것보다 일찍 완성해본다.
3. 쉬지 않고 계속 여러 시간 동안 일(공부)을 해본다. 예를 들어, TV를 보지 않거나 전화를 받지 않거나 간식을 먹지 않거나 또는 이메일을 확인하지 않으면서 한 가지 일을 계속해 본다.

3) 진실성

이론적 정의

진실성(authenticity)은 자신의 내면적 상태, 의도, 행위를 사적으로든 공적으로든 정확하게 드러냄으로써 자신에게 솔직해지려고 노력하는 인격적 특질을 의미한다. 즉, 가식이나 위선 없이 자신에 관한 진실을 말하고 제시함으로써 자신의 감정이나 행동에 대한 책임을 지려는 태도를 의미한다. 진실성은 정직성 또는 성실성과 유사한 개념이다. 진실성은 진정한 자기이고자 하는 심리적 진솔성과 깊이를 의미하는 반면, 정직성(honesty)은 사실을 있는 그대로 전달하는 대인관계에서의 솔직성을 뜻하며, 성실성(integrity)은 도덕적 의미의 진실성과 더불어 자기통일성을 함축하고 있다.

진실성은 거의 모든 사람들이 동의하는 기본적인 인격적 덕목이다. 그 반대말은 사기성, 거짓말을 잘 함, 위선적임, 불성실성 등으로서 모두 부정적인 의미를 담고 있다. 진실성은 자기충족적인 속성이 있어서 이러한 강점을 지닌 사람들에게 내면적인 만족감을 주게 된다. 예를 들어, 상점에서 거스름돈을 받아야 할 액수보다 더 많이 받았을 경우, 우리는 점원에게 이 사실을 알리고 돈을 돌려주면서 스스로 뿌듯한 만족감을 느끼게 된다. 또한 진실성은 거짓말을 하거나 위선적인 행위를 했을 때 느끼게 되는 죄책감과 자기혐오감으로부터 자신을 해방시키게 된다.

또한 진실성은 대인관계에 있어서 신뢰의 바탕이 된다. 특히, 친밀한 관계에서 진실성이 중요하다. 친한 친구가 우리를 섭섭하게 한 일은 용서될 수 있지만, 우리를 속이는 일은 신뢰를 깨뜨리는 심각한 문제가 될 수 있다. 친구와 부부 사이에서 가장 중요시되는 성격적 특성이 진실성과 믿음직성이라는 점은 많은 연구에서 보고되고 있다.

진실성은 명백한 인격적 덕목이지만 상당한 용기를 필요로 하는 경우가 많다. 진실을 말하는 것이 아무런 대가를 치르지 않을 경우에는 쉬운 일이다. 그러나 자신의 진정한 모습을 다른 사람들에게 보여주었을 때, 그들로부터 비난이나 무시를 당할 수 있다. 사실을 솔직하게 말했을 때, 자기자신뿐만 아니라 그와 관련된 사람들이 피해를 입을 수도 있다. 이처럼 진실해지기 위해서는 대가를 치러야 하는 경우가 많다. 진실성이 용기와 관련된 강점으로 분류된 이유는 대가를 기꺼이 치르고자 하는 용기가 필요하기 때문이다. 또한 쉽게 할 수 있는 일이 옳지 못한 경우에도 진실하기 위해서는 용기가 필요하다.

또한 진실하기 위해서는 자신에 대한 깊고 정확한 이해가 필요하다. 정신분석학자들은 인간의 진정한 동기가 무의식적인 것이어서 잘 인식할 수 없다고 주장한다. 대다수 사람들이 진정한 자기모습이라고 생각하는 것은 자기방어에 의해서 왜곡된 것이라고 여긴다. 뿐만 아니라 사회학자들은 자기란 사회적 규범과 요구에 의해서 형성된 일종의 공허한 가면과 역할일 뿐이라고 주장한다. 따라서 진실성은 진정한 자기가 어떤 존재인가 하는 물음에 대한 자기성찰과 자기수용의 깊이를 반영하는 강점이라고 할 수 있다(Rogers, 1961).

진실성의 대표적 인물: 에이브러햄 링컨

진실성은 시간과 상황에 따라 상당한 일관성과 안정성을 지니는 성격적 특질로 여겨지고 있다(Bem & Allen, 1973). Peterson과 Seligman(2004)은 진실성의 모범적 인물로 에이브러햄 링컨을 들고 있으며 이 밖에도 토머스 제퍼슨, 벤저민 프랭클린, 알베르트 아인슈타인, 알베르트 슈바이처 등과 같은 위인들을 들고 있다. 대부분의 사회는 진실성과 솔직성을 중요한 덕목으로 여기며 이를 함양하기 위한 제도나 관습을 지니고 있다. "거짓말을 하지 말라."는 대부분의 사회에서 도덕적 규범이자 종교적 계율로서 매우 어린 시기부터 구성원들에게 가르치고 있다. 천주교의 고해성사는 진실성을 진작하기 위한 종교적 의식으로 볼 수 있다.

측정도구

진실성은 자체적인 특성 때문에 객관적으로 측정하기가 어렵다. 직접적인 자기보고를 통해서 진실성을 측정하는 것은 응답자가 자기인상의 관리를 위해서 왜곡된 반응을 할 가능성이 높기 때문에 문제가 있다. 또한 진실성은 당사자 자신만이 알 수 있는 것이기 때문에 제3자에 의해서 평가하는 것도 문제가 있다. 그래서 대부분의 측정도구들은 이러한 문제점을 줄일 수 있는 간접적인 측정방법을 사용하고 있다.

Ryan과 Connell(1989)은 진실성을 간접적으로 측정하는 비교적 타당한 검사인 원인소재 검사(Locus of Causality)를 개발했다. 이 검사는 응답자들에게 그들이 어떤 행동을 할 때 그 이유가 내면적인 것인지 외부적인 것인지를 평정하게 한다. 특히, "내가 그 일에 정말 흥미를 느끼기 때문이다." 또는 "그 일은 내가 소중하게 여기는 것을 나타내는 일이기 때문이다."와 같은 이유는 자신의 내면적 성향을 자발적으로 표출하는 것으로서 진실성을 반영하는 것이라고 볼 수 있다. 그러나 그 반대에 해당하는 경우는 "상황이 나를 그렇게 하도록 만들었기 때문이다." "그렇게 함으로써 죄책감을 피할 수 있기 때문이다."와 같은 이유들이다.

Harter 등(1998)은 사람들이 다른 사람에 대한 자신의 실제적인 생각과 감정을 얼마나 솔직하게 표현하는지를 알아보기 위해서 목소리를 측정하였다. 청소년에게 부모나 교사에 관한 다양한 글들을 읽게 하고, 그들이 얼마나 자유스럽게 읽어나가는지를 나타내는 목소리를 평가함으로써 진실성을 측정하고자 했다.

Henderson과 Hoy(1983)는 리더의 진실성에 대해서 부하직원들이 어떻게 지각하는지를 평가하는 척도를 개발했다. 이 척도에서는 리더가 자신의 역할 속에서 진실하게 자신을 드러내는 정도, 부하직원을 조정하지 않는 정도, 개인 또는 조직의 책임감을 수용하는 정도를 부하직원들이 평가한다.

Sheldon 등(1997)은 여러 사회적 역할을 제시하고 각각의 경우에 응답자 자신이 얼마나 진실하다고 느끼는지를 간접적으로 평가하는 문항을 평정하도록 했다. 예컨대, 응답자들은 어떤 특정한 사회적 역할에 대해서 "나는 이러한 나의 모습을 진정한 나의 일부라고 느낀다." "이러한 나의 모습은 나에게 있어서 의미가 있고 소중한 것이다." "나는 나 스스로 이러한 존재가 되기로 선택했다."와 같은 문항에 평정한다. 이러한 문항들은 "나는 진실한 사람이다."와 같이 직접적 의미를 담은 문항에 응답자가 자기인상 관리를 위해서 왜곡할 소지를 감소시킨다.

이러한 질문지법 외에도 생리적 측정장치를 통해 신체반응을 평가하는 방법, 선택과 관련된 반응시간을 분석하는 방법, 내면적 태도를 평가하는 방법, 문장내용을 분석하는 방법, 심지어는 뇌기능상태를 평가하는 뇌영상술(예: fMRI, PET)을 적용하려는 시도가 이루어지고 있다(Damasio, 1999; Sheldon, 2002).

진실성과 관련된 심리적 특성

인간은 자신의 내면적 상태를 자발적이고 진실하게 표현하고자 하는 심리적 욕구를 지니고 있기 때문에, 진실성은 주관적 행복을 증진시킬 것이다(Deci & Ryan, 2000). 경험적 연구에서도 진실성은 심리적 웰빙과 밀접한 관계를 지니고 있는 것으로 나타났다. 예컨대, 진실성은 긍정 정서, 삶의 만족도, 경험에 대한 개방성, 공감, 자기실현 등과 정적인 상관을 나타내고 있다(Ryan & Deci, 2000). 또한 성실성은 긍정적인 대인관계와도 연관되어 있다. Henderson과 Hoy(1983)의 연구에 따르면, 교장의 진실성을 높게 평가하는 교사들은 직업만족도와 정적인 상관을 보였으며 교장의 명예욕을 낮게 평가했다. 뿐만 아니라 한 실험연구(Robinson, Johnson, & Shields, 1995)에서는 진실한 사람들이 인기가 있다는 사실이 입증되었다.

진실성은 성격의 5요인 중 성실성과 가장 높은 상관을 보였으며 우호성이나 정서적 안정성과도 정적인 상관을 보였다(Sackett & Wanek, 1996). 또한 Sheldon과 Elliot(1999)에 따르면, 추구하는 목표가 자기의 내면적 욕구와 잘 일치하는 사람은 인내심 있게 노력하는 경향이 있어서 목표를 실제로 성취할 가능성이 높다. 이러한 목표성취는 욕구만족도를 증진함으로써 자신의 내면적 욕구에 따르려는 자기일치도, 즉 진실성이 높아지게 된다. 이처럼 목표성취와 진실성은 상호작용을 하면서 서로를 상승시키는 경향을 보인다.

진실성의 발달은 주로 Piaget의 도덕 발달과 관련되어 연구되어왔다. Piaget (1932/1965)는 아동의 도덕적 추론에 두 가지 유형이 있음을 발견했다. 그 하나는 도덕적 객관성으로서 주로 눈에 보이는 외적인 사건과 그 결과에 초점을 맞추어 도덕 판단을 하는 것이다. 예를 들어, 실수나 사고에 의한 부정적 결과도 비도덕적인 것으로 간주한다. 그러나 약 8세 이후가 되면 겉으로 드러난 결과보다 속이고자 하는 행위자의 내면적 의도를 중시하여 도덕적 판단을 하는 두 번째 과정으로 발달한다.

진실성은 아동기에 꾸준히 증가하지만 청소년기에는 저하되는 경향이 있다. 미국에서 이루어진 한 연구(Gallup News Service, 2000)에 따르면, 청소년의 44~53%가 시험에서 속임수를 사용하며 63%가 생활 속에서 속임수를 상당히 많이 쓴다고 보고했다. 아울러 청소년의 약 반수는 거짓말이나 속임수를 사용하는 것이 심각한 문제가 아니라고 여겼다. 이러한 현상은 청소년들이 겪게 되는 자기정체감의 혼란과 더불어 권위에 대한 저항감에 의한 일시적인 것으로 여겨지고 있다.

진실성의 촉진 및 억제 요인

부모는 아이들의 정직성을 장려한다. 일반적으로 우리 사회에서는 부모들이 부정직한 행동에 대한 처벌을 통해 자녀의 정직성을 함양하려고 한다. 아이들은 부정직한 행동으로 인해서 받게 될 것으로 예상되는 처벌의 강도가 높을수록 그러한 행동을 억제하는 경향이 있다. 특히, 규범위반 행동보다 그에 대한 거짓말을 하게 되면 더 강한 처벌을 받게 된다는 점을 강조하는 것이 거짓말 예방에 효과적이다(Quinn, 1988).

그러나 부모들은 자녀에게 정직하라고 장려하는 동시에 다른 한편으로는 거짓말을 하는 것이 사회적으로 유용하다는 점을 직접적 또는 간접적으로 자녀에게 전달하게 된다. 따라서 자녀들은 부모의 행동을 통해서 거짓말하는 것을 간접적으로 배울 수 있다.

일반적으로 진실성을 촉진하는 요인보다는 억제하는 요인에 대해서 알려진 바가 많다. 아동들은 진실성에 대한 딜레마 상황에서 혼자 결정을 하는 경우보다 또래들과 함께 의논을 하는 경우에 더 부정직해지는 경향이 있다(Austin et al., 1991). 또한 아동들은 부모의 이혼, 학대, 방임과 같은 심리사회적 스트레스를 겪게 되면 거짓말을 더 많이 한다. 이 경우, 아동들은 부모의 애정을 얻거나 처벌을 피하기 위해서 거짓말을 많이 하게 된다. 그러나 거짓말이 발각되면서 부모로부터 처벌을 받게 되고 이를 회피하기 위해 또다시 거짓말을 하게 되는 악순환에 빠져들 수 있다. 특히, 가족이 거짓말에 대해서 어떤 태도와 행동을 나타내느냐가 아동에게 많은 영향을 미치게 된다(Quinn, 1988).

인간중심적 심리치료를 창시한 Rogers(1971)에 따르면, 인간이 진실하지 못한 이유는 자신의 진정한 감정과 믿음을 잘 인식하지 못하기 때문이다. 무조건적인 존중과 수용이 이루어지는 상황에서 자신의 내면적 상태를 자유롭게 탐색하고 표현할 수 있도록 허용하면 진실성이 증진된다. 치료자는 내담자에게 고통스럽더라도 자신의 진실한 모습을 직면하는 것이 바람직하다는 점을 전달한다. 이러한 과정 속에서 내담자는 점차 자신의 새로운 모습을 발견하게 되고 자신의 내면적 감정이나 신념과 일치하는 진실된 삶을 살아가게 됨으로써 심리적 건강과 성장을 이루게 된다.

우리 사회에서는 정직성과 성실성을 함양하기 위한 노력이 매우 다양하게 펼쳐지고 있다. 가정과 학교를 비롯하여 다양한 기관과 조직체에서 진실성을 강조하고 있다. 특히, 청소년의 성실성과 정직성을 함양하기 위한 목적으로 다양한 프로그램들이 시행되고 있는데, 그 대표적인 것이 보이스카우트나 걸스카우트이다. 그러나 이러한 프로그램들의 효과에 대해서 체계적으로 입증된 경우는 매우 드물다.

Cassey와 Burton(1982)은 정직성을 함양하는 훈련방식의 효과에 관한 연구를 한 바 있다. 이들은 4학년 아동들에게 교육내용의 구체성이 다른 세 가지 방식, 즉 해도 될 일과 해서는 안 되는 일의 교육(가장 구체적인 방식), 거짓말에 대한 교육(덜 구체적인 방식), 그리고 정직성에 대한 교육(가장 일반적인 방식)을 시행했다. 그 결과, '정직성' 이라는 일반적인 속성에 초점을 맞추는 방식이 정직한 행동을 촉진하는 데 가장 효과적이었다.

나의 진실성 평가

◆ 아래에 있는 문항을 주의 깊게 읽고, 귀하가 지난 1년간 실제로 어떠했는지에 근거하여 귀하에게 가장 적절한 숫자에 ○표 하십시오.

	전혀 아니다	약간 그렇다	어느 정도 그렇다	상당히 그렇다	매우 그렇다
1. 나는 내 모습을 있는 그대로 보이는 것에 자부심을 느낀다	1	2	3	4	5
2. 나는 상처가 되더라도 진실을 이야기한다	1	2	3	4	5
3. 친구들은 내가 진실한 사람이라고 평한다	1	2	3	4	5
4. 나는 신뢰의 기본은 정직이라고 믿는다	1	2	3	4	5
5. 나는 항상 약속을 지킨다	1	2	3	4	5
6. 나 자신이나 어떤 일에 대해서 솔직하게 제시하기 어려운 상황에서도, 나 자신을 있는 그대로 정직하고 진실하게 잘 내어보이는 편이다	1	2	3	4	5

◆ 결과해석

6 ~ 9점: 진실성이 부족한 상태이므로 계발을 위한 적극적 노력이 필요함.

10 ~ 20점: 진실성이 보통 수준이므로 계발을 위한 노력이 필요함.

21 ~ 25점: 상당한 진실성을 지니고 있으므로 강점으로 계발하기 바람.

26 ~ 30점: 매우 탁월한 진실성을 지니고 있으며 대표 강점으로 계발하기 바람.

◆ 진실성 증진을 위한 작은 노력

1. 친구에게 하는 거짓말(거짓 칭찬이나 아부)을 삼간다.
2. 내가 가장 중요하게 여기는 가치들에 대해서 생각해보고 그것과 일치하는 행동이나 일들을 매일 실행해본다.
3. 어떤 사람에게 나의 동기나 의도를 설명할 때 진솔하고 정직하게 말한다.

4) 활력

이론적 정의

활력(vitality)은 활기차고 적극적으로 살아가는 동시에 생동감과 행동력을 지니고 삶과 일을 대하는 태도를 의미한다. 다른 말로는 열정(zest, enthusiasm)에 해당되는데, 이는 추구하는 목표를 향해 열의를 지니고 강렬하게 추진하는 태도를 뜻한다. Peterson과 Seligman(2004)은 활력과 열정을 동일한 개념으로 사용하고 있다. 이러한 활력은 행복한 삶을 위해서 매우 소중한 강점으로 여겨지고 있다. 활력은 신체적으로 건강한 상태에서 나타날 수도 있지만 자기통합이 잘 이루어진 상태에서 인생의 분명한 목적과 방향을 지니고 살아갈 때 경험되는 것이다.

활력은 사회적으로 가치 있는 것이다. 대부분의 사람들은 활력이 넘치기를 바란다. 또한 활력을 지닌 사람들은 주변사람들을 활기차게 만든다. 열정은 일반적인 삶의 태도일 수도 있지만 특정한 지향대상을 지닌다. 따라서 추구하는 목표가 무엇이든, 열정은 목표를 달성하게 만드는 강렬한 동기와 행동력을 제공함으로써 성취를 추진한다.

활력은 개념적으로 다른 강점들과 구분된다. 예를 들어, 활력은 호기심, 학구열 등과 함께 존재하는 경우가 많다. 그러나 호기심과 학구열은 주로 지적인 관심과 흥미를 반영하는 반면, 활력은 삶의 다양한 과업에 대해서 활기찬 행동을 통해 적극적으로 관여하는 태도라고 할 수 있다. 우리 사회에서 뛰어난 성취를 이룬 사람들은 대부분 자신의 전문영역에 대해서 비범한 열정을 지닌 사람들이다. 세계 방방곡곡을 찾아다니며 늘 명랑하고 활기찬 모습으로 강연을 하는 달라이 라마는 대단한 활력을 지닌 사람으로 여겨지고 있다.

활력은 동양사상에서 말하는 기(氣)와 관련된 개념이다. 기는 생명력을 유지하는 신체적 · 심리적 에너지로서 막힘없이 원활하게 유통될 때 활기찬 삶을 누리게 된다. 서양에서 활력에 대해 체계적인 연구를 한 사람은 Freud이다. 생명 에너지를 리비도(libido)라는 개념으로 제시하면서, 그는 개인이 지니는 리비도의 용량은 제한되어 있으며 여러 가지 심리적 갈등으로 인해 리비도의 용량이 잠식된다고 주장했다. 이러한 갈등에 의해 잠식되지 않은 삶의 영역이 바로 활력에 해당한다고 한다. 정신역동적 심리학

활력과 열정의 대표적 인물: 달라이 라마

자들은 각기 이론적 설명이 다르지만 모두 심리적 갈등의 해소와 성격적 통합이 활력을 증진시킨다는 데 동의하고 있다.

자기결정 이론을 주장한 Ryan과 Deci(2000)에 따르면, 활력은 심리적 욕구의 만족에 의한 결과로서 생성되는 것이다. 인간은 선천적으로 타고난 내재적인 에너지를 지니는데, 이 에너지는 세 가지 기본적 욕구, 즉 자율성, 유능성, 관계성의 욕구가 잘 충족되면 더 잘 활성화된다. 이러한 욕구충족을 통해서 개인이 잘 기능하는 상황에서 인간은 활력을 지니게 된다. 특히, 활력은 자기실현적 행복과 밀접한 관계를 지닌다.

Thayer(1996, 2001)는 신체적 에너지와 심리적 에너지의 구분이 불가능하다고 주장하면서 생물심리적 모델을 통해서 인간의 각성상태를 두 개의 축으로 설명했다. 〈그림 7-1〉에 제시되어 있듯이, 그 하나는 신체적 상태를 반영하는 에너지 충만과 감소상태의 축이고, 다른 하나는 심리적 스트레스를 반영하는 긍정 정서와 부정 정서의 축이다. 그에 따르면, 활력은 에너지가 충만한 긍정 정서상태라고 할 수 있다.

	긍정 정서상태 (낮은 스트레스)	부정 정서상태 (높은 스트레스)
에너지 충만상태	활력/환희	불안/분노
에너지 감소상태	만족/평온	우울/침체

〈그림 7-1〉 활력에 대한 생물심리적 모델

측정도구

열정과 활력은 신체적 · 정서적 · 행동적 요소들이 복합된 개념으로서 다양한 평가도구에 의해서 측정되고 있다. 또한 활력은 주관적인 상태이므로 주로 자기보고형 질문지에 의해서 평가되고 있다. 매우 다양한 측정도구들이 개발되어 있지만 대표적인 것을 소개하면 다음과 같다.

기분상태 프로파일(Profile of Mood States)은 McNair, Lorr와 Droppleman(1971)에 의해 개발한 도구로서 다양한 정서상태를 평가한다. 이 척도는 활력과 생기뿐만 아니라 긴장-불안, 의기소침과 낙심, 분노와 적개심, 피로와 무기력 등을 평가하는데, 이를 기술하는 형용사들(예: 활력과 생기의 경우, "활기찬" "적극적인" "에너지 넘치는" "쾌활한" "깨어 있는" 등)을 열거하여 응답자에게 지난 일주일간 자신의 상태를 5점 척도로 평정하게 한다. 비교적 신뢰도와 타당도가 높은 검사로서 널리 사용되고 있다.

주관적 활력 척도(Subjective Vitality Scale)는 자기결정 이론에 근거하여 Ryan과 Frederick(1997)이 개발한 검사이다. 이 척도는 긍정적인 생동감과 활력상태를 반영하는 7개 문항(예: "나는 생기와 활기를 느낀다." "나는 거의 항상 명료한 의식상태로 깨어 있다." "나는 에너지와 열정을 지니고 있다.")으로 구성되어 있으며 7점 척도로 평정하게 되어 있다. 이 척도의 점수는 우울, 불안, 일반적 정신병리, 신체적 증상과 부적 상관을 나타내는 반면, 삶의 만족도, 긍정 정서, 자존감과는 정적 상관을 나타내는 것으로 보고되고 있다.

활력 플러스 척도(Vitality Plus Scale)는 운동의 신체적 · 심리적 효과를 노인들에게 평가하기 위해 Myer 등(1999)이 개발한 검사이다. 현재의 상태를 5점 척도로 평가하는 10문항으로 구성되어 있으며, 신뢰도와 타당도가 잘 확립되어 있다.

활력과 관련된 심리적 특성

활력은 최적의 기능상태를 반영하는 지표일 뿐만 아니라 행복과 밀접한 관계를 맺는 것으로 여겨지고 있다. 우선 활력은 신체적 건강과 밀접한 관련을 맺고 있으며 신체적 증상, 육체적 질병이나 장애, 면역력 저하 등과 부적인 상관을 지닌다. Ryan과 Frederick(1997)에 따르면, 흡연 · 운동 · 식사조절 등과 같은 생활습관이 활력과 관련되어 있다. 흡연을 하고 운동과 식사조절을 하지 않은 사람들은 주관적 활력이 낮았다. 운동은 활력을 증가시키는 것으로 알려져 있으며, 특히 신체적 장애로 인하여 활력이 저하된 환자들에게 효과적이다. 식사조절이 활력에 미치는 영향은 시간경과에 따라서 다른데, 당분이 많은 과자류를 먹은 직후에는 피로감이 줄고 에너지 수준이 증가하지만 2시간 이후에는 그 상태가 반전되어 오히려 처음보다 에너지 수준이 감소하고 피로감이 증가하는 것으로 나타났다(Thayer, 1987).

심리적인 측면에서 활력은 자율성, 유능성, 관계성의 경험과 관련되어 있다(Ryan & Frederick, 1997). 예를 들어, 체중조절 프로그램에 참여한 사람 중에서 자발적으로 참여한 사람이 그렇지 않은 사람보다 활력 수준이 높았다. 또한 자신의 유능성을 높이 평가하는 사람들이 높은 활력 수준을 나타냈으며, 양로원 거주자 중에서 다른 사람들과 교류가 많은 사람이 그렇지 않은 사람에 비해서 활력 수준이 높았다(Kasser & Ryan, 1999). 이러한 결과는 자율성, 유능성, 관계성과 같은 기본적인 심리적 욕구가 잘 충족될수록 활력 수준이 높아진다는 것을 시사한다.

그러나 실제로 활력 수준과 위에서 언급한 변인들과의 관계는 복잡하다. Penninx 등(2000)은 정서적 활력(emotional vitality)이라는 개념을 제안하면서 이는 주관적 통제감, 행복감, 낮은 우울 증상, 낮은 불안 수준으로 구성된다고 주장하였다. 아울러 정서적 활력은 특히 노인과 장애인 집단의 심리적 행복과 관련된다고 주장하였다. 그런데 Penninx 등(1998)에 따르면, 신체적 장애를 지닌 노인 환자 중 약 20%는 정상 수준의 정서적 활력을 잘 보존하고 있었다. 또한 통증 환자들의 활력 수준도 통증 수준 자체로 설명되기보다는 통증에 대한 두려움에 의해서 더 잘 설명되었다(Ryan & Frederick, 1997). 활력은 외부적 요인보다 자기통제감, 낙관주의, 사회적 지지의 지각과 같은 심리적 변인에 의해서 더 많은 영향을 받는 것으로 여겨진다.

활력은 신체적 건강이나 심리적 행복과 밀접한 관계를 지닐 뿐만 아니라 그에 중요한 영향을 미치는 것으로 알려져 있다. 특히, 활력은 심신건강의 예방적 기능을 하며, 특히 여성 노인의 경우 신체적 · 심리적 장애를 억제한다.

일반적으로 연령이 증가함에 따라 활력이 감소하는 것으로 여겨지고 있다. 그러나 이러한 변화를 종단적으로 확인한 연구는 드물다. Thayer(2001)는 만약 그러한 현상이 사실이라면 연령 증가에 따른 활동량과 대사량의 감소 때문일 것이라고 주장했다. 활력의 성차, 인종차, 문화차 등에 대한 연구는 현재 미미한 상태이다.

활력의 촉진 및 억제 요인

Ryan과 Frederick(1997)에 따르면, 신체적 요인과 심리적 요인 모두 활력에 영향을 미친다. 신체적 요인 중 질병, 통증, 피곤이 모두 활력을 저하시키며, 운동과 식사조절은 활력을 증가시키는 것으로 나타났다.

앞에서 설명했듯이, 활력을 증가시키는 데는 자율성, 유능성, 관계성의 욕구를 잘 만족시키는 것이 중요하다. 이러한 내재적 욕구를 충족시킬 수 있는 다양한 활동과 경험은 활력을 촉진하게 될 것이다. 아울러 우울증을 비롯한 다양한 정신병리는 활력을 저하시키는 주요한 요인으로 알려져 있다. 이러한 심리적 갈등과 장애를 극복하는 동시에 자기존중감과 자기통제감을 향상시키면서 미래에 대한 낙관성과 희망을 강화하는 것은 활력을 증가시키는 데 커다란 도움이 될 것이다.

활력을 촉진하는 대표적인 방법 중의 하나는 자연과 접촉하는 것이다(Bernstein & Ryan, 2001). 등산, 암벽등반, 스키, 수영 등과 같이 자연과 만날 수 있는 다양한 야외활동은 활력을 증진시킬 수 있다. 또한 흥미와 재미를 느낄 수 있는 다양한 활동과 운동은 에너지 수준을 향상시키고 우울 증상을 감소시킨다(Ryan & Frederick, 1997). Haidt (2002b)는 활력을 증진할 수 있는 방법들을 다음과 같이 제시하고 있다.

- 의무적으로 해야 하는 것은 하지 말고 자신이 원하는 것을 하라.
- 잠을 잘 자고 아침을 든든하게 먹어라.
- 아침에 신체적인 활동을 하라. 예를 들어, 조깅이나 요가를 하라.
- 당신이 속한 조직에 더 애착을 가지도록 하라.
- 열정을 되살려라. 당신이 진정으로 원하는 것이 무엇인지 찾아라. 만약 찾기 어렵다면 어린 시절로 돌아가서 진정으로 원했던 것이 무엇이었는지 생각해보라.

나의 활력 평가

◆ 아래에 있는 문항을 주의 깊게 읽고, 귀하가 지난 1년간 실제로 어떠했는지에 근거하여 귀하에게 가장 적절한 숫자에 ○표 하십시오.

문항	전혀 아니다	약간 그렇다	어느 정도 그렇다	상당히 그렇다	매우 그렇다
1. 나는 깨어날 때 새로운 하루에 대해서 흥분된다	1	2	3	4	5
2. 나는 어떤 일을 할 때 온 힘을 다한다	1	2	3	4	5
3. 나는 에너지가 많다	1	2	3	4	5
4. 난 어떤 일을 시작하고 싶어서 몸이 근질근질하다	1	2	3	4	5
5. 사람들은 날 보고 열정이 가득 찬 사람이라고 한다	1	2	3	4	5
6. 나는 평소에 활기에 차 있으며, 어떤 일을 할 때 열정을 지니고 열심히 매진하는 편이다	1	2	3	4	5

◆ 결과해석

6 ~ 9점: 활력이 부족한 상태이므로 계발을 위한 적극적 노력이 필요함.

10 ~ 20점: 활력이 보통 수준이므로 계발을 위한 노력이 필요함.

21 ~ 25점: 상당한 활력을 지니고 있으므로 강점으로 계발하기 바람.

26 ~ 30점: 매우 탁월한 활력을 지니고 있으며 대표 강점으로 계발하기 바람.

◆ 활력 증진을 위한 작은 노력

1. 일주일 동안 매일 자명종이 필요하지 않도록 일찍 잠자리에 들고 평소의 기상시간보다 일찍 일어나서 영양가 있는 아침식사를 한다.
2. "왜 해야 되지?" 라고 말하기보다 "왜 하지 말아야 되지?" 라고 말해본다.
3. 의무적으로 해야 하는 일이 아니라 진정으로 원하는 일을 매일 해본다.

2 절제와 관련된 강점들

다른 사람이 참을 수 없는 것을 참아내야만 비로소 다른 사람이 할 수 없는 것을 할 수 있다.

- 법구경(法句經) -

'절제(temperance)와 관련된 강점' 에는 4가지의 강점, 즉 용서, 겸손, 신중성, 자기조절이 포함된다. 절제는 다른 말로 중용에 해당하는 것으로서, 과유불급(過猶不及)이라는 말이 있듯이, 지나침이나 극단적인 독단에 빠지지 않게 함으로써 우리를 보호하는 기능을 한다. 용서와 자비는 증오로부터 우리를 보호하며, 겸손과 겸허는 오만으로부터, 신중성은 장기적 손해를 지닌 단기적 쾌락으로부터 그리고 자기조절은 다양한 종류의 파괴적인 극단적 감정으로부터 우리를 보호한다. 특히, 조화와 균형을 중시하는 문화에서는 이러한 강점들이 더 소중한 덕목으로 여겨진다.

절제의 덕목들은 더 나은 삶을 위해서 자신의 감정을 잘 관리하고 다른 사람과의 관계를 개선하는 일과 관련된 특질들이다. 이러한 강점들은 자애와 관련된 강점들과 더불어 인간 세상이 조화와 균형 속에서 좀 더 따뜻해지도록 만드는 데 기여하는 기능을 하며 정서적-대인관계적 강점으로 분류되기도 한다.

1) 용서

이론적 정의

용서(forgiveness)는 공격이나 상처를 받은 피해자가 가해자에게 나타내는 긍정적인 심리적 변화를 의미한다. 어떤 사람으로부터 매우 부당하거나 억울한 일을 당한 사람은 그 가해자에 대해서 분노에 휩싸일 뿐만 아니라 복수하고 싶은 강렬한 욕구를 느끼게 된다. 그런데 이러한 분노 감정과 보복행동은 피해자와 가해자 모두에게 불행한 결과를 초래하게 된다. 서로에 대한 보복행동이 반복되면 두 사람 또는 두 집단은 원수지간이 된다. 팔레스타인과 이스라엘 사이에 끊임없이 반복되는 보복테러가 그 대표적인 예이다.

용서는 상대방에 대한 분노감정과 보복 욕구를 개인이 자발적으로 내려놓는 심리적 노력을 의미한다. 이러한 용서는 상대방에 대한 부정적 감정을 해소할 뿐만 아니라 사회 구성원 간의 갈등과 폭력을 감소시킨다는 점에서 친사회적 행동이라고 할 수 있다. 그래서 "원수를 사랑하라." "한쪽 뺨을 맞거든 다른 쪽 뺨을 돌려 대라."는 경구가 있듯이, 용서는 사회적 덕목으로 여겨지고 있으며, 모든 사회에는 용서를 촉진하기 위한 다양한 관습과 제도가 존재한다. 어떤 보상이나 위협에 의해서가 아니라 지나간 일을 과거지사로 여기며 자발적으로 용서를 하는 자비로움은 중요한 성격적 강점이다.

용서를 하는 사람들은 가해자에 대해서 보다 더 자애롭고 관대한 긍정적 태도를 보일 뿐만 아니라 복수하거나 회피하려는 부정적 행동을 덜 보인다. 어떤 일에 대해서든 관대함을 나타내는 일반적인 용서 성향(forgivingness)과 특수한 가해자나 가해행동에 대한 용서(forgiveness)는 구분되어야 한다. 또한 용서는 가해자뿐만 아니라 고통 속에 있는 모든 사람들에 대한 연민과 관대함을 의미하는 일반적인 개념인 자비(mercy)의 특수한 유형으로 볼 수 있다.

원한을 해소하고 보복행위를 하지 않는 용서와 자비는 개인에게 많은 노력을 요구한다. 원한은 매우 고통스러운 것이기 때문에 사람들은 복수를 통해 해소하려고 한다. 복수의 유혹은 매우 강렬하며, 복수의 열매는 매우 달콤하다. 이러한 고통과 유혹을 이겨내는 것은 매우 어려운 일이다. 그러나 보복행동을 통해 원한의 감정을 충분히 충족시켰을 때 사람들은 오히려 공허감을 느낀다. 이미 지나간 일은 조금도 돌이킬 수 없기 때문이다. 자신에게 아무런 소득이 없을 뿐만 아니라 상대방의 분노나 보복을 예상해야 한다. 가해자를 용서하고 그에게 새로운 기회를 주는 것이 우리에게 더 큰 만족감을 주게 된다.

특히, 용서와 자비는 그것을 받는 입장에서는 매우 소중하게 여겨진다. 이러한 성격적 강점은 세상에서 미움의 감정을 해소하고 보복의 폭력을 제거한다. 그러나 용서와 자비가 어떤 한계를 넘어서면 우리가 소중하게 여기는 다른 가치들에 나쁜 영향을 미칠 수 있다. 과도한 용서는 공정함을 훼손할 수 있으며, 지나친 자비는 책임감을 약화시킬 수 있다.

용서와 자비의 본보기는 예수나 붓다와 같은 종교인에게서 흔히 발견된다. 십자가에 매달려 죽어가는 예수가 자신을 죽음으로 내 몬 사람들에 대해서 "저들을 용서하소서. 저들은 자신이 하는 일을 알지 못합니다."라고 한 기도는 용서의 극치라고 할 수 있다. 에이브러햄 링컨은 치열한 남북전쟁을 종결시킨 후에 남부의 사람들에 대한 자비를 역설한 바 있다.

측정도구

용서의 여러 측면을 평가하기 위한 다양한 도구들이 개발되어 있다. 여기에서는 주로 범죄행위에 대한 용서를 측정하는 평가도구들을 살펴보기로 한다.

타인 용서 척도(Forgiveness of Other Scale; Mauger et al., 1992)는 15문항으로 구성된 자기보고형 척도로서 자신이 다른 사람들을 잘 용서하는지에 대한 자기지각을 '그렇다' 또는 '아니다'의 형식으로 평가한다. 이 척도에서 높은 점수는 높은 용서 성향을 의미하는 반면, 낮은 점수는 복수 성향을 의미한다.

용서 척도(Forgivingness Scale; Mullet, Haudbine, Laumonier, & Girard, 1998)는 매우 다양한 상황에서 자신의 용서능력에 대한 지각을 측정하는 자기보고형 척도이다. 38개 문항으로 구성되어 있으며 4개의 하위요인, 즉 복수-용서, 개인적-사회적 환경, 용서의 곤란, 용서의 장애물을 평가한다.

용서 가능성 척도(Forgiveness Likelihood Scale; Rye et al., 2001)는 10가지의 범죄 시나리오를 제시하고 응답자에게 피해자의 입장에서 그러한 범죄행위에 대한 용서 가능성을

5점 척도로 평정하게 하는 자기보고형 척도이다. 이 척도는 신뢰도와 타당도가 잘 입증되어 있다. 이 척도의 점수는 종교적 동기나 만족도와 정적 상관을 나타내는 반면, 분노와는 부적 상관을 나타내는 것으로 보고되고 있다. 이와 유사하게 5가지 범죄 시나리오를 제시하고 용서 가능성을 평정하는 용서의 범죄이야기 검사(Transgression Narrative Test of Forgiveness; Berry et al., 2001)가 있다.

용서와 관련된 심리적 특성

용서는 개인과 사회의 안녕을 위해 중요한 가치를 지니는 다양한 성격적 기질과 연관되어 있다. 용서를 잘 하는 사람들은 다양한 부정적 감정들, 즉 분노, 걱정, 우울, 적개심의 정도가 낮다(김기범, 임효진, 2006; Berry et al., 2001; Maltby, Macaskill, & Day, 2001). 용서하는 사람들은 사회적으로 긍정적인 태도와 행동을 나타내는 경향이 있다(Rye et al., 2001). 반면에, 용서 경향은 적개심이나 수동공격적 행동과 부적 상관을 나타낸다.

용서나 비보복 경향이 높은 사람들은 그렇지 않은 사람들에 비해서 자신에게 무례하거나 심술궂은 행동을 한 사람들에게도 공동분배 과제에서 돈을 기꺼이 분배하겠다고 보고했다(Ashton, Paunonen, Helmes, & Jackson, 1998). 이러한 용서 경향이 높은 사람들이 그렇지 않은 사람들에 비해서 가까운 친구들에게 더 많은 돈을 분배하겠다고 하지 않은 것은 흥미로운 결과이다. 이러한 결과는 용서 성향이 상처받은 것에 대하여 악의 대신에 선의로 대응하려는 경향을 의미한다는 것을 시사한다.

용서는 성격의 5요인 중 우호성이나 신경증적 성향과 가장 밀접하게 연관되는 것으로 나타났다(Berry et al., 2001; McCullough & Hoyt, 2002). 예를 들어, Ashton 등(1998)은 용서 성향이 우호성이나 정서적 안정성과 정적인 상관을 지니는 것을 발견했다. 최근에는 용서가 심리적 · 신체적 건강을 촉진하거나 건강상의 문제를 예방하는 데 도움이 될 수 있다는 주장이 제기되어 관심을 끌고 있다(박종효, 2003; McCullough & Witvliet, 2001). 이러한 주장이 매력적이기는 하지만 충분한 증거는 아직 많지 않다. 용서를 잘 하거나 보복 경향이 낮은 사람이 그렇지 않은 사람들에 비해서 훨씬 더 건강하고 행복한 삶을 살아간다는 실증적 증거는 아직 없다.

용서와 건강의 관계에 대한 주장을 지지하는 사람들은 용서를 유도하는 치료가 건강을 증진시킨다는 결과를 주된 근거로 제시한다. 그러나 이러한 자료들은 대부분 용서 유도 치료를 받은 사람들과 아무런 치료도 받지 않은 사람들을 비교한 것으로서, 용서 유도 치료가 용서와 무관한 다른 심리치료보다 건강과 행복을 더 많이 증진시킨다는 근거가 될 수는 없다(Peterson & Seligman, 2004). 용서와 건강의 관계에 대해서는 좀 더 체계적인 과학적 연구가 필요하다. 최근에 Witvliet, Lidwig와 Vander Laan(2001)은 용서가 교감신경계의 각성상태를 반영하는 단기 지표에 영향을 미친다는 흥미로운 연구결과를 발표했다. 이 연구는 건강에 대한 용서의 영향을 밝히는 중요한 단서가 될 수 있을 것으로 기대된다.

용서 성향은 나이에 따라 달라진다. 어린아이일수록 용서할 의도가 낮았으며, 나이가 많은 성인일수록 용서하려는 관대함을 보였다(Enright, Santos, & Al-Mabuk, 1989; Girard & Mullet, 1997). 용서를 하기 위해서는 상대방의 관점에서 사건을 이해하거나 그들을 불쌍하게 여기는 마음이 필요하며 어떤 수준 이상의 인지적 · 정서적 능력을 요하기 때문에, 아동은 성인에 비해서 불가피하게 용서의 능력이 떨어지는 것으로 추정되고 있다.

발달적 관점에서 용서를 연구한 Enright 등(1989)에 따르면, 용서에 대해서 생각하는 사고방식의 발달과정은 Kohlberg가 주장한 바 있는 정의에 대한 추론 발달과정과 유사하다. 그러나 이러한 변화가 단순한 연령변화에 따른 것인지 아니면 어떤 특정한 성장경험에 의해서 나타나는 것인지를 밝힐 필요가 있다.

여러 실증적 연구에 따르면, 용서에는 남녀의 성차가 없는 것으로 보인다. 반면에, 문화적 요인은 용서에 영향을 미치는 것으로 나타나고 있다. 특히, 문화에 따라 용서의 동기를 부여하는 요인들이 달랐다. 개인주의 문화에서는 우호적인 자기정체성을 유지하거나 추상적인 도덕원리를 실천하기 위해서 용서를 하려하는 반면, 집단주의 문화에서는 다른 사람과 긍정적 관계를 유지하거나 피해자로서 해야 하는 사회적 행동규범에 따르기 위해서 용서를 하려는 경향이 있었다(Takaku, Weiner, & Ohbuchi, 2001).

용서의 촉진 및 억제 요인

다른 사람의 입장을 고려하는 공감과 조망능력이 용서를 촉진하는 것으로 알려져 있다. 가해자에 대해서 공감적 감정을 느끼거나 인지적으로 가해자의 입장을 이해할 수 있는 사람들은 더 쉽게 용서하는 경향을 보였다(McCullough, Fincham, & Tsang, 2003). 이러한 공감과 조망능력은 성격의 5요인 중 우호성(agreeableness)과 밀접한 관련성을 지니고 있다. 즉, 우호성이 높을수록 다른 사람에 대한 공감을 잘 하고 그 결과로서 용서도 잘 할 수 있다. 반면에, 피해를 입은 것에 관해서 계속 반추하는 것은 용서를 어렵게 만든다. 이러한 반추 성향은 신경증적 성향과 밀접하게 관련되어 있기 때문에, 아마도 신경증적 성향이 낮은 사람들이 피해를 입은 사건에 대해서 반추를 덜 하게 되고 결과적으로 더 쉽게 용서를 할 수 있을 것이다.

범죄와 범죄자에 대해서 어떻게 평가하느냐가 용서에 영향을 미친다. 사람들은 범죄가 심각한 결과를 초래할수록 그리고 범죄자가 실수이기보다 의도적으로 그러한 결과를 초래할수록 용서를 잘 하지 않는 경향이 있다(Girard & Mullet, 1997). 그러나 범죄가 비의도적인 것으로 여겨질 경우에는 범죄자에 대한 공감이 더 쉬워지기 때문에 용서가 더 용이한 것으로 여겨진다. 그러나 이러한 심리적 요인들은 서로 영향을 미치는 좀 더 복잡한 관계를 지닐 것으로 추정되고 있다.

사죄는 용서를 촉진한다(Darby & Schlenker, 1982). 사죄가 용서에 미치는 영향은 간접적인 것으로 여겨진다. 즉, 용서를 구하며 사죄하는 범죄자에 대하여 피해자가 동정심을 갖게 됨으로써 범죄자에 대한 분노와 보복 욕구가 감소하는 것으로 보인다. 또한 사죄하는 사람이 저지른 범죄행위에 대하여 피해자는 좀 더 관대하게 생각하는 경향이 있다(Ohbuchi, Kameda, & Agarie, 1989). 고등학생을 대상으로 이루어진 국내의 연구(조수아, 2008)에서도 가해자와 피해자가 친밀한 관계일수록 그리고 가해자가 사과를 한 경우일수록 용서를 더 잘 하는 것으로 나타났다.

마지막으로, 용서는 피해자와 가해자의 관계에 의하여 영향을 받는다. Finkel 등(2002)의 연구에 따르면, 서로의 관계에 대한 만족, 헌신, 친밀도가 높을수록 더 쉽게 용서하는 경향이 있다. 이처럼 관계의 속성에 따라 용서가 달라진다는 사실은 피해자와 가해자가 어떤 관계냐에 따라 용서의 심리적 기제가 다를 수 있음을 시사한다. 관계의 유형에 따라 용서의 역학이 어떻게 달라지는지는 앞으로 연구되어야 할 주제이다.

용서는 개인 심리치료뿐만 아니라 부부치료와 집단치료에서 매우 중요한 치료적 요인으로 여겨지고 있다. 따라서 심리학자들은 용서를 촉진하는 다양한 방법을 개발해왔다. Enright의 과정모델에 근거한 용서 프로그램은 다양한 환자집단에 있어서 용서를 장려하는 데 효과적이었다(Enright & Coyle, 1998). 국내에서도 김광수(1999)가 용서 프로그램을 개발하여 중·고등학생을 대상으로 시행한 바가 있다. 다양한 용서 프로그램의 효과는 치료기간에 의해서 영향을 받는 것 같다. Worthington 등(2000)에 의하면, 최소한 6시간 이상의 개입이 이루어져야 의미 있는 변화가 일어날 수 있다.

나의 용서능력 평가

◆ 아래에 있는 문항을 주의 깊게 읽고, 귀하가 지난 1년간 실제로 어떠했는지에 근거하여 귀하에게 가장 적절한 숫자에 ○표 하십시오.

문항	전혀 아니다	약간 그렇다	어느 정도 그렇다	상당히 그렇다	매우 그렇다
1. 누가 나에게 한 불쾌한 일을 잘 잊어버리는 편이다	1	2	3	4	5
2. 나는 결코 다른 사람에게 복수를 꾀하지 않는다	1	2	3	4	5
3. 비록 나의 적이라 하더라도 그들이 고통 받는 것을 원하지 않는다	1	2	3	4	5
4. 용서하고 잊는 것이 최선이라고 믿는다	1	2	3	4	5
5. 나에게 함부로 대하는 다른 사람의 행동을 이해하려고 노력한다	1	2	3	4	5
6. 다른 사람이 상처를 주거나 피해를 입힌 경우에도, 나는 그들을 잘 용서하고 자비롭게 대하는 편이다	1	2	3	4	5

◆ 결과해석

6 ~ 9점: 용서능력이 부족한 상태이므로 계발을 위한 적극적 노력이 필요함.

10 ~ 20점: 용서능력이 보통 수준이므로 계발을 위한 노력이 필요함.

21 ~ 25점: 상당한 용서능력을 지니고 있으므로 강점으로 계발하기 바람.

26 ~ 30점: 매우 탁월한 용서능력을 지니고 있으며 대표 강점으로 계발하기 바람.

◆ 용서능력 향상을 위한 작은 노력

1. 매일 경험한 불쾌한 분노 감정은 그 날에 풀어버리고 오래도록 마음속에 담아두지 않는다.
2. 분노를 느끼게 되면, 정당한 분노라 할지라도, 그것을 상대방에게 직설적으로 표현하기보다 서로의 관계를 해치지 않는 방법을 찾아본다.
3. 용서 편지를 쓴다. 나에게 불쾌한 일을 한 사람을 용서하는 편지를 써보고 그것을 보내지는 않지만 일주일 동안 매일 읽어본다.

2) 겸손

이론적 정의

겸손(humility or modesty)은 자신의 장점이나 성취에 대해서 절제된 평가를 하는 일반적 태도를 의미한다. 겸손은 자신에 대해 절제된 평가를 하는 내면적 상태일 뿐만 아니라 그와 일치되는 사회적 행동으로 자신을 드러내는 것을 포함한다. 그러나 겸손한 행동은 내면적 상태보다 외부적인 상황적 압력에 의해 나타날 수도 있다. 일반적으로 현대사회에서는 자신에 대한 긍정적 평가를 반영하는 자긍심과 자기주장적 표현을 강조하는 경향이 있어서 겸손과 같은 덕목의 가치가 상대적으로 경시되고 있다.

과거에는 신학자나 윤리학자들에 의해서 겸손에 대한 논의가 이루어졌지만, 최근에는 심리학자에 의해 겸손에 대한 과학적 연구가 이루어지기 시작했다. 그 대표적인 학자인 Tangney(2000, 2002)는 겸손의 핵심적 특성을 다음과 같이 제시하고 있다: (1) 자신의 능력과 성취에 대한 (평가절하가 아닌) 정확한 이해; (2) 자신의 실수, 불완전함, 한계를 인정할 수 있는 능력; (3) 새로운 생각, 상반되는 정보, 충고에 대한 개방적 자세; (4) 자신의 능력과 성취를 균형 있는 관점에서 바라보는 것; (5) 지기자신에 대한 초점을 약화시키거나 "자신을 잊을 수 있는" 능력; (6) 사람이나 사물이 세상에 기여할 수 있는 다양한 방법뿐만 아니라 세상 모든 것의 소중함을 인정하는 것.

겸손은 때때로 부정적인 인상을 연상시키기도 한다. 겸손한 사람은 약하고 수동적인 사람, 자신감이 없는 사람 또는 자신을 비하하는 사람이라고 생각할 수도 있다. 그러나 겸손한 사람들은 자신에 대해 긍정적인 견해를 가지고 있고(Exline & Geyer, 2004), 내재적인 가치에 근거한 자기가치감을 지니고 있으며(Brown, 1993), 타인과의 유대감을 지니고(Leary & Baumeister, 2000), 더 높은 권위와의 연결 속에서 살아간다(Crocker & Wolfe, 2001). 겸손의 핵심은 한계와 장점을 지닌 자신을 있는 그대로 정확하게 보려는 비방어적인 태도라고 할 수 있다. 겸손한 사람들은 자신의 이미지를 방어하고 보상하고 입증하기 위해서 정보를 일부러 왜곡하는 사람들이 아니다(Swann, 1997). 다만 겸손한 사람들은 자신의 중요성을 다른 사람에게 알리고 실제보다 자신을 우월하게 꾸미려는 욕구가 적다. 이들은 특권을 얻거나 자신의 지위를 높이기 위해서 타인을 지배하지 않는다. 여기서 중요한 것은 자기에 대한 절대적 정확성이 아니라 자신을 정확하게 보려는 태도이다.

겸손은 자기에 대한 관점을 초월할 수 있는 능력, 즉 높은 관점에서 자신을 바라볼 수 있는 능력이라고 주장하는 학자들(Morgan, 2001; Murray, 2001)도 있다. 거대한 우주 속에서 자신의 미미한 존재를 깨닫거나, 전지전능한 신 앞에서 자신의 나약함을 인식하거나, 타인에게 빚지고 있는 존재로서의 자각을 얻을 때 사람들은 겸손해진다. 종교가 없는 겸손한 사람들도 많기 때문에 자기초월적 믿음이 겸손의 필수적 요소라고 할 수는 없지만 겸손을 촉진하는 요소일 수 있다.

측정도구

겸손을 측정하는 것은 상당히 어려운 일이다. 일반적으로 겸손은 내면적 상태보다 외현적 행동을 평가하는 것이 훨씬 더 용이하다. Miller와 Schlenker(1985)는 겸손행동을 성공에 대한 공식적 공헌을 타인에게 돌리려는 성향이라고 정의하고 그러한 행동을 측정하고자 했다. 그러나 외현적 행동에 근거하여 측정하는 것은 문제가 있다. 왜냐하면 그러한 겸손행동이 진정 겸손한 태도에서 나온 것인지 아니면 타인의 지각을 조작하려는 의도에서 나온 것인지를 알기 어렵기 때문이다.

또한 겸손을 자기보고식 질문지로 측정하는 것 역시 상당히 어려운 일이다. 겸손은 사회적으로 바람직한 덕목으로 여겨지기 때문에 실제와 달리 왜곡될 여지가 많다. 또한 겸손을 측정하는 자기보고식 질문지는 내적 일치도가 낮은 것으로 나타났다(Tangney, 2002). 이러한 결과는 겸손의 핵심적 특성에 대한 견해가 다양하기 때문인 것으로 보인다.

따라서 겸손은 다양한 방법에 의해서 평가된 종합적 결과로 측정하는 것이 바람직하다. 여러 평정치를 비교하는 차이-기반적 방법(discrepancy-based paradigms)으로는 구체적으로 두 가지 방법이 가능하다. 첫째는 겸손에 대한 자기보고와 타인평정을 비교하는 방법이다(Paulus, 1998). 둘째는 사적인 조건(다른 사람에 의해 자신이 평가되지 않을 것이라고 여기는 조건)에서의 자기평가와 공적인 조건(친구나 또래가 자신을 평가하고 있을 것이라고 여기는 조건)에서의 자기평가를 비교하는 방법이다(Shultz & Veschio, 2001). 겸손한 사람은 이러한 두 조건에서의 자기평가가 매우 유사할 것이다.

이 밖에도 실험적 방법으로는 겸손과 관련된 위협적 상황을 제시하고 그에 대한 생리적 반응을 측정하거나 당시에 떠오르는 생각을 소리로 말하게 방법도 사용될 수 있다.

때로는 겸손을 특정한 생각이나 행동으로 평가하기보다 자기애, 자기고양, 방어성이 적은 상태로 규정하여 측정하는 것이 용이할 수도 있다.

겸손과 관련된 심리적 특성

측정의 어려움 때문에 겸손 자체에 대한 연구는 찾아보기 드물다. 따라서 겸손의 반대에 해당되는 자기애와 관련된 연구를 살펴봄으로써 겸손과 관련된 특성을 살펴볼 수 있다. 자기애 성향이 강한 사람들은 경쟁적이고(Watson, Morris, & Miller, 1997), 지배적이며(Emmons, 1984), 공격적이고(Hart & Joubert, 1996), 분노 성향이 높다(McCann & Biaggo, 1989). 실험적 연구에 의해 밝혀진 바에 따르면, 자기애 성향자들은 특히 자신의 우월성이 의심되는 상황에서 높은 수준의 공격성을 보였다(Bushman & Baumeister, 1998; Rhodewalt & Morf, 1998). 이들은 자존감에 대한 위협에 과민했고, 무시를 받는 듯한 단서에 분노로 반응했다.

심리적 특권의식 역시 공격적 행동과 관련성을 보였다. 예를 들어, 죄수 딜레마 게임에서 특권의식을 지닌 사람들은 다른 사람들보다 빨리 자백하고, 자백의 빈도도 더 높으며, 다른 참여자가 자극했을 때 공격적으로 반응하였다(Exline et al., 2000). 또한 자기애적 특권의식은 반사회적 반응을 촉진한다. Bushman과 Baumeister(2002)에 따르면, 폭력적인 범죄자들은 일반 대학생보다 특권의식을 더 많이 느끼는 것으로 드러났다. 또한 자기애적 특권의식을 많이 느끼는 사람들은 용서를 덜 하는 것으로 드러났다(Exline et al., 2000).

겸손한 자기모습을 생각하는 것은 특권의식과 반대로 갈등의 확산을 막아준다. Exline 등(2000)의 연구에서는 참여자들에게 겸손함이 느껴질 때와 자신이 중요한 사람이라고 느껴질 때 각각 에세이를 적도록 하였다. 이어서 상대편이 먼저 자백을 하도록 조작한 죄수 딜레마 게임을 시행하였다. 겸손함을 느낄 때 에세이를 쓴 사람들은 자신이 중요하다고 느낄 때 에세이를 쓴 사람들보다 자백하는 데 더 오랜 시간이 걸렸다.

겸손한 사람들은 자신의 단점을 외면하지 않고 기꺼이 보고자 하기 때문에 잘못을 범한 사람을 더 잘 용서하는 경향이 있다(Means, Wilson, Sturm, Biron, & Bach, 1990). 반면에, 겸손과 반대되는 자기애 성향을 지닌 사람들은 용서를 잘하지 못하는 경향이 있다(Sandage et al., 2000).

겸손한 사람은 다른 사람들에게 어느 정도 호감을 불러일으킬까? 일반적으로 높은 자존감을 지닌 사람들이 보다 많은 호감을 얻는다고 알려져 있지만 결과는 일관되지 않았다. 자기애 성향자들은 처음에는 매력적으로 보이지만(Masterson, 1988), 이들의 매력은 얄팍한 것이라서 다른 사람들이 그들의 피상성, 오만함, 적개심을 곧 알아챈다(Paulus, 1998). 이런 점에서 겸손한 사람은 처음에 자신 없는 사람으로 비쳐질 수 있지만 장기적 관계에서는 호감을 얻게 될 것으로 추정할 수 있다.

왜 자신을 지나치게 긍정적으로 여기는 사람들이 다른 사람들에게 오히려 호감을 주지 못하는 것일까? 그 이유는 지나치게 자기중심적인 태도로 인해서 다른 사람에 대한 공감, 보살핌, 헌신을 불가능하게 만들어 친밀한 관계를 맺지 못하기 때문일 수 있다. 과장된 자기상을 지닌 사람들은 공동으로 노력한 일에 대해서 공정한 분배와 보상을 하기 어렵고(Ross & Sicoly, 1979), 모든 사람들이 싫어하는 자기 자랑을 많이 하며(Godfrey, Jones, & Lord, 1986), 고마움을 표현할 줄 모른다(McCullough, Kilpatrick, Emmons, & Larson, 2001).

반면에, 겸손한 사람들은 타인을 지배하거나 타인에게 좋은 인상을 주려는 욕구가 별로 없으며 대인관계에서 이득을 취하는 데 몰두하지 않는다. 이러한 이유 때문에 사회적 관계가 안정되어 있거나 일정한 사람들과 평생 동안 만나야 하는 사회에서는 겸손이 특히 가치 있는 덕목으로 간주되는 것이다(Heine, Lehman, Markus, & Kitayama, 1999; Markus & Kitayama, 1991).

겸손은 대인관계 외에도 여러 가지 영역에 긍정적인 영향을 미친다. 겸손은 정서적 안녕감과 자기조절능력을 향상시키는 것으로 여겨지고 있다. 긍정적 왜곡이 정신적 · 신체적 건강을 증진하는 것으로 알려져 있지만 성격장애와 밀접하게 관련된 특성이기도 하다. 자기평가가 지나치게 긍정적인 경우 그것은 현실 속에서 깨어지기 쉬운 취약한 것으로, 자존감이 조금만 위협을 당해도 쉽게 부정적인 감정에 휩싸이게 될 것이다. 이런 점에서 긍정적 왜곡은 정서적 불안정을 초래할 수 있다. 또한 겸손한 자기상을 가진 사람은 자기조절을 더 잘 할 수 있다(Weiss & Knight, 1980). 겸손한 사람은 자아의 위협을 막기 위해 지나친 위험을 무릅쓰거나 잘못된 선택을 할 가능성이 적다. 반대로 자긍심이 너무 높은 사람들은 자기상에 대한 위협에 처하게 되면, 자존감을 높이는 데 몰두하여 실패와 실수를 할 가능성이 높다. 실험적 연구(Baumeister, Heatherton, & Tice, 1993)에 따르면, 높은 자존감을 가진 사람들은 자아의 위협에 처하게 되면 그들의 능력을 뛰어넘는 위험스러운 목표에 도전하는 경향이 있었다. 반면에, 겸손한 사람들은 자기집착에서 자유롭고 타인에게 좋은 인상을 심어주려는 욕구도 적다.

여러 연구들은 여자가 남자보다 더 겸손하다는 점을 시사하고 있다(Berg, Stephan, & Dodson, 1981; Heatherington, Burns, & Gustafson, 1998). 겸손에서의 성차를 직접적으로 다룬 연구는 없지만, 자기애 성향은 여자가 남자보다 더 낮은 경향이 있었다(Carroll, 1989). 또한 자존감에서도 여자가 남자보다 약간 더 낮은 것으로 나타난 바 있다(Kling, Hyde, Showers, & Buswell, 1999).

개인보다 집단을 중시하는 문화에서는 겸손의 가치를 더 높게 평가한다. 예를 들어, 일본문화가 미국문화보다 겸손을 더 가치 있는 것으로 평가했다(Heine et al., 1999, 2001). 비교문화 연구에 따르면, 자신을 비판적으로 보려는 태도는 그 정도가 적당할 경우 자기향상에 도움이 된다(Heine et al., 2001). 자신의 단점을 기꺼이 보고자 할 때, 그 문제를 해결할 수 있기 때문이다. 알코올 중독에 대한 12단계 프로그램의 경우, 자신의 한계를 인정하기 힘든 자기애 성향자들에서는 그 효과가 낮은 것으로 나타났다(Hart & Huggett, 2003).

겸손의 촉진 및 억제 요인

자기정체감의 발달이 겸손의 필수적 조건으로 여겨지고 있다. 따라서 정체감 형성을 촉진하는 요인들, 즉 안정된 애착의 형성, 자기감의 발달, 독립성의 발달, 새로운 경험에 대한 개방성, 의사결정 경험, 삶을 돌아보고 통합하는 것 등은 겸손을 촉진하는 것으로 보인다(Santrock, 1996).

안정된 애착은 겸손을 촉진하는 기반이 될 수 있다. 안정된 애착은 안전감을 형성하여 부정적인 피드백의 영향을 거르는 완충역할을 하기 때문이다. 그러나 이러한 안전감은 겸손을 함양하는 데 충분한 조건이 되지는 못한다. 현실적인 피드백이 주어지지 않는다면 이러한 안전감은 오만으로 흐를 수 있기 때문이다. 겸손을 발달시키기 위해서 아이들은 긍정적 피드백과 부정적 피드백을 모두 받을 필요가 있다. 보살핌과 존중이 뒷받침된 상태에서 현실적인 피드백이 필요하다. 또한 겸손을 함양하기 위해서는 인간에 대한 지식이나 상황의 한계를 강조하는 교육이 필요하다.

겸손의 발달을 저해하는 양육과 교육 방식에는 다음과 같은 여러 가지가 있다: (1) 수행, 외모, 인기와 같은 자기평가의 외적 요소에 대한 지나친 강조, (2) 부정확하면서 지나친 칭찬이나 비난, (3) 아동을 그 형제나 또래와 지나치게 비교하는 것, (4) 아동이 다른 사람들보다 우수하다거나 열등하다고 이야기하는 것(Peterson & Seligman, 2004).

종교는 자기초월을 증진시킴으로써 겸손을 함양할 수 있다. 불교나 도교는 보다 큰 현실과 연결됨과 동시에 자기를 버리는 과정이 겸손과 관련된다고 본다(Watts, 1960). 유대교, 이슬람교, 기독교와 같은 유일신교의 전통에서는 신에 대한 복종을 통해 겸손이 가능해지는 것으로 본다. 그러나 단순히 스스로를 낮추는 것이나 신에게 의존하는 것만으로는 겸손과 관련된 비방어적인 태도에 도달하기 어렵다. 계속해서 자신을 낮추기만 할 때는 수치심이 유발되고 자신을 비하할 수 있다. 겸손을 함양하기 위해서는 우리를 미약하지만 가치 있는 존재로 바라보는 것이 필요하다.

겸손을 직접적으로 증진시키는 프로그램은 거의 없지만, 겸손과 관련된 자기평가의 정확성, 자기초월, 자기평가를 낮추고자 하는 의도를 촉진할 수 있는 기법들은 있다. 정확한 자기평가를 촉진하기 위해서는 어린 시절부터 장점과 한계에 대한 정확한 피드백을 제공하는 것이 중요하다. 경외심을 함양하는 기법은 자기초월과 겸손을 촉진하는 데 사용될 수 있다. 대부분의 종교는 자기교만을 억제하는 여러 가지 행동적 방법을 제시하고 있다. 예를 들어, 서로의 발을 씻어주는 의식, 용서할 거리와 감사할 거리를 찾아 기록하는 것 등이 있다.

개인의 안전감이나 가치감이 자기자신에 대한 평가에만 의존하지 않을 때 겸손이 함양될 수 있다. 따라서 이러한 안전감을 주는 대안적인 방법들은 겸손을 촉진할 것이다. 예를 들어, 종교를 통해서 안전감을 느낄 수도 있고, 중요한 타인과의 안정된 애착이나 무조건적인 긍정적 수용을 통해서 안전감을 느낄 수도 있다. 어떠한 방법이든, 자신에 대해서 충분히 안전감을 느끼는 사람들은 자신의 장점과 약점을 있는 그대로 인정할 수 있을 것이다.

나의 겸손성 평가

◆ 아래에 있는 문항을 주의 깊게 읽고, 귀하가 지난 1년간 실제로 어떠했는지에 근거하여 귀하에게 가장 적절한 숫자에 ○표 하십시오.

	전혀 아니다	약간 그렇다	어느 정도 그렇다	상당히 그렇다	매우 그렇다
1. 나는 사람들로부터 주목 받는 것을 좋아하지 않는다	1	2	3	4	5
2. 다른 사람들은 겸손이 나의 가장 두드러진 덕목이라고 이야기한다	1	2	3	4	5
3. 나는 내가 특별한 사람인 것처럼 행동하지 않는다	1	2	3	4	5
4. 나를 건방지다고 말한 사람은 아무도 없었다	1	2	3	4	5
5. 나는 내가 이룬 것에 대해서 자랑을 하지 않는다	1	2	3	4	5
6. 나는 평소에 겸손하며 예의범절을 잘 지키는 편이다	1	2	3	4	5

◆ 결과해석

6 ~ 9점: 겸손성이 부족한 상태이므로 계발을 위한 적극적 노력이 필요함.

10 ~ 20점: 겸손성이 보통 수준이므로 계발을 위한 노력이 필요함.

21 ~ 25점: 상당한 겸손성을 지니고 있으므로 강점으로 계발하기 바람.

26 ~ 30점: 매우 탁월한 겸손성을 지니고 있으며 대표 강점으로 계발하기 바람.

◆ 겸손성 증진을 위한 작은 노력

1. 하루 동안 자신을 주장하거나 내세우는 말을 전혀 하지 않는다.
2. 아무도 나에게 주의를 주지 않을 평범한 옷차림새를 하고 지내본다.
3. 친구가 나보다 훨씬 더 잘 하는 것들에 대해서 생각해본다. 그리고 그것에 관해서 친구를 칭찬해준다.

3) 신중성

이론적 정의

신중성(prudence)은 선택을 조심스럽게 함으로써 불필요한 위험에 처하지 않으며 나중에 후회할 말이나 행동을 하지 않는 능력을 말한다. 우리 주변에는 충동적이고 경박한 언행을 하여 다른 사람과 불필요한 갈등을 불러일으키거나 추진하던 일을 그르치는 사람들이 있다. 때로는 주변 상황에 대한 신중한 고려 없이 성급하고 무모하게 일을 추진하여 실패를 자초하는 사람들을 접하게 된다. 이와 달리, 신중성은 언행을 사려 깊고 조심스럽게 할 뿐만 아니라 자신이 추구하는 장기적 목표가 효과적으로 성취되도록 체계적으로 접근하는 태도를 말한다.

"모험 없이는 아무것도 얻을 수 없다."는 말이 있듯이, 우리 사회에서는 도전적 모험과 과감한 행동을 중시하는 경향이 있다. 그렇다면 신중성을 성격적 강점으로 여기는 이유는 무엇인가? 신중성은 아무런 활동도 하지 않는 마비상태가 아니라 현명한 방식으로 목표를 이루기 위해 언행을 절제하는 인격적인 강점이다. 신중성은 나중에 후회, 죄책감, 수치심을 느낄 수 있는 실수나 실패를 방지하고 장기적 목표성취에 도움이 되는 행동을 하도록 만든다. 신중성은 사려 깊고 심사숙고하며 지혜롭게 행동하는 삶의 태도로서 무분별한 행동을 억제하지만 의욕이나 사기를 꺾지는 않는다. 달리 말하면, 신중성은 열정이나 자발성의 결여가 아니라 충동성, 무모함, 경박함, 무책임함의 결여라고 할 수 있다. 신중성은 개방성, 자기조절, 공정성 등의 요소를 포함하고 있기 때문에 독립적인 성격적 강점이라고 결론을 내릴 수는 없다.

신중성은 소심함, 걱정이 많음, 패기 부족, 수동성, 강박적 자기억제를 의미하지 않는다. 물론 적절한 자기절제를 필요로 하지만 경직된 자기억제나 규율에 대한 맹종과는 다르다. 또한 신중성은 주로 개인적인 목표를 성취하는 것과 관련되어 있지만 이기적인 계산적 태도라기보다 자신과 타인의 행복을 함께 고려하는 사려 깊은 태도라고 할 수 있다. 아울러 신중성은 특정한 삶의 영역에 한정되기보다 직업, 성취, 인간관계를 비롯한 삶 전체에 적용되는 것이다.

신중성의 핵심적 요소는 자기관리의 차원에서 욕망을 조절하는 것이지만 그 이상의 덕목이다. 첫째, 신중성은 현재의 욕망통제를 넘어서서 거시적인 안목으로 미래의 계획까지 고려한 '선행적이고 목표지향적인' 태도이다. 둘째, 신중성은 지속적인 자기억제나 완고한 자기부정을 의미하지 않으며, 오히려 절도 있고 유연한 자기관리의 방식이다. 이러한 유연한 접근방식을 통해서 여러 개의 다른 목표와 그 결과들이 잘 조화되도록 한다. 셋째, 신중성은 단순히 충동을 조절하는 능력이 아니라 실천적 이성 혹은 지혜의 한 형태라고 할 수 있다.

신중성의 근본적 속성은 극단적인 것들 가운데서 중용을 찾는 것이다. 한 극단적 상태는 분별력이 결여된 성급함이나 충동성으로서 충분히 고려 없이 계획을 세우거나 선택을 함으로써 자기파멸적인 결과를 초래하는 것이다. 다른 극단적 상태는 완고함이나 고집스러움으로서 유연성이 지나치게 떨어지고 원칙에 얽매여 다양한 상황에 적응하지 못하는 것을 뜻한다. 즉, 신중성은 이러한 연속선상에서 유연함을 지니는 중용적 태도라고 할 수 있다.

Peterson과 Seligman(2004)에 따르면, 신중성의 강점을 지닌 사람들은 다음과 같은 특성을 지닌다: (1) 자신이 처하게 될 미래의 상황에 대해 선견지명을 갖고, 그것에 대해 생각하며, 계획을 세우고, 장기적 목표와 열망을 유지한다; (2) 자기파멸적인 충동에 저항하는 능력을 지닌다. 아울러 즉각적인 매력은 없지만 장기적으로 이득이 되는 행동을 지속하는 능력을 지닌다; (3) 자기성찰적이고, 신중하며, 일상생활의 현실적인 선택들에 대해서 깊이 생각하는 경향을 보인다; (4) 자신에게 동기를 부여하는 다양한 목표와 관심사를 조화롭게 유지하면서 인생을 일관성 있고 안정되며 통합된 형태로 이끌어간다.

측정도구

신중성에 대한 측정은 성격의 5요인 모델에 속하는 성실성 요인의 측정을 통해서 이루어지는 경우가 많다. 성실성은 신중성과 밀접한 관련을 갖고 있다. 성실성은 자제력, 의지력, 계획성, 유능성, 정돈성, 도덕성 등을 포함하며 충동성이나 변덕스러움이 없는 상태를 말한다. Hogan과 Hogan(1992)은 이러한 성실성의 특성들이 신중성에 해당한다고 주장하였다. 이러한 특성들을 지닌 사람들은 체계적이고 철저하며, 계획적이고 효율적이며, 책임감 있고 성실하며, 실제적이고 사려가 깊다. 또한 장기적인 목표를 향한 추구와 더불어 계획적이고 반성적인 사고능력과 체계적인 행동방략을 지니고 있다. 성실성과 신중성이 동일한 개념은 아니더라도 매우 공통적이고 유사한 특성을 지니기 때문에 성실성 척도를 통해서 신중성을 측정하고 있는 것이다.

성실성은 여러 성격특질을 평가하는 척도의 하위요인으로 측정되는 경우가 대부분이다. 그 대표적인 측정도구는 5요인 모델에 근거한 NEO-PI-R(Costa & McCrae, 1992), NEO-FFI(Costa & McCrae, 1992), Big Five Inventory(John & Srivastava, 1999)가 있으며, 이 밖에도 Trait Descriptions(Goldberg, 1992)와 Hogan Personality Inventory (Hogan & Hogan, 1992)가 있다. 그러나 성실성과 신중성은 동일한 개념이 아니다. 성실성은 신중성보다는 넓은 범위를 포괄하고 있다. 예를 들어, 신중성은 성실성의 특징 중 '자제력, 계획성, 유능성'의 요소를 포함하지만 '의무감, 정돈성, 성취 추구'의 요소는 잘 들어맞지 않는다.

신중성은 충동성이나 감각 추구 성향을 측정하는 자기보고형 질문지를 통해서 간접적으로 측정되기도 한다. 그러나 신중성의 일부 측면만을 반영하기 때문에 신중성의 측정치로 사용하기에는 부적절하다. 신중성의 목표 통합성과 균형적 조화 측면은 Emmons와 King(1988), Sheldon과 Kasser(1995)가 개발한 방법론을 활용하여 평가될 수 있다. 이들은 개인이 추구하는 것들을 열거하게 하고 이들 간의 조화와 갈등 정도를 평가하는 구체적인 방법들을 제시하고 있다.

신중성과 관련된 심리적 특성

신중성은, 5요인 모델의 성실성 요인으로 측정한 경우, 여러 가지 심리적 특성들과 흥미로운 상관을 보인다. 5요인들은 서로 상당히 독립적인 것으로 알려져 있지만, 요인분석 결과 성실성 요인은 다른 네 요인 모두와 어느 정도 관련되어 있는 것으로 나타났다(John & Srivastava, 1999). 성실성, 즉 신중성이 높은 사람일수록 친화적 대인관계와 협동성을 반영하는 우호성이 높았을 뿐만 아니라 외향성이나 개방성이 높았으나, 부정 정서 경험을 반영하는 신경증 성향은 낮았다. 이러한 결과는 신중성이 심리적 안녕과 긍정적인 관계에 있음을 시사한다.

신중성이 높은 사람들은 신체적으로 건강하며 장수하는 경향이 있다. 아동기에 측정된 성실성은 수명을 잘 예측하는 것으로 나타났다(Friedman et al., 1995). 성격의 5요인 중에서 성실성만이 이러한 예측력을 나타냈다. 신중한 사람들은 조심스럽고 자기보호적인 성향이 있어서 건강을 위협하는 행동을 피하고 스트레스에 잘 대처하기 때문인 것으로 여겨지고 있다. 이 연구에서 성실성이 높은 사람들은 심장질환, 암, 치명적 사고를 겪는 비율이 낮았다. 이 밖에도 신중성은 심리적 안녕뿐만 아니라 대학생의 개인적 목표성취나 낙관성, 직업수행이나 학업성취, 정치적 리더십 등과 정적인 상관을 지닌다는 연구 결과들이 있다.

신중성 또는 성실성과 정신병리의 관계를 탐색한 연구들이 있다. 성실한 청소년들은 비행뿐만 아니라 정신병리 수준이 낮았으며, 5요인 중 성실성이 이러한 결과를 가장 잘 예측하는 요인이었다(John et al., 1994). 이러한 결과는 충동성과 범죄의 상관을 입증하는 연구(Gottfredson & Hirschi, 1990)와도 일치한다. 또한 5요인과 성격장애의 관계에 있어서 성실성은 반사회성 성격장애와 부적 상관을 보이며 강박성 성격장애와는 정적 상관을 보인다는 연구도 있다(Costa & McCrae, 1990; Wiggins & Pincus, 1989). 그러나 신중성과 정신병리 간의 인과적 관계를 파악하기 위해서는 추가적인 연구가 필요하다.

연령에 따른 신중성의 변화를 직접적으로 다룬 연구는 거의 없지만, 신중성을 성실성으로 측정했을 경우에는 연령의 증가에 따라 완만하게 증가하는 경향을 나타냈다. 대부분의 연구들은 만족 지연이나 충동통제의 측면에서 이루어졌다. 연구결과를 간단히 요약하면, 만족 지연은 취학 전 연령에서부터 아동기 중반까지 향상되며 성숙해짐에 따라 아동들은 충동적 선택을 억제하는 효과적인 방법들을 배워나간다(Mischel & Metzner, 1962). 성격특질에 관한 연구에 따르면, 성실성과 관련된 특성들이 아동기 중반에 나타나서 성인기 초기에 다소 증가하지만 초기 청소년기부터 후기 성인기까지 매우 안정적이다. 이러한 결과는 신중성의 표현이 나이에 따라 현저하게 다름에도 불구하고 상당히 안정된 특성임을 보여준다.

신중성의 성차를 다룬 연구는 드물다. 성실성은 남녀의 차이가 없는 것으로 나타났다(Costa & McCrae, 1992). 서양에서는 신중성을 뜻하는 'Prudence'가 여자의 이름으로 사용되고 있으며, 통념적으로 신중성은 여성의 조심스럽고 억제적인 측면과 밀접하다고 생각될 수 있으나 장기적 목표 추구와 같은 신중성의 측면은 남성적 요소를 담고 있기도 하다. 요컨대, 신중성에는 뚜렷한 성차가 없는 것으로 보인다.

신중성의 촉진 및 억제 요인

신중성을 촉진하거나 억제하는 요인에 관해 이루어진 연구는 거의 없다. 행동유전학적 연구(Riemann, Angleitener, & Strelau, 1997)에 따르면, 성실성 점수의 변산 중 거의 50%가 유전적 영향으로 설명될 수 있었다. 이러한 결과는 성실성이 유전적 요인에 의해 커다란 영향을 받는다는 점을 시사한다. 따라서 양육방식, 사회계층, 종교적 배경 등과 같은 환경적 요인이 신중성의 발달에 미치는 영향은 그다지 크다고 보기 어렵다.

그러나 어떠한 한계 내에서 신중성은 환경적 요인이나 학습에 의해서 향상될 수 있다. 많은 철학자들과 종교지도자들은 신중성을 중요한 덕목으로 강조하면서 이를 함양할 수 있는 다양한 수양방법을 제시하고 있다. 신중성은 자기조절과 밀접한 관계를 지니므로, 자기조절을 향상시키고 충동성을 감소시키는 방법들이 신중성을 증진시킬 수 있을 것이다. 인지적 측면에서 보면, 단기적 보상보다 장기적 보상에 관심을 지니며 이를 예측하고 중시하는 사고방식을 함양함으로써 신중성이 향상될 수 있다. 아울러 문제 상황에서 선택할 수 있는 다양한 대처방안을 생각해내고 이들의 장단점을 장기적 목표와의 관련성에 비추어 고려할 수 있는 역량을 키우는 것도 신중성 향상에 도움이 될 것이다.

아울러 신중성을 억제하는 환경적 요인은 다음과 같은 특성을 지닐 것이다(Peterson & Seligman, 2004). 첫째, 미래가 불확실하여 혼란스럽고 예측 불가능한 상황에서 자란 사람들은 장기적 계획을 세우기 어려울 뿐만 아니라 신중성을 발달시키기 어려울 것이다. 둘째, 지향해야 할 목표나 개인적 행동을 자율적으로 선택할 수 없는 환경에서는 신중성의 발달이 억제될 수 있다. 셋째, 어떤 단일한 목표에 전념해야 하는 압력 때문에 다양한 목표의 균형과 조화를 이루기가 어려운 상황에서도 신중성이 발달하기 어려울 것이다.

현재 신중성을 향상시키는 구체적인 프로그램은 존재하지 않는다. 그러나 충동적인 소비를 억제하기 위한 재정적 자기관리 프로그램이나 시간 관리와 일상생활 관리를 지원하는 프로그램들이 개발되어 시행되고 있다. 일부의 인지행동적 심리치료들은 음주, 폭식, 폭력과 같은 충동적 행동의 극복에 초점을 맞추고 있을 뿐만 아니라 근시안적인 충동적 선택으로 치닫는 의사결정에 영향을 미치는 인지적 왜곡과 경직성을 바로잡는 데에 초점을 두고 있다.

나의 신중성 평가

◆ 아래에 있는 문항을 주의 깊게 읽고, 귀하가 지난 1년간 실제로 어떠했는지에 근거하여 귀하에게 가장 적절한 숫자에 ○표 하십시오.

	전혀 아니다	약간 그렇다	어느 정도 그렇다	상당히 그렇다	매우 그렇다
1. 나는 깊이 생각한 후에 어떤 말을 하는 편이다	1	2	3	4	5
2. 내 친구들은 나의 선택이 현명하다고들 말한다	1	2	3	4	5
3. 나는 항상 신중하게 결정을 내린다	1	2	3	4	5
4. 난 매우 조심스러운 사람이다	1	2	3	4	5
5. 나는 행동하기 전에 항상 그 결과를 생각해본다	1	2	3	4	5
6. 나중에 후회할지도 모르는 어떤 일을 하도록 유혹을 받는 경우, 그 결과를 고려하며 신중하고 분별력 있게 행동하는 편이다	1	2	3	4	5

◆ 결과해석

6 ~ 9점: 신중성이 부족한 상태이므로 계발을 위한 적극적 노력이 필요함.

10 ~ 20점: 신중성이 보통 수준이므로 계발을 위한 노력이 필요함.

21 ~ 25점: 상당한 신중성을 지니고 있으므로 강점으로 계발하기 바람.

26 ~ 30점: 매우 탁월한 신중성을 지니고 있으며 대표 강점으로 계발하기 바람.

◆ 신중성 증진을 위한 작은 노력

1. "고마워요." "미안합니다."라는 말 이외의 무언가를 말하기 전에 한 번 더 생각해본다.
2. 운전을 할 때 규정속도 이하로 천천히 운전을 해본다.
3. 간식을 먹기 전에 "이것이 건강에 도움이 되는지" 자신에게 질문해본다.

4) 자기조절

이론적 정의

자기조절(self-regulation)은 지향하는 목표나 기준에 도달하기 위해서 자신의 생각, 감정, 충동, 행동을 조절하고 통제할 수 있는 능력을 의미한다. 인간과 같이 복잡한 생물은 내적 · 외적 자극에 끊임없이 반응하지만, 모든 자극에 대해 처음 떠오르는 반응을 그대로 행하는 것이 항상 적절하고 적응적인 것은 아니다. 그래서 우리는 우리의 생각이 자연스럽게 흐르는 것과는 다른 방향으로 이끌고, 처음의 정서적 반응을 바꾸려고 시도하며, 충동과 욕망들을 행동에 옮기지 않으려고 억누른다. 또한 우리는 어려운 과제를 끈질기게 계속함으로써 보통의 경우보다 더 잘 하려고 애쓴다. 자기조절 행동은 어떤 것을 하지 않도록 억제하는 경우가 많지만, 추운 아침에 졸음을 떨치고 잠에서 깨야 하는 경우처럼 어떤 것을 하도록 촉진하는 경우도 있다.

자기통제(self-control)는 자기조절과 동의어로 사용되거나 도덕적 관습에 맞게 행동하기 위해 충동을 억제하는 것을 가리키는 좁은 의미로 쓰이기도 한다. 자기규율(self-discipline)은 자기통제와 연관되어 있는데, 대개 유혹에 직면하여 개인이 하고 싶지 않은 것을 하도록 만드는 것을 가리키는 좁은 의미로 사용된다. 여기에서는 넓은 의미로 모든 유형의 지나침을 조절하거나 통제하는 개인의 능력으로서 자기조절을 사용하기로 한다. 자기조절은 절제력(temperance strength)의 가장 일반적인 명칭이라고 할 수 있다.

자기조절은 도덕적 행위뿐만 아니라 현실적인 목표달성에도 도움이 되는 성격적 강점이다. 자기조절의 반대말은 '통제불능, 충동성, 맹렬함, 격정적임, 미친 듯함'으로서 분명히 부정적이다. 정신병리에서는 충동통제장애뿐만 아니라 경계선 성격장애, 물질 남용, 반사회성 성격장애 등이 특히 자기조절의 문제를 지닌 경우라고 할 수 있다. 최근의 연구에 따르면, 자기조절과 자기통제는 일생에 걸쳐 지속되는 특질로 여겨지고 있다. 자기조절의 전형은 침묵의 서약을 하는 수도자들, 긴 시간을 운동장에서 보내는 운동선수들, 매일 도서관에 가서 공부를 하는 학생들, 무술이나 요가를 평생 연습하는 사람들, 절대로 침착함을 잃지 않는 사람들이다. 자기조절이 결여된 사람들로는 Mike Tyson을 비롯하여 약물복용, 폭행, 여러 차례의 결혼과 이혼을 반복하는 유명인들이 많다(Peterson & Seligman, 2004).

자기조절이라는 용어는 행동주의 이론을 인간행동의 복잡성에 적용하려 노력하던 Bandura(1977)에 의해 매우 일찍부터 사용되었다. Bandura에 따르면, 사람들은 자신에게 상과 벌을 줌으로써 자신의 행동에 통제를 가한다. 자기조절에 대한 가장 영향력 있는 연구는 아마도 Mischel(1974, 1996)에 의한 만족 지연(delay of gratification)에 관한 연구일 것이다. 만족 지연은 그 자체로도 주목할 만하지만, 최근에 자기조절의 중요성이 폭넓게 인정되기 시작하면서 이 연구에 대한 관심이 새로워지고 있다. 직접적이면서도 두드러지는 작은 보상을 취하고자 하는 유혹에 저항하기 위해서 아이는 자신의 처음 반응을 억제해야 하기 때문에 만족 지연은 자기조절의 중요한 바탕이 된다.

1980년대 초 Carver와 Scheier(1981, 1982)가 자기이해를 설명하기 위해 인공두뇌 이론(cybernetic theory)을 적용하기 시작하면서 자기조절 이론에서의 중요한 진보가 이루어졌다. 자기조절 노력이 경주되는 주요한 두 영역은 사고와 정서에 대한 통제를 획득하거나 유지하는 것이다. 사고에 대한 통제와 관련된 주요한 이론으로는 Wegner(1989, 1994)에 의해서 '정신적 통제 이론(theory of mental control)'이 제안되었다. 정서 조절과 관련해서는, Gross(1999)가 선행사건 초점인가 반응 초점인가에 따라 전략을 분류하는 이론을 제안한 바 있다. 이 밖에도 섭식, 식이 조절, 금연, 알코올 및 물질 남용과의 전쟁, 편견 극복, 실패를 견디기, 적합한 수행을 성취하기, 긍정적인 대인관계 유지하기, 폭력과 범죄행위 억제하기 등의 여러 특수한 영역에서 어떻게 사람들이 행동을 조절하는지에 대한 수많은 연구들이 이루어지고 있다.

측정도구

대부분의 자기조절 연구들은 행동 측정치를 사용한다. 실험연구에서는 실제 행동이 세심하게 측정되지만, 현장연구는 행동에 대한 자기보고에 의존한다. 자기조절을 특질로서 측정하는 척도들은 매우 다양하다. 예를 들어, Self-Control Behavior Inventory(Fagen, Long, & Stevens, 1975), Restraint Scale(Herman & Polivy, 1975), Self-Control Schedule(Rosenbaum, 1980), Self-Control Questionnaire(Brandon, Oescher, & Loftin, 1990) 등이 있다. 그러나 이러한 척도들은 자기조절의 너무 협소한 측면을 평가하고 있거나 다양한 단점으로 인해 널리 사용되고 있진 못하다.

근래에 개발된 자기통제 부족 척도(Low Self-Control Scale; Grasmick, Tittle, Bursik, & Arneklev, 1993)와 자기통제 척도(Self-Control Scale; Tangney, Baumeister, & Boone, 2004)는 신뢰도와 타당도가 잘 입증되어 있어 현재 가장 널리 사용되고 있다. 전자는 범죄나 반사회적 행동과 관련해서, 후자는 성격 및 사회 심리학자들에 의해서 많이 사용된다.

자기통제 부족 척도는 범죄학적 관점에서 구성된 것으로, 24문항으로 이루어져 있으며 "나는 다른 사람에게 문제를 야기한다는 것을 알아도, 내가 원하는 것은 가지려 노력할 것이다." "일이 복잡해지면, 나는 그만두거나 발을 빼는 경향이 있다." "나는 장기적이기보다 단기적으로 내게 일어날 일들에 대해 더 염려한다."와 같은 문항을 포함하고 있다. 자기통제 척도는 자기통제의 주요 영역(나쁜 습관을 이겨내는 것 뿐 아니라 사고, 느낌, 충동, 수행에 대한 통제)을 다루었고, 단축형과 비단축형의 두 가지 형태가 있다. 총 36문항으로 이루어져 있으며 "나는 나쁜 버릇을 고치느라 힘든 시간을 보내고 있다." "나는 부적절한 것을 말하곤 한다." "나는 내 자신이 통제력을 상실하는 것을 결코 허용한 적이 없다." "재미있다면, 그것이 내게 나쁜 것이라도 해 버린다." "사람들은 내가 시간을 잘 지킬 것이라고 믿는다."와 같은 문항을 포함하고 있다.

자기조절과 관련된 심리적 특성

Baumeister와 동료들(1994)에 의하면, 자기조절 실패는 거의 모든 개인적 · 사회적 문제의 핵심이다. 즉, 약물 중독과 남용, 범죄와 폭력, 성적으로 옮겨지는 질병들, 학교에서의 낮은 수행, 개인 부채, 분노와 적대감, 규칙적인 운동의 실패, 과식 등은 자기조절의 문제라고 할 수 있다. 이런 점에서 자기조절은 개인의 행복과 사회의 안녕을 위해서 매우 중요한 덕목이라고 할 수 있다.

Mischel, Shoda와 Peake(1988)의 장기 종단연구는 자기통제의 긍정적 효과를 잘 보여주고 있다. 이들의 연구에서 만 4세 때 만족 지연을 잘 했던 아이들은 10년 후에 교사와 또래들의 평가에 의하면 학업과 대인관계 모두에서 매우 성공적이었다.

자기통제를 잘 하는 학생들은 특히 성적이 우수하다. Wolfe와 Johnson(1995)이 32개의 다른 성격특질 측정치를 사용한 결과 자기통제만이 유일하게 학생의 성적을 잘 예측했다. 또한 자기조절 능력이 높은 사람은 개인적 적응 수준이 높다. 이들은 높은 자기수용과 자존감을 보일 뿐만 아니라 적은 정신병리(신체화, 강박적 행동, 우울, 불안, 적대적 분노, 공포 불안, 편집증적 사고, 정신증)를 나타냈다. 자기통제에 뛰어난 사람들은 배우자와 더 좋은 관계를 맺고 다른 사람들과도 일반적으로 잘 어울렸다. 그들은 더 나은 가족응집력, 더 적은 대인관계 갈등, 뛰어난 공감 그리고 더 안전한 대인관계 애착을 보였다 (Tangney et al., 2004). 자기통제가 잘 되면 다양한 충동통제 문제가 나타나지 않는다. 자기통제를 잘 하는 사람은 알코올이나 불법적 약물의 남용을 덜 하고, 병리적 섭식패턴을 덜 보이며, 금전 관리도 더 잘한다.

거의 모든 문화에서 남자는 여자에 비해 공격적이고 성적인 부정행위를 더 많이 나타내는데, 그 이유는 자기조절의 차이보다 충동의 강도에서 성차가 있기 때문인 것으로 보인다. 일반적으로, 특질로서의 자기조절에는 성차가 없는 것으로 나타났다(Tangney et al., 2004). 그러나 특정한 영역에서는 성차가 나타날 수도 있다. 예를 들어, 폭식과 관련된 문제에 대한 자기조절에서는 여자가 남자보다 낮은 점수를 나타낼 수 있는데, 여자가 폭식조절 문제를 더 많이 지니기 때문이다. 반면에, 남자들은 성충동과 관련된 자기조절에서 낮은 수준을 나타낼 수 있다.

자기조절의 발달에 대해서는 아직 잘 알려진 바가 없다. 그러나 만족 지연 연구(Mischel et al., 1988)에 따르면, 자기통제는 연령의 변화에 따라 상당히 안정된 특성으로 보인다. 4세에 나타낸 효과적인 자기통제가 성인기의 긍정적인 성과를 예언할 만큼, 자기통제는 발달과정에서 상당히 일관된 수준을 유지하는 것으로 보인다. 그러나 이것이 의미하는 바는 분명하지 않다. 아동기의 초자아 출현에 대해서 프로이트 이론가들이 제안하는 것처럼, 이것은 자기통제 능력이 이미 4세 때 자리 잡아서 일생을 거쳐 안정되게 유지된다는 뜻일 수도 있다. 아니면 자기통제가 유전적인 영향을 강력하게 받는 것이어서 학습과 상관없이 안정성을 지니는 것으로 볼 수도 있다.

자기통제에 관한 선천성 대 후천성 논쟁(Nature-Nurture debate)은 대부분의 행동이 이러한 두 가지 영향의 조합일 경우가 많기 때문에 훨씬 더 복잡하다. 자기통제 연습은 충동을 극복하는 것을 포함하므로, 좋은 행동이란 매우 효과적인 자기통제나 상대적으로 약한 충동을 모두 반영할 수 있다. 아마도 충동의 세기는 타고나는 것인 반면, 자기통제 능력은 상당한 정도로 학습되는 것일 가능성이 높다.

Gottfredson과 Hirschi(1990)는 한 부모 가정의 아이들에게서 상당히 높은 범죄율이 나타난다는 점을 지적하고 있다. 부모의 지도감독이 부족하면 자기통제가 약화되어 청소년 비행이나 범죄행동을 초래할 수 있다. 지도감독과 비행행동의 관계는 부모에 대한 아이의 애착과 효능감에 의해서 매개되는 것으로 나타났다(Wadsworth, 2000). 부모는 아이에게 자기통제가 필요한 상황에 대해 가르치고 아이가 적절한 자기통제를 보이지 않을 경우에 야단을 친다. 이때 아이가 부모에게 애착을 느끼고 부모의 인정을 받고자 한다면, 아이는 자기통제 노력을 기울이게 될 것이다. 다른 한편으로, 비행행동에는 부모의 지도감독이나 애정보다 또래들의 영향이 더 강력하다는 증거도 있다(Aseltine, 1995). 뿐만 아니라 한부모 가정의 자녀들이 높은 범죄율을 보이는 것은 유전의 영향 때문이라는 주장도 있다. 즉, 같은 유전자가 부모의 이혼과 아이의 범죄행위를 유발한다는 주장이다(Harris, 1995).

자기조절의 촉진 및 억제 요인

효과적인 자기조절은 다양한 요인에 의해 결정되고, 그것 중 어느 하나의 실패도 자기조절을 손상시킬 수 있다. 자신의 반응을 변화시키는 데는 힘이나 에너지 같은 심리적 자원이 필요하며, 이러한 자원이 고갈되면 자기통제가 약화된다. Baumeister 등(1998)은 자기통제 행동을 한 후에 '자아고갈(ego depletion)' 이라는 상태가 되어 자기통제 능력이 약화되는 것을 발견했다. 즉, 자기조절을 하는 것은 단기적으로 상당한 심리적 자원을 고갈시키기 때문에 곧바로 다른 자기조절을 하기가 어려워진다.

또한 심리적 자원을 다른 기능에 많이 사용하게 되면, 자기조절이 약화된다. 사람들이 마감시한이나 스트레스에 대처할 때, 섭식, 흡연 또는 개인적 위생의 조절을 포기하는 것은 결코 우연이 아니다. 사람들이 체중을 조절하거나 금연을 시도할 때, 정서적 조절 기능이 약화되어 초조해하거나 까다로워진다. 자신을 잘 조절하는 균형 잡힌 삶을 위해서는, 제한된 심리적 자원을 잘 관리하고 보존해둠으로써 압박감이나 부담을 느끼는 상황에서도 자기통제 능력이 저하되지 않도록 해야 할 것이다. 즉, 생활의 대부분이 규칙적인 활동이나 습관처럼 자동적인 과정으로 이루어지게 되면, 심리적 자원의 투여가 감소되므로 자기통제 능력이 잘 유지될 수 있다.

자기통제를 향상시키기 위한 한 종단연구(Muraven, Baumeister, & Tice, 1999)에 의하면, 정기적인 연습을 통해 자기통제가 향상될 수 있다. 매일같이 운동하면서 자기조절 능력을 키운 사람들은 자기통제에 대한 실험실 과제에서 더 좋은 성과를 보여주었다. 특히, 자기조절을 향상시키는 효과적인 방법은 자신에 의한 것이든 타인에 의한 것이든 관찰을 강화하는 것이다. 관찰되지 않는 행동은 바뀌지지 않는다. 더 나아가서, 관찰이 중단되면 자기통제는 약화된다. 관찰은 자신의 행동에 관해 기록을 하거나 자신이 해야 할 행동을 다른 사람이 적극적으로 상기시켜 주는 방식으로 이루어질 수 있다.

이런 점에서, 주의를 기울이는 것은 자기조절에 필수적이다. 이러한 주의과정은 자기조절의 성패를 결정하는 첫 단계를 구성한다. 앞에서 설명한 바 있듯이, 자기관찰이 감소되면 자기통제가 약화된다. 자신의 현재상태와 목표 간의 차이를 평가할 수 없을 때, 자신의 상태에 계속 주의를 기울이지 못하거나 자기통제를 중단하기 쉽다(Kirschenbaum, 1987). 자신의 행동에 계속 주의를 기울이지 못하면, 자기조절은 약화된다.

자기통제 행동은 대부분 더 큰 장기적 이득을 추구하기 위해서 즉각적인 상황에 대한 최초의 반응을 억제하는 것을 포함한다. 따라서 현재의 즉각적인 상황을 넘어서서 대응하는 능력이 중요하다. 현재 순간만을 중시하는 사람들은 자기통제를 잘 하기 어려운 반면, 미래지향적인 태도를 지닌 사람들은 자기통제를 잘 하게 된다. 따라서 주의를 현재의 즉각적 상황과 자극으로 집중시키는 요인들은 자기통제를 감소시키게 된다.

일관성 있는 분명한 목표는 자기통제를 촉진하는 반면, 불분명하거나 상반된 목표는 자기통제를 약화시킨다(Emmons & King, 1988). 서로 상충되는 다양한 목표를 지니게 되면 주의가 분산될 뿐만 아니라 목표성취를 위한 심리적 자원을 고갈시킬 수 있다. 많은 목표들이 상충될 경우, 사람들은 곰곰이 생각하는 경향이 있으며 그 결과 어떤 목표를 향해서도 나아가지 않는다. 마찬가지로 자기조절은 자신의 행동을 목표에 일치시키려는 노력이므로, 만약 목표가 불분명하면 자신의 행동을 그쪽으로 옮기기가 어려워진다.

자기조절은 훈련을 통해서 향상될 수 있다(Muraven et al., 1999). 역사적으로 지혜로운 사람들은 인격을 함양하는 방법으로 자기조절 능력을 키워서 스트레스를 받더라도 동요하지 않는 강한 자아를 발달시켜왔다.

나의 자기조절 평가

◆ 아래에 있는 문항을 주의 깊게 읽고, 귀하가 지난 1년간 실제로 어떠했는지에 근거하여 귀하에게 가장 적절한 숫자에 ○표 하십시오.

	전혀 아니다	약간 그렇다	어느 정도 그렇다	상당히 그렇다	매우 그렇다
1. 나는 규율을 매우 잘 지키는 사람이다	1	2	3	4	5
2. 나는 규칙적으로 운동을 한다	1	2	3	4	5

3. 나는 내게 주어진 일을 예외 없이 예정된 시간까지 한다	1	2	3	4	5
4. 나는 내 감정을 잘 조절한다	1	2	3	4	5
5. 맛있는 음식이 많이 있어도 난 과식하지 않는다	1	2	3	4	5
6. 어떤 욕망, 충동, 감정을 경험하더라도, 내가 원하는 경우라면 그러한 것들을 잘 조절하고 통제하는 편이다	1	2	3	4	5

◆ 결과해석

6 ~ 9점: 자기조절 능력이 부족한 상태이므로 계발을 위한 적극적 노력이 필요함.

10 ~ 20점: 자기조절 능력이 보통 수준이므로 계발을 위한 노력이 필요함.

21 ~ 25점: 상당한 자기조절 능력을 지니고 있으므로 강점으로 계발하기 바람.

26 ~ 30점: 매우 탁월한 자기조절 능력을 지니고 있으며 대표 강점으로 계발하기 바람.

◆ 자기조절 증진을 위한 작은 노력

1. 운동 프로그램을 시작하고 일주일 동안 매일 운동을 해본다.
2. 다른 사람에 대한 험담이나 비난을 하지 않도록 노력한다.
3. 열을 받아 화가 날 때 10까지 숫자를 세어본다. 필요하면 한 번 더 반복한다.

요 약

1. 용감성은 위험하고 위협적인 상황에서 두려움을 이겨내고 그 상황을 극복하기 위한 적절한 행동을 자발적으로 하는 능력을 의미한다. 위협, 도전, 난관, 고통에 위축되지 않고 이를 극복하는 능력으로서 반대가 있더라도 옳다고 생각하는 것을 주장하거나 다른 사람이 싫어하더라도 신념에 따라 행동하는 것을 말한다.
2. 끈기는 여러 가지 난관과 좌절에도 불구하고 목적지향적인 행동을 자발적으로 지속하는 능력을 말한다. 시작한 일을 마무리하여 완성하는 능력으로서 장애물에도 불구하고 일련의 계획된 행동을 지속해나가면서 과제를 완수할 뿐만 아니라 그로부터 만족감을 느끼는

태도이다. 끈기는 인내 또는 근면성과 유사한 강점이다.

3. 진실성은 자신의 내면적 상태, 의도, 행위를 사적으로든 공적으로든 정확하게 드러냄으로써 자신에게 솔직해지려고 노력하는 인격적 특질을 의미한다. 가식이나 위선 없이 자신에 관한 진실을 말하고 제시함으로써 자신의 감정이나 행동에 대한 책임을 지려는 태도를 말한다.
4. 활력은 활기차고 적극적으로 살아가는 동시에 생동감과 행동력을 지니고 삶과 일을 대하는 태도를 의미한다. 이는 추구하는 목표를 향해 열의를 지니고 강렬하게 추진하는 태도를 뜻하며 열정과 유사한 강점이다.
5. 용서는 공격이나 상처를 받은 피해자가 가해자에 대해서 나타내는 긍정적인 심리적 변화를 의미한다. 용서는 상대방에 대한 분노감정과 보복 욕구를 개인이 자발적으로 내려놓는 심리적 노력을 뜻하며 사회구성원 간의 갈등과 폭력을 감소시킨다는 점에서 친사회적 행동이라고 할 수 있다.
6. 겸손은 자신의 장점이나 성취에 대해서 절제된 평가를 하는 일반적 태도를 의미한다. 겸손은 자신에 대해 절제된 평가를 하는 내면적 상태일 뿐만 아니라 그와 일치되는 사회적 행동으로 자신을 드러내는 것을 포함한다.
7. 신중성은 선택을 조심스럽게 함으로써 불필요한 위험에 처하지 않으며 나중에 후회할 말이나 행동을 하지 않는 능력을 말한다. 신중성은 언행을 사려 깊고 조심스럽게 할 뿐만 아니라 자신이 추구하는 장기적 목표가 효과적으로 성취되도록 체계적으로 접근하는 태도를 뜻한다.
8. 자기조절은 지향하는 목표나 기준에 도달하기 위해서 자신의 생각, 감정, 충동, 행동을 조절하고 통제할 수 있는 능력을 의미한다. 자기조절은 도덕적 행위뿐만 아니라 현실적인 목표달성에도 도움이 되는 성격적 강점으로서 자기통제 또는 자기규율과 유사한 강점이다.

제8장
성격적 강점과 덕성(3)
- 정의와 초월 -

생각을 바꿔라. 그대의 행동이 달라질 것이다.
행동을 바꿔라. 그대의 습관이 달라질 것이다.
습관을 바꿔라. 그대의 성품이 달라질 것이다.
성품을 바꿔라. 그대의 운명이 달라질 것이다.

- 작자 미상 -

이 장에서는 VIA 분류체계에서 제시하고 있는 6개의 핵심강점 중에서 정의와 초월에 관한 성격적 강점과 덕성들을 소개할 것이다. 먼저, 정의와 관련된 강점에 속하는 시민정신, 공정성, 리더십에 대해서 살펴보고 초월과 관련된 강점들인 감상력, 감사, 낙관성, 유머감각, 영성에 관해서 소개할 것이다.

1 정의와 관련된 강점들

남 앞에서 부끄러워하는 사람과 자기 앞에서 부끄러워하는 사람 사이에는 커다란 차이가 있다.

- 탈무드 -

우리가 소속되어 살아가는 사회는 많은 사람들로 구성되어 있다. 모든 사람은 평등하게 태어나 평등한 권리를 누릴 자격을 지닌다. 그러나 사회구성원들은 그들의 능력과 사회적 역할이 다를 뿐만 아니라 그들이 누리는 경제적 소득, 지위, 권력도 다르다. 구성원 개인의 보상은 그의 사회적 기여도에 따라 비례하여 주어지게 된다. 구성원 개인이 누릴 만한 자격이 있는 만큼 보상이 주어져야 한다. 개인의 사회적 기여와 그에 대한 보상이 어떤 관계를 지녀야 하는가 하는 문제는 사회적 갈등의 근본적 원인이자 정의를 통해 해결하고자 하는 주제이기도 하다.

정의(justice)는 공동체 구성원의 평등성과 공평성을 실현하는 데 필요한 덕목이다. 구성원 모두가 만족하면서 효과적으로 기능하는 건강한 공동체 생활에 필요한 덕목이 정의이다. 이러한 정의는 개인과 집단 간의 상호작용을 건강하게 만드는 사회적 강점으로서 대부분의 사회에서 중요한 덕목으로 여기고 있다. 이 절에서는 VIA 분류체계(Peterson & Seligman, 2004)에서 용기와 관련된 강점으로 제시하고 있는 3가지의 강점, 즉 시민정신, 공정성, 리더십에 관한 연구들을 살펴본다.

1) 시민정신

이론적 정의

시민정신(citizenship)은 자신이 속한 집단의 이익을 추구하고자 하는 책임의식으로서 사회나 조직 속에서 자신에게 주어진 임무와 역할을 인식하고 부응하려는 태도를 의미한다. 달리 말하면, 한 집단의 구성원으로서 자신에게 주어진 역할과 임무를 충실하게 수행하면서 집단에 대한 충성과 헌신을 나타내려는 노력을 뜻한다. 시민정신은 맥락에 따라 사회적 책임감(social responsibility), 팀워크(team-work), 충성심(royalty)이라고 불리기도 한다.

시민정신은 공동선(common good)에 대한 사명감과 동질감을 의미한다. 이러한 강점을 지닌 사람들은 강한 의무감을 지니고, 자신의 이득보다 집단의 이익을 위해 일하며, 동료들에게 충실하고, 자신의 역할을 다하려고 노력한다. 이들은 공동체의 훌륭한 구성원으로서 자원봉사, 사회운동, 환경운동 등에도 적극적이다. 시민정신이 강한 사람들의 공통적 특징은 개인적인 목표를 넘어 공공의 이익을 삶의 소중한 가치로 여긴다는 점이다.

시민정신, 사회적 책임감, 충성심, 팀워크는 유사한 의미를 지니는 용어들이지만 서로 구별할 필요가 있다. 시민정신은 법적인 지위를 내포하는 것으로, 국가나 사회적 공동체의 일원으로서 공동의 이익을 위한 책임과 의무를 다하려는 태도를 의미한다. 국가에 충성하고 법률을 준수하는 시민의 의무는 사회적 안정을 위해 필요하다. 그러나 훌륭한 시민은 맹목적으로 복종하는 것이 아니라 공동선의 관점에서 판단을 내리고 정당하지 못한 법률에는 도전하기도 한다. 사회적 책임감은 자신에게 아무런 이득이 없을 경우에도 타인을 도우려는 태도로서 이타적인 성격을 지닌다(Berkowitz & Lutterman, 1968). 충성심은 자신이 속한 조직에 대한 신뢰와 헌신을 의미하는 반면, 팀워크는 집단 속에서 공동의 목적을 위해 구성원들에게 협조하고 협력하는 태도를 뜻한다.

사회는 결국 하나의 팀과도 같다. 팀의 구성원으로서 팀 전체의 이익을 위해서 노력하며 다른 구성원들과 협동하는 것이 중요하다. 개인주의가 팽배해가는 사회에서도 우리는 다양한 집단의 구성원으로 살아가게 된다. 시민정신의 기원은 그리스와 로마의 공화국으로 거슬러 올라간다. 아리스토텔레스는 국가는 공동의 이익을 위한 동료들의 관계망이라고 묘사하면서, 고립된 자는 국가를 통한 이익을 공유할 자격이 없는 짐승 같은 존재이거나 아니면 그러한 이익이 필요하지 않은 신이라고 주장한 바 있다.

시민정신의 원형은 소속집단에 상관없이 일반적으로 충실하고 책임감 있는 구성원이다. 시민정신의 반대말은 이기성, 자기중심성, 무책임성으로 부정적인 의미를 담고 있다. 때때로 자신이 속한 집단에 대한 과도한 충성심이 맹목적인 교조주의로 발전하거나 다른 집단에 대한 공격성과 적개심으로 표출되는 경우가 있다. 그러나 건강한 시민정신은 조직에 대한 맹목적 충성이나 무비판적 복종과는 다르다. 조직의 공동이익을 위해 자신의 임무와 책임을 다하려는 자세로서 이에는 조직의 부당한 방침과 운영에 대한 비판과 저항을 포함하고 있다. 또한 시민정신은 이타주의와 구별되어야 한다. 이타주의는 다른 사람에 대한 개인적인 호의적 태도인 반면, 시민정신은 집단구성원으로서 공동의 이익을 위해서 자신의 책임을 다하려는 태도를 의미한다.

다른 사람들과 관계를 맺고자 하는 바람은 인간의 기본적 욕구이다. 어떤 집단에 소속되는 것은 개인의 정체성에 매우 중요하다. 특히, 자신이 속한 집단에 대한 동질감, 충성심, 책임감은 자기정체성을 강화하는 데에 도움이 된다. Erikson(1968)은 중요한 조직이나 공동체와의 연대감을 지니지 못하는 젊은이들은 삶의 목적과 방향을 상실하고 사회에 대한 불만감을 느끼게 되는 '정체성 공허감(identity vacua)' 을 경험하게 될 것이라고 우려한 바 있다. 이런 점에서 시민정신은 건강한 사회를 위해 필요한 강점일 뿐만 아니라 개인의 자기정체성 인식에도 기여하는 강점이라고 할 수 있다.

측정도구

시민정신은 주로 투표행동, 공동체 문제에의 참여, 재정적 기부행위 등에 초점을 맞추어 연구되어왔다(Verba, Schlozman, & Brady, 1995). 대다수 연구에서는 사회적 책임감을 측정하는 자기보고형 검사가 널리 사용되었다. 그 대표적인 검사들은 다음과 같다.

사회적 책임감 척도(Social Responsibility Scale; Gough, McClosky, & Meehl, 1952)는 MMPI의 문항으로부터 56문항을 추출하여 고등학생과 대학생을 대상으로 적용되는 검사이다. 문항의 내용은 사회적·윤리적 이슈에 대한 높은 관심, 편견과 편애에 대한 거부, 의무와 자기규제에 대한 강조, 사회와 세상에 대한 신뢰감, 개인적 안전에 대한 확신 등으로 이루어져 있다.

청소년 사회적 책임감 척도(Youth Social Responsibility Scale; Pancer, Pratt, & Hunsberger, 2000)는 29문항으로 구성되어 있으며 단축형은 10문항으로 구성되어 있다. 사람들이 서로를 위해서 지켜야 할 규범적 책임감을 측정하고 있으며 "젊은이들은 세상을 더 나은 곳으로 만들 중대한 임무가 있다." "상황이 힘든 경우에는, 사람들이 각자 자신의 이익을 추구해야 한다."(역채점 문항)와 같은 문항으로 구성되어 있다.

국제적인 사회적 책임감 척도(Global Social Responsibility Scale; Starett, 1996)는 16문항으로 구성되어 있으며 성인을 위한 척도이다. 국제적 이슈에 대한 개인과 정부의 책임감을 측정하며 문항내용에는 "모든 사람은 자신이 속한 지역사회를 위해서 일정 시간 봉사를 해야 한다." "삼림의 황폐화와 같은 국제적 환경 문제에 있어서 UN에 더 강력한 영향력을 주는 위험을 감수할 수는 없다."(역채점 문항) 등이 있다.

로욜라 다산성 척도(Loyola Generativity Scale; McAdams & de St. Aubin, 1992)는 20문항으로 구성되어 있으며 성인을 위한 척도이다. 문항내용에는 기술과 지식의 전달, 공동체에의 공헌, 지속될 수 있는 유산을 남기는 것, 타인에 대한 양육과 책임 등이 있다.

시민정신과 관련된 심리적 특성

시민정신 또는 사회적 책임감이 강한 사람들은 인간의 본성에 대해서 긍정적인 견해를 지니며 사회에 대한 신뢰감도 높다(Staub, 1978). 학교의 과외활동이나 공동체 활동에 적극적으로 참여하는 청소년들은 사회적으로 고립된 청소년들에 비해서 경찰을 위시한 사회구성원들에 대해서 긍정적인 견해를 지니고 있다(Flanagan, Gill, & Galler, 2005). 이러한 시민활동 참여와 사회적 신뢰감 간에는 상호 촉진적인 관계가 있는 것으로 나타났다(Brehm & Rahn, 1997; Putnam, 2000). 그러나 사회적 집단활동의 유형에 따라 그 효과는 차이가 있었다. 사회봉사나 자선행위에의 참여는 사회적 신뢰감을 증가시킨 반면(Uslaner, 2002), 어떤 이익을 위해 집단활동에 참여하는 것은 사회적 신뢰감이나 자애를 증가시키지 못하는 경향이 있다.

사회적 책임감은 아동기부터 가족의 가치관에 의해 영향을 받는다. 가족이 다른 사람의 바람을 중요시하는 만큼 청소년들은 사회적 책임감과 시민정신을 자기정체성의 중요한 요소로 포함시키게 된다(Flanagan, Bowes, Jonsson, Csapo, & Sheblanova, 1998). 미국 청소년에 대한 한 조사(Flanagan & Tucker, 1999)에서, 빈곤과 실직을 개인의 잘못 때문이라고 여기는 청소년들은 물질적 가치를 더 중시한 반면, 불평등한 사회체제의 문제 때문이라고 여기는 청소년들은 더 이타적이고 자신의 가족 내에서 사회적 책임감을 더 중시한다고 보고했다.

청소년기나 초기 청년기에 사회적 · 정치적 문제의 이해와 해결에 깊은 관심을 지니는 것은 시민정신이나 사회적 책임감에 영향을 미치게 된다. 젊은 시절에 사회운동에 참여했던 사람들은 중년이 되어서도 더 이타적이고 불평등한 사회체제에 저항하는 경향이 있었으며 자녀양육에서도 공익을 위한 노력을 중시했다(Jennings, 1991).

자유로운 집단활동을 장려하는 학교 분위기 속에서 성장한 학생일수록, 학교나 동료 학생들에 대한 결속감이 더 강했으며 이후에 공동체 활동이나 환경운동과 같은 공익을 위한 활동에 더 많이 참여했다(Flanagan et al., 1998). 또한 과외활동이나 공동체 집단에 참여한 청소년들은 이타주의와 사회적 신뢰감이 높으며, 공익을 위한 참여나 이민자의 권익보호에 더 깊은 관심을 나타낸 반면, 그러한 활동에 참여하지 않은 청소년들은 개인적 이익이나 물질적 가치에 더 깊은 관심을 나타내는 경향이 있었다(Buhl, 2001).

중년기 이후의 삶에서는 다음 세대를 위한 기여, 즉 다산성(generativity)이 사회적 책임감의 중요한 바탕이 된다. 40대 이후에는 가족과 직장에서 자신의 책임을 다하는 것이 중요한 의미를 지니게 된다. 다산성은 가족에만 제한되는 것이 아니며 다양한 공동체 활동으로 나타날 수도 있다. 특히, 노인들의 경우, 공동체 활동에의 참여가 우울증 수준을 낮추는 것으로 나타났다(Musick & Wilson, 2003).

사회적 책임감의 연구에서, 여자는 남자에 비해 더 이타적이고 공감적인 성향을 나타내며, 다른 사람의 욕구에 부응하지 못할 때 죄책감을 더 많이 느끼는 경향이 있었다(Beutel & Marini, 1995). 또한 여자는 남자보다 자원봉사활동에 더 많이 참여하는 것으로 나타났다(Niemi, Hepburn, & Chapman, 2000). 전통적인 정치적 이슈에는 남자가 더 많은 관심과 참여를 나타내지만, 건강이나 사회복지 또는 환경문제와 같은 새로운 정치적 이슈에는 여자가 남자에 비해 동등하거나 더 많은 참여를 보였다.

시민정신의 촉진 및 억제 요인

아동기나 청소년기에 다양한 집단활동에 참여한 경험은 시민정신과 사회적 책임감을 촉진하는 기능을 하게 된다. 역사적으로 청소년을 위한 대부분의 집단활동 프로그램은 청소년들로 하여금 사회의 규범과 질서를 익히게 함으로써 다음 세대의 시민을 육성하는 역할을 해왔다. 이러한 집단활동 프로그램은 여가시간을 선용하는 방법을 가르치고, 친사회적인 또래집단을 구성하여 서로 간의 건강한 관계를 촉진하며, 성인 멘터들이 자원봉자로 참여하여 청소년들의 생활을 지원한다. 민주적인 관계구조와 자유로운 학습 분위기 속에서 책임감 있게 활동하는 경험은 시민정신을 함양하는 데에 도움이 된다. 성공적인 집단활동 프로그램의 주요한 특징은 개인주의적인 성향보다 집단을 응집력 있게 이끌어나가는 리더십과 집단주의적인 성향을 강조하면서 자유과 규율의 균형 속에서 참여자 각자가 공동체를 위한 중요한 결정과 활동에 참여하는 기회를 제공하고 이러한 활동을 성인 멘터가 후원하는 것이다(Flanagan, 2004). 또한 청소년기에 사회적 쟁점을 토론하는 수업에 참여하거나 집단적인 과외활동에 참여하는 것은 성인기에 시민운동이나 공동체 활동에의 참여를 촉진하는 것으로 나타났다(Verba et al., 1995).

수년 전부터 우리나라는 중 · 고등학교에서 사회봉사활동을 의무화하고 있다. 미국은 이미 지난 십수 년 동안 공교육기관에서 봉사학습(service learning)을 제도화해왔다. 봉사학습은 다른 사람의 권익을 배려하면서 사회의 공익활동에 참여하는 태도와 방법을 가르치는 것으로서 다양한 형태의 프로그램으로 구성되어 있다. 이러한 프로그램들은 관대함과 사회적 신뢰감을 증진할 뿐만 아니라 평등정신을 함양하고 문화적 다양성을 수용하는 긍정적인 효과를 지니는 것으로 나타났다(Billig, 2000). Youniss와 Yates(1999)는 봉사학습이 심심풀이 활동이 아니라 의미 있는 활동으로 구성되어야 하고, 개인보다는 집단의 가치를 중시하는 집단적 활동이어야 하며, 참여기관의 역사와 이념을 이해하고 그에 동참함으로써 동질감과 유대감을 느낄 수 있도록 하는 것이 중요하다고 강조했다. 청소년 수감자에 대한 종단적 연구(Uggen & Janikula, 1999)에 따르면, 구금 대신 사회봉사를 하게 한 경우에 성인기의 범죄율이 감소했다.

미국의 경우, 시민정신을 함양하기 위한 다양한 청년 공동체 활동의 모델들이 제시되고 있다. 그 몇 가지 예를 소개하면 다음과 같다. 첫째는 YouthBuild(http://www.youthbuild.org)로서 젊은이들에게 건축 기술을 가르치고 이들로 하여금 지역 공동체에 주택을 공급하게 하는 프로그램이다. 이와 더불어 훈련생들에게 의사결정, 리더십, 대중 강연, 기관 운영 등에 대한 교육을 제공한다. 둘째는 비영리 시민단체가 운영하는 Citizen School(http://www.citizenschool.org)인데, 9~14세의 아이들을 대상으로 방과 후에 전문적 기술을 가르쳐 공동체에 기여하는 실질적인 활동을 할 수 있는 전문가로 양성시킨다. 보스턴과 같은 대도시에서 양성된 전문가들은 인근지역의 봉사활동에 참여함으로써 대도시와 인근지역의 다양한 사람들 간의 유대감 형성에 기여한다. 셋째는 Positive Coaching Alliance(PCA)로서 젊은이들의 스포츠 문화를 바꾸려는 국가적인 노력의 일환으로서 이기는 것만을 목적으로 하는 것이 아니라 팀워크를 강조하면서 아이들의 욕구를 잘 이해하고 가르칠 수 있는 지도자를 양성하는 프로그램이다(Thompson, 2000). 이 밖에도 청소년 범죄자들을 처벌하는 것에 그치는 것이 아니라 피해자와 가해자 그리고 공동체 모두를 치유하는 프로그램, 민주주의와 시민정신을 교육하는 프로그램, 젊은이에게 인간의 덕목을 교육하는 프로그램 등이 있다.

나의 시민정신 평가

◆ 아래에 있는 문항을 주의 깊게 읽고, 귀하가 지난 1년간 실제로 어떠했는지에 근거하여 귀하에게 가장 적절한 숫자에 ○표 하십시오.

문항	전혀 아니다	약간 그렇다	어느 정도 그렇다	상당히 그렇다	매우 그렇다
1. 내가 속한 집단의 결정을 존중하는 것이 내게 중요하다	1	2	3	4	5
2. 내가 속한 집단의 이익을 위해서라면 나 개인의 이익을 기꺼이 희생한다	1	2	3	4	5
3. 비록 내가 속한 집단의 리더와 의견이 일치하지 않더라도, 나는 그 사람을 존중한다	1	2	3	4	5
4. 나는 집단의 일원으로 일할 때 최선을 다한다	1	2	3	4	5
5. 내가 속한 집단에 대해서 다른 사람에게 험담을 하지 않는다	1	2	3	4	5
6. 여러 사람과 함께 집단적으로 어떤 일을 해야 할 때, 나는 그 집단의 한 구성원으로서 책임감을 지니고 협동적인 공동작업을 잘 하는 편이다	1	2	3	4	5

◆ 결과해석

6 ~ 9점: 시민정신이 부족한 상태이므로 계발을 위한 적극적 노력이 필요함.

10 ~ 20점: 시민정신이 보통 수준이므로 계발을 위한 노력이 필요함.

21 ~ 25점: 상당한 시민정신을 지니고 있으므로 강점으로 계발하기 바람.

26 ~ 30점: 매우 탁월한 시민정신을 지니고 있으며 대표 강점으로 계발하기 바람.

◆ 시민정신 증진을 위한 작은 노력

1. 공동의 일에서 내가 할 수 있는 한 최선의 협력자가 되려고 노력한다.
2. 매일 5분을 할애하여 길거리의 쓰레기를 주워 휴지통에 넣어본다.
3. 자선단체나 봉사단체에 자원하여 돕는다.

2) 공정성

이론적 정의

공정성(fairness)은 모든 사람을 편향된 개인적 감정의 개입 없이 동등하게 대하는 태도를 의미한다. 즉, 사적인 감정이나 편견으로 인한 치우침 없이 모든 사람에게 공평한 기회를 주고 같은 규칙에 따라 대하는 태도를 뜻한다.

우리 사회에는 불공평하고 부당한 일들이 많다. 권력을 가진 자가 부당한 결정을 통해 사리사욕을 채우는 일이 드물지 않고, 피고용인의 약점을 이용하거나 위협하여 부당한 이득을 취하는 고용주들이 있다. 다양한 선발과정에서도 개인의 능력보다는 학연이나 지연의 파벌에 따라 결정되는 경우들이 있다. 이 밖에도 뇌물을 주고 권리를 따내는 일, 직장에 핑계를 대고 결근하는 일, 예약된 순서를 기다리지 않고 새치기하는 일 등은 공정하지 못한 일이다. 이러한 행위는 사회적으로 불공평하며 정의롭지 못한 것으로서 도덕적인 지탄을 받게 된다. 공정성은 이렇게 비도덕적이고 정의롭지 못한 행동을 방지하는 인격적 덕목이라고 할 수 있다.

그러나 구체적인 상황에서 무엇이 정의롭고 공정한 행동인지를 판단하는 것은 쉬운 일이 아니다. 수천 년 동안 철학자들은 정의(justice)가 과연 평등을 의미하는지 아니면 형평성을 의미하는지에 대한 맹렬한 논쟁을 벌여왔다. 이러한 논쟁은 오늘날 소득세 제도에 있어서 누진세와 비례세 중 어떤 것이 더 좋은지와 같은 논쟁거리로 남아 있기도 하다. 그러나 분명한 것은 사람들이 어떤 경우든 공정하지 않은 것을 부도덕하다고 여긴다는 점이다.

공정성은 도덕성 발달의 산물로 여겨지고 있다. 심리학자들은 도덕 발달이 추론능력의 발달에 기인한다고 보고 있다. 도덕적 추론은 어떤 행동이 옳은가에 대한 판단과정을 의미하는데, Kohlberg(1984)와 같은 도덕 발달 연구자에 따르면 도덕 발달은 일정한 과정을 거쳐 일어난다. 어린 아동은 옳고 그름을 판단할 때 자신의 이득에 초점을 맞추는 자기중심성을 나타내지만 좀 더 나이를 먹게 되면 사회적 규범과 관습을 고려하게 된다. 가장 난해한 수준의 도덕적 추론은 옳고 그름을 결정하는 데 공정성이라는 추상적 가치를 활용하는 것이다.

무엇이 옳은가에 대한 공정성 판단은 크게 정의 추론(justice reasoning)과 배려 추론

(care reasoning)으로 나누어 연구되어왔다. 도덕적인 갈등 상황에서 사람들이 공정성을 판단하는 주요한 기준은 정의(justice)와 배려(care)이다. 정의 추론은 공정성을 도덕적인 옳고 그름에 따라 내리는 판단인 반면, 배려 추론은 다른 사람에 대한 돌봄과 자비로움을 중요한 가치로 여기는 판단이다. 또한 정의 추론은 주로 도덕적인 권리와 책임에 관한 원칙들을 중요시하는 반면, 배려 추론은 다른 사람들의 욕구 충족과 자비를 베푸는 것을 강조한다(Blum, 1988; Flanagan & Jackson, 1987; Gilligan, 1987; Nucci, 2001; Walker, de Vries, & Trevethan, 1987). 즉, 정의 추론이 도덕적 판단에 있어서 객관적 논리와 이성적 추론을 강조하는 남성중심적 가치에 근거한 접근이라면, 배려 추론은 공감, 사랑, 자비, 감수성과 같은 여성중심적 가치에 근거한 접근이라고 할 수 있다(Blum, 1988). 일상생활에서 사람들은 정의 아니면 배려에 따른 판단방식을 주로 사용하는 경향이 있지만, 대다수 사람들은 두 가지 방식 모두를 적용한다(Clopton & Sorell, 1993; Galotti, 1989). 또한 사람들은 도덕적인 갈등 상황에 마주치게 되면 자연스럽게 정의와 배려 모두를 반영하는 도덕적 언어와 행동을 사용하여 난처한 상황을 해결하는 경향이 있다(Gilligan & Attanucci, 1987; Jaffee & Hyde, 2000; Walker, 1991).

측정도구

정의 추론의 관점에서 도덕 발달 수준을 평가하는 검사는 Kohlberg(1984)에 의해서 처음 개발되었다. 그는 도덕적인 딜레마를 제시하고 응답자가 어떤 도덕적 판단을 하는지 평가하는 방법을 사용했다. 그러한 딜레마 중의 하나인 Heinz 딜레마의 내용은 다음과 같다: "Heinz의 아내는 희귀한 암에 걸려 죽어가고 있는데, 그 암을 치료할 수 있는 특효약이 너무 비싸서 살 수가 없다. Heinz는 아내가 죽어가도록 내버려두어야 하는가 아니면 그 약을 훔쳐서라도 아내를 살려야 하는가?" 이러한 딜레마에 대한 응답자의 선택과 그 추론내용을 평가하여 도덕성의 발달단계를 측정한다.

이러한 방법을 발달시켜 Colby와 Kohlberg(1987)는 표준 도덕 판단 면접(Standard Moral Judgement Interview)을 개발했다. 이 방법은 여러 도덕적 딜레마 상황을 표준화된 방식으로 제시하고 응답자의 반응을 상세한 채점 매뉴얼에 따라 채점한다. 예를 들어, Heinz 딜레마에서 면접자는 응답자에게 어떤 행동(치료약을 훔칠 것인가 아니면 아내가 죽도록 내버려둘 것인가)을 선택할 것인지 묻고 이어서 그 이유를 체계적으로 질문한다.

정의를 평가하는 대표적인 자기보고형 측정도구는 쟁점 정의 검사(Defining Issues Test; Rest, 1979)로서 Kohlberg의 도덕 발달 단계 이론에 근거하고 있다. 이 검사는 피평가자에게 일련의 딜레마들을 문장으로 제시하고 각각의 경우 몇 가지 대안적 대응방법들 중에서 하나를 선택하게 하며, 나아가서 다양한 도덕적 주장들을 제시하고 선호하는 정도에 따라 그 순위를 매기게 한다. 그 반응에 따라서 피평가자의 도덕 발달의 수준을 평가하게 된다. 이 밖에도 사회도덕적 반성 척도(Sociomoral Reflection Measure; Gibbs, Basinger, & Fuller, 1992)를 비롯한 다양한 검사들이 사용되고 있다.

배려 추론의 발달단계에 대해서는 아직 잘 정립된 이론이 존재하지 않지만, Gilligan(1977)은 배려 추론이 세 단계의 발달과정, 즉 (1) 자신의 안녕에만 관심을 지니는 이기적 단계, (2) 타인의 안녕을 중시하는 자기희생적 단계, (3) 자신과 타인의 안녕을 동시에 고려하는 성숙한 단계를 거친다고 주장한다. 이러한 배려 추론을 측정하는 방법으로는 반응성 독자 가이드(Responsive Readers' Guide; Brown, Debold, Teppan, & Gilligan, 1991)가 있다. 이 방법은 피평가자에게 일정한 지문을 주고 배려 또는 정의의 태도로 읽게 한다. 피평가자가 지문을 읽는 목소리나 읽는 방식을 정교하게 평가하여 배려 추론 수준을 추정한다. 이 밖에도 배려 추론과 정의 추론을 함께 평가하는 자기보고형 질문지로는 도덕적 방향감 척도(Measures of Moral Orientation; Liddell, Halpin, & Halpin, 1992)가 사용되고 있다.

공정성과 관련된 심리적 특성

정의 추론과 배려 추론이 발달하게 되면 다양한 심리적 강점들이 나타나게 된다. 도덕적 추론과 행위는 자기정체성 형성에 영향을 미치게 된다. 특히, 스스로 선택한 도덕적 행위는 아동들의 자기개념 형성을 촉진한다(Blasi, 1993; Colby & Damon, 1992). 아동들은 자신을 '착한 소녀' '멋진 사람' '진정한 친구'로 여기게 되고 이를 기준으로 자신의 도덕성을 판단하게 된다.

자신의 도덕적 이상에 따라 사는 것은 자존감을 위해 중요한 일이다. 도덕적 자기정체성과 그 결과로 얻게 되는 자존감은 서로 긍정적인 상호작용을 통해서 사람들로 하여금 공정성과 배려의 행동을 하게 만든다. 즉, 도덕적 정체성으로 인해 그에 적절한 도덕적 행동을 하게 되고, 그러한 행동을 한 자신에게 보상을 줌으로써 도덕적 정체성이 강화된다(Peterson & Seligman, 2004).

다른 사람의 입장을 취해볼 수 있는 조망능력은 도덕적 추론의 발달에 기여한다. 즉, 자신의 행동으로 인해서 다른 사람이 느끼게 될 감정이나 생각을 고려할 수 있다면, 좀 더 성숙한 도덕적 추론을 할 수 있게 된다. 이런 점에서 조망능력은 도덕적 추론을 위한 정보를 제공해주는 심리적인 능력이라고 할 수 있다.

도덕적 발달로 인해서 발달되는 또 다른 심리적 강점은 자기성찰이다. 다른 사람의 관점을 취한다는 것은 새로운 시각에서 자신을 바라보고 이해하는 것이다.

정의 추론은 다양한 변인들과 상관을 지니는 것으로 나타나고 있다. 정의 추론의 발달 수준이 낮은 사람들은 범죄율이 높을 뿐만 아니라 부정직하거나 거짓된 언어행동, 위험한 성행위, 마약과 알코올 사용을 많이 하는 것으로 나타났다(Berkowitz, Kahn, Mulry, & Piette, 1995; Blasi, 1980). 반면에, 높은 수준의 정의 추론 능력은 협동성, 고발행동, 리더십, 이타주의 등과 정적인 상관을 나타냈다(Brabeck, 1984). 이러한 상관패턴은 정의 추론 능력이 성숙할수록 친사회적 행동이 증가하고 반사회적 행동은 감소한다는 것을 보여준다.

도덕적 추론의 발달 수준에 있어서 남자와 여자는 차이가 없는 것으로 나타났다(Walker, 1984). 그러나 그들이 자주 직면하게 되는 딜레마의 유형에 차이가 있었다. 남자는 정의지향적 딜레마에 자주 접하게 되고 정의 추론을 많이 하는 반면, 여자는 배려지향적 딜레마에 자주 부딪히게 되고 배려 추론을 많이 하는 것으로 나타났다(Walker et al., 1987).

공정성의 촉진 및 억제 요인

정의 추론의 발달을 촉진하는 요인들로는 전반적인 인지발달, 부모의 양육방식, 사회적 환경이 중요한 것으로 알려지고 있다. 일반적으로 정의 추론은 인지발달에 따라 함께 발달한다. 특히, 논리적 사고능력과 사회적 조망능력이 발달해야 그에 따라 정의 추론 능력도 발달하게 된다(Walker & Richards, 1979).

부모의 양육방식은 아이들의 도덕적 추론능력 발달에 중요하다. 정의 추론에 대한 부모의 발달 수준이 높고, 부모와 자녀의 대화에서 증거에 근거한 귀납적 추론방법을 많이 사용하며, 가족 내에서 민주적인 의사결정 과정을 거치고, 일관성을 중시하는 양육방식을 나타내게 되면, 자녀의 정의 추론 능력이 촉진되는 것으로 나타났다(Berkowitz & Grych, 1998). 도덕적 주제에 대해서 토론하는 방식을 부모들에게 훈련하면 청소년기 자녀의 정의 추론 능력이 향상되는 것으로 나타났다(Stanley, 1980). 훈련과정을 통해서 부모가 도덕적인 문제에 대해서 권위주의적 태도를 줄이고 좀 더 지지적이고 자유롭게 자녀와 토론을 하게 되면, 자녀의 도덕적 추론 발달이 효과적으로 촉진된다(Kruger, 1992).

도덕적 추론을 향상시키기 위한 개입활동은 주로 학교장면에서 실시되었다. 그 한 가지 유형은 학생들에게 도덕적 추론의 발달을 위해서 직접적인 사회-인지적 자극을 제공하는 방법이다. 이 경우에는 교과과정에서 도덕적 문제를 강조할 뿐만 아니라 수업의 일환으로 도덕적 문제와 딜레마에 대해서 또래들 간의 토론을 장려한다(Montford, 1999). 특히, 또래들 간의 토론이 활발하게 일어나고, 서로 다른 의견이 제시되며, 의견 차이를 해결하려는 방향으로 토론이 진행될수록, 도덕적 추론이 촉진되는 것으로 나타났다. 또 다른 유형은 학생들의 도덕적 추론이 향상될 수 있도록 학교의 사회적 환경을 조성하는 방법이다. 학교의 운영과 관계구조를 민주적인 방식으로 바꿈으로써 그러한 환경에서 생활하는 학생들이 자연스럽게 정의 추론 능력을 발달시키도록 촉진한다.

나의 공정성 평가

◆ 아래에 있는 문항을 주의 깊게 읽고, 귀하가 지난 1년간 실제로 어떠했는지에 근거하여 귀하에게 가장 적절한 숫자에 ○표 하십시오.

	전혀 아니다	약간 그렇다	어느 정도 그렇다	상당히 그렇다	매우 그렇다
1. 나는 모든 사람을 동등하게 대하려고 노력한다	1	2	3	4	5
2. 어떤 사람이 나와 가까운 사이라고 해서 그에게 남다른 특별한 혜택을 주지는 않는다	1	2	3	4	5
3. 모든 사람의 의견을 경청하는 것은 가치 있는 일이다	1	2	3	4	5
4. 비록 내가 어떤 사람을 좋아하지 않더라도 나는 그 사람을 공평하게 대한다	1	2	3	4	5
5. 나는 내가 하지 않은 일에 대해서 공로를 인정받는 것을					

거부한다 ··1 2 3 4 5

6. 두 명 이상의 사람들에게 영향력을 미칠 수 있는 위치에 있을 때, 나는 사적인 감정보다는 공평한 원칙에 따라 그들을 공정하게 대하는 편이다 ································1 2 3 4 5

◆ 결과해석

6 ~ 9점: 공정성이 부족한 상태이므로 계발을 위한 적극적 노력이 필요함.

10~20점: 공정성이 보통 수준이므로 계발을 위한 노력이 필요함.

21~25점: 상당한 공정성을 지니고 있으므로 강점으로 계발하기 바람.

26~30점: 매우 탁월한 공정성을 지니고 있으며 대표 강점으로 계발하기 바람.

◆ 공정성 증진을 위한 작은 노력

1. 적어도 하루에 한 번씩 실수를 인정하고 그것에 대한 책임의식을 느껴본다.
2. 적어도 하루에 한 번씩 내가 싫어하는 사람의 장점을 생각해본다.
3. 다른 사람들이 주장하는 것을 간섭하지 않은 채로 끝까지 경청해본다.

3) 리더십

이론적 정의

리더십(leadership)은 집단활동을 조직화하고 그러한 활동이 진행되는 것을 파악하여 관리함으로써 집단을 이끌어나가는 능력을 말한다. 아울러 자신이 속해 있는 집단구성원을 격려하여 각자의 임무를 완성하게 하는 동시에 구성원 간의 조화로운 관계를 육성하고 집단적 활동을 조직화하는 능력을 포함한다.

개인적 자질로서의 리더십은 집단 속에서 리더의 역할을 추구하고 유지하며 성공적으로 수행하려는 동기와 능력을 말한다. 리더십은 크게 두 가지 기능을 지닌다. 그 하나는 집단구성원들이 각자의 역할을 잘 해내도록 하는 것이고, 다른 하나는 구성원들을 고무시켜 좋은 관계를 창출해내고 유지하여 사기를 진작시키는 것이다. 최근에 연구자들은 인간을 변화시키는 강력한 영향력으로서의 리더십을 강조하고 있다. 이러한 변환적 리

리더십의 대표적 인물: 마하트마 간디(왼쪽)와 윈스턴 처칠

더십(transformational leadership)을 갖춘 사람들은 미래의 비전을 제시하고 인격적 감화력으로 다른 사람들을 감동시키고 그들의 역량을 강화하여 놀라운 성과를 이루도록 만든다. 그 대표적인 20세기 인물로는 마하트마 간디, 윈스턴 처칠, 프랭클린 루스벨트, 마틴 루터 킹 등이 있다.

리더십은 모든 문화에서 가치 있는 것으로 여겨진다. 효과적인 리더십은 난국에 대처하고, 선도적인 역할을 하며, 사기를 북돋우고, 긍지를 심어주며, 긍정적인 변화를 만들어낸다. 리더십은 개인의 성취뿐만 아니라 집단의 발전에 기여하는 성격적 강점이다. 리더십이 없다는 것은 책임을 맡지 않거나 집단을 엉망으로 인도하는 것을 의미하며 모두 부정적인 의미를 지닌다. 특히, 사업을 실패로 이끌고, 나라를 새난에 빠뜨리며, 구성원의 사기를 떨어뜨리는 지도자들이 이에 해당한다.

측정도구

리더십은 흔히 세 가지 측면, 즉 리더의 자질, 리더십의 결과 그리고 리더의 행동을 구분하여 평가할 필요가 있다. 첫째, 리더의 자질은 효과적인 리더십을 발휘할 것으로 예측할 수 있는 개인적 특성과 능력을 의미한다. 예컨대, 인지적 능력, 자신감, 예견력, 의사소통 능력 등이 이에 해당될 수 있는데, 이것은 리더십 자체가 아니라 리더십의 발휘를 촉진하는 요소들이다. 둘째, 리더십의 결과는 집단이 수행한 작업의 양과 질 그리고 이익률과 같은 수행 측정치뿐만 아니라 구성원들의 관계, 만족, 유대, 헌신과 같은 태도나 동기 측정치를 포함한다. 이것은 리더십 자체라기보다는 리더십 발휘에 의해 축적된 결과를 반영한다. 셋째, 리더십은 집단을 잘 이끌어나가는 과정에서 나타나는 효과적인 사회적 행동과 활동에 초점을 맞추어 측정될 필요가 있다. Fleishman 등(1991)은 이러한 행동들을 4개의 상위차원과 13개의 하위차원으로 분류한 바 있다. 그 4개의 상위차원은 정보 탐색과 정리, 문제해결을 위한 정보활용, 인적자원의 관리, 물적자원의 관리이다.

리더십 평가를 위해 가장 널리 사용되는 자기보고형 검사들은 다음과 같다. 리더 행동기술 질문지(Leader Behavior Description Questionnaire; Stogdill, 1963)는 가장 일찍부터 널리 사용된 평가도구로서 100문항을 통해서 다음과 같은 12가지 리더십 항목을 측정한다: 집단 대표, 요구 절충, 불확실성 인내, 설득력, 구조 변화, 권한 부담의 인내, 역할 부여, 심사숙고, 생산성 강조, 예견 정확도, 통합, 우수한 상황인식. 그러나 이러한 항목들에는 리더의 행동뿐만 아니라 성격적 특성, 사회적 기술, 인지적 기술 등이 혼합되어 있다.

리더-부하 교환 척도(Leader-Member Exchange Measure; Schriesheim, Neider, Scandura, & Tepper, 1992)는 7문항으로 구성되어 있으며 리더와 부하직원 개개인과의 상호작용을 친밀성과 신뢰성의 측면에서 평가한다. 관리 행동 조사지(Managerial Practice Survey; Yukl, Wall, & Lepsinger, 1990)는 14개의 리더십 행동 범주(정보제공, 명료화, 관찰, 계획, 문제해결, 자문, 대표, 감화, 인정, 보상, 지지, 후원, 연결, 팀 구성)를 평가하며 다른 도구에 비해 리더의 다양한 행동에 초점을 맞추고 있다. 다요인 리더십 질문지(Multifactor Leadership Questionnaire; Bass & Avolio, 1990)는 변환적 또는 카리스마적 리더십의 속성을 측정하기 위한 것으로서 상하좌우의 동료들에 의해 평가되는 전방위(360도) 평가법을 사용한다.

리더십과 관련된 심리적 특성

리더십 결과의 연구에 따르면, 조직의 수행결과에 있어서 리더의 역할이 매우 중요하다는 점을 보여주고 있다. 관련된 많은 연구들을 개관한 Day와 Lord(1988)에 따르면, 새로운 리더가 조직 효과성에 미치는 영향은 5.6~24.2%였다. Weiner와 Mahoney(1981)는 19년간 193개 회사를 연구한 결과 리더십이 조직수행의 44~47%를 설명한다고 밝혔다.

팀 단위의 수준에서도 통제소재, 위험 부담, 혁신성과 같은 리더의 특성이 팀의 목표 성취도에 영향을 미쳤다(Avolio & Howell, 1992). Gerstner와 Day(1997)에 따르면, 리더와 부하직원 간 상호작용의 질에 따라서 업무 만족, 조직에의 헌신, 업무수행이 달라졌다. 그리고 리더의 카리스마와 집단구성원의 효율성은 .81의 상관을 지니는 것으로 보고되었다(Lowe, Kroeck, & Sivasubramaniam, 1996).

효과적인 리더는 다양한 개인적 자질과 상관을 나타내고 있다. 대표적인 몇 가지 연구 결과를 소개하면 다음과 같다. Stogdill(1974)은 독립성, 자기주장성, 판단력, 활력, 자신감 등 30여 개의 개인적 특질이 리더의 자질과 관련된다고 주장하였다. Locke 등(1991)은 인지적 능력, 업무 관련 지식, 정직성과 성실성, 강한 욕구, 자신감, 리더십 동기를 들고 있다. Yukl(2002)은 정서적 안정성, 높은 에너지 수준, 내적 통제소재, 성취지향성, 개인적 성실성, 사회적 권력 추구 성향, 스트레스 저항력 등을 열거하고 있다.

리더십의 발달과정에 대한 체계적인 연구는 많지 않다. 그러나 리더 역할을 맡게 되는 것은 초기 아동기에서 청소년기를 거쳐 성인기에 이르기까지 일관성 있게 나타났다(Yammarino & Bass, 1990). Cox(1926)에 따르면, 성인이 되어 리더가 된 사람들은 대부분 어린 시절부터 리더의 속성을 나타낸다.

전반적으로 리더십 유형과 효과성에 있어서 남녀의 차이는 나타나지 않았다. 그러나 남자 리더들은 과업지향성 역할을 선호했으며, 여자 리더들은 관계지향적 역할을 선호했다(Eagly, Karau, & Makhijani, 1995). 연구들을 종합하면, 남성 지도사와 여성 지도자의 차이는 같은 성별 내에서 존재하는 개인차에 비해 훨씬 적다.

리더십의 촉진 및 억제 요인

앞에서 언급한 바 있듯이, 리더십은 어려서부터 형성되어 성인기까지 지속되는 것으로 알려져 있다. 어린 시절 부모와의 상호작용을 통해서 리더십은 향상될 수 있다. 특히, 부모가 어린 자녀에게 사교적이고 믿음직한 행동의 본보기를 보이고, 실제 생활에서 리더의 행동과 역할을 보여주며, 수행 목표를 높게 설정하여 넓은 안목을 갖도록 하는 양육방식이 자녀의 리더십을 향상시킬 수 있다(Avolio & Gibbons, 1988; Jennings, 1943).

리더십을 향상시키기 위한 많은 훈련 프로그램이 개발되어 기업체나 학교 장면에서 시행되고 있다. 이러한 프로그램의 대부분은 지도자로서의 특성을 함양하기 위한 것으로서 공식적 교육, 발달적 과업 경험, 자조 프로그램의 형태로 이루어진다. 리더십 프로그램의 주된 초점은 리더십 기술을 증진하는 것이며, 그 효과가 성공적인 것으로 보고되고 있다(Bass, 1990; Yukl, 2002).

이러한 프로그램들은 주로 기업체에서 단기적 훈련을 통해 시행되기 때문에 지도자적인 성격적 자질을 발달시키는 데에는 한계가 있다. 예를 들어, 사교성, 인지적 능력, 자신감 등을 증진하기 위해서는 장기적인 훈련이 필요하다. 아울러 일부 프로그램들은 리더의 개인적 성장을 목표로 하여 자기이해 증진에 초점을 두고 있는데, 그 효과는 확인된 바 없다(Yukl, 2002).

나의 리더십 평가

◆ 아래에 있는 문항을 주의 깊게 읽고, 귀하가 지난 1년간 실제로 어떠했는지에 근거하여 귀하에게 가장 적절한 숫자에 ○표 하십시오.

문항	전혀 아니다	약간 그렇다	어느 정도 그렇다	상당히 그렇다	매우 그렇다
1. 어떤 모임에 참석하면 내가 리더가 되는 경향이 있다	1	2	3	4	5
2. 나는 집단에서 모든 구성원이 소속감을 느끼도록 애를 쓴다	1	2	3	4	5
3. 나는 집단활동을 계획하는 데 능하다	1	2	3	4	5
4. 리더로서 난 모든 구성원들이 행복하도록 노력한다	1	2	3	4	5
5. 내가 현재 리더를 맡고 있는 모임이 한 개 이상 있다	1	2	3	4	5
6. 어떤 집단에 속하게 되면 자발적으로 나서서 집단의 방향을 제시하거나 리더의 역할을 즐겨 잘 맡는 편이다	1	2	3	4	5

◆ 결과해석

6 ~ 9점: 리더십이 부족한 상태이므로 계발을 위한 적극적 노력이 필요함.

10 ~ 20점: 리더십이 보통 수준이므로 계발을 위한 노력이 필요함.

21 ~ 25점: 상당한 리더십을 지니고 있으므로 강점으로 계발하기 바람.

26 ~ 30점: 매우 탁월한 리더십을 지니고 있으며 대표 강점으로 계발하기 바람.

◆ 리더십 증진을 위한 작은 노력

1. 친구들을 위해서 사교적인 모임을 주선해본다.
2. 내가 속한 팀이 잘 해내고 있지 못한 과제에 대해서 책임을 지고 그것이 잘 해결되도록 노력해본다.
3. 새로운 사람이 환영받는다는 느낌을 갖도록 행동해본다.

2 초월과 관련된 강점들

"우리가 왜 여기에 존재하는가?"라는 질문은 참으로 인간적인 것이다. 하지만 보다 더 가치 있는 중요한 질문은 "우리가 진정으로 여기에 존재하는가?"라는 질문이다.

– Leonard Nimoy –

VIA 분류체계에서 제시되고 있는 마지막 범주의 강점들은 초월(transcendence)과 관련된 강점들이다. 이러한 강점들은 우리의 행위와 경험으로부터 인생의 의미를 발견하고 커다란 우주와의 연결감을 느끼도록 하는 강점들이다. 초월과 관련된 강점으로는 5가지 강점, 즉 영성, 감상력, 감사, 낙관성, 유머감각이 포함되어 있다. 이러한 강점들의 전형은 영성으로서 인생의 초월적 측면(예: 우주, 신, 이념)에 대한 신념과 헌신을 의미한다. 영성은 개인에게 커다란 우주와의 연결감과 인생의 의미를 부여한다. 감상력은 뛰어난 것과의 연결감을 주며, 감사함은 선한 것과의 연결감을 부여한다. 낙관성은 미래에 꿈꾸는 소망과의 연결감을 주고, 유머감각은 곤경과 모순과의 연결감을 유쾌한 방식으로 느끼는 강점이라고 할 수 있다. 이러한 강점들은 직업적 성취나 인간관계에 도움을 주기보다 우리의 인생을 좀 더 의미 있는 것으로 경험하게 만드는 것들이다.

1) 감상력

이론적 정의

감상력(appreciation of beauty and excellence)은 아름다움과 탁월함에 대한 인식능력을 의미한다. 즉, 아름답고 탁월한 것을 추구하고 인식하며 그러한 것들로부터 즐거움을 느낄 수 있는 심미적 능력을 말한다. 이러한 강점을 지닌 사람은 길을 걷거나 신문을 읽거나 다른 사람의 삶을 접하게 되거나 운동경기를 보는 등 다양한 삶의 장면에서 아름다움과 탁월함에 대한 경이로움(감동, 경외감, 고양감)을 민감하게 느낀다. 반면에, 이러한 능력이 부족한 사람은 마치 장막을 치고 사는 것처럼 주변의 아름다움이나 다른 사람의 능력, 재능, 가치, 성취 등을 인식하지 못하고 지나친다. 아름다움과 탁월함에 대한 감상력을 지닌 사람들은 매일 더 큰 기쁨을 느낄 뿐만 아니라 자신의 삶에서 더 많은 의미를 발견하고 다른 사람과 더 깊은 관계를 맺을 수 있다.

감상력을 통해서 긍정적 감정을 느끼게 되는 대상은 크게 세 가지 부류로 나눌 수 있다. 첫째는 물리적 아름다움으로서 외부대상의 시각적 아름다움뿐만 아니라 모든 감각적 아름다움을 포함한다. 자연세계, 미술작품, 음악연주 등을 접하면서 그 아름다움을 느끼며 깊은 감동을 경험하게 된다. 둘째는 사람들이 나타내는 탁월한 기술이나 재능이다. 여러 분야의 달인들뿐만 아니라 일반인들이 나타내는 출중한 기량이나 뛰어난 능력을 접하면서 경탄과 경외감을 느끼게 된다. 셋째는 도덕적 가치나 미덕으로서 사람들이 나타내는 도덕적 행위나 강점을 말한다. 우리는 다른 사람의 매우 친절하고 이타적인 도덕적 행동을 접하면서 감동과 도덕적 고양감을 느끼게 된다. 이처럼 삶의 다양한 영역에서 아름다움과 탁월함을 인식하는 능력은 자기자신을 넘어서는 것들과 교감할 수 있게 해준다는 점에서 초월과 관련되는 강점이라고 할 수 있다.

아름다움과 탁월함에 대한 감상력이 뛰어났던 대표적 인물 중 한 명은 시인 Walt Whitman이다. 그는 주변의 사람과 풍경들로부터 아름다움을 느끼는 심미적 감수성이 매우 뛰어났다. 그가 가장 즐겨 했던 활동은 집 밖을 돌아다니면서 주변의 나무, 꽃, 하늘, 새, 귀뚜라미, 자연의 다양한 소리 등의 아름다움을 느끼며 경탄하는 것이었다. 그는 평범한 사람들과 달리 이런 것들을 접하면서 매우 큰 기쁨을 느꼈던 것으로 여겨진다. 그에게 모든 자연은 매력적으로 보였고, 모든 풍경과 소리는 그를 기쁘게 해주었으며, 그는 만나는 모든 사람들을 좋아했다. 그래서 Whitman만큼 세상의 많은 것을 좋아한 반면, 적은 것을 싫어한 사람은 없을 것이라고 회자되고 있다.

심미안과 감상력의 대표적 인물: 월트 휘트먼

측정도구

아름다움과 탁월함에 대한 감상력을 측정하는 자기보고식 척도는 거의 존재하지 않는다. 다만 다른 척도나 그 하위척도를 통해서 유추할 수 있을 따름이다. 아름다움을 인식하는 능력을 간접적으로 측정하는 척도들은 다음과 같다.

첫째, NEO-PI(Costa & MaCrae, 1992) 중 개방성의 하위척도인 심미적 개방성 척도

(Openness to Aesthetics Subscale)이다. 이 척도는 특이한 생각이나 상상 또는 심미적 대상에 대한 관심과 더불어 그로 인해 흥분되는 감정을 느끼는 성향을 측정한다. 둘째, TCI(Temperament and Character Inventory; Cloninger, Przybeck, Svrakic, & Wetzel, 1994)의 하위척도인 자기초월 척도(Self-transcendence Subscale)는 우주만물과 자연을 수용하고 동일시하며 이들과 일체감을 느끼는 능력을 측정한다. 이 척도에서 높은 점수를 얻는 사람들은 창의적인 상상력이 풍부하고 몰입적이며 지혜롭고 인내심이 많은 성향을 보인다. 이 밖에도 인생을 좀 더 거시적인 관점에 바라보는 능력을 평가하는 영적 초월 척도(Spiritual Transcendence Scale; Piemont, 1999)와 미술적인 심미안을 평가하는 시각적 심미 감수성 검사(Visual Aesthetic Sensitivity Test; Eysenck, 1988)가 있다.

감상력과 관련된 심리적 특성

감상력의 개인차를 평가할 수 있는 척도가 부족하기 때문에 그와 상관을 보이는 심리적 특성을 구체적으로 제시하기가 어렵다. 그러나 감상력과 유사한 심리적 개념들의 연구자료를 통해서 감상력의 관련 특성들을 유추해볼 수 있다.

NEO-PI로 측정되는 '경험에 대한 개방성' 은 상당부분 아름다움에 대한 개방성을 의미하는 것으로 볼 수 있다(McCrae, 1996). Walling과 Keltner(2003)는 100명의 표본을 대상으로 경험에 대한 개방성 척도가 감상력을 대변하는 지표들과 상관(r=.41)이 있음을 밝혔다. 이러한 상관은 감상력이 경험에 대한 개방성과 밀접한 관계가 있음을 보여주는 동시에 그와 동일한 특성이 아님을 보여주고 있다.

Peterson과 Seligman(2004)은 감상력이 외향성과 상당히 밀접한 관계를 지닐 것으로 예상하고 있다. 왜냐하면 외향성은 경험에 대해서 긍정 정서를 느끼는 성향과 일관된 상관을 보이기 때문이다(예: Watson & Clark, 1992). 성격 5요인 중 우호성 차원은 초월이나 감사와 같이 감상력과 관련된 척도들과 상관을 보인다(Piedmont, 1999). 반면에, 물질주의 성향은 감사를 비롯한 초월적 태도와 부적인 상관을 나타내고 있다(McCullough, Emmons, & Tsang, 2002).

감상력의 발달과정에 대해서는 알려진 바가 거의 없다. 감상력은 성격특질처럼 유전적 영향을 강하게 받는 것으로 보인다. 경험에 대한 개방성은 성격 5요인 중에서 가장 유전적 영향이 강한 것으로 여겨지고 있다(Loehlin, 1992). 물론 감상력의 상당부분이 유전자에 의해서 설명될 수 있다 하더라도, 이러한 유전자가 발현되는 과정에는 개인의 후천적 경험이 중대한 영향을 미칠 것이다. 종교적 초월성의 경우에는 그 정서적 체험도가 아동기에 비해 청소년기나 초기 성인기에 이르러 더 복잡해지고 강력해지는 것으로 나타났다(Spilka, Hood, & Gorsuch, 1985). 아울러 Haidt와 Algoe(2003)의 연구에 따르면, 여자가 남자보다 아름다운 행위를 보고 더 쉽게 감흥과 고양감을 느끼는 것으로 드러났다.

감상력의 촉진 및 억제 요인

감상력의 발달과정이 아직 잘 밝혀져 있지 않기 때문에 그 촉진요인과 억제요인에 대해 언급하기가 어렵다. 그러나 아름다움이나 탁월함에 대한 감상능력을 자유롭게 표현할 수 있는 가정, 학교, 생활환경은 이러한 강점을 키워줄 수 있을 것이다. 반면에, 성취중심의 경쟁적 사회분위기나 냉소주의가 만연된 문화적 환경에서는 감상력이 발달하기 어려울 것이다.

아름다움과 탁월함은 어디서든 찾아볼 수 있다. 자연세계이든 주변의 생활환경이든 아니면 매스컴을 통해 접하는 것이든 아름다움과 탁월함을 느낄 수 있는 대상은 매우 다양하다. 이런 점에서 감상력은 아주 대중적이면서도 접근이 용이한 덕목이라고 할 수 있다. 감상력이 유전적 영향을 받는 것으로 여겨지고 있지만, 다양한 증진 프로그램을 통해서 함양될 수 있다. 이미 자연을 대상으로 한 프로그램(예: 야외로 떠나기), 예술을 대상으로 한 프로그램(예: 음악 연주 감상 및 해설하기), 깨달음을 대상으로 하는 프로그램(예: 피정, 산사에서의 수행 체험) 등이 실시되고 있다. 이러한 프로그램들은 아름다움과 탁월함에 대한 감상력을 육성하는 데에 기여할 수 있을 것이다.

또한 아름다움과 탁월함을 자주 접할 수 있는 환경을 조성하는 것도 감상력 함양에 도움이 될 것이다. 가정이나 학교에서 자연스럽게 미술작품이나 음악을 접할 수 있도록 여러 가지 이벤트를 마련할 수 있을 것이다. 뿐만 아니라 지역공동체에서는 생활주변에 자연을 관찰할 수 있는 녹지를 만들거나 예술작품을 감상하고 운동을 할 수 있는 공간을 마련하는 것이 중요하다. 한 연구(Kweon, Sullivan, & Wiley, 1998)에 따르면, 메마른 도심에 조성된 야외 녹지가 시민들 간의 공동체 의식과 사회적 결속을 증진시켰다. 이러한 결과는 자연을 체험하는 것이 심미능력을 함양할 뿐만 아니라 사람들 간의 유대관계를 강화해줄 수 있다는 점을 보여준다.

나의 감상력 평가

◆ 아래에 있는 문항을 주의 깊게 읽고, 귀하가 지난 1년간 실제로 어떠했는지에 근거하여 귀하에게 가장 적절한 숫자에 ○표 하십시오.

	전혀 아니다	약간 그렇다	어느 정도 그렇다	상당히 그렇다	매우 그렇다
1. 나는 일반인이 모르고 지나치는 것에서 아름다움을 발견한다	1	2	3	4	5
2. 나는 자연의 아름다움을 항상 느끼며 살아간다	1	2	3	4	5
3. 나는 대부분의 예술 장르를 매우 즐긴다	1	2	3	4	5
4. 나는 아름다운 것을 보면 깊은 감동을 느낀다	1	2	3	4	5
5. 나는 매우 뛰어난 예술작품을 감상하기 위해 먼 곳을 여행한 적이 있다	1	2	3	4	5
6. 나는 평소에 자연의 아름다움, 다른 사람의 탁월한 기술이나 미덕을 예민하게 인식하여 잘 감동하는 편이다	1	2	3	4	5

◆ 결과해석

6 ~ 9점: 감상력이 부족한 상태이므로 계발을 위한 적극적 노력이 필요함.

10~20점: 감상력이 보통 수준이므로 계발을 위한 노력이 필요함.

21~25점: 상당한 감상력을 지니고 있으므로 강점으로 계발하기 바람.

26~30점: 매우 탁월한 감상력을 지니고 있으며 대표 강점으로 계발하기 바람.

◆ 감상력 증진을 위한 작은 노력

1. 나에게 익숙하지 않은 미술관이나 박물관을 찾아가본다.
2. 매일 내가 본 아름다운 것들을 기록하는 '아름다움 일지' 를 만들어 작성해본다.
3. 적어도 하루에 한 번씩 잠시 멈추어 자연의 아름다움(예: 일출이나 일몰, 식물이나 꽃, 노래하는 새)을 느껴본다.

2) 감사

이론적 정의

감사(gratitude)는 자신에게 베풀어진 다른 사람의 수고와 배려를 인식하고 고마움을 느끼는 능력을 의미한다. 감사함의 느낌은 선물을 받았다는 것에 대한 반응으로 느끼는 고마움과 기쁨으로서 다른 사람의 행위로 인해 이익을 얻었다는 인식에서 생겨난다. 한 연구(Ortony, Clore, & Collins, 1987)에 따르면, 감사가 기쁨(호의적인 상황에 대한 행복함)과 칭찬(호의를 베푼 사람의 행위를 칭찬할 만한 것으로 평가)의 혼합감정을 포함한다. 즉, 감사의 특징적 요소는 선물에 대한 심리적인 반응과 다른 사람의 행동에 의해 은혜를 입었다는 초월적인 느낌이다. 감사는 오랫동안 인간에게 중요한 덕목으로 여겨져 왔지만, 최근에야 심리학자들이 학문적으로 관심을 갖게 되었다.

감사라는 성격적 강점을 지닌 사람들은 다음과 같은 인식을 함께할 것이다: "살아있는 하루하루에 대하여 감사함을 느낀다." "다른 이들의 수고로 나의 삶이 얼마나 수월해졌는지 자주 생각한다." "삶은 짐이라기보다 선물이다." "나에게 베풀어주신 부모님의 은혜에 대해 감사한다." "많은 사람들의 도움이 없었더라면 내가 지금 이 자리까지 올 수 없었을 것이다." "나쁜 일에서도 감사하게 여길 만한 것들이 있다." 심리적 성향으로서의 감사는 여러 상황과 오랜 시간에 걸쳐 감사함을 지속적으로 인식하는 것을 의미한다. Fitzgerald(1998)는 이러한 감사의 세 가지 요소로서, (1) 누군가에 대해 감사하는 따뜻한 감정, (2) 그 사람에 대한 우호적 감정, (3) 감사함과 우호감정을 행동으로 옮기는 성향을 제시하고 있다. 이처럼 감사하는 능력은 안정성을 지닌 개인차로 입증되고 있다.

"은혜는 물 위에 새기고, 원한은 돌 위에 새긴다."는 말이 있듯이, 우리 인간은 다른 사람으로부터 받은 고마운 일들은 잘 잊어버리고 사소한 상처는 오래도록 기억하는 경향이 있다. 그 결과, 불쾌한 기분 속에서 분노하는 마음을 안고 살아가게 된다. 인간의 이러한 일반적 성향에 비추어볼 때, 감사는 매우 가치 있는 강점이라고 할 수 있다. 감사를 통해서 우리는 다양한 긍정적 감정을 경험하게 될 뿐만 아니라 겸손하고 친절한 행동을 나타내게 된다. McCullough 등(2001)은 사람들이 감사함을 느끼게 되면 친사회적인 행동을 실행하고, 도덕적 행동을 지속하며, 파괴적인 대인관계 행동을 억제한다고 주장한다. Vaillant(1993)에 따르면, 성숙한 적응은 자신에게 피해를 입힌 사람들에 대한 원한과 적개심을 감사와 수용으로 대치할 수 있는 능력에 달려 있다. 최근의 연구(de Waal & Berger, 2000)에서는 감사가 인간과 영장류의 호혜적 교환을 촉진하는 진화적인 심리적 적응기제라고 제안하고 있다. 감사와 반대되는 '배은망덕함' '무례함' '특권의식'은 부정적인 의미를 지니고 있다. 대부분의 사회에는 감사를 촉진하는 관습이나 제도(예: 어버이의 날, 스승의 날, 추수감사절)를 지니고 있다.

측정도구

감사는 다양한 차원을 지닌 심리적 체험이자 행동으로 평가되고 있다. 즉, 긍정적 사건에 대해서 감사하는 정도를 뜻하는 감사 강도(gratitude intensity), 특정 기간 동안에 감사 경험을 하는 횟수를 의미하는 감사 빈도(gratitude frequency), 특정 시점에서 감사함을 느끼는 삶의 영역들의 수를 뜻하는 감사 범위(gratitude span) 그리고 하나의 긍정적 결과에 대해서 감사함을 느끼는 사람들의 수를 의미하는 감사 밀도(gratitude density)가 있다. 이러한 점들이 감사의 개인차를 측정하는 데에 반영되어야 한다.

감사는 정서적인 상태로서 평가되는 경우도 있지만 최근에는 주로 심리적 특질로 평가되고 있다. McCullough 등(2002)은 특질로서의 감사를 "자신에게 주어진 긍정적인 경험과 결과들에서 다른 행위자가 베푼 선의를 알아차리고 긍정적 감정으로 반응하는 일반화된 경향성"으로 정의한 바 있다. 감사 특질을 측정하는 가장 대표적인 자기보고형 측정도구는 감사 질문지(Gratitude Questionnaire; McCullough, Emmons, & Tsang, 2002)이다. 감사 질문지는 6개 문항으로 구성된 짧은 검사로서 단일요인을 지니고 있다(권선중, 김교헌, 이홍석, 2006).

표 8-1 **감사 질문지**(McCullough et al., 2002)

◆ 아래의 각 문항에 대해서 귀하가 동의 또는 반대하는 정도를 1~7 사이의 숫자에 ○표 해주시기 바랍니다.

전혀 아니다	아니다	약간 아니다	중간이다	약간 그렇다	그렇다	매우 그렇다
1	2	3	4	5	6	7

1. 나의 삶에는 감사해야 할 것들이 매우 많다	1	2	3	4	5	6	7
2. 만약 내가 감사함을 느꼈던 것들을 모두 열거해야 한다면, 그 목록은 매우 길 것이다	1	2	3	4	5	6	7
3. 주위를 아무리 둘러보더라도, 내가 감사해야 할 만한 것들이 별로 없다	1	2	3	4	5	6	7
4. 나는 매우 다양한 사람들에게 감사함을 느낀다	1	2	3	4	5	6	7
5. 나이가 들어갈수록, 나는 내 인생에서 경험했던 사람들, 사건들, 상황들의 소중함을 더 잘 느끼게 된다	1	2	3	4	5	6	7
6. 오랜 시간이 흐른 후에야 나는 어떤 일이나 사람에 대해서 감사함을 느끼게 된다	1	2	3	4	5	6	7

* 3, 6번은 역채점 문항임.

또 다른 자기보고형 검사로는 감사-후회-인정 검사(Gratitude, Resentment, Appreciation Test; Watkins, Grimm, & Hailu, 1998)가 있다. 이 검사는 44문항으로 구성되어 있으며 기본적 감사, 사회적 감사, 후회의 세 가지 요인을 측정한다.

감사와 관련된 심리적 특성

감사는 행복과 밀접한 관계를 지니는 성격적 강점으로 알려져 있다. 감사의 특질을 지닌 사람들은 그렇지 않은 사람들에 비해서 긍정 정서, 삶의 만족, 활력, 낙관주의에서 더 높은 수준을 나타냈으며, 우울과 스트레스에서는 더 낮은 수준을 나타냈다(McCullough et al., 2002). 특히, 감사는 부정 정서를 줄이는 효과보다 긍정 정서를 증진하는 효과가 더 큰 것으로 여겨진다.

감사 일기를 쓰게 한 실험연구(Emmons & Crumpler, 2000)의 결과, 매주 감사 일기를 쓴 사람들은 불쾌하거나 중립적인 사건들을 기록한 사람들에 비해서 더 규칙적으로 운동을 했고, 신체적 증상을 덜 보고했으며, 자신의 삶에 대해 더 만족스러워 했고, 미래에 대해서 더 낙관적이었다. 또한 청소년들에게 매일 감사 일기를 쓰도록 한 결과, 각성 수준, 열정, 결단력, 에너지 등의 긍정적 상태와 이타적인 행동이 증가했다(Emmons & McCullough, 2003). 이러한 결과들은 감사할 만한 것들에 대해서 되돌아봄으로써 유쾌한 기분과 친사회적 행동이 증가한다는 것을 시사한다. 그러나 이러한 효과들이 장기적으로 지속되는지에 대해서는 추가적인 연구가 필요하다.

감사 성향이 높은 사람들은 성격요인 중 개방성, 성실성, 외향성, 우호성이 높고 신경증 성향이 낮은 것으로 나타났다. 주위사람들에 의해서 이들은 친사회적 행동과 지지적 행동을 많이 하는 것으로 평정되었다(McCullough et al., 2002). 또한 감사는 생리적 기능이나 신체적 건강과도 상관을 지니는데, 5분 동안 의도적으로 감사를 경험하도록 지시받은 피험자들은 부교감신경계 활동뿐만 아니라 여러 자율신경계 측정치들이 긍정적으로 변화했다(McCraty, Atkinson, Tiller, Rein, & Watkins, 1995).

감사는 영성 또는 종교성과도 상관이 있는 것으로 나타났다. 감사 성향이 높은 사람들은 정기적으로 영적인 활동(명상, 기도, 종교의식 등)에 참여하고 모든 생명의 상호연결성과 다른 생명체에 대한 책임감을 느끼는 경향이 있었다. 또한 물질적 소유물을 기준으로 자신의 성공을 판단하는 경향이나 부유한 사람들에 대한 시기심이 적었으며, 다른 사람들과 자신의 소유물을 공유하는 경향이 높았다.

발달적 관점에서 보면, 감사반응이 일관성 있게 나타나는 것은 아동기 중기부터이다. 예를 들어, 사탕을 준 어른에게 6세 이하의 어린이들은 21%만이 감사를 표시했지만, 10세 이상의 어린이들은 대부분(80%) 감사를 표현했다(Gleason & Weintraub, 1976). 이러한 결과에 근거할 때, 긍정적 결과가 타인에 의한 것이라는 귀인, 감사의 경험, 보답하려는 욕구 간의 연결이 7~10세에 확고해지는 것 같다(Graham & Weiner, 1986; Weiner & Graham, 1988).

감사의 촉진 및 억제 요인

감사에 관한 실증적 연구가 시작단계에 있기 때문에, 감사를 촉진하거나 억제하는 요인들을 상세하게 설명하기 어렵다. 기존의 연구에 따르면, 감사는 특정한 귀인양식에 의해서 촉발되는 것으로 여겨지고 있다. 즉, 어떤 혜택이 긍정적인 것으로 평가되고, 그러한 혜택이 자신의 노력에 의한 것이 아니며, 도움을 준 사람의 자발적인 선의에 의해서 생겨났다는 평가가 필요하다(Peterson & Seligman, 2004). 따라서 우리의 삶을 되돌아보면서 이러한 패턴의 귀인을 증가시킬 수 있다면 감사를 촉진할 수 있다.

다양한 상관연구를 종합하면, 삶에 대한 낙관적이고 관대한 시각, 영적인 자각과 종교성, 공감, 겸손, 조망능력 등은 감사를 촉진할 것으로 여겨진다. 또한 반성하고 관조하는 능력, 긍정적 경험을 음미하는 능력, 다른 사람들이 자신의 성공에 기여했다는 것을 인정하기 위해 자립성을 얼마간 유보하는 능력 등도 감사를 촉진하는 요인이 될 수 있다.

또한 감사 경험을 하기 위해서는 과거의 결핍상태에 대한 자각이 필요하다. 추운 겨울 후에야 따뜻한 봄의 고마움을 느끼게 되고, 배고픔을 겪은 후에 맛있는 음식을 제공하는 사람에게 감사를 느낄 수 있다. 격언에 따르면, 축복은 잃어버리기 전까지 알지 못하는 것이다.

반면에, 자신이 수동적인 피해자라는 인식, 특권의식, 물질주의에의 집착, 자기반성의 부재 등은 감사를 억제할 수 있다. 특히, 자기애 성향을 가진 사람들은 자신이 특별한 권리를 누릴 만한 자격이 있다고 믿기 때문에 타인의 호의를 당연한 것으로 받아들임으로써 감사 경험을 하지 못하는 경향이 있다.

감사는 훈련을 통해 증진될 수 있는 것으로 여겨지고 있다. Miller(1995)는 감사 증진을 위한 4단계의 인지행동적 훈련방법을 다음과 같이 제안한 바 있다: (1) 감사를 느끼지 못하게 하는 생각을 포착한다; (2) 감사를 유발하는 생각들을 고안한다; (3) 감사를 느끼지 못하게 하는 생각을 감사하는 생각으로 대체한다; (4) 감사의 마음을 외적인 행동으로 옮긴다. 일본의 내관치료(Reynolds, 1989)에서는 내담자로 하여금 다른 사람들이 자신에게 베풀어준 것과 자신이 그들에게 보답한 것에 대하여 명상하게 함으로써 감사 감정과 보답 동기를 촉진한다.

나의 감사능력 평가

◆ 아래에 있는 문항을 주의 깊게 읽고, 귀하가 지난 1년간 실제로 어떠했는지에 근거하여 귀하에게 가장 적절한 숫자에 ○표 하십시오.

	전혀 아니다	약간 그렇다	어느 정도 그렇다	상당히 그렇다	매우 그렇다
1. 나는 내 인생에서 많은 축복을 받았다	1	2	3	4	5
2. 나를 돌보아주는 사람에게 항상 감사를 전한다	1	2	3	4	5
3. 내 생애 동안 내가 받은 것들에 대해서 감사한다	1	2	3	4	5
4. 나는 매일 깊은 감사를 느낀다	1	2	3	4	5
5. 내 삶을 돌이켜볼 때 감사해야 할 일들이 많다	1	2	3	4	5
6. 나는 평소에 다른 사람의 도움이나 보살핌에 대해서 감사함을 잘 느끼고 감사의 표현을 잘 하는 편이다	1	2	3	4	5

◆ 결과해석

6 ~ 9점: 감사능력이 부족한 상태이므로 계발을 위한 적극적 노력이 필요함.

10~20점: 감사능력이 보통 수준이므로 계발을 위한 노력이 필요함.

21~25점: 상당한 감사능력을 지니고 있으므로 강점으로 계발하기 바람.

26~30점: 매우 탁월한 감사능력을 지니고 있으며 대표 강점으로 계발하기 바람.

◆ 감사능력 증진을 위한 작은 노력

1. 내가 하루 동안 "고마워요"라는 말을 얼마나 많이 하는지 되새겨본다. 그리고 일주일 동안 매일 그 수를 증가시킨다.
2. 매일 저녁에, 하루 동안 잘 이루어진 일들을 세 가지씩 적어본다.
3. 과거에 은혜를 입었던 일을 떠올리고 감사의 편지를 써서 보낸다.

3) 낙관성

이론적 정의

낙관성 또는 낙관주의(optimism)는 미래에 대한 긍정적인 태도를 의미한다. 소망하는 일들이 미래에 실현될 것으로 기대하는 희망적인 태도로서 긍정 정서와 활기찬 행동을 통해서 목표지향적 행동을 촉진하게 된다. 이러한 강점은 다양한 용어로 지칭될 수 있는데, 낙관주의는 인지적 기대를 강조하는 반면, 희망(hope)은 정서적 측면을 강조한다. 미래지향성(future orientation, future-mindedness)은 긍정적인 미래를 위해서 개인이 해야 할 일에 초점을 맞추는 용어라고 할 수 있다.

인류학자인 Lionel Tiger(1979)는 작은 낙관주의와 큰 낙관주의를 구분했다. 작은 낙관주의(little optimism)는 긍정적인 결과에 대한 구체적인 기대(예: "오늘 저녁에 맛있는 음식을 먹게 될 거야.")를 의미하는 반면, 큰 낙관주의(big optimism)는 모호하지만 더 커다란 기대(예: "내 인생은 성공적으로 펼쳐질 것이다.")를 뜻한다. 초월적인 긍정적 특질은 주로 큰 낙관주의와 관련된 것이라고 할 수 있다.

낙관성과 희망은 미래에 대한 긍정적인 생각과 감정을 반영하는 것으로서 만족감과 쾌활함을 주는 반면, 불안감과 우울감을 감소시킨다. 낙관성을 지닌 사람들은 인생의 밝은 면을 보게 되고, 어려움 속에서도 용기와 희망을 잃지 않으며, 목표를 위해 적극적으로 노력한다. 그리고 그러한 목표를 달성할 가능성이 높다. 왜냐하면 낙관성은 자기이행적 성향을 지니고 있기 때문이다. 즉, 낙관적으로 생각하기 때문에 적극적인 행동을 하게 되고, 그 결과 성공적인 성과를 유발하게 된다는 것이다. 이런 점에서 낙관성은 매우 가치 있는 성격적 강점이라고 할 수 있다. 반면에, 낙관주의와 희망의 반대가 되는 비관주의, 절망감, 무력감은 모두 부정적인 의미를 지니고 있다.

그러나 비현실적인 낙관주의로 인해서 실패를 초래하는 경우도 드물지 않다. 6장에서 설명한 바 있듯이, 훌륭한 판단은 공평하고 개방적인 것이어서 부정적 가능성과 긍정적 가능성 모두를 인정하는 것이다. 낙관주의는 부정적 가능성을 외면하는 것이 아니다. 사실적인 정보들을 충분히 검토했음에도 불구하고 미래를 예측할 수 없는 불확실한 상황에서 긍정적 측면을 더 중시하는 경향성이라고 할 수 있다. 이러한 낙관성은 수십 년에 걸쳐서 안정적인 개인적 특성으로서 인생 전반에 중요한 영향을 미치는 것으로 알려져 있다.

낙관주의자들의 삶의 태도

낙관주의자 세계연합(Optimist International; http:www.optimist.org)은 미국 전역을 비롯하여 세계의 여러 지역에 걸쳐서 낙관주의의 긍정성을 전파하는 모임으로서 다음과 같은 신조를 채택하고 있다.

- 어떤 것도 내 마음의 평화를 어지럽히지 못하도록 강해진다.
- 내가 만나는 모든 사람에게 건강, 행복, 번영에 대해서 이야기한다.
- 나의 모든 친구들이 무언가 가치 있는 것을 느끼도록 노력한다.
- 모든 일의 밝은 면을 보고 나의 낙관적 미래가 실현되도록 노력한다.
- 최선만을 생각하고, 최선만을 위해서 일하며, 최선만을 기대한다.
- 나 자신의 성공만큼이나 다른 사람들의 성공에 대해서도 열정을 지닌다.
- 과거의 실수들을 잊고 미래의 더 큰 성취를 위해 매진한다.
- 항상 쾌활한 표정을 지으며 마주치는 모든 생명체에게 미소를 짓는다.
- 다른 사람을 비판할 시간이 있으면 나 자신의 향상을 위해서 사용한다.
- 걱정에는 담대하게, 분노에는 고매하게, 공포에는 강인하게 그리고 행복하게 삶으로써 고난이 임하도록 허용하지 않는다.

측정도구

낙관성은 주로 자기보고형 방식에 의해서 측정된다. 널리 사용되는 질문지 형식의 척도들은 다음과 같다. 생활 방향감 검사(Life Orientation Test-Revised; Scheier, Carver, & Bridges, 1994)는 기질적 낙관주의를 측정하기 위해 개발되었으며 "불확실한 상황에서 나는 늘 긍정적인 결과가 나타날 것으로 예상한다." "전반적으로 나는 나쁜 일보다 좋은 일이 더 많이 일어날 것으로 기대한다."를 비롯한 8문항으로 구성되어 있다. 신뢰도와 타당도가 비교적 잘 입증되어 있다.

기질적 희망 척도(Dispositional Hope Scale; Snyder et al., 1991)는 미래에 대해서 긍정적 희망을 갖는 성향을 측정하기 위한 것으로 12문항으로 구성되어 있다. 이 척도는 신뢰도가 상당히 높으며, 우울 증상이나 절망감과 높은 부적 상관을 나타내는 등 타당도도 잘 입증되어 있다.

귀인양식 질문지(Attributional Style Questionnaire; Peterson et al., 1982)는 사건에 대한 귀인양식을 통해서 낙관성 정도를 평가한다. 응답자에게 긍정적 또는 부정적 사건들을 제시하고 응답자로 하여금 그 주된 원인을 한 가지씩 적게 한다. 그러한 귀인반응을 3가지 귀인차원(내부성, 안정성, 전반성)에서 7점 척도로 평정한다.

이 밖에도 낙관주의-비관주의 검사도구(Optimism-Pessimism Test Instrument; Stipek, Lamb, & Zigler, 1981)가 낙관성을 평가하는 효과적인 방법으로 여겨지고 있다. 이 검사는 사진과 각본을 통해 어떤 사건을 구체적으로 제시하고 응답자로 하여금 그 이후에 어떤 일이 일어날 것인가를 예측하게 함으로써 낙관성 여부를 평가한다.

낙관성과 관련된 심리적 특성

낙관성은 행복과 정신건강에 다양한 긍정적 영향을 미치는 것으로 알려져 있다. 낙관성에 관한 연구들을 개관한 논문(Seligman, 1991; Snyder, 2002)에 따르면, 낙관성은 다양한 영역에서의 성취, 낮은 수준의 불안과 우울, 긍정적인 인간관계, 신체적 건강 등에 긍정적 영향을 미친다. 또한 미래지향성은 성실성, 근면성, 만족 지연 능력과 같은 긍정적 성격요인들과도 밀접한 관계를 지닌다(Griffith & Hom, 1988; Mischel et al., 1989). 사실 인간의 거의 모든 긍정적 측면들이 낙관성 또는 희망과 연결되어 있는 것으로 나타나고 있다.

낙관성의 유일한 부정적 측면은 위험을 경시하는 경향이다(Weinstein, 1989). 예를 들어, 낙관적 귀인양식을 지닌 사람들은 암이나 심장마비와 같은 심각한 신체적 질병이 자신에게 발생할 가능성을 평균 이하로 과소평가한다(Peterson & Vaidya, 2001). 이러한 편향성은 예방적 또는 치료적 대응을 소홀하게 함으로써 문제를 야기할 수 있다. 그러나 이러한 사람들이 위험의 가능성을 인정하게 될 경우에는 매우 효과적으로 대처를 잘 한다.

발달적 연구에 따르면, 낙관적 귀인양식은 8세 전후에 어느 정도 확립되어 오랜 기간 안정된 형태로 유지되는 경향이 있다(Seligman, Reivich, Jaycox, & Gillham, 1995). 일반적으로, 낙관적 귀인양식은 나이나 성별에 따라 별다른 차이를 나타내지 않는 것으로 알려져 있다.

기질적 낙관성은 다른 성격적 기질과 마찬가지로 유전적인 영향을 상당히 받는 것으로 여겨지고 있다(Plomin, Scheier, Bergeman, & Pedersen, 1992; Schulman, Keith, &

Seligman, 1993). 유전적 영향을 받는다고 해서 낙관성이 불변한다는 의미는 아니다. 낙관성은 다양한 생활사건이나 후천적 훈련에 의해서 변할 수 있다.

낙관성과 희망에 대해서는 현재 3가지의 심리학적 접근이 이루어지고 있다. 그 첫째는 기질적 낙관성에 대한 Carver와 Scheier(1981, 1990)의 연구이다. 이들은 기질적 낙관성을 미래에 대한 전반적인 긍정적 기대라고 정의하고, 사람들이 목표를 선택하고 목표성취를 위해 자기조절을 해나가는 과정에서 낙관성이 중대한 영향을 미친다고 주장한다. 이들은 자기조절 모델(self-regulatory model)을 제안했으며, 특히 목표를 성취해가는 과정에서 장애물에 부딪힐 경우 낙관성-비관성이 목표추진 여부에 결정적인 영향을 미친다고 주장한다.

둘째는 귀인양식을 통해서 낙관성을 설명하려는 Seligman과 동료들(Buchanan & Seligman, 1995; Gillham, 2000; Peterson, Maier, & Seligman, 1993)의 시도이다. 이들에 따르면, 낙관성은 부정적 사건들을 외부적이고 불안정하며 한정적 원인으로 돌리는 귀인양식을 반영한다. 이를 학습된 낙관주의 모델(learned optimism model)이라고 하며, 귀인양식의 변화를 통해서 낙관성이 증진될 수 있음을 시사한다.

셋째는 희망에 대한 Snyder(1994, 2000b, 2000c)의 연구들이다. 그는 희망(hope)을 2 가지 구성요소로 정의하고 있다. 첫째는 목표가 성취될 수 있다는 전반적인 확신이며, 둘째는 목표성취를 위한 성공적인 방법을 만들어낼 수 있다는 구체적인 신념이다.

낙관성의 촉진 및 억제 요인

그동안 심리학에서는 우울증을 초래하는 인지적 요인으로서 비관주의(pessimism)에 대한 많은 연구들이 이루어졌다. 비관주의는 유전적 요인과 더불어 성장과정에서의 충격적 외상 경험과 다양한 실패 경험에 의해서 촉진되는 것으로 알려져 있다. 반면에, 낙관성을 촉진하는 요인은 잘 알려져 있지 않다. 그러나 부모와 자녀의 낙관성이 비슷하다는 점에 비추어본다면, 부모와의 상호작용을 통한 모델링과 유전적 요인이 중요한 영향을 미칠 것으로 추정되고 있다.

Seligman 등(1995)은 단일 사건이 사람들의 낙관성 또는 비관성에 강력한 영향을 미칠 수 있을 뿐만 아니라 사건에 대한 귀인양식을 변화시킴으로써 낙관성을 증진할 수 있다고 주장한다. Peterson과 Steen(2002)은 낙관적 귀인양식이 모델링에 의해 학습될 수 있으며 이러한 학습은 부모뿐만 아니라 교사, 코치, 동료, 매스컴을 통해서 이루어질 수 있다고 제안한다.

Seligman 등(1995)은 청소년을 대상으로 낙관주의 훈련을 통해서 정신장애를 예방하는 Penn Prevention Program을 시행하였다. 이 프로그램에서는 청소년들에게 사건의 원인을 좀 더 낙관적으로 생각하는 인지행동 전략들(예: 탈파국화, 부정적 사고에 대한 논박)을 가르쳤다. 그 결과, 청소년들의 귀인양식이 좀 더 낙관적으로 변화했으며 우울증이나 불안장애를 예방하는 효과가 있었다.

McDermott와 Hastings(2000)는 학교에서 아동들에게 희망을 고취시키는 개입방법을 제안했다. 이 방법은 희망적인 내용의 이야기를 책이나 학생들의 에세이를 통해서 반복적으로 제시하는 것으로 큰 비용을 들이지 않고 시행할 수 있다는 점에서 주목을 받고 있다.

심리치료의 효과를 결정하는 한 가지 요인은 내담자가 치료에 대해서 갖는 긍정적 기대, 즉 희망이다. Irving 등(2004)은 전통적인 심리치료 전에 5회기의 희망고취 개입을 실시한 바 있다. 그에 따르면, 이러한 치료 전 회기를 경험한 사람들은 다양한 전통적 심리치료를 받은 후의 치료효과가 그렇지 않은 사람들에 비해서 높았다. 이러한 연구결과는 전통적 심리치료와 희망고취 개입이 결합되면 보다 더 긍정적인 치료효과를 유발할 수 있음을 보여준다.

나의 낙관성 평가

◆ 아래에 있는 문항을 주의 깊게 읽고, 귀하가 지난 1년간 실제로 어떠했는지에 근거하여 귀하에게 가장 적절한 숫자에 ○표 하십시오.

	전혀 아니다	약간 그렇다	어느 정도 그렇다	상당히 그렇다	매우 그렇다
1. 어려움에도 불구하고 난 미래에 대해서 항상 희망적이다	1	2	3	4	5
2. 나는 언제나 잘 될 것이라고 생각한다	1	2	3	4	5
3. 만약 내가 낮은 학점을 받는다면 나는 다음 기회를 생각하고 더 잘 하기 위해서 노력한다	1	2	3	4	5
4. 다른 사람들이 부정적이라고 생각하는 것에서도 나는 긍정적인 면을 잘 찾아낸다	1	2	3	4	5

5. 나는 지금부터 약 5년간 내가 하고 싶은 것에 대한 계획을 가지고 있다 ……………………………………………… 1 2 3 4 5
6. 나는 실패나 좌절을 경험하더라도 희망을 잃지 않고 미래를 낙관적으로 보는 편이다 ……………………………… 1 2 3 4 5

◆ 결과해석

6 ~ 9점: 낙관성이 부족한 상태이므로 계발을 위한 적극적 노력이 필요함.
10 ~ 20점: 낙관성이 보통 수준이므로 계발을 위한 노력이 필요함.
21 ~ 25점: 상당한 낙관성을 지니고 있으므로 강점으로 계발하기 바람.
26 ~ 30점: 매우 탁월한 낙관성을 지니고 있으며 대표 강점으로 계발하기 바람.

◆ 낙관성 증진을 위한 작은 노력

1. 과거에 실패했던 일들을 생각해보고 그것으로 인해 오히려 도움을 받게 된 경우를 생각해본다.
2. 다음 주, 다음 달 그리고 내년에 해야 할 목표를 적어본다. 그다음 그러한 목표를 실현할 수 있는 구체적인 계획을 세워본다.
3. 나의 비관주의적인 생각들을 반박하며 그것에 저항해본다.

4) 유머감각

이론적 정의

유머감각(humor)은 인생의 역설적인 측면을 예리하게 포착하여 즐기면서 다른 사람들을 웃게 만드는 능력을 의미한다. 사실, 유머감각은 자신의 인생을 즐겁고 유쾌하게 만들 뿐만 아니라 주변사람들을 즐겁게 만듦으로써 친화적인 인간관계를 촉진한다. 또한 인생의 역경을 좀 더 의연하고 즐거운 태도로 극복하도록 돕는다. 유머감각은 유희적인 삶의 태도 또는 장난기(playfulness)와도 밀접한 관련성을 맺고 있으며, 인생의 고통스럽고 모순적인 측면에 대해서 유쾌한 초월적 태도로 임하게 한다는 점에서 초월과 관련된 강점이라고 볼 수 있다.

유머감각의 대표적 인물: 찰리 채플린

유머는 즐거움을 줄 뿐 아니라 다양한 긍정 정서와 활기를 만들어 낸다. 유머는 스스로 즐기는 것뿐 아니라 다른 사람을 즐겁게 만든다(Lefcourt, 2002). 연구에 따르면, 사람들은 돈이 많거나 외모가 뛰어난 친구보다 유머감각이 많은 친구를 매력적인 친구로 선호했다. 그러나 유머의 모든 유형이 긍정적인 감정을 유발하는 것은 아니다. 이런 점에서 좋은 유머와 나쁜 유머의 구분이 필요하다. 좋은 유머는 다른 사람에게 피해를 주지 않지만, 나쁜 유머는 악의성을 지니고 있어서 다른 사람에게 상처를 줄 수 있다. 성격적 강점으로서의 유머감각은 선의적인 의도로 유머를 이해하고 만들어내는 능력을 말한다.

우리 주변에는 유머감각이 뛰어나서 주위사람들을 항상 유쾌하게 만드는 사람들이 있다. 일반적으로 유머감각은 심리적 특질로 여겨지고 있으나 실증적으로 입증된 바는 없다. 유머감각이 뛰어난 인물로는 찰리 채플린을 비롯한 유명한 코미디언이나 개그맨들을 들 수 있다. 직업적인 코미디언이 아니더라도, 우리에게 항상 웃음을 주고 그래서 함께 있고 싶은 사람들은 유머감각이 뛰어난 사람들이라고 할 수 있다.

유머감각의 반대말로는 “재미없음” “무뚝뚝함” “고지식함” 등이 있으며 대부분 부정적인 의미를 담고 있다. 우리 주변에는 너무 고지식하고 진지하여 답답할 뿐만 아니라 재미있는 유머를 쉽게 이해하지 못하는 사람들이 있다. 일반적으로, 유머감각이 감퇴하는 것은 대부분의 정신병리에서 찾을 수 있는 현상이다. 이는 유머감각이 긍정적인 정신건강에 있어서 매우 중요하다는 점을 시사한다.

측정도구

유머감각은 자기보고형 질문지, 타인보고형 질문지, 만화 자극에 대한 반응, 유머 일지 등 다양한 방법에 의해서 측정된다. 대표적인 측정도구들을 소개하면 다음과 같다.

상황적 유머반응 질문지(Situational Humor Response Questionnaire; Martin & Lefcourt, 1984)는 응답자가 다양한 상황에서 웃으며 유쾌한 경험을 하는 빈도를 측정하는 자기보고형 질문지이다. 이 척도는 유머감각이 발현된 외현적 행동을 측정하는 데 초점을 두고 있다. 반면에, 자기보고형 척도인 대처적 유머 척도(Coping Humor Scale; Martin & Lefcourt, 1983)는 스트레스를 경험했을 때 유머를 사용하여 대처하는 정도를 측정한다.

자기보고형 질문지인 유머 스타일 질문지(Humor Style Questionnaire; Martin et al., 2003)는 다음과 같은 유머의 네 가지 기능을 측정한다: (1) 사교적 유머(social humor: 다른 사람의 기분을 좋게 하기 위해서 유머를 사용하는 정도), (2) 자기고양적 유머(self-enhancing humor: 자기자신의 기분을 좋게 하기 위해서 유머를 사용하는 정도), (3) 적대적 유머(hostile humor: 마음에 들지 않는 다른 사람을 괴롭히기 위해서 유머를 사용하는 정도), (4) 자기파멸적 유머(self-defeating humor: 자신을 웃음거리로 만들어서 다른 사람을 즐겁게 하는 정도).

유머행동 분류카드(Humorous Behavior Q-Sort Deck; Craik, Lampert, & Nelson, 1996)는 다양한 유머행동을 기술한 100장의 카드를 보고 응답자가 자신에게 해당되는 정도에 따라 분류하게 하는 방식을 사용한다. 유머이해 검사(3 WD Test of Humor Appreciation; Ruch, 1992)는 30개의 농담과 만화를 제시하고 응답자로 하여금 재미있는 정도와 혐오스러운 정도를 각각 7점 척도로 평정하게 한다.

유머감각과 관련된 심리적 특성

유머는 다양한 종류의 바람직한 결과를 유발하는 것으로 알려져 있다. 유머는 긍정적 기분을 유발할 뿐만 아니라 생활 스트레스로 인해 불쾌한 기분이 초래되는 것을 막는 완충 역할을 한다(Martin, 2001). 또한 유머는 신체적 건강을 증진시키고 수명을 연장시킨다(Cousins, 1981). 잘 웃는 사람들은 근골격계, 심혈관계, 내분비계, 면역계, 신경계 등에 긍정적인 변화를 주어 궁극적으로 건강을 증진하는 것으로 여겨지고 있다.

유머감각은 다양한 성격적 요인들과 밀접한 관련성을 지닌다. 유머감각은 외향성과 정적 상관을 보이고, 신경증 성향과는 부적 상관을 보였다(Ruch, 1994). 또한 창의성과 지능이 유머감각과 상관을 지니는 것으로 나타났다(Ruch & Köhler, 1998).

McGhee(1999)는 아이들의 장난기가 유머의 운동적 요소를 반영한다고 여겼다. 유아의 경우에도 장난기에서 차이를 나타낸다. 특히, 숨바꼭질 놀이를 유난히 좋아하는 아이들이 성인이 되어서 명랑하고 유머감각이 뛰어난 것으로 나타났다. 아이들은 기질의 일부로 장난기를 지니고 태어나지만 성장과정에서 환경의 영향을 받게 된다. 아이의 장난기를 장려하거나 억제하는 요인들은 유머감각의 발달에 영향을 미칠 수 있는데, 부모나 교사들이 아이들의 놀이나 장난을 과도하게 억제하는 것은 유머감각의 발달을 저해할 수 있다.

McGhee(1979)는 유머 감상능력의 발달과정을 연구한 바 있다. 모순-해소 유머에 대해서 즐거움을 느끼는 능력은 연령에 따라 증가했지만, 난센스 유머의 경우는 10대 후반 이후에 즐거움이 감소했다. 일반적으로 쾌활함은 연령에 따라 변화하지 않지만, 40대 이후가 되면 진지함이 증가했다.

일반적으로 아동의 유머 빈도는 친구보다 부모나 형제와 상관이 높은 것으로 나타나 유전적인 영향을 받는 것으로 보인다(Manke, 1998). 그러나 유머의 유형에 따라서 차이를 보이는데, 공격적인 유머는 유전적 영향이 강한 반면, 성적이거나 난센스 유머는 유전적 영향이 약한 것으로 나타났다. 전반적으로 가족과 함께 공유하는 환경적 영향이 유머감각의 발달에 더 중요한 것으로 보인다. 그러나 유머의 발달을 위해서는 또래들의 영향도 크다. 특히, 다양한 종류의 유머를 함께 나눌 수 있는 또래 친구들은 유머를 즐기고 만들어내는 기술을 발달시키는 데 기여한다.

일반적으로 남자가 여자보다 농담과 장난을 더 많이 하며, 여자는 유머를 하기보다 듣고 즐기는 역할을 담당하는 경향이 있다(Lampert & Ervin-Tripp, 1998). 특히, 공격적이거나 성적인 유머의 경우에는 이러한 성차가 더 커진다. 그러나 성 차별적인 유머가 아닌 경우에는 이러한 차이가 감소하는 경향이 있다.

유머감각의 촉진 및 억제 요인

유머감각은 인생에 대한 유희적 태도나 세계관에 근거를 두고 있다. 유희적 세계관은 쾌활한 기질과 더불어 부정적 생활사건을 겪으면서 인간이라는 존재에 대해서 깨달은 통찰의 복합적 산물이라고 할 수 있다. 유머감각이 있는 사람들은 인간의 한계와 불완전함을 잘 알고 있을 뿐만 아니라 이를 수용하고 용서할 줄 한다. 이런 점에서 진정한 유머는 이 세상에 완전한 것은 아무것도 없다는 지혜에 근거를 두고 있는 진지한 특질이라고 할 수 있다(Ruch & Carrell, 1998).

현재의 기분상태도 유머에 영향을 미칠 수 있다(Deckers, 1998). 장난스러운 마음상태가 유머를 생성하는 데 중요하다(McGhee, 1979). 유머는 역경에 직면했을 때 유발되는 부정적 감정에 대처하는 방어기제로서 기능하는 경우도 있다. 성격적 강점으로서의 유머감각은 개인이나 집단이 어려움에 처했을 때 부정적 감정을 완화하고 해소시킨다는 점에서 특히 가치가 있는 것이다. 예를 들어, 정치적 억압이 심한 사회에서 냉소적인 풍자를 담은 '블랙 유머'가 유행하는 것도 그 한 예라고 할 수 있다.

Nevo 등(1998)에 따르면, 유머감각을 증진하는 방법은 크게 두 가지 이론적 전통에 근거하고 있다. 그 하나는 정신분석적 전통으로서 유머는 직접적으로 향상될 수 있는 것이 아니라 심리적 성숙과 치료를 통해서 간접적으로 생성되는 것이라는 주장이다. 다른 하나는 인지행동적 전통으로서 유머가 행동 강화와 인지적 재구성을 통해서 증진될 수 있다는 입장이다. 대부분의 유머능력 향상 프로그램들은 후자의 이론에 근거하고 있다.

그 대표적인 프로그램이 McGhee(1999)가 개발한 유머능력 향상 프로그램이다. 이 프로그램은 장난스러움이 유머감각의 바탕이라는 전제하에 장난스러운 시각과 태도를 구축하는 데 초점을 맞추고 있다. 이 프로그램은 총 8단계로 이루어져 있는데, 상위단계로 갈수록 난이도가 높아진다. 예를 들어, 하위단계에서는 일상적인 생활에서 접하는 유머를 즐기는 것으로 이루어지지만 상위단계에서는 유머를 스스로 만들어내고, 특히 스트레스 상황에서 유희적 내용을 찾아내는 일들로 구성된다.

나의 유머감각 평가

◆ 아래에 있는 문항을 주의 깊게 읽고, 귀하가 지난 1년간 실제로 어떠했는지에 근거하여 귀하에게 가장 적절한 숫자에 ○표 하십시오.

	전혀 아니다	약간 그렇다	어느 정도 그렇다	상당히 그렇다	매우 그렇다
1. 나는 내가 무슨 일을 하든지 유머를 곁들이려고 노력한다	1	2	3	4	5
2. 난 다른 사람들을 웃게 하고 즐겁게 하는 것에서 만족을 느낀다	1	2	3	4	5
3. 대부분의 사람들은 나와 함께 있으면 즐겁다고 한다	1	2	3	4	5
4. 나는 유머로 다른 사람의 하루를 기쁘게 하는 것을 좋아한다	1	2	3	4	5
5. 나는 유머감각이 뛰어난 사람으로 알려져 있다	1	2	3	4	5
6. 나는 평소에 다른 사람을 즐겁게 하거나 웃게 만드는 유머감각이나 장난기가 많은 편이다	1	2	3	4	5

◆ 결과해석

6 ~ 9점: 유머능력이 부족한 상태이므로 계발을 위한 적극적 노력이 필요함.

10 ~ 20점: 유머능력이 보통 수준이므로 계발을 위한 노력이 필요함.

21 ~ 25점: 상당한 유머능력을 지니고 있으므로 강점으로 계발하기 바람.

26 ~ 30점: 매우 탁월한 유머능력을 지니고 있으며 대표 강점으로 계발하기 바람.

◆ 유머감각 증진을 위한 작은 노력

1. 매일 적어도 한 사람을 웃기거나 즐겁게 만들어본다.
2. 마술을 한 가지 배워서 친구에게 그것을 시행해보인다.
3. 책이나 인터넷을 통해서 재미있는 유머나 이야기를 수집하여 즐긴다.

5) 영성

이론적 정의

영성(spirituality) 또는 종교성(religiousness)은 인생의 초월적 측면에 대한 관심과 믿음 그리고 수행 노력을 의미한다. 달리 말하면 궁극적인 것, 절대적인 것, 영원한 것, 성스러운 것을 추구하는 태도를 뜻한다. 이러한 태도를 통해서 인생의 의미와 목적의식을 느끼고 충만한 삶을 살게 된다. 영성이나 종교성을 지닌 사람들은 종교행사에 자주 참여하고, 종교적 경전이나 서적을 즐겨 읽으며, 기도와 명상을 자주 하고, 인생의 궁극적 의미나 절대자를 추구한다.

일부 사회과학자들은 종교성이 순기능적 가치들을 발달시킴으로써 사회질서를 증진하는 기능을 지닌다고 본다(Durkheim, 1915). 반면에, 종교의 심리적 기능과 기원에 관해 설명하고 있는 Freud에 따르면, 종교는 유아기의 충동과 두려움에 대한 방어 필요성의 결과로 출현한 것이다. 즉, 기독교의 하나님을 비롯한 신적인 존재는 인간인 아버지로부터 기대할 수 없는 무조건적 사랑과 전지전능한 권능을 지닌 아버지에 대한 희망을 충족시키기 위한 상상적 창조물이라는 것이다. Houf(1945)는 종교들이 다음과 같은 세 가지의 공통적 요소를 지닌다고 주장한다: (1) 초월적이고 초인간적인 존재에 대한 믿음, (2) 선(善)을 포함한 중요한 가치에 대한 탐색과 흥미, (3) 이러한 가치와 일치하는 행동, 태도, 경험에의 집중. 최근에는 종교의 정의에 있어서 성스러움(sacredness)의 개념을 강조하는 경향이 있는데, Pargament(1997)는 종교를 "성스러움과 관련된 의미의 탐색"이라고 정의하기도 했다.

여러 사회과학 문헌에서 영성과 종교성을 동의어로 사용해왔다. 그러나 최근에는 영성과 종교성의 구분이 이루어지고 있는데, 그 핵심적 차이는 전통적인 종교적 삶을 거부하는지 수용하는지의 여부에 있다. 즉, 종교성이 특정한 전통적 종교의 믿음과 행동체계를 수용하고 실천하는 성향이라면, 영성은 특정한 종교와 무관하게 인생의 궁극적 의미나 초월적 경험을 추구하는 성향이라고 할 수 있다. Mattis(2000)에 의하면, 영성과 종교성은 모두 우리 삶에 있어서 초월적 차원이 존재한다는 믿음을 반영한다. 그러나 종교성은 성스러운 존재에 대한 숭배와 관련된 기성 신앙을 수용하고 숭배행위에 참여하는 정도를 의미하는 반면, 영성은 인간과 성스러운 존재의 사적인 관계와 더불어 그로 인해 생겨난 덕성들을 의미한다.

영성과 종교성은 인간의 삶에 방향성과 목적의식을 심어줄 뿐만 아니라 심리적 안정과 더불어 강렬한 초월 경험을 제공한다. 또한 역경을 이겨낼 수 있는 심리적 강인함을 얻을 수 있고 인생과 세상에 대한 다양한 의문을 해소하는 데에도 도움을 준다. 이러한 성격적 강점은 종교적 순교자들이나 삶을 통해 도덕적인 모범을 보여준 인물들(예: 슈바이처, 테레사, 달라이 라마)에게서 그 전형을 볼 수 있다.

영성과 종교성의 반대말에는 '정신적 공허' '세속적임' '인생의 목적과 방향 상실' 등이 해당될 것이며 부정적인 의미를 담고 있다. 그래서 대부분의 사회에는 영성을 증진하고 유지시키는 종교적 제도나 관습들이 존재한다.

측정도구

영성과 종교성에 관한 실증적 연구에 대한 관심이 증가함에 따라 다양한 측정도구들이 개발되었다. 그러나 영성이나 종교성이 매우 포괄적인 개념이기 때문에, 대다수의 측정도구들은 영성이나 종교성과 관련된 특정한 측면에 초점을 맞추고 있다.

영적 웰빙 척도(Spiritual Well-Being Sclae; Ellison, 1983)는 하나님과의 관계를 뜻하는 종교적 웰빙과 인생에 대한 의미감을 반영하는 실존적 웰빙으로 구성된 영적인 웰빙을 측정한다. 21문항으로 구성된 자기보고형 질문지로서 비교적 신뢰도와 타당도가 잘 입증되어 있다.

종교적 삶을 측정하는 데 가장 널리 사용되는 측정도구 중 하나는 내-외적 종교동기 척도(Intrinsic-Extrinsic Religious Motivation Scale; Allport & Ross, 1967)이다. 내재적 종교성은 신앙을 받아들이고 그에 일치하는 삶을 추구하는 사적인 측면을 반영하는 반면, 외재적 종교성은 공적인 예배의식에 참여하는 정도를 뜻한다. 20문항으로 구성된 자기보고형 척도로서 Gorsuch와 McPherson(1989)에 의해 개정판이 개발되었다.

영성과 종교성의 다양한 측면을 가장 포괄적으로 측정하고 있는 도구는 다차원적 종교성/영성 척도(Brief Multidimensional Measure of Religiousness/Spirituality; Fetzer Institute, 1999)이다. 이 척도는 40문항으로 구성되어 있으며 종교 경험의 내력, 종교에의 참여도, 종교적/영적 믿음, 종교적 대처, 용서 등과 같은 측면을 평가하고 있다.

이 밖에도 종교적 신념이나 가치, 종교적 지향성, 종교적 헌신 등을 측정하는 다양한 척도들이 개발되어 있다. 그러나 대부분의 척도들이 기독교를 비롯한 유일신 종교에 초점을 맞추어 종교성과 영성을 평가하고 있다.

영성과 관련된 심리적 특성

많은 연구에서 영성과 종교성은 심리적 · 신체적 행복과 긍정적 관계를 지니는 것으로 보고되고 있다(서경현, 전겸구, 2004; Krause, 1997; Levin, 1997). 종교성은 삶의 만족도와 상관을 보였으며(Ellison, Gay, & Glass, 1989), 질병이나 심리사회적 스트레스에 대한 대처에도 중요한 영향을 미쳤다(Pargament, 1997).

종교성이 강한 젊은 사람들은 반사회적 행동, 약물중독, 마약판매, 불법행동 등을 회피하는 경향이 있었다(Johnson, Larson, Li, & Jang, 2000). 또한 종교행사 참여도가 높은 아동이나 청소년들은 정서적 자기조절을 잘 하고, 학업성적이 좋았으며, 공격성이나 약물남용 그리고 성적 문제가 적은 것으로 나타났다(Maton & Wells, 1995; Stevenson, 1997). 종교성은 특히 인간관계에 상당히 긍정적인 영향을 미치는 것으로 나타나고 있다. 종교성이 높은 부부들은 부부갈등이 적고, 배우자에 대한 이해가 높으며, 자녀양육에서 지지적이고 일관성이 있었다(Brody et al., 1994). 아울러 종교성은 용서, 친절, 연민 등과 같은 덕목들과도 연관되는 것으로 보고되고 있다(Ellison, 1992; Wuthnow, 1991).

그러나 종교성과 영성의 영향이 항상 긍정적인 것만은 아니다. James(1902)는 종교성이 정신병리와 관련되는 경우가 있음을 시사한 바 있다. Wilson(1998)은 종교성이 정신질환의 원인은 아니지만 이러한 질환의 진행과정뿐만 아니라 증상의 발현에 영향을 미칠 수 있다는 점을 지적하였다. 또한 Allport와 Ross(1967)는 종교적 태도가 편견과 연관되어 있음을 보고한 바 있다. 외현적 종교성에서 높은 점수를 나타낸 사람들은 인종에 대해서 강한 편견을 지니는 경향이 있었다. Adorno 등(1950)은 교회 참석률, 민족중심주의, 권위주의적 성향이 서로 정적인 상관관계가 있음을 밝힌 바 있다. 마지막으로 종교성과 영성은 현실도피적인 경향과 연관되어 있음이 보고되고 있다(Marx, 1990; Mattis, 2001).

여자가 남자에 비해 더 종교적인 것으로 알려져 있다. 여러 연구에서 여자는 남자보다 예배 참여도가 높고 기도도 더 자주 할 뿐만 아니라 주관적 신앙도 더 높은 것으로 나타나고 있다. 이러한 성차에 대해서 여러 가지 이론들이 제기되었다.

정신분석 이론가들은 전지전능한 남성 신이 여자들에게는 매력적이지만 남자들에게는 오히려 위협적이라고 주장한다. 여자의 종교성은 오이디푸스 갈등과 관련되어 있으며, 강력하고 보호적이며 사랑을 베푸는 남성 신에 대한 강한 애착을 반영한다.

사회화 과정에 초점을 맞추는 이론가들은 여자들이 순종, 복종, 온화함과 같은 성역할을 학습하게 됨에 따라 종교적 가치를 더 잘 받아들이게 된 결과라고 주장한다. 반면에, 남자들이 낮은 종교성을 나타내는 것은 종교적 가치가 남성적 성역할(예: 공격성, 경쟁심)과 잘 맞지 않기 때문이라고 본다.

여자가 남자보다 종교성이 더 높다는 연구결과들이 다수 보고되고 있지만, 이는 일부 종교에 국한된 것이라는 주장도 제기되고 있다. Lowenthal 등(2002)은 종교성의 지표를 종교의식 참석률, 기도의 빈도, 종교경전의 독서 빈도로 삼는다면 유대교와 이슬람교의 경우 여자보다 남자가 더 종교적일 것이라고 지적했다. 이처럼 남자와 여자의 종교생활 참여는 종교와 문화에 따라서 다를 수 있기 때문에 종교성에서의 성차는 신중하게 이해되어야 한다.

영성의 촉진 및 억제 요인

영성이나 종교성의 발달에 있어서 부모-자녀관계가 중요한 역할을 하는 것으로 알려져 있다. Jacobs(2000)는 아동과 부모의 공감적 유대가 정서적 바탕이 되어 종교적 믿음과 소속감이 세대에 걸쳐 전달된다고 보았다. 부모에게 정서적으로 애착되어 있는 사람들은 부모의 종교적 믿음과 행동을 기억하면서 그에 대한 강력한 애착을 보이게 된다. 가족의 응집력은 종교적 믿음이 세대에 걸쳐 세습되는 데에 중요한 역할을 하게 된다.

부모는 자녀의 종교적 소속감, 종교적 믿음 그리고 종교적 헌신에 영향을 미치는 것으로 여겨지고 있다. 또한 자녀의 종교적 사회화 과정에서 아버지와 어머니는 각기 다른 역할을 하는 것으로 알려지고 있다. 어머니가 자녀의 종교적 소속감과 참여도에 강력한 영향을 미치는 것으로 나타났다(Myers, 1996). 그러나 Clark 등(1988)에 따르면, 자녀의 성별에 따라 종교적 사회화 과정에서 아버지와 어머니의 영향이 달라진다. 예컨대, 아버지는 아들의 종교적 신념과 참여도에 중요한 영향을 미치는 반면, 어머니는 아들이 종교적 원리를 일상생활에 적용하는 데에 중요한 영향을 미치는 것으로 나타났다. 또한 핵가족 속에서 양육되고, 어머니가 직업을 갖지 않으며, 부모가 모두 같은 종교적 태도를 지니고 있는 자녀일수록, 종교에 더 깊이 관여하는 경향이 있다(Myers, 1996).

종교성을 저해하는 요인들에 대해서는 알려진 바가 거의 없다. 그러나 Pargament (1997)는 사람들이 고통과 상실의 경험으로부터 아무런 의미를 찾을 수 없거나 사랑이 많고 공정하신 하나님의 개념으로 도저히 이해할 수 없는 역경에 처하게 될 경우 종교를 떠나게 될 것이라고 언급한 바 있다. 또한 스트레스, 건강 악화, 부정적인 교회 경험 등은 사람들로 하여금 공식적인 종교활동의 참여도를 감소시키게 될 것이다.

일반적으로 무신론자들도 심각한 곤경에 처하게 되면 심리적 위로와 지원을 얻기 위해서 신을 찾거나 종교에 귀의하게 된다는 속설이 있다. 이러한 속설이 입증된 바는 없지만, 인간의 능력으로 해결할 수 없거나 이해할 수 없는 사건에 직면하게 될 경우 사람들이 종교를 찾게 된다는 증거들이 있다(Mattis, 2002). 그러나 역경에 처한 사람들이 비종교적인 다른 해결방안들에 비해서 종교로부터 역경의 의미와 심리적 위안을 더 많이 얻을 수 있을 경우에만 종교에 귀의하게 될 것이다(Pargament, 1997).

전통적으로 종교교육은 주로 가족, 종교기관 그리고 종교부설 교육기관에 의해서 이루어져 왔으며, 대부분의 종교는 다양한 방식의 전도활동을 하고 있다. 우리 사회에는 다양한 종교가 난립하고 있어 서로 경쟁적이고 공격적인 전도활동을 펼치기도 한다. 이러한 과정에서 종교는 독선적 배타주의나 세속적 물질주의에 함몰되어 수많은 비극적 사건과 불행을 초래하기도 했다. 영성은 반드시 특정한 종교에 소속되어야만 함양될 수 있는 것은 아니다. 치열한 자기성찰과 이타적 행동실천은 진정한 영성과 종교성의 심화에 필수적인 요소라고 할 수 있다.

나의 영성 평가

◆ 아래에 있는 문항을 주의 깊게 읽고, 귀하가 지난 1년간 실제로 어떠했는지에 근거하여 귀하에게 가장 적절한 숫자에 ○표 하십시오.

문항	전혀 아니다	약간 그렇다	어느 정도 그렇다	상당히 그렇다	매우 그렇다
1. 인생에는 의미가 있다고 믿는다	1	2	3	4	5
2. 나는 절대적인 힘 또는 신의 존재를 믿는다	1	2	3	4	5
3. 나는 종교적 수행을 게을리하지 않는다	1	2	3	4	5
4. 나의 삶에 중요한 영향을 미치는 종교가 있다	1	2	3	4	5
5. 지난 24시간 이내에 명상이나 기도를 하는 데 30분 이상을 보냈다	1	2	3	4	5
6. 나는 평소에 삶의 궁극적 의미를 발견하고 초월적인 체험을 하기 위해서 종교적 또는 영적 활동(종교행사 참여, 명상이나 기도, 종교경전 읽기, 종교 프로그램 청취 등)을 많이 하는 편이다	1	2	3	4	5

◆ 결과해석

6 ~ 9점: 영성이 부족한 상태이므로 계발을 위한 적극적 노력이 필요함.

10 ~ 20점: 영성이 보통 수준이므로 계발을 위한 노력이 필요함.

21 ~ 25점: 상당한 영성을 지니고 있으므로 강점으로 계발하기 바람.

26 ~ 30점: 매우 탁월한 영성을 지니고 있으며 대표 강점으로 계발하기 바람.

◆ 영성 증진을 위한 작은 노력

1. 매일 인생의 목적에 대해서 생각해본다.
2. 하루를 시작하기 전에 기도를 하거나 명상을 해본다.
3. 나에게 익숙하지 않은 종교의 의식에 참석해본다.

표 8-2 대표 강점 탐색을 위한 강점점수 기록지

핵심덕목	강 점	총 점	점수 그래프				
			6	12	18	24	30
지 혜 및 지 식	창의성						
	호기심						
	개방성						
	학구열						
	지 혜						
자 애	사 랑						
	친절성						
	사회지능						
용 기	용감성						
	끈 기						
	진실성						
	활 력						
절 제	용 서						
	겸 손						
	신중성						
	자기조절						
정 의	시민정신						
	공정성						
	리더십						
초 월	감상력						
	감 사						
	낙관성						
	유머감각						
	영 성						

대표 강점 찾기

6~8장을 통해서 6개 핵심덕목의 24개 강점을 살펴보았다. 그리고 각 강점마다 제시된 간편형 검사를 통해서 자신의 강점 수준(점수)을 평가해보았다면, 이 검사점수에 근거하여 자신의 대표 강점을 탐색해볼 수 있다.

우선 24개 강점에 대한 자신의 점수를 〈표 8-2〉의 점수란에 적어 넣는다. 그리고 각 점수들(총점의 범위: 6~30점)을 6점부터 점선으로 이어 수평선 그래프를 그린다. 이 그래프를 통해서 여러 강점에 대한 자신의 전반적 특성을 살펴볼 수 있다. 특히, 그래프에서 가장 오른쪽에 위치한 높은 점수의 강점 4~5개가 자신의 대표 강점이라고 할 수 있다. 물론 이 검사결과는 잠정적인 것으로서 대표 강점을 확정하기보다는 탐색하기 위한 것으로 활용되어야 할 것이다.

요 약

1. 시민정신은 자신이 속한 집단의 이익을 추구하고자 하는 책임의식으로서 사회나 조직 속에서 자신에게 주어진 임무와 역할을 인식하고 부응하려는 태도를 의미한다. 한 집단의 구성원으로서 자신에게 주어진 역할과 임무를 충실하게 수행하면서 집단에 대한 충성과 헌신을 나타내려는 자세를 말한다.
2. 공정성은 모든 사람을 편향된 개인적 감정의 개입 없이 동등하게 대하는 태도를 의미한다. 사적인 감정이나 편견으로 인한 치우침 없이 모든 사람에게 공평한 기회를 주고 같은 규칙에 따라 대하는 태도를 뜻한다.
3. 리더십은 집단활동을 조직화하고 그러한 활동이 진행되는 것을 파악하여 관리함으로써 집단을 이끌어나가는 능력을 말한다. 자신이 속해 있는 집단의 구성원을 격려하여 각자의 임무를 완성하게 하는 동시에 구성원 간의 조화로운 관계를 육성하고 집단적 활동을 조직화하는 능력을 포함한다.
4. 감상력은 아름다움과 탁월함에 대한 인식능력을 의미한다. 아름답고 탁월한 것을 추구하고 인식하며, 그러한 것들로부터 즐거움을 느낄 수 있는 심미적 능력을 말한다.
5. 감사는 자신에게 베풀어진 다른 사람의 수고와 배려를 인식하고 고마움을 느끼는 능력을 의미한다. 감사함의 느낌은 선물을 받았다는 것에 대한 반응으로 느끼는 고마움과 기쁨으

로서 다른 사람의 행위로 인해 이익을 얻었다는 인식에서 생겨난다.

6. **낙관성**은 미래에 대한 긍정적인 태도를 의미한다. 소망하는 일들이 미래에 실현될 것으로 기대하는 희망적인 태도로서 긍정 정서와 활기찬 행동을 통해서 목표지향적 행동을 촉진하게 된다.
7. **유머감각**은 인생의 역설적인 측면을 예리하게 포착하여 즐기면서 다른 사람들을 웃게 만드는 능력을 의미한다. 유머감각은 유희적인 삶의 태도 또는 장난기와도 밀접한 관련성을 맺고 있으며, 인생의 고통스럽고 모순적인 측면에 대해서 유쾌한 초월적 태도로 임하게 한다는 점에서 초월과 관련된 강점이라고 볼 수 있다.
8. **영성** 또는 **종교성**은 인생의 초월적 측면에 대한 관심과 믿음 그리고 수행 노력을 의미한다. 궁극적인 것, 절대적인 것, 영원한 것, 성스러운 것을 추구하는 태도로서 인생의 의미와 목적의식을 느끼고 충만한 삶을 살아가는 데에 기여한다.

제3부
행복의 원천

제 9 장 긍정적 인간관계 : 사랑과 친밀감

제10장 직업적 성취와 만족 : 몰입과 자기실현

제11장 사회적 기여와 여가활동 : 후속세대 양성과 삶의 향유

제12장 인생의 의미와 영적 추구 : 종교생활과 명상

제9장

긍정적 인간관계
- 사랑과 친밀감 -

가장 큰 행복은 우리가 누군가를 사랑하고 우리 자신이 누군가로부터
사랑받고 있다는 믿음에서 생겨난다.

- Victor Hugo -

인간은 하루 동안에도 매우 다양한 활동을 하며 살아간다. 인간은 과연 어떤 활동과 경험을 할 때 가장 행복감을 많이 느끼는 것일까? 행복의 주된 원천은 무엇일까? 빅토르 위고의 말처럼, 사랑을 하고 사랑을 받을 때일 것이다. 여러 국가에서 시행된 방대한 조사자료를 종합하여 분석한 Diener(2001)에 따르면, 주관적 안녕을 가장 일관성 있게 잘 예측하는 요인은 인간관계였다. 2,000명 이상의 미국인을 대상으로 조사한 한 연구(Campbell, Converse, & Rodgers, 1976)에 따르면, 인간의 주요한 활동영역 중에서 전반적인 삶의 만족도를 가장 잘 예측하는 것은 결혼 및 가정 생활이었다. 또한 인생에서 가장 소중한 것이 무엇이냐고 물었을 때 가장 흔한 대답은 친밀한 인간관계이다(Emmons, 1999). 뿐만 아니라 인간의 행복과 성숙에 관해 연구한 저명한 심리학자들(Allport, 1955; Fromm, 1947; Maslow, 1968, 1971; Ryff, 1989)은 대부분 긍정적인 인간관계를 행복에 필수적인 요소로 들고 있다. 현재 사랑에 관한 연구를 주도하고 있는 Reis와 Gable(2003)은 삶의 만족과 행복에 기여하는 가장 중요하면서도 단일한 원천은 다른 사람과의 긍정

적인 관계라고 결론내리고 있다.

1 행복에 있어서 인간관계의 중요성

긍정적 인간관계는 그 자체로 만족감을 주게 된다. 다른 사람과 관계를 맺고자 하는 것은 인간의 기본적인 내재적 욕구이기 때문이다(Deci & Ryan, 1985). 긍정적 인간관계는 자존감과 정신건강을 증진할 뿐만 아니라 육체건강에도 중대한 영향을 미친다. 다른 사람과의 연결감과 사회적 지지는 전반적인 육체적 기능을 향상시킬 뿐만 아니라 질병으로부터의 회복을 촉진한다(Cohen & Herbert, 1996). 인간관계의 결여는 흡연보다도 더 강력한 수명 단축요인으로 알려져 있다(House, Landis, & Umberson, 1988).

인간관계는 불행을 초래하는 주된 원천이기도 하다. 많은 사람들을 대상으로 시행된 한 연구(Veroff, Douvan, & Kulka, 1981)에서 "최근에 일어난 가장 괴로운 일"이 무엇이냐고 물었을 때 응답자의 50% 이상이 인간관계, 특히 중요한 사람과의 이별이나 갈등을 들었다. 배우자의 사망은 가장 고통스러운 생활사건이었으며 심리적 · 신체적 건강에 모두 심각한 영향을 미쳤다. 사람들이 심리치료를 받게 되는 가장 흔한 문제 역시 인간관계 문제이다(Pinsker, Nepps, Redfield, & Winston, 1985). 중요한 사람과의 갈등이나 이별은 우울증, 외로움, 자기파괴적 행동을 초래하는 중요한 원인이 된다. 고통스러운 인간

사랑과 친밀감은 행복의 원천이다.

관계는 신체적 건강에도 해로운 영향을 끼쳐서 면역기능을 저하시킨다(Kiecolt-Glaser, 1999). 이처럼 인간관계는 우리의 행복과 불행에 심각한 영향을 미치는 매우 중요한 삶의 영역이라고 할 수 있다.

1) 인간의 관계 욕구

행복에 있어서 인간관계가 왜 그토록 중요한 것일까? 인간의 동기나 발달과정을 연구하는 심리학자들에 따르면, 인간은 타인과 관계를 형성하고 유지하려는 선천적인 욕구를 지닌다. Deci와 Ryan(1991)은 관계성(relatedness)의 욕구를 인간의 주요한 내재적 동기로 여기고 있으며, Baumeister와 Leary(1995)는 소속 욕구를 사회적 존재인 인간의 기본적 동기로 보았다. 대상관계 이론가들(예: Klein, 1957; Mahler, 1968; Winnicott, 1965)은 관계 욕구를 인간의 가장 기본적인 욕구라고 주장한다.

관계 욕구가 중요한 이유는 인간의 생물학적 조건에서 찾아볼 수 있다. 인간은 가장 무력한 상태로 태어나는 동물이다. 태어나자마자 서고 걷고 뛰는 다른 동물에 비하면, 인간의 신생아는 너무도 미숙한 상태로 태어난다. 뿐만 아니라 인간은 독립적인 생활을 하기까지 가장 오랜 양육기간을 필요로 하는 존재이다. 신생아가 일어서서 걷기까지 적어도 1년 이상의 시간이 필요하며 스스로 자신의 몸을 자유롭게 움직이기까지 2~3년이란 세월이 필요하다. 이렇게 미숙한 상태에서 태어나는 인간은 출생 시부터 장기간 부모의 보호 아래 양육되어야 하는 존재이다. 즉, 인간은 태어날 때부터 타인의 보호와 도움을 필요로 하는 의존적인 존재이다.

진화심리학의 관점에서 볼 때, 어린 유아는 부모로부터 관심과 보살핌을 유인할 수 있는 속성을 갖춰야 했을 것이다. 파충류와 포유류를 비교하여 살펴본 Vaillant(2005)에 따르면, 알에서 갓 깨어난 파충류의 새끼는 매우 조용한 데 반해서 갓 태어난 포유류의 새끼는 매우 시끄러운 소리를 낸다. 포유류 새끼는 소리를 통해 보살핌이 필요하다는 신호를 양육자에게 보냄으로써 생존을 도모하는 것이다. 무력한 상태로 태어나는 인간의 경우는 더욱 그러한 경향이 강하다. 신생아의 행동 중에는 부모의 관심을 끌고 보호와 애정을 얻으려는 목적과 관련된 것이 많다. 발달심리학자에 따르면, 신생아는 무력하지만 여러 가지 반사행동을 나타낸다. 이러한 반사행동 중에는 손에 무언가가 닿으면 강하게 잡아대는 잡기반사(grasping reflex)가 있는데, 이는 양육자를 붙잡아 매달리고 떨어지지 않으려는 생존가치를 지닌 본능적 행동으로 이해되고 있다. 또한 태어난 지 얼마 되지 않은 신생아들이 사람을 보고 웃음을 짓는 배냇 웃음은 부모나 양육자의 보호본능을 자극하는 선천적인 행동으로 이해되고 있다.

또한 개체로서의 인간은 생물학적으로 매우 나약한 존재이다. 생존에 필요한 영양분을 습득하고 위험으로부터 자신을 보호하기 위한 강력한 신체적 능력이 부족하다. 날카로운 이빨과 발톱도 없고, 신속하게 오래 달릴 수 있는 체력을 가지고 있지도 않다. 이러한 신체적 조건을 가지고 약육강식의 환경 속에서 생존할 수 있는 유일한 방법은 서로 힘을 합치는 협동적인 생활방식을 택하는 것이다. 따라서 인간은 함께 모여 사는 군집생활을 해야만 했을 것이다. 뿔뿔이 흩어져 산 인간은 진화의 과정 속에서 도태될 수밖에 없었던 것이다. 인간을 만물의 영장으로 만든 주요한 이유 중의 하나는 이러한 집단생활을 통해 개체의 경험을 공유하고 누적시키는 과정에서 문명을 형성하고 발전시켜나간 것이라고 할 수 있다. 이렇듯 신체적 나약함이라는 인간의 생물학적 조건은 인간을 타인과의 관계 속에서 살아가야 하는 사회적 존재로 만들고 있다.

진화의 관점에서 보면, 관계 욕구는 인간의 적응을 돕는 다양한 기능을 한다(Shackelford & Buss, 1996). 인간의 조상들은 신체적으로 나약한 존재였기 때문에 맹수들의 위협으로부터 생존하기 위해서 집단생활을 해야만 했을 것이다. 또한 자손의 번식을 위해 짝지을 대상을 유혹해야 했을 뿐만 아니라 자손을 보호하고 양육하기 위해서 지속적인 유대관계를 형성해야 했을 것이다.

이상에서 살펴보았듯이, 관계 욕구는 인간에게 있어서 매우 중요한 기본적인 동기이다. 인간관계는 이러한 관계 욕구의 충족을 통해서 행복과 만족감을 경험하는 주요한 삶의 영역인 것이다.

2) 인간관계에 대한 긍정 심리학의 입장

인간관계는 행복뿐만 아니라 불행의 주요한 원천이다. 우리는 긍정적 인간관계를 통해서 행복과 만족을 얻지만, 부정적 인간관계에서는 고통과 불행을 느끼게 된다. 양날의 칼과 같이, 인간관계는 양면성을 지니고 있다. 그런데 심리학자들은 그동안 인간관계의 부정적 측면에 초점을 맞추어 연구해왔다. 인간관계의 긍정적 측면보다 부정적 측면이 개인의 삶에 훨씬 더 강력한 영향을 미치는 것으로 여겼기 때문이다.

인간관계에서의 긍정 경험과 부정 경험

"나쁜 것은 좋은 것보다 더 강하다(The bad is stronger than the good)."는 말이 있다. Taylor(1991)에 따르면, 부정적인 사건은 중립적이거나 긍정적인 사건보다 인간에게 더 많은 관심을 유인할 뿐만 아니라 신체적 · 심리적 활동을 유발한다. 왜 그럴까? 진화심리학의 관점에서 보면, 그러한 심리적 기제가 인간의 생존과 생식에 도움이 되기 때문이다(Buss & Kenrick, 1998). 인간의 선천적인 심리적 성향들은 진화과정에서 개체보존과 종족보전에 도움이 되기 때문에 남아 있는 적응기제들이다. 인간이 부정적인 사건에 더 많은 관심을 갖는 이유는 그러한 사건들이 생존에 더 시급하고 중요한 의미를 지니기 때문이다. 즉, 인간을 손상시킬 수 있는 부정적인 환경적 사건들은 대부분 생존에 직접적이고 즉각적이며 회복 불가능한 치명적 결과를 초래하는 반면, 긍정적인 환경적 사건들은 생존에 간접적인 영향을 줄 뿐만 아니라 나중에 보충할 수 있다. 예컨대, 맹수의 습격이나 성적 경쟁자의 출현은 친밀감이나 즐거움을 주는 사건들보다 생존과 생식에 더 직접적인 결과를 초래한다.

또한 인간은 긍정 정서보다 부정 정서에 더 많은 관심을 갖는다. 부정 정서는 주변환경에서 일어나는 부정적인 생활사건들을 반영하고 있기 때문이다. 모든 인간이 선천적으로 타고나는 기본 정서를 연구한 심리학자들에 의하면, 기본 정서에는 부정적인 것들이 더 많다. Levensen 등(1992)은 5개의 기본 정서를 주장한 바 있는데, 그중에서 네 개가 부정적인 것(분노, 공포, 고통, 슬픔)이고 단지 한 개만이 긍정적인 것(행복감)이었다. Lazarus(1994)는 15개의 기본 정서를 제시하고 있는데, 그중에서 9개가 부정적인 것이고 6개가 긍정적인 것(이 중 3개는 부정적인 정서로부터의 회복을 나타내는 안도감, 희망, 동정심)이었다.

인간이 부정 정서에 더 많은 관심을 갖는 이유는 인간의 일반적인 정서가 긍정적인 쪽으로 편향되어 있어서 부정 정서가 발생하면 더 주의를 끌기 때문이라는 주장이 있다. 인간의 일반적 정서는 중립점을 기준으로 균형 있게 분포되는 것이 아니라 그로부터 약간 긍정적인 쪽으로 기울어져 있다(Diener & Diener, 1996; Peeters & Czapinski, 1990).

즉, 인간이 일상생활에서 경험하는 기분이나 정서 경험은 약간 긍정적인 것들이 많다. 그래서 정서의 기준점은 약간 긍정적인 위치에 있다. 부정 정서를 경험하게 되면, 그 기준점으로부터의 괴리가 크기 때문에 더 많은 주의가 기울여질 뿐만 아니라 기준점으로 돌아오기 위해서 더 강력한 반응이 필요하다는 것이다.

특히, 인간관계에서는 "나쁜 것이 좋은 것보다 더 강하다." 일단 어떤 관계가 형성되면, 관계의 만족도를 결정하는 가장 중요한 요인은 갈등의 정도이다(Christensen & Walczynski, 1997). 부부관계의 경우, 만족도의 65%를 설명하는 것은 배우자에 대한 부정적 행동이다(Wills, Weiss, & Patterson, 1974). 결혼 초기에 부부만족도가 저하되는 주된 이유는 부정적인 상호작용이 증가하기 때문이다. 특히, 가족 내에서 표출되는 강렬한 부정 정서는 가족의 역기능을 나타내는 징표일 뿐만 아니라 정신장애를 유발하는 원인으로 여겨지고 있다(Hooley, 1985). 인간관계의 갈등은 악순환 과정을 통해 증폭되는 경향이 있어 불행과 파국으로 치닫게 되는 경우가 흔하다. 그래서 부부관계 증진에 관한 책을 저술한 Notarious와 Markman(1993)은 다음과 같이 조언하고 있다: "부부생활의 행복은 '누구와 결혼하느냐?' 와는 거의 관계가 없으며 전적으로 부부 갈등을 어떻게 해결하느냐에 달려 있다. …… 한 번의 불평은 스무 번의 친절을 지워버린다. 한 번의 비난은 당신이 배우자에게 여러 시간 공들여 배려한 것을 일거에 무효화시켜 버린다." (pp. 20-28.)

인간관계에서 긍정 경험의 중요성

인간관계에서는 부정 경험이 긍정 경험보다 더 강력한 영향을 미친다. 그래서 인간관계의 부정적 측면을 감소시키거나 제거하는 것이 관계만족도를 증진하는 주된 방법이라고 여겨져 왔다. 대다수의 인간관계 증진 프로그램은 갈등과 부정적 상호작용을 어떻게 회피하느냐에 초점을 맞추고 있다. 그동안 심리학자들은 인간관계의 부정적 측면을 밝히고 제거하는 일에 주력해온 반면, 인간관계의 긍정적 측면을 밝히고 증진하는 일에는 깊은 관심을 기울이지 못했다. 그 이유 중 하나는 부정적 측면을 줄이는 것이 긍정적 측면을 증가시키는 것이라고 생각했기 때문이다. 그러나 인간관계의 두 측면은 서로 독립적이라는 주장이 제기되고 있다.

Reis와 Gable(2003)은 인간관계의 회피적 태도와 접근적 태도를 구분하면서 두 태도가 서로 독립적이라고 주장한다. 회피적 태도는 인간관계에서 안전과 안정을 추구하면서 갈등과 위험을 회피하려는 소극적인 자세인 반면, 접근적 태도는 인간관계에서 때로는 갈등과 거부에 직면할 수 있지만 친밀감과 열정을 추구하는 적극적인 자세를 뜻한다. 회피적 태도는 안전한 삶을 추구하지만 개인을 정체상태에 빠뜨리는 반면, 접근적 태도는 풍성한 삶을 지향하며 개인의 성장과 자기실현을 촉진한다. 이러한 두 가지 과정은 상반된 것이 아니라 각기 독립적인 과정이다.

인간의 관계 욕구는 회피적 태도보다 접근적 태도에 의해서 충족될 수 있는 것이다. 관계 욕구는 다른 사람과 친밀한 관계를 맺고 그 속에서 긍정 정서를 경험함으로써 충족되는 것이지 부정 정서를 회피하는 것과는 무관하다. 즉, 친밀한 관계에 대한 욕구는 다른 사람으로부터 이해받고 인정받는다는 느낌을 통해서 충족될 수 있는 것이다. 사회적 활동을 통해서 경험될 수 있는 친밀감은 접근적 태도를 통해서만 가능하다. 행복한 삶은 다른 사람과의 관계에서 긍정 정서를 느낄 뿐만 아니라 풍성한 삶을 통해 개인적 성장과 이상을 실현하려는 노력을 통해서 가능한 것이다.

Gable(2000)의 연구에 따르면, 부부의 긍정적 상호작용은 결혼생활 행복도에 중요한 영향을 미쳤다. 뿐만 아니라 긍정적 상호작용이 결혼생활 행복도에 미치는 영향은 부정적 상호작용의 영향과는 독립적인 것으로서 그 크기도 비슷했다. 특히, 결혼생활에 큰 영향을 미치는 긍정적 행동은 상대방에 대한 이해, 인정, 보살핌을 통해 친밀감을 나타내는 것들이었다.

결혼만족도를 증진하기 위해서는 긍정적인 행동들을 적절하게 표출하는 것이 중요하다. Gable, Asher와 Reis(2000)는 배우자가 느끼는 긍정적 경험을 함께하며 강화해주는 것이 부부관계에 유익하다고 주장한다. **순응**(accommodation)은 배우자의 부정적 경험에 대해서 공감과 위로를 보내며 긍정적으로 반응하는 것인 반면, **강화**(capitalization)는 배우자의 긍정적 경험에 대해서 함께 기뻐하며 긍정적으로 반응하는 것이다. 예를 들어, 아내에게 찾아 든 행운을 남편이 진정으로 기뻐하며 축하해준다면, 아내는 남편이 자신을 지지하고 있다고 느낄 것이며 행운에 대한 기쁨이 더 커질 것이다. 반면에, 남편이 무관심하거나 오히려 질투반응을 보인다면, 아내는 그것을 자신에 대한 애정 부족이나 적대감으로 느끼게 될 것이다. 연구자들은 이러한 강화행동이 긍정적인 관계를 반영하는 결과(만족도, 친밀감, 신뢰도, 헌신도)와 관련되어 있음을 발견했다.

또한 즐거운 여가활동을 함께함으로써 긍정 정서를 경험하는 것이 관계의 질을 향상시키는 데에 중요하다. Aron 등(2000)의 연구에 따르면, 부부관계의 전반적 만족도와 열정은 부부가 새롭고 흥분되는 활동에 함께 참여함으로써 향상되었다. 긍정 정서를 배우자와 함께 공유하는 것은 다른 영역으로 일반화되어 부부관계를 지탱하고 강화하는 역할을 하게 된다. 내재적 동기를 충족시키는 행동은 재미있게 느껴질 뿐만 아니라 활력, 열정, 몰입, 행복을 촉진하게 된다(Deci & Ryan, 1985). 따라서 내재적 동기를 충족시키는 활동을 함께하게 되면, 관계는 더욱 공고해지고 만족도도 높아질 것이다. 이러한 연구결과들은 상대방이 겪은 부정적 경험을 공감하고 위로하는 것뿐만 아니라 긍정적 경험을 공유하고 강화해주는 것이 관계만족도를 증진하는 데 중요하다는 것을 보여주고 있다.

최근에는 인간관계의 접근적 행동에 대한 생물학적 기제가 밝혀지고 있다. 긍정적인 사회적 교류, 특히 애정적 접촉을 나누게 되면 신경화학물질인 **옥시토신**(oxytocin) 수준이 높아진다(Carter, 1998). 애정 어린 시선교환뿐만 아니라 만지기, 껴안기, 매달리기, 젖 먹이기, 성행위 하기 등의 신체적 접촉은 옥시토신 수준을 증가시킨다. 또한 옥시토신은 친밀감과 애정적 접촉을 촉진하고 보살핌 행동을 증진시킨다(Insel & Winslow, 1998; Taylor & Klein et al., 2000). 뿐만 아니라 옥시토신은 스트레스 반응을 감소시킴으로써 신체건강과 정신건강에도 도움을 준다(Carter, 1998; Seeman & McEwen, 1996). 요컨대, 옥시토신 분비를 촉진하는 것은 부정적인 행동의 회피가 아니라 긍정적인 행동의 표현이다. 이러한 생물학적 현상은 긍정적인 인간관계가 행복에 중요하다는 것을 보여주고 있다.

2 행복에 중요한 사람들

1) 의미 있는 타인들

우리는 평생 동안 수많은 사람들을 만나 인간관계를 맺으며 살아간다. 그러나 모든 사람들이 우리의 행복에 동일한 영향을 미치는 것은 아니다. 우리의 삶에 중요한 영향을 미치는 '의미 있는 타인들(significant others)'이 있다. 이들과의 관계가 행복에 특히 중요하다. Kiesler(1996)에 따르면, 의미 있는 타인들은 다음과 같은 특성을 지니는 사람들이다.

(1) 내가 매우 좋아하고 또한 나를 매우 좋아하는 사람
(2) 내가 닮고 싶어 하는 사람 또는 나의 이상(理想)인 사람
(3) 내가 조언과 충고를 얻기 위해 찾는 사람
(4) 나의 인생과 관련된 중요한 사안에 대해서 결정을 하는 사람
(5) 나의 의견과 행동에 중요한 영향을 미치는 사람, 즉 내가 그 사람으로부터 인정받기를 원하며 나에 대한 그 사람의 평가를 중요시하는 사람
(6) 나의 개인적 성장을 촉진하는 사람, 즉 그 사람과 함께 있으면 내가 한 단계 넓고 깊어지며 인격적으로 향상되는 것이 느껴지는 사람
(7) 내가 정서적으로나 심리적으로 가장 깊게 신뢰하는 사람
(8) 나와 함께 같은 가치관을 공유하고 있는 사람
(9) 내가 실제적 관계이든 상상적 관계이든 많은 시간을 소비하는 사람, 즉 내가 자주 접촉하고 많은 시간을 보내며 함께 많은 일을 하는 사람
(10) 나에게 가장 적절하고 유용한 평가적 피드백을 제공하는 사람
(11) 나에게 친밀감과 존중감을 제공하는 실제적 또는 잠재적 원천이 되는 사람

이러한 정의들을 종합하면, 의미 있는 타인은 네 가지 역할을 하는 것으로 요약될 수 있다(Larus, 1989). 첫째, 의미 있는 타인은 나에 대한 사회적 지지자의 역할을 한다. 내가 어려움에 처하거나 도움이 필요할 때, 이들은 정서적 또는 재정적 지원과 같이 다양한 형태의 지지를 제공한다. 변함없이 일관성 있게 많고 다양한 지원을 해주는 사람일수록 나에게 의미 있는 타인이 된다. 둘째, 자기평가에 중요한 영향력을 미치는 사람이 의미 있는 타인이 된다. 인간은 타인의 눈을 통해서 자신을 가늠한다. 즉, 나에 대한 타인의 의견과 평가를 통해서 자기평가를 하게 된다. 이처럼 자기평가에서 중요하게 여기는 사람일수록 의미 있는 타인이 된다. 달리 말하면, 이들은 우리가 진정으로 인정받기를 원하는 사람들이며 우리의 행동에 중요한 영향을 미치는 사람들이다. 셋째, 서로 유사성이 많을수록 더 의미 있는 타인으로 여겨지는 경향이 있다. 즉, 나와 성격이나 가치관 등에서 서로 유사성을 공유하고 있다고 느끼는 정도에 따라서 의미 있는 타인으로 여겨지

게 된다. 마지막으로, 영향력의 상호성이 의미 있는 타인의 기준이 될 수 있다. 서로 영향력을 주고받는 상호적 영향력이 큰 사람일수록 더 의미 있는 타인으로 느껴지게 된다. 달리 말하면, 우리의 삶에 있어서 중요한 의미를 지니는 사람은 강한 상호의존적 관계를 맺고 있는 사람이라고 할 수 있다.

사람마다 타인을 의미 있는 존재로 여기게 되는 기준이 다르다. 그러나 일반적으로 개인이 지니는 자기개념과 세계관에 중요한 영향을 주었거나 주고 있는 사람이 의미 있는 타인이 된다. 대부분의 경우, 의미 있는 타인으로는 어머니, 아버지, 친구, 연인이나 배우자, 교사가 선택된다. 특히, 어린 시기에 양육을 담당하고 사회화 과정에 일차적으로 관여했던 양육자, 즉 부모가 가장 의미 있는 타인으로 여겨진다. 그러나 사람마다 개인적 경험에 따라서 의미 있는 타인은 달라질 수 있다.

타인은 긍정적인 의미뿐만 아니라 부정적인 의미에서 개인에게 중요한 존재가 될 수 있다. 일반적으로, 긍정적인 의미에서 중요한 타인은 나를 지원하고 인정하며 함께 있으면 편안하고 재미있는 사람이거나 나의 잠재력을 성장시키고 실현하도록 돕는 사람을 뜻한다. 예컨대, 나를 키워주시고 변함없는 애정으로 자식을 사랑해주신 어머니가 긍정적인 의미에서 가장 중요한 타인이 될 수 있다. 반면에, 부정적인 의미에서 중요한 타인이 있을 수도 있다. 나를 인정해주지 않으며 심리적 상처를 주어 접촉을 회피하거나 관계의 종결을 원하는 사람이 그러한 타인이다. 예컨대, 가정에서 폭군처럼 행동하여 내가 미워하는 아버지는 부정적인 의미에서 중요한 타인이 된다. 긍정적인 점에서 의미 있는 타인뿐만 아니라 부정적인 점에서 의미 있는 타인 역시 우리의 행복에 중요한 영향을 미치게 된다.

2) 인생의 네 가지 동반자

인간관계는 다른 사람과 깊은 유대를 맺고 애정을 나누고 싶은 기본적 욕구를 충족시키고 그로부터 삶의 활력을 얻는 터전이다. 이러한 인간관계의 욕구는 다양하며 여러 종류의 사람들과 친밀한 관계를 형성함으로써 충족될 수 있다. Schmidt와 Sermat(1983)는 생활 속에서 이루어지는 인간관계의 영역을 크게 네 가지 영역, 즉 (1) 가족관계, (2) 낭만적 또는 성적 관계, (3) 교우관계, (4) 사회적 소속관계로 나누고 있다. 그리고 이러한 네 가지 영역 중 어느 한 영역의 인간관계가 결핍되어 있거나 불만족스러울 때 고독을 느끼게 된다고 한다. 달리 말하면, 만족스럽고 행복한 삶을 위해서는 다음과 같은 네 가지 종류의 동반자가 필요하다(권석만, 2004).

우리의 삶에 필요한 동반자 중 첫째는 **가족 동반자**(familial partner)이다. 가족 동반자는 부모, 형제자매, 가까운 친척과 같이 가족애를 나눌 수 있는 혈연적 동반자를 뜻한다. 가정의 모든 것을 공유하며 화목한 분위기 속에서 서로를 신뢰하는 가족애를 느낄 수 있는 동반자들이다. 가정은 인생이라는 등반에 있어서 베이스캠프와 같은 역할을 하는 곳이다. 사회생활 속에서 지쳐 피곤해진 몸과 마음을 편안하게 쉬고 힘을 비축하는 곳이다. 이러한 가정 속에서 서로를 이해하고 위로하며 지원해줄 수 있는 가족적 동반자는 우리 삶에 있어서 가장 중요하고 필수적인 동반자라고 할 수 있다. 가족이 없거나 가족구성원 간의 관계가 소원하고 화목하지 않을 경우에는, 다른 인간관계가 원만하다 해도 고독을 느끼게 된다.

둘째, 우리는 **낭만적 동반자**(romantic partner)를 필요로 한다. 낭만적 동반자는 사랑을 나눌 수 있는 연인 또는 애인을 말한다. 인간은 누구나 낭만적 사랑에 대한 욕구와 성적인 욕구를 지니고 있다. 낭만적 동반자는 이러한 인간관계 욕구를 충족할 수 있는 애정 상대를 의미한다. 즉, 낭만적 사랑과 연애감정을 느낄 수 있고 육체적 친근감을 통해 성적인 욕구를 나눌 수 있는 이성상대를 뜻한다. 이러한 낭만적 동반자는 연인관계를 맺게 되는 애인을 말하며 결혼을 통해 부부관계를 형성한 경우에는 배우자(남편 또는 아내)를 말한다.

셋째, 우리의 삶에 있어서 중요한 역할을 하는 사람이 **사교적 동반자**(social partner)이다. 사교적 동반자는 교우관계를 통해 우정을 느낄 수 있는 친구를 뜻한다. 이러한 동반자는 혈연관계나 직업적 이해관계보다는 개인적인 친근감과 신뢰에 바탕을 두고 긍정적인 정서적 교류를 하는 친구를 말한다. 친구는 서로에 대한 호감과 공통관심사에서 출발하여 서로의 개인적 정보를 공개하게 되고 따라서 서로를 잘 이해하게 됨으로써 친밀감을 느끼는 편한 사람이다. 나아가서 생활 속에서 느끼는 즐거움을 공유하고 괴로움을 함께 나누며 서로 돕는 인생의 중요한 동반자이다. 우리 사회에서는 흔히 같은 또래의 동성 간에 이러한 사교적 동반자 관계가 형성되는 경우가 많다. 사교적 동반자에는 동향친구나 동문친구처럼 어린 시절부터 같은 고향에서 자랐거나 같은 학교를 다니면서 지연 또는 학연에 근거한 일차적 교우관계와 개인의 성격, 가치관, 신념, 취미, 관심사와 같은 개인적 기호의 공통성에 근거한 이차적 교우관계가 있다.

마지막으로, 인생의 중요한 동반자는 **작업적 동반자**(working partner)이다. 작업적 동반자는 일을 함께하는 동료를 뜻한다. 인간은 추구하는 공통적인 목표를 실현하기 위한 목표지향적인 공동체에 속하게 된다. 작업적 동반자는 이러한 목표지향적 활동을 협력적으로 행하게 되는 일의 동반자이다. 공동의 목표를 위해 직업적 활동을 함께하는 직장동료, 같은 분야의 공부를 함께하는 학우, 가치나 이념의 실현을 위해 함께 활동하는 동지가 작업적 동반자에 해당된다. 흔히 작업적 동반자는 사교적 동반자와 중복될 수 있다. 그러나 함께 일하는 직장동료가 항상 좋은 친구가 될 수 없듯이, 작업적 동반자와 사교적 동반자는 여러 가지 점에서 구분된다. 작업적 동반자는 공통의 목표를 달성하기 위한 목표지향성을 가지는 반면, 사교적 동반자는 함께 달성해야 할 특정한 목표를 지니지 않는다. 작업적 동반자와의 관계는 업무 중심적 인간관계인 반면, 사교적 동반자와의 관계는 애정 중심적 인간관계라고 할 수 있다. 작업적 동반자는 추구하는 목표가 달성되면 관계

인생의 네 가지 동반자: 가족, 연인, 친구, 직장동료

가 해체되지만, 사교적 동반자는 서로의 개인적 친밀감이 유지되는 한 관계가 지속된다.

이러한 네 가지 동반자는 우리 삶의 주요한 인간관계 영역을 나타낸다. 이러한 네 가지 동반자들과의 인간관계에서 친밀하고 효율적인 관계를 형성할 때 우리는 삶의 만족감과 행복을 느끼게 된다. 그러나 이들 중 한 가지 또는 그 이상의 동반자가 결여되었거나 그 관계가 원만하지 못할 때, 우리는 고독과 불행감을 느끼게 된다.

3 사랑과 친밀감

사랑을 하고 사랑을 받는 것만큼 우리를 행복하게 만드는 것은 없을 것이다. 인간관계가 행복에 그토록 중요한 이유는 관계 속에서 느낄 수 있는 사랑과 친밀감 때문일 것이다. Myers와 Diener(1995)에 따르면, 결혼한 사람들이 미혼자나 이혼한 사람들보다 더 행복하다는 일관성 있는 연구결과들이 많다. Hendrick과 Hendrick(2000)은 연애를 하고 있는 대학생들이 그렇지 않은 대학생들보다 훨씬 더 행복하다는 결과를 얻었다. 뿐만 아니라 현재는 연애를 하고 있지 않지만 과거에 연애를 한 경험이 있는 대학생들은 전혀 연애 경험이 없는 대학생들보다 더 행복했다. 이들의 행복도는 열정적 사랑($r=.33$), 우정($r=.13$) 그리고 전반적인 관계만족도($r=.35$)와 유의미한 상관을 나타냈다. 친밀감은 어떤 연령대에서든 가장 높은 선호도를 지닌다.

사랑하고 사랑받는 것만큼 행복한 것도 없다.

인간의 행복에 있어서 그토록 중요한 사랑의 본질은 무엇일까? 1975년에 두 명의 젊은 심리학자인 Ellen Berscheid와 Elaine Hatfield가 낭만적 사랑에 대한 연구를 위해서 미국 국립과학재단으로부터 8만 4,000불의 연구비를 받았다. 이때 상원의원인 William Proxmire는 사랑에 대한 과학적 연구에 반대한다는 견해를 제시했다. 그 이유는 사랑에 관해서 과학적인 연구를 하는 것이 불가능할 뿐만 아니라 유익하지도 않다는 것이다. 사랑을 인간이 이해할 수 없는 신비로 남겨두는 것이 더 낫다는 견해였다. 이에 관해서 *Chicago Tribune*이 실시한 투표에서는 독자의 88%가 Proxmire의 주장을 압도적으로 지지했지만, 몇몇 노벨상 수상자들과 Barry Goldwater와 같은 상원의원들은 사랑에 대한 과학적 연구를 지지했다(Peterson, 2006). 이를 계기로 낭만적 사랑과 결혼에 대한 과학적 연구가 본격적으로 시행되었다. 아직 심리학자들이 사랑의 신비를 충분히 밝히지는 못했지만 그에 관한 이해는 상당히 증진되었다.

1) 사랑의 유형

사랑이라는 용어는 다양한 인간관계를 지칭하기 위해 사용된다. John Lee(1977, 1988)는 사랑의 의미를 내포하는 다양한 그리스어에 근거하여 사랑을 6가지의 유형으로 구분하고 있다.

에로스(Eros)는 뜨거운 열정과 욕망이 중요한 요소가 되는 강렬한 낭만적 사랑(romantic love)이다. 지속적으로 연인을 생각하고, 연인과 하나가 되고 싶은 욕망을 느끼며, 강렬한 감정과 집착을 나타낸다. 사랑이 영원할 것이라고 믿으며 사랑을 위해선 무엇이든지 하려는 충동과 더불어 강렬한 성적인 요소가 개입된다. 이도령과 성춘향, 로미오와 줄리엣의 사랑이 대표적인 예라고 할 수 있다.

스토르게(Storge)는 친한 친구에게서 느껴지는 친밀감과 우정이 주된 요소가 되는 동반자적 사랑(companionate love)이다. 이러한 사랑은 서서히 발달하며 오래도록 지속되는 경향이 있다. 함께 가까이 지내면서 서로 편안함을 느끼고 말이 잘 통하며 관심과 취향이 비슷하여 서로를 잘 이해하는 친구처럼 느끼게 된다.

루더스(Ludus)는 마치 놀이를 하듯이 재미와 쾌락을 중요시하며 즐기는 유희적 사랑(playful love)이다. 이러한 사랑에서는 상대방에 대한 강력한 집착이나 관계의 지속을 위한 장기적인 계획이 없다. 유희적 사랑을 하는 사람들은 흔히 여러 명의 연인을 동시에 사귀며, 고정된 이상적인 연인상을 가지고 있지도 않다. 돈 환이나 플레이보이들이 나타내는 사랑이 대표적인 예라고 할 수 있다.

Lee는 이상의 3가지를 일차적 사랑으로 보았다. 마치 여러 가지 색깔을 만들어내는 3원색과 같은 것으로 여겼다. 이러한 3가지 사랑 중 2가지가 혼합된 것이 이차적 사랑으로서 프래그마, 아가페, 마니아가 이에 속한다.

프래그마(Pragma)는 이성에 근거한 현실주의적이고 합리주의적인 사랑으로서 실용적 사랑(pragmatic love)이라고 불리기도 한다. 사랑의 대상을 선택할 때에도 사랑의 관계가 안정적이고 지속적일 수 있는 서로의 조건을 고려한다. 상대방의 성격, 가정배경, 교육수준, 종교, 취미 등을 고려하여 자신과 맞는 사람을 선택한다. 이러한 조건을 고려한 선택이 이루어지게 되면, 강렬한 애정감정과 열정이 뒤따르기도 한다. Lee는 프래그마를 스토르게와 루더스가 혼합된 것으로 보았다.

아가페(Agape)는 무조건적이고 헌신적으로 타인을 위하고 보살피는 이타적 사랑(altruistic love)이다. 사랑의 대상이 사랑을 받을 자격을 가지고 있는지의 여부나 그로부터 돌아오는 보상적인 대가에 상관없이 변함없이 주어지는 헌신적인 사랑이다. 이런 종류의 사랑에서는 자기희생이 중요한 요소가 된다. Lee에 따르면, 아가페는 에로스와 스토르게가 혼합된 것이다.

마니아(Mania)는 상대방에 대한 강렬한 소유욕과 집착을 중요한 요소로 하는 집착적 사랑(possessive love)을 말한다. 사랑은 상대방을 완전히 소유하거나 자신이 상대방에게 소유당하는 것이라는 생각에 집착하기 때문에 강한 흥분과 깊은 절망의 극단을 오간다. 마치 사랑의 노예가 된 것처럼, 상대방의 사랑을 확인하기 위해 모든 시간과 정력을 소모한다. 상대방이 자신을 버리고 떠나가지 않을까 하는 불안과 의심으로 항상 마음을 조이며 잠을 이루지 못한다. 사랑을 얻기 위해서 헌신적인 노력을 기울이지만, 조그만 배신의 기미가 보이면 뜨겁던 사랑이 일순간에 증오로 변한다. Lee는 마니아를 에로스와 루더스가 혼합된 것으로 보았다.

Hendrick과 Hendrick(1992)은 이러한 사랑의 유형들이 나름대로 만족스러운 관계의 원천이 될 수 있다고 믿었다. 그러나 이후의 연구(Hendrick, Hendrick, & Adler, 1998)에서 그렇지 않음이 밝혀졌다. 57쌍의 커플을 대상으로 사랑의 유형, 관계의 만족도 및 안정도를 연구한 결과, 한 사람이 선호하는 사랑의 유형은 상대방에 대해 매력을 느끼는 정도와 관계만족도 모두에 영향을 미치는 것으로 나타났다. 첫째, 연인들은 서로 비슷한 유형의 사랑을 보였다. 예를 들어, 에로스형 사랑에 높은 점수를 기록한 사람은 역시 에로스형에서 높은 점수를 받는 사람과 연인이 되는 경향이 있었다. 선호하는 사랑의 유형이 비슷하면 서로에게 매력을 느끼게 되어 연인관계로 발전할 가능성이 높아진다. 둘째, 관계만족도가 높을수록 남녀 모두 에로스형 사랑에서 높은 점수를 나타냈다. 이러한 결과는 열정이 연인관계의 만족에 중요하다는 것을 보여준다. 반면에, 루더스형 남성들과 마니아형 여성들은 관계만족도에서 낮은 점수를 나타냈다. 흥미로운 결과는 남성이 나타내는 사랑의 유형보다 여성이 나타내는 사랑의 유형이 상대방의 관계만족도에 더 중요한 영향을 미친다는 점이다. 여성이 에로스형과 아가페형의 사랑을 많이 나타낼수록, 남성 연인이 느끼는 관계만족도가 더 높았다. 그러나 남성이 이러한 유형의 사랑을 많이 나타내더라도 여성 연인의 만족도에는 별 영향을 미치지 못했다. 마지막으로, 남녀 모두가 에로스형 사랑을 많이 나타내고 루더스형 사랑을 적게 나타낼수록 연인관계가 두 달 이상 지속되는 안정성이 더 높았다.

다양한 형태의 사랑이 존재하지만 사랑의 가장 기본적이고 중요한 요소는 열정적 사랑(passionate love)과 동반자적 사랑(companionate love)이라는 주장이 널리 받아들여지고 있다. 이러한 주장을 **사랑의 2요인설**(Two-factor Theory of Love; Barnes & Sternberg, 1997; Hatfield, 1988)이라고 한다. 열정적 사랑은 사랑하는 사람에 대한 열망으로서 정서적 결합과 성애적 충족으로 인한 강렬한 기쁨을 선사한다. 그러나 거절과 위기를 겪게 되면 강렬한 고통과 절망을 경험하게 된다. 반면에, 동반자적 사랑은 친구같이 편안하고 다정한 애정으로서 좀 더 조용한 모습의 사랑과 장기적인 헌신을 나타낸다. 동반자적 사랑은 주로 유쾌한 경험을 통해서 깊어지는 반면, 열정적 사랑은 기쁨과 고통 모두에 의해서 강화될 수 있다(Hatfield, 1988).

열정적 사랑과 동반자적 사랑 중 어떤 것이 사랑의 본질에 가까운 것일까? Fehr(1994)는 사람들이 열정적 사랑보다 동반자적 사랑을 사랑의 원형에 더 가까운 것으로 생각한다는 연구결과를 얻었다. 사람들은 부모의 사랑이나 친구의 우정에서 나타나는 동반자적 사랑을 사랑의 가장 일반적인 형태로 간주했다. 반면에, 열정적인 성애적 사랑은 사랑의 특수한 형태로 여기는 경향이 있었다. 낭만적 사랑의 특성을 조사한 Regan, Kocan과

Whitlock(1998)에 따르면, 열정은 낭만적 사랑의 여러 가지 특성 중 하나일 뿐 중요도에 있어서 정직이나 신뢰보다 더 낮았다. 사랑의 가장 기본적인 형태는 동반자적 관계(companionship)이며 낭만적 사랑은 여기에 열정이 추가된 특수한 형태라고 할 수 있다.

2) 사랑의 삼각형 이론

사랑은 매우 다양하고 미묘한 체험이라서 그 실체를 파악하기 어렵다. 그러나 사랑의 기본적인 구성요소와 사랑의 다양한 형태를 명쾌하게 설명하는 이론이 Sternberg(1986b; Sternberg & Grajek, 1984)에 의해 주장된 **사랑의 삼각형 이론**(Triangular Theory of Love)이다. Sternberg는 적어도 한 번 이상 사랑을 해본 경험이 있는 여러 연령층의 사람들을 대상으로 하여 설문지와 면접을 통해 사랑을 연구하였다.

Sternberg는 사랑이 친밀감, 열정, 투신이라는 세 가지 요소로 구성되어 있다고 주장한다. 첫째, **친밀감**(intimacy)은 가깝고 편하게 느낌, 서로를 잘 이해함, 함께 공유함, 원활한 의사소통, 긍정적인 지지 등을 의미한다. 친밀감은 사랑의 '따뜻한' 측면으로서 사랑이 따뜻하고 푸근하게 느껴지는 것은 이러한 친밀감 때문이다. 친밀감은 사랑의 정서적 측면을 반영하는 특성이다. 이러한 친밀감은 만남의 횟수와 교제기간에 비례하여 서서히 증가된다. 그러나 친밀감은 어느 정도 이상의 높은 친밀 수준에 이르면 더 이상 증

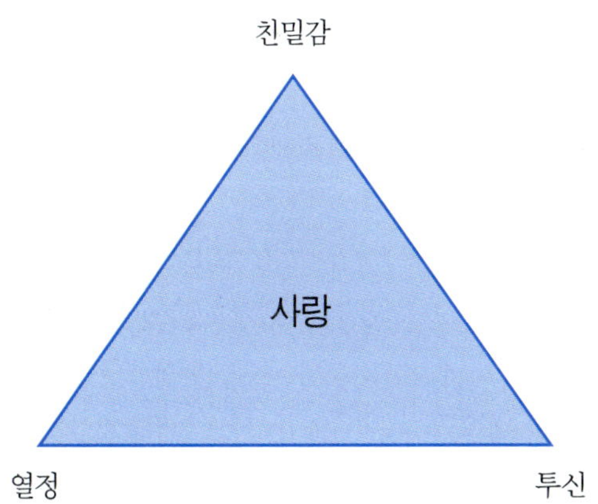

〈그림 9-1〉 사랑의 삼각형 이론

가하지 않으며 서로 친밀하다는 것을 의식하지 않게 되는 상태로 발전한다.

둘째, 사랑의 동기적 측면을 이루는 것이 **열정**(passion)이다. 사랑의 '뜨거운' 측면이다. 열정은 연인들을 생리적으로 흥분시켜 들뜨게 하고 사랑하는 사람과 함께 있고 싶고 일체가 되고 싶은 강렬한 욕망을 불러일으킨다. 열정은 친밀감과 달리 급속히 발전한다. 때로는 상대방을 처음 만난 순간부터 강렬한 열정을 느끼게 되기도 한다. 그러나 열정은 오래 지속되기 어렵다. 연인과의 교제기간이 길어짐에 따라 열정의 강도는 감소하거나 다른 형태로 변화되는 것이 일반적이다.

셋째, **투신**(commitment)은 상대방을 사랑하겠다는 결정과 행동적 표현을 의미한다. 투신은 사랑하는 사람과의 사랑을 지키겠다는 선택이자 결정이며 책임의식이기도 하다. 이러한 투신은 사랑의 '차가운' 측면을 반영하는 동시에 사랑의 인지적 측면을 나타낸다. 아울러 투신은 사랑하는 사람과의 지속적인 관계를 위해 자신을 구속시키는 행위를 포함한다. 사랑의 가장 대표적인 투신행위는 약혼과 결혼이며, 그 밖에 사랑의 약속과 맹세, 사랑의 징표나 선물의 교환, 주변사람들에게 연인을 소개하는 일, 연인과 함께 고통스러운 일을 돕고 견디는 일 등이 이에 해당한다.

사랑의 삼각형 이론은 사랑의 유형을 분류하는 데에도 흥미로운 관점을 제공한다. 세 요소 각각의 존재 여부에 따라서 8가지의 조합이 생길 수 있다. 이러한 조합에 의해 〈표 9-1〉과 같이 사랑을 8가지 유형으로 분류할 수 있다.

표 9-1 사랑의 유형에 대한 분류

사랑의 유형	구성요소		
	친밀감	열정	투신
비사랑	−	−	−
우정	+	−	−
짝사랑	−	+	−
공허한 사랑	−	−	+
낭만적 사랑	+	+	−
허구적 사랑	−	+	+
우애적 사랑	+	−	+
완전한 사랑	+	+	+

주: + = 있음; − = 없음.

① 비사랑(nonlove): 세 요소 중 어느 것도 갖추지 않은 관계는 사랑이라고 할 수 없으며, 우리가 일상적으로 만나 지나치게 되는 많은 사람들과의 무의미한 대인관계가 이에 속한다.

② 우정(liking): 친밀감만 있는 경우로서 친구관계에서 느끼는 우정과 같은 것이다. 뜨거운 열정과 상대에 대한 투신적 행동은 없지만 가까움과 따뜻함을 느끼는 상태를 말한다.

③ 짝사랑(infatuation): 열정만 있는 상태이다. 우연히 어떤 사람을 보고 첫눈에 반해 뜨거운 사랑의 감정을 느끼지만 결코 말 한 번 걸어보지 못하고 혼자 가슴앓이를 하는 경우가 이에 해당한다. 서로 말 한 번 걸지 않았기 때문에 친밀감이나 투신행위가 이루어질 기회가 없다. 그러나 짝사랑의 대상을 생각하거나 멀리서 보기만 해도 가슴이 뛰고 설레며 다리에 힘이 쭉 빠지는 등 신체적 흥분상태를 수반한 열정을 경험하게 된다.

④ 공허한 사랑(empty love): 열정이나 친밀감이 없이 투신행위만 있는 경우이다. 사랑 없이 결혼생활을 하는 부부가 이러한 공허한 사랑의 유형에 속한다. 열정과 친밀감 없이 돈과 사회적 명예를 가진 늙은 남자와 결혼하는 젊은 여자도 이런 사랑의 한 예이다. 또는 사랑으로 결혼했지만 오랜 결혼생활 속에서 열정은 다 식고 잦은 다툼으로 친밀감이나 정은 다 떨어졌지만 자녀를 위해 결혼관계를 유지하는 부부들이 이러한 예에 해당된다.

⑤ 낭만적 사랑(romantic love): 열정과 친밀감은 가지고 있지만 투신행위가 없는 사랑의 경우이다. 서로 친밀하고 열정을 느끼지만 결혼과 같은 미래에 대한 약속이나 확신 없이 서로를 사랑하는 경우이다. 휴가나 여행에서 만나 며칠 동안 나눈 뜨거운 사랑이 그 예이다.

⑥ 허구적 사랑(fatuous love): 열정을 느껴 투신행위를 하지만 친밀감이 형성되지 못한 사랑의 경우이다. 흔히 할리우드식 사랑이라고도 한다. 만난 지 며칠 만에 열정을 느껴 약혼하고 보름 만에 결혼하는 식의 사랑을 말한다. 이 경우에는 열정을 가지고 있고 결혼이라는 투신행동도 있다. 그러나 진정한 의미의 친밀감이 형성되고 서로를 깊이 이해할 시간이 부족하다. 흔히 이런 사랑은 지속되기 어렵다고 한다.

⑦ 우애적 사랑(companionate love): 친밀감과 투신행위는 있으나 열정이 없거나 식어

버린 사랑이다. 오랜 결혼생활을 한 부부간의 관계에는 이런 사랑이 흔하다.

⑧ 완전한 사랑(consummate love): 사랑의 세 요소를 모두 갖춘 경우로 완벽하고 이상적인 사랑이다. 이러한 사랑을 얻는 것은 마치 살을 빼는 노력과 같이 불가능하지는 않지만 매우 어렵다. 그러나 더욱 어려운 점은, 살은 뺀 후에 그 뺀 체중을 유지하기 어렵듯이, 이러한 사랑을 성취한 후 이를 지속시키는 일이다.

이상에서 살펴본 사랑의 8가지 유형은 사랑의 삼각형을 구성하는 세 가지 요소의 유무에 근거한 구분이다. 사랑의 구성요소가 불연속적으로 존재하기보다는 연속선상의 크기로 나타나므로 실제의 애정관계는 위에서 살펴본 사랑의 유형들이 혼합된 형태거나 사랑의 특정한 유형들 중간에 위치하기도 할 것이다.

사랑의 형태는 시간이 흐르고 관계가 지속됨에 따라 한 형태에서 다른 형태로 변해가는 것이 일반적이다. 완전한 사랑으로 결혼한 부부의 경우, 세월이 흐름에 따라 열정은 식고 친밀감과 투신만 남아 우애적 사랑으로 변하는 것이 일반적인 현상이다. 완전한 사랑으로 결혼했으나 부부간의 갈등으로 열정과 친밀감마저 상실한 채 자식들을 위해 살아가는 부부는 공허한 사랑으로 변한다. 사랑하는 사람들은 완전한 사랑을 어떻게 지속적으로 유지하느냐는 문제에 부딪히게 된다. 결론적으로 Sternberg(1986b)는 사랑을 유지하고 키워나가기 위해서 사랑의 표현이 중요함을 강조하고 있다.

3) 애착 이론

인간의 발달과정에서 가장 처음 나타나는 사랑의 형태는 엄마에 대한 유아의 애착이다. 유아가 엄마에게 애착하는 이유는 무엇일까? 엄마가 수유를 통해서 유아에게 보상을 주기 때문일까? 아니면 다른 이유 때문일까? 이러한 물음에 관심을 지닌 Harry Harlow(1958)는 갓 태어난 새끼 원숭이들을 어미에게서 분리시킨 뒤 대리모 역할을 하는 두 개의 장치가 있는 우리에서 따로 길렀다. 하나의 대리모 장치는 철사로 만들어져 있으며 우유를 먹을 수 있는 젖꼭지가 달려 있는 반면, 다른 대리모 장치는 보풀이 있는 직물로 만들어져 있어 부드러운 촉감을 느낄 수 있지만 우유를 제공하는 젖꼭지는 없었다. 만약 어미가 먹을 것을 주기 때문에 애착하는 것이라면, 아기 원숭이는 철사 대리모에게 애착행동을 나타낼 것이다. 그러나 아기 원숭이들은 직물 대리모를 선호했다. 배가 고플 때는 철사 대리모를 찾았지만, 그 밖의 경우에는 직물 대리모 곁에 붙어 있었다. 특히, 낯선 물체나 소리에 놀라게 되면, 직물 대리모에게 달려가서 달라붙었다. 이러한 결과에 근거하여 Harlow는 유아들이 포옹하기 좋은 대상과 애착을 형성하는 경향을 지닐 뿐만 아니라 애착 형성에는 생리적 욕구의 충족보다 사회적 관계가 더 중요하다고 결론지었다.

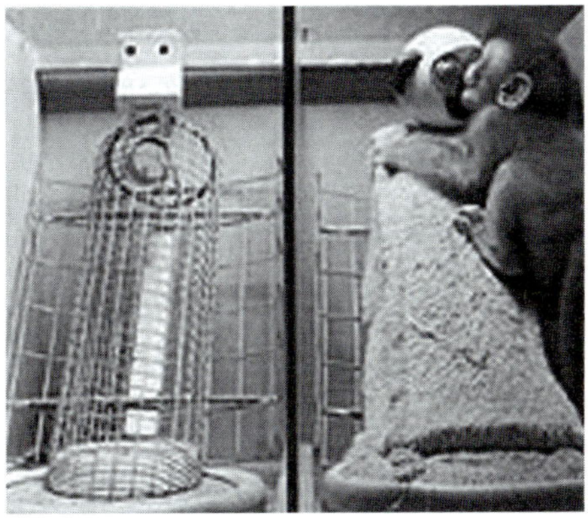

애착에 관한 Harlow의 원숭이 실험

Harlow(1965)는 어린 시기의 사회적 격리 경험이 나중에 어떤 영향을 미치는지 알아보기 위하여 갓 태어난 원숭이들을 완전한 격리상태에서 사육했다. 이러한 상태에서 1년 동안 사육된 원숭이들은 다른 원숭이들과 접촉하게 되었을 때 위축되고 두려워하는 모습을 보였을 뿐만 아니라 자신을 물어뜯는 등의 기이한 행동을 보였다. 격리된 원숭이들은 적절한 영양공급을 통해서 신체적으로 정상적인 상태였지만 다른 원숭이들과 정상적으로 상호작용하지 못했으며, 아기 원숭이들을 보살피지 못하는 등 사회적 발달에 심각한 손상을 보였다. 이렇게 격리된 원숭이들을 정상적으로 성장한 원숭이들과 함께 어울리게 하면, 위와 같은 문제들이 개선되었다. 그러나 어린 시절의 격리상태가 너무 긴 경우에는 그 후유증이 쉽게 호전되지 않았다. 이것은 사회적 발달에 **결정적 시기**(critical periods)가 존재할 수 있다는 것을 시사한다.

어린 시절 양육자와의 애착 경험이 성장한 이후의 인간관계와 사랑에 중대한 영향을 미치는 것으로 알려지고 있다. 영국의 정신과의사인 John Bowlby(1951)는 애착의 중요성을 일깨워주었다. 그는 전쟁고아들의 정신건강에 대한 연구를 통해서 아동의 정상적인 발달을 위해서는 적어도 한 명의 성인 양육자와의 '따뜻하고 지속적인 관계'가 필요하다고 주장했다. 고아원에서 자란 아이들은, 음식과 안전에 대한 기본적 욕구가 잘 충족되었음에도 불구하고, 지속적인 정서적 유대관계를 형성할 수 없었기 때문에 우울증을 비롯한 다양한 심리적 문제를 나타냈다. 심지어 상당수의 고아들은 신체적 발육이 저하되었으며 일부는 사망하기도 했다.

그는 이러한 현상을 새끼 거위의 **각인**(imprinting)에 대한 Konrad Lorenz(1937)의 연

구와 원숭이의 애착에 대한 Harry Harlow(1958)의 연구에 근거하여 설명하고자 했다. 많은 종(種)의 갓 태어난 새끼들은, 자기 자신을 스스로 돌볼 수 없을 정도로 미숙하므로, 성인 양육자에게 애착하는 경향성을 선천적으로 지니고 태어난다. Bowlby는 이러한 애착의 욕구가 충족되지 못한 결과로 인간의 유아들이 앞서 언급한 불행한 결과를 겪게 된다고 추론했다. 그가 주장하는 애착 이론(Attachment Theory; Bowlby, 1969, 1973, 1980)에 따르면, 애착은 유아가 양육자와의 관계와 거리를 잘 조절하게 함으로써 생존에 도움을 준다. 유아는 엄마(양육자)가 어디 있는지를 끊임없이 살피며 엄마가 가까이에 있으면 편안하게 잘 논다. 그러나 엄마와의 거리가 너무 멀어지게 되면 유아는 불안해하고 양육자와 가까이 있기 위해서 노력을 기울인다. Bowlby(1979)는 이러한 애착체계가 요람에서 무덤까지 전생애를 통해 작동한다고 주장했다.

애착 유형

Ainsworth와 그의 동료들(Ainsworth et al., 1978)은 유아들의 애착반응을 연구하기 위해서 낯선 상황 검사(Strange Situation Test)를 개발했다. 이 검사는, 6장에서 간략히 소개한 바 있듯이, 유아들이 엄마에게서 분리될 때 나타내는 반응을 관찰할 수 있도록 다음과 같이 고안되었다. 유아는 엄마(혹은 양육자)와 함께 놀이도구가 갖춰진 놀이방으로 들어온다. 조금 후에 낯선 사람(실험 보조자)이 들어와서 엄마와 말을 건네며 유아와 같이 놀려고 시도한다. 엄마는 낯선 사람과 아이를 남겨두고 놀이방을 떠난다. 몇 분 후에 엄마가 돌아와서 유아와 재회한다. 그러고 나서 엄마와 낯선 사람이 모두 놀이방에서 몇 분 간 나가 있다가 낯선 사람이 먼저 돌아와 유아와 같이 놀려고 시도하고 마지막으로 엄마가 돌아와서 아이를 안아준다. 이렇게 미리 계획된 일련의 사건들이 일어나고, 연구자들은 일방경을 통해 유아의 반응을 관찰한다.

만 1세 유아들이 낯선 상황 검사에서 보이는 일반적인 반응은 다음과 같다. 엄마가 처음으로 방을 떠나면, 유아의 절반가량은 엄마가 돌아오기 전에 울음을 터뜨린다. 엄마가 돌아오면, 3/4 이상의 유아들은 반기며 엄마에게 다가간다. 엄마가 다시 방을 떠나면, 유아들은 다시 불안해하거나 울음을 터뜨린다. 낯선 사람은 아이를 달래는 데 성공하지 못한다. 엄마가 다시 돌아오면, 유아의 약 절반은 계속 울어대며 약 3/4은 엄마 품으로 달려든다.

그러나 유아들은 낯선 상황 검사에서 매우 다양한 방식으로 반응한다. Ainsworth (1973)는 이런 상황에서 관찰되는 세 가지의 행동패턴을 기술했다. 회피적인 유아(20%)는 엄마가 떠나도 울지 않고, 엄마가 돌아와도 무시하거나 고개를 돌린다. 안정적으로 애착한 유아(70%)는 엄마와의 접촉을 추구하고 유지하는 패턴을 보인다. 양가적인 유아(10%)는 엄마가 떠나면 울음을 터뜨리지만 엄마가 돌아와도 달래지지 않는다.

유아의 애착 유형은 엄마의 양육행동과도 관련되어 있다. 아이를 지지적이고 애정적으로 다루는 엄마들의 유아는 안정된 애착패턴을 보인다. 그들은 엄마가 떠나는 것을 보고 슬퍼하며, 엄마가 돌아오는 것을 보고 기뻐한다. 비판적이고 거부적인 엄마들은 회피적 혹은 양가적인 유아를 만들어낸다. 우울한 엄마는 아이에게 정서적 관심과 애정을 잘 기울일 수 없기 때문에 회피적인 유아를 만들어낼 수 있다.

이렇게 형성된 애착패턴은 아동이 타인과 관계 맺는 방식에 지속적인 영향을 미친다. 예컨대, 불안정한 애착을 보이는 아동은, 2세경에 또래들과 사교적으로 어울리지 않고, 4세경에 융통성 없고 고집스러운 모습을 보이며, 6세경에 우울해지거나 위축된 모습을 보이기 쉽다. 유아기에 안정된 애착을 형성한 아이들은 부모에게 적절한 방식으로 자기주장을 표현한다. 그들은 보다 열정적으로 세상을 탐색하며, 문제를 해결하려는 끈기를 보인다. 동시에, 그들은 좌절 상황에서 남들에게 도움을 청하고 위안을 구하는 모습을 보인다. 요컨대, 안정된 애착을 형성한 아동은 의존성과 자율성 사이의 적절한 균형을 유지하는 것이다. 유아기의 안정 애착이 이후의 바람직한 결과들을 보장하는 것은 아니지만, 연구결과들은 매우 일관성 있게 그러한 결과들을 보고하고 있다.

유아기의 애착 유형이 성인의 사랑 유형에 영향을 미친다

유아기의 안정 애착은 개인의 삶 전반에 지속적인 영향을 미친다. George 등(1985)은 성인 애착 면접(Adult Attachment Interview)을 실시하여, 아동기 시절 부모와의 관계에 관한 일련의 질문들을 던졌다. 성인이 된 사람들이 보고한 내용은 유아기에 분류되었던 애착패턴과 상당히 일치했다. 더 흥미로운 것은, 유아기에 형성된 애착스타일이 성인기의 낭만적 관계에서도 드러난다는 사실이다. Hazan과 Shaver(1987)는 친밀한 관계에 접근하는 방식에 따라서 성인의 애착도 안정적 · 회피적 · 양가적 애착으로 분류할 수 있다고 생각했다. 이들은 연구를 위해서 〈표 9-2〉와 같은 매우 간단한 질문을 만들었다.

표 9-2 성인 애착 면접지(George et al., 1985; Hazan & Shaver, 1987)

◆ 아래의 문장을 읽고, 당신이 주변사람들과 관계 맺는 방식을 가장 잘 기술한 문장이 어떤 것인지 선택하시오.

(1) 다른 사람들과 가까워지는 것이 상당히 쉽다. 다른 사람들에게 편안하게 의존할 수 있고, 그들이 나에게 의존하는 것도 편안하다. 내가 다른 사람들에게 버림받을까봐 혹은 누군가가 내게 너무 가까이 다가올까봐 걱정하지 않는다.

(2) 다른 사람들을 완전히 신뢰하는 것이 어렵다. 다른 사람들과 가까워지는 것이 다소 불편하다. 사람들과 가까워지기 시작하면 긴장된다. 사람들은 내가 편안하게 여기는 수준보다는 좀 더 많이 나와 친밀해지고 싶어 하는 것 같다. 다른 사람들에게 의존하는 것이 어렵다.

(3) 다른 사람들은 내가 원하는 만큼 나와 가까워지려고 하지 않는다. 내가 가깝게 느끼는 사람이 나를 정말로 사랑하지 않는 것 같고 혹은 나와 함께 있고 싶어 하지 않는 것 같아서 걱정된다. 다른 사람과 완전히 하나가 되기를 바라지만, 그것이 때때로 사람들을 멀어지게 하는 것 같다.

우리들 중의 일부는 친밀한 관계를 즐기고, 쉽게 친밀한 관계를 형성한다. 우리는 파트너가 믿을 만하다고 기대하며, 지지와 위안을 얻기 위해서 파트너에게 다가가는 것이 어렵지 않고, 그들도 우리에게 그렇게 한다. 이것이 안정적인 관계이다(1번). 우리들 중의 다른 일부는 친밀한 관계가 불편하다. 파트너를 신뢰하지 못하고, 그들로부터 정서적 거리를 두며, 거리감 없는 친밀한 관계보다는 독립적인 관계를 선호하고, 스트레스를 받을 때 위안을 구하기보다는 멀찌감치 물러난다. 이것이 회피적인 관계이다(2번). 우리들 중의 또 다른 일부는 버림받을까봐 끊임없이 걱정하고, 파트너가 할 수 있거나 원하는 수준보다 더 친밀한 관계를 갈망한다. 이것이 양가적인 관계이다(3번).

애착 이론은 어린 시절 양육자와의 관계 경험이 낭만적 사랑을 비롯한 성인기의 인간관계에 지속적인 영향을 미친다고 주장한다. 그렇다면 안정된 애착을 경험하지 못한 사람들은 인간관계의 어려움에서 벗어날 수 없다는 말인가? 그렇지는 않다. 애착패턴의 지속성에 이의를 제기하는 연구결과들이 보고되고 있다(Feeney & Noller, 1996). 유아기의 애착패턴은 지속되는 경향이 강하지만 이후의 친구, 교사, 연인과의 관계를 통해 변화될 수 있을 뿐만 아니라 성인기에도 노력을 통해 변화될 수 있다. 또한 심리학자들은 성인기의 인간관계와 사랑을 증진하는 다양한 방법을 개발해왔다. 특히, 애착 이론에 기반을 둔 정서초점적 커플치료(emotionally focused couple therapy)는 부부가 안정된 유대관계를 형성할 수 있도록 새로운 정서 경험을 제공함으로써 부부문제를 효과적으로 개선하는 치료법으로 알려져 있다(Johnson, 1996).

4) 형평 이론

애착 이론이 정서에 초점을 맞추어 사랑을 설명하는 이론이라면, 형평 이론은 이성에 초점을 맞추어 사랑을 설명하는 이론이다. **형평 이론**(equity theory)에 따르면, 어떤 관계를 맺고 있는 두 사람은 자신들이 관계에 투자하는 양에 비례하여 관계로부터 적절한 이득을 얻는다고 지각할 때 친밀한 관계가 유지된다(Walster, Walster, & Berscheid, 1978). 투자와 이득이 균형을 이루는 관계는 지속되지만 그렇지 못한 불균형적인 관계는 중단된다.

일종의 경제학적 이론인 형평 이론은 사람들이 타인과 상호작용할 때 그 관계의 손해와 이득을 계산한다고 가정한다. 사람들이 서로 주고받는 대인관계 자원(interpersonal resources)에는 물품, 돈, 정보, 애정, 보살핌, 지위 등이 있다. 사회적 지지에 관한 연구(House, 1981)에서도 스트레스 대처에 도움이 될 수 있는 타인의 기여를 다음과 같이 네 가지 유형으로 분류하고 있다: (1) 평가적 지지(appraisal support: 건설적인 피드백, 인정, 사회적 비교), (2) 정서적 지지(emotional support: 공감, 신뢰, 돌봄, 양육), (3) 정보적 지지(informational support: 충고, 제안, 해법 제공), (4) 도구적 지지(instrumental support: 실질적 도움, 서비스). 이처럼 다양한 관계 자원들이 인간관계 속에서 교환된다. 교환되는 자원이 어떠한 것이든 두 사람이 주고받는 것의 형평성이 유지될 때 그 관계가 지속된다는 것이다.

형평 이론을 지지하는 연구들이 많다. 예컨대, 낭만적 관계를 맺고 있는 사람들은 서로 상당히 유사한 신체적 매력을 지니는 경향이 있다. 사람들은 연애 상대자가 멋진 외모를 지니기를 바라는데, 그것은 관계로부터 얻을 수 있는 이득의 일부이다. 외모의 형평을 이루는 가장 간단한 방법은 자신과 비슷한 외모를 지닌 사람과 연애를 하는 것이다. 또는 신체적 매력을 갖춘 사람과 연애를 하기 위해서 자신의 외모를 멋지게 가꾸는 것이다. 그 결과, 외모 수준이 비슷한 사람들끼리 짝을 이루는 경우가 많다. 흥미롭게도,

동성 친구들 또한 신체적 매력에 따라 짝을 이루는 경향이 있다.

형평 이론에 따르면, 관계를 맺고 있는 사람들이 한 차원(예: 신체적 매력)에서 서로 불일치할 경우에는 그것을 다른 차원(예: 직업적 성공)에서 보상할 수 있다. 예를 들어, 신체적 매력이 출중한 여성은 부유한 남성과 결혼하기 쉽다. 남성의 부가 그의 결점을 보상하는 것이다. 이러한 세태에 대해서 어떤 평가를 하든, 그것은 심리학 연구에서 반복적으로 발견되는 사실이다.

진화심리학자들에 따르면, 이성 파트너의 선호도를 평가하는 방식은 남성과 여성이 서로 다르다. 남성은 여성의 젊음과 신체적 매력을 더 중시하는 반면, 여성은 남성의 근면성과 보유자원을 더 중시하는 경향이 있다(Buss, 1989; Buss et al., 1990). 이러한 차이는 우리의 조상들이 배우자 선택에 있어서 직면했던 서로 다른 생존의 문제를 해결하기 위해 발달시킨 심리적 기제가 진화된 결과이다.

비록 남성과 여성이 낭만적 관계의 배우자로부터 얻는 이득을 계산하는 방식은 서로 다르지만, 이러한 진화론적 설명은 형평 이론과 일치하고 있다. 질투를 경험하는 이유도 성별에 따라 다르다. 남성은 배우자의 성적 부정(sexual infidelity)을 더 질투하는 반면, 여성은 배우자의 정서적 부정(emotional infidelity)을 더 질투한다. Buss 등(1992)은 이러한 결과를 진화론적 관점으로 설명했다. 남성은 배우자가 낳은 아이가 과연 자신의 아이인지를 확신하고 싶기 때문에 배우자의 성적인 부정을 중시하는 반면, 여성은 배우자가 자신의 아이를 지속적으로 지원할 것인지에 관심이 많기 때문에 배우자의 정서적 부정을 중시한다.

형평 이론은 여러 가지 한계점을 지니고 있다. 예컨대, 투자와 이득이 불균형적이더라도 다른 대안이 없을 경우에는 현재의 관계를 지속하는 경우가 흔하다. 인간관계에는 보상을 기대하지 않는 이타적인 사랑도 많다. 자원봉사자들에 대한 연구에 따르면, 도움을 주는 것이 받는 것보다 신체적 · 심리적 건강에 더 유익하다. 형평 이론은 이러한 결과를 설명하기 어렵다.

진화심리학에서 본 사랑의 성차

최근에 심리적 현상을 진화론의 관점에서 설명하는 진화심리학적 이론들이 제기되고 있다. Buss(1989, 1991)에 따르면, 사랑은 남녀가 지속적인 유대관계를 통해서 종족을 보존하려는 진화의 산물이다. 또한 남녀는 각기 종족보전에 기여하는 역할이 다르기 때문에 이성관계에서 남자와 여자가 취하는 성적 책략이 다르다. 우선 남자와 여자는 자녀를 낳을 때 투자하는 양이 다르다. 남자는 한 번의 성행위만으로도 자손번식이 가능한 반면, 여자는 임신을 하게 되면 10개월 동안 태아를 키워야 하며, 다른 임신이 불가능하고, 남성에 비해 출산 가능한 연령범위가 좁다. 즉, 자녀생산을 위해서 남자에 비해 여자는 훨씬 더 큰 투자를 하게 된다는 것이며, 이러한 주장을 부모투자 이론(parental investment theory)이라고 한다(Trivers, 1972). 또한 남자는 여자보다 자녀가 정말 자신의 유전자를 소유한 자식인지에 대한 확신이 낮다. 여자는 직접 자녀를 출산한 당사자이지만, 남자는 여자가 낳은 자식이 자신의 자식이라는 직접적인 증거가 없는 상태에서 상황적 증거와 외모의 유사성에 의존하여 판단할 수밖에 없기 때문이다. 이러한 주장을 친자확률 이론(parenthood probability theory)이라고 한다(Trivers, 1972). 남자와 여자는 부모로서 투자하는 양이 다르고 친자에 대한 확신이 다름으로 인해서 다음과 같이 성적 책략을 달리한다는 것이다(민경환, 2002).

(1) 부모로서 더 많은 투자를 하는 여자는 배우자를 고를 때 남자보다 더 까다롭고 신중하다.

(2) 남자는 단기적인 관계 추구에 집중하는 반면, 여자는 장기적인 관계 추구를 선호한다. 남자는 단기적인 관계를 통해서 많은 수의 여자를 임신시키는 것이 목표인 반면, 여자는 자신과 자녀의 보호와 지원을 지속적으로 제공할 남자를 선택하는 장기적 책략을 선호한다.

(3) 남자는 출산 가능한 여자를 찾는 반면, 여자는 자신과 자식을 보호하고 양육하기 위한 자원이나 능력을 보유한 남자를 찾는다. 즉, 남자는 자녀생산이 가능한 젊고 건강하며 아름다운 여성에게 매력을 느끼는 반면, 여자는 지위와 재력을 지닌 유능하고 근면하며 신뢰할 수 있는 남자에게 매력을 느낀다.

(4) 남자는 출산능력을 반영하는 여자의 애정행위에 끌리는 반면, 여자는 자원을 과시하는 남자의 애정행위에 끌린다. 즉, 남자는 여자의 육체적 건강미나 아름다움을 과시하는 행동에 잘 유혹되는 반면, 여자는 남자의 재력이나 비싼 선물에 의해 잘 유혹된다.

(5) 남자는 친자확률을 감소시키는 배우자의 행위에 민감한 반면, 여자는 배우자의 자원을 감소시키는 경쟁자의 존재에 민감하다. 즉, 남자는 배우자가 다른 남자와 성행위를 갖는 것에 민감한 반면, 여자는 배우자가 다른 여자에게 심리적 또는 물질적 애정을 투자

하는 것에 예민하다.

(6) 남자는 자손번식을 위한 단기적 책략과 관련하여 다음과 같은 점들이 주된 관심사가 된다: 어떤 여자가 성적으로 접근 가능한가? 어떤 여자가 임신이 가능한가? 어떻게 하면 투자와 헌신을 최소화할 수 있는가? 장기적인 책략과 관련된 남자의 관심사는 다음과 같다: 어떤 여자가 건강한 자녀를 낳을 수 있는가? 어떤 여자가 정조를 잘 지킬 수 있는가?(나의 자식임을 확실하게 보장할 수 있는 여자는 누구인가?) 어떤 여자가 양육기술이 훌륭한가? 어떤 여자가 장기간의 관계에 헌신할 용의와 능력을 지니고 있는가?

반면에, 여자는 단기적인 성적 책략과 관련하여 다음과 같은 점들이 주된 관심사가 된다: 어떻게 하면 남자로부터 즉각적으로 자원을 뽑아낼 수 있을 것인가? 어떤 남자가 장기적인 관계를 유지할 수 있는 사람인가? 장기적인 책략과 관련된 여자의 관심사는 다음과 같다: 어떤 남자가 나와 자녀에게 장기적으로 자원을 투자할 능력과 의사를 지닌 사람인가? 어떤 남자가 아버지로서 훌륭한 양육기술을 가진 사람인가? 어떤 남자가 공격적인 사람들로부터 나와 자녀를 보호할 능력과 의사를 지닌 사람인가?

이러한 주장은 진화론적 입장에서 남자와 여자의 일반적인 차이를 설명하기 위한 것이다. 그러나 이성관계에서 나타내는 행동은 개인에 따라 커다란 차이가 있는 것이 사실이다. 또한 이성관계에서 나타나는 남자와 여자의 행동은 현대사회에 들어서 커다란 변화를 겪고 있기 때문에 진화심리학적 주장을 신중하게 받아들여야 할 것이다.

5) 친밀감 이론

친밀한 관계(close relationship)는 두 사람이 상당히 오랜 기간 다양하고 빈번한 만남을 통해서 유지하는 상호의존 상태를 뜻한다(Kelly et al., 1983). 두 사람의 삶이 서로에 대한 행동, 감정, 생각의 측면에서 밀접하게 얽혀 있는 관계를 말한다. 친밀한 관계는 변증법적인 측면을 지닌다(Baxter & Montgomery, 1996; Welwood, 1990). 인간관계에는 자율성과 의존성이라는 상반된 욕구가 개입되며 이들 간의 변증법적인 발전과정을 통해서 친밀한 관계로 진전된다. 친밀한 관계에서는 두 사람이 하나가 되려는 의존적 욕구와 자유롭게 각자로 남으려는 자율적 욕구 간의 균형이 중요하다.

다른 사람과 친밀감을 느끼기 위해서는 어떤 상호작용이 필요한 것일까? Reis 등(2000)의 연구에 따르면, "상대방으로부터 이해받고 인정받는다는 느낌"이 친밀감을 느끼게 만드는 가장 중요한 요인이었으며, 이 밖에도 "중요한 일에 관해서 이야기를 나누는 것" "즐겁거나 재미있는 활동을 함께하는 것"이 영향을 미쳤다. 그러나 관계에서 겪은 갈등이나 거부 경험의 많고 적음은 친밀감과 아무런 관계가 없었다.

친밀감 이론(Reis & Patrick, 1996; Reis & Shaver, 1988)에 따르면, 다른 사람과의 친밀감과 연결감을 느끼기 위해서는 세 가지 조건이 필요하다. 그 첫째 조건은 자신의 중요한 측면(특히, 감정)을 상대방에게 내보이는 것이다. 둘째는 상대방이 자신과 자신의 욕구를 잘 알고 있다는 인식이 필요하다. 상대방이 자신을 잘 이해하고 있다는 믿음이 친밀감의 필수적 요건이다. 세 번째 요건은 상대방으로부터 이해, 인정 그리고 보살핌을 받고 있다고 느끼는 것이다. 이러한 요건들이 충족되면, 그 대상이 누구이든 친밀감을 느끼게 된다. 일반적으로 친밀감은 상당한 기간 동안의 교제를 통해서 경험되는 것이며 주고받는 과정을 통해서 발전한다.

Harvey, Pauwels와 Zickmund(2002)는 친밀한 관계를 유지하고 발전시켜나가기 위해서 세심한 배려가 중요함을 강조하고 있다. 세심한 배려(minding)는 두 사람의 관계에서 생각과 행동이 교류되는 특유의 패턴으로서 관계의 '친밀감'과 '안정성'을 촉진한다(Harvey & Omarzu, 1997, 1999). 세심한 배려는 크게 세 가지 요소로 구성되어 있다. 첫째는 서로를 알고 알림으로써 서로를 잘 이해하는 것이다. 이를 위해서는 자기공개와 더불어 상대방의 생각, 감정 그리고 과거 경험을 물어보고 아는 것이 중요하다. 빈번한 대화를 통해서 정확하고 원활한 의사소통을 하는 것이 중요하며, 그 결과 알게 된 정보는 관계 증진에 활용될 수 있다. 둘째는 상대방의 행동에 대한 귀인, 즉 해석이 중요하다. 일반적으로 상대방의 긍정적 행동은 내부적 요인에 귀인하고 부정적 행동은 외부적 요인에 귀인하는 것이 관계를 증진한다. 예를 들어, 연인이 약속시간보다 일찍 나타난 것에 대해서는 자신과 함께 좀 더 많은 시간을 보내기 위한 애정으로 여기는 반면, 약속시간보다 늦게 나타난 것에 대해서는 바쁜 직장생활 때문인 것으로 해석하는 것이 바람직하다. 상대방에 대한 깊은 이해에 근거하여 유연하고 신중한 귀인을 하는 것이 관계발전에 중요하다. 잘못된 귀인에 의해서 상대방의 의도를 오해하지 않는 것도 중요하다. 마지막으로, 수용과 존중이 중요하다. 수용과 존중은 친밀한 관계의 전형적 특성이다

(Fehr, 1988). 상대방의 행동과 감정을 있는 그대로 수용하고 존중하는 것이 중요하다. 이를 위해서는 상대방의 마음을 잘 이해하고 그의 입장에서 생각해보는 공감적 태도가 필요하다(Ickes, 1996). 이렇게 서로를 배려하게 되면, 두 사람은 시간이 흐름에 따라 그들의 관계가 매우 특별할 뿐만 아니라 소중하다는 느낌을 갖게 되면서 더 친밀한 관계로 나아가게 된다.

4 결혼과 행복의 관계

주관적 안녕에 대한 연구에서 일관성 있게 나타나는 결과는 결혼한 사람들이 그렇지 않은 사람들보다 더 행복하다는 것이다(Argyle, 1987; Diener et al., 1999; Myers, 2000). 이러한 결과는 다양한 연령층, 소득 수준, 교육 수준, 인종에서 공통적으로 나타나고 있다.

물론 결혼 자체가 행복을 보장하는 것은 아니다. 더 중요한 요인은 결혼생활의 질이다. 부부가 긍정적인 상호작용과 정서적 표현을 더 많이 하고, 역할분담이 더 잘 될수록 결혼상태는 행복도에 큰 영향을 미친다(Sternberg & Hojjat, 1997). 정서적 친밀감, 신뢰, 개방성을 가져오는 지지적 관계는 삶의 여러 부분에서 긍정적인 영향을 미친다. 부부관계와 같이 친밀한 관계에서의 갈등과 문제는 우울증을 유발하는 중요한 요인으로 알려지고 있다(Paykel, 1979).

흥미로운 사실은 행복에 미치는 결혼의 효과가 남성에게서 더 크게 나타난다는 점이다. 일반적으로 남자와 여자의 행복도는 결혼 이후에 모두 증가하지만, 남자의 행복 증가도가 더 높다(Lee et al., 1991). 결혼은 신체적 건강과 수명에 긍정적인 영향을 미친다. 특히, 긍정적인 부부관계는 수명과 관련성을 맺고 있는 것으로 알려져 있다. 긍정적인 관계의 부부들은 대화 상황에서 부정적인 관계의 부부들보다 더 낮은 혈압과 더 낮은 생리적 반응을 보였다(Gottman & Notarius, 2000). 결혼이 제공하는 동반자적 관계는 건강을 보호하는 기능을 하게 되며, 특히 행복한 결혼생활은 면역체계의 기능을 향상시키는 것으로 알려져 있다. 그런데 결혼이 신체적 건강에 미치는 긍정적 효과는 여자보다 남자에게서 더 현저하게 나타난다. 기혼 남자들은 미혼 남자들에 비해서 감염성 질환에 덜 걸리며 더 오래 산다. 그러나 기혼 여성의 경우에는 결혼생활이 긍정적인 영향을 미치기

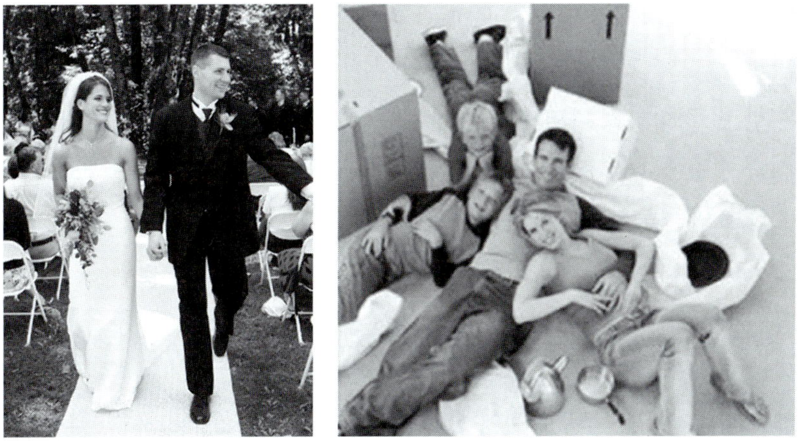

결혼만족도가 행복에 중요하다.

는 하지만 결혼생활의 질이 더 중요한 영향을 미친다. 즉, 남성의 경우에는 결혼생활 자체가 신체적 건강에 긍정적인 영향을 주는 반면, 여성의 경우는 건강에 긍정적인 영향을 받기 위해서 만족스러운 결혼생활이 필요하다.

최근에 나타나고 있는 주목할 만한 현상은 1970년대 이후에 결혼과 행복도의 관계가 지속적으로 감소하고 있다는 점이다. 기혼 여성들의 행복도가 과거에 비해 감소하는 반면, 독신 남성의 행복도는 증가하고 있다(Glenn & Weaver, 1988). 요즘의 젊은 부부들은 과거 세대에 비해 결혼만족도가 더 낮은 반면, 갈등 수준은 더 높다(Rogers & Amato, 1997, 2000). 이러한 현상의 원인은 아직 잘 밝혀지지 않았다. 아마도 맞벌이 부부가 증가하면서 새로운 성역할에 대한 갈등과 긴장이 증가한 때문으로 추정되고 있다.

결혼만족(marital satisfaction)에 관한 연구에 따르면, 일반적으로 결혼 초기에는 만족도가 높다가 자녀가 출생하면서 서서히 저하된다. 자녀가 청소년일 때, 결혼만족도는 최저점에 이른다. 그리고 자녀가 독립하면서 결혼만족도는 다시 상승한다. 이것은 부부의 세대별 추세를 분석한 것이기 때문에 결혼기간이나 자녀의 연령만으로 만족도를 단정하기는 어렵다. 또한 결혼만족도에는 매우 다양한 요인들이 상호작용하며 영향을 미친다.

일반적으로 남성이 여성보다 결혼생활에 대한 만족도가 더 높다. 여성은 자녀가 있거나 직장을 가지고 있을 때 결혼만족도를 더 높게 평가하는 경향이 있다. 그러나 자녀와 직장 모두에 전념하는 여성들의 결혼만족도는 감소하는 경향이 있다. 그 이유는 남편이

양육과 가사를 공평하게 분담하지 못하는 일이 흔해서 여성의 부담이 커지기 때문인 것으로 여겨진다.

만족은 한 번 경험하고 나면 변함없이 지속되는 것이 아니라 상황적 여건, 스트레스, 개인의 성숙 수준에 따라 변해가는 역동적인 심리적 상태이다. 부부만족도에 영향을 미치는 주요한 요인들을 살펴보면 다음과 같다.

1) 성격특성

개인의 성격적 특성은 부부관계에 중요한 영향을 미친다. 남녀 모두는 바람직한 배우자의 성격특질로 신뢰성, 성실성, 따뜻함, 친절함, 지적 능력, 정서적 안정성, 유머감각, 충성심, 다정다감함을 중시하고 있다(Lauer, Lauer, & Kerr, 1990; Sternberg & Hojjat, 1997). 반면에, 정서적 불안정성과 신경증적 성향은 관계만족도를 저하시키는 주요한 성격요인으로 알려져 있다(Sternberg & Hojjat, 1997). 부부관계 속에 있는 한 사람이 낮은 자존감을 지니고 걱정과 두려움이 많으며 까다로운 습관과 변덕스러운 성격을 지니게 되면 관계에 중대한 영향을 미치게 된다. 신경증적 성향은 사랑하는 능력뿐만 아니라 사랑받을 수 있는 능력을 제한할 수 있다. 자책과 비난에 익숙한 사람들은 상대방에게 애정을 잘 나타내기 어려울 뿐만 아니라 상대방으로부터의 긍정적 피드백이나 애정을 잘 받아들이기 어려울 것이다.

성격의 5요인 중 외향성을 제외한 4개의 성격차원이 부부만족도와 관련되어 있다. 행복한 부부일수록 우호성, 성실성, 개방성, 정서적 안정성이 높았다(Kelly & Conley, 1987). 개인의 행복도를 예측하는 중요한 성격특성인 외향성은 부부만족도와는 뚜렷한 관련성을 나타내지 않았다. 또한 신체적 매력도 부부만족도를 예측하지 못하는 것으로 나타났다. 반면에, 부부의 성격 유사성이 부부만족도를 예측하는 중요한 변인으로 나타났다(Caspi & Herbener, 1990). 성격이 비슷할수록 부부생활의 만족도가 높았다.

2) 귀인방식

부부관계에서 배우자의 행동에 대한 귀인방식이 부부만족도에 중요하다. 귀인

(attribution)은 상대방이 한 행동의 원인에 대한 해석을 의미한다. 그 원인을 어떻게 귀인하느냐에 따라 상대방에 대한 감정과 행동이 달라진다. 상대방이 약속을 지키지 못한 행동을 그의 무책임한 성격으로 돌리는지 아니면 우연한 실수로 돌리는지에 따라서 반응이 달라질 것이다.

사람들은 타인의 행동에 대해서는 내부적 요인(성격이나 신념)에 귀인하고, 자신의 행동에 대해서는 외부적 귀인(상황적 이유나 우연)을 하는 일반적인 경향을 지니고 있다. 이것은 기본적인 귀인 오류(fundamental attribution error)라고 불리는 것으로서 대인관계에서 오해와 갈등을 초래하는 원인이 되기도 한다(Gilbert & Malone, 1995).

여러 연구자들은 배우자에 대한 귀인이 관계만족도와 밀접한 연관성이 있음을 발견했다(김진숙, 2007; Hojjat, 1997). 관계만족도가 높은 부부들은 배우자의 긍정적 행동에 대해서는 내부적이고 안정적인 요인에 귀인을 하는 반면, 부정적 행동에 대해서는 외부적이고 일시적인 요인에 귀인을 하는 경향이 있었다(Bradbury & Fincham, 1990). 예를 들어, 아내가 남편의 친절한 행동에 대해서는 그의 자상한 성품 때문이라고 귀인하는 반면, 남편의 짜증스러운 행동에 대해서는 직장에서의 스트레스 때문이라고 귀인한다면 남편에 대한 만족도가 증가할 것이다. 이처럼 긍정적 또는 부정적 행동에 대해서 각기 다른 귀인을 함으로써 관계가 증진될 수 있다. 부부관계가 좋지 않은 부부들은 반대의 귀인방식을 사용한다.

낙관성은 귀인방식에 영향을 미치는 성격요인으로 알려져 있다. 낙관성이 행복과 밀접한 관계를 지니듯이, 낙관적인 부부일수록 결혼생활이 더 원만하다(Karney & Bradbury, 1995). 낙관적인 부부들이 만족스럽고 안정된 부부관계를 유지하는 것은 배우자의 행동을 더 긍정적인 방향으로 귀인하기 때문이다(Bradbury & Fincham, 1990).

3) 의사소통

긍정적 상호작용은 부부만족도를 증진한다. Gottman(1994, 1998)에 따르면, 상대방에 대한 존중적 경청, 상대방 행동의 수용, 상대방에 대한 기본적 배려(갈등이 있더라도), 상대방의 욕구를 수용하고 절충하려는 노력이 부부만족도를 증진한다. 만족스러운 부부관계를 위해서는 긍정적 배려를 많이 하는 것뿐만 아니라 갈등을 만들지 않는 것이 중요하다. 부부갈등은 결혼만족도를 저하시키는 일차적인 요인이다. 결혼만족도에 중요한 것은 갈등의 내용이나 횟수보다 갈등을 다루는 의사소통 방식이다.

갈등을 적절하게 해소하지 못하는 의사소통 문제는 이혼을 유발하는 가장 중요한 원인이 되고 있다(Gottman, 1994). 갈등을 해결하지 못하고 증폭시키는 부부들은 다음과 같은 네 가지의 의사소통 특성을 나타낸다. 첫째는 비판적 행동인데, 상대방의 인격과 성품에 대해 비난하거나 공격하는 것이다. 둘째는 경멸적 행동으로서 상대방을 무시하고 모욕감을 주는 것이다. 이러한 행동은 모욕적 언사뿐만 아니라 공격적 농담, 조롱과 비웃음, 혐오적 신체언어를 사용하는 심리적 폭력으로 나타난다. 셋째는 방어적 태도로서 상대방을 솔직하게 대하지 않으며, 자기방어에 급급한 반응을 보인다. 문제를 해결하기보다는 상처를 입지 않기 위해 노력한다. 마지막 네 번째는 장벽 쌓기로서 상대방과의 의사소통을 회피하고 신체적으로 거리를 두며 정서적인 무관심을 나타낸다. 이러한 의사소통 패턴들은 부부관계를 파국으로 몰아가는 치명적인 것이다.

Gable, Reis, Impett와 Asher(2004)는 부부의 대화방식이 결혼만족도에 중요한 영향을 미친다는 점을 밝혔다. 이들은 부부의 대화방식을 적극성-소극성과 건설성-파괴성의 두 차원에서 나누어 정교하게 분석했다. 상대방에게 어떤 사건(예: 직장에서의 승진)이 일어났을 때 부부가 반응하는 방식은 다음과 같은 4가지 방식으로 분류되었다: (1) 적극적-건설적 반응(예: "너무너무 잘 됐어요. 앞으로도 당신은 더 승진할 거예요."), (2) 적극적-파괴적 반응(예: "이제 직장에서 당신을 엄청나게 부려 먹겠네요."), (3) 소극적-건설적 반응(예: "좋은 일이네요."), (4) 소극적-파괴적 반응(예: "오늘은 하루 종일 비가 내리네요."와 같이 무관심을 드러내는 반응). 적극적-건설적 반응양식을 주로 교환하는 부부는 행복한 결혼생활을 하는 반면, 다른 반응양식을 주로 사용한 부부들은 결혼만족도가 낮았다.

행복하기 위해서 항상 긍정적인 반응을 나타낼 필요는 없다. 경우에 따라서는 부정적인 피드백이 필요하다. 그러나 Gable 등(2004)에 따르면, 긍정적인 반응은 부정적인 반응에 비해서 그 비율이 3:1을 넘어야 한다. 이것은 부정적 반응이 긍정적 반응보다 부부관계에 더 강력한 영향을 미친다는 것을 의미한다. 한 번의 불평은 한 번의 칭찬으로 회복될 수 있는 것이 아니다. 부부가 행복하기를 원한다면, 배우자의 긍정적 측면을 강조하는 반응을 나타내는 것이 중요하다. 비율의 크기가 중요한 것은 아니다. 왜냐하면 부부가 처한 상황에 따라서 그 비율은 다를 수 있기 때문이다.

미국의 부부들을 대상으로 부부관계에서 개선하고 싶은 점을 조사한 결과, "더 많은 시간을 함께할 수 있었으면"(31%), "의사소통을 더 잘 할 수 있었으면"(30%), "돈 걱정을 덜 했으면"(21%), "연애감정을 더 많이 느꼈으면"(6%), "섹스를 더 자주 했으면"(3%)의 순서로 나타났다. 대다수 부부들은 더 많은 시간을 함께 보내며 더 원활한 대화를 나누기 원했다(Gottman, 1998). 만족하는 부부들은 서로에게 더 많은 지지가 되고, 함께 더 많이 웃으며, 부정적인 의견의 표현을 삼가며, 다양한 주제에 대해서 의견일치가 더 많았다. 그들은 몸의 방향을 더 많이 서로에게 향할 뿐만 아니라 관심, 지지, 유머나 애정을 나타내는 작은 몸짓을 더 많이 나타낸다. 이러한 작은 몸짓을 Gottman은 "관심 표현 노력(bids for attention)"이라고 지칭했는데, 부부의 친밀감과 연결감을 증진하는 작은 몸짓이나 표정을 뜻한다. 부부의 행복은 대단한 사랑의 표현이 아니라 평소에 서로에게 지지와 애정을 전달하는 작은 몸짓을 주고받음으로써 가능한 것이다.

4) 긍정적 환상

행복한 부부들은 배우자에 대해서 실제보다 긍정적인 환상을 지니는 경향이 있다(Murray & Holmes, 1997; Murray, Holmes, Dolderman, & Griffin, 2000). 이것을 **사랑의 긍정적 환상**(positive romantic illusion)이라고 부른다. "사랑은 눈이 머는 것"이라는 속담이 있듯이, 우리는 배우자를 항상 정확하게 평가하여 이해할 필요는 없다. 자신에 대한 약간의 긍정적 환상이 행복감을 고양시키듯이, 배우자의 특징을 높이 평가하고, 부부관계에 대한 자신의 통제력을 과장되게 생각하며, 부부관계의 미래에 대해 낙관적인 기대를 하는 부부들이 더 행복했다. 이러한 부부들의 관계는 더 안정적이고 오래도록 지속되었다.

긍정적인 환상을 지니는 것은 자존감과 부부만족 모두에 유익하다. 사랑의 본질은 상대방이 지니고 있으면서도 스스로 인식하지 못하는 장점을 포착하여 소중하게 여기는 것인지 모른다. 이런 점에서 배우자에 대한 긍정적 인식이 허구적인 환상인지, 낙관적인 판단력인지, 아니면 배우자만이 알 수 있는 정확한 인식인지는 알 수 없다. Murray와 Holmes(1997)에 따르면, 자존감이 높을수록 대인관계에서 긍정적인 환상을 더 많이 사용한다. 자존감이 높은 사람들이 성공적인 관계를 맺는 이유는 긍정적이고 낙관적일 뿐만 아니라 자신의 긍정적인 자기개념을 상대방에게 투사할 가능성이 높기 때문이다. 흥미로운 사실은 그들이 관계를 성공적인 것으로 이끌 가능성이 높기 때문에 그들의 낙관적 기대가 정당한 것으로 입증된다는 점이다. Murray와 Holmes(1997)는 건강한 자존감과 현실적인 낙관주의에서 나타나는 긍정적인 환상을 **탄력적 환상**(resilience illusion)이라고 칭했다. 그러나 배우자에 대한 환상이 중요한 정보를 부인하거나 갈등을 회피하기 위한 것일 경우에는 오히려 관계에 부정적인 영향을 미칠 수도 있다(Ickes, 2003).

5) 부부의 상황적 요인들

부부는 결혼생활을 하면서 다양한 상황에 처하게 된다. 결혼을 하고 시간이 흐름에 따라 자녀가 생겨나고 주택마련을 위해 노력해야 하며 양가 가족에 경조사가 발생한다. 이처럼 부부가 겪게 되는 다양한 상황적 요인들이 부부만족도에 영향을 미친다.

대다수의 부부들이 직면하는 스트레스 요인 중 하나가 자녀출산이다. 결혼만족도는

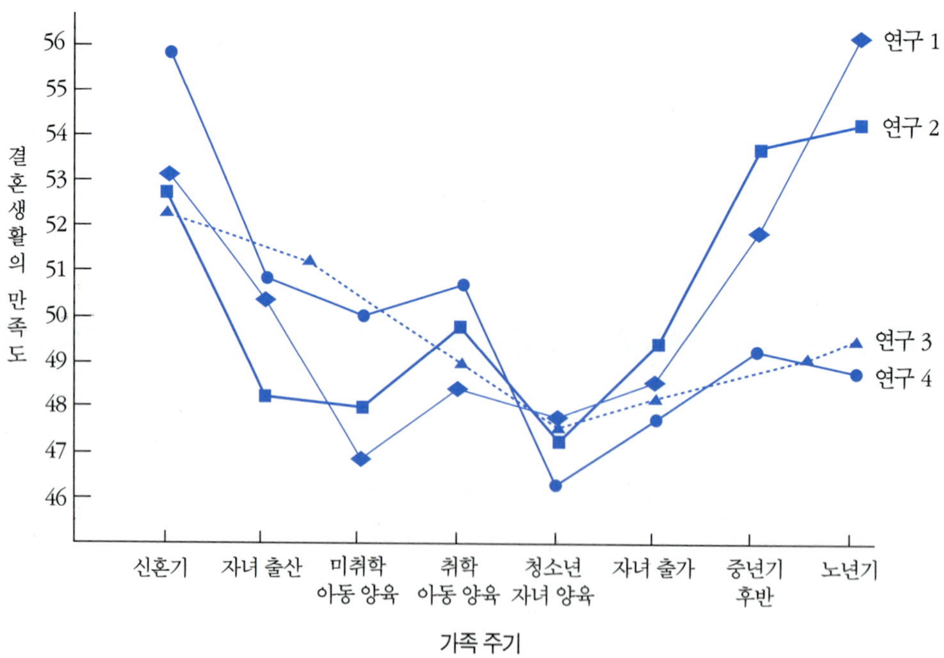

〈그림 9-2〉 가족주기에 따른 결혼생활만족도의 변화(Kahneman et al., 1999)

자녀출산 이후에 저하된다(Shapiro, Gottman, & Carrere, 2000). 〈그림 9-2〉에서 볼 수 있듯이, 부부관계만족도는 신혼기에 가장 높다가 자녀가 생기면서 떨어지기 시작한다. 이러한 하강은 자녀가 청소년기에 접어들면서 최저점에 도달한다. 그러나 자녀들이 성장하여 독립함으로써 부부가 양육의 의무로부터 벗어나 단 둘이 되었을 때, 결혼만족도는 결혼 초기와 비슷한 수준으로 회복된다.

자녀의 출산 이후에 결혼만족도가 저하되는 것은 주로 아내의 만족도가 저하되기 때문이다(Shapiro et al., 2000). 아내는 엄마가 되는 것에 대한 두려움과 자녀양육의 부담으로 인해서 자신의 삶을 잘 조절할 수 없다는 혼란감을 느끼게 된다. 그러나 부부의 약 1/3은 자녀 출산 이후에도 결혼만족도가 저하되지 않는다. 자녀양육의 부담에도 불구하고 남편이 지속적으로 애정을 표현하고 부부가 서로의 관계에 지속적인 관심을 기울인 경우, 새로 엄마가 된 아내는 더 만족스러운 결혼생활을 영위했다. 결혼생활 속에서 여러 가지 상황적 스트레스가 기중되더라도, 부부가 서로 깊은 관심과 애정을 보이면서 부모의 역할을 함께 풀어나간다면 부부만족도는 신혼기처럼 유지되거나 더 증가할 수 있다.

요 약

1. 긍정적 인간관계는 주관적 안녕과 행복을 가장 일관성 있게 잘 예측하는 요인이다. 특히, 결혼 및 가정 생활이 그러하다. 그 이유는 타인과 관계를 형성하고 유지하려는 욕구가 선천적인 동시에 매우 근본적인 것이기 때문이다. 긍정적 인간관계는 자존감과 정신건강을 증진할 뿐만 아니라 신체건강에도 중요한 영향을 미친다.
2. 인간의 관계 욕구는 회피적 태도보다 접근적 태도에 의해서 더 잘 충족될 수 있다. 특히, 결혼생활의 경우, 부정적 상호작용을 적게 하는 것도 중요하지만 결혼만족도를 증진하는 데에는 긍정적 상호작용의 역할이 매우 중요하다.
3. 인간관계의 영역을 크게 네 영역, 즉 (1) 가족관계, (2) 낭만적 또는 성적 관계, (3) 교우관계, (4) 사회적 소속관계로 나눌 수 있다. 이러한 4가지 영역 중 어느 한 영역의 인간관계가 결핍되어 있거나 불만족스러울 때 고독을 느끼게 된다. 긍정적인 인간관계를 위해서는 네

영역에 대한 균형과 조화가 필요하다.

4. 긍정적 인간관계의 핵심적 요소는 사랑과 친밀감이다. 사랑은 다양한 유형으로 구분되지만, 크게 열정적 사랑과 동반자적 사랑으로 구분하는 2요인설이 가장 널리 받아들여지고 있다. 사랑의 삼각형 이론에서는 친밀감, 열정, 투신이라는 세 가지 구성요소를 중시한다.
5. 인간의 발달과정에서 처음 나타나는 사랑의 형태는 엄마에 대한 유아의 애착이다. 어린 시절 양육자와의 애착 경험이 성장한 이후의 인간관계와 사랑에 중대한 영향을 미치는 것으로 알려져 있다. 특히, 유아기에 형성된 애착양식이 성인기의 낭만적 관계에서도 드러난다.
6. 인간관계에는 투자와 이득의 균형이 중요하다. 형평 이론에 따르면, 어떤 관계를 맺고 있는 두 사람은 자신들이 관계에 투자하는 양에 비례하여 관계로부터 적절한 이득을 얻는다고 지각할 때 친밀한 관계가 유지된다. 투자와 이득이 균형을 이루는 관계는 지속되지만 그렇지 못한 불균형적인 관계는 중단된다.
7. 친밀한 인간관계는 두 사람이 상당히 오랜 기간 동안 다양하고 빈번한 만남을 통해서 유지하는 상호 의존상태를 뜻한다. 친밀한 관계를 위해서는 자신의 중요한 측면(특히, 감정)을 상대방에게 내보이고, 상대방으로부터 자신을 잘 이해받고 있을 뿐만 아니라 인정과 보살핌을 받고 있다는 믿음이 중요하다.
8. 결혼한 사람들은 그렇지 못한 사람들보다 연령대, 소득 및 교육 수준, 인종에 상관없이 더 행복한 것으로 나타나고 있다. 그러나 결혼 자체가 행복을 보장하는 것은 아니며 결혼생활의 질이 중요하다. 부부가 긍정적인 상호작용과 정서표현을 많이 하고 역할분담이 잘 될수록 결혼만족도는 증가한다.

제 10 장

직업적 성취와 만족 - 몰입과 자기실현 -

진정한 행복은 개인의 강점을 발견하고 계발하여 일, 사랑, 자녀양육, 여가활동이라는 삶의 현장에서 활용함으로써 실현된다.

- Martin Seligman -

직업은 행복에 있어서 매우 중요하다. 직업은 경제적 소득을 얻을 뿐만 아니라 개인의 잠재능력을 발휘하고 인생의 의미를 찾는 행복의 주요한 원천이다. 주관적 행복의 연구자들(Argyle, 2001)에 의하면, 직업은 행복과 밀접한 관계를 맺고 있다. 우선, 직업을 가진 사람들은 미취업자보다 더 행복하다. 전문직이나 숙련직 노동자가 비숙련직 노동자보다 더 행복하다. 그러나 직업의 유형보다는 직업만족도가 중요하다. 행복과 직업만족도의 상관(r)은 약 .40으로서 상당히 높은 것이다(Diener et al., 1999). 직업만족은 정신건강에 직접적인 영향을 미치며 삶의 만족도에도 중요한 역할을 한다(Hart, 1999; Kelloway & Barling, 1991). 또한 행복과 생산성은 서로 촉진적인 영향을 미친다. 행복한 사람은 직업적 활동에 있어서 더 생산적이며, 직장에서 생산적인 성과를 나타내는 사람은 더 행복하다.

1 행복에 있어서 직업의 중요성

일 또는 직업이란 휴식, 놀이, 여가활동을 제외한 모든 생산적인 활동을 의미한다. 직업은 경제적인 보상을 받는 활동을 뜻하며, 개인이 지닌 잠재능력을 발휘하는 자기실현 활동이기도 하다. 인간은 누구나 성인이 되면 직업을 갖는다. "일하지 않은 자는 먹지도 말라."라는 백장(百丈) 대사의 말이 있듯이, 직업적 활동은 인생의 필수적 영역이다.

Freud는 인생에서 가장 중요한 두 가지 활동을 일(work)과 사랑(love)이라고 보았다. 일, 즉 직업적 활동은 긍정적 인간관계를 의미하는 사랑과 더불어 행복의 주요한 원천이라고 할 수 있다. 인생의 의미에 관한 연구자들(Ebersole, 1998; Emmons, 1999; Wong, 1998)에 따르면, 대다수의 사람들은 공통적으로 '일과 직업적 성취'를 인생의 중요한 의미로 여기고 있다. 이러한 연구자들은 사람들이 중요하게 여기는 인생의 의미가 크게 네 가지로 수렴되고 있다고 보고한다. 그것은 일(work), 친밀감(intimacy), 영성(spirituality), 초월(transcendence)로서 인생의 의미에 있어서 "Big Four"(WIST)라고 불린다(Emmons, 2003). 이에 관해서는 12장에서 자세하게 설명할 것이다.

Wrzesniewski와 동료들(Wrzesniewski, McCauly, Rozin, & Schwartz, 1997)에 따르면, 직업인들은 자신의 일을 크게 세 가지 방식으로 인식한다. 첫째는 자신이 직장에서 하는 일을 단지 생계유지를 위해 소득을 얻는 **생업**(job)으로 여기는 것이다. 이러한 사람들은 일 자체보다 그로 인한 경제적 소득에 초점을 맞춘다. 이들에 있어서 직업의 의미는 가족을 부양하는 수단 정도가 될 것이다. 둘째는 직업을 사회적 성공과 연결된 **경력**(career)으로 여기는 것이다. 이러한 사람들은 일을 통해서 성취동기와 경쟁 욕구를 충족시킬 뿐만 아니라 사회적 지위와 명성을 얻고자 노력한다. 이들에게 있어서 직업의 의미는 자신의 목표를 성취하고 개인적 자긍심을 얻는 것일 것이다. 셋째는 직업을 **소명**(calling)으로 여기는 것이다. 이러한 사람들은 자신의 직업을 통해서 사회적으로 유용하고 의미 있는 일을 하고 있다고 생각한다. 이들에게 직업적 활동은 자신뿐만 아니라 타인을 위하는 것으로서 공동체에 기반을 둔 개인적 성취감에서 의미를 찾을 것이다. 이처럼 자신의 직업을 바라보는 세 가지 관점에 따라서 직업을 통해 얻게 되는 의미도 달라질 것이다. Wrzesniewski에 따르면, 직업에 대한 세 가지 관점은 직업의 유형에 상관없이 나타났다. 뿐만 아니라 직업으로 인한 소득, 직장 내의 지위, 직업을 통한 타인의 인정은 사람들이 자신의 직업에 부여하는 의미에 영향을 미치지 않았다. 특히, 직업을 소명으로 생각하는 것은 직업적 특성보다 개인적 특성과 관련되어 있는 것으로 여겨진다.

직업은 인생의 의미를 발견할 수 있는 행복의 중요한 원천이라고 할 수 있다. 행복에 중요한 영향을 미치는 몰입 경험은 주로 직업적 활동을 할 때 일어나는 것으로 밝혀졌다. Csikszentmihalyi(1990)에 따르면, 자신의 일을 즐기는 사람들은 일을 하면서 몰입 상태를 경험한다. 대부분의 사람들은 높은 수준의 기술을 필요로 하는 도전적 과제를 하게 될 때 몰입 경험을 하는데, 이러한 경험은 주로 직업적인 일을 할 때 일어난다(Haworth & Hill, 1992). 직업에서의 몰입 경험과 직업만족도는 매우 밀접한 관계를 지니고 있으며 서로 상승적 영향을 미친다. Nakamura와 Csikszentmihalyi(2002)는 즐거움을 느낄 뿐만 아니라 의미를 발견할 수 있는 일에 열정적으로 참여하는 것이 행복한 삶의 비결이라고 주장한다. 직업적 활동은 그러한 몰입과 의미를 동시에 경험할 수 있는 행복의 원천이라고 할 수 있다.

직업은 경제적 소득을 얻기 위한 수단일 뿐만 아니라 행복한 삶의 원천이다. 현대인은 인생의 가장 많은 시간을 직장에서 보내게 된다. 따라서 직업적 활동에서 만족감을 경험하지 못하는 사람은 결코 행복한 삶을 누릴 수 없다. 직업은 개인의 능력과 강점을 발휘하고 추구하는 목표와 가치를 구현할 수 있는 자기실현의 장이다. 또한 직업은 자기정체감과 사회적 소속감을 줄 뿐만 아니라 동료들과의 사회적 연결망을 제공한다. 이런 점에서 직업은 일과 사랑, 즉 직업적 활동과 인간관계의 조화를 통해 인생의 의미를 발견할 수 있는 행복의 원천이라고 할 수 있다.

2 직업만족도

직업은 행복과 매우 밀접한 관계를 지닌다. 특히, 직업만족도는 행복에 매우 중요한 영향을 미친다. **직업만족**(job satisfaction)은 자신의 직업적 활동이 생산적이며 가치 있는 일이라는 인식에 근거한 정서적 반응을 말한다(Locke, 1976). 달리 말하면, 직업만족도는 일을 통해서 개인의 욕구가 얼마나 충족되고 자신이 추구하는 가치가 얼마나 실현되

표 10-1 직업의 종류와 구분

우리 사회에는 매우 다양한 직업이 있다. 사회가 발전됨에 따라 직업도 보다 세분화되고 전문화되어 다양하게 늘어나고 있다. 산업혁명 당시 약 400종의 직업이 있었으나, 20세기 중엽에는 약 1만 종으로 늘어났고, 그 후 더 많은 직업이 분화되었다. 특히, 우리나라는 1957년도에 2,300여 종의 직업이 있었으나, 1986년도에는 1만 450여 종, 1996년에는 1만 2,850여 종으로 늘어났다. 다양한 직업을 살펴보기 위해 흔히 사용되는 직업분류방식을 제시하였다. 직업을 업무의 내용에 따라 크게 전문직, 관리직, 사무직, 판매직, 서비스직, 생산직, 농어민, 미취업으로 나누고 해당되는 세부적 직업을 열거하였다.

전문직

의사 · 약사 · 간호사 · 변호사 · 판사 · 검사 · 회계사 · 대학교수 · 교사 · 언론인 · 방송인 · 종교인 · 체육인 · 예술인 · 엔지니어 · 기타

행정관리직

기업체 · 경영주(5인 이상 고용) · 기업체간부(부장 이상) · 고급공무원(중앙관서 과장 이상) · 사회단체간부(부장 이상) · 군인(영관급 이상) · 경찰(경정 이상) · 기타

사무직

회사원 · 은행원(과장급 이하) · 일반공무원(사무관 이하) · 사회단체직원(과장급 이하) · 타이피스트 · 집배원 · 군인(위관급, 하사관) · 경찰(경감 이하) · 기타

판매직

도 · 소매상인(5인 미만 고용) · 판매점원 · 부동산 중개인 · 외판원 · 행상 · 노점상 · 기타

서비스직

음식점이나 여관 등의 주인 · 음식점이나 여관 등의 종업원 · 이용실이나 미용실 또는 세탁소 주인 · 이용실이나 미용실 또는 세탁소 종업원 · 청소부 · 수위 · 기타

생산직

생산감독(주임 및 반장) · 숙련공 · 기능공 · 공장근로자 · 견습공 · 비숙련공 · 단순노무자 · 막노동자 · 운전사(자동차, 중장비) · 기타

농 · 임 · 수산직

부농(2정보=6,000평 이상) · 중농(1~2정보=3,000~5,999평) · 소농(0.5~1정보=1,500~2,999평) · 빈농 · 소작농(0.5정보=1,500평 미만) · 농업노동자 · 품일군 · 축산업자나 낙농업자 · 선주 · 어부 · 수산업자나 양식업자 · 기타

미취업

학생 · 군인(사병) · 무직자(실업자) · 정년퇴직자 · 연금생활자 · 기타

는가에 따른 정서적 반응이라고 할 수 있다.

현대사회에는 매우 많은 직업이 존재한다. 직업마다 업무의 특성과 보상 수준이 각기 다르다. 그러나 직업만족도를 결정하는 가장 중요한 요인은 직업 자체이기보다 **개인과**

직업의 부합성(person-vocation fit)이다. 소위 '좋은 직업'에 종사한다고 해서 누구나 만족하는 것은 아니며, 우수한 사람이라고 해서 어떤 직업에서나 성공하는 것도 아니다. 자신의 특성을 잘 파악하고 그에 적합한 직업을 선택하는 것이 행복에 있어서 매우 중요하다.

직업만족도에 영향을 미치는 요인들을 개인적 요인과 직업적 요인으로 나누어 살펴보기로 한다. 개인적 요인으로 홍미, 적성, 가치, 성격 등이 있으며, 직업적 요인으로는 직업의 업무특성, 필요한 능력과 자질, 보상체계 및 미래의 전망 등이 있다. 이러한 두 가지 요인이 서로 부합되는 직업을 선택하는 것이 바람직하다.

직업만족도는 행복에 매우 중요한 영향을 미친다.

1) 흥미

우리는 흥미를 느끼는 일을 할 때 힘든 줄 모르고 몰두하게 된다. 또한 흥미로운 일을 하면 좋은 결과를 얻기 마련이다. 이와 같이, 흥미는 일에 대한 몰두와 성과 그리고 직업만족도에 영향을 미치는 중요한 요인이다.

흥미(interest)는 어떤 종류의 활동이나 사물에 대해서 특별한 주의나 관심을 갖게 하는 개인의 일반화된 행동 경향을 의미한다(Renninger, 1990, 2000). 즉, 개인으로 하여금 어떤 일에 즐거움을 느끼고 호기심을 갖게 하는 동기적 성향을 뜻한다. 어떤 일에 몰두하거나 어떤 일을 하고 싶어서 소망하는 것은 흥미에 의한 것이다. 흥미는 좌절과 실패

앞에서도 끈질긴 인내를 하게 만든다. 흥미는 개인이 종사하는 직업에 대한 만족도, 노력의 투여량, 지속적 종사기간을 결정하는 중요한 요인으로 알려져 있다.

흥미는 성장함에 따라 발전하고 변화한다. 어릴 때에는 흥미가 단편적이고 잘 분화되어 있지 않으며 일시적인 형태로 나타난다. 그러나 성장함에 따라 흥미는 점차 분화되어 구체화되며 지속되는 경향이 있다. 개인적 흥미는 활동 자체를 통해서 내재적인 보상을 얻기는 하지만, 아무런 자극이 없는 진공상태에서 발달하지 않는다. 개인적 흥미는 주변 사람들의 지지와 격려를 통해서 발전한다(Fried, 2001). 특정한 영역의 흥미를 유발시키고 고취시킴에 있어서 매우 중요한 것이 교사나 멘터의 역할이다. 교사는 교육과 정보를 제공할 뿐만 아니라 아낌없이 지지를 해주고 도전적 과제를 제시해주어야 한다(Renninger, 2000). 동료와 부모의 지지 역시 흥미 발달에 도움이 된다.

흥미는 내재적인 만족뿐만 아니라 여러 가지 장기적인 이득을 준다. 명백한 이득은 특정분야에서 남다른 성취를 나타내는 것이다. 흥미는 도전과 좌절을 잘 견디며 극복하게 만든다(McCombs, 1991). 새로운 것을 배우는 동안 흥미를 많이 느낄수록 스트레스를 덜 경험하며 장기적으로 신체적 · 심리적 안녕이 증대된다(Helson & Srivastava, 2001; Sansone, Wiebe, & Morgan, 1999). 흥미를 지속적으로 유지하고 새로운 흥미를 계발하는 능력은 건강하고 생산적인 노화에도 중요하다(Snowdon, 2001).

진로발달 이론가인 Holland(1966, 1985)는 직업선택에 있어서 개인과 직업의 부합성을 강조하면서 개인의 흥미와 직업 유형의 관점에서 사람들을 크게 6가지 기본 유형으로 구분하였다. 개인의 흥미 유형과 직업특성이 일치할 때 직업만족도가 가장 높으며 수행성과 역시 최고 수준으로 높아진다(Smart, 1982).

- 현실형(realistic type)은 물체, 도구, 기계를 사용하거나 동물을 사육하는 일에 각별한 흥미를 느낀다. 반면에, 대인관계에 다소 소극적이며 언어적 기술이 부족하다. 이러한 유형에게 적절한 직업으로는 엔지니어, 건축업자, 차량운전자나 수리공, 농장경영자 등이 있다.
- 탐구형(investigative type)은 물리학, 생물학, 사회과학 등의 분야에서 조직적인 일이나 창의적인 연구에 각별한 흥미를 지닌다. 이러한 사람들은 합리적이고 분석적이며 독립적인 성향을 지닌다. 이들에게 적합한 직업으로는 다양한 분야의 과학자

나 교수이다.

- 사회형(social type)은 사람들을 보살피고 도우며 가르치는 일에 흥미를 가진다. 언어적 기술과 대인관계 기술이 풍부하며 대표적 직업으로는 교사, 상담사, 임상심리학자, 사회복지사 등이 있다.
- 예술형(artistic type)은 언어, 음악, 미술 등과 관련된 예술적 활동에 흥미를 느끼며 상상력이 풍부하다. 이들에게 적절한 대표적인 직업으로는 시인, 소설가, 음악가, 조각가, 극작가, 작곡가, 무대지휘자, 디자이너 등이 있다.
- 사업형(enterprising type)은 경제적 이익창출을 위해서 조직적인 활동을 하거나 다른 사람을 설득하는 일을 좋아한다. 자신감과 야심을 지니며 활동적인 성향을 지닌다. 사업가, 정치인, 판매업자, 사회자, 관리자 등이 대표적인 직업이다.
- 관습형(conventional type)은 자료를 정연하게 분류하여 정리하고 보관하는 사무적인 일에 흥미를 느끼며 규범적이고 성실한 성향을 지닌다. 대표적인 직업으로는 회계사, 은행가, 도서관 사서 등이 있다.

2) 적성

직업을 선택할 때 중요하게 고려해야 하는 개인적 특성은 개인적 능력, 즉 적성이다. 인간은 각기 나름대로 특정한 직업에 필요한 남다른 능력을 지니고 있다. 자신의 우수한 능력을 발휘할 수 있는 직업을 선택하게 되면 뛰어난 성과를 거둘 수 있을 뿐만 아니라 그러한 직업에 대한 만족도가 높아진다. 심리학자들은 이러한 개인적 능력을 설명하기 위해서 지능(intelligence), 적성(aptitude), 재능(talent), 기술(skill), 역량(capacity) 등의 다양한 용어를 사용하고 있다.

심리학자들은 다양한 직업적 활동에 필요한 수많은 능력을 몇 가지 기본적 능력으로 범주화하여 이해하려고 한다. 인간의 지적인 능력은 크게 일반지능과 특수지능으로 구분된다. 이 분야의 선구적 심리학자인 Charles Spearman(1904)은 사람들에게 다양한 능력 검사(문학, 수학, 외국어 등)를 시행했을 때 이들의 검사점수들이 상관되어 있다는 사실에 주목했다. 이러한 결과에 근거하여, 그는 여러 영역의 수행에 공통적으로 영향을 미치는 **일반지능**(general intelligence)이 존재한다고 주장하였다. 또한 검사의 점수들은 서로 상관되어 있을 뿐만 아니라 각기 독특한 분포를 나타낸다. 이러한 현상은 각 검사에서 측정하는 독특한 능력을 반영하는 것으로서 이를 **특수지능**(specific intelligence)이라고 지칭하였다. 일반지능은 흔히 IQ로 통칭되는 전반적인 지적 능력을 뜻하는 반면, 특수지능은 특수한 분야에 대한 지적 능력을 의미한다. 적성은 특수지능을 의미하는 것으로서 특정한 직업을 수행하는 데 필요한 능력을 뜻한다.

근래에 들어서 지능을 좀 더 세분화하여 분류하려는 노력이 이루어지고 있다. 일찍이 Guilford(1967)도 지능을 다양한 능력의 복합체로 여겼으며 이를 구성하는 개별적 능력은 100가지가 넘는다고 주장한 바 있다. 이러한 지능의 다양성을 가장 잘 보여주고 있는 것은 최근에 Gardner(1983, 1993)가 주장하는 **다중지능**(multiple intelligence)이다. 그는 지능을 다음과 같은 8가지 능력으로 구분하였다.

- **언어지능**(linguistic intelligence)은 언어를 빠르게 습득할 뿐만 아니라 글과 말을 통해 자신의 생각이나 느낌을 표현하는 능력을 뜻한다. 이러한 지능이 우수한 사람은 연설가, 시인, 작사가와 같이 단어선택에 민감하고 언어기억력이 뛰어나서 탁월한 언어구사 능력을 나타낸다.
- **논리수학지능**(logical-mathematical intelligence)은 논리적으로 추론하여 규칙이나 법칙을 발견하거나 설명체계를 마련할 수 있는 능력을 말한다. 이러한 지능은 수학자, 물리학자, 사회과학자에게 필요한 것으로서 규칙이나 명제와 같은 상징체계를 익히고 추상적인 방식으로 사고를 조직화하는 능력을 의미한다.
- **공간지능**(spatial intelligence)은 물체나 공간을 시각적 이미지로 떠올리고 변형시킬 수 있는 능력으로서 그림, 지도, 입체 설계 등의 관련된 문제를 해결하는 데 필요하다. 흔히 건축가, 조경사, 비행사, 조각가, 당구 선수에게서 이러한 탁월한 능력을 발견할 수 있다.
- **음악지능**(musical intelligence)은 가락, 리듬, 소리 등의 음악적 상징체계에 민감하며 그러한 음악적 상징을 독창적으로 만들어내거나 그와 관련된 문제들을 해결하는 능력을 말한다. 이러한 능력을 지닌 사람들은 음악가와 같이 음악을 감상하고 새로운 곡을 창작하거나 해석하는 능력이 탁월하다.
- **신체운동지능**(bodily-kinesthetic intelligence): 신체적 움직임을 쉽게 익히고 자신의

몸을 운동감각적으로 잘 제어할 수 있는 능력을 뜻한다. 이러한 탁월한 능력을 지닌 사람들은 운동선수, 무용수, 연기자, 외과의사로서 뛰어난 성취를 나타낼 수 있다.

- **자기성찰지능**(intrapersonal intelligence)은 개인의 내면적 측면을 세심하게 관찰하고 이해하며 조절하는 능력을 의미한다. 인간의 내면세계를 주제로 다루는 소설가나 심리학자들에게서 이러한 탁월한 능력이 관찰된다.
- **인간친화지능**(interpersonal intelligence): 다른 사람의 기분이나 욕구를 잘 이해하고 적절하게 반응할 수 있는 능력을 뜻한다. 이러한 능력은 정치가, 종교지도자, 임상가, 영업사원 등에게 필요하다.
- **자연친화지능**(naturalist intelligence)은 식물과 동물을 비롯하여 자연환경과 생태에 관심이 많을 뿐만 아니라 자연세계를 예리하게 관찰하고 분류하며 관리하는 능력을 뜻한다. 동·식물학자, 환경보호운동가, 동물사육사, 자연생태계 다큐멘터리 제작자 등에게 이러한 탁월한 능력이 발견될 수 있다.

Gardner(1983, 1997)에 따르면, 지능은 개인이 직면한 곤란을 해결할 수 있는 일종의 문제해결 기술이다. 다중 지능은 진화의 과정에서 인간의 생존과 적응을 위해 발달한 것으로서 서로 상당히 독립적인 것으로 가정되고 있다. 개인의 직업선택에는 개인이 다양한 지능의 측면에서 어떤 조합을 나타내는지 살펴보는 것이 중요하다. 적성은 타고난 능력이나 소질이라고 할 만큼 유전적인 성향이 강하지만 학습 경험이나 훈련에 의해서 계발될 수 있다.

3) 가치

인간은 자신이 가치 있게 여기는 일을 할 때 만족하게 된다. 따라서 직업을 선택할 때는 자신이 인생에서 추구하고자 하는 가치를 분명히 인식하여 고려하는 것이 중요하다. 일반적으로 **가치**(value)란 어떠한 목표가 더 바람직한지에 대해서 개인이 지니는 지속적인 신념을 말한다(Rokeach, 1973, 1979). 이러한 가치는 자신의 행위와 인생을 평가하고 의미를 부여하는 내면적인 기준이 된다.

인간이 지향하는 가치는 매우 다양하며 연구자에 따라 그 분류방식도 다양하다.

표 10-2 가치관의 유형과 관련된 직업

유 형	특 징	관련된 직업
이론형	사물의 진리를 탐구하고 연구하며 가르치는 일에 보람과 긍지를 느낀다.	교사, 교수, 연구원, 학자, 과학자, 평론가, 수학자, 교육가 등 연구 및 교육활동에 종사하는 직업
경제형	재산형성에 큰 가치를 부여하며 돈을 버는 경제적 활동에 관심과 흥미를 갖는다.	소·도매상인, 유통업종사자, 중소기업인, 대기업인, 무역인 등 경제활동에 종사하는 직업
심미형	아름다움의 추구에 가치를 두며 아름다움의 창조활동을 다른 어떤 일보다 소중하게 여긴다.	음악가, 화가, 무용가, 소설가, 예술평론가 등 예술분야의 직종
사회사업형	고통받는 사람의 삶에 관심이 많으며 이들을 위해 돕고 봉사하는 일에 높은 가치를 둔다.	사회사업가, 상담교사, 재활상담원, 의사, 간호사, 사회봉사자 직종
정치형	국가 및 사회 발전에 관심이 많으며 권력을 취득하여 자신의 영향력을 행사하는 일에 가치를 둔다.	정당인, 정치가, 국회의원, 장관, 차관, 행정관료, 기관장, 시도의원 등의 직종
종교형	인생의 궁극적 의미를 추구하며 절대자의 숭배나 자기초월적 수행에 최고의 가치를 둔다.	목사, 전도사, 승려, 신부, 기타 종교와 관련된 직종

Allport(1937; Allport, Vernon, & Lindzey, 1960)는 인간이 추구하는 다양한 가치를 〈표 10-2〉와 같이 6가지로 분류한 바 있다. 그의 분류체계는 오늘날에도 여전히 영향력을 지니고 있으며 특히 직업선택과 관련하여 유용하다.

가치관은 성장과정을 통해 우리가 살아온 환경과 주위사람들의 영향을 받아 형성된 것이다. 특히, 어린 시절에 부모나 좋아하는 사람들의 행동을 내면화함으로써 가치체계가 형성되는데 이렇게 형성된 가치관은 점차 성장하면서 구체화된다. 추구하는 가치와 부합하는 직업을 지닌 사람은 자신의 직업을 소중하고 의미 있는 것으로 여기기 때문에 직업만족도가 높아진다.

4) 직무환경의 특성

직업의 만족에는 개인적 요인뿐만 아니라 직무환경의 특성이 중요한 영향을 미친다. 현대의 직업조직은 대부분 효율과 업적을 중시하며 성과급 제도를 도입하여 경쟁적인 분위기를 강화하고 있다. 뿐만 아니라 조직의 경제적 운영을 위해서 인력을 감축하고 명예퇴직제를 실시함으로써 직장의 안정성도 저하되고 있다. 이러한 직장환경은 개인의 행복과 정신건강을 저하시킬 뿐만 아니라 직장헌신도와 직무효율성에도 악영향을 줄 수 있다. 최근에 긍정 심리학에서는 직장인의 효율성과 행복감을 최대화하기 위한 방법이 모색되고 있다(Turner, Barling, & Zacharatos, 2002). 일반적으로 직무수행에서 자율성이 주어지고, 흥미와 도전감을 느낄 수 있는 업무를 담당하며, 다른 사람과의 정서적 교류를 나눌 수 있는 기회를 제공하는 것이 바람직하다.

Alderfer(1969, 1972)는 직장인의 효율성과 행복감을 증진하기 위해서 인간의 세 단계 욕구, 즉 생존 욕구, 관계 욕구, 성장 욕구를 고려해야 한다고 주장한다. 그의 주장은 산업조직 현장의 연구에 근거하고 있으며 직장인의 동기를 이해하는 데에 적용되고 있다. 첫 단계의 **생존 욕구**(existence needs)는 생존에 필요한 여러 유형의 물질적·생리적 욕구를 포함한다. 즉, 굶주림이나 갈증을 해소하고 월급, 상여금, 안전한 작업환경을 원하는 욕구와 관련된다. 두 번째 단계의 **관계 욕구**(relatedness needs)는 자신에게 중요한 타인과 친밀하고 신뢰할 수 있는 인간관계를 형성하고 유지하려는 욕구를 말한다. 이것은 대인관계에서 애정, 친밀감, 소속감, 신뢰감, 자기존중감 등을 얻고자 하는 사회적 동기를 뜻한다. 세 번째 단계의 **성장 욕구**(growth needs)는 개인이 중요하게 생각하는 능력이나 잠재력을 발전시키려는 욕구를 말한다. 이러한 욕구는 Maslow가 제시하는 자기실현 욕구에 해당하는 것이다. Alderfer는 세 욕구들 간의 역동적 관계를 다음과 같이 설명한다: (1) 특정한 욕구가 덜 충족될수록 그 욕구에 대한 갈망은 더욱 강해진다; (2) 한 욕구가 충족되면 상위욕구가 일어난다; (3) 상위욕구의 충족이 좌절되면 하위욕구가 일어난다. 이러한 욕구와 그 역동적 관계를 잘 고려하여 직무환경을 조성하는 것이 중요하다. Alderfer의 주장은 세 욕구를 지칭하는 영어명칭의 첫 글자를 따서 **ERG 이론**이라고 불린다.

최근에는 직장인들이 조직과 업무에 적극적으로 관여하도록 격려하기 위한 **직무 재설**

계(job redesign)가 강조되고 있다(Muchinsky, 2003; Turner et al., 2002). **직무특성 모델**(job characteristics model; Hackman & Oldham, 1980; Oldham, 1996)에 따르면, 직무의 일반적인 내용과 구조는 5가지의 특성, 즉 기술 다양성, 업무 정체성, 업무 중요성, 업무 자율성, 업무 피드백으로 분석될 수 있으며, 이러한 요인들이 직업만족도에 영향을 미친다. 즉, 너무 단순하고 기계적인 업무보다는 다양한 기술과 역량을 사용하는 업무, 내용과 범위가 명료한 업무, 중요하고 의미 있는 업무, 자율성과 재량권이 주어지는 업무 그리고 수행에 대한 적절한 피드백이 주어지는 업무를 수행하는 환경에서 직장인들은 열성적으로 업무를 수행하며 만족감을 느끼게 된다. 이 모델에 따르면, 동기를 강화하는 직무환경의 지표인 **동기 잠재력 점수**(MPS: Motivating Potential Score)는 다음과 같은 공식으로 수량화될 수 있다.

$$\text{MPS} = \frac{(\text{기술 다양성} + \text{업무 정체성} + \text{업무 중요성})}{3} \times (\text{업무 자율성}) \times (\text{업무 피드백})$$

MPS가 높을수록 직무동기를 촉진하는 직무환경이라고 할 수 있다. 위의 공식은 특히 업무의 자율성과 피드백이 중요함을 반영하고 있다. 업무에 대한 통제력과 피드백이 많아야 직무에 대한 동기가 증진되어 개인의 역량이 최대한 발휘될 수 있다. 또한 직장인들은 자신이 하는 일에 대한 중요성과 의미감을 인식하게 될 뿐만 아니라 직업만족과 전반적 행복에도 긍정적인 영향을 미치게 된다(오동근, 2004; Hackman & Oldham, 1980; Oldham, 1996).

Karasek(1979; Karasek & Theorell, 1990)은 직장인의 심리적·신체적 안녕을 증진할 수 있는 직무환경을 설명하기 위해서 **요구/통제 모델**(demand/control model)을 제안하였다. 이 모델에 따르면, 건강한 직무환경은 적절한 요구(생산목표)와 더불어 그에 적합한 통제권(일의 속도와 방식을 스스로 결정할 수 있는 능력)이 주어지는 환경이다. 높은 요구와 높은 통제권이 주어지는 업무(능동적 업무)는 직장인에게 자신감을 주며, 적극적 학습을 촉진함으로써 스트레스를 완화한다. 달리 말하면, 능동적 업무를 수행하는 사람은 과제 수행에 필요한 기술과 지식을 자발적으로 학습할 뿐만 아니라 적극적인 대처전략을 사용하며, 어려움을 도전적인 상황으로 받아들인다. 반면에, 낮은 요구와 높은 통제권이 주어지는 업무(느슨한 업무)는 직장인에게 그러한 내재적 동기를 부여하지 않는다. 높은 요구와 낮은 통제권이 주어지는 업무(압박적 업무)는 직장인에게 압도감과 무력감을 유발하여 많은 스트레스를 줄 뿐만 아니라 기술의 학습과 발휘를 억제한다. 낮은 요구와 낮은 통제권이 주어지는 업무(수동적 업무)는 새로운 기술의 학습을 촉진하지 않으며 무기력을 초래할 수 있다. 최근에 확장된 모델(Karasek & Theorell, 1990)은 직장 내의 사회적 지지가 심리사회적 건강을 촉진하는 데 중요하다고 제안하고 있다. 사회적 지지는 직장의 동료나 선배에 의해 제공되는 도움을 의미한다. 동료들 간의 사회적 지지와 신뢰감이 높을수록 직장인의 자기정체감, 직장 소속감, 전반적 행복이 증진된다.

이 밖에도 직무에 관한 충분한 정보와 분명한 범위가 주어지는 역할 명료성(role clarity), 주어진 업무와 보상에 대한 역할 합의(role agreement), 도전적이지만 감당할 만한 적절한 역할 부담(role loading)이 직무사기와 직업만족에 중요하다. 명료하게 정의된 업무를 부여하는 것은 직업만족도와 조직헌신도에 긍정적인 영향을 미친다(Jackson & Schuler, 1985). 아울러 상당한 재량권을 지닌 도전적 업무를 부여하는 것이 직장인과 조직 모두를 위해서 바람직하다. 적절한 업무 부담은 신체적 건강과 긍정 정서를 증진하는 것으로 알려져 있다(Sparks, Cooper, Fried, & Shirom, 1997).

3 직업활동과 몰입

자신의 직업을 좋아하고 만족하는 사람은 행복도가 높다. 이러한 사람들은 직업적 활동을 하면서 몰입이라는 독특한 심리적 상태를 경험하는 것으로 알려져 있다. 헝가리 태생의 심리학자인 Csikszentmihalyi(1975, 1990)는 매우 창의적인 화가들에 대해 연구하면서 몰입에 관심을 갖게 되었다. 이러한 화가들은 작업할 때 허기와 피로를 잊은 채 휴식도 취하지 않으며 작업에 몰두했다. 이렇게 몰입하는 동안에는 주의가 강렬하게 활동에 집중되어 시간이 흐르는 것도 잊고 심지어 자아의식도 사라진다고 한다. 이들은 성과물을 집착하거나 그로 인한 외재적 보상을 위해서 그토록 몰입하는 것이 아니었다. Csikszentmihalyi는 주로 즐거움 때문에 직업적 활동에 몰두하는 사람들(작곡가, 야구선수, 체스선수, 무용가, 암벽등반가 등)의 심리적 경험을 분석하여 공통적인 요소를 찾아냈다. 그가 이러한 경험에 처음으로 붙인 이름은 자기목적적 경험(autotelic experience)이었으나 나중에 좀 더 친숙한 용어인 몰입(flow)으로 개칭하였다. 몰입 경험과 직업만족도는 서로 밀접한 관계를 지니고 있다(박근수, 유태용, 2007). 직업활동에 대한 몰입을 통해 직업만족도가 높아지며, 직업만족도가 높아야 자신이 하는 일에 몰입하게 된다.

몰입의 대표적 연구자: 미하이 칙센트미하이

미하이 칙센트미하이(Mihaly Csikszentmihalyi)는 마틴 셀리그먼과 더불어 긍정 심리학을 창설한 사람 중 한 명이며 몰입의 연구로 세계적인 명성을 얻고 있는 심리학자이다. 그는 헝가리인으로서 1934년 9월 29일에 크로아티아에서 태어났다. 제2차 세계대전을 겪으면서 가족과 함께 이탈리아로 이주했다가 1956년에는 미국으로 건너가 여러 가지 직업을 전전하는 등 다양한 인생 경험을 했다. 1965년에 시카고 대학에서 박사학위를 받았으며, 40여 년간 몰입을 비롯하여 행복, 창의성, 주관적 안녕, 재미에 대한 연구를 해왔다.

그가 긍정 심리학에 관심을 갖게 된 것은 동물실험만 하고 정신이상자만을 다루는 심리학에 실망했기 때문이라고 한다. 또한 어린 시절에 전쟁을 겪으면서 어른들이 집과 직장을 잃게 되자 삶의 목적마저 잃어가는 모습을 목격하게 되었는데, 어른들도 어떻게 살아야 하는지를 잘 모르는 사람들이라는 생각에 실망했었다고 한다. 이러한 경험들로부터 그는 "인생을 정말 가치 있게 만드는 것은 무엇인가?"라는 물음에 깊은 관심을 갖게 되면서 긍정 심리학 연구에 전념하게 되었다.

그는 미술가, 음악가, 스포츠선수들에 대한 연구를 하면서 이들이 작업을 할 때 다른 모든 것을 잊고 집중하는 모습에 깊은 인상을 받게 되었다. 이러한 경험이 계기가 되어 몰입에 대한 연구에 집중하게 되었으며 세계적인 명성을 얻게 되었다. 그는 시카고 대학에서 심리학과 과장을 역임하는 등 오랜 기간 재직하였으며, 현재는 클레어몬트 대학원(Claremont Graduate University)의 심리학과 교수로서 '삶의 질 연구센터' 소장과 피터 드러커 경영대학의 석좌교수직을 맡고 있다. 주요 저서로는 *Beyond Boredom and Anxiety*, *Flow: The psychology of optimal experience*, *Being Adolescent*, *The Evolving Self* 그리고 *Creativity*, *Flow and the Psychology of Discovery and Invention*이 있다.

1) 몰입의 특징

Csikszentmihalyi(1975, 1997)에 따르면, 몰입은 '무언가에 흠뻑 빠져 있는 심리적 상태'를 의미한다. 현재 하고 있는 일에 심취한 무아지경 상태라고 할 수 있다. 이러한 몰입상태에서는 평소와 다른 독특한 심리적 특성이 나타난다.

첫째, 몰입상태에서는 현재 과업에 대한 강렬한 주의집중이 일어난다. 모든 주의 용량이 완전하게 현재 과업에 투여되기 때문에 과업 이외의 활동에 대한 인식이 현저하게 약화된다. 이러한 주의집중은 애써 노력하여 일어나는 것이 아니라 과제에 대한 흥미와 즐거움으로 인해 자발적으로 일어난다.

둘째, 몰입상태에서는 행위와 인식의 융합이 일어난다. 현재 하고 있는 활동에 푹 빠져서 그 활동을 관찰하고 평가하는 관찰자적 인식이 존재하지 않는다. 따라서 자아의식도 사라지게 되어 흔히 이러한 상태를 '무아지경' 또는 '몰아지경'이라고 부른다. 그러나 의식을 잃은 혼수상태와는 다른 것이다. Csikszentmihalyi에 따르면, 몰입상태에서 자아는 완전히 기능하지만 스스로 그것을 인식하지 못할 뿐이다.

셋째, 몰입상태에서는 자기와 환경의 구분이 거의 사라질 뿐만 아니라 시간의 흐름도 망각하게 된다. 시간의 흐름에 대한 지각이 변형되어 시간이 보통 때보다 빨리 지나가고 많은 일들이 짧은 시간 안에 펼쳐지는 것처럼 느껴진다.

넷째, 몰입상태에서는 현재 하고 있는 활동을 장악하고 있는 듯한 강력한 통제감을 느끼게 된다. 활동의 진행이나 성과에 대한 걱정이 사라지고 주의집중이 일어남에 따라 완전한 통제력을 지니고 있는 것처럼 느끼게 된다.

마지막으로, 몰입 경험은 그 자체가 즐거운 것으로서 자기충족적인 속성을 지닌다. 몰입하고 있는 활동은 다른 목적을 위한 것이 아니라 그 자체를 위한 내재적 동기에 의해서 일어난다.

Csikszentmihalyi는 이러한 특징들이 몰입 경험에서 모두 나타나는 것은 아니지만 강렬한 몰입 경험의 경우에는 대부분 나타난다. 뇌파연구(Landers, Han, Salazar, & Petruzzello, 1994)에 따르면, 몰입 경험에서는 지적인 사고와 관련된 좌뇌의 활동 수준이 낮아지고, 언어공간 능력과 관련된 우뇌의 활성화가 일어난다.

2) 몰입을 촉진하는 요인

몰입은 많은 사람들이 보고하는 상당히 보편적인 경험이다. 사람들에게 "당신은 무언가에 깊이 빠져서 다른 모든 것을 잊은 채 시간이 흘러가는 줄도 몰랐던 경험이 있습니까?"라고 물은 결과, 약 20%의 사람들이 종종 그와 유사한 경험을 한다고 보고했으며 이러한 경험을 해본 적이 없다고 대답한 사람들은 15%에 불과했다(Csikszentmihalyi, 1997).

그러나 자신이 하는 일에 적극적으로 전념하여 몰입 경험을 자주 하는 사람들이 있다. Csikszentmihalyi(1990)는 이렇게 몰입을 잘 하는 사람의 성격특성을 제시하며 **자기목적적 성격**(autotelic personality)이라고 지칭한 바 있다. 이러한 성격을 지닌 사람들은 어떤 일을 하더라도 적극적이고 열정적으로 임한다. 내재적 동기가 강한 사람들이어서 외부적 보상보다 일 그 자체를 위해서 열심히 끈기 있게 일한다. 이들은 자율성과 독립성이 강해서 다른 사람의 간섭을 싫어하며 개인적 목표나 야망으로부터 자유로운 경향이 있다. 즉, 성과에 집착하지 않으며 다른 사람의 시선과 평가에 신경을 쓰지 않는 경향이 있다.

몰입 경험은 개인의 성격적 특성보다 과제의 특성에 의해서 유발되는 경향이 더 강하다. 자기목적적 성격을 지닌 사람들이 모든 활동에 몰입을 하는 것은 아니며, 보통사람들도 어떤 활동을 할 때는 몰입을 경험할 수 있다. 즉, 몰입을 촉진하는 과제의 특성이나 조건들이 존재한다(Csikszentmihalyi, 1975, 1997).

첫째, 분명한 목표가 있는 활동에서 몰입이 잘 일어난다. 현재 하고 있는 일의 목표가 모호하거나 장기적인 경우에는 몰입이 잘 일어나지 않는다. 너무 거창하고 원대한 목표보다는 그것을 이루기 위한 분명한 단기적 목표들을 위한 활동을 할 때 몰입이 쉬워진다. 예를 들어, "성적을 올려야겠다."는 막연한 목표로 공부하는 학생보다는 "이번 중간고사에서 수학점수를 90점 이상으로 올려야겠다."는 목표로 공부하는 학생이 몰입 경험을 할 가능성이 높다.

둘째, 즉각적인 피드백이 주어지는 활동에서 몰입이 잘 일어난다. 스포츠나 전자오락을 할 때 쉽게 몰입하게 되는 이유는 추구해야 할 분명한 목표가 있을 뿐만 아니라 순간순간마다 즉각적인 피드백이 주어지기 때문이다. 즉각적인 피드백은 목표달성을 위해서 현재 자신이 어떤 위치에 있으며 어떤 행위를 해야 하는지를 분명하게 알려주는 기능을 한다.

셋째, 몰입상태를 촉발하기 위해서는 개인의 기술 수준과 과제의 난이도가 적절한 균형을 이루는 것이 매우 중요하다. 분명한 목표와 즉각적 피드백이 주어지더라도 너무 쉬운 과제는 몰입하기 어렵고 너무 어려운 과제는 흥미를 상실하고 포기하게 될 것이다. 우리는 상당한 기술을 요구하는 도전적인 과제를 할 때 몰입을 경험하게 된다. 즉, 개인의 기술(skill)과 과제의 도전(challenge) 간의 균형이 몰입을 촉발하는 중요한 조건이다 (Moneta & Csikszentmihalyi, 1996).

〈그림 10-1〉에서 볼 수 있듯이, 과제의 도전 수준과 개인의 기술 수준이 모두 높을 경우에 몰입상태를 경험하게 된다. 기술 수준에 비해서 과제의 도전 수준이 높으면 걱정이나 불안을 경험하게 된다. 그와 반대로 기술 수준에 비해서 과제의 도전 수준이 매우 낮으면 권태감을 느끼게 되고, 적당히 낮으면 편안한 이완감을 느끼게 된다.

개인이 지닌 최고의 기술 수준을 발휘해야 하는 도전적 과제를 수행할 때 몰입이 잘 이루어진다. 특히, 강렬한 몰입 경험은 상황적 요구가 그 사람의 기술 수준에 압박을 가할 때 발생된다. 좀 더 자세히 설명하면, 다음과 같은 두 가지 조건이 충족될 때 몰입의 상태에 들어가게 된다. 첫째, 상황적 요구의 수준이 너무 높아서 잠시도 한눈을 팔지 못하고 매순간 그 과제에 정밀한 주의를 기울이도록 강요해야 한다. 둘째, 과제수행 자체와 그러한 수행에 대한 평가가 분리되지 않도록 해야 한다. 즉, 과제수행에 주의가 완전

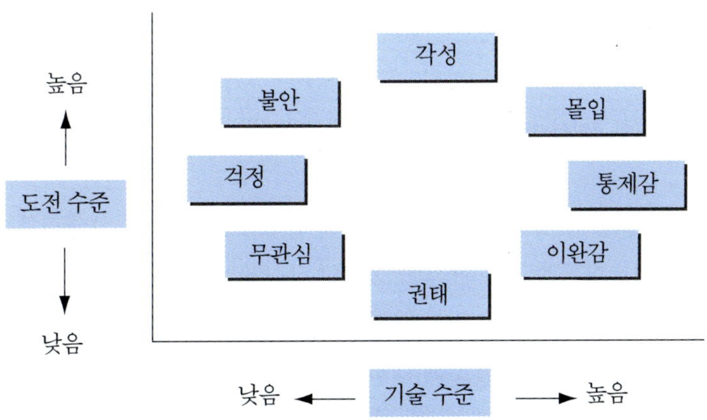

〈그림 10-1〉 몰입 경험과 도전 및 기술 수준의 관계(Csikszentmihalyi, 1997)

히 집중되어 과제를 어떻게 수행하고 있는지 관찰하지 못하도록 강요할 만큼 상황적 요구 수준이 높아야 한다. 과제에 완전히 집중하지 못한 채로 자아의식이 과제를 수행하는 자신을 관찰하고 평가하게 되면 몰입이 일어나기 어렵다.

이밖에도 몰입 경험을 촉진하는 다양한 요인들이 존재한다. 개인의 흥미와 과제의 특성이 잘 일치해야 한다. 우리는 흥미를 느끼는 활동에서 즐거움을 느끼며 몰입하게 된다. 또한 과제에 대한 내재적 동기와 호기심이 몰입을 촉진한다. 몰입의 가능성을 높일 수 있도록 산만한 자극을 제거하고 집중할 수 있는 상황을 조성하는 것도 도움이 된다.

몰입에는 여러 가지 유형과 수준이 존재한다. 장시간의 강렬한 몰입에서부터 단기간의 불완전한 몰입까지 다양하다. Csikszentmihalyi는 일시적으로 자주 경험하는 단순한 몰두 경험을 '가벼운 몰입(microflow)' 이라고 지칭한 바 있다. 흔히 이러한 작은 몰입경험으로부터 강렬한 몰입으로 발전될 수 있다. Galway(1974)는 테니스 게임에 몰입하게 되는 네 가지 단계를 통해서 그러한 진전과정을 설명하고 있다. 첫 단계는 주의를 기울이는 단계로서 새롭게 시작한 활동에 관심을 갖게 되고 참여하게 된다. 둘째는 흥미를 느끼는 단계로서 그러한 활동에서 즐거움을 느끼게 되며 지속적인 주의를 기울이게 된다. 이 단계에서 가벼운 몰입을 경험하게 되며 즐거움과 주의집중이 증가하게 된다. 셋째는 주의가 완전히 집중되는 단계이다. 이 단계에서는 지속하는 활동에 몰두하게 되며 주변 상황에 대한 인식이 약화되고 시간과 공간에 대한 지각이 변형된다. 마지막은 자아와 활동의 융합이 일어나는 단계로서 진정한 몰입의 상태를 의미한다. 이 단계에서는 활동에 흠뻑 빠져 자아의식이 사라지는 무아지경의 상태에 이르게 된다.

3) 몰입과 주관적 안녕의 관계

Csikszentmihalyi는 몰입이 사람들로 하여금 인생을 더 즐기고 행복하게 살며 다양한 상황에서 더 잘 기능하도록 만든다고 주장한다. LeFevre(1988)에 따르면, 하루 중 몰입한 시간이 많을수록 생활 경험의 질이 향상되었다. 여기에서 생활 경험의 질이란 하루의 생활 속에서 하게 되는 다양한 활동에 대한 집중도와 창의성 그리고 긍정 정서를 의미한다. 또한 몰입은 즐거운 여가활동을 할 때 흔히 경험하게 되므로 여가생활과 밀접한 관련성을 지닌다. 이미 실증적으로 잘 입증된 바 있는 여가활동과 주관적 안녕의 긍정적 관계는 몰입 경험에 의해서 매개될 수 있다. 사람들은 금전이나 칭찬과 같은 외부적 보상이 따르지 않는 경우에도 몰입을 경험하는 활동을 지속한다. 그 이유는 몰입이 내재적으로 동기가 부여된 활동의 주요한 측면이기 때문이다.

그러나 몰입보다 최적 경험이 더 행복감을 준다는 연구결과가 있다. 몰입은 개인의 기술이 과제의 도전 수준과 비슷해서 능력을 모두 투여해야 하는 상태인 반면, **최적 경험**(optimal experience)은 개인의 기술이 과제의 도전 수준보다 약간 높아서 다소의 여유를 느끼며 과제를 수행하는 상태라고 할 수 있다. Clarke와 Haworth(1994)는 영국의 대학생들을 대상으로 몰입과 최적 경험의 차이를 연구한 결과, 학생들은 몰입보다 최적 경험에서 더 많은 즐거움을 보고했다. 또한 최적 경험을 많이 하는 학생들이 몰입 경험을 많이 하는 학생들보다 주관적 안녕 점수가 더 높았다. 이러한 연구에 따르면, 주관적 행복은 몰입과 관계가 있지만 최적 경험과 더 강한 관련성을 지니는 것으로 보인다.

Csikszentmihalyi(1997)는 일반적으로 몰입 경험이 많아질수록 행복도가 높아지지만 항상 그런 것만은 아니라고 말한다. 예를 들어, 사람들은 직업적인 일을 할 때 몰입 경험을 자주 하지만 그렇다고 해서 다른 상황보다 직장에서 더 많은 행복감을 느끼는 것은 아니다. 또한 맛있는 음식을 먹는 것은 매우 즐거운 경험이지만 깊은 몰입상태에서 식사를 하는 것은 아니다. 뿐만 아니라 몰입이 부정적인 결과를 초래할 수도 있다. 예컨대, 도박중독이나 게임중독의 경우처럼 스스로 통제할 수 없거나 자기파멸적인 결과를 초래하는 몰입 경험도 있다. 즉, 행복에 있어서 중요한 것은 몰입 자체이기보다 어떤 일에 몰입하느냐는 것이다.

Nakamura(1995; Nakamura & Csikszentmihalyi, 2003)는 세상과의 관계에서 즐거움과 의미를 발견하는 것이 행복의 비결이라고 주장하였다. 즉, 즐거운 동시에 의미 있는 일을 하는 것이 중요하다는 주장이다. 위대한 창조적 업적을 남긴 과학자나 예술가들은 자신의 일에 남다른 즐거움을 느끼며 깊이 몰두하고 그 결과 의미 있는 결과물을 얻어낸다. Nakamura는 이러한 경우처럼 몰입(즐거운 몰두상태)과 의미(주관적 중요성)를 경험하며 세상에 적극적으로 임하는 태도를 **열정적 관여**(vital engagement)라고 명명했다. 이는 세상에 분리감과 이질감을 느끼며 거리를 두고 소극적으로 임하는 관계방식인 소외(alienation)와 반대되는 것이다. 열정적 관여에서는 자신과 대상과의 강렬한 연결감을 느끼며 그 대상과의 관계에 적극적으로 전념하게 된다.

특히, 열정적 관여는 직업만족과 업무성과를 높이는 데에 매우 중요하다. 직업적 활동이 아무리 의미가 있고 중요한 것이라도 즐거움을 느낄 수 없다면 지속적인 노력을 기울이기 어려울 것이며 '소진상태(burnout)' 에 빠지게 될 것이다. 예를 들어, 병든 환자를 치료하는 일이 매우 소중하지만 그러한 치료활동에서 즐거움을 느끼지 못하는 의사는 형식적으로 환자를 치료하는 직업적 소진상태에 빠져들게 될 것이다. 반면에, 직업적 활동에서 즐거움을 느끼더라도 그 의미와 소중함을 발견할 수 없다면 공허감을 느끼게 될 것이다. 자신이 의미 있는 중요한 일을 하고 있다고 느낄 때 그 일을 '소명' 으로 여길 수 있게 될 것이다. 직업적 활동을 비롯하여 인생의 주요한 활동에서 의미와 즐거움을 발견하며 열정적으로 살아가는 것이 행복의 관건이라고 할 수 있다.

4 직업과 자기실현

직업은 자기실현을 위한 중요한 활동장면이며 행복의 주요한 원천이다. 1장에서 소개한 바 있듯이, 행복에 대한 두 가지의 철학적 입장이 존재하고 있다. 그 하나는 주관적 행복감을 중시하는 쾌락주의적 행복관이며, 다른 하나는 개인의 노력을 통해 의미 있는 일을 이루는 것이 중요하다는 자기실현적 행복관이다. 아리스토텔레스의 유대모니아(eudaimonia)에서 유래한 자기실현적 행복관은 개인이 지닌 잠재능력과 강점을 충분히 계발하고 발현함으로써 개인과 사회에 의미 있는 일을 하는 것이 행복이라는 입장이다. 직업적 활동은 특히 자기실현적 행복관과 밀접한 관계를 지니고 있다.

앞에서 언급한 바 있지만, 대다수의 사람들은 '일과 직업적 성취' 를 인생의 중요한 의미로 여기고 있다. 인생의 의미에 대한 연구자들(Ebersole, 1998; Emmons, 1999; Wong, 1998)에 따르면, 사람들이 중요하게 여기는 인생의 의미는 크게 네 가지, 즉 일(직업), 친밀감(인간관계), 영성(종교), 초월(사회적 기여)로 수렴된다. 이들 중 친밀감, 영성, 초월은 주관적 안녕과 상당히 높은 상관을 나타내는 반면, 유독 일은 주관적 안녕과 상관이 낮거나 역상관을 나타내기도 한다(Emmons, 1991). 이러한 결과에서 주목해야 할 점은 직업적 활동이 인생에서 매우 의미 있는 것으로 여겨질 수 있지만 즐거움이나 행복감이 수반되지 않을 수도 있다는 점이다. 이런 점에서 직업적 활동은 쾌락주의적 행복과 자기실현적 행복이 일치하지 않거나 갈등적 관계를 나타낼 수 있는 인생의 영역이라고 할 수 있다.

1) 직업을 통한 자기실현

자기실현(self-actualization)이라는 용어는 심리학의 여러 이론에서 널리 사용되고 있다. 그러나 이 용어는 Kurt Goldstein(1934)에 의해서 '개인이 지닌 모든 잠재력을 발휘하려는 동기'를 지칭하기 위해 처음 사용되었다. 그에 따르면, 자기실현은 삶을 이끌어가는 주된 동력으로서 결과적으로 개인의 능력을 최대화하고 인생의 행로를 결정하게 된다.

이후에 인본주의 심리학자인 Maslow(1954)가 욕구의 위계적 발달 이론에서 자기실현을 심리적 발달의 최상위 욕구로 제시하면서 학계에 널리 알려지게 되었다. Maslow는 자기실현을 '개인이 잠재적으로 지니고 있는 것을 충분히 발현하려는 경향'이라고 정의했다. 좀 더 자세히 말하면, 인간을 비롯한 모든 생명체 안에 이미 깃들어 있는 고유한 속성을 표출하고 발현하려는 성향을 의미한다. 자기실현은 결핍을 채우기 위한 욕구가 아니라 성장을 추구하는 욕구로서 개인의 포부와 야망을 성취하는 데 기여한다. 따라서 자기실현 욕구는 생리적 욕구를 비롯한 하위욕구가 충족될 때까지 주도적인 것으로 떠오르지 않는다. Maslow에 따르면, 자기실현에 도달한 사람들은 뛰어난 현실감각과 직업역량을 지닐 뿐만 아니라 독립성, 자율성, 깊은 우정, 유머감각 등을 지닌다고 한다.

인본주의적 심리치료자인 Rogers(1957, 1961) 역시 인간의 가장 기본적인 특성을 자기실현 성향이라고 보았다. 그에 따르면, 인간은 자신이 지니고 있는 모든 잠재능력을 발현하려는 선천적인 성향을 지니고 있는데, 이것이 바로 **자기실현 성향**(self-actualization tendency)이다. 자아실현 성향은 두 가지의 방향성을 지닌다. 그 하나는 개인이 선천적으로 타고난 신체적·심리적 기질을 그대로 유지하고 나타내려는 성향이다. 왼손잡이로 태어난 아이는 어려서부터 왼손을 주로 사용하며, 자극 추구 성향이 강한 아동은 호기심이 많고 모험적인 행동을 나타낸다. 둘째는 개인이 지닌 모든 잠재능력을 최대한 개발하여 발휘하려는 성향이다. 어린 유아가 자꾸 넘어지면서도 걷고 뛰기 위한 노력을 자발적으로 기울이는 것이나 끊임없는 종알거림으로 언어를 습득하는 과정은 이러한 성향의 발현이라고 볼 수 있다. 이러한 자기실현 성향이 차단되거나 봉쇄될 때, 인간은 불행감을 느끼며 때로는 심리적 장애를 나타내게 된다. 반면에, 자기실현을 하고 있는 사람은 진정한 자기자신이 된다. 또한 자신의 잠재능력을 계발하고 삶에 도전함으로써 의미 있고 풍요로운 인생을 지향하며 살아간다. Rogers(1961)는 이러한 사람을 '충분히 기능을 발휘하는 사람(fully functioning person)'이라고 지칭했다. 그러나 자기실현을 이룬 사람이 항상 행복감과 만족감을 느끼는 것은 아니다. 그에 따르면, 인생은 자기실현 과정이며 그 부산물로서 행복이 따라오는 것이다. 행복 자체가 인생의 목표가 될 수는 없다는 것이다. 이런 점에서 Rogers는 자기실현적 행복관을 지닌 사람이라고 할 수 있다.

긍정심리학의 창시자인 Seligman 역시 자기실현적 행복관을 지닌 사람이라고 할 수 있다. 그는 개인이 지니는 주요한 강점들을 잘 발휘하며 사는 것이 행복한 삶이라고 주장한다(Seligman, 2002b). 즉, 진정한 행복은 개인이 지닌 가장 근본적인 강점을 찾아내어 계발하고 이것을 직업, 대인관계, 여가활동, 자녀양육에 매일 활용함으로써 발견될 수 있다는 것이다. 개인의 독특성을 나타내는 주요한 긍정적 특질인 대표 강점을 발휘하며 살아갈 때, 삶 속에서 즐거움과 활기를 느끼게 될 뿐만 아니라 긍정적인 결과를 얻을 수 있다. 또한 진정한 자기가 표현되고 있다는 느낌을 갖게 된다. 그 결과, 자신의 삶에 대해서 긍정적인 감정을 느끼며 살아가는 즐거운 인생을 영위하게 된다. 또한 매일의 생활에서 적극적이고 열정적으로 참여하고 몰입하게 된다. 나아가서 자신뿐만 아니라 가족, 직장, 공동체, 사회와 국가를 위해 봉사하며 공헌함으로써 의미 있는 삶을 살아갈 수 있다. 이처럼 Seligman은 즐거운 기분을 느끼면서 자신의 일에 몰입하며 삶의 의미를 발견할 수 있을 때 진정한 행복감을 느낄 수 있다고 본다. 즐거운 삶, 몰입적인 삶 그리고 의미 있는 삶은 때때로 서로 일치하지 않는 경우도 있지만 밀접한 관련성을 지니며 서로 촉진적인 관계를 지닌다.

직업은 자기실현을 위한 주요한 무대이다. 직업은 개인이 자신의 잠재능력을 발휘하여 포부와 야망을 성취하고 사회와 국가를 위해 기여할 수 있는 가장 중요한 인생의 장이라고 할 수 있다. 개인의 특성에 잘 부합하는 직업을 선택하고, 그러한 직업활동에 몰입하며, 자신의 잠재역량을 충분히 발휘하는 것이 중요하다. 아울러 직업활동에서 즐거움과 의미를 느낌으로써 직업만족도를 높이는 것이 행복의 중요한 요건이라고 할 수 있다.

2) 직업에서의 성취와 업적

직업적 활동은 그 자체를 통해서 즐거움과 의미를 느낄 수 있을 뿐만 아니라 성취와 업적을 남길 수 있는 인생의 주요한 장이다. 이러한 성취와 업적은 크고 작음에 관계없이 가족, 직장, 공동체, 사회와 국가 그리고 인류를 위한 공헌이 될 수 있다. 위대한 업적을 이루기 위해서는 개인의 능력과 흥미와 더불어 엄청난 노력이 필수적이다(Murray, 2003). 그래서 훌륭한 성취와 업적은 우리에게 경외심과 더불어 존경심을 불러일으킨다. 긍정 심리학은 이처럼 위대한 성취를 통해 자기실현을 이룬 인물들에 대해서 깊은 관심을 지닌다. 그들이 지닌 재능과 강점들, 성취를 이루게 된 과정 그리고 그러한 성취를 가능하게 만든 상황과 환경에 대해 연구한다.

직업적 활동을 통해서 비범한 업적과 성취를 이룰 수 있다.

Gardner(1993, 1997)는 아인슈타인, 그레이엄, 피카소, 스트라빈스키, 울프와 같이 비범한 인물들의 생애와 업적을 연구한 바 있다. Gardner는 비범한 업적과 성취의 네 가지 유형을 제시하였다. 그 첫째는 어떤 전문영역에서 거장(master)이 되는 것이다. 예를 들면, 음악 작곡분야에서 모차르트가 남긴 업적을 들 수 있다. 이처럼 자신의 직업분야에서 탁월한 능력과 성취를 통해 최고의 또는 일류의 전문가가 되는 것이다. 우리 사회에는 다양한 직업분야에서 발군의 역량을 발휘하는 수많은 달인과 명인들이 있다. 둘째는 새로운 영역의 창시자(maker)가 되는 것이다. 예를 들어, 프로이트는 정신분석이라는 새로운 학문영역을 창시하는 위대한 업적을 남겼다. 기존의 직업분야에서 전문가가

되는 것도 소중한 일이지만 창의성을 발휘하여 새로운 분야를 개척하고 확장하는 것도 커다란 공헌이 될 수 있다. 셋째는 사회를 긍정적으로 변화시키는 영향력 있는 인물(influencer)이 되는 것이다. Gardner는 이러한 대표적 인물로 정치분야에서 간디를 꼽고 있다. 우리 사회를 좀 더 평화롭고 풍요롭게 발전시키는 데 기여하는 것도 매우 소중한 업적이다. 마지막으로 내면적인 삶을 깊이 탐색하고 성찰하는 인물(introspecter)이 되는 것이다. Gardner는 그 대표적인 인물로 소설가 James Joyce를 들고 있다. 이 밖에도 자신의 삶을 깊이 성찰하고 높은 영적 수준에 이른 사람들이 이러한 유형에 포함될 수 있을 것이다.

긍정 심리학에서는 위대한 업적을 남긴 비범한 인물에 초점을 맞추어 그들의 전기를 분석하는 등의 사례 연구를 시행하고 있다. 성취를 연구하는 또 다른 방법은 저명인사 집단을 관찰하는 것이다. 이러한 연구는 우수한 역량을 발휘하고 있는 사람들의 공통적 특성들을 밝힐 수 있는 장점이 있다. 미국의 심리학자인 Dean Simonton(1997, 2000)이 이러한 연구로 가장 잘 알려진 사람이다. 그는 역사적으로 성취를 이룬 저명한 사람들(정치지도자, 작가, 예술가, 장군, 작곡가, 심리학자)에 대해서 연구하였다. 그가 내린 결론에 따르면, 어떤 영역에서의 업적은 결코 단일한 요인에 의해서 결정되는 것이 아니라 항상 심리적 · 사회적 · 역사적 요인들이 복합적으로 작용한 결과라는 것이다. 예를 들면, 지적인 능력, 성격특질(주도성과 외향성) 그리고 장남이나 장녀라는 형제서열이 성취 정도와 상당한 상관을 보였다. 그러나 그보다 더 중요한 것은 전문분야의 능력과 기술, 공식적인 교육 그리고 역할모델의 존재였다. 뿐만 아니라 개인의 성취가 영향력을 지니기 위해서는 적절한 시기와 장소에서 활동해야 한다. 즉, 시대를 잘 만나는 것도 중요하다는 것이다.

Murray(2003)는 다양한 분야에서 위대한 업적을 남긴 사람들에 대해서 양적인 연구를 시도한 바 있다. 그는 위인들의 업적을 그 분야의 전문가들에게 평가하게 하여 수량화했을 뿐만 아니라 위인들의 전기를 분석하여 개인적 특성과 환경적 특성을 수량화하여 이들 간의 관계를 연구했다. 물론 수량화된 자료의 신뢰도와 타당도를 입증하기 위한 기본적인 작업이 이루어졌다. 각 분야의 '정상'에 있었던 수백 명의 인물들에 대한 자료를 분석한 결과, 다음과 같은 일반적인 결론을 내릴 수 있었다.

첫째, 한 개 이상의 전문분야에서 정상에 이르렀던 사람들은 극히 드물었다. 즉, 한 분야의 정상에 이르기 위해서는 고도의 지식과 기술을 갖추는 것이 필요했다. 여러 분야에서 발군의 업적을 남긴 아리스토텔레스나 레오나르도 다빈치와 같은 경우는 극히 예외적인 경우라고 할 수 있다.

둘째, 어떤 분야이든 정상의 위치에 도달한 사람들은 엄청난 노력을 기울인 사람들이었다. 천부적 능력을 타고난 인물들도 그러한 능력을 발현시키기까지 피나는 노력을 기울였던 것이다. 그리고 각 분야에서 탁월하다고 평가된 사람일수록 더 많은 시간의 노력을 기울였으며 더 많은 결과물을 만들어냈다.

셋째, 한 분야에서 정상에 이르기 위해서는 멘터나 스승의 역할이 매우 중요했다. 연구에 포함된 인물들은 대부분 자신의 성취와 인생에 도움을 준 멘터들을 지니고 있었다. 멘터는 대부분 각 분야의 전문가로서 지식과 기술을 전수해주는 역할을 할 뿐만 아니라 그 분야의 중요성과 의미를 심어줌으로써 동기를 강화시키는 역할을 수행한다.

넷째, 적절한 시기와 적절한 장소에서 사는 것 역시 중요했다. 즉, 개인의 재능과 역량을 자극하고 개발하며 발휘할 수 있는 환경이 중요했다. 일반적으로 번성하는 사회나 정치적 · 재정적 중심지가 되는 도시에서 보다 탁월한 인물들을 많이 배출하는 경향이 있었다. 뿐만 아니라 개인이 지닌 전문적 지식과 기술을 필요로 하고 소중하게 여기는 시대와의 만남도 중요했다.

마지막으로, 탁월한 업적은 문화적 분위기에 의해서 영향을 받았다. 인간의 삶에 있어서 이기적 목적보다 다른 사람과 사회, 나아가서 인류를 위해 기여하는 것이 중요하다는 자기초월적 가치를 강조하는 문화에서 위대한 업적이 성취되는 경향이 있었다. 또한 개인의 역량을 존중하고 개인으로 하여금 자기효능감을 지니도록 만드는 문화적 분위기 역시 중요했다.

이러한 결론은 우리 자신에게도 적용할 수 있다. 특히, 직업분야에서 뛰어난 성취를 이루기 위해서는 우선 자신의 흥미와 능력을 확인하고 그에 적합한 전문영역을 선택하는 것이 중요하다. 아울러 그 분야의 훌륭한 스승을 찾아 신뢰할 수 있는 관계 속에서 배우고 많은 시간을 투자하여 노력해야 한다. 그리고 자신이 하고 있는 전문적 활동이 중요할 뿐만 아니라 그러한 활동에 있어서 자신의 능력과 역할이 중요하다는 것을 확고하게 인식할 필요가 있다(Peterson, 2006).

요 약

1. 직업은 행복에 있어서 매우 중요하다. 특히, 직업만족도는 주관적 안녕뿐만 아니라 정신건강에도 직접적인 영향을 미친다. 행복과 생산성은 상호촉진적인 관계를 지녀서 행복한 사람은 직업적 활동에서 더 생산적이며 직장에서 생산적인 성과를 거두는 사람은 더 행복하다.
2. 직업인들은 자신의 일을 생업, 경력 또는 소명으로 인식하는 세 유형으로 구분될 수 있다. 자신의 직업이 사회적으로 중요하다는 소명의식과 의미감을 지니는 사람들은 직업만족도가 높을 뿐만 아니라 생산성과 창의성도 높다.
3. 직업만족은 자신의 직업적 활동이 생산적이며 가치 있는 일이라는 인식에 근거한 정서적 반응을 뜻한다. 직업만족도에 영향을 미치는 요인은 개인적 요인과 직업적 요인으로 구분할 수 있다. 개인적 요인은 직업과 잘 부합하는 흥미, 적성, 가치, 성격 등이며, 직업적 요인은 직업의 업무특성, 필요한 능력과 자질, 보상체계 및 미래의 전망 등이 있다.
4. 최근에는 직장인들이 조직과 과업에 적극적으로 관여하도록 격려하는 직무 재설계가 강조되고 있다. 직무특성 모델에 따르면, 직무와 관련된 기술 다양성, 업무 정체성, 업무 중요성, 업무 자율성, 업무 피드백이 직업만족도에 영향을 미친다. 즉, 너무 단순한 과제보다는 다양한 기술과 역량을 사용하는 과제, 과제의 내용과 범위가 명료한 과제, 중요하고 의미 있는 과제, 자율성과 재량권이 주어지는 과제 그리고 과제수행에 대한 적절한 피드백이 주어지는 과제를 수행하는 업무환경에서 직장인들은 열성적으로 과제를 수행하며 만족감을 느끼게 된다.
5. 자신의 직업을 좋아하고 만족하는 사람은 직업적 활동을 하면서 몰입이라는 독특한 심리적 상태를 경험한다. 몰입은 자신이 하는 일에 깊이 집중하여 몰두하는 상태를 말한다. 몰입은 분명한 목표가 있고 즉각적인 피드백이 주어지는 활동에서 잘 일어나며, 특히 개인의 기술 수준과 과제의 난이도가 적절한 균형을 이룰 때 잘 일어난다.
6. 직업은 행복의 주요한 원천인 동시에 자기실현을 위한 중요한 활동장면이다. 자기실현은 개인이 잠재적으로 지니고 있는 능력과 성향을 충분히 발현하려는 경향으로서 직업적 성취를 통해 이루어질 수 있다. 직업적 성취를 위해서는 자신의 흥미와 능력을 확인하고 그에 적합한 전문영역을 선택하는 것이 중요하다. 아울러 그 분야의 훌륭한 스승을 찾아 신뢰할 수 있는 관계 속에서 배워야 할 뿐만 아니라 자신의 직업과 역할이 중요하다는 신념하에 많은 시간을 투자하여 노력해야 한다.

제 11 장

사회적 기여와 여가활동
- 후속세대 양성과 삶의 향유 -

세상이 자신에게 준 것보다 더 많은 것을 세상에 되돌려주는 것, 그것이 바로 성공한 삶이다.

- Henry Ford -

행복의 주요한 원천 중 하나는 다른 사람과 사회를 위해서 의미 있는 기여를 하는 것이다. 이기적인 삶은 설혹 풍요를 누리더라도 공허한 것이다. 위에서 언급된 헨리 포드의 말처럼, 좀 더 나은 세상을 위해 우리의 강점과 역량을 발휘하는 것은 가치 있는 일이다. 사회적 기여와 봉사는 다른 사람과 사회에 도움이 될 뿐만 아니라 자신에게도 기쁨과 만족감을 준다. 특히, 자녀와 후속세대를 양성하고 후원하는 것은 매우 중요한 사회적 기여이자 행복의 원천이다.

여가활동은 행복의 또 다른 중요한 원천이다. 우리에게 여유롭고 편안하며 즐거움을 선사하기 때문이다. 인생에서 누릴 수 있는 다양한 즐거움과 아름다움을 충분히 음미하며 향유함으로써 우리의 삶은 한층 풍요롭고 행복해진다. 이 장에서는 사회적 기여와 여가활동이라는 행복의 두 가지 원천에 대해서 살펴보기로 한다.

1 사회적 기여와 공헌

인간은 자신의 개인적 행복뿐만 아니라 다른 사람의 행복을 위해 기여함으로써 인생의 의미와 만족감을 경험한다. Seligman(2002b)은 가족과 사회를 위해 기여하는 '의미 있는 삶'을 행복한 삶의 중요한 측면으로 여겼다. 즉, 행복은 긍정적 감정, 자기실현 그리고 사회적 기여로 구성된다는 것이다. 행복한 삶은 긍정적 감정을 많이 느끼는 즐거운 삶인 동시에 개인의 능력과 강점을 충분히 발휘하는 자기실현적 삶일 뿐만 아니라 가족과 사회를 위해 기여를 하는 의미 있는 삶이라는 것이다. 인간은 자신만을 위한 이기적인 삶보다는 자신보다 더 커다란 어떤 것에 소속되어 그것을 위해 봉사하며 공헌하는 삶으로부터 인생의 의미를 도출할 수 있다. 사회적 기여는 인생의 중요한 의미가 될 뿐만 아니라 행복과 만족의 원천이기도 하다.

1) 후속세대의 양성과 후원

사람들은 후속세대의 양성과 후원을 인생의 중요한 의미이자 목표로 여기고 있다. 인생의 목표와 의미에 대한 연구자료를 개관한 Emmons(2003)에 따르면, 사람들이 보고하는 인생의 의미는 일(성취), 친밀감(관계), 영성(종교), 초월(다산성)이라는 네 가지 주제로 수렴되고 있다. 이러한 네 가지 주제를 인생의 의미에 있어서 'Big Four'라고 한다. 여기에서 **초월**(transcendence) 또는 **다산성**(generativity)이란 개인적 이익을 초월하여 다른 사람과 후속세대를 위해 기여하고 헌신하는 생산적 활동을 의미한다. 사회에 봉사하고 공헌하는 것, 자녀를 키우고 후속세대를 양성하는 것, 유산을 남기는 것, 가족과 사회를 위해 헌신하는 것 등이 포함된다. 네 가지 주제 중에서 일(성취), 친밀감(관계), 영성(종교)이 개인적 또는 자기초점적 지향을 지니고 있는 것이라면, 초월(다산성)은 사회적 또는 타인초점적 지향을 지니는 것이라고 할 수 있다.

다산성: 후속세대의 양성과 후원

다산성이라는 개념은 정신분석학자인 Erikson(1963, 1968, 1982)이 인간의 심리사회적 발달단계 이론을 제시하면서 처음 사용하였다. 전생애 발달의 여덟 단계 중에서 장년기(약 25~50세)의 발달과제를 지칭하면서 **다산성**(generativity)이라는 용어를 사용했다. 다산성 또는 생산성은 후속세대의 양성과 후원을 의미한다. Erikson에 따르면, 장년기에 속한 성인들은 젊은이들과 후속세대의 안녕을 위해서 관심을 지니고 헌신하는 일이 인생의 중요한 과제라는 것이다. 이러한 장년기의 주요한 덕목은 보살핌이다. 다산성은 자녀를 낳아 잘 기르는 것이 핵심이다. 그러나 단지 많은 자녀를 낳아 기르는 것뿐만 아니라 자신이 가치를 두고 종사하는 직업분야의 후속세대를 양성하고 그 분야에서 업적을 남기는 것도 포함된다. 즉, 자녀를 위시한 다음 세대들이 좀 더 행복하게 살 수 있도록 기여하는 제반활동들을 포함한다. 장년기에 이러한 인생과업을 잘 수행하게 되면 다산성의 충족감을 느끼는 반면, 실패하게 되면 침체감(stagnation)에 빠지게 된다.

다산성과 행복의 관계를 연구하는 대표적인 학자인 Dan McAdams에 따르면, 다산성은 후속세대를 위한 관심과 헌신을 의미한다(McAdams & de St. Aubin, 1992). 후속세대의 행복에 도움이 될 수 있는 새로운 것을 창조하고 자신을 희생하는 모든 활동들을 포함한다. 좀 더 자세히 언급하면, 다산성은 크게 두 가지의 목표를 지닌다. 첫째는 후속세대를 양육하는 것이다. 보살피고 가르치고 안내하고 도와주고 지원하면서 그들이 성장하고 행복하도록 헌신하는 것이다. 여기에서 후속세대는 자녀뿐만 아니라 관심분야의 후배나 후학들을 포함한다. 둘째는 후속세대의 행복에 도움이 될 수 있는 성과물을 만들어내는 것이다. 이러한 성과물로는 직업분야에서의 창의적 업적이나 자녀를 위한 많은 유산 등이 해당된다. 직업적 활동에 몰두하는 것은 자신의 개인적 이익과 성취를 위한 것일 수도 있지만 후속세대에게 좀 더 나은 미래를 남겨주기 위한 것일 수도 있다. 후자의 경우는 다산성을 위한 노력이라고 할 수 있다.

다산성은 은밀하게 개인적 차원에서 이루어질 수도 있지만 공개적으로 사회적 차원에서 나타날 수 있다. 어떠한 경우이든 후속세대를 양성하고 후원하는 일은 개인의 건강한 발달을 촉진하며 심리적·신체적 안녕을 증진한다. 사회적 관점에서도 다산성은 매우 소중한 기능을 지니고 있다. 한 세대에서 다음 세대로 연속성을 유지하며 원활한 세대교체가 이루어지는 데 기여한다. 이를 통해서 사회적 조직이 강화되며 사회적 변화와 발전을 돕는다. 뿐만 아니라 사회구성원으로 하여금 사회의 공동선을 위해서 공헌하고 헌신하도록 촉진하는 기능을 하게 된다(McAdams & de St. Aubin, 1992).

다산성과 행복의 관계

다산성은 후속세대의 행복을 후원하려는 노력이지만, 후원자 자신의 행복에도 긍정적인 영향을 미친다. 부모는 자녀를 낳고 기르면서 커다란 기쁨과 행복감을 느낀다. 특히, 노인의 경우, 성공적으로 잘 성장한 많은 자녀들과 손자녀들에게 둘러싸여 있을 때 가장 행복감을 느끼게 된다. 또한 직업분야에서 유능한 인재를 양성하여 지원함으로써 자신의 분야가 발전하는 모습을 보게 될 때, 자신의 직업활동에 대한 보람과 행복감을 느끼게 될 것이다. 이처럼 후속세대를 양성하고 후원하는 일을 통해서 개인의 역량이 발휘되고 성장할 뿐만 아니라 심리적·신체적 안녕이 증진된다.

후속세대의 양성은 삶의 만족도를 높인다.

후속세대의 양성과 후원을 목표로 활동하는 것은 삶의 만족도와 긍정적 감정을 증대시킨다 (Ackerman, Zuroff, & Moskowitz, 2000). 다양한 연령층, 즉 청년, 중년, 노년을 대상으로 한 연구 (McAdams, de St. Aubin, & Logan, 1993)에서는 후속세대의 양성에 깊은 관심을 지닌 사람들이 행복도와 삶의 만족도 모두에서 더 높은 수준을 나타냈다. Keyes와 Ryff(1998)는 미국의 전국적 표본을 대상으로 다산성과 행복의 관계를 조사한 바 있다. 이들에 따르면, 후속세대 양성을 위한 동기와 행동 그리고 그와 관련된 특질들은 모두 심리적 행복뿐만 아니라 사회적 안녕을 증진하는 데에 기여했다. 이 연구에서는 중년층이 후속세대를 위한 관심과 행동을 가장 많이 나타냈다. 그러나 다산성 요인이 삶의 만족과 행복에 미치는 영향은 모든 세대에 있어서 동일했다. 즉, 후속세대 양성을 위한 관심과 노력을 많이 기울일수록 나이에 상관없이 행복 정도가 더 높았다.

후속세대 양성에 대한 관심과 노력이 개인의 행복을 증진하는 이유는 무엇일까? 사실 자녀를 낳아 기르는 일은 많은 노력을 요하는 힘든 일이다. 그래서 자녀를 출산하여 양육하는 시기의 결혼생활만족도는 신혼 초에 비해서 현저하게 낮다. 그리고 자녀가 성장하여 부모의 곁을 떠나게 되면 다시 부부의 결혼생활만족도가 높아진다. 이처럼 자녀양육은 부모에게 많은 부담을 주는 힘겨운 일이지만 행복의 원천이 되기도 한다.

자녀양육에 중요한 의미를 두고 자녀를 자상하게 양육하는 부모들은 그렇지 않은 부모들보다 자녀양육 과정에서 더 많은 행복을 느끼게 된다. 첫째, 어린 자녀를 키우면서 힘든 일이 많더라도 자신이 가치 있는 일을 하고 있다고 생각하기 때문에 더 많은 의미와 보람을 느끼게 된다. 즉, 자녀양육의 노고와 희생에 대한 심리적 보상을 더 많이 받게 된다. 둘째, 자녀양육을 소중히 여기는 부모는 자녀에게 지지적인 태도를 보임으로써 부모-자녀관계가 더 좋다. 셋째, 그러한 부모들로부터 양육되는 자녀들은 더 밝고 건강하게 성장하여 부모에게 더 많은 기쁨과 즐거움을 선사하게 된다. 마지막으로, 자녀양육을 통해서 인생에 대한 중요한 의미와 가치를 발견할 수 있다. 자녀양육은 사람들로 하여금 인생의 의미를 느끼게 하는 중요한 원천으로 알려져 있다(Emmons, 2003). 자녀를 키우는 부모의 입장이든, 후배를 양성하는 선배의 입장이든 또는 제자를 교육하는 교사의 입장이든, 후속세대 양성에 소중한 의미를 부여하며 헌신하는 사람은 더 많은 행복을 경험할 수 있다. 다산성에 대한 관심은 세대 간 관계를 비롯하여 긍정적인 대인관계를 형성하고 유지시키는 행동과 노력을 촉진함으로써 행복 증진에 기여하는 것으로 여겨지고 있다(Ackerman et al., 2000).

2) 자원봉사

우리 사회에는 도움의 손길이 필요한 사람들이 많으며 그러한 사람들을 자발적으로 돕는 자원봉사자들도 많다. 다른 사람을 돕는 활동은 도움을 받은 사람에게 행복감을 줄 뿐만 아니라 도움을 주는 사람에게도 행복감을 준다. 자원봉사는 사회적 기여일 뿐만 아니라 행복의 주요한 원천이 될 수 있다.

자원봉사(volunteering)는 도움이 필요한 사람들에게 아무런 대가나 영리적 목적 없이 자발적으로 도움을 주는 활동을 의미한다. 이러한 봉사활동은 봉사단체를 통해 조직적으로 이루어지는 공식적인 봉사활동(formal volunteering)과 개인이나 소수의 사람들이 자유롭게 행하는 비공식적인 봉사활동(informal volunteering)이 있다. 자원봉사활동은 노인이나 장애인을 돕는 일, 아동의 과외지도를 하는 일, 공원이나 공공시설을 청소하는 일, 환경을 보전하는 일, 노숙자에게 음식을 제공하는 일, 청소년이나 재소자들을 위해 상담하는 일, 헌혈을 하는 일 등 매우 다양하다.

자원봉사와 행복의 관계

자원봉사는 봉사자의 행복을 증진한다. 다른 사람을 돕는 이타적 행동은 기분을 긍정적으로 변화시키는 보상적 기능을 지닌다. Weiss 등(1973)은 실험실 연구를 통해서 이러한 사실을 입증한 바 있다. 도구적 조건형성 실험과정에서 다른 사람에게 전기쇼크 주는 일을 중지할 수 있는 권한이 강화물로 작용할 수 있음을 밝혔다. 이러한 결과는 다른 보상 없이 이타적 행동을 할 수 있는 것만으로도 긍정적인 보상이 될 수 있음을 의미한다.

Newman, Vasudev와 Onawola(1985)는 학교에서 봉사활동을 하는 성인들을 대상으로 면담을 실시한 결과, 자원봉사활동이 봉사자의 삶에 긍정적인 영향을 미치는 것으로 나타났다. 봉사자의 76%는 자신에 대해서 더 긍정적인 느낌을 갖게 되었고, 65%는 삶의 만족도가 향상되었으며, 32%는 정신건강이 향상되었다고 보고했다.

Wheeler 등(1998)은 자원봉사활동과 주관적 안녕의 관계를 다룬 37개 연구를 종합하여 메타분석을 실시한 바 있다. 그 결과, 봉사행동과 삶의 만족도 간의 상관 평균은 .25($p<.001$)로 나타났다. 이러한 상관은 통계적으로 유의미한 것으로서 봉사활동이 주관적 안녕과 매우 밀접한 관계에 있음을 보여준다.

또한 봉사활동을 하면서 긍정적 기분을 경험하게 되면 봉사활동을 계속하는 경향이 있다. Piliavin과 Callero(1991)는 헌혈자들을 대상으로 헌혈행동에 대한 종단적인 연구를 시행하였다. 연구결과, 헌혈을 많이 한 사람일수록 헌혈 후에 긍정적인 기분을 더 많이 경험했으며 앞으로의 헌혈에서도 그러할 것이라는 기대가 더 높았다. 처음 헌혈을 하고 난 후에 긍정적인 기분을 많이 느낀 사람일수록, 앞으로의 헌혈에 대해서 긍정적인

자원봉사는 봉사자의 행복을 증진한다.

기대를 더 많이 했으며 이러한 기대가 계속적인 헌혈에 영향을 미쳤다. 다른 사람을 돕는 행동을 통해서 기분이 좋아질 뿐만 아니라 자신에 대해서도 긍정적인 생각을 갖게 된다. 그리고 이러한 보상적 경험으로 인해서 추가적인 도움행동을 하게 된다.

그러나 봉사활동이 항상 긍정적 기분을 유발하는 것은 아니다. 우선 다른 사람을 돕고자 하는 동기가 충족되지 못하면 오히려 부정적인 기분을 느끼게 된다. Batson과 Weeks(1996)에 따르면, 다른 사람을 돕고자 했지만 실질적인 도움을 주지 못한 경우에는 기분이 부정적으로 변화했다. 특히, 공감능력이 높은 사람일수록 이러한 경우에 부정적인 기분을 많이 느끼는 경향이 있다.

Snyder, Clary와 Stukas(2000)는 자원봉사를 하게 만드는 심리적 동기를 분석한 바 있다. 이들에 의하면, 자원봉사는 다음과 같은 여섯 가지의 기능을 지닌다. 첫째는 가치의 표현동기이다. 이타적 행동을 소중하게 여기는 도덕적 또는 종교적 가치를 실현하기 위해서 다른 사람을 돕고자 하는 것이다. 둘째는 사회적 동기이다. 이러한 동기를 지닌 사람들은 봉사활동을 통해서 다른 사람들과 어울리며 정서적 교류를 하게 될 뿐만 아니라 사회적 역할과 소속감을 얻고자 한다. 셋째는 지식을 얻기 위한 동기이다. 봉사활동을 통해서 봉사대상자들의 삶을 가까이 접하면서 그들에 대한 지식과 경험을 넓힐 수 있기 때문이다. 넷째는 방어적 동기로서 자신이 느끼는 심리적 부담감을 덜기 위해 다른 사람을 돕는 경우이다. 예를 들어, 자신이 누리는 과도한 혜택에 대한 부담감이나 부당한 행동에 대한 죄책감을 감소시키기 위해서 봉사활동을 할 수 있다. 다섯째는 자기향상의 동기이다. 자신의 삶을 좀 더 풍요롭고 가치 있게 향상시키기 위해서 봉사활동을 하는 경우이다. 봉사활동을 통해서 다양한 경험을 하게 될 뿐만 아니라 자신에 대해서 긍정적인 느낌을 얻을 수 있기 때문이다. 마지막으로 경력을 쌓기 위한 동기이다. 상급학교로의 진학이나 취업을 위한 좋은 조건을 갖추기 위해서 자원봉사를 하는 경우이다. Snyder 등(2000)에 따르면, 자원봉사자의 주요한 동기가 잘 충족될수록 봉사자가 느끼는 긍정적 기분과 만족감도 증대된다. 봉사자의 만족도가 증대되기 위해서는 봉사자의 동기와 봉사활동의 속성 간의 일치도가 중요하다.

자원봉사의 긍정적 효과

자원봉사는 봉사자의 삶에 어떤 영향을 미쳐서 행복을 증진하는 것일까? 자원봉사의 심리적 효과는 연령대에 따라 다를 수 있다(Piliavin, 2003). 이에 관한 연구들은 주로 청소년과 노인들을 대상으로 이루어졌다.

청소년들은 심리적 성장과정에 있기 때문에, 자원봉사 경험이 그들의 발달과 성장을 지원할 수 있다. 다른 사람을 돕는 일에 참여하는 것은 청소년의 성격, 지식과 능력, 사회적 기술 등을 발달시킬 뿐만 아니라 자신을 이타적인 사람으로 내면화하는 데 도움이 될 수 있다. 또한 이타행동을 통해서 기분이 좋아지고 만족감을 느끼게 된다는 것을 체험적으로 배우게 된다. 아울러 자원봉사활동을 통해서 우리 사회의 다양한 현장을 접하게 됨으로써 사회화 과정이 촉진될 수 있다.

청소년들의 경우, 자원봉사활동은 비행이나 바람직하지 못한 행동을 억제하는 효과를 지닌다. 여가시간을 건설적으로 잘 활용하는 것은 청소년의 반사회적 행동을 방지하는 데 중요하다(Eccles & Barber, 1999). 특히, Larson(1994)에 따르면, 취미활동이나 청소년단체에 참여하는 학생들은 비행이나 반사회적 행동을 나타내지 않는 경향이 있다. 여러 연구들(예: Moore & Allen, 1996; Uggen & Janikula, 1999)에 따르면, 자원봉사활동은 청소년의 효능감을 향상시킴으로써 비행, 무단결석, 문란한 성행동 등과 같은 문제행동을 줄일 수 있다. 특히, 자기통제를 잘 하지 못하고 사회적으로 위축되어 있는 청소년에게 자원봉사활동은 커다란 도움이 될 수 있다(Calabrese & Schumer, 1986).

자원봉사와 같이 청소년들이 참여할 수 있는 건강한 프로그램은 지적인 발달을 촉진할 뿐만 아니라 자기통제력, 사회적 책임감, 사교적 기술, 리더십을 성장시키는 효과를 지닌다. Newmann과 Rutter(1983)의 연구에 따르면, 청소년의 자원봉사 참여는 자기수용, 도덕적 발달, 어른에 대한 긍정적 태도, 사회적 책임감, 지역사회의 참여의식 등을 향상시켰다.

자원봉사는 특히 노인들에게 여러 가지 긍정적인 영향을 미친다. 풍부한 사회적 경험과 능력을 지니고 있음에도 불구하고, 은퇴한 노인들은 사회적 역할을 잃게 될 뿐만 아니라 신체기능의 저하와 대인관계의 위축으로 인해 사회적으로 소외될 수 있다. 이로 인해 우울증을 비롯한 정신건강 문제와 더불어 신체건강이 저하될 수 있다. 이러한 노인들에게 있어서, 자원봉사는 사회적 활동을 촉진하고 우울증을 피할 수 있을 뿐만 아니라 신체적 건강과 장수에도 도움을 주게 된다.

Midlarsky와 Kahana(1994)는 400여 명의 미국 노인들에게 봉사활동을 늘이도록 지원하는 활동을 4년간에 걸쳐 시행하고 그 효과를 조사한 바 있다. 그 결과, 봉사활동을 많이 한 노인일수록 긍정 정서를 많이 느끼고 더 활기가 있었을 뿐만 아니라 자존감도 높았고 대인관계도 더 활발했다.

봉사활동은 노인의 신체건강과 수명에도 영향을 미치는 것으로 알려져 있다. Moen, Dempster-McClain과 Williams(1989, 1992)는 30년간의 추적연구를 통해 봉사활동의 참여와 건강의 관계를 조사한 바 있다. 그 결과, 봉사활동에 많이 참여한 사람일수록 30년 후의 생존 가능성이 높았다. 뿐만 아니라 봉사활동은 30년 후에도 건강에 대한 자기평가, 질병으로 고생한 기간 그리고 신체적 기능상태를 유의미하게 예측했다. 이러한 결과는 지역사회 봉사활동이 건강에 유익한 영향을 미치는 것으로 해석되고 있다.

봉사활동이 신체적 · 심리적 건강에 긍정적인 영향을 미치는 주된 이유는 사회적 역할을 맡게 됨으로써 소외감과 무가치감을 저하시키기 때문인 것으로 여겨지고 있다. 그러나 과도한 봉사활동은 오히려 건강에 해로울 수도 있다. 노인의 경우, 봉사활동을 연간 40시간 이하로 하거나 한 봉사단체에서만 하는 것은 건강을 보호하는 기능을 시닌다(Musick, Herzog, & House, 1999). 그러나 그 이상의 과도한 봉사활동은 도움이 되지 않는다. 적당한 양의 봉사활동은 역할 증진(role enhancement)의 효과를 가져와 건강에 도움이 되지만, 과도한 봉사활동은 역할 긴장(role strain)을 초래하여 스트레스를 증가시키고 건강에 해로운 영향을 끼칠 수 있다(House, 1995). 봉사활동은 특히 사교적 만남의 기회가 적은 노인들에게 많은 도움이 된다.

일반적으로 청소년의 경우, 자원봉사활동은 심리사회적 성장과 학습을 촉진하고 비행을 비롯한 반사회적 행동을 예방하는 효과를 지닌다. 성인의 경우에는 봉사단체 가입과 봉사활동이 사회적 효능감과 소속감을 증가시킬 뿐만 아니라 스트레스를 완충하는 효과를 지닌다. 그 결과, 삶의 만족도가 증가하고, 심신건강이 향상되며, 질병률과 사망률을 저하시킨다.

2 여가활동

알기만 하는 사람은 좋아하는 사람만 못하고, 좋아하기만 하는 사람은 즐기는 사람만 못하다.

- 논어(論語) -

우리는 여가를 즐기면서 긍정적인 체험을 하게 된다. Freud는 우리의 인생에서 중요한 것이 일(work)과 사랑(love) 그리고 한 가지 더 든다면 놀이(play)라고 언급한 바 있다. 여가활동은 휴식과 즐거움을 제공하는 행복의 원천일 뿐만 아니라 삶에 다양한 긍정적인 영향을 미친다.

1) 여가활동

여가(leisure)는 의무적인 일이나 직업적인 업무를 떠나 한가하게 즐기는 여유로운 휴식이나 재미를 찾기 위한 취미활동을 의미한다. 사람들은 직업이나 학업과 관련된 일을 하지 않는 시간에 매우 다양한 여가활동을 한다.

미국 성인 1,000명을 대상으로 한 조사(Taylor, 2001)에 따르면, 가장 빈도가 높은 여가활동은 독서(28%)였으며, 그다음으로 TV 시청(20%), 가족과 시간 보내기(12%), 낚시(12%), 정원 가꾸기(10%), 수영(8%), 컴퓨터(7%), 영화관람(7%), 산책(6%), 골프(6%) 등의 순서로 나타났다. 김정운과 이장주(2005)는 대학생의 여가활동을 다음과 같은 6가지 범주로 구분한 바 있다: (1) 스포츠와 건강활동(조깅, 헬스 등), (2) 취미와 교양활동(사진 찍기, 악기연주 등), (3) 관람과 감상활동(영화감상, 연극감상 등), (4) 사교활동(친구 만나기, 이성교제), (5) 관광과 여행활동(드라이브, 여행 등), (6) 놀이와 오락활동(컴퓨터 게임, 당구, 화투 등). 이들의 연구에 따르면, 한국 대학생들이 가장 빈번하게 하는 여가활동은 관람과 감상(27.2%)이었으며 그다음으로 취미와 교양(21.6%), 놀이와 오락(20.2%), 스포츠와 건강(17%), 사교(9.4%), 관광과 여행(4.6%) 순으로 나타났다. 독일 대학생들과 비교했을 때, 한국 대학생들은 컴퓨터 게임, 채팅, 웹서핑과 같은 인터넷 관련 활동, 당구/포켓볼, 화투 등과 같은 '놀이와 오락활동'과 영화나 연극 관람, TV/비디오 시청 등과 같은 '관람과 감상활동'을 많이 하는 것으로 나타난 반면, 건강과 관련된 스포츠 활동은 적게 하는 것으로 나타났다.

또한 사람들마다 여가활동에 보내는 시간의 양이 매우 다양하다(Argyle, 1996). 평균적으로 여성은 남성에 비해 여가활동에 참여하는 시간이 적은데, 여성이 직업을 갖고 있거나 자녀를 양육하고 있는 경우에 더욱 그러하다. 사회적 계층에 있어서 여가시간의 평균은 중산층과 하층이 다르지 않았다. 그러나 하층의 사람들은 중산층에 비해서 여가활동의 종류가 적은 것으로 나타났는데, 그 이유는 하층계급의 사람들이 경제적 수입이 적고 신체활동을 하는 직업을 지니고 있어서 다양한 취미를 계발할 수 있는 기회가 적기 때문인 것으로 보인다. 또한 은퇴한 노년층이 다른 연령층에 비해서 여가를 즐길 수 있

여가활동은 휴식과 즐거움을 제공하는 행복의 원천이다.

는 시간적 여유가 많지만 더 다양한 여가활동을 하는 것은 아니다. 은퇴 후에 새로운 취미활동을 배우는 경우는 많지 않았다. 따라서 은퇴 후에 다양한 여가활동을 위해서는 그 이전에 다양한 관심사를 계발하는 것이 바람직하다(Peterson, 2006).

2) 여가와 행복의 관계

대부분의 사람들은 삶의 속도를 늦추고 좀 더 여유롭게 살아가기를 원한다. 이처럼 여가활동은 행복한 삶의 중요한 조건이다. 여가활동은 긍정적 체험을 제공할 뿐만 아니라 행복과 삶의 만족도를 증진한다. Campbell 등(1976)의 연구에 의하면, 여가생활의 만족도는 전반적인 삶의 만족도를 예측하는 강력한 요인이다. 또한 특정한 지역사회에서 생활하는 만족도는 여가생활의 만족도와 가장 밀접한 관계를 나타냈다(Allen & Beattie, 1984). Argyle(1999)에 따르면, 여러 연구의 결과들을 종합했을 때 행복도와 여가생활만족도는 .40 정도의 유의미한 상관을 보이며, 다른 관련변인들의 효과를 배제하더라도 .20 수준의 상관을 나타낸다고 한다.

편안한 이완상태에서 휴식을 하고 좋은 음식을 즐기며 취미활동에 참여하는 것은 행복감을 단기적으로 증진시키는 효과를 지닌다(Argyle, 2001). 휴가기간 동안에 사람들은 긍정적 기분을 많이 느끼는 반면, 짜증스러운 기분은 덜 느낀다. 특히, 취미활동을 집단적으로 하는 경우에 만족도가 더 높은 경향이 있다. 취미활동 동호회(음악, 댄스, 다양한 스포츠 등)의 구성원들은 행복도가 높은 것으로 나타났다. 그 이유는 같은 취향, 가치관, 활동시간, 사회적 관계를 공유하는 동호인 집단 속에서 유쾌한 흥분감, 협동적 성취, 소속감과 유대감 등을 경험하기 때문일 것이다(Carr, 2004).

여가활동이 행복에 미치는 영향은 청소년기부터 시작되는 듯하다. Willits와 Farrell (1986)이 1,521명의 고등학생을 대상으로 24년간 종단연구를 실시한 결과, 고등학교 시절의 여가활동 참여도가 성인기의 삶의 만족도에 영향을 미치는 것으로 나타났다. 특히, 노년기에는 여가활동이 삶의 만족도에 커다란 영향을 미친다. 규칙적인 활동이 성공적인 노화에 중요하다. Kelly와 Ross(1989)에 따르면, 노인의 경우 여가활동의 참여도가 삶의 만족도에 기여하는 가장 중요한 요인이었다. 여가활동에 적극적으로 참여하는 것이 치매의 예방에 도움이 된다는 연구결과도 있다. 요컨대, 여가생활과 삶의 만족도 간에 긍정적 관계가 있다는 것이 여러 연구에서 일관성 있게 보고되고 있다(Leitner & Leitner, 1996).

여가활동이 사람들을 행복하게 하는 것은 분명하지만, 단지 여가시간을 많이 갖는다고 해서 삶의 만족도가 증가되는 것은 아니다. 여가활동의 유형과 경험내용에 따라 그 영향이 달라질 수 있다. 여가활동을 통해서 긍정적인 경험을 많이 하는 것이 중요하다. 가족여행을 떠나서 즐거운 경험을 하기보다 서로 불평을 하고 부부싸움으로 이어지게 되는 경우도 많기 때문이다. 일반적으로 다양하고 활동적인 여가활동에 참여할수록 삶의 만족도가 높아지는 경향이 있다(Bammel & Burrus-Bammel, 1996). TV나 비디오를 감상하는 활동보다는 활동적인 운동을 하는 여가활동이 우울이나 불안과 같은 부정 정서를 더 많이 감소시킬 뿐만 아니라 행복 수준을 증가시키는 것으로 알려져 있다(Alfermann & Stoll, 2000).

한국 대학생을 대상으로 연구한 김정운과 이장주(2005)에 따르면, '관광과 여행활동'이나 '사교활동'은 만족감이 높은 반면, '놀이와 오락'(컴퓨터 게임, 채팅, 웹서핑과 같은 인터넷 관련 활동, 당구/포켓볼, 화투 등)은 만족도가 낮은 것으로 나타났다. 또한 노년층의 경우에는 개인적으로 의미를 느끼는 여가활동에 참여할수록 행복도가 높았다(Ogilvie, 1987). 여가활동을 통해 행복을 증진하기 위해서는 긍정적인 기분을 느낄 수 있거나 나름대로 의미를 느낄 수 있는 활동에 참여하는 것이 중요하다.

3) 여가의 긍정적 효과

여가활동이 이처럼 삶의 만족도와 강한 관련성을 보이는 이유는 무엇일까? 어떤 심리적 효과로 인해서 여가활동이 행복감을 증진하는 것일까? 우선, 여가활동은 긍정적인 기분을 유발하는 직접적인 효과를 지닌다. 직업적 업무와 달리 여가활동은 의무감으로부터 해방된 편안함 속에서 휴식과 재미를 줌으로써 긍정적 기분을 느끼게 해준다. 특히, 스포츠와 같은 신체적 활동은 긍정적인 정서, 특히 생동감을 증대시킨다(Thayer, 1989). 또한 음악감상을 즐겨 하는 사람들은 적절한 음악을 선택함으로써 다양한 긍정적인 감정을 유도할 수 있다. 예를 들어, 빠른 고음의 음악을 통해서 경쾌한 흥분감을 즐길 수 있는 반면, 낮은 저음의 음악을 들으면서 차분한 안락감을 느낄 수 있다(Scherer &

Oshinsky, 1977). 이렇게 긍정적 기분과 즐거움을 몰입하면서 일상생활의 스트레스를 해소할 수 있다.

둘째, 여가활동을 통해서 기본적인 내재적 욕구를 충족시킬 수 있다(Argyle, 1987). 인간은 자율성, 유능성, 관계성의 내재적 동기를 지닌다(Ryan & Deci, 2000). 여가활동은 직업적 업무와 달리 스스로 선택하여 자발적으로 참여하는 즐거운 활동이다. 동시에 스스로 도전적인 활동을 통해 기술과 능력을 계발하고 발휘함으로써 유능감을 느낄 수 있다. 아울러 여가활동은 대부분 가족이나 동호인들과 함께하기 때문 관계성의 욕구가 충족될 수도 있다. 이처럼 내재적 욕구를 충족시킬 수 있기 때문에 여가활동을 통해서 더 많은 즐거움과 만족감을 느끼게 된다. 앞 장에서 소개한 몰입은 여가활동을 하면서 흔히 경험하게 되는 심리적 상태이다. 취미로 몰두하던 활동이 직업으로 전환되는 경우가 흔하듯이, 여가는 개인의 잠재능력을 발견하고 확장하며 발휘하게 하는 성장적인 기능도 지니고 있다.

셋째, 여가활동은 대인관계를 촉진한다. 여가활동을 하게 되는 주된 이유 중 하나는 다른 사람과 함께할 수 있는 기회라는 점이다. 물론 혼자서 즐기는 취미활동도 있지만, 많은 여가활동은 다른 사람과 함께하게 된다. 또한 동호인들과 함께하는 취미활동의 만족도가 더 높다. Crandall, Nolan과 Morgan(1980)에 따르면, 여가활동의 대인관계적 측면에 대한 만족도가 전반적인 여가만족도를 예측하는 가장 강력한 요소이었다. 집단적인 여가활동은 정서적 교감, 협동적 활동, 소속감 등의 사회적 욕구를 잘 충족시켜 줄 수 있다. 예를 들어, 음악 연주를 하는 동호인들은 같은 취미를 지닌 사람들과 함께 연주하는 것이 즐거울 뿐만 아니라 연주를 통해 다른 사람들을 즐겁게 할 수 있다는 점을 만족스럽게 여긴다.

마지막으로, 여가활동은 개인의 정체감 형성에도 도움을 준다. Argyle(1987, 2001)은 **여가 세계**(leisure world)라는 용어를 사용하여 여가활동을 중심으로 생겨나는 문화적 세계를 기술한 바 있다. 대부분의 취미는 독특한 용어, 전문적 기술, 전통과 역사, 기술의 단계와 평가방법, 기술 수준을 경쟁하는 시합, 고수와 달인, 동호인 조직, 관련된 상품이나 복장 등으로 구성된 나름대로의 세계를 지니고 있다. 취미와 관련된 특정한 행위에서 각별한 묘미와 의미를 공유하는 사람들만의 세계가 존재한다. 예를 들어, 오토바이 동호인들은 독특한 복장을 함께하고 규칙적으로 모여 취미를 즐길 뿐만 아니라 강렬한 동료의식을 나누는 나름대로의 문화를 가지고 있다. 또한 바둑, 낚시, 골프의 경우에는 이러한 취미를 지닌 사람들을 위한 TV채널이 존재한다. 이러한 여가 세계에서 동호인 모임에 참여하여 적극적으로 활동하고 그 취미영역에서 남다른 기술 수준에 이르는 것은 개인의 정체감에 중요한 의미를 지니게 된다. 즉, 여가활동은 자기개념에 있어서 중요한 구성요소가 될 수 있다.

3 향유하기

우리 삶에서 가장 큰 행복의 요소 중 하나는 자연의 선물을 즐길 줄 아는 것이다. 모든 사람은 눈부신 석양을 감상할 수 있다. 가난한 사람이라 할지라도 이것을 즐길 수 있다. 이러한 자연의 선물은 공짜이기 때문이다.

- David McKay -

행복은 생활 속에서 즐거운 경험들을 통해 체험되는 것이다. 행복한 삶을 위해서는 실패나 역경을 잘 극복하는 것도 중요하지만 성공이나 성취를 잘 즐길 수 있어야 한다. 생활 속의 스트레스를 잘 이겨내는 것도 중요하지만 즐거움을 잘 음미하며 누리는 것도 중요하다. "가던 길을 멈추고 장미 향기를 맡아 보라."라는 외국 속담이 있듯이, 행복 증진을 위해서는 생활 속에서 만나게 되는 긍정적인 경험들을 음미하며 향유하는 것이 중요하다.

1) 향유하기의 의미

우리 사회에는 스트레스에 대처하는 다양한 방법들이 강좌나 서적을 통해 널리 소개되고 있다. 생각 바꾸기, 기분전환하기, 긴장이완하기, 문제해결하기, 다른 사람에게 털어놓기 등과 같은 다양한 방법들이 제시되고 있다. 예를 들어, 부정적 감정을 유발하는 사건(예: 나쁜 성적이나 실연)을 경험하게 되면, 우리는 그 사건에 대한 생각이나 행동을 바꾸거나 그러한 사건의 결과가 심각해지지 않도록 다양한 방식으로 대처한다(Lazarus & Folkman, 1984).

그렇다면 긍정적 경험에 대해서는 어떻게 대응하는가? 예를 들어, 좋은 성적을 얻어 교수로부터 공개적인 칭찬을 받고 친구들로부터 부러움을 받은 경우, 어떻게 대처할 것인가? 사람마다 이러한 상황에서 대처하는 방법이 다를 것이다. 어떤 사람은 교만해지지 않기 위해서 또는 다른 사람의 시기를 두려워하여 자신의 기쁨을 억제할 것이다. 특히, 우리나라와 같이 겸손과 절제를 중시하는 문화권에서는 우수한 성과를 다른 사람의 탓으로 돌리거나 행복감의 표현을 자제해야 하는 경우가 많다. 이런 방식으로 대처하는 과정에서는 즐거움과 행복감이 충분히 경험되지 못한 채 사그라지고 만다. 또한 긍정적인 경험을 하더라도 이를 잘 자각하여 즐기지 못할 뿐만 아니라 부정적인 생각으로 즐거움을 냉각시켜버리곤 하는 사람들이 많다.

그러나 모든 사람들이 이런 방식으로 대응하는 것은 아니다. 다양한 방식으로 긍정적 경험을 잘 음미하면서 향유하는 사람들이 있다. 미국 로욜라 대학 심리학과 교수인 Fred Bryant는 행복감을 증진하는 한 가지 방법으로서 향유하기를 제안하고 있다. Bryant (2003; Bryant & Veroff, 2007)에 따르면, **향유하기**(savoring)는 긍정적인 경험을 자각하여 충분히 느낌으로써 행복감이 증폭되고 지속되도록 의도적인 노력을 기울이는 것이다. 'savor' 는 '맛을 보다.' '좋은 맛을 느끼다.' 라는 어원을 지니고 있어 '음미하기' 라고 번역될 수도 있다. 그러나 Bryant가 제시하는 'savoring' 은 감각적 즐거움 이상으로 지적인 의미를 부여하는 성찰과정을 포함하고 있어 이 책에서는 '향유하기' 라는 용어를 사용하고자 한다. 대처하기(coping)는 부정적 경험에 대응하기 위한 노력인 반면, 향유하기는 긍정적 경험에 대응하기 위한 노력이라고 할 수 있다.

우리의 삶에는 즐거움을 주는 것들이 많다. 음식, 음악, 가족, 오락, 독서, 자연, 사랑, 성생활, 유머 등 수없이 많다. Bryant(2003)에 따르면, 향유하기는 이러한 즐거움의 원천을 접하면서 지금-여기 현재의 순간에 머물며 긍정적인 감정에 주의를 집중하는 것이다. 또한 현재의 긍정적 경험뿐만 아니라 과거에 경험한 긍정적 사건과 미래에 일어날 긍정적 사건에 대해서도 향유할 수 있다. 즉, 현재의 긍정적 경험을 잘 음미하며 즐길 뿐만 아니라 과거의 긍정적 경험을 회상하여 즐거움을 이끌어내고 미래의 긍정적 사건을 기대하며 행복감을 느낄 수 있다.

이처럼 긍정적 경험을 향유하는 경향은 습관적인 것으로서 개인마다 상당한 차이가 있다. 향유 경향은 상당히 안정된 개인적 특성으로서 측정될 수 있다. 그 대표적인 측정도구가 향유신념 척도(Savoring Belief Inventory; Bryant, 2003)이다. 이 척도는 긍정적 경험을 즐기는 능력에 대한 자기지각을 평가하는 24문항으로 구성되어 있으며 세 하위요인, 즉 현재의 순간을 즐기는 능력, 과거 경험을 회상하면서 즐기는 능력, 미래에 예상되는 일을 즐기는 능력을 측정한다. 여러 연구에 따르면, 향유 경향이 높은 사람일수록 삶의 만족도와 행복도가 높았으며 낙관적이었고 덜 우울했다. 한국의 대학생을 대상으로 향유신념 척도를 사용한 조현석(2008)의 연구에서도 동일한 결과가 나타났다. 향유신념 척도의 점수는 긍정 정서나 삶의 만족도와 높은 정적 상관을 보인 반면, 부정 정서와는 부적 상관을 나타냈다. 이와 같이 향유하기는 긍정 정서의 경험을 증가시키고 부정 정서를 감소시킴으로써 행복감을 고양시킬 뿐만 아니라 심리적 · 신체적 건강을 강화한다. 또한 향유하기는 사랑을 심화시키고 창의성과 영성의 발현에도 긍정적인 영향을 미친다(Bryant & Veroff, 2007).

2) 향유 경험의 네 유형

Bryant와 Veroff(2007)에 따르면, 향유 경험은 크게 세계초점적 향유와 자기초점적 향유로 구분될 수 있다. **세계초점적 향유**(world-focused savoring)는 외부대상을 긍정적 느낌의 원천으로 지각하는 경우이다. 아름다운 자연환경이나 예술작품을 대하며 경이로움을 느끼거나 호의를 베풀어준 사람에게 고마움을 느끼는 경우가 이에 해당한다. 반면에, **자기초점적 향유**(self-focused savoring)는 긍정적 느낌의 원천을 자기자신 또는 자신의 특정한 측면(육체, 성격, 행동, 능력 등)으로 지각하는 경우이다. 예를 들어, 어떤 성취(좋은 학점, 자격시험 합격, 승진 등)에 대해서 자신의 능력과 그동안 기울인 노력을 스스로 인정하며 기쁨을 충분히 만끽할 수 있다.

또한 향유 경험의 과정은 경험에 대한 내향적 분석의 여부에 따라 인지적 성찰과 체험적 몰입으로 구분될 수 있다. **인지적 성찰**(cognitive reflection)은 긍정적 느낌을 상위 관점에서 관찰하고 정교화하며 의미를 부여하는 과정을 의미한다. 반면에, **체험적 몰입**(experiential absorption)은 상위 관점에서 관찰하기보다 긍정적 느낌에 자신을 맡기고 푹 빠져서 그러한 느낌을 충분히 체험하는 과정을 뜻한다. Bryant와 Veroff(2007)는 향유 경험의 두 가지 분류차원, 즉 주의초점의 방향성과 내향적 분석 여부를 모두 고려하

표 11-1 향유 경험의 네 가지 유형

	인지적 성찰	체험적 몰입
세계초점적 향유	감사하기(고마움)	경탄하기(경외감)
자기초점적 향유	자축하기(자긍심)	심취하기(즐거움)

여 〈표 11-1〉과 같이 네 가지의 향유 경험을 제시하고 있다.

그 첫째는 **감사하기**(thanksgiving)로서 자신에게 긍정적 경험을 제공해준 대상에 대해서 고마움을 느끼는 것이다. 자신의 행복에 대해서 감사함을 느낄 뿐만 아니라 그에 기여한 사람이나 환경에 감사함을 느끼고 표현하는 것을 의미한다. 이를 위해서는 긍정적 경험의 원천에 대한 인지적 과정과 외부적 귀인이 필요하다.

둘째는 **경탄하기**(marveling)로서 긍정적 경험에 몰입하는 동시에 그러한 경험을 제공한 대상에 대해서 경외감 또는 경이로움을 느끼는 것이다. 긍정적 경험을 새롭고 놀라운 것으로 여기며 감동하거나 경탄하는 것이다. 예를 들어, 산악인이 높은 산의 정상에 올라 자연의 웅대함에 경외감을 느끼거나 베토벤의 음악에 감동하여 감탄하는 경우가 이에 해당한다.

셋째는 **자축하기**(basking)로서 긍정적 경험과 성취에 대해서 스스로 축하와 칭찬을 하게 됨으로써 자긍심이 증폭된다. 자신의 몸에 따스한 햇볕을 쪼이며 일광욕을 하듯이, 긍정적 경험에 대해서 스스로에게 따뜻한 축하와 칭찬을 함으로써 행복감이 증진될 수 있다. 지나친 겸손과 자기비하는 행복감을 억제하게 된다. 충분한 자격을 갖추고 누릴 수 있는 행복감은 최대한 누리는 것이 바람직하다.

마지막으로 **심취하기**(luxuriating)는 긍정적 경험에 수반하는 신체적 쾌감과 정서적 흥분을 자세하게 다각적으로 체험하며 만끽하는 것을 의미한다. 심취하기를 통해서 긍정적 체험이 세밀하고 풍부해질 뿐만 아니라 오랜 기간 연장될 수 있다. 예를 들어, 와인 애호가는 와인을 마시며 그 맛과 향을 세밀하게 느끼며 심취함으로써 더 많은 즐거움을 경험하게 된다.

아름다운 자연환경에 대한 세계초점적 향유와 자신의 성취에 대한 자기초점적 향유

3) 향유하기의 다양한 방식

앞 절에서는 주의 초점과 성찰 여부에 따라 향유 경험을 네 가지의 유형으로 구분하였다. 그러나 사람들은 매우 다양한 방식으로 긍정적 경험을 향유하고 있다. Bryant와 Veroff(2007)는 즐거운 경험을 하는 동안 사람들이 사용하는 다양한 향유방식을 다음과 같이 분류하고 있다.

첫째, **다른 사람과 공유하기**(sharing with others)이다. 이것은 자신의 긍정적 경험을 다른 사람에게 이야기하며 기쁨을 함께 나누는 방법이다. 이러한 경험을 자기 일처럼 좋아할 수 있는 사람을 찾아서 기쁨을 함께 나눈다. 만약 그럴 만한 사람이 없다면, 그러한 경험이 자신에게 얼마나 소중했는지를 주변사람에게 이야기한다. 이 방법은 사회적 지지를 통해서 긍정적 감정을 증가시키는 방법이라고 할 수 있다.

둘째, **기억을 잘 해두기**(memory building)는 긍정적인 경험을 나중에 잘 회상할 수 있도록 하는 것이다. 긍정적 사건에 대한 자세한 내용과 심상을 잘 기억해두거나 기념이 될 만한 물건을 만들어 보관해두고 종종 회상해본다. 즐거운 여행에서 사진을 찍거나 기념품을 모으는 것은 이러한 향유방식의 일환이라고 할 수 있다.

셋째, **자축하기**(self-congratulation)는 긍정적 경험에 대해서 스스로 칭찬하고 축하하는 것이다. 자신에 대한 자부심을 느끼는 것에 대해서 두려워할 필요가 없다. 긍정적 사건으로 인해서 다른 사람들이 얼마나 깊은 인상을 받았는지 스스로 되새기며, 그러한 결과가 일어나도록 얼마나 오랫동안 노력해왔는지를 돌아보며 자신을 격려하고 축하한다.

넷째, **세밀하게 감각 느끼기**(sharpening the sense)는 즐거운 경험에 주의를 기울이며 그 세부적인 내용과 요소들을 음미하는 것이다. 즉, 감각적 즐거움을 세밀하게 그리고 충분히 느끼는 것이다. 와인 애호가들이 와인 한 모금을 입 안에 머금은 채 그 오묘하고 복합적인 맛을 천천히 음미하는 것이 이에 해당한다.

다섯째, **비교하기**(comparing)는 다른 사람과의 사회적 비교나 과거와의 시간적 비교를 통해서 현재 자신의 긍정적 경험을 충분히 즐기는 것이다. 이 경우, 하향 비교가 즐거움을 증폭시킨다. 예를 들어, 과거의 힘들었던 순간이나 불행한 사람들과의 비교를 통해서 현재 자신이 얼마나 행복한지를 더욱 실감나게 느끼는 것이다.

여섯째, **몰입하기**(absorption)는 즐거운 경험에만 주의를 기울이며 다른 것에 대해서 생각하지 않는 것이다. 주의를 산만하게 만드는 것들은 차단하고 즐거운 경험에 몰입한다. 소음이나 방해자극을 차단한 채로 음악감상에만 몰입할 수 있을 때 더 많은 즐거움과 감동을 맛보게 될 것이다.

일곱째, **행동으로 표현하기**(behavioral expression)는 기쁨을 느낄 때 큰 소리로 웃거나 노래를 부르거나 춤을 추는 등 신체적인 행동으로 표출하는 것이다. 이러한 행동적 표현은 긍정적 감정을 더욱 증폭시킨다.

여덟째, **일시성 인식하기**(temporal awareness)는 이 순간의 소중함을 인식하며 경험을 깊이 음미하는 것이다. 평생에 한 번뿐인 결혼식의 경험처럼 지금 이 순간의 경험은 한 번 지나가면 결코 다시 경험할 수 없는 소중한 것이다. 이러한 인식을 하게 되면, 현재의 긍정적 경험을 충분히 만끽하며 즐기고자 하는 노력을 기울이게 될 뿐만 아니라 즐거움의 강도도 더 강렬해진다.

아홉째, **축복으로 여기기**(counting blessing)는 긍정적 경험을 행운이자 축복으로 생각하며 이에 감사한 마음을 지니는 것이다. 이처럼 즐거운 긍정적 경험을 하는 데 기여한 모든 사람과 여건들을 생각하며 축복이라고 여기게 되면, 행복감이 더욱 증가하게 된다.

이상의 9가지 방법은 행복감을 증가시키는 것들인 반면, 마지막 방법인 **즐거움을 해치는 생각하기**(kill-joy thinking)는 향유하기를 방해하며 행복감을 감소시키는 것이다. 즐거움을 해치는 생각하기는 긍정적 경험을 하는 동안 다른 일에 대해서 생각하거나 더 좋았을 상황들을 생각하면서 후회하고 자책하는 것이다. 우울감을 유발하고 지속시키는 부정적인 사고가 이에 해당할 수 있다. Wood, Heimpel과 Michela(2003)에 따르면, 자존감이 낮은 사람들은 긍정적인 경험에 대해서 이처럼 즐거움을 해치는 생각을 많이 하는 경향이 있다.

사람마다 향유하는 방식이 각기 다르다. 이러한 개인차를 평가하는 대표적인 측정도구가 향유방식 체크리스트(Ways of Savoring Checklist; Bryant & Veroff, 2007)이다. 이 검사는 앞에서 소개한 10가지의 향유방식을 평가하는 60문항으로 구성되어 있다.

긍정적 경험에 대한 인식에 따라 각기 다른 향유방식이 사용될 수 있다. Bryant와 Veroff(2007)에 따르면, 다음과 같은 일반적인 경향이 나타났다. 첫째, 사람들은 긍정적 사건의 발생에 자신이 많이 기여했다고 생각할수록, '자축하기'를 많이 사용했다. 둘째, 긍정적 사건의 발생에 다른 사람들이 많이 기여했다고 생각할수록, '다른 사람과 공유하기'와 '행동으로 표현하기'를 많이 사용했다. 셋째, 긍정적 경험을 드물게 한다고 생각할수록, '기억을 잘 해두기'와 '일시성 인식하기'를 많이 사용했다. 넷째, 긍정적 사건이 오래 지속될수록, 사람들은 '몰입하기'와 '세밀하게 감각 느끼기'를 사용했다. 마지막으로, 많은 사람들이 소망하는 매우 긍정적 사건이 발생할 경우에는 '축복으로 여기기'를 많이 사용하는 경향이 있었다. 또한 긍정적 사건의 유형에 따라서 적용하는 향유방식에도 차이가 있었다. 예를 들어, 미국 대학생을 대상으로 조사한 바에 따르면, 휴가라는 긍정적 경험에 대해서는 '다른 사람과 공유하기' '축복으로 여기기' '기억을 잘 해두기'를 많이 사용하는 반면, 좋은 성적을 얻은 경우에는 '자축하기'와 '축복으로 여기기'를 많이 사용했다. 외향적인 성격을 지닌 사람들은 다양한 향유방식을 사용하는 경향이 있으며, 특히 '행동으로 표현하기' '다른 사람과 공유하기' '기억을 잘 해두기'를 많이 사용했다.

이 밖에도 Adler와 Fagley(2005)는 향유하기와 유사한 개념으로 감상하기(appreciation)라는 용어를 사용하면서 즐거움을 증진하는 여덟 가지 측면을 제시하고 있다: (1) '지금-여기' 에 주의 기울이기, (2) 자신이 갖지 못한 것보다 갖고 있는 것에 주의 기울이기, (3) 세상에 대해 경외심을 지니기, (4) 감사하는 마음으로 경험하기, (5) 상실이나 역경에서 배울 점 찾기, (6) 다른 사람과의 인연을 소중히 여기기, (7) 자신만의 축하의식을 거행하기, (8) 불행한 과거나 타인과 하향적으로 비교하기.

4) 향유하기를 통한 행복 증진

행복하고 즐거운 삶을 살기 위해서는 긍정적 경험을 잘 향유하는 것이 중요하다. 그러나 Bryant와 Veroff(2007)에 따르면, 향유하기를 통해서 행복한 삶에 이르려면 고려해야 할 점들이 있다.

우선, 행복의 기준점에 대한 고려가 필요하다. 2장에서 설명한 바 있듯이, 사람마다 일반적으로 경험하는 긍정 정서의 수준이 다르다. 어떤 특별한 사건으로 인해서 일시적으로 매우 기쁘거나 괴로운 정서 경험을 하더라도 그러한 정서상태가 다시 돌아오는 기준점이 존재한다(Lykken, 1999). 이처럼 일상적인 상태에서 주로 느끼는 정서상태를 의미하는 행복 기준점은 많은 부분 유전적 요인에 의해서 결정되는 것으로 밝혀지고 있다. 이러한 점들을 고려하여 Lyubomirsky 등(2005)은 행복의 결정요인을 행복 기준점, 삶의 상황 그리고 의지적 활동으로 요약한 바 있다. 향유하기와 대처하기는 행복 기준점이라는 어떤 범위 내에서 행복감을 증진하기 위한 의지적 활동이라고 할 수 있다. 즉, 향유하기는 긍정 정서 경험을 증가시키기 위한 의도적 노력인 반면, 대처하기는 부정 정서를 감소시키기 위한 의도적 노력이라고 할 수 있다.

향유하기와 행복 증진방법

향유하기는 행복을 증진하는 다양한 노력과 함께 이루어져야 더 효과적이다. 행복을 증진하는 방법은 여러 학자들에 의해서 다양하게 주장되었다.

Fordyce(1983)는 행복을 증진하기 위한 14가지 요소를 다음과 같이 제시한 바 있다: (1) 좀 더 적극적이고 능동적인 자세로 살아간다; (2) 다른 사람과 함께하는 사회적 활동에 좀 더 많은 시간을 할애한다; (3) 의미 있는 일에 열정적으로 임한다; (4) 인생을 좀 더 짜임새 있게 살아간다; (5) 불필요한 걱정을 하지 않는다; (6) 과도한 기대 수준을 낮춘다; (7) 긍정적인 생각을 많이 한다; (8) 현재에 집중한다; (9) 건강한 성격을 발달시킨다; (10) 좀 더 외향적인 사람이 되려고 노력한다; (11) 진정한 자기자신이 되려고 노력한다; (12) 부정적인 감정을 없앤다; (13) 친밀한 인간관계를 강화한다; (14) 행복을 중시한다.

Myers(1992)는 행복에 관한 연구자료를 종합하여 행복한 삶을 위한 10가지 제안을 하고 있다: (1) 지속적인 행복은 성공이나 성취로부터 얻을 수 없다는 점을 인식한다; (2) 자신의 시간을 잘 조절하여 사용한다; (3) 자신의 능력과 기술을 잘 발휘할 수 있는 활동을 찾는다; (4) 즐거운 마음으로 활동한다; (5) 좀 더 육체적으로 활동적인 생활을 한다; (6) 적절한 시간의 수면을 취한다; (7) 친밀한 인간관계를 소중하게 여긴다; (8) 다른 사람들에게 다가가려고 노력한다; (9) 자기 삶의 긍정적 측면에 대해서 매일 감사하는 마음을 느낀다; (10) 자신의 영성을 키워나간다.

행복에는 정답이나 왕도가 없다. 모든 사람을 확실히 행복하게 만들 수 있는 완벽한 방법은 없다. 긍정 심리학자들이 제시하는 행복의 조건들을 개인마다 자신이 처한 삶의 상황에 적절하게 적용함으로써 자신이 그리는 행복한 삶을 스스로 창조해나가야 한다. 다만 긍정 심리학자들은 실증적인 연구자료에 근거하여 삶의 만족도와 행복도가 높은 사람들의 특성과 생활방식을 제시하고 있는 것이다. 향유하기도 마찬가지이다.

Bryant와 Veroff(2007)는 향유하기와 대처하기를 모두 증진할 수 있는 6가지 방법을 제시하고 있다. 그 첫째는 사회적 지지망을 확대하고 강화하는 것이다. 힘들고 괴로울 때 다른 사람으로부터 위로와 도움을 받는 것이 중요하듯이, 긍정적인 감정을 다른 사람과 함께 나누는 것은 즐거움의 향유를 증진한다. 쉽게 만날 수 있는 친밀한 사람들이 많을수록, 역경에 더 잘 대처하고 즐거움을 더 잘 향유할 수 있다.

둘째, 생활 경험을 기록하는 것이 중요하다. 자신의 경험을 글로 기록하는 일(일기 쓰기, 편지 쓰기, 시 쓰기, 생활기록지 작성하기 등)은 정서를 긍정적으로 변화시킬 뿐만 아니라 그러한 경험의 의미를 깨닫도록 만든다. 자신의 경험을 글로 기록하거나 다른 사람에게 이야기하는 것은 부정적 감정을 해소하고 긍정적 감정을 강화하는 기능을 지닌다(Pennebaker & Segal, 1999).

셋째, 행복감을 증진하기 위해서는 하향식 비교를 하는 것이 좋다. 부정적 경험에 대해서는 더욱 부정적인 결과를 상상함으로써 정서적 충격을 완화시키고, 긍정적 경험에 대해서는 덜 긍정적인 결과를 상상함으로써 정서적 쾌감을 증가시킬 수 있다. 이와 관련하여 그리스 철학자인 에피쿠로스는 다음과 같이 권한 바 있다: "그대가 갖지 못한 것을 상상함으로써 그대가 이미 갖고 있는 것의 소중함을 훼손하지 말라. 그대가 지금 갖고 있는 것은 그대 자신이 과거에 갖기를 열망했던 것임을 결코 잊지 말라."

넷째, 힘들 때나 즐거울 때나 유머감각을 잘 활용하는 것이 중요하다. 유머는 긴장과 불안을 감소시킬 뿐만 아니라 그 심리적 · 신체적 악영향을 완화시킨다. 또한 유머는 긍정적 경험을 더욱 유쾌하게 느끼도록 하고 행동적 표출을 촉진하게 된다.

다섯째, 영성과 종교는 고난의 극복뿐만 아니라 삶에 대한 감사함과 축복감을 증진한다. 고난과 역경에 처했을 때, 영성과 종교는 위로와 희망을 얻게 되는 원천이 된다. 또한 긍정적 경험의 경우에는 영적이거나 종교적인 관점에서 의미를 부여함으로써 삶의 기쁨을 향유할 수 있다. 이에 관해서는 다음 장에서 자세하게 설명할 것이다.

마지막으로, 인생의 무상함을 자각하는 것이 중요하다. 현재의 경험이 지속되지 않고 흘러간다는 자각은 괴로움을 줄이고 즐거움을 증가시킬 수 있다. 고통스러운 경험에 대해서는 이러한 고통이 곧 사라질 것이라는 희망을 갖게 된다. 즐거운 경험에 대해서는 그 소중함을 자각시킴으로써 향유의 동기를 강화하는데, 이 경우 씁쓸달콤함(bittersweetness)을 경험하게 된다. 우리말에 '시원섭섭하다' 는 말이 있듯이, 씁쓸달콤함은 기쁘면서도 안타까운 마음이 혼합된 정서상태를 뜻한다. 현재 경험의 무상함을 자각하게 되면, 다시는 접하지 못할 그 경험의 소중함에 기쁨과 즐거움이 증가하지만 이러한 소중한 순간을 붙잡을 수 없기 때문에 또한 안타까움도 느끼게 된다. 무상함의 자각은 불행과 고난을 견디도록 돕는 동시에 긍정적 경험의 기쁨을 만끽하도록 하는 데 기여한다.

향유하기의 필수조건

향유하기는 인생을 더 즐겁고 행복하게 살아가는 데에 중요하다. 인생에서 마주치게 되는 다양한 경험을 더 잘 향유하기 위해서는 몇 가지 조건이 필요하다. Bryant와 Veroff(2007)는 향유하기의 세 가지 필수조건을 다음과 같이 제시하고 있다.

첫째, 향유하기를 위해서는 다른 사람으로부터 관심을 끌거나 인정을 받으려는 욕구로부터 자유로워지는 것이 필요하다. 다른 사람의 평가나 인정에 신경을 쓰게 되면, 자신의 경험을 충분히 느끼기 어렵다. 물론 사회적인 욕구나 생각을 의도적으로 제거하기 어렵지만, 꾸준히 노력하면 가능하다. 향유하기를 방해하는 자극들을 최대한 감소시키는 것이 중요하다.

둘째, 향유하기를 위해서는 현재에 주의를 집중하는 것이 필요하다. 주의의 초점이 과거나 미래로 방황하지 않고 현재에 머물며 긍정적 경험을 세밀하게 느끼며 알아차리는 것이 중요하다. 이를 위해서는 자신의 경험을 난생 처음 대하듯이 호기심 어린 자세로 대하는 동시에 비판단적인 관점에서 있는 그대로 수용하는 것이 필요하다. 이처럼 현재의 경험에 집중하는 대표적인 방법은 마음챙김 명상으로서 다음 장에서 자세하게 설명될 것이다.

마지막으로, 현재 경험의 긍정적 측면에 주의를 기울이는 것이 향유하기의 필수조건이다. 모든 경험에는 긍정적 측면과 부정적 측면이 있다. 비관주의자는 부정적 측면에 초점을 맞추어 불행감을 느끼는 반면, 낙관주의자는 긍정적 측면에 초점을 맞추어 행복감을 느낀다. 이것이 낙관적인 사람들이 인생을 더 행복하고 만족스럽게 경험하는 이유이다. 긍정적 측면에 주의를 기울이기 위해서는 한순간에 여러 가지 일을 처리하려는 방식을 피해야 한다. 여러 가지 다른 일을 생각하기보다는 현재의 즐거움과 긍정적 측면에 정보처리 자원을 할당함으로써 향유하기가 증진될 수 있다. 아울러 긍정 정서를 잘 자각하도록 노력하는 것이 필요하다. 이를 위해서는 긍정적 경험을 구체적인 단어로 기술하고 표현하는 것이 유용하다. 또한 긍정적 경험을 인생의 마지막 경험이라고 상상하는 것은 씁쓸달콤함을 느끼게 하는 동시에 그 순간의 경험을 더 생생하고 명료하게 느끼도록 해준다.

향유하기 증진방법

향유하기를 증가시키는 기본적인 방법은 우선 일상생활에서 의도적으로 향유시간을 갖는 것이다(Bryant & Veroff, 2007). 현대인들은 매우 바쁜 삶을 살아가기 때문에 인생의 경험을 음미하며 향유할 시간을 갖지 못한다. 따라서 하루의 생활 중에서 짧은 시간 동안 향유할 휴식시간을 갖는 것이다. 하루에 한 번씩 매일 20분간 스스로에게 **미니휴가**(mini-vacation)를 주는 것이다. 이 시간에는 하던 일을 접어두고 즐거운 일(산책, 독서, 음악감상, 샤워, 친구와 대화, 경치 바라보기 등)을 한다. 즐거운 시간을 갖는 동안 즐겁다고 느끼는 자극과 감각을 알아차리고 언어적으로 명명을 해본다. 미니휴가가 끝나면, 내일의 휴가를 계획하며 기대한다. 그리고 한 주가 지나면, 지난 7일간의 일일 휴가를 회상하면서 즐거웠던 경험들을 다시 느껴본다.

향유하기를 증가시키는 또 다른 방법은 인생을 되돌아보는 것이다. 먼저 최근에 즐거운 일로 경험했던 긍정적 사건 하나를 구체적으로 회상한다. 그 사건이 일어난 시간과 장소 그리고 함께했던 사람들을 떠올리며 기록해본다. 아울러 그러한 경험의 내용과 그 당시에 느꼈던 긍정적 감정을 언어로 표현해보면서 다시 한 번 그 감정을 충분히 느껴본다. 다음 단계에서는 이와 비슷한 과거의 경험을 떠올리고 동일한 방식을 적용하여 회상해본다. 그리고 마지막으로 한 번 더 비슷한 경험을 회상해본다. 이 방법의 목적은 연쇄적인 인지적 향유과정을 직접 체험해보도록 하는 것이다. 긍정적 경험들을 연쇄적으로 연결함으로써 현재의 향유 경험을 확장할 수 있다. 행복한 삶을 위해서는 향유할 것들을 많이 확보하는 것도 중요하지만 이미 주어진 것을 잘 향유하는 것이 중요하다.

향유하기는 쾌락주의적 행복의 관점에서 긍정 정서를 증가시키기 위한 방법이다. 향유하기는 이기적인 쾌락을 장려하거나 순간적 즐거움을 중시하는 것이 아니다. 아무런 목적이나 의미가 없는 일에서 쾌락만을 추구하는 것은 공허한 일이다. 그러나 아무리 중요한 의미와 목적을 지닌 일이라도 그것을 향유할 수 없다면, 무미건조한 일이 될 것이다. 진정한 행복은 의미 있는 일을 통해 자기실현을 하는 동시에 인생의 즐거움을 충분히 향유하는 것이다.

요 약

1. 인간은 행복의 개인적 추구뿐만 아니라 다른 사람의 행복을 위해 봉사하고 기여함으로써 만족감을 경험한다. 사회적 봉사와 공헌은 인생의 중요한 의미가 될 뿐만 아니라 행복과 만족의 원천이기도 하다.
2. 후속세대를 위한 관심과 헌신을 **다산성**(generativity)이라고 한다. 다산성은 특히 장년기의 과제로서 후속세대 젊은이들을 양성하고 후원하는 일이 중요하다. 다산성은 크게 두

가지의 목표를 지니는데, 하나는 후속세대의 양육이며 다른 하나는 후속세대의 행복에 도움이 될 수 있는 성과물을 만들어내는 것이다. 다산성의 목표를 위해 활동하는 것은 삶의 만족도와 긍정적 감정을 증대시킨다.

3. **자원봉사**는 사회적 기여활동일 뿐만 아니라 봉사자 자신의 행복을 증진한다. 자원봉사는 도움이 필요한 사람들에게 아무런 대가나 영리적 목적 없이 자발적으로 도움을 주는 활동을 뜻한다. 자원봉사는 다른 사람을 돕는 이타적 행동으로서 봉사자 자신의 기분을 긍정적으로 변화시키는 보상적 기능을 지닌다. 청소년의 경우, 자원봉사는 지적인 발달을 촉진할 뿐만 아니라 자기통제력, 사회적 책임감, 사교적 기술, 리더십을 성장시키는 효과를 지닌다. 노인의 경우, 자원봉사는 사회적 활동을 촉진하고 우울증을 피할 수 있으며 신체적 건강과 장수에도 도움을 준다.
4. **여가활동**은 휴식과 즐거움을 제공하는 행복의 원천인 동시에 삶에 여러 가지 긍정적인 영향을 미친다. 여가생활의 만족도는 전반적인 삶의 만족도를 예측하는 강력한 요인이다. 특히, 취미활동을 집단적으로 하는 경우에 만족도가 더 높다. 그 이유는 비슷한 취향, 가치관, 활동시간, 사회적 관계를 공유하는 집단 속에서 유쾌한 흥분감, 협동적 성취, 소속감과 유대감 등을 경험하기 때문이다.
5. 행복 증진을 위해서는 긍정적인 경험을 잘 음미하며 향유하는 것이 중요하다. **향유하기**는 긍정적인 경험을 자각하여 충분히 느낌으로써 행복감이 증폭되고 지속되도록 의도적인 노력을 기울이는 것이다. 현재의 긍정적 경험을 잘 음미하며 즐길 뿐만 아니라 과거의 긍정적 경험을 회상하여 즐거움을 이끌어내고 미래의 긍정적 사건을 기대하며 행복감을 느낄 수 있다.
6. **향유하기**는 외부대상에서 긍정적 경험을 하게 되는 **세계초점적 향유**와 자신의 긍정적 특성이나 성취에 대한 **자기초점적 향유**로 구분될 수 있다. 아울러 향유 경험의 과정은 긍정적 느낌을 상위 관점에서 관찰하고 정교화하며 의미를 부여하는 인지적 성찰과 긍정적 느낌에 자신을 맡기고 푹 빠져서 그러한 느낌을 충분히 경험하는 체험적 몰입으로 나눌 수 있다. 향유방식은 매우 다양하며 다른 사람과 공유하기, 기억을 잘 해두기, 자축하기, 세밀하게 감각 느끼기, 하향적 비교하기, 몰입하기, 행동으로 표현하기, 일시성 인식하기 등이 있다.
7. 삶을 향유하기 위해서는 세 가지 조건이 필요하다. 첫째, 다른 사람으로부터 관심을 끌거나 인정을 받으려는 욕구로부터 자유로워야 한다. 둘째, 현재의 '지금-여기'에 주의를 집중하는 것이 중요하다. 마지막으로, 현재 경험의 긍정적 측면에 주의를 기울이는 것이 필수적이다.

제12장

인생의 의미와 영적 추구
- 종교생활과 명상 -

긍정 심리학은 우리를 쾌락과 만족이라는 산기슭을 거슬러 오르고, 강점과 덕성이라는 산마루를 지나, 마침내 우뚝 솟아있는 삶의 의미와 목적이라는 봉우리에 닿게 해준다.

- Martin Seligman -

인간은 쾌락을 추구하는 동시에 의미를 추구하는 존재이다. 즐겁지만 의미를 느낄 수 없는 활동은 공허감을 줄 뿐이다. 인생의 의미는 인간으로 하여금 고난을 이겨내게 만드는 인내의 원천일 뿐만 아니라 인생에 가치감과 만족감을 부여하는 행복의 원천이기도 하다. 인생의 의미와 가치를 발견할 수 없는 사람은 결코 행복할 수 없다. 물론 의미만으로 행복을 보장할 수는 없지만, 의미는 행복의 필수적 요소이다.

1 행복에 있어서 인생의 의미의 중요성

현대사회는 물질문화의 급속한 발전과 더불어 정신적 가치에 대한 관심이 감소하고 있다. 또한 전통적인 가치들이 도전받고 해체되는 과정에서 많은 현대인들이 인생의 의미를 발견하지 못하고 방황하고 있다. 개인의 깊은 내면적 삶을 접하게 되는 심리치료자들에 따르면, 많은 사람들이 무의미감에 시달리고 있다. 많은 돈을 벌고 사회적으로 성공하여 부러울 것이 없지만 인생의 의미를 느낄 수 없어 허전하고 우울하다는 것이다. 이러한 상태가 심각해지면 실존적 우울증에 이르게 된다(Cohn, 1997; May & Yalom, 2000).

1) 인생의 의미

우리의 삶에는 어떤 의미와 목적이 있는가? 무엇을 위해 어떻게 살 것인가? 이러한 물음에 대해서 어떤 대답을 지니고 있는가? 인생의 의미와 목적의식은 우리 삶의 방향을 제시해줄 뿐만 아니라 우리 삶이 소중하다는 가치감을 제공해준다. 인생에 대한 목적의식과 방향감을 지니고 살아가는 것은 행복의 필수적 요소로 여겨지고 있다(Ryff, 1995; Ryff & Singer, 1998).

인간은 물질적인 육체를 지닌 존재로서 자연법칙에 따라 생로병사의 과정을 거치게 된다. 인간은 물리적 원리에 따라 변화하는 생물체로서 살아간다. 그러나 인간은 생각하는 지적인 존재로서 세상을 나름대로 구성해가며 살아간다. 즉, 인간은 상징과 의미를 통해서 구성한 심리적 현실 속에서 살아가는 존재이다. 인간을 이해하기 위해서는 그가 부여한 심리적 의미를 이해하는 것이 필수적이다.

인간은 자신의 삶 속에서 나름대로의 의미를 발견하려고 노력한다. 제2차 세계대전 당시 독일의 유태인 강제수용소에서 가족을 모두 잃었지만 의미를 붙잡고 살아남아 '의

우리의 인생에는 어떤 의미가 있는 것일까?

미치료(logotherpy)' 라는 심리치료법을 창시한 Victor Frankl(1963, 1969)은 의미 추구를 인간의 가장 기본적인 동기라고 주장한다. 의미는 인간이 즉각적인 현실과 욕구를 초월할 수 있는 능력을 부여한다. 의미는 인간으로 하여금 극심한 고통을 견디고 이겨내도록 하는 동시에 기쁨과 행복을 느끼게 한다. 자신의 생활과 인생에서 소중한 의미를 발견하고 그것을 위해 살아가는 것은 행복의 필수적 요소이다.

2) 의미의 본질

과연 의미(meaning)란 무엇인가? Baumeister와 Vohs(2002)에 따르면, 의미의 본질은 연결이다. 서로 다른 두 개를 연결하여 관련성을 부여하는 것이다. 그 연결성은 물리적 세계 속에 존재하는 것이라기보다 인간의 마음에 의해서 부여되거나 인식된 것이다. 궁극적으로, 의미는 비실재적인 것이다. 그러나 의미는 실질적인 인과적 결과를 유발할 수 있다는 점에서 실재적이다. 즉, 인간은 의미에 따라 행동하고 세상에 실질적인 변화를 만들어낸다. 이러한 의미는 심리적인 것으로서 물리적 원리에 의해 환원되어 설명될 수 없는 것이다.

인생의 의미(life meaning)라는 개념은 역설적 측면을 지니고 있다. 왜냐하면 인생은 끊임없이 변하는 반면, 의미는 잘 변하지 않는 것이기 때문이다. 물리적인 존재로서의 인간은 순간순간 끊임없이 변화한다. 물리적 측면에서 보면, 우리 인생은 한순간도 고정된 것이 없이 매순간 변화하는 것이다. 인생의 의미는 이처럼 변화하는 물질적인 과정에 안정성을 부여하는 기능을 지닌다. 인간은 안정된 삶을 선호한다. 따라서 의미는 우리의 변화무쌍한 삶에 안정성을 부여하는 지적인 수단이라고 할 수 있다.

의미는 다양한 수준에서 부여될 수 있다. Vallacher와 Wegner(1987)에 따르면, 의미의 수준이 달라짐에 따라 인간의 행동과 경험도 변한다. 낮은 수준의 의미는 즉각적이고 특수한 내용을 반영하는 반면, 높은 수준의 의미는 장기적이고 포괄적인 내용을 포함한다. 낮은 수준의 의미는 구체적이고 세부적인 것에 초점을 맞추는 반면, 높은 수준의 의미는 긴 시간에 걸쳐서 커다란 목표를 향한 연결감을 제공한다. 예를 들어, 학교를 향해 걸어가는 행동은 낮은 수준에서는 다리 움직임을 의미하며, 중간 수준에서는 등교행위를 의미하고, 높은 수준에서는 교육과 성장을 위한 노력을 의미할 수 있다. 이러한 세 수준의 의미는 모두 옳은 것이지만 그 영향은 각기 다르다. 다른 수준의 의미는 다른 결과를 유발한다. 낮은 수준의 의미를 부여하며 살아가는 사람들은 외부적인 변화에 쉽게 영향을 받는 반면, 높은 수준의 의미를 부여하며 살아가는 사람들은 외부적인 변화가 발생하더라도 자신의 가치와 원리에 따라 지속적인 삶의 방향을 유지한다.

인생에서 난관에 부딪히게 되면, 사람들은 부여하는 의미의 수준을 낮추는 경향이 있다. 왜냐하면 낮은 수준의 의미는 문제를 해결하고 변화를 시도하는 데에 유리하기 때문이다. 예를 들어, 강의를 듣는 행위에 대한 의미는 '강의내용을 이해하고 기록하는 것'에서부터 '좋은 학점'을 따기 위한 것 또는 '좋은 직장'을 얻기 위한 것, 나아가서 '행복한 삶'을 위한 것으로 다양한 수준에서 부여될 수 있다. 만약 시험에서 낮은 점수를 얻게 되었다면, 낮은 의미 수준으로 내려가 강의내용을 이해하고 기록하는 행동을 개선해야만 할 것이다. 이 경우, 행복한 삶을 위한 것이라는 의미는 너무 추상적인 것이어서 시험 성적 개선에 구체적인 도움을 주지 못한다. 반면에, 모든 것이 순탄하게 잘 흘러갈 때는 의미 부여 수준이 높아지는 경향이 있다. 이처럼 상향적인 의미 부여를 하게 되면, 상황이 긍정적인 것으로 여겨져서 즐거움과 만족감이 증가하게 된다. 예컨대, 우수한 시험 성적을 얻은 경우, 이것은 강의내용을 잘 이해한 것일 뿐만 아니라 좋은 학점을 받게 될 조건이며, 나아가서 좋은 직장과 행복한 삶을 위한 긍정적 사건이라고 의미를 부여한다면 만족감이 훨씬 증가될 것이다. 또한 상향적인 의미 부여는 고통을 극복하는 데 도움이 된다. 순교자들은 자신이 지닌 높은 수준의 의미를 위해서 고통을 순순히 인내하고 생명을 희생하는 것이다. 의미 부여의 수준에 따라 쾌락과 고통의 수준이 달라진다는 것은 긍정 심리학의 관점에서 특히 주목해야 할 점이다(Baumeister & Vohs, 2002).

3) 의미 추구의 동기

인간은 의미를 부여하고 추구하려는 욕구를 지닌다. Baumeister(1991)는 우리의 삶에서 의미가 필요한 네 가지 이유를 다음과 같이 제시하고 있다.

첫째, 인간은 일관성 있는 삶을 살기 위해서 인생의 방향과 목적의식을 추구한다. 인생의 의미는 삶의 목적과 방향을 발견하는 데 도움을 준다. 의미는 과거, 현재 그리고 미래의 사건들 간의 연결성을 부여한다. 내가 어디에서 왔고, 현재 어디에 와 있으며, 어디를 향해 갈 것인가를 이해할 수 있게 해준다. 인생의 목적의식은 현재 사건이 과거 또는 미래 사건과의 연결성 속에서 어떤 의미를 지니는지 알려줄 뿐만 아니라 어떤 방향으로 행동해야 하는지를 결정하는 데 도움을 준다. 목적은 크게 두 가지 유형으로 분류될 수 있다. 그 하나는 개인이 추구하는 객관적 결과나 상태로서 목표를 의미한다. 현재의 행동은 그러한 미래의 목표와의 관련성 속에서 의미가 부여된다. 다른 하나는 주관적인 것으로서 추구하는 가치를 실현하는 것이다. 행복, 사랑, 해탈, 구원과 같은 가치가 실현될 미래의 상태를 향해서 인생을 살아가는 것이다.

둘째, 인간은 가치 있는 것을 추구한다. 자신이 추구하는 목표나 가치가 소중한 것이기를 바란다. 즉, 사람들은 자신의 삶과 행위가 옳고 선하며 가치 있는 것이라고 정당화할 수 있는 근거를 추구한다. 가치는 행동의 옳고 그름을 결정하는 데 도움을 준다. 이러한 가치에 따라 행동할 때, 사람들은 안정감과 만족감을 느끼게 되며 불안이나 후회, 죄책감을 덜 느끼게 된다. Frankl(1963)에 따르면, 사람들이 추구하는 의미의 주된 형태가 바로 이러한 가치이다. 가치는 매우 다양하며 위계적으로 분류될 수 있다. 그러한 위계적 분류에서 최상의 위치에 있는 것, 즉 최고 선(善) 또는 자체적인 가치를 지니는 것이어서 다른 가치에 근거하여 더 이상의 정당화가 필요 없는 최고의 가치가 존재한다. 이것을 **가치 기반**(value bases)이라고 한다(Baumeister, 1991). 다른 가치의 최종적 기반이 되는 가치를 의미한다. 예를 들어, 기독교인의 경우에 가치 기반은 하나님의 뜻이 될 수 있다.

셋째, 인간은 인생에 대한 자신의 효능감과 통제감을 추구한다. 즉, 인간은 자신의 인생에 대해서 무언가 변화를 만들어낼 수 있는 유능한 존재라는 믿음을 갖고자 한다. 그래서 자신이 인생을 통제하고 있다는 느낌을 갖고자 한다. 인생의 목적과 가치를 지니고 있지만 그것을 실현할 능력이 부족한 사람은 불행감을 느낄 수밖에 없다. 반면에, 그러한 목적과 가치를 위해 무언가를 하고 있다고 느낄 때, 우리는 유능감과 통제감을 느끼게 된다. 인생에 대한 통제감을 느끼지 못하게 되면, 심각한 개인적 위기에 봉착할 수 있으며 신체적 · 심리적 건강에 부정적 영향을 미치게 된다.

마지막으로, 인간은 자신이 가치 있는 존재이기를 원한다. 자신이 선하고 소중한 존재이기를 바란다. 이러한 자기가치감은 개인적 성취나 집단적 소속감에 의해서 획득될 수 있다. 즉, 개인적인 노력을 통해 소중하게 여기는 가치를 달성함으로써 자기가치감을 얻을 수 있다. 이러한 경우에는 자신이 다른 사람보다 우월한 존재라고 여김으로써 자기가치감을 느끼게 된다. 반면에, 자신이 소중하게 여기는 집단에 소속함으로써 자기가치감을 느낄 수도 있다.

이처럼 인간은 자신의 삶에 대한 방향성과 가치 기반 그리고 자신에 대한 효능감과 가치감을 얻고자 하는 동기를 지닌다. 이러한 네 가지 동기 중 하나라도 충족되지 않으면, 우리는 인생에 대해서 충만한 의미감을 느끼지 못하는 경향이 있다(Baumeister & Vohs, 2002).

일반적으로 사람들은 이러한 네 가지 욕구가 하나의 원천을 통해서 충족될 수 있을 것이라고 생각한다. 그러나 실증적 연구에 의하면, 인생의 의미는 가족, 사랑, 직업, 종교, 개인적 성취 등 다양한 원천으로부터 도출될 수 있다(Emmons, 1997). 인생의 의미를 찾을 수 있는 다양한 원천을 지니는 것은 매우 중요하다. 왜냐하면 인생에 대해서 무의미감을 느끼지 않도록 보호해주기 때문이다. 예를 들어, 직업적 성취만을 추구했던 사람은 그러한 추구가 실패했을 때 자신의 인생이 무의미하다는 심한 좌절감에 빠질 것이다. 그러나 동일한 실패를 했다 하더라도 가족관계나 종교활동을 소중하게 여겼던 사람은 그로부터 의미감을 유지할 수 있을 것이다. 또한 종교활동에만 과도하게 몰두했던 사람들이 종교에 대한 회의가 밀려올 때 심한 절망감에 빠져드는 것도 마찬가지의 이유이다. 아울러 다양한 의미의 원천을 지니게 되면 네 가지의 의미 추구 동기들을 골고루 충족시킬 수 있는 이점이 있다. 하나의 원천만으로는 네 가지 동기를 모두 충족시키기 어렵다. 직업적 성취는 인생의 방향성과 효능감을 줄 수 있지만 인생의 가치 기반을 제공하기 어려운 반면, 가족이나 종교는 가치 기반을 제공할 수 있지만 효능감을 주기 어려울 수 있다. 따라서 "인생의 의미는 무엇인가?"라는 물음처럼 마치 인생에 한 가지만의 의미가 있는 듯한 단수형태의 물음보다는 "인생에는 어떤 '의미들'이 있는가?" 하는 복수형태의 물음을 제기하는 것이 바람직하다(Baumeister & Vohs, 2002; Emmons, 1997).

4) 현대사회의 가치 부재 현상

현대사회는 과거에 비해서 의미 추구 동기를 충족시킬 수 있는 다양한 수단들이 존재한다. 우선, 다양한 목표를 추구할 수 있는 풍부한 환경이 조성되어 있다. 수백 년 전만

해도 대다수의 남자들은 평생을 농부로 살아가야 했으며 여자는 주부로 생활해야 했다. 그러나 현대에는 매우 다양한 직종이 존재할 뿐만 아니라 인생의 2모작 또는 3모작이 가능하다. 한 생애 동안 여러 직종을 통해 인생의 의미를 다양하게 추구할 수 있다. 이처럼 현대사회에는 직업활동뿐만 아니라 취미활동, 봉사활동, 가족과의 인간관계 등을 다양하게 펼칠 수 있는 여건이 조성되어 있기 때문에, 인생의 의미를 발견할 수 있는 원천도 다양한 셈이다.

Baumeister(1991)에 따르면, 현대사회는 네 가지의 의미 추구 동기 중에서 방향성, 유능감, 자기가치감을 느낄 수 있는 원천은 풍부한 반면, 인생의 근거감을 줄 수 있는 설득력 있는 가치가 부족하다. 즉, 현대사회는 가치 기반의 역할을 할 수 있는 믿을 만한 절대적 가치가 드물다는 것이다. 현대인들이 인생의 의미를 발견하는 데에 많은 어려움을 겪고 있는 이유는 이러한 **가치 부재**(value gap) 때문이라는 것이다.

현대사회에서 가치 부재 현상이 나타난 것은 가치에 대한 의견일치가 약화되었기 때문이다. 현대사회에서는 가치의 다양성이 증가된 반면, 그 견고성이 악화되었다. 다양성을 존중하기 위해서는 다른 사람의 가치가 나와 다를 수 있다는 점을 받아들여야 한다. 그런데 이것은 나의 가치가 보편적이고 절대적인 것이 아니라 임의적이고 대체 가능한 것이라는 것을 뜻한다. 이러한 가치들은 절대적인 가치 기반이 될 수 없다. 일부 종교가 독단적인 배타주의로 흐를 수밖에 없는 이유가 여기에 있다. 다른 종교를 인정하게 되면 자신의 종교적 가치 기반이 무너질 수밖에 없다는 위협감을 느끼기 때문이다. 또한 현대사회로의 전이과정에서 전통적 가치가 실무적 이성으로 대체되었다. 전통적 또는 종교적 가치는 현대화 과정에서 약화되고, 그것을 대신할 만한 가치는 나타나지 않았다. 현대사회로의 전이과정을 통해서 가치 기반이 파괴된 것이다. 가치 기반은 일단 파괴되면 다시 복구하거나 대체하기가 매우 어렵다(Habermas, 1973).

가치의 부재, 즉 확고하게 합의된 가치가 부재하다는 것은 현대인들이 인생의 의미를 추구하는 과정에서 가장 보편적으로 겪고 있는 문제이다. 달리 말하면, 의미 추구의 네 가지 동기 중에서 가치 기반을 추구하는 동기가 충족되지 못하기 때문에 인생에서 충만한 의미감을 느끼지 못하게 된다. 만약 긍정 심리학이 현대인들로 하여금 자신의 삶에서 가치를 발견하도록 도울 수 있다면 이러한 가치 부재 현상을 극복하고 행복한 삶을 누리도록 하는 데에 기여할 수 있을 것이다.

Baumeister와 Vohs(2002)에 따르면, 현대사회는 가치 부재를 극복하기 위해서 자기(self)와 정체성(identity)을 강조하는 경향이 나타나고 있다. 현대의 문화에서는 자기를 가장 기본적인 중요한 가치로 중요시하고 있다. 이제 사람들은 자기자신을 잘 이해하고, 자신의 재능을 함양하여 잠재능력을 실현하며, 최선을 다해 개인적 성장과 행복을 추구하는 것을 일종의 도덕적 의무이자 권리로 여기고 있다. 이것은 전통적 도덕체계와 매우 다른 것으로서 엄청난 새로운 변화이다. 과거의 전통적 도덕체계는 인간의 이기성을 제한하는 것이 그 핵심이었다. 달리 말하면, 전통적 도덕체계는 제로섬 게임(zero-sum game)의 논리에 근거하고 있다. 개인이 이기적 욕구를 추구하면 다른 사람들에게 피해를 줄 수 있다는 인식에 근거하고 있다. 인간의 욕구를 충족시킬 수 있는 자원은 제한되어 있기 때문에 개인의 욕구를 억제함으로써 개인들 간의 갈등과 투쟁을 억제해야 한다는 것이다. 그러나 현대사회에서는 윈-윈 게임(win-win game)을 지향하는 움직임이 나타나고 있다. 더불어 함께 이득을 보고 행복해지는 상생적 관계양식이 소중하게 여겨지고 있다. 개인의 행복과 성장은 그 자신뿐만 아니라 다른 사람과 사회에 도움이 될 수 있기 때문이다(Seligman, 2002b). 이러한 시대에는 개인의 능력과 행복을 증진하는 것이 비도덕적인 것이 아니라 오히려 바람직한 것으로 권장되어야 한다. 즉, 자기함양과 행복추구는 이 시대의 중요한 가치 기반이 되어가고 있다.

5) 인생의 다양한 의미

인생의 의미와 목표는 우리의 삶에 구조와 질서를 제공한다. 즉, 무엇을 위해 어떻게 살아가야 할 것인지를 안내해준다. 만약 인생에 대한 어떠한 의미나 목표를 지니지 못한다면, 우리의 삶은 방향을 잃고 방황하게 될 것이다. 따라서 인생에서 일관성 있게 목적의식을 지니고 살아간다는 인식, 즉 의미감은 행복의 중요한 요소이다. 실증적 연구에서도 강한 의미감은 삶의 만족이나 행복과 연관되어 있는 반면, 의미감의 부족은 우울증을 예측하는 변인으로 나타났다(Reker & Wong, 1988; Wong & Fry, 1998). 인생에 대한 의미감을 확고하게 잘 지니고 있을수록 일상생활에서 적응을 더 잘 하는 경향이 있었다(French & Joseph, 1999; Robak & Griffin, 2000). 반면에, 인생에 대한 혼란감이나 무의미감은 심리적 불행감과 정신병리를 예측하는 요인으로 보고되고 있다(Baumeister, 1991;

Keyes, 1998; Seeman, 1991). 나아가서 Klinger(1998)는 인생의 목표가 개인의 심리적 구조를 이해하는 핵심이라고 주장한 바 있다.

그렇다면 사람들은 인생에 대해서 어떤 의미를 부여하며 살아가고 있을까? 사람들이 추구하고 부여하는 인생의 의미는 크게 두 가지 유형으로 구분할 수 있다. 그 하나는 **우주적 의미**(cosmic meaning; Yalom, 1980)로서 우리가 살고 있는 세상과 우주에 어떤 목적과 질서가 있는지에 대한 믿음, 즉 세계관을 뜻한다. 이 우주는 어떻게 창조되었으며 어떤 목적을 지니고 있는가? 이 세상은 어떤 힘에 의해 운행되고 있으며 어디를 향해가고 있는가? 이러한 물음에 대한 나름대로의 대답이 우주적 의미에 해당된다. 이 세상과 우주가 운행되는 근본적인 원리와 방향을 파악하려는 시도라고 볼 수 있다. 이러한 신념으로부터 우리가 추구해야 할 가치와 목표가 도출될 수 있다. 거시적 의미(global meaning)라는 용어를 사용하고 있는 Park과 Folkman(1997)에 따르면, 이러한 의미는 세상이 운행되는 원리와 목적 모두를 찾기 위한 것이다.

또 다른 유형은 **현세적 의미**(secular meaning)로서 사람들이 자신의 삶에서 추구하는 가치와 목적에 관한 개인적 신념을 말한다. 우주적 의미는 흔히 집단이나 조직체가 공유하고 있는 종교적 신념을 받아들임으로써 갖게 되는 것인 반면, 현세적 의미는 개인이 나름대로 창조하여 부여하는 것이다. 그러나 현세적 의미는 우주적 의미에 근거하고 있는 경우가 흔하다. 왜냐하면 우주의 원리와 목적에 대한 신념 없이 개인은 자신이 무엇을 위해 어떻게 살아가야 하는지를 판단할 수 없기 때문이다. 즉, 현세적 의미는 개인이 명시적 또는 암묵적으로 지니고 있는 우주적 의미를 상황적 특성에 맞추어 적용한 것이라고 할 수 있다. Park과 Folkman(1997)은 이를 상황적 의미(situational meaning)라고 지칭하고 있다.

인생의 네 가지 의미

사람들은 자신의 삶에 어떤 현세적 의미를 부여하며 어떤 목표를 위해서 살고 있을까? 이러한 현세적 의미는 크게 네 가지 주제로 수렴되는 경향이 나타났다. 인생의 의미와 목표를 조사한 세 연구(Ebersole, 1998; Emmons, 1999; Wong, 1998)에서 공통적인 네 가지의 주제가 추출되었다. 세 연구는 서로 다른 집단을 대상으로 각기 다른 연구방법을 사용했다. Emmons(1999)는 투사법에 속하는 문장완성 과제를 사용했고, Wong(1998)

은 Q-sort 항목과 비슷한 개인적 의미 척도(personal meaning profile)를 개발하여 사용했으며, Ebersole(1998)은 사람들에게 자신의 인생에서 가장 중요한 의미를 말해보도록 하는 면담법을 사용했다. 그러나 〈표 12-1〉에서 볼 수 있듯이, 사람들이 보고하는 인생의 의미는 일(성취), 친밀감(관계), 영성(종교), 초월(다산성)이라는 네 가지 주제로 수렴될 수 있었다.

표 12-1 인생의 의미에 대한 분류(Emmons, 2002)

연구자	Emmons(1999)	Wong(1998)	Ebersole(1998)
연구방법	문장완성과제	개인적 의미 척도	면담법
인생의 의미	성취 친밀감 종교/영성 다산성	성취 인간관계 종교 자기초월	인생 과업 인간관계 종교적 신념 봉사

첫째, 사람들은 자신이 하는 일이나 직업에서 인생의 목표를 추구하는 경향이 있었다. **일/성취**(work/achievement)는 자신의 직업에 전념하는 것, 소망하는 성과를 이루는 것, 직업분야에서 지위나 권력을 얻는 것 그리고 새로운 영역을 개척하거나 도전을 찾아나서는 것을 포함하고 있다. 둘째, 다른 사람과의 친밀한 관계 역시 인생의 소중한 목표로 보고되었다. **친밀감/관계**(intimacy/relationship)는 다른 사람과 친밀하게 잘 지내는 것, 다른 사람을 신뢰하는 것 그리고 다른 사람에게 도움을 주는 것을 포함한다. 셋째, 인생의 의미를 종교와의 관계 속에서 발견하려는 경향이 있었다. **영성/종교**(spirituality/religion)는 신과 개인적인 관계를 맺은 것, 사후의 삶을 믿는 것, 신앙공동체를 위해서 기여하는 것 등을 의미한다. 마지막으로, 개인적 이익을 초월하여 가족이나 사회에 기여하고 공헌하는 것이 인생의 소중한 의미로 여겨지고 있었다. **초월/다산성**(transcendence/generativity)은 사회에 봉사하고 공헌하는 것, 자녀를 키우고 후속세대를 양성하는 것, 유산을 남기는 것, 가족과 사회를 위해 헌신하는 것을 포함한다. 성격을 구성하는 특질에 'Big Five' (openness, conscientiousness, extraversion, agreeableness, neuroticism)가 있다면, 인생의 의미에는 'Big Four' (WIST: Work, Intimacy, Spirituality, Transcendence)가 있는 셈이다(Emmons,

2003).

Emmons(1991, 1999)는 인생에서 추구하는 개인적 목표와 주관적 안녕 간의 관계를 살펴보았다. 대학생과 일반인의 경우에 친밀감, 다산성, 영성과 관련된 목표를 지니는 것은 일관성 있게 주관적 안녕과 연결되어 있었다. 반면에, 직업적 활동과 관련하여 다른 사람에게 영향력을 미치려는 권력의 추구는 오히려 주관적 안녕을 낮추고 부정적 감정을 증가시키는 경향이 있었다. 친밀감 추구는 다른 사람과의 관계에서 서로를 신뢰하고 만족시킬 수 있는 목표를 추구하는 것인 반면, 권력 추구는 다른 사람에게 영향을 미치려는 일방적인 인간관계를 추구하는 것이기 때문에 상대방의 저항을 유발할 수 있다. 권력 추구 성향이 강한 사람들은 주로 외재적인 것(지위, 권력, 재물 등)을 통해서 만족을 얻으려고 노력하기 때문에 관계성이나 자율성과 같은 기본적 욕구를 충족시키기 어려울 것이다(Ryan & Deci, 2000). 일반적으로 재정적 성공, 사회적 인정, 신체적 매력과 같은 외재적 목표를 추구하는 사람들은 주관적 안녕 수준이 낮은 반면, 관계성 · 자율성 · 유능성과 관련된 내재적 목표를 추구하는 사람들의 주관적 안녕 수준은 높은 경향이 있다(Emmons, 2003; Kasser & Ryan, 1996).

6) 의미 부여하기

인간의 행복은 물리적 상황 자체보다 그에 부여한 심리적 의미에 의해서 결정된다. 인간은 의미를 부여함으로써 세상을 심리적으로 구성하는 존재이다. 자신의 삶에 대해 무언가 의미를 부여하는 것, 특히 긍정적인 의미를 부여하는 것은 행복한 삶을 위해서 매우 중요하다.

의미 부여(meaning-making)는 삶 속에서 경험한 사건들을 새로운 관점에서 재구성하여 이해하는 능동적인 과정이다(Baumeister & Vohs, 2002). 의미 부여는 외현적으로 전혀 관계가 없는 듯이 보이는 사건들을 서로 연결하고 그로부터 소중한 가치를 발견하는 과정이다. 이처럼 여러 사건들을 연결하여 해석하고 더 높은 수준의 의미를 구성하는 능력은 인간의 선천적 기능이라고 할 수 있다. Gazzaniga(1993, 1997)에 따르면, 인간의 우뇌에 이러한 기능을 지닌 해석기제가 존재한다. Kagan(1981)과 같은 발달심리학자는 아동들의 언어 발달 과정을 관찰하면서 인간이 선천적으로 자신의 경험과 세상에 대해 의미를 부여하려는 성향을 타고난다고 결론지은 바 있다.

의미 부여의 긍정적 기능

의미 부여는 우리의 삶에 긍정적 영향을 미친다. 첫째, 의미 부여는 사건을 이해하게 하는 기능을 지닌다. 즉, 그러한 사건을 유발한 원인들이나 그 영향을 나름대로 이해함으로써 혼란감이 감소할 뿐만 아니라 상황에 대한 통제감이 증가한다. 둘째, 의미 부여는 사건의 가치를 인식하게 만든다. 의미 부여의 중요한 기능은 가치를 발견하는 것이다. 가치를 발견하는 과정은 의미의 수준에 따라 거시적 의미와 상황적 의미로 나누어볼 수 있다(Park & Folkman, 1997). **거시적 의미 부여**(global meaning-making)는 인생 전반의 방향, 기본적인 신념체계 그리고 중요한 인생목표의 측면에서 자기 삶의 의미와 가치를 부여하는 것이다. 반면에, **상황적 의미 부여**(situational meaning-making)는 특정한 경험의 의미와 가치를 구체적인 상황적 맥락 속에서 발견하고 부여하는 것이다. 셋째, 의미 부여는 인생 경험 속에서 긍정적 측면을 발견하게 하는 기능을 한다. 이처럼 불운을 행운으로 전환하여 받아들이는 것을 의미 부여의 혜택 발견(benefit-finding) 기능이라고 한다(Davis, Nolen-Hoekseman, & Larson, 1998). 이처럼 부정적인 사건에서 긍정적인 의미를 발견하는 것은 심리적·신체적 건강에 매우 유익하다. 마지막으로, 의미 부여는 자기 정체성을 확립하고 자기가치감을 증진하는 데에 도움을 준다(Baumeister & Wilson, 1996; McAdams, 1996).

의미 부여를 연구하기 위해서 심리학자들은 다양한 방법을 사용하고 있다. 우선, 면담을 통해서 개인이 사건에 부여하는 의미를 탐색한다. 또 다른 방법은 글을 쓰도록 하는 방법이다. 어떤 특정한 주제(예: 충격적인 부정적 사건, 성공 경험)에 대해서 글을 쓰게 하거나 개인의 인생 전반에 대한 자전적인 글(life story)을 쓰게 할 수 있다. 이러한 면담과 글쓰기 자료를 다양한 측면에서 분석하게 된다.

이러한 방법을 사용한 실증적 연구에 따르면, 의미 부여는 심리적·신체적 건강에 도움을 준다. 예를 들어, 외상 사건을 당한 사람들로 하여금 그 사건에 관해서 글을 쓰게 한 결과, 그들의 면역기능이 개선되었고, 신체적 질병이 감소했으며, 간기능도 증진되었다(Pennebaker & Beall, 1986). 또한 이러한 유형의 글쓰기는 학생들의 학업성적을 향상시켰을 뿐만 아니라 실직자가 직업을 구하는 데에도 도움이 되었다(Pennebaker, Colder,

& Sharp, 1990; Spera, Buhrfeind, & Pennebaker, 1994). 이러한 글쓰기의 효과가 처음에는 고통스러운 경험의 자기공개와 표출에 의한 것으로 생각되었다. 그러한 후속연구의 결과, 외상 사건에 대한 글쓰기나 말하기는 그들이 겪었던 경험으로부터 의미와 가치를 발견하도록 함으로써 그러한 긍정적 효과를 나타낸다(Esterling et al., 1999). 특히, 불운을 행운으로 변화시킬 수 있었던 사람들이 가장 큰 효과를 나타냈다.

의미 부여를 촉진하는 조건

고통은 의미 부여 욕구를 자극하는 경향이 있다. 사람들은 고통스럽고 불행한 일을 접하게 되면 나름대로 의미를 부여함으로써 대응한다. 만성 통증을 지닌 사람들의 경우, 실제로 증상 해결을 위해 아무것도 할 수 없다 하더라도 자신의 증상에 대해서 병명을 알고 원인을 이해하는 것만으로 통증이 감소되었다(Hilbert, 1984).

Taylor(1983)에 따르면, 사람들은 고통과 불운에 대해서 세 가지 방식의 의미 부여를 한다. 첫째는 그로부터 어떤 목적을 발견하고자 하는 것이다. 예를 들어, 기독교인의 경우 불치의 병을 선고받았을 때 그러한 병을 준 하나님의 의도가 무엇이었을까 생각하는 것이다. 이러한 노력은 인생의 목적의식을 추구하려는 의미 부여 동기와 관련된 것이다. 둘째는 그러한 상황에 대한 통제감을 다시 회복하려는 노력을 한다. 병의 치유를 위해 열심히 기도를 하거나 고통과 불안을 극복하기 위해 더욱 신앙심을 깊게 하려는 노력을 기울일 수 있다. 이러한 노력은 자신이 무력한 존재가 아니라 무언가 상황에 변화를 줄 수 있다는 효능감을 회복하려는 의미 부여 동기와 관련된 것이다. 마지막으로 사람들은 고통과 불운 앞에서 자기가치감을 유지하려고 노력한다. 예를 들어, 자신의 고통을 예수가 십자가를 짊어지며 겪었던 고통과 동일시함으로써 자기가치감을 지탱할 수 있게 된다. 이러한 세 가지 방식은 각각 방향감, 효능감, 자기가치감을 얻기 위해 의미를 추구하는 동기를 충족시키기 위한 것이라고 볼 수 있다. 만약 고통이 어떤 소중한 가치를 위해 기여한다고 생각한다면 가치감의 동기 역시 충족될 수 있을 것이다. 이처럼 의미 부여는 고통과 불운을 견디고 이겨내는 데 매우 중요한 역할을 한다.

"아픈 만큼 성장한다."는 말이 있듯이, 고통과 역경은 우리의 삶을 긍정적으로 변화시키는 기회가 될 수 있다. 고통과 역경은 의미 부여를 통해 우리의 삶을 재평가하게 만든다. 그리고 이러한 재평가는 새로운 변화와 성장을 촉진하게 된다. Davis 등(1998)에 따르면, 상실(예: 사별, 실패)을 경험한 사람들이 그러한 상실 사건에 나름대로의 의미를 부여하고 긍정적인 측면을 발견함으로써 우울감이 감소하고 심리적 적응이 개선되었다. 세계적인 종교들은 대부분 고통을 영적인 성장의 기회로 여기고 있다. 고통과 역경이 우리의 삶에 주는 유익함 중 하나는 삶의 의미를 발견하고 인생관을 바꿀 수 있는 기회를 제공하는 것이다(Tedeschi & Calhoun, 1995).

McAdams(1996)에 따르면, 자전적 글쓰기는 인생의 의미와 가치를 발견하는 데 매우 유용하다. 자전적 글쓰기를 통해서 그동안 간과해왔던 인생의 중요한 측면을 발견할 수 있고, 그 의미를 전환시킬 수 있을 뿐만 아니라 가치를 부여할 수 있다. 때로는 이러한 글쓰기를 통해서 자신의 인생을 새로운 관점에서 재구성하여 소중한 의미와 가치를 부여할 수 있다. 사실, 의미 부여와 자전적 글쓰기는 심리치료의 중요한 요소로 활용되고 있으며 치료효과를 증대시킨다. 특히, **이야기 치료**(narrative therapy)는 자전적 이야기를 통해서 자신의 삶을 재구성하면서 소중한 의미와 가치를 발견하도록 촉진한다. 글쓰기(또는 말하기)는 이전에 뒤죽박죽되어 있던 생각과 감정들을 명료하게 정리하여 체계화하는 데 도움을 준다(King & Pennebaker, 1996). 이러한 과정에서 깨달음과 통찰을 얻게 되고 새로운 대처방식을 탐색하게 된다. 글쓰기 과정에서 사건들 간의 인과적 관계를 새롭게 발견하여 이해하게 되는 경우가 많을수록, 심리적·신체적 건강에 더 많은 도움이 되었다(Pennebaker & Francis, 1996). 또한 이야기 전개과정에서 사건들을 배열하는 순서도 중요하다. McAdams 등(1997)에 따르면, 생산적인 사람들은 이야기 초반부에 부정적인 사건들을 소개하고 후반부에 긍정적 사건들을 제시하는 경향이 있다. 즉, 자신의 인생을 역경으로부터 승리한 이야기로 구성하는 경향이 있었다.

의미 부여는 고통을 완화할 뿐만 아니라 행복을 증진하는 데에도 중요하다. 의미는 행복의 필수적인 구성요소이다. 의미 있는 인생은 그 자체로도 매우 긍정적인 것이다. 인생에서 의미를 발견하는 것은 의미가 삶의 고통을 감소시킨다는 점 이상으로 중요한 의미를 지닌다. 고통이 완전히 없어지더라도 삶의 의미를 발견하지 못한다면 결코 행복할 수 없을 것이다. Ryff와 Singer(1998)에 따르면, 인생의 의미와 목적의식은 행복을 증진하는 요인이라기보다 행복의 본질적 요소이다.

2 종교생활과 영적 추구

종교는 행복과 정신건강에 도움이 되는 것으로 알려져 있다. 종교활동에 적극적으로 참여하고 종교심이 깊은 사람일수록, 육체적으로나 정신적으로 더 건강한 경향을 보인다. 앞에서 언급한 바 있듯이, 종교와 영성 추구는 사람들이 소중하게 여기는 인생의 네 가지 목표 중 하나이다(Emmons, 2003). 우리 사회에는 다양한 종교가 존재하지만, 서구의 심리학에서는 주로 기독교 또는 유일신교를 중심으로 종교와 행복의 관계가 연구되어왔다. 따라서 이러한 연구결과들을 다른 종교에 일반화할 때는 매우 신중해야 한다.

1) 종교의 심리적 기능

종교는 인간의 삶을 돕기 위한 여러 가지 순기능을 지닌다. 종교는 인생의 의미를 제시할 뿐만 아니라 심리적 안정과 초월적 체험을 제공한다. 또한 인생의 역경을 이겨낼 수 있는 심리적 힘을 주고 집단적 정체감과 사회적 지지체계를 제공한다. 이런 점에서 종교활동에 참여하는 것은 행복과 정신건강에 도움이 될 수 있다. 종교가 행복에 미치는 순기능은 크게 다섯 가지로 나누어볼 수 있다.

첫째, 종교는 인생의 의미와 목적을 제공한다. 이것은 종교의 가장 중요한 기능이다. 종교는 인생을 크고 넓은 관점에서 이해할 뿐만 아니라 예기치 못한 불행한 사건들을 이해할 수 있는 인지적 체계를 제공한다. 이를 통해서 인생의 궁극적 의미와 가치 기반을 발견할 수 있다. 즉, 인간의 의미 추구 욕구를 충족시키게 된다. George 등(2000)은 종교가 인생의 의미와 목적을 제공함으로써 삶에 방향성과 일관성을 부여하는 것이 행복과 정신건강을 증진하는 가장 중요한 역할이라고 주장했다.

둘째, 종교는 건강한 생활방식을 제시한다. 도덕적이고 건전한 삶의 방식들을 구체적으로 제시함으로써 심리적·신체적 건강을 증진한다. 대부분의 종교는 일상생활 속에서 해야 할 것과 하지 말아야 할 것들을 계율의 형태로 제시하고 있다. 이러한 계율이나 권장사항은 자기조절, 인간관계, 사회적 봉사, 종교적 헌신 등에 관한 내용을 포함하고 있으며, 인생을 살아가는 구체적인 생활지침으로서 심리적인 안정감을 줄 뿐만 아니라 불

세계의 다양한 종교

필요한 갈등과 위험을 피하고 행복과 건강을 증진하는 데에 도움을 준다. 종교적 계율에 따라 술과 담배를 덜 소비하는 사람들은 건강을 더 잘 지킬 수 있다.

셋째, 종교는 인생의 고통과 역경에 대한 독특한 대처방법을 제공한다. 기도, 명상, 경전읽기, 찬송하기 등의 종교행위는 이러한 종교적 대처의 한 형태로 이해될 수 있다. 종교적 대처는 흔히 고통스러운 사건과 경험에 대해서 의미를 부여하고 위안을 얻게 함으로써 부정적 감정을 감소시킨다. 예를 들어, 고해성사를 통해서 죄책감을 해소하거나 신에 대한 기도를 통해서 위안을 얻게 된다. 종교적 대처에는 사랑, 자비심, 희망과 같은 긍정적 감정과 신념을 강화하는 것들도 있다.

넷째, 종교는 사회적 지지를 제공한다. 같은 종교적 신념을 지닌 사람들과 함께 교제하고 종교활동에 참여하는 것은 만족감과 집단적 정체감을 줄 수 있다. 지지적이고 도움을 주는 사람들과 함께 있는 것은 삶에 긍정적인 영향을 미친다. 일부 연구자들(Argyle, 1999; Myers, 2000)은 사회적 지지가 종교와 행복의 관계를 설명하는 가장 중요한 요인이라고 주장한다. 사회적 지지는 신과의 관계로 확장될 수 있으며 어려움에 처했을 때 신이 개입하여 도움을 줄 것이라는 믿음은 정신건강에 도움이 될 수 있다. 특히, 사회적 지지가 부족한 사람일수록 종교는 더 큰 도움이 될 수 있다.

마지막으로, 종교는 심리적 성숙과 통합을 증진한다. 종교는 개인으로 하여금 자신의 내면세계를 성찰하도록 촉진하고 내면적 갈등의 해결을 지원하기 때문에 자기이해와 성격통합이 증진될 수 있다. 또한 내면적인 갈등이 많은 사람들이 종교를 찾는 경향이 있으며, 종교는 이들의 갈등해소에 도움이 될 수 있다(Mattis, 2002). Emmons(1999)는 이러한 종교의 기능이 행복을 증진하는 데 중요하다고 주장한 바 있다.

2) 종교와 행복의 관계

종교는 행복과 정신건강에 도움이 되는 것으로 알려져 있다. 종교활동에 적극적으로 참여하고 종교심이 깊은 사람일수록, 정신적으로 더 건강한 경향을 보인다. Peacock과 Poloma(1999)에 따르면, 기독교인의 경우 하나님과 얼마나 친밀한 관계를 맺고 있는가 하는 주관적 인식이 삶의 만족도를 예측하는 강력한 요인이었다. 특히, 나이가 많을수록 종교심과 행복이 더 밀접한 관계를 보인다(McFadden, 1995). Okun과 Stock(1987)에 따르면, 종교심과 건강이 노인들의 심리적 안녕을 예측하는 가장 강력한 두 요인이었다. 노인들의 경우에는 사후의 삶에 대한 믿음이 현재의 삶에 대한 만족도와 유의미한 상관을 보였다(Steinitz, 1980). 노년기가 다가오면 사람들은 가치의 우선순위를 새롭게 바꾸고 다가오는 죽음의 현실을 받아들이기 위해 종교를 찾는 경향이 있다.

종교심은 신체적 건강에도 긍정적인 영향을 미치는 것으로 알려져 있다(George et al., 2000). 종교성 척도에서 높은 점수를 얻은 사람일수록 실병에 덜 걸리고 심장미비와 암 발생률이 낮았다. 뿐만 아니라 질병이나 수술로부터 회복이 빠르고 고통을 잘 참으며 더 오래 사는 것으로 나타났다. 노인의 경우, 기도와 성경공부가 수명을 연장시킨다는 연구 결과도 있다. 그러나 이러한 결과는 신중하게 받아들여야 한다. McCullough(1995)에 따르면, 기도와 건강에 대한 연구들은 대부분 심각한 방법론적인 문제점을 지니고 있어서 좀 더 엄밀한 연구방법을 적용한 체계적인 연구가 필요하다. 일반적으로 종교는 신체적 건강보다 정신적 건강에 더 긍정적인 영향을 미치는 것으로 여겨지고 있다.

그러나 종교가 행복에 미치는 영향은 그다지 크지 않은 것으로 나타나고 있다. 종교심과 주관적 안녕 간의 상관은 의미가 있는 것이지만 그 크기는 중간보다 약간 작은 정도이다(Argyle, 1999). Argyle(1999)에 따르면, 종교는 삶의 만족도의 5～7%, 정서적 안녕의 2～3%를 설명하고 있을 뿐이다. 또한 모든 연구에서 일관성 있게 유의미한 관계가 나타나지도 않았다(Lewis et al., 1997).

종교는 행복과 건강을 위한 순기능이 많음에도 불구하고 행복과의 상관이 낮게 나오는 이유는 무엇일까? 그 한 가지 이유는 개인의 종교심을 어떻게 평가하느냐에 따라 종교와 행복의 관계가 달라질 수 있기 때문이다. 예를 들어, 교회출석률과 같이 겉으로 나타나는 종교활동은 진정한 의미의 종교심과는 상당한 거리가 있을 수 있다. 매주 교회에

나가지만 종교심에 따라 산다고 보기 어려운 사람들이 얼마나 많은가?

Allport와 Ross(1967)는 종교를 대하는 주된 동기에 따라 내재적 종교심과 외현적 종교심으로 구분하였다. 어떤 사람들은 종교를 개인적 또는 사회적 목적을 위한 수단으로 여긴다. 겉으로는 종교적 활동에 열심히 참여하는 듯이 보이지만 진정한 종교심은 낮은 사람들이다. 외현적 종교심은 이처럼 종교를 개인적 이익, 심리적 위안, 사교적 활동, 지위 향상 등을 위한 수단으로 접근하는 종교적 태도를 뜻한다. 반면에, 내재적 종교심은 어떠한 이해관계와 무관하게 인생의 의미와 목적을 추구하기 위해 접근하는 종교적 태도를 의미한다. Allport와 Ross(1967)는 이러한 두 가지 종교심을 평가할 수 있는 내재적-외현적 종교동기 척도(Intrinsic-Extrinsic Religious Motivation Scale)를 개발하여 실증적인 연구를 시행하였다. 그 결과, 긍정적 정신건강과 관련성을 지니는 것은 내재적 종교심이었다. 반면에, 외현적 종교심은 편견, 독단적 태도, 죽음에 대한 두려움과 상관을 나타냈을 뿐만 아니라 이타심과는 상관을 보이지 않았다.

그런데 내재적 종교심과 외현적 종교심은 서로 상당히 독립적인 것이어서 한 사람이 이러한 두 가지 종교심을 모두 지닐 수도 그렇지 않을 수도 있는 것으로 나타났다. 이러한 결과에 근거하여 Donahue(1985)는 종교심을 네 개의 유형으로 분류하여 행복과의 관계를 살펴보았다. 네 유형 중 하나는 내재적 · 외현적 종교심이 모두 높은 '무차별적 종교심' 이고, 다른 하나는 두 가지 종교심이 모두 낮은 '무차별적 무종교심' 이었다. 그리고 나머지 두 유형은 각기 한 가지의 종교심만 높은 '내재적 종교심' 과 '외현적 종교심' 이었다. 연구결과에 따르면, 네 가지 유형 중 내재적 종교심만이 심리적 행복의 지표들과 상관관계를 나타냈다. 반면에, 내재적 · 외현적 종교심이 모두 높은 '무차별적 종교심' 은 정신건강과 무관한 것으로 나타났다. 달리 말하면, 순수한 내재적 종교심만이 행복이나 정신건강에 도움이 될 뿐이었다. 종교를 수단으로 여기는 외현적 종교심에 오염되면 내재적 종교심도 행복에 도움이 되지 않았다.

또한 종교심을 종교적 태도 또는 신념보다 구체적인 종교적 행동으로 평가했을 때, 종교와 행복의 관계가 더 강하게 나타난다. 즉, 종교적 신념을 지니고 있는 경우보다 그러한 신념과 관련된 종교활동에 많이 참여할수록 행복도가 높은 경향이 있다. George 등(2000)에 따르면, 종교심과 행복의 관계를 가장 잘 예측하는 요인은 공식적인 종교활동(예배 참석, 기도)의 참여도였다. 신에 대한 인식 또한 행복과 정신건강에 영향을 미치는 것으로 드러났다. 기독교인의 경우, 하나님을 어떤 존재로 인식하느냐에 따라 행복과의 관계가 달랐다. 하나님을 사랑이 많고 관대하며 따듯한 존재로 인식하는 사람들은 행복도가 높았다(Kirkpatrick & Shaver, 1992). 반면에, 하나님을 엄격하고 처벌적인 두려운 존재로 인식하는 사람들은 심리적 스트레스의 정도가 높았다(Scheweb & Petersen, 1990). 또한 하나님을 문제해결 과정의 반려자로 인식하는 사람들은 하나님이 문제를 해결해줄 것으로 여기는 수동적인 태도를 지닌 사람들보다 더 긍정적인 정신건강 수준을 나타냈다(Hathaway & Pargament, 1990).

이 밖에도 다양한 개인적 특성이 종교와 행복의 관계에 영향을 미칠 수 있다. 여성은 남성보다 행복에 있어서 종교가 차지하는 비중이 더 큰 경향이 있다. 또한 나이가 많을수록 종교와 행복의 관계가 강해진다. 개인의 성격적 요인에 따라 달라질 수도 있다. 외향적인 사람은 종교활동을 통해서 실존적 의미를 얻기보다 실제적인 사회적 보상을 추구하는 경향이 있다. 즉, 내재적 종교심보다 외현적 종교심을 지닐 가능성이 높다. 또한 종교를 중요시하는 사회일수록 종교가 주관적 안녕에 더 강한 영향을 미치게 될 것이다.

그러나 종교는 인간의 삶에 부정적인 영향을 미칠 수도 있다. 종교생활에 과도하게 몰두하는 사람은 자녀양육이나 직업활동을 소홀히 할 수 있다(Dollahite, 1998). 또한 종교는 과도한 죄책감을 심어주는 등 정신건강에 부정적인 영향을 미칠 수 있을 뿐만 아니라 종교적 신념 때문에 의료 서비스를 거부할 경우에는 신체건강에도 해로운 영향을 미칠 수 있다. 의학적 치료보다 신앙치료를 선호하는 가정에서 아동의 사망률이 높다(Asser & Swan, 1998). 또한 기도의 치료적 효과를 과도하게 신뢰하는 사람들은 자신의 건강에 적절한 관심을 지니지 않고 잘 관리하지 않는 경향이 있다. 특히, 독단적이고 배타적인 종교심은 매우 위험할 수도 있다. 예를 들어, 하나님의 왕국을 이 땅에 세우기 위해서 다른 종교적 신념을 지닌 사람들을 학대하거나 처형하는 일들이 여기에 해당된다(Pargament & Mahoney, 2002). 이스라엘과 팔레스타인에서 반복적으로 벌어지고 있는 복수전을 보게 되면, 종교가 과연 인간의 행복 증진에 도움이 되는지 회의하게 된다. 뿐만 아니라 역사적으로 우리나라를 비롯하여 세계 곳곳에서 독선적이고 횡포적인 종교지도자들이 나타냈던 부도덕하고 위선적인 행동은 일일이 열거할 수 없을 정도이다. 종교는 양날의 칼과 같아서 종교를 접하는 사람의 태도에 따라 행복에 도움이 될 수도 있고 그렇지 않을 수도 있다. 물론 종교와 행복의 관계는 주로 기독교와 관련하여 연구가 이루어졌기 때문에 그 결과를 다른 종교에 일반화하기는 어렵다.

3) 영적 추구

인간은 일상적 삶을 넘어서 좀 더 궁극적인 삶의 의미와 가치를 추구하고자 한다. 즉, 인간은 세속적인 것들보다 좀 더 성스럽고 영원하며 절대적인 것을 갈망하고, 개체적인 자아를 넘어서 무언가 좀 더 가치 있는 커다란 것과 연결되기를 원한다. 이러한 노력이 바로 영적 추구이다. 영적 추구는 종교를 통해 이루어지는 경우가 흔하지만 반드시 종교를 통해서만 이루어질 수 있는 것은 아니다.

영성(spirituality)은 다양한 의미로 정의되고 있다. Mauritzen(1988)은 영성을 '인간의 자기초월적 노력'으로 정의하였고, Doyle(1992)은 '실존적 의미를 발견하기 위한 노력'으로, Pargament(1999)는 '성스러운 것의 추구'로, 심지어 Twerski(1998)는 '인간이 될 수 있는 최선의 상태'라고 정의한 바 있다. 영성은 삶의 궁극적 의미를 추구할 뿐만 아니라 개별적인 자기를 넘어서 무언가 더 큰 것과 연결되기를 원하는 자기초월적 욕구를 말한다. 영적 추구는 인생의 초월적 측면에 대한 관심과 믿음 그리고 수행 노력을 의미한다. 과거에는 종교성과 영성이 같은 의미로 사용되었으나 최근에는 이들을 구분하려는 경향이 강하다. 종교성이 전통적인 종교와 관련된 영적 추구라면, 영성은 종교기관에 의존하지 않는 종교적 추구라고 할 수 있다. 종교는 교리와 조직체를 갖추고 있으며 소속 여부의 경계가 있는 반면, 영성은 개인적이고 주관적인 노력에 의해서 추구될 수 있다(Pargament & Mahoney, 2002).

영성 연구의 대표적 학자인 Pargament(1999)는 영성의 본질을 '성스러운 것(the sacred)'에 대한 추구라고 보았다. 성스러운 것은 일상적인 것과는 현저하게 다른 경이로운 소중한 것으로서 존경과 경배의 대상이 되는 것이다. 성스러움은 흔히 신이나 초월자와 연관되지만 반드시 그런 것은 아니다. 성스러움을 느낄 수 있는 대상이나 활동은 매우 다양하다. 거대한 산이나 바다와 같은 자연환경, 성자나 위인과 같은 실제적 인물, 위대한 사상이나 이론과 같은 지적 이념, 직업이나 자녀양육과 같은 사회적 역할, 음악이나 문학과 같은 문화적 활동, 민족이나 국가와 같은 사회적 조직체 등에 대해서 성스러움을 느낄 수 있다(Pargament & Mahoney, 2002).

영적 추구는 신성시 과정을 통해서 이루어진다. 신성시(sanctification)는 어떤 대상을 성스러운 것으로 인식하는 심리적 과정을 의미한다(Pargament, 1999). 신성시를 통해서 이 세상 모든 것은 성스러움의 대상이 될 수 있다. 신성시는 신과의 관련성 속에서 일어날 수도 있고 그렇지 않을 수도 있다. 유일신을 숭배하는 종교에서도 신의 모습이 모든 것에 발현된다고 믿으며, 범신론적인 종교에서는 모든 것에 성스러운 영혼이 깃들어 있다고 여긴다. 무신론자들의 경우에는 어떤 대상이나 활동에 일상적인 것과는 다른 위대한 가치나 의미를 부여함으로써 성스러움을 느낄 수 있다.

신성시를 통해서 개인에게 세 가지의 변화가 일어난다(Mahoney et al., 1999). 첫째, 사람들은 신성하게 여기는 대상을 계속 유지하고 보호하려 한다. 둘째, 신성한 것을 위해서 자신의 많은 것을 투자하거나 희생할 수 있다. 셋째, 사람들은 신성한 것과의 관계를 통해서 인생의 의미를 발견하고 강인한 힘을 얻으며 행복감을 느끼게 된다. Mahoney 등(1999)의 연구에 따르면, 결혼생활을 신성한 것으로 여기는 부부들은 부부만족도가 높았을 뿐만 아니라 부부생활에 대한 헌신도가 높으며 부부문제를 해결하려는 다양한 노력을 기울였다. 자녀양육을 신성시하는 부모들 역시 자녀를 일관성 있고 부드럽게 양육하는 것으로 나타났다(Swank, Mahoney, & Pargament, 1999). 대학생들이 추구하는 목표를 분석하여 행복과의 관련성을 연구한 Emmons 등(1998)에 따르면, 인생의 궁극적 목적과 초월적인 것에 대한 영적인 추구가 다른 목표의 추구보다 행복지표와 더 높은 상관을 나타냈다.

그러나 영적 추구가 항상 행복을 증진하는 것은 아니다. 영적 추구가 실패하거나 좌절에 부딪힐 수도 있기 때문이다. 이런 경우에는 사람들이 우울감이나 불안감을 느끼게 된다. 또한 신성하게 여기는 것이 훼손될 경우에는 분노를 느끼고 공격적 행동을 나타낼 수도 있다. 그러나 영적인 추구를 통해서 성스러움을 접하게 되면, 자기가치감이 향상되고 다른 사람과의 관계가 더 원만해지며 초월적인 존재와의 연결감을 느끼게 된다(Pargament & Mahoney, 2002).

성스러운 존재와의 관계를 형성하고 유지하는 영적인 방법은 다양하다. 기도, 명상, 암송, 사경, 헌신, 이타행동, 일상생활에서의 영적 의미 발견 등이 있다. 가장 대표적인 방법은 기도이다. 기도(prayer)는 성스러운 존재와의 상상적 또는 실제적 만남 속에서 의사소통하는 경배행동을 뜻한다. Poloma와 Gallup(1991)은 기도를 그 형식과 내용에 따라 크게 네 가지 유형으로 구분하고 행복과의 관련성을 탐색하였다. 그들에 따르면, 기도는 의례적 기도(기도문을 읽거나 암송하는 경우), 구복적 기도(신에게 물질적 도움을 요청하는 경우), 회개적 기도(자신의 죄를 용서해주도록 신에게 요청하는 경우), 명상적 기도(그저 신과 함께 존재하며 시간을 보내는 경우)로 구분될 수 있다. 연구결과, 다른 형태의 기도보다 명상적 기도가 개인적 행복감이나 신과의 친근감과 더 밀접한 것으로 나타났다. Marlatt과 Kristeller(1999)에 따르면, 명상을 통해서 얻게 되는 심리적 혜택은 주로 초월적 존재와의 연결감 때문이었다.

4) 명상

영적 추구는 매우 다양한 방법에 의해서 이루어질 수 있다. 영적인 추구는 초월적인 인격신을 가정하는 유신론적 입장에서 이루어지는 경우가 많지만 무신론적 입장에서도 가능하다. 영성 또는 영적인 추구에 대한 심리학적 연구들은 대부분 유신론적 입장에서 이루어지고 있다. 그러나 무신론적 입장에서 또는 이러한 이분법적 구분을 초월하는 입장에서 영적인 추구에 대한 이해가 필요하다.

개인의 종교적 입장이나 신의 존재에 대한 입장을 넘어서서 이루어질 수 있는 영적 추구 방법이 명상이다. **명상**(meditation)은 주의를 한곳에 집중하여 마음을 청정하게 만들고 나아가서 삶에 대한 통찰에 이르게 하는 영적인 수행방법이라고 할 수 있다. 명상은 본래 힌두교나 불교의 수행방법으로 시작되었으나 다른 종교에서도 널리 사용되고 있으며, 종

명상은 대표적인 영적 수행방법이다.

교적 입장을 떠나서 누구나 사용할 수 있는 대표적인 영적 추구방법이라고 할 수 있다.

명상방법은 주의를 집중하는 대상이나 방식에 있어서 매우 다양하지만 크게 집중명상과 관찰명상으로 나눌 수 있다(Goleman, 1972a, 1972b). 집중명상(samatha)은 주의를 지속적으로 한곳에 집중하는 방법으로서 흔들리지 않는 평온한 마음상태를 경험하고 계발하는 것을 목표로 한다. 집중의 대상은 매우 다양하다. 촛불이나 만다라와 같은 시각적 대상, 특정한 단어나 구절의 암송과 같은 청각적 대상, 특정한 신체 부위, 어떤 심상이나 사고내용 등에 주의를 집중할 수 있다. 이러한 집중명상이 몸과 마음을 안정시켜 심리적·신체적 건강에 도움이 된다는 것은 이미 많은 연구를 통해서 밝혀져 있다(Goleman & Schwartz, 1976; Wallace & Benson, 1972). 뿐만 아니라 깊은 집중명상을 통해서 자아와 세계의 경계가 사라지는 초월적 의식상태를 체험함으로써 우리의 존재와 삶에 대한 나름대로의 통찰에 이를 수도 있다.

마음챙김 명상

또 다른 명상방법은 관찰명상이다. 관찰명상(vipassana)은 변화하는 의식과 현상에 의식을 집중하여 있는 그대로 바라보며 알아차리는 방법으로서 흔히 **마음챙김 명상**(mindfulness meditation)이라고 불리고 있다. Jon Kabat-Zinn에 의해 서양사회에 처음 소개된 마음챙김 명상은 일반인의 경우 스트레스를 완화시키고 심리적 안녕감을 증진시킬 뿐만 아니라(장현갑, 2004; Astin, 1997; Shapiro, Schwartz, & Bonner, 1998), 만성통증, 공황장애를 위시한 불안장애, 우울증과 같은 심리적 장애의 치료에도 효과적인 것으로 보고되었다(Davidson & Kabat-Zinn, 2004). 최근에는 많은 심리치료자들(Hayes, Strosahl, & Wilson, 1999; Linehan, 1993; Teasdale, 1999)이 마음챙김을 심리치료의 주요한 기법으로 활용하고 있다. 마음챙김 명상은 이러한 치료적 기능을 지닐 뿐만 아니라 영적 성장을 촉진한다(김정호, 2001, 2004; 주기원, 2008). Astin(1997)은 대학생들을 대상으로 마음챙김 명상훈련을 통해서 영적 경험이 현저하게 증가한다는 것을 확인하였다. Shapiro 등(1998)의 연구에서는 마음챙김 훈련을 받은 의대생들이 통제집단에 비해서 영적 경험 척도에서 더 높은 점수를 나타냈다.

마음챙김 명상은 주의를 내면으로 집중하여 자신의 마음에 떠오르는 모든 현상을 있는 그대로 알아차리는 방법이다. Germer(2005)에 따르면, 마음챙김의 핵심적 특징은

(1) 현재의 경험(present experience)을 (2) 수용적으로(with acceptance) (3) 자각하여 알아차리는 것(awareness)이다. Kabat-Zinn(1990)은 마음챙김을 통해서 현재의 순간에 주의를 집중하는 능력이 증진되고, 의도적으로 몸과 마음을 관찰함으로써 순간순간 체험한 것을 느끼며, 또한 체험한 것을 있는 그대로 받아들이게 된다고 보았다. Teasdale 등(2000)에 따르면, 마음챙김은 생각과 감정을 현실의 반영이 아닌 내적인 정신적 사건으로 자각하는 능력, 즉 자기자신을 생각과 감정에서 분리하여 거리를 두는 능력을 증진시킨다.

마음챙김 명상에 의한 심리적 변화

마음챙김 명상의 주요한 특징은 현재의 자기 경험을 관찰하되 비판단적, 비평가적, 수용적 자세로 관찰에 임하는 것이다. 몸과 마음에 일어나는 현상과 체험을 '있는 그대로', 즉 그러한 알아차림에 대해서 의미를 부여하거나 해석하거나 평가와 판단을 하지 않는 수용적 자세로 관찰한다(장현갑 등, 2007). 이러한 수용적 자기관찰은 자기이해와 더불어 자기수용을 증진한다는 점에서 심리적 평정과 성장을 촉진하는 요인이라고 할 수 있다.

마음챙김 명상에서는 호흡, 걷기, 신체활동, 감각, 감정, 생각, 욕망 중 어떤 것에 대한 관찰이든 주의 깊게 지속적으로 변화를 관찰한다. 이러한 꾸준한 관찰을 통해서 몸과 마음에서 일어나는 자기 경험의 세밀한 속성과 변화를 알아차리게 된다. 이를 통해서 자기이해와 자기통제가 증진될 뿐만 아니라 삶의 본질에 대한 통찰에 이를 수 있다.

몸과 마음에서 일어나고 있는 경험을 관찰하는 과정에서는 우리의 의식이 '관찰하는 의식'과 '체험하는 의식', 즉 관찰자아와 체험자아로 분리되어 이들 간의 탈동일시가 일어나게 된다(권석만, 2006). 이러한 탈동일시를 통해서 다양한 심리적 경험을 충분히 자각하되 정서적 동요 없이 받아들일 수 있게 된다. 마음챙김 명상을 통해서 자기 경험(생각이나 감정)을 거리를 두고 바라볼 수 있는 능력이 향상되면, 어떠한 부정적 경험(분노, 불안, 우울을 유발하는 경험)에 대해서도 그것에 함몰되지 않은 채 이러한 경험으로부터 자유로운 심리상태를 견지할 수 있게 된다(Kabat-Zinn, 1982, 1990). 마음에 떠오른 '모든 감정이나 생각'은 '실제로 일어난 사실'이 아니라 '자신의 마음에 나타난 하나의 사건'으로 거리를 두고 바라보게 함으로써 그러한 감정과 생각으로 인한 정서적 동요를 경험하지 않게 된다(Teasdale, 1999). 몸과 마음에서 일어나는 모든 현상을 관찰자아의 관점에서 바라볼 수 있다면, 우리는 끊임없이 변화하는 몸과 마음의 현상을 생생하게 알아차리되 그에 휘말리지 않고 평정한 마음상태로 살아갈 수 있을 것이다(권석만, 2006).

현재의 자기 경험을 세밀하게 관찰하게 되면, 매순간의 경험이 항상 새롭고 신선하게 느껴진다. 피상적인 관찰에서는 과거와 동일하거나 유사한 것으로 느껴졌던 경험들이, 세밀한 관찰 속에서는 각기 독특하고 새로운 경험으로 알아차려지게 된다. 개울가의 돌들은 대충 보면 비슷비슷하지만, 자세히 보면 각기 독특한 모양과 색깔과 재질을 지니고 있는 것과 마찬가지이다. 반복되는 화면과 줄거리의 드라마는 우리를 권태롭게 만들지만, 항상 새롭게 펼쳐지는 우리 자신의 내면적 드라마는 흥미로울 뿐만 아니라 경이롭게 느껴지기까지 한다. 이를 탈친숙화(defamiliarizing)라고 한다. 이러한 탈친숙화는 매순간의 자기경험에 대해서 신선함을 느끼게 만들기 때문에 삶에 대한 생동감을 느끼게 한다. 또한 끊임없이 새롭게 펼쳐지는 내면적 세계를 관찰하는 마음챙김 명상이 지루하게 느껴지기보다 흥미롭고 경이롭게 느껴지고 그 결과 명상수행에 몰두할 수 있게 된다.

행위양식에서 존재양식으로의 변화

마음챙김 명상은 우리가 취하고 있는 삶의 방식을 자각하게 만들어 좀 더 성숙한 삶의 방식으로 전환하도록 만든다. Segal 등(2002)에 따르면, 인간의 삶에는 크게 두 가지의 양식 또는 태도가 존재한다. 그 하나는 행위양식(Doing mode)으로서 목표지향적이고 목표의 성취를 위해 행위에 몰두하게 만든다. 이러한 행위양식은 현실과 목표의 괴리를 인식할 때 촉발된다. 어떤 것이 있어야 하는 상태에 있지 못하다고 느낄 때, 즉 자신이 원하는 것 또는 당연히 그래야 하는 것과 현실 간의 괴리를 느낄 때 행위양식이 촉발된다. 이러한 양식이 촉발되면 자동적으로 부정적 감정이 유발되며 그러한 괴리를 줄이기 위해서 습관적인 심리과정과 행동패턴이 작동한다. 모든 행위는 괴리를 감소시키기 위해 동기화되며, 주의의 초점은 그러한 괴리에 맞추어진다. 그러한 괴리가 해소되면 행위양식에서 벗어나게 되지만, 그렇지 못하면 행위양식이 계속 작동하게 되며 심리적 불만족 상태가 지속된다. 특히, 그러한 괴리가 직접적인 행동을 통해서 감소될 수 없는 경우에는 괴리를 계속 관찰하고 평가하게 된다. 행위양식에서는 어떤 행위가 목표성취와 관련하여 미래에 어떤 결과를 초래할 것인지를 계산하고, 목표성취의 결과를 예상하며, 과거의 문제 상황이나 목표 관련 상황의 기억을 반복한다. 따라서 행위양식에서 마음은 현재에 머무르지 못하고 과거로 또는 미래로 분주하게 옮겨다닌다. 이러한 행위양식의 문제점은 그 작동과정이 의식적 · 의도적 · 계획적이지 않으며 상당히 자동적이라는 점이다. Segal 등에 따르면, 자꾸 재발하는 우울증 환자들은 현실과 목표의 괴리에 예민하며, 이들에게는 이러한 행위양식이 촉발되어 부정적인 사고패턴이 자동적으로 작동하기 쉽다.

다른 하나는 **존재양식**(Being mode)으로서 행위양식과 대조되는 삶의 태도이다. 행위양식은 목표지향적인 반면, 존재양식은 특정한 목표를 지향하지 않는다. 따라서 존재양식에서는 목표성취와 관련된 괴리를 관찰하거나 평가할 필요가 없으며 그러한 괴리를 감소시키기 위해서 어떤 행위를 해야 하는 압박감을 느끼지도 않는다. 대신에, 주의의 초점은 모든 것을 있는 그대로 '수용(accept)' 하고 어떤 변화도 바라지 않으면서 있는 그대로 '허용(allow)' 하는 것에 맞추어진다. 존재양식에서는 마음이 현재에 머무르며 다른 곳으로 옮겨다니지 않는다. 그저 순간순간의 경험을 처리하는 데에 전념할 뿐이다. 즉, 현재의 경험을 충분히 자각하고 현재의 순간에 충분히 존재하고자 한다. 행위양식에서는 관념적 사고를 통해 과거 · 현재 · 미래에 관해서 생각하는 반면, 존재양식에서는 현재의 직접적이고 즉각적인 생생한 경험을 접하게 한다. 행위양식에서 관념적 사고는 목표를 성취하기 위한 핵심적인 심리적 수단으로서, 사고는 현실을 반영하는 타당한 준거로 여겨져서 '좋고 나쁨' 의 평가에 의해 감정이 결정되며 행위를 유발한다. 반면에, 존재양식에서는 사고나 감정이 단지 마음을 지나가는 사건이며, 생겨났다 사라지는 일시적 현상인 동시에 자각의 대상일 뿐이다. 따라서 사고와 감정이 목표지향적 행위를 유발하는 연결고리가 차단된다. 유쾌한 감정을 얻고 불쾌한 감정을 피하기 위해서 감정이 곧바로 행위를 유발하지 않는다. 이러한 존재양식에 머물기 위해서는 불편한 감정상태를 인내하는 능력과 더불어 그러한 불쾌감을 피하기 위해서 과거에 습관적으로 작동시켰던 정신적 · 신체적 행위를 반복하지 않는 능력이 필요하다. 존재양식에서는 생각과 감정이 마음에서 일어나는 사건으로 여겨지기 때문에 새롭고 독특한 경험이 펼쳐지는 신선함과 자유로움을 느끼게 된다.

우리는 대부분의 시간을 행위양식에 따라 살아가고 있다. 현대사회와 같이 성취지향적이고 경쟁적인 사회에서 살아가는 우리는 점점 더 행위양식 속으로 빠져들게 된다. 그 결과, 우리는 늘 목표와 현실의 괴리를 느끼며 불만족감 속에서 끊임없이 어떤 행위에 몰두하며 조급하게 살아가고 있다. 마음챙김 명상은 이러한 행위양식에서 존재양식으로의 점진적인 변화를 유발한다. 마음챙김 명상을 통해서 우리의 삶을 지배하고 있는 행위양식을 자각하고 그로부터 벗어나 존재양식으로 전환하게 된다. 마음챙김 명상을 통해서 점차 존재양식으로 변화하게 됨에 따라 현재의 상태를 있는 그대로 수용할 뿐만 아니라 허용하게 되고 자신의 사고와 감정을 마음속에 나타났다 사라지는 하나의 사건으로 여기면서 이러한 경험을 새롭고 신선한 것으로 받아들일 수 있게 된다면, 심리적 평온과 자유를 누릴 수 있을 것이다(권석만, 2006). 마음챙김 명상은 심리적·신체적 건강에 도움이 될 뿐만 아니라 다양한 심리적 기능(기억, 창의성, 자존감, 공감능력, 대인관계 능력 등)을 증진시키며 영적 성장을 촉진하는 방법으로 긍정 심리학 분야에서 주목을 받고 있다 (Shapiro, Schwartz, & Santerre, 2002).

요 약

1. 인간은 쾌락을 추구할 뿐만 아니라 의미를 추구하는 존재이다. 인생에서 소중한 의미와 가치를 발견하고 그것을 위해 살아가는 방향감과 목적의식은 행복의 필수적 요소이다. 실증적 연구에 따르면, 인생에 대한 강한 의미감은 삶의 만족이나 행복과 밀접하게 관련되며, 의미감의 부족은 우울증을 예측하는 요인이다.
2. 의미의 본질은 서로 다른 두 개를 연결하여 관련성을 부여하는 것으로서 **인생의 의미**는 변화무쌍한 우리의 삶에 안정성을 부여하는 지적인 수단이라고 할 수 있다. 의미는 다양한 수준에서 부여될 수 있는데, 낮은 수준의 의미는 구체적이고 세부적인 것에 초점을 맞추는 반면, 높은 수준의 의미는 긴 시간에 걸쳐서 커다란 목표를 향한 연결감을 제공한다.
3. 인생의 의미는 크게 두 가지 유형으로 구분할 수 있다. 그 하나는 **우주적 의미**로서 우리가 살고 있는 세상과 우주에 어떤 목적과 질서가 있는지에 대한 믿음, 즉 세계관을 뜻한다. 다른 유형은 **현세적 의미**로서 사람들이 자신의 삶에서 추구하는 가치와 목적에 관한 개인적 신념을 말한다. 실증적 연구에 따르면, 사람들이 보고하는 현세적 의미는 일(성취), 친밀감(관계), 영성(종교), 초월(다산성)이라는 네 가지 주제로 수렴되는 경향이 있다.
4. 행복한 삶을 위해서는 자신의 삶에서 소중한 가치를 발견하는 **의미 부여**가 중요하다. 이를

위해서는 인생에서 경험한 사건들을 새로운 관점에서 재구성하여 이해하면서 긍정적인 의미를 부여하는 능동적인 노력이 필요하다. 자전적 글쓰기는 인생의 의미와 가치를 발견하는 데 매우 유용하다.

5. **종교**와 **영성 추구**는 행복과 정신건강에 도움이 되는 것으로 알려져 있다. 종교활동에 적극적으로 참여하고 종교심이 깊은 사람일수록 육체적으로나 정신적으로 더 건강한 경향을 보인다. **영성**은 삶의 궁극적 의미를 추구할 뿐만 아니라 개별적인 자기를 넘어서 무언가 더 큰 것과 연결되기를 원하는 자기초월적 성향을 말한다.
6. **영적 추구**는 초월적인 인격신을 가정하는 유신론적 입장에서 이루어지는 경우가 많지만 무신론적 입장에서도 가능하다. 개인의 종교적 입장이나 신의 존재에 대한 입장을 넘어서서 이루어질 수 있는 영적 추구 방법은 명상이다. **명상**은 주의를 한곳에 집중하여 마음을 청정하게 만들고 나아가서 삶에 대한 통찰에 이르게 하는 영적인 수행방법이다.
7. 최근에 심리학계에서 많은 관심을 모으고 있는 **마음챙김 명상**은 주의를 내면으로 집중하여 자신의 마음에 떠오르는 모든 현상을 있는 그대로 알아차리는 방법이다. 마음챙김의 핵심적 특징은 현재의 경험을 수용적으로 자각하여 알아차리는 것이다. 마음챙김 명상은 심리적·신체적 건강에 도움이 될 뿐만 아니라 다양한 심리적 기능(기억, 창의성, 자존감, 공감능력, 대인관계 능력 등)을 증진시키며 영적 성장을 촉진하는 방법으로 긍정 심리학에서 주목을 받고 있다.

제4부
긍정 심리학의 응용

제13장 긍정적 정신건강

제14장 긍정 임상심리학

제15장 긍정 기관과 긍정 조직학

제13장

긍정적 정신건강

불행은 부르지 않아도 잘 찾아오지만, 행복은 불러도 잘 찾아오지 않는다.
행복은 찾아와도 금방 달아나지만, 불행은 한 번 찾아오면 잘 떠나가지 않는다.

– 작자 미상 –

긍정 심리학은 이론적인 연구뿐만 아니라 실제적인 응용에도 깊은 관심을 지닌다. 긍정 심리학이 가장 먼저 효과적으로 응용될 수 있는 분야는 정신건강 분야이다. 20세기의 정신건강 분야는 질병모델에 근거한 치료와 예방활동이 이루어져 왔다. 그러나 질병모델은 정신장애의 재발을 효과적으로 방지하지 못할 뿐만 아니라 효과적인 예방방법을 제시하지 못하는 한계를 나타냈다. 긍정 심리학은 행복과 성장 증진을 통해 질병모델의 한계를 극복할 수 있는 새로운 대안으로 떠오르고 있다.

1 정신건강에 대한 새로운 개념과 접근

Martin Seligman이 긍정 심리학을 창시한 주된 동기는 정신건강의 질병모델을 극복하기 위한 것이다. 그는 본래 정신건강의 질병모델에 근거한 교육과 훈련을 받은 임상심리학자였다. 1970년대에는 우울증의 연구에 몰두하여 학습된 무기력 이론을 제시한 바 있다. 아울러 예방의 중요성을 인식하고 우울증의 예방활동에 15년여 동안 몰두해왔다. 그는 당시에 지배적이었던 정신건강의 질병모델에 근거하여 예방적 활동에 노력했었다. 그러나 15년 이상 정신장애의 예방활동에 참여하고 나서 그가 내린 결론은 질병모델이 정신장애의 예방에 적절하지 않다는 것이다. 왜냐하면 예방은 결함을 교정하는 것이 아니기 때문이다.

1) 질병모델의 문제점

Seligman(2002a)에 따르면, 정신건강의 **질병모델**(disease model) 또는 **의료모델**(medical model)은 심리적 문제가 신체적 질병과 같은 속성을 지닌다고 가정한다. 즉, 심리적 문제는 어떤 물질적 실체(뇌의 손상, 생화학 물질의 이상, 병원균의 침입 등)에 의한 결함이나 손상에 의해 생겨나는 일종의 질병이라고 간주한다. 따라서 이러한 질병을 초래하는 물질적 실체나 결함을 제거함으로써 심리적 문제가 개선될 수 있다고 여긴다. 이러한 질병모델은 그동안 정신장애를 연구하고 치료하는 이론적 토대가 되어왔다. 오늘날 널리 사용되고 있는 DSM이나 ICD와 같은 정신장애 분류체계 역시 질병모델의 소산이다. 질병모델은 필연적으로 정신건강 분야를 장애-중심적, 병원-중심적, 의사-중심적, 치료-중심적, 약물-중심적인 방향으로 유도하게 된다.

정신장애의 질병모델은 지난 50여 년간 정신건강 분야를 주도해왔다. 그리고 그동안 커다란 성과를 거두었다. 다양한 정신장애의 원인에 대한 이해가 증대되었으며, 1950년대 초까지 적절한 치료방법이 없었던 주요한 정신장애에 대한 효과적인 치료법들이 다양하게 개발되었다. 요즘에는 정신분열증이나 조울증과 같은 심각한 정신장애를 치료할 수 있는 방법들도 개발되어 있다. 그러나 국가적 입장에서나 개인적인 입장에서 치료보다 더 중요한 것은 예방이다. 매년 막대한 정부예산이 정신장애자의 치료와 보호 그리고 재활에 투여되고 있다. 대형 정신병원이 매년 증가하고 있으며 정신병원 입원환자 수가 증가하고 있다. 국가적 차원에서 깊은 관심을 지니고 노력해야 할 점은 정신장애를 예방하는 것이다. 정신장애가 일단 발생하면 환자는 물론 가족들도 심리적 고통을 겪게 될 뿐만 아니라 재정적 부담을 안게 된다. 또한 정신장애가 재발되고 만성화되는 경우도 드물지 않다. 따라서 21세기의 정신건강 분야는 예방활동에 더 많은 노력을 기울여야 할 것이다.

그렇다면 질병모델은 정신장애의 예방에 적절한가? 과연 지난 50여 년간 질병모델에 근거하여 우울증, 약물중독, 정신분열증과 같은 심각한 문제들을 얼마나 예방할 수 있었는가? 심리적 문제를 뇌 손상으로 설명하는 입장에서 어떤 예방방법을 제시할 수 있는가? 약물을 주된 치료법으로 사용하는 전문가들은 어떤 예방활동을 할 수 있는가? 증상 제거를 목표로 하는 심리치료가 과연 예방활동에 어떤 기여를 할 수 있는가?

질병모델은 정신장애의 예방에 부적합하다. 이미 많은 학자들과 임상가들이 질병모델로는 예방에 있어서 성과를 거둘 수 없다는 결론에 도달했다(Catalono, Berglund, Ryan, Lonczak, & Hawkins, 1998). 질병모델에 근거한 정신장애 이론이나 치료는 예방활동에 도움을 주지 못한다. 손상과 결함에 대한 이론과 치료기법은 예방활동에 적절하지 않기 때문이다. 그동안 많은 국가들이 질병모델에 근거한 예방활동에 막대한 예산을 투여해왔지만, 정신장애는 결코 감소하지 않았으며 일부 장애는 오히려 증가하고 있다. 예를 들어, 우울증은 지난 50여 년간 그 유병률이 감소하지 않고 있으며 청소년의 경우에는 오히려 증가하고 있다(Burke & Regier, 1996). 우리나라의 경우, 1995년에 「정신보건법」이 시행된 이후 지난 10여 년 동안 정신병원의 병상 수나 입원 환자가 오히려 증가하였다(오수성, 2007; 이용표, 2007). 이러한 현상은 사회적 변화를 비롯한 여러 요인에 의한 것일 수도 있지만 그동안 질병모델에 기초한 예방활동이 실효를 거두지 못했음을 입증하는 것이라고 할 수 있다.

나아가서 질병모델은 정신장애의 예방뿐만 아니라 치료에 있어서도 재고될 필요가 있다. 그동안 심리학은 정신장애 증상과 부적응적인 문제행동을 제거하는 데에 집중해왔다. 그러나 증상 제거만으로는 정신장애를 온전하게 치유할 수 없다는 인식이 최근에 확산되고 있다. 증상 제거를 목표로 하는 치료활동은 잦은 재발을 초래하는 불완전한 치료라는 점이 지적되고 있다. 예를 들어, 우울증은 약물치료나 심리치료를 통해서 비교적 쉽게 증상이 완화될 수 있는 장애이지만, 자주 재발한다는 문제점을 지니고 있다(Simons, Murphy, Levine, & Wetzel, 1985). 처음 우울증이 발병하여 치료를 받은 환자들의 약 50~60%가 재발한다. 그리고 이들 중 약 70%가 다시 우울증을 겪게 되며, 그들의90% 정도가 또다시 재발 경험을 하게 된다. 단극성 우울증의 경우, 약물치료를 받고 우울증에서 회복된 환자의 70%가 6개월 이내에 재발한다는 연구결과가 있다(Ramana et. al., 1995).

2) 정신건강 모델의 변화

질병모델이 정신장애의 예방에 부적절하다면, 우울증, 약물중독, 정신분열증과 같은 문제들은 어떻게 예방할 것인가? Seligman이 내린 결론은 정신건강의 새로운 모델이 필요하다는 것이었다. 손상과 결함에 초점을 맞추는 질병모델로는 효과적인 예방이 이루어질 수 없다는 것이다.

긍정 심리학은 정신건강의 질병모델을 극복할 수 있는 새로운 대안모델을 제시하고 있다. 우선 정신건강의 개념이 좀 더 적극적으로 변화되어야 한다. 정신건강은 결함과 손상의 부재상태가 아니라 개인의 강점과 능력이 최대한 발현되는 상태로 이해되어야 한다. 즉, 긍정적 정신건강이라는 좀 더 적극적인 개념으로 이해되어야 한다. 긍정적 정신건강은 성장과 행복 증진을 통해서 촉진될 수 있다. 따라서 긍정 심리학은 정신건강에 대해서 심리적 웰빙을 지향하는 성장모델을 질병모델의 대안으로 제시하고 있다. 정신건강의 **성장모델**(growth model)은 긍정적 정신건강을 지향하며 정신장애의 예방에 초점을 맞추는 '성장지향적 예방모델' 이라고 할 수 있다.

예방의 주된 초점은 개인의 약점과 결함을 교정하는 것이 아니라 그들의 강점과 능력을 함양하는 데에 모아져야 한다. 긍정 심리학자들은 인간의 강점이 정신장애의 발병을 억제한다는 것을 밝혀냈다(Keyes & Lopez, 2002). 일례로, Seligman은 학습된 낙관주의(learned optimism)를 함양함으로써 우울증의 발병률이 감소했음을 입증하였다. 그와 동료들(Seligman et al., 1995)은 아동과 성인들에게 학습된 낙관주의의 교육 프로그램을 실시했다. 이 프로그램은 결함을 교정하는 것이 아니라 낙관주의라는 새로운 삶의 기술을 습득시키는 것이다. 예를 들면, 생활 속에서 일어나는 사건들의 의미를 긍정적인 방향으로 귀인하도록 변화시켰다. 이러한 교육을 받은 아동과 성인 집단은 모두 비교집단에 비해서 우울증의 발병률이 약 50% 정도 감소했다. 즉, 개인의 강점을 계발하고 육성함으로써 우울증의 발병을 억제할 수 있었다. 21세기에는 정신장애의 예방을 위해서 인간의 강점과 능력을 연구하고 함양하는 데에 많은 노력이 집중되어야 한다(Bornstein, Davidson, Keyes, & Moore, 2003). 그동안 심리학은 인간의 약점과 결함에 초점을 맞추

정신장애는 행복한 삶을 통해서 예방될 수 있다.

어왔기 때문에, 인간의 강점과 덕성에 관해 축적해놓은 지식이 빈약하다. 제2부에서 소개되었듯이, 최근에 긍정 심리학자들에 의해서 인간의 강점과 덕성에 대한 분류체계뿐만 아니라 함양방법에 대한 연구가 이루어지고 있다.

정신장애의 치료에서도 주된 목표는 증상 제거를 넘어서 재발 방지에 초점이 모아져야 한다. Thunedborg, Black과 Beck(1995)은 흥미로운 연구결과를 발표한 바 있다. 이들은 우울증 치료를 받고 나서 재발한 사람들과 그렇지 않은 사람들의 차이점을 밝히고자 했다. 그 결과, 우울증이 재발한 사람들은 치료를 받은 후에 우울 증상이 사라졌지만 일상생활 속에서 행복감을 느끼지 못하는 사람들이었다. 중립적인 기분상태에서 살아가다가 새로운 좌절이나 실패를 경험하면 다시 우울 증상을 나타냈다. 반면에, 재발하지 않은 사람들은 즐겁고 행복한 삶을 살고 있었으며, 설혹 좌절과 실패를 경험하더라도 이를 잘 극복할 수 있었다. 즉, 우울증의 재발을 방지하는 것은 증상 제거가 아니라 행복한 삶을 살도록 도움으로써 우울증에 대한 면역력을 길러주는 것이었다. 이러한 연구결과는 다음과 같은 점을 극명하게 보여주고 있다. "정신장애에 대한 온전한 치료는 증상 제거를 넘어서 적응능력과 행복한 삶의 기술을 길러주는 것이어야 한다."

20세기의 심리학자들은 당시에 절박했던 사회적 문제들, 즉 범죄행동, 마약남용, 우울증과 같은 정신장애의 치료에 집중해야 했기 때문에 긍정 정서에 대한 관심이 상대적으로 적었다. 그러나 최근의 연구에 의하면, 긍정 정서가 이러한 심리적 문제의 해결에 도움이 된다. 예를 들어, 최근의 새로운 심리치료(Fava & Ruini, 2003; Frisch, 2006; Seligman et al., 2006)에서는 부정 정서나 내면적 갈등보다 긍정 정서와 적응적 대처행동에 초점을 맞추고 있으며 상당한 치료성과를 거두고 있다. 또한 긍정 정서를 많이 경험할수록 행복도가 높을 뿐만 아니라 더 생산적인 직업활동을 영위하고 질병에 대한 저항력도 높았다. Diener 등(1999)에 의하면, 긍정 정서를 더 자주 경험할수록 전반적 삶과 대인관계의 만족도가 높을 뿐만 아니라 직업만족도 역시 높았으며 인생에서 원하는 목표를 성취하는 비율도 높았다. 또한 이러한 사람들은 신체적으로도 더 건강하고 질병에 대한 저항력도 강하며 수명도 더 길었다(Danner et al., 2001). 이러한 연구결과들은 긍정 정서 경험의 증진을 통해서 잠재능력의 발휘를 도울 뿐만 아니라 심리적·신체적 장애를 치료하고 예방할 수 있다는 것을 보여주고 있다.

2 긍정적 정신건강에 대한 관점들

진정한 정신건강은 부적응 증상의 부재상태를 넘어서 행복하고 자기실현적인 삶을 사는 것이라고 할 수 있다(Ralph & Corrigan, 2005). 소극적 의미의 건강은 질병이나 장애가 없는 상태를 뜻하지만, 적극적 의미의 건강은 개인이 행복하고 자신의 능력과 환경을 활용하여 최대한 번창한 삶을 사는 것이다. '육체적으로 건강하다.'는 것이 질병의 부재상태일 뿐만 아니라 최선의 신체적 기능상태를 유지하면서 질병에 대한 저항력을 잘 갖춘 상태를 의미하듯이, '정신적으로 건강하다.'는 것은 정신장애가 없음을 넘어서 주관적인 안녕과 더불어 최선의 심리적 기능을 발휘하는 상태를 의미한다. 세계보건기구(World Health Organization, 1948)에 따르면, "건강(health)이란 육체적, 정신적 그리고 사회적으로 온전한 안녕상태이며, 단순히 질병이나 허약함이 없는 상태가 아니다"(p. 100). 최근에는 건강의 개념이 영적인 안녕, 직업적 만족, 환경적 안전 등을 포함할 뿐만 아니라 이처럼 다양한 구성요소들의 균형과 통합을 아우르는 개념으로 확장되고 있다(Adams, Bezner, & Steinhart, 1997; Owen, 1999).

그렇다면 정신적으로 건강하다는 것은 구체적으로 어떤 상태인가? 정신적으로 건강한 사람은 어떤 특성들을 지니는가? 정신건강은 학자에 따라 다양하게 설명되고 있으며 상당히 복합적인 요소로 이루어진다. 우선 정신건강은 보통사람들의 평균적 상태와 혼동되어서는 안 된다. 즉, 정신건강은 대다수 사람들의 심리상태로 정의될 수 없는 것이다. 정상적 또는 평균적이라는 것과 건강하다는 것은 구별되어야 한다. 대다수의 사람들이 간염 보균자라고 해서, 간염 보균상태를 건강하다고 볼 수 없는 것과 같다. 건강은 평균적 수준을 넘어 개인이 삶의 중요한 영역에서 우수한 기능을 유지하는 상태라고 받아들여야 한다.

미국심리학의 아버지로 불리는 William James(1902)는 정신건강에 깊은 관심을 지녔었다. 그는 조화롭고 균형적인 성격을 지닌 사람이 심리적으로 건강한 사람이라고 말한 바 있다. 정신분석을 창시한 Sigmund Freud(1933)는 인간의 본성에 대해서 기본적으로 부정적인 입장을 지니고 있었으며, 행복과 만족은 욕망과 현실의 타협에 의한 것이라는 소극적인 견해를 지녔다. 이 밖에도 많은 학자들이 정신건강에 대해서 다양한 견해를 제시하였다. 여기에서는 크게 네 가지의 관점, 즉 심리적 안녕, 자기실현, 성격특성, 생애발달의 관점에서 긍정적 정신건강의 개념과 구성요소를 살펴보고자 한다.

1) 심리적 안녕으로서의 긍정적 정신건강

긍정적 정신건강(positive mental health)이라는 용어를 처음으로 사용한 사람은 심리학자인 Marie Jahoda이다. 그녀는 1952년에 선견지명이 있는 저서인 『긍정적 정신건강의 현대적 개념(*Current Concepts of Positive Mental Health*)』을 발간한 바 있다. 이 책에서 그녀는 이상적인 정신건강 상태를 지칭하기 위해서 긍정적 정신건강이라는 용어를 사용하였으며, 과거의 임상가들이 주장한 정신건강의 핵심적 요소들을 종합하여 다음과 같은 6가지 특징을 제시하였다: (1) 자기자신에 대한 수용, (2) 성장노력과 자기실현, (3) 성격의 통합성, (4) 사회적인 압박으로부터의 자율성, (5) 현실에 대한 정확한 지각, (6) 환경에 대한 통제능력. 그러나 실증적 연구가 뒷받침되지 못한 채, Jahoda의 제안은 수십 년 동안 큰 영향을 미치지 못했다.

40여 년이 지난 후에야 Johoda의 주장이 맥을 잇게 되었다. Carol Ryff와 동료들(1989, 1995; Ryff & Keyes, 1995; Ryff & Singer, 1996, 1998)은 Jahoda를 비롯하여 인간의 행복과 성숙에 깊은 관심을 지녔던 여러 학자들(Maslow, Rogers, Jung, Allport, Erikson 등)의 주장을 통합함으로써 **심리적 안녕**(psychological well-being)의 6가지 요소를 다음과 같이 제시하였다: (1) 환경의 통제, (2) 타인과의 긍정적 관계, (3) 자율성, (4) 개인적 성장, (5) 인생의 목적, (6) 자기수용. 각 구성요소의 구체적 특징은 〈표 13-1〉과 같다.

이러한 요소들은 Jahoda가 제시했던 긍정적 정신건강의 요소들과 대동소이하다. 그러나 Ryff는 Jahoda와 달리 각 구성요소들을 측정할 수 있는 심리적 안녕 척도(Psychological Well-being Inventory; Ryff & Singer, 1996)를 개발하여 많은 실증적 연구를 시행함으로써 경험적인 토대를 마련하였다. 심리적 안녕 척도는 국내에서 김명소 등

표 13-1 심리적 안녕의 6가지 구성요소(Ryff, 1989)

환경의 통제(environmental mastery): 주변환경에서 발생하는 문제를 잘 처리하는 능력과 이에 대한 통제감을 지닌다. 자신의 환경적 조건을 효과적으로 잘 활용한다. 자신의 가치나 욕구에 적합한 환경을 선택하고 창출해낸다.

타인과의 긍정적 인간관계(positive relations with others): 타인과 따뜻하고 신뢰할 수 있는 관계를 형성한다. 타인의 행복에 관심을 지닌다. 공감적이고 애정 어린 친밀한 관계를 형성하는 능력을 지닌다. 인간관계의 상호교환적 속성을 잘 이해한다.

자율성(autonomy): 독립적이며 독자적인 결정능력이 있다. 자신을 특정한 방향으로 생각하고 행동하도록 요구하는 사회적 압력에 저항하는 능력을 지니고 있다. 내면적 기준에 의해 행동을 결정한다. 외부적 기준보다 자신의 개인적 기준에 의해 자신을 평가한다.

개인적 성장(personal growth): 자신이 지속적으로 성장하고 있다는 느낌을 갖는다. 자신이 발전하고 확장되고 있으며, 자신의 잠재력이 실현되고 있다는 느낌을 지닌다. 새로운 경험에 개방적이다. 자신의 발전과 성장을 위해 노력한다.

인생의 목적(purpose in life): 인생의 목적과 방향감을 지니고 있다. 현재와 과거의 삶에 의미가 있다고 느낀다. 인생에 의미를 부여하는 신념체계를 지니고 있다. 삶에 대한 일관성 있는 목적과 목표를 가지고 있다.

자기수용(self-acceptance): 자기자신에 대해서 긍정적 태도를 지닌다. 긍정적 특성과 부정적 특성을 모두 포함한 자신의 다양한 특성을 인정하고 수용한다. 과거의 삶에 대해서 긍정적으로 느낀다.

(2001)이 번안하여 사용한 바 있다. 심리적 안녕은 심리적 건강뿐만 아니라 육체적 건강과도 밀접한 연관성을 지니는 것으로 밝혀지고 있다(Ryff & Singer, 2001; Singer & Ryff, 2001). 또한 심리적 안녕은 주관적 안녕보다 육체적 건강과 더 밀접한 관계를 보였다(Ryff, Singer, & Love, 2004).

심리적 안녕의 구성요소는 심리치료에도 활용되고 있다. Fava(1999; Fava & Ruini, 2003)는 Ryff가 제안한 심리적 안녕의 6개 요소에 근거하여 **웰빙 치료**(WBT: well-being therapy)를 개발한 바 있다. 웰빙 치료는 인지행동치료의 기법을 사용하여 심리적 안녕의 6개 측면을 향상시키는 것이다. 기분장애와 불안장애를 비롯한 다양한 정신장애 치료에 적용되고 있으며 특히 재발 방지에 효과적인 것으로 보고되고 있다. 웰빙 치료에 관해서는 다음 장에서 좀 더 자세하게 소개될 것이다.

2) 자기실현으로서의 긍정적 정신건강

정신건강을 자기실현의 관점에서 이해하려는 학자들이 있다. 즉, 개인이 지닌 잠재력을 충분히 발현하는 것이 정신적으로 건강한 삶이라는 입장이다. **자기실현**(self-actualization)이라는 용어는 Kurt Goldstein(1934)에 의해서 '개인이 지닌 모든 잠재력을 발휘하려는 동기'를 지칭하기 위해 처음 사용되었다. 그에 따르면, 자기실현은 삶을 이끌어가는 주된 동력으로서 결과적으로 개인의 능력을 최대화하고 인생의 행로를 결정하게 된다.

분석심리학의 창시자인 Carl Jung은 **개인화**(individuation) 또는 자기실현을 인간의 타고난 성향이자 궁극적인 삶의 목표로 여겼다. 이러한 자기실현은 진정한 자기가 되어가는 과정으로서 성격요소들 간의 균형, 무의식의 깊은 곳에서 전달되어 오는 메시지에 대한 개방성 그리고 영적인 성숙으로 이루어지며, 이러한 상태를 정신적으로 건강한 상태라고 보았다.

또한 개인심리학을 주창한 Alfred Adler는 사회적 관심과 관련된 창의적인 자아실현을 인간의 본성적 성향이라고 보았다. 그는 인간이 사회적 관심, 즉 다른 사람들과 친밀한 관계를 맺고 인간으로서의 한계를 공감하면서 이타적인 노력을 기울이려는 본능적 성향을 지닌다고 보았다. 이러한 사회적 관심은 타인에 대한 친밀감, 공감과 연민 그리고 이타행동을 통해서 자아실현으로 이어진다고 생각했다. 그는 내담자가 얼마나 이러한 사회적 관심을 보이느냐에 따라 심리치료의 효과를 평가하기도 했다.

Maslow의 자기실현

자기실현이라는 용어가 심리학계에 널리 알려지게 된 것은 인본주의 심리학자인 Maslow(1954)가 동기의 위계적 발달 이론에서 자기실현을 심리적 발달의 최상위 동기로 제시하면서부터이다. Maslow(1954, 1968, 1971)는 자기실현을 '개인이 잠재적으로 지니고 있는 것을 충분히 발현하려는 경향' 이라고 정의했다. 좀 더 자세히 말하면, 인간을 비롯한 모든 생명체 안에 이미 깃들어 있는 고유한 속성을 표출하고 발현하려는 성향을 의미한다.

Maslow는 자기실현에 이르는 과정을 설명하기 위해서 동기의 위계적 발달론을 제시하였다. 그에 따르면, 인간은 기본적으로 생리적 동기, 안전의 동기, 사랑과 소속감의 동기, 존중의 동기 그리고 자기실현의 동기를 타고난다. (그는 말년에 최상위의 여섯 번째 동기로서 영성을 계발하여 삶의 의미를 확장하려는 초월의 동기를 추가한 바 있다.) 첫 네 단계의 동기는 **결핍동기**(deficiency needs)로서 무언가 부족하다는 느낌에 의해서 욕구충족을 위한 노력이 이루어진다. 이러한 욕구들이 충족되지 않으면 건강한 성격과 적응의 토대가 마련되기 어렵다. 그러나 이러한 욕구들이 어느 정도 충족되어 안전감을 느끼고 다른 사람으로부터 사랑과 인정을 받게 됨으로써 자기존중감이 견고해지면, 자기실현의 욕구가 촉발된다. 즉, 현실적 자기와 이상적 자기 간의 괴리로 인한 새로운 긴장감이 생겨난다. Maslow는 자기실현의 욕구를 **성장동기**(growth needs) 또는 **존재동기**(being needs)라고 지칭했다. 이러한 동기는 진리, 정의, 아름다움, 풍요로움, 의미, 선함에 대한 욕구를 포함한다.

Maslow는 창조적 업적과 인격적 성숙을 통해 자아실현을 이룬 세계적인 위인들의 삶을 치밀하게 분석하여 **자기실현적 인간**(self-actualizing person)의 16가지 특성을 추출하였다. 이러한 분석에는 링컨, 제퍼슨, 루스벨트, 아인슈타인, 프로이트, 슈바이처 등이 포함되었다. 이러한 위인들은 완벽한 사람이 아니며 16가지 특성을 모두 지니고 있지 않았지만, 대부분 신경증적인 갈등으로부터 자유로운 건강한 성격적 특성을 지니고 있었다. Maslow가 제시하는 자기실현적 인간의 16가지 특성을 크게 4가지 범주로 나누어 소개하면 다음과 같다(Compton, 2005).

첫째, 자기실현적인 사람들은 경험에 대한 개방성을 지닌다. 자신의 경험과 현실을 있는 그대로 수용하여 정확하게 인식할 뿐만 아니라 자신을 자연스럽게 표현하고 새로운 경험을 즐기며 감상하는 태도를 지닌다.

❶ **현실에 대한 정확한 인식** 이들은 자신의 욕구, 소망, 두려움으로부터 자유로운 상태에서 긍정적 편향이나 방어적 왜곡 없이 현실을 있는 그대로 객관적으로 인식한다. 자신에게 위협적인 것일지라도 공정하게 받아들일 뿐만 아니라 타인의 부정직함이나 속임수를 예리하게 분별한다.

❷ **수용적 태도** 이들은 자신, 타인, 세상에 대해서 수용적인 태도를 갖고 있다. 이들은 방어적이지 않기 때문에 자신과 타인의 장점을 자연스럽게 수용할 뿐 아니라 약점과 결함도 불평이나 걱정 없이 받아들인다. 따라서 자신에 대해 교만하거나 열등감을 갖지 않으며 타인에 대해서도 원망하거나 비난하지 않는다.

❸ **솔직성과 자발성** 이들은 자신을 가식 없이 솔직하고 자발적으로 자연스럽게 나타낸다. 불필요한 열등감과 수치심으로 자신을 다른 모습으로 위장하지 않으며 자기표현을 지나치게 억제하지도 않는다. 그러나 타인에 대해서는 신중하고 사려가 깊어서, 솔직하고 자연스러운 감정표현이 다른 사람에게 상처를 입히지 않도록 노력한다.

❹ **창의적 태도** 이들은 매사를 창의적으로 접근하려는 태도를 지닌다. 직업적 일에서든 일상적 일에서든 새롭고 독창적인 것을 추구하는 경향이 강하며 혁신적인 창의적 노력을 기울인다.

❺ **예민한 감상능력** 이들은 인생의 다양한 경험을 즐거움과 경이로움으로 신선하게 받아들인다. 다른 사람들은 곧 지루해할 경험에 대해서도 기쁨, 아름다움, 경외감, 감사함을 느끼는 놀라운 감상능력을 지니고 있다.

❻ **절정 경험의 체험** 이들은 인생의 과정에서 매우 황홀하며 인식이 확대되는 듯한 절정 경험(peak experience)을 종종 체험한다. 절정 경험은 종교적 경험과 비슷하게 강렬한 깨달음과 황홀경을 체험하는 짧은 순간을 의미한다.

둘째는 자율성으로서 자기실현적인 사람들은 매우 독립적이고 독자적인 성향을 지닌다.

⑦ 자율성 이들은 자율적이고 독립적인 기준에 따라 판단하고 행동하는 경향이 있다. 이들의 자기존중감은 다른 사람의 평가나 문화적인 성공기준에 근거하고 있지 않으며 외부적 반응보다 내면적 만족을 선호하는 경향이 강하다.

⑧ 개인적인 생활의 욕구 이들은 고독과 사적인 생활을 즐기는 독특한 성향을 보인다. 이것은 이들이 비사교적이라는 뜻이 아니라 사회적 환경으로부터 분리하여 고도로 집중하는 능력을 지니고 있을 뿐만 아니라 혼란을 느낄 상황에서도 평온한 안정감을 유지할 수 있음을 의미한다.

⑨ 문화적 압력에 대한 저항 이들은 자신이 살고 있는 문화로부터 어느 정도 분리되어 자신의 신념과 가치에 따라 살아간다. 사회에 대한 반항적이거나 비관습적인 태도를 지닌다기보다 지배적인 문화적 성향이나 압력에 의해서 자신의 신념과 태도가 영향을 받지 않는다는 것을 의미한다.

셋째는 긍정적인 인간관계로서 자기실현적인 사람들은 전체로서의 인류와 개인으로서의 인간에 대해서 깊은 관심과 애정을 지니고 있다.

⑩ 깊이 있는 대인관계 이들은 다른 사람과의 사랑과 우정, 동료애, 가족애에 대한 진지한 관심과 열정을 지닌다. 때로는 가까이하는 사람의 범위가 좁고 수가 적을 수도 있지만 이들과 매우 깊이 있는 인간관계를 형성한다.

⑪ 인도주의적 성향 이들은 모든 인간이 처한 상황에 대해서 공감과 연민 그리고 인도주의적 애정을 지닌다. 또한 인류를 위해 기여하고자 하는 사회적 관심을 지니고 있으며 자율적으로 타인을 돕는 행동을 나타낸다.

⑫ 소명의식과 헌신적 태도 이들은 자신이 하는 일에 대해서 소명의식을 느끼며 헌신적이고 열정적인 태도로 임한다. 이러한 소명의식은 개인적인 이득을 위한 이기적인 것이 아니라 사회와 타인을 위한 이타적인 것이다. 이들은 자신이 하는 일을 소명이라 여기고 깊은 애정과 열정을 쏟아 몰두하는 경향이 있다.

마지막으로, 자기실현을 이룬 사람들은 대부분 건강한 윤리의식을 지니고 있다.

⑬ 민주적인 성향 이들은 모든 사람을 공정하게 대하며 다른 사람에 대한 배려와 존중의식을 지닌다. 이들은 사회계층이나 교육 수준, 정치적 의견, 학연과 지연, 인종과 피부

색에 구애받지 않고 모든 사람에게 관대하고 수용적이며 차별 없이 대한다. 자신이 배울 수 있는 사람이라면 누구든지 경청하며 배우려는 자세를 보인다.

⑭ **관습적이진 않지만 강한 윤리의식** 이들은 건강한 윤리적 기준과 가치를 지니며 그에 따라 행동한다. 이는 자신이 속한 사회의 관습적인 윤리기준에 동조하는 것이 아니라 나름대로의 가치관과 신념에 따른 건강한 윤리의식을 지닌다는 의미이다.

⑮ **비공격적인 유머감각** 이들은 대부분 유머감각이 탁월하다. 그러나 다른 사람을 공격하는 적대적인 유머나 음탕하고 조롱적인 유머보다는 누구나 미소 짓고 수긍할 수 있는 교훈적인 깊은 뜻이 담긴 그런 유머와 농담을 적절하게 잘 사용할 줄 안다.

⑯ **수단과 목적의 분별** 이들은 옳고 그름에 대한 것뿐만 아니라 수단과 목적에 대한 명료한 분별력을 지니고 있어서 윤리적 목적을 위해서라도 비윤리적인 수단을 사용하지 않는 도덕성을 지닌다.

자아실현적인 사람들은 결핍동기보다 성장동기를 중시하며 살아간다. 이들은 성장을 위해서 새로운 도전을 받아들이고, 익숙하고 편안한 것의 희생을 감수한다. 인간은 누구나 자신이 생각하는 것보다 많은 가능성과 잠재력을 지니고 있다. 그러나 그러한 가능성을 인식하지 못할 뿐만 아니라 그러한 존재가 되는 것에 대해서 마음 깊숙한 곳에 두려움을 지니고 있다. Maslow(1971)는 많은 사람들이 자신의 새로운 변화를 다른 사람들이 받아들이지 못할 것이라는 두려움 때문에 개인적 성장을 회피하는 경향이 있다고 지적하면서, 이를 요나 콤플렉스(Jonah Complex)라고 불렀다. 자기실현적인 사람들은 이러한 두려움을 극복하고 자신의 가능성을 최대한 발현한 사람들이라고 할 수 있다.

Rogers의 자기실현

자기실현의 개념을 가장 구체적으로 제시하고 있는 사람은 인간중심치료의 창시자인 Carl Rogers(1957, 1961)이다. 그는 인간의 가장 기본적인 특성을 자기실현 성향이라고 보았다. 즉, 인간은 자신이 지니고 있는 모든 잠재능력을 발현하려는 선천적인 성향을 지니고 있는데, 이것이 바로 **자기실현 성향**(self-actualization tendency)이다. 자기실현 성향은 두 가지의 방향성을 지닌다. 그 하나는 개인이 선천적으로 타고난 신체적 · 심리적 기질을 그대로 유지하고 나타내려는 성향이다. 둘째는 개인이 지닌 모든 잠재능력을 최대한 계발하여 발휘하려는 성향이다. 이러한 자기실현 성향이 환경에 의해서 차단되거나 봉쇄될 때, 인간은 불행감을 느끼며 때로는 심리적 장애를 나타내게 된다. 그러나 무조건적인 존중, 공감적 이해 그리고 진솔함을 갖춘 환경적 여건이 주어지면, 인간은 누구나 자기실현 경향성을 회복하여 자신의 가능성을 충분히 발현하면서 성장할 수 있다.

Rogers(1961)는 정신건강이란 한 사람이 자신의 모든 경험을 하나의 일관된 유연한 자기개념으로 통합한 것이라고 보았으며 이러한 이상을 실현한 사람을 **충분히 기능하는 사람**(fully functioning person)이라고 지칭했다. 그에 따르면, 충분히 기능하는 사람은 세 가지의 주요 특성과 두 가지의 부수적 특성을 지닌다.

그 첫째는 경험에 대한 개방성으로서 방어적 성향을 최소화하면서 자신의 경험을 충분히 자각하는 것이다. 이러한 개방성을 지니게 되면 유쾌한 경험뿐만 아니라 불쾌한 경험을 공평하게 자각하게 되는데, 이를 위해서는 안정된 자기개념을 지니고 있어서 감정에 압도되지 않아야 하며, 자신을 있는 그대로 자각하려는 용기가 필요하다.

둘째는 실존적인 삶의 자세로서 삶의 과정을 중시하며 그 과정에서 만나게 되는 경험을 충분히 음미하면서 인생을 주체적으로 만들어나가는 삶의 태도를 의미한다. '지금 이 순간'의 체험에 몰입하면서 자신의 내면적 선호를 자각하고 삶의 의미를 음미하며 주체적인 선택과 결정을 해나가는 삶을 뜻한다.

셋째는 자신의 유기체적 경험에 대한 신뢰이다. 유기체적 경험이란 신체를 지닌 유기체로서 자신에게 느껴지는 내면적 욕구, 감각, 감정, 육감 등을 의미한다. 이러한 유기체적 경험을 있는 그대로 자각하고 신뢰하며 소중히 여긴다.

따라서 충분히 기능하는 사람은 자유의 경험과 창의성의 증대라는 두 가지의 부수적 특성을 지니게 된다. 이들은 비방어적인 자세로 삶의 과정을 중시하며 자신의 경험에 개방적이기 때문에, 자유로운 느낌을 경험할 뿐만 아니라 유연한 행동을 나타내게 된다. 또한 새로운 경험에 적응하는 과정에서 창의성이 증진된다. 창의성이란 어떤 문제 상황에서 평범하지 않은 독특한 해결방법을 추구하며 그로 인한 새로운 경험들을 기꺼이 맞아들이는 열린 삶의 자세를 의미한다. 삶의 과정을 중시하며 그 과정에서 만나게 되는 경험을 충분히 음미하면서 인생을 주체적으로 만들어나가는 삶의 태도를 의미한다.

Rogers에 따르면, 이와 같은 삶의 자세로 자신의 경험과 접촉하게 되면 자기실현의 내면적 성향이 발현되는 삶을 살아갈 수 있다. 자기실현이란 실재하는 자신의 모습을 자각하며 접근하는 과정으로서 불안감, 죄의식, 자기과장 없이 마음 깊은 곳에서 들려오는 음성에 귀를 기울이며 진정한 자신이 되려는 노력을 의미한다. 이러한 노력을 통해서 자신에 대한 신뢰, 경험에 대한 개방성과 자발성, 다른 사람에 대한 수용으로 나아갈 수 있다. Rogers는 이성과 직감의 균형을 중시했지만 직감을 약간 더 선호했으며 그가 생각하는 건강한 사람은 창의적인 예술가의 이미지와 유사하다고 할 수 있다(Compton, 2005). 자기실현적인 사람들이 항상 행복감과 만족감을 느끼는 것은 아니다. 그에 따르면, 인생은 기본적으로 자기실현 과정이며 그 부산물로서 행복이 따라오는 것이다. 행복 자체가 인생의 목표가 될 수는 없다는 것이다. 이런 점에서 Rogers는 자기실현적 행복관을 지닌 사람이라고 할 수 있다.

3) 성격특질로서의 긍정적 정신건강

우리의 삶은 환경과의 상호작용으로 이루어진다. 우리 주변에는 매우 열악한 환경을 잘 극복하고 난관과 역경을 성공적인 삶으로 승화시킨 사람들이 있다. 바로 이러한 사람들이 정신적으로 강인한 사람들이라고 보고, 이들이 지니는 독특한 성격특질에 초점을 맞추어 정신건강을 이해하려는 입장이 있다. 다양한 병원균에 저항할 수 있는 강인한 면역체계가 신체건강의 지표이듯이, 다양한 역경과 고난을 잘 이겨낼 뿐만 아니라 그러한 과정에서 더욱 성장하도록 만드는 성격특질이 정신건강의 핵심적 요소라는 입장이다. 이러한 입장은 정신건강을 환경과의 상호작용에서 효과적으로 대응하는 성격특질로 보고 있으며, 이러한 성격특질을 육성하고 함양함으로써 정신건강이 증진될 수 있다고 본다. 이러한 관점에서는 심리적 탄력성, 성숙한 방어기제, 효과적인 대처방식, 성격적 강점과 덕성을 정신건강의 주요한 요소로 보고 있다.

심리적 탄력성

우리는 삶의 과정에서 다양한 도전과 역경에 처하게 된다. 어떤 사람들은 역경 앞에서 좌절하여 위축된 삶을 살아가는 반면, 다른 부류의 사람들은 역경 앞에서 오히려 더 분발함으로써 자신의 삶을 더욱 발전시키기도 한다. 사실 우리 사회에서 인격적 성숙과 훌륭한 성취를 이룬 사람들 중에는 많은 고난과 역경을 딛고 일어선 사람들이 많다. 이들은 어떤 심리적 특질을 지니고 있는 것일까?

심한 스트레스나 외상적 사건을 경험하게 되면, 대다수의 사람들은 심리적 충격을 받게 되며 때로는 정신장애를 나타내게 된다. 그러나 극단적인 스트레스에도 저항력을 나타내며 오히려 잠재능력을 발휘하여 성장의 기회로 전환시키는 사례들이 보고되고 있다(Bonnano, 2004; Linley & Joseph, 2004; Masten, 2001; Rutter, 1985). 예를 들어, 매우 열악한 환경 속에서도 역경을 극복하고 잘 성장하는 아동들이 보고되고 있다(Damon, 2004). 아동들은 심리적으로 취약하며 환경적 충격에 쉽게 상처를 입는 것으로 알려져 있지만, 그렇지 않은 아동들이 있다. Norman Garmezy(1983)는 종단연구를 통해서 극심한 스트레스에 대한 저항력을 보이며 잘 성장한 아동들을 보고하면서 **강인한 아동**(invulnerable child)이라는 용어를 사용한 바 있다. Emmy Werner(1982)는 비교문화적 연구를 통해 고난과 역경을 잘 견뎌내면서 성장하는 아동들이 존재함을 확인하고 이러한 아동들의 성격특질을 지칭하기 위해 **탄력성**(resiliency)이라는 용어를 처음으로 사용하였다.

Bonnie Benard(1991)는 대다수 아동들이 탄력성을 발달시킬 수 있는 잠재능력을 지니고 있으며 어린 시절에 학습을 통해서 이러한 반응양식을 육성할 수 있다고 주장하였다. 그에 따르면, 탄력성은 다음과 같은 다양한 구성요소를 포함한다: 끈기, 강인성, 목표지향성, 성공에 대한 건강한 열망, 성취동기, 교육에 대한 열망, 미래에 대한 믿음, 희망감, 목적의식, 통합감. 탄력성이 높은 사람들은 스트레스 사건에 건강하고 유연한 방식으로 적응한다(Luthar, Cicchetti, & Becker, 2000). 이들은 삶의 과정에서 레몬을 얻게 되면 레모네이드를 만드는 사람들이다.

성숙한 방어기제

탄력성은 Freud가 주장하는 방어기제와 연관되는 심리적 속성이다. 삶의 과정에서 불안은 필연적인 것이며, 사람마다 불안할 때 사용하는 방어기제가 각기 다르다. George Vaillant(1977)는 다양한 방어기제들을 현실과 괴리된 정도에 따라 미성숙한 것에서부터 성숙한 것에 이르기까지 위계적으로 배열하였다.

정신병적 방어기제는 명백하게 건강하지 못한 것으로서 불안을 회피하기 위해서 매우 심한 현실왜곡을 나타낸다. 여기에는 실제로 일어난 일을 전혀 일어나지 않았다고 믿는 정신병적 부인과 망상적 투사가 해당된다. 다음은 미성숙한 방어기제로서 청소년이나 심한 우울증을 겪는 사람들이 흔히 사용하는 것이다. 이러한 방어기제로는 퇴행, 신체화, 동일시, 행동화 등이 있다. 다음으로, 신경증적 방어기제는 현실의 왜곡 정도가 경미한 것으로서 보통사람들이 불안을 이겨내기 위해서 흔히 사용하는 방식들이다. 여기에는 억압, 반동형성, 대치, 합리화 등이 해당된다. 마지막으로, 성숙한 방어기제는 적응적인 것으로서 불안을 완화하는 동시에 내면적인 갈등을 인식하면서 건설적으로 해소하려는 노력을 의미한다. 이러한 방어기제로는 갈등이나 충동을 사회적으로 가치가 있는 활동으로 전환하는 승화, 현실을 부정하지 않으며 건강하게 재구성하는 유머, 다른 사람에게 도움이 되는 활동으로 연결하는 이타주의 등이 있다.

Vaillant(2000, 2002)는 종단적 연구를 통해서 심각한 심리적 문제를 가진 사람들은 미성숙한 방어기제를 선호하는 반면, 행복하게 잘 살아가면서 장수하는 사람들은 성숙한 방어를 사용하는 경향이 있음을 밝힌 바 있다. 성숙한 방어기제를 많이 사용하는 사람들은 더 높은 임금을 받고, 더 높은 결혼만족도를 보이며, 더 원만한 인간관계를 유지하고, 더 건강상태가 좋았다. 또한 젊은 시절에 사용했던 방어기제의 유형으로 20년 이후의 행복 정도를 예측할 수 있었다. 이러한 결과들은 성숙하고 적응적인 방어기제가 정신건강의 중요한 특질이라는 점을 보여주고 있다.

그러나 성숙한 방어기제와 주관적 행복도는 다소 복잡한 관계에 있음이 나타났다(Vaillant, 1977). 성숙한 방어기제를 사용하는 사람들 중 단지 68%만이 자기보고에 의한 주관적 행복도에 있어서 상위 1/3에 해당되는 점수를 나타냈다. 반면에, 미숙한 방어기제를 사용하는 사람들 중 16%는 주관적 행복도에서 상위 1/3 이상의 점수를 나타냈다. 이러한 결과는 자기보고에 의한 주관적 행복도가 미숙한 방어기제에 의한 긍정적 편향일 수 있음을 시사한다.

효과적인 대처방식

탄력성이나 방어기제는 생활 스트레스에 대한 대처방식과 연관된다. 대처방식은 스트레스 사건에 직면했을 때 사용하는 심리적인 대응방법을 의미한다. 다양한 스트레스 사건에 대해서 효과적인 대처방식을 사용하는 것은 정신건강의 주요한 특징이라고 할 수 있다.

1960년대에 Thomas Holmes와 Richard Rahe(1967)는 사람들이 경험한 스트레스 사

건의 빈도와 그들의 건강상태를 측정하여 상관을 구한 결과, 부적인 상관을 발견했다. 즉, 스트레스를 많이 겪을수록 신체적 건강상태가 나빴다. 그러나 후속연구에서는 인지적 요인이 스트레스와 건강의 관계를 매개하는 역할을 한다는 것이 밝혀졌다. 스트레스 사건에 대해서 개인이 나타내는 사고방식을 고려하게 되면, 신체적 · 심리적 건강에 대한 스트레스의 영향을 훨씬 더 잘 예측할 수 있었다.

스트레스에 대한 인지적 요인의 역할을 잘 밝힌 사람은 Richard Lazarus(1966, 1982, 1991; Lazarus & Folkman, 1984)이다. 그는 스트레스 사건과 그 영향에 대해서 어떻게 생각하느냐가 중요함을 강조하였다. 스트레스 사건에 직면하게 되면, 사람들은 **일차적 평가**(primary appraisal)를 통해서 그 사건이 어떤 의미를 지니는지 평가하게 된다. 동일한 사건에 대해서도 여러 가지 의미를 부여할 수 있다. 이후에 **이차적 평가**(secondary appraisal)를 통해서 개인은 그러한 사건에 대응하기 위해 자신이 사용할 수 있는 대처자원들을 살펴 대처행동을 하게 된다. 그는 다양한 대처방식을 크게 문제초점적 대처와 정서초점적 대처로 구분했다.

문제초점적 대처(problem-focused coping)는 스트레스 사건에 직면하여 그 영향을 제거하거나 변화시키기 위해서 직접적인 행동으로 대처하는 방법들을 의미한다. 반면에, **정서초점적 대처**(emotion-focused coping)는 스트레스로 인해 유발된 부정적 감정을 해소하기 위해 사용하는 방법들을 뜻한다. Lazarus에 따르면, 스트레스 사건에 따라 효과적인 대처방식이 각기 다르다. 예를 들어, 난방기 고장은 문제초점적 대처가 적절하지만, 실연에는 정서초점적 대처가 더 적절할 수 있다. 정신건강에 있어서 중요한 것은 개인이 스트레스 사건을 어떻게 평가하고 대처하느냐라는 것이다. 또한 스트레스 상황을 변화시킬 수 있을 때는 문제초점적 대처가 바람직한 반면, 그러한 상황을 변화시킬 수 없는 경우에는 정서초점적 대처가 효과적일 수 있다. 정신적으로 건강한 사람들은 상황에 적절한 효과적인 대처전략을 사용한다.

스트레스 연구자들에 따르면, 사람마다 스트레스 사건에 대처하는 습관적인 방식이 다르다. 이러한 습관적인 대처방식은 심리적 · 신체적 건강에 중대한 영향을 미치는 성격특성이라고 볼 수 있다. Suzanne Kobasa(1979)는 스트레스 사건에 직면하여 생산적인 의미를 찾아내고 적극적으로 도전하는 대처방식을 지닌 사람들을 관찰하고 이러한 특성을 **강인성**(hardiness)이라고 명명하였다. 그녀는 일련의 연구를 통해서 강인성을 지닌 사람들이 다른 사람들에 비해서 스트레스 사건에 직면했을 때 압도감을 덜 느끼며 더 효과적인 대처를 한다는 것을 확인하였다(Kobasa, 1982; Kobasa, Maddi, & Courington, 1981; Kobasa, Maddi, & Kahn, 1982).

성격적 강점과 덕성

동서고금을 막론하고 모든 사회에서는 인격적 덕성을 잘 갖춘 사람을 이상적인 인간으로 여겼다. 덕성(virtue)은 삶의 적응에 도움이 될 뿐만 아니라 자기실현과 훌륭한 인격의 성취에 기여하는 긍정적인 성격적 강점을 의미한다(Emmons & Crumpler, 1999). 긍정심리학자들은 이러한 성격적 강점과 덕성을 잘 계발하여 발휘하는 것이 정신건강에 매우 중요하다고 주장한다.

Seligman(2002b)은 개인이 지니는 성격적 강점과 덕성을 삶의 주요한 영역에서 잘 발휘하며 사는 것이 진정한 행복이라고 주장한다. 그는 개인의 독특성을 가장 잘 보여주는 강점들을 대표 강점이라고 지칭하면서, 이러한 대표 강점을 계발하여 일, 사랑, 놀이, 자녀양육과 같은 일상생활 속에서 잘 활용하는 가운데 행복한 삶을 누리게 된다고 주장한다. 그러한 대표 강점을 활용할 수 있을 때, 우리는 활기와 열정을 느끼게 되며 '진정한 자기(real self)' 가 표현되고 있다는 느낌을 갖게 된다는 것이다. 따라서 긍정 심리학자들은 인간의 행복한 삶을 이해하기 위해서 인간의 강점과 좋은 성품(good character)에 대한 이해가 중요하다고 주장한다. 그래서 인간의 강점, 재능, 미덕, 덕목과 같은 긍정적 특성의 발달에 깊은 관심을 지닌다.

5장에서 개관한 바 있듯이, 시대와 문화에 따라 각기 다른 덕목들이 강조되었다. 그러나 Peterson과 Seligman(2004)에 따르면, 방대한 문헌을 조사한 결과, 시대와 문화를 통틀어 놀라울 정도의 공통성을 보인 것들이 있었다. 즉, **상위 6개 덕목**(the High Six)으로서 지혜, 자애, 용기, 절제, 정의, 초월이다. Peterson과 Seligman(2004)은 이러한 6개의 핵심덕목을 세분하여 24개의 강점으로 구성된 VIA 분류체계를 제시하고 있다.

성격적 강점과 덕성은 그 자체로도 가치가 있는 것이지만 개인과 사회를 좀 더 나은 상태로 이끈다는 점에서 긍정적이다. 뿐만 아니라 대부분의 성격적 강점과 덕성들은 심리적 · 신체적 건강과 밀접한 관계를 지니고 있다. 따라서 개인이 지니고 있는 대표 강점들을 발견하고 계발하여 삶의 중요한 영역에서 발휘하는 것은 주관적 행복과 자기실현

나아가서 사회적 공헌을 이루게 하는 정신건강의 필수요소라고 할 수 있다.

4) 전생애에 걸친 긍정적 발달

정신건강은 어떤 특정한 심리상태나 특질이기보다 개인의 발달단계에 따라 달리 정의되어야 한다는 입장이 있다. 나비가 유충보다 더 건강하다고 말할 수는 없다. 그러나 건강한 유충은 보다 건강한 나비로 성장할 가능성이 많다. 정신건강이나 성숙은 인생의 단계마다 적절한 심리사회적 과업을 잘 수행하는 것을 의미한다.

이러한 입장을 지닌 대표적인 학자가 Erik Erikson와 George Vaillant이다. Erikson (1963, 1968, 1982)은 사람들이 일생 동안 특별한 도전과제에 직면하게 되는 일련의 단계를 통과한다고 주장하면서 심리사회적 발달단계 이론을 제안하였다. 그에 따르면, 인간은 여덟 단계의 발달과정을 거치며 각 단계마다 독특한 과제를 잘 해결하는 것이 중요하다.

(1) 신생아기(생후~18개월): 유아는 부모로부터 일관성 있는 안락한 양육을 받으면서 기본적인 신뢰감을 형성하는 것이 중요하다. 유아는 안전감을 느끼면서 음식, 편안함, 신체접촉의 욕구가 잘 충족되면 신뢰감을 발달시키게 되지만, 그렇지 못하면 불안 속에서 불신감을 형성하게 된다.

(2) 유아기(18개월~3세): 생후 18개월이 되면 아이들은 스스로 움직일 수 있게 되어 환경을 탐색할 수 있게 된다. 이 시기의 주된 과제는 배설훈련을 통한 몸에 대한 자기통제이다. 아이가 이러한 과제를 성공적으로 잘 해결하면 자율성이 발달되는 반면, 그렇지 못하면 자기회의를 발달시키게 된다.

(3) 초기 아동기(3~6세): 이 시기는 아동이 신체적 행동뿐만 아니라 지적인 행동을 하게 되는 시기로서 주도성과 자신감을 획득하는 중요한 단계이다. 그러나 자신이 주도한 활동들이 부모에 의해 방해를 받게 되면 아동은 죄책감이나 낮은 자기가치감을 형성하게 된다.

(4) 후기 아동기(6~12세): 이 시기의 아동은 학교생활을 통해 또래 아이들과 어울리면서 신체적인 기술뿐만 아니라 지적이고 사회적인 능력과 기술을 발달시키게 된다. 이 시기의 성공적인 성취는 유능감을 발달시키지만, 실패하게 되면 열등감을

형성하게 된다.

(5) 청소년기(12~18세): Erikson에 따르면, 이 시기의 주요한 관심사는 개인이 추구해야 할 목표와 가치를 수립하는 것이다. 자신의 개인적 특성뿐만 아니라 직업, 취미, 종교, 가치관 등을 명확하게 정립함으로써 정체감을 형성하는 것이 중요하다. 이러한 과업을 이루지 못하면 역할 혼미에 빠지게 된다.

(6) 청년기(18~35세): 이 시기에는 다른 사람과 자신의 정체감을 융합하는 것을 배움으로써 친밀하고 깊이 있는 유대감을 경험하는 것이 중요하다. 이러한 경험을 통해서 다른 사람에 대한 친밀감을 형성할 수 있는 반면, 친밀한 관계를 이루지 못한 사람은 고립감을 느끼게 된다.

(7) 장년기(35~60세): 앞 단계에서 정체감과 친밀감을 성취한 사람들은 자기를 넘어서 세상과 다음 세대에 관심을 갖게 된다. 이러한 관심을 Erikson은 다산성(generativity)라고 지칭했는데, 지녀양육, 후진양성, 환경보호 등의 행동이 나타나게 된다. 다산성을 충족시키지 못한 사람은 침체감을 느끼게 된다.

(8) 노년기(60세~사망): 인생의 마지막 단계에서 노인들은 자신의 인생을 되돌아보며 의미와 가치를 발견하고 자기통합을 이루는 것이 중요하다. 자신의 삶이 실패였다고 평가하게 되면 절망감을 느끼게 된다.

인생의 각 단계마다 주어지는 심리사회적 과제를 잘 해결하면서 심리적 성숙을 이루는 것이 건강한 삶이라고 할 수 있다. 물론 Erikson이 제시한 심리사회적 발달단계의 순서에 대해서는 이의가 제기될 수 있다(Peterson & Stewart, 1993). 그러나 전생애에 걸친 발달과정의 관점에서 정신건강을 바라보아야 한다는 점은 여전히 소중한 것이다.

Vaillant(2004)는 노년기의 긍정적 노화에 깊은 관심을 지니고 장기종단적인 연구를 시행하였다. 그는 **긍정적 노화**(positive aging)를 '75세에도 육체적으로 건강하고 만족스러운 인생을 살아가는 것'이라고 정의하였다. 연구결과에 따르면, 긍정적 노화에 영향을 미치는 주요한 요인들은 성숙한 방어기제의 사용, 안정된 결혼생활, 규칙적인 행동, 교육받은 햇수, 정상적인 몸무게, 알코올 남용의 경력이 없는 것, 흡연하지 않는 것이었다. 반면에, 조상들의 평균수명, 50세에서의 콜레스테롤 수준, 부모의 사회적 지위, 65세 이전의 스트레스 사건들은 긍정적 노화와 관련이 없는 것으로 나타났다.

3 정신건강에 대한 긍정 심리학의 관점

긍정 심리학은 정신건강의 질병모델을 극복할 수 있는 새로운 대안모델을 제시하고 있다. 우선 정신건강의 개념이 좀 더 적극적으로 변화되어야 한다. 정신건강은 결함과 손상의 부재상태가 아니라 개인의 강점과 능력이 최대한 발현되는 상태로 이해되어야 한다. 즉, 긍정적 정신건강이라는 좀 더 적극적인 개념으로 이해되어야 한다. 긍정적 정신건강은 성장과 행복 증진을 통해서 촉진될 수 있다. 따라서 긍정 심리학은 정신건강에 대해서 심리적 웰빙을 지향하는 성장모델을 질병모델의 대안으로 제시하고 있다.

1) 정신건강의 세 가지 구성요소

긍정적 정신건강은 심리적 안녕, 자기실현, 성격특질, 생애 발달과 같은 다양한 관점에서 고려될 수 있다. Seligman(2002b)은 긍정적 정신건강을 진정으로 행복하고 충만한 삶의 상태와 동일한 개념으로 간주하면서 세 가지의 구성요소를 강조하고 있다. 그 첫째는 주관적인 안녕감이다. 자신의 삶에 대해서 만족스러워하고 긍정 정서를 경험하는 것이 정신건강과 행복의 중요한 요소이다. 즉, **즐거운 삶**(pleasant life)이다. 둘째는 매일의 삶에 열정적으로 참여하며 살아가는 **적극적인 삶**(engaged life)이다. 이를 통해서 자신이 추구한 가치를 실현할 수 있을 뿐만 아니라 자신의 잠재력을 발휘할 수 있게 된다. 세 번째 요소는 개인의 즐거움과 이익뿐만 아니라 자신이 속한 공동체나 사회에 기여하는 **의미 있는 삶**(meaningful life)이다. 자신보다 더 커다란 어떤 것에 소속되어 그것을 위해 봉사하고 공헌하고 있다는 인식으로부터 삶의 의미를 도출할 수 있다. 이처럼 긍정 심리학자들은 즐거운 기분을 느끼며 자신의 강점을 발휘할 수 있는 일에 몰입하면서 자기실현을 이루고 그 가운데 삶의 의미를 발견할 수 있을 때, 진정한 행복을 느낄 수 있다고 본다. 즐거운 삶, 적극적인 삶 그리고 의미 있는 삶은 때때로 서로 일치하지 않는 경우도 있지만 밀접한 관련성을 지니며 서로 촉진적인 관계를 지닌다.

Seligman이 주장하는 긍정적 정신건강의 세 요소는 Keyes가 주장하는 정신건강 모델과 일치하고 있다. Keyes(1998; Keyes & Lopez, 2002)에 따르면, 긍정적 정신건강은 정서적 안녕, 심리적 안녕, 사회적 안녕이라는 세 가지 측면에서 이해될 수 있다. 즉, 진정으로 행복하고 건강한 삶은 긍정 정서상태를 의미하는 **정서적 안녕**(emotional well-being), 개인의 원활한 기능 수준과 적응상태를 반영하는 **심리적 안녕**(psychological well-being) 그리고 적극적인 사회적 참여와 기여를 뜻하는 **사회적 안녕**(social well-being)으로 구성된다는 주장이다.

긍정 심리학에서는 정신건강을 세 가지의 요소, 즉 주관적 행복감을 반영하는 정서적 안녕, 최선의 기능상태를 의미하는 심리적 안녕, 사회를 위한 의미 있는 삶을 뜻하는 사회적 안녕으로 구성되는 것으로 보고 있다. Seligman은 행복과 정신건강을 위해서 중요한 것은 개인의 성격적 강점과 덕성을 발견하여 계발함으로써 일상생활 속에서 이러한 강점을 발휘하는 것이다.

표 13-2 긍정 심리학의 정신건강 모델(Keyes & Lopez, 2002)

1. 정서적 안녕
   - 긍정 정서: 즐겁고 명랑하며, 행복하고 평온하며, 만족스럽고 충만한 감정
   - 행복감: 과거와 현재의 삶에 대해서 느끼는 전반적인 행복감
   - 삶의 만족: 과거와 현재의 삶에 대해서 전반적으로 만족스럽다는 인지적 평가

2. 심리적 안녕
   - 환경의 통제: 복잡한 환경에 잘 대처하며 적절한 환경을 선택하고 만들어갈 수 있는 능력
   - 긍정적 인간관계: 친밀감을 느끼며 다른 사람과 공감적으로 교류할 수 있는 능력을 지니고 있으며, 주변사람들과 따뜻하고 신뢰할 수 있는 인간관계를 맺고 있음
   - 개인적 성장: 도전적인 새로운 경험에 대한 개방성을 지니며 자신이 성장하고 있다는 인식
   - 자율성: 자신의 선택과 결정에 대해서 편안함을 느끼며 비도덕적인 사회적 압력에 저항할 수 있음
   - 인생의 목적: 인생의 방향감을 주는 목표나 신념을 지니고 있으며 인생에 대해서 의미감을 느낌
   - 자기수용: 자신과 자신의 삶에 대해서 긍정적이고 수용적인 태도를 지님

3. 사회적 안녕
   - 사회적 수용: 사람들의 복잡성을 잘 인식하고 수용하면서 타인에 대한 긍정적 태도를 지님
   - 사회적 실현: 다른 사람들을 위해 기여할 뿐만 아니라 사회가 긍정적으로 진보하고 있다고 믿음
   - 사회적 기여: 자신이 사회에 도움을 주고 있으며 다른 사람들이 자신의 기여를 인정하고 있다고 느낌
   - 사회적 일치: 사회에 대한 관심을 지닐 뿐만 아니라 사회는 합리적이고 정의롭다고 느낌
   - 사회적 통합: 공동체의 일부로서 소속감을 느끼며 공동체로부터 편안함과 지지를 얻음

Seligman 등(2006)은 행복의 세 가지 요소인 긍정적 감정, 참여적 태도, 삶의 의미를 증진함으로써 정신장애를 치료하는 **긍정 심리치료**(positive psychotherapy)를 개발하여 우울증 치료에 적용한 바 있다. 그 결과, 우울 증상이 현저하게 호전되었을 뿐만 아니라 행복도도 증가되었다. 뿐만 아니라 그 효과는 약물치료나 기존의 심리치료보다 더 우수했다. 긍정 심리치료에 관해서는 다음 장에서 자세하게 설명될 것이다.

또한 강점 계발은 개인의 행복과 정신건강을 향상시키는 방법일 뿐만 아니라 다양한 정신장애를 예방하는 효과적인 방법이기도 하다. Seligman(2002a)은 강점 계발을 통해서 우울과 불안을 효과적으로 예방하는 노력을 **긍정 예방**(positive prevention)이라고 명명한 바 있으며, 개인의 강점을 발견하고 확충하여 발휘하게 함으로써 정신장애를 예방할 수 있다는 것을 **니키 원리**(Nikki principle)라고 불렀다.

2) 정신건강의 새로운 모델: 성장모델

긍정 심리학은 정신건강의 질병모델을 극복할 수 있는 새로운 대안모델을 제시하고 있다. 앞에서 언급한 바 있듯이, 정신건강의 개념이 좀 더 적극적으로 변화되어야 한다. 정신건강은 결함과 손상의 부재상태가 아니라 개인의 강점과 능력이 최대한 발현되는 상태로 이해되어야 한다. 즉, 긍정적 정신건강이라는 좀 더 적극적인 개념으로 이해되어야 한다. 긍정적 정신건강은 성장과 행복 증진을 통해서 촉진될 수 있다. 따라서 긍정 심리학은 정신건강에 대해서 심리적 웰빙을 지향하는 성장모델을 질병모델의 대안으로 제시하고 있다.

정신건강의 **성장모델**(growth model)은 긍정적 정신건강을 지향하며 정신장애의 예방에 초점을 맞추는 '성장지향적 예방모델'이라고 할 수 있다. 〈그림 13-1〉은 성장모델의 기본적 개념을 도식적으로 설명한 것이다. 성장모델은 여러 가지 점에서 질병모델과는 다르다.

첫째, 성장모델은 개인의 행복과 자기실현을 지향함으로써 긍정적 정신건강을 추구한다. 부적응적 장애나 증상의 제거라는 소극적인 목표를 추구하기보다 행복과 자기실현이라는 적극적인 목표를 추구한다.

둘째, 성장모델은 인간의 긍정적 성품과 강점에 초점을 맞춘다. 질병모델처럼 인간의

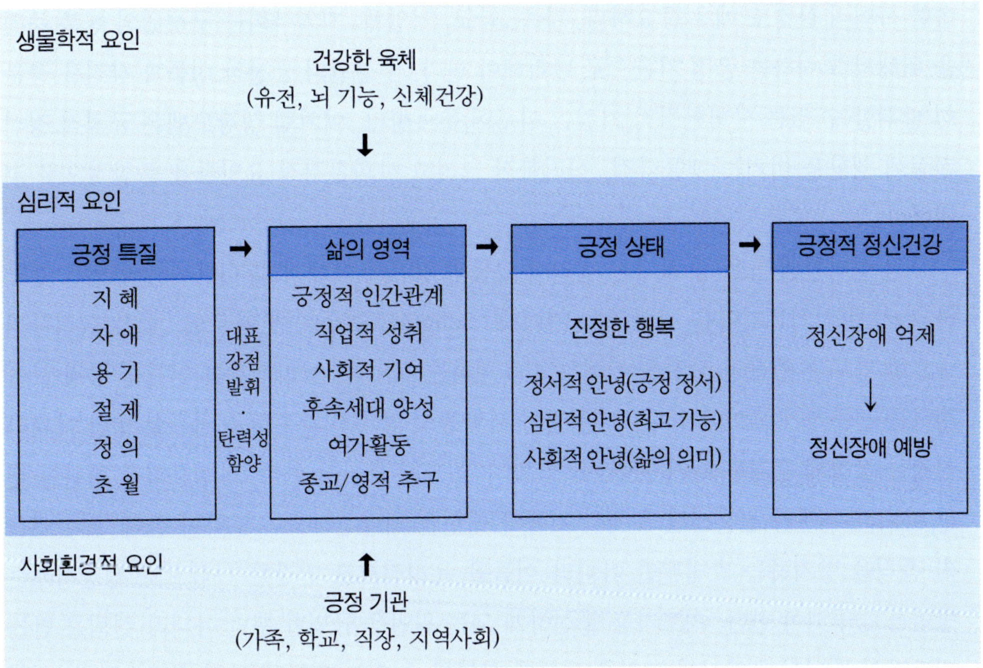

〈그림 13-1〉 정신건강의 성장모델

결함과 장애에 초점을 맞추기보다 긍정적 성품과 강점에 초점을 맞춘다. 개인이 지닌 대표 강점과 재능을 발견하고 육성하여 인간관계와 직업활동을 비롯한 다양한 삶의 영역에서 발휘하도록 지원한다.

셋째, 성장모델은 정신장애의 예방에 초점을 맞춘다. 즉, 성장모델은 정신장애를 지닌 일부 사람들에게 적용되는 것이 아니라 모든 사람들에게 적용되어 행복을 지원함으로써 정신장애의 예방 효과를 거두고자 한다. 대표 강점을 잘 발휘함으로써 긍정 정서를 경험하며 최고의 기능상태에서 의미 있는 활동에 적극적으로 임하게 될 때, 우리는 행복과 긍정적 정신건강을 이루게 된다. 이러한 긍정적 상태는 정신장애의 취약성을 억제할 뿐만 아니라 스트레스에 대한 저항력을 강화함으로써 정신장애의 발생을 억제하게 된다.

마지막으로, 성장모델은 생물 · 심리 · 사회적 모델이다. 긍정적 정신건강을 위해서는 신체적 건강이 뒷받침되어야 한다. 신체적 질병이나 장애가 없음은 물론 활기차게 최고의 기능을 발휘할 수 있는 육체적 건강을 함양하고 유지할 수 있어야 한다. 또한 개인이 속한 사회적 환경도 매우 중요하다. 가족, 학교, 기업체, 지역사회는 구성원의 행복 증진을 위해서 노력하는 긍정 기관으로 변화해야 한다. 구성원의 긍정적 성품과 강점을 충분히 발휘할 수 있는 사회환경적 지원이 이루어져야 한다. 이처럼 성장모델은 긍정적 정신건강에 영향을 미치는 생물학적, 심리학적 그리고 사회환경적 요인들을 종합적으로 고려한다.

긍정 심리학의 목표 중 하나는 심리적 고통과 장애에 대해서 더 나은 예방방법을 강구하고 기존의 치료기법을 보완하는 것이다. Seligman(2002a)에 따르면, 긍정 심리학의 주요한 임무는 인간의 강점을 이해하고 육성하는 것이다. 심리학자는 인간의 강점을 육성하는 전문가가 되어야 한다. 고통 받는 사람들의 망가진 자존심을 치유할 뿐만 아니라 진정한 강점에 근거한 자기가치감을 느낄 수 있도록 도와야 한다. 가정불화를 완화할 뿐만 아니라 부부가 결혼생활 속에서 기쁨과 애정을 재발견하도록 도와야 한다. 젊은이들의 폭력을 방지하는 방법뿐만 아니라 이들을 윤리적으로 건강한 사람으로 성장시키는 방법을 강구해야 한다. 지도자를 불신하게 되는 원인을 규명할 뿐만 아니라 신뢰를 받는 지도자의 특성이 무엇이며 그것을 어떻게 함양할 수 있는지 밝히는 것이 필요하다. 직업활동을 덜 지루하게 만드는 방법뿐만 아니라 몰입을 하면서 의미를 느낄 수 있는 방법을 찾아내야 한다. 죽음의 고통을 감소시킬 뿐만 아니라 죽음의 과정에서 인생의 의미와 가치를 발견할 수 있도록 돕는 일을 심리학자의 소명으로 삼아야 한다.

이를 위해서 긍정 심리학은 긍정 상태, 긍정 특질, 긍정 기관에 대한 연구를 세 기둥으로 삼는 것이다. 즉, 인간의 행복과 만족에 대한 탐구와 더불어 그 기반이 되는 인간의 강점과 덕성에 대한 연구와 계발방법을 강구하며 아울러 구성원의 행복과 자기계발을 지원하는 조직의 속성을 연구하고자 하는 것이다. 질병모델은 행복과 성장을 지원하는 데에 적합하지 않다. 약물치료를 통해서 인간이 진정으로 행복해질 수 있는가? '무의식적 갈등의 의식화' 를 지향하는 정신분석 치료를 통해서 가능한가? 아니면 '부정적 사고의 교정' 을 지향하는 인지치료를 통해서 가능한가? 이러한 기존의 치료법들에는 증상 제거를 넘어서 행복 증진과 강점 함양이라는 새로운 요소가 보완되어야 한다. 심리치료에는 '잘못된 점 고치기(fix what' s wrong)' 뿐만 아니라 '강점 함양하기(build what's strong)' 가 병행되어야 한다.

나아가 좀 더 거시적인 관점에서는, 긍정적 기관과 공동체에 대한 연구가 필요하다.

사회학 역시 심리학과 마찬가지로 부정적 측면에 초점을 맞추고 있다. 계층갈등, 종족차별, 성차별과 같은 현상이 사라진다 하더라도, 우리는 불만이 제거된 상태일 뿐이다. 긍정 심리학과 긍정 사회학은 "구성원을 행복하게 만들고 그들의 강점을 잘 발휘하게 하는 조직은 어떠해야 하는가?" 라는 물음을 던져야 한다.

요 약

1. 긍정 심리학은 이론적인 연구뿐만 아니라 실제적인 응용에도 깊은 관심을 지닌다. 긍정 심리학이 가장 효과적으로 응용될 수 있는 분야는 **정신건강 분야**이다. 긍정 심리학은 행복과 성장 증진을 통해 정신건강에 대한 질병모델의 한계를 극복할 수 있는 새로운 대안으로 부각되고 있다.
2. 정신건강의 **질병모델**은 심리적 문제가 신체적 질병과 같은 속성을 지닌다고 가정한다. 즉, 심리적 문제는 어떤 물질적 실체(뇌의 손상, 생화학 물질의 이상, 병원균의 침입 등)에 의한 결함이나 손상에 의해 생겨나는 일종의 질병이라고 간주한다. 따라서 이러한 질병을 초래하는 물질적 실체나 결함을 제거함으로써 심리적 문제가 개선될 수 있다고 여긴다. 질병모델은 정신장애의 치료에 공헌했음에도 불구하고 많은 한계가 있을 뿐만 아니라 정신장애의 예방에 부적절하다.
3. 긍정 심리학은 정신건강을 결함과 손상의 부재상태가 아니라 개인의 강점과 능력이 최대한 발현되는 상태로 이해한다. 긍정 심리학은 긍정적 정신건강을 지향하며 개인의 행복과 성장을 추구하는 정신건강의 **성장모델**을 질병모델의 대안으로 제시하고 있다.
4. **긍정적 정신건강**은 심리적 안녕, 자기실현 상태, 성격적 특성, 생애 발달의 관점에서 고려될 수 있다. 긍정적 정신건강은 긍정 정서상태를 의미하는 **정서적 안녕**, 개인의 원활한 기능 수준과 적응상태를 반영하는 **심리적 안녕** 그리고 적극적인 사회적 참여와 기여를 뜻하는 **사회적 안녕**으로 구성된다.
5. 긍정 심리학에서 제시하는 정신건강의 성장모델은 긍정적 정신건강을 지향하며 정신장애의 예방에 초점을 맞추는 **성장지향적 예방모델**이다. 성장모델은 부적응적 장애나 증상의 제거라는 소극적인 목표를 추구하기보다 행복과 자기실현이라는 적극적인 목표를 추구한다. 인간의 결함과 장애에 초점을 맞추기보다 긍정적 성품과 강점에 초점을 맞춘다. 개인

이 지닌 대표 강점과 재능을 발견하고 육성하여 인간관계와 직업활동을 비롯한 다양한 삶의 영역에서 발휘하도록 지원한다. 또한 성장모델은 정신장애의 예방에 초점을 맞춘다. 긍정적 정신건강 상태는 정신장애의 취약성을 억제할 뿐만 아니라 스트레스에 대한 저항력을 강화함으로써 정신장애의 발생을 억제하게 된다. 아울러 성장모델은 생물 · 심리 · 사회적 모델로서 긍정적 정신건강에 영향을 미칠 수 있는 신체적 건강과 사회환경적 요인을 중시한다.

제14장

긍정 임상심리학

가장 훌륭한 치료자는 환자의 상처를 치유하는 데 그치는 것이 아니라 강점과 덕성을 파악하고 계발할 수 있도록 이끌어주는 사람이다.

- Martin Seligman -

긍정 심리학이 가장 먼저 효과적으로 응용될 수 있는 분야는 임상심리학이다. 앞 장에서 살펴본 바와 같이, 그동안 임상심리학은 질병모델에 근거하여 정신장애에 대한 연구와 치료에 전념해왔다. 그러나 최근에 질병모델의 한계와 문제점이 부각되면서 새로운 모델을 모색하려는 노력이 이루어져 왔다. Martin Seligman 역시 우울증을 비롯한 정신장애의 예방활동에 전념해온 임상심리학자로서 질병모델의 한계를 절감하게 되면서 긍정 심리학을 창시하게 되었던 것이다.

1 임상심리학의 새로운 모델

Seligman과 Peterson(2003)은 긍정 심리학을 정신건강 분야에 응용하는 학문분야로서 '긍정 임상심리학' 을 주창하고 있다. **긍정 임상심리학**(Positive Clinical Psychology)은

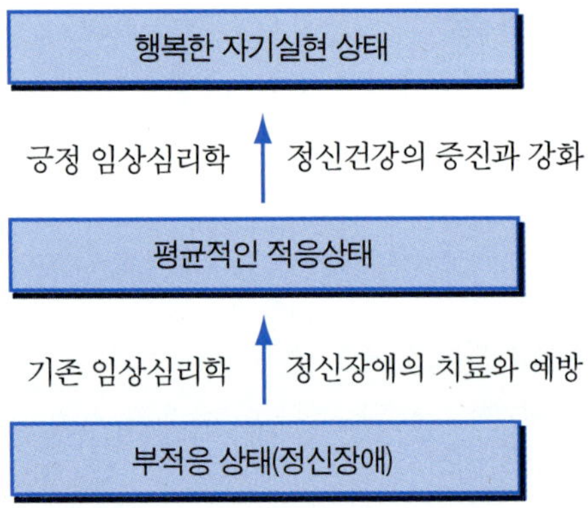

〈그림 14-1〉 기존 임상심리학과 긍정 임상심리학의 차이점

개인의 심리적 강점을 함양하고 행복을 증진함으로써 정신장애를 치료하고 예방하는 응용심리학이다. 기존의 임상심리학이 인간의 부정적 측면, 즉 정신장애와 부적응 문제를 연구하고 치유하려는 노력이었다면, 긍정 임상심리학은 인간의 긍정적 측면, 즉 성격적 강점과 덕성을 계발함으로써 정신장애를 완화시킬 뿐만 아니라 개인의 행복과 자기실현을 지원하는 노력이라고 할 수 있다. 〈그림 14-1〉에서 볼 수 있듯이, 기존의 임상심리학은 정신장애 환자를 평균적인 적응상태로 유도하고자 했다면, 긍정 임상심리학은 이러한 환자들로 하여금 자신의 역량을 최대한 발휘하는 행복한 상태까지 끌어올리는 것으로 목표로 한다. 달리 말하면, 긍정 임상심리학은 정신장애로 고통 받고 있는 사람의 증상을 경감시키는 치료적 개입을 넘어서서 그의 행복 증진과 강점 계발을 통해서 장애의 재발을 근원적으로 방지하는 좀 더 온전한 치료와 예방을 지향한다.

기존의 임상심리학자들은 개인의 삶에 개입할 수 있는 전문적 역량, 즉 심리평가, 심리치료, 교육 및 자문 등과 같은 실제적 응용능력을 지니고 있기 때문에 긍정 심리학의 관점에서 개인의 삶을 개선시키는 역할을 효과적으로 수행할 수 있다. 긍정 임상심리학은 그동안 인간의 부정적 측면에 관심을 지녀온 전통적 임상심리학에 인간의 긍정적 측면에 대한 관심을 추가함으로써 좀 더 완전한 임상심리학을 지향하려는 노력이라고 할 수 있다.

2 심리적 강점의 분류체계 개발

긍정 임상심리학의 출발점은 인간의 긍정적 특질에 대한 신뢰할 수 있는 분류체계를 구축하는 일이다. 이러한 분류체계는 인간의 심리적 강점에 대한 일관성 있는 용어를 제공함으로써 임상가들 간의 원활한 의사소통을 증진할 뿐만 아니라 체계적인 연구를 촉진할 것이다. 나아가서 개인의 대표 강점을 평가하고 향상시키는 실제적 활동을 지원하게 될 것이다.

인간이 나타내는 다양한 정신장애에 대해서는 현재 DSM(Diagnostic and Statistical Manual of Mental Disorders)이라는 분류체계가 존재하고 있다. 1952년 미국정신의학회에서 DSM 제1판을 출간한 이래 수차례의 개정을 거쳐 현재 DSM-IV-TR(American Psychiatric Association, 2000)이 전세계적으로 사용되고 있다. 여러 가지 한계가 있음에도 불구하고, DSM의 분류체계는 정신장애를 연구하고 임상장면에서 진단과 치료를 하는 기본적 바탕으로서 매우 유용한 역할을 하고 있다. 긍정 심리학자들은 이러한 DSM에 대응할 수 있는 긍정적 특질의 분류체계를 구축하기 위한 노력을 기울이고 있다. 이 책의 제2부에서 소개한 바 있듯이, 그러한 노력의 일차적 결과가 VIA 분류체계라고 할 수 있다.

VIA(Virtues in Action) 분류체계는 1999년 Don Clifton에 의해 개척되었으며 Peterson과 Seligman에 의해 확장되어 2004년에 그 주된 골격이 발표된 바 있다. 이 분류체계의 개발은 2000년부터 Mayerson 재단의 후원하에 Telos Taxonomy Project라는 연구과제로 시작되었다. 이 프로젝트는 Christopher Peterson의 주도하에 진행되었으며 Don Clifton, Mike Csikzentmihalyi, Ed Diener, Kathleen Hall Jamieson, Robert Nozick, Dan Robinson, George Vaillant 등의 기라성 같은 긍정 심리학자들이 참여하였다. 2004년에 Peterson과 Seligman에 의해 발간된 『성격적 강점과 덕성』은 이 프로젝트의 일차적 결과라고 할 수 있다.

VIA 분류체계는 성격적 강점과 덕성을 6개의 범주 아래 24개 강점으로 분류하고 있다. 그 6개의 범주는 지혜, 자애, 정의, 용기, 절제, 초월이라는 핵심덕목을 반영한다. VIA 분류체계의 기본적 구조는 다음과 같다.

(1) 지혜 및 지식(wisdom & knowledge)과 관련된 강점

창의성(creativity), 호기심(curiosity), 개방성(open-mindedness), 학구열(love of learning), 지혜(wisdom)

(2) 자애(humanity)와 관련된 강점

사랑(love), 친절성(kindness), 사회지능(social intelligence)

(3) 용기(courage)와 관련된 강점

용감성(bravery), 끈기(persistence), 진실성(authenticity), 활력(vitality)

(4) 절제(temperance)와 관련된 강점

용서(forgiveness), 겸손(modesty), 신중성(prudence), 자기조절(self-regulation)

(5) 정의(justice)와 관련된 강점

시민정신(citizenship), 공정성(fairness), 리더십(leadership)

(6) 초월(transcendence)과 관련된 강점

감상력(appreciation of beauty and excellence), 감사(gratitude), 낙관성(optimism), 유머감각(humor), 영성(spirituality)

VIA 분류체계는 인간의 심리적 강점들을 대부분 포괄하고 있을 뿐만 아니라 체계적인 기준에 따라 분류한 최초의 분류체계라고 할 수 있다. 이러한 분류체계는 앞으로 많은 실증적 연구를 촉진할 뿐만 아니라 심리적 강점의 평가와 육성에도 커다란 도움을 줄 것으로 기대된다. 또한 VIA 분류체계는 많은 연구결과와 실제적 사용 경험의 축적을 통해서 꾸준히 개선되어야 할 것이다.

나아가서 VIA와 같은 긍정적 특질의 분류체계는 궁극적으로 DSM의 대안이 될 수도 있다. 즉, 정신장애는 심리적 강점이나 덕성의 부재상태로 정의될 수 있다. 특정한 강점이나 덕성이 결여되어 있다는 것은 무엇을 의미하는가? 예를 들어, 진실성이 결여되어 있는 상태는 무엇을 의미하는가? 또는 친절성이나 낙관성이 결여되어 있다는 것은 무엇을 의미하는가? 정신장애의 진정한 의미는 이러한 강점과 덕성의 부재에 의해서 더 잘 정의될 수 있을 것이다. 적어도 정신장애는 부정적 특질의 존재뿐만 아니라 긍정적 특질의 부재를 동시에 고려하여 정의되어야 할 것이다. 따라서 긍정적 특질의 분류체계는 궁극적으로 정신장애뿐만 아니라 인간의 강점까지 포괄하여 분류함으로써 DSM을 대체할

수도 있을 것이다. 이러한 분류체계를 발전시키는 일은 긍정 임상심리학이 담당해야 할 주요한 임무 중의 하나이다.

긍정 임상심리학자는 이러한 분류체계를 확고하게 구축하는 일 뿐만 아니라 이러한 분류체계를 사람들에게 실제적으로 적용하여 활용하는 일을 담당한다. 개인이 지니고 있는 강점들을 평가하고 특히 대표적인 강점들을 발견함으로써 이를 육성하고 일상생활 장면에서 활용하도록 도울 수 있다.

3 긍정적 심리의 평가도구 개발

긍정 임상심리학은 개인의 행복과 성장을 촉진하고 지원하는 데에 깊은 관심을 지닌다. 이러한 지원활동이 체계적으로 이루어지기 위해서는 개인의 긍정적 측면을 평가할 수 있는 측정도구가 필요하다. 앞 절에서 언급한 다양한 심리적 강점들에 대한 평가도구뿐만 아니라 그러한 강점이 발현되는 과정 그리고 그 결과로서 나타난 삶의 긍정적 변화 등을 평가하는 도구가 필요하다. 이러한 평가도구들은 실증적인 과학적 연구를 촉진할 뿐만 아니라 임상적 개입의 성과를 객관적으로 평가하는 데에 기여할 것이다.

긍정 임상심리학에서 현재 사용하고 있거나 앞으로 개발되어야 할 측정도구들은 크게 세 가지 측면, 즉 긍정적 특질, 긍정적 과정, 긍정적 결과를 평가하는 것으로 구분할 수 있다(Lopez, Snyer, & Rasmussen, 2003). 〈그림 14-2〉에서 볼 수 있듯이, 긍정 임상심리학에서는 어떤 긍정적 특질을 지닌 개인이 어떤 긍정적 심리과정을 통해서 어떤 긍정적 성과를 나타내게 되었는지를 이해하는 것이 중요하다. 예를 들어, '창의성' 이라는 강점을 지닌 아동은 방학숙제가 주어지면 어떤 과정을 통해서 수행하며 그 결과로서 어떤 성과물이 나오게 되는지를 이해하는 것이 필요하다. 이러한 세 요소를 평가할 수 있는 측정도구를 통해서 그러한 연결과정에 대한 과학적 이해가 가능하게 될 것이다.

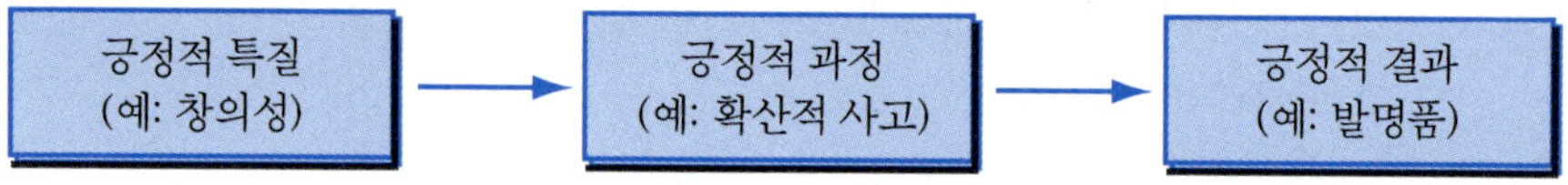

〈그림 14-2〉 긍정적 심리의 세 가지 측면

긍정적 특질의 측정도구

긍정 임상심리학에서는 개인의 긍정적 강점을 평가하는 것이 가장 일차적인 과제이다. 그러한 강점에 대한 연구와 함양을 위해서 다양한 측정도구가 개발될 필요가 있다. DSM의 경우에는 구조화된 면접과 질문지가 가장 널리 사용되는 측정방법이다. 긍정적 특질의 경우에도 이러한 평가방법이 적용될 수 있다. Wolin과 Wolin(1996)은 DSM의 구조화된 면접도구인 SCID(Structured Clinical Interview for DSM)와 SADS(Schedule for Affective Disorders and Schizophrenia)에 비견할 수 있는 긍정적 특질의 면접도구를 개발한 바 있다. VIA 분류체계를 개발하고 있는 Telos 연구팀은 청소년과 성인에게 적용할 수 있는 구조화된 면접도구를 개발하고 있다. 이 밖에도 여러 강점을 평가하는 다양한 측정도구들이 개발되어 있다.

또한 VIA 분류체계의 심리적 강점들을 평가하기 위해 개발된 질문지 검사가 바로 VIA-IS(Values in Action Inventory of Strengths)이다(Peterson & Seligman, 2004). 5장에서 자세하게 소개한 바 있듯이, VIA-IS는 24개의 성격적 강점을 평가하기 위해 총 240개 문항으로 구성되어 있는 자기보고형 검사이다. 이 검사는 성인을 위한 것이며, 10~17세의 청소년에게 시행할 수 있는 청소년용 검사(VIA-Youth)도 개발되어 있다. 이 검사는 아직 임상적 용도로 널리 사용되고 있지 않지만, 임상장면에서 유용하게 사용될 수 있을 것이다. 현재 임상장면에서 사용되고 있는 심리검사들은 대부분 개인의 증상이나 결함을 평가하는 것이기 때문에, VIA-IS와 같은 검사들은 내담자의 강점과 덕성을 평가하는 보완적 도구로 유용하게 사용될 수 있다. 그리고 이러한 검사들은 내담자와 치료자 모두의 강점을 평가함으로써 치료적 전략을 수립하는 데에도 도움을 줄 수 있을 것이다(Saleebey, 1992; Seligman & Peterson, 2003).

Peterson과 Seligman(2004)은 정신병리의 본질이 우울증이나 약물중독과 같은 부적응 증상의 출현이라기보다 자기실현을 억제하는 심리적 강점의 부재라고 주장한다. 앞으로 긍정 임상심리학은 이러한 측정도구의 개발과 실제적 적용뿐만 아니라 강점의 발달과정, 다른 심리적 특질 및 임상적 장애와의 관계, 강점의 함양방법에 대한 연구에 깊은 관심을 가져야 할 것이다.

긍정적 과정의 측정도구

긍정적 과정은 개인의 적응, 성취, 성장을 촉진하는 건강한 심리적 과정을 의미한다. 이러한 과정은 다양한 요인들이 복합적으로 관여하는 역동적인 과정이기 때문에 조작적으로 정의하여 측정하기가 쉽지 않다. 그러나 기존의 임상심리학에는 부정적 경험에 대한 대처과정(coping process)을 설명하는 이론들이 다수 존재할 뿐만 아니라 다양한 연구방법이 활용되고 있다. 이러한 설명이론과 연구방법은 긍정적인 심리과정을 평가하고 이해하는 데에 많은 도움이 될 것으로 기대된다. 이미 대처과정의 연구자들은 건강한 심리적 과정을 이해하는 데에서도 상당한 성과를 거두고 있다(Lopez et al., 2003).

긍정적 심리과정을 밝히는 것은 매우 중요하다. 긍정적 특질이 구체적인 삶의 장면에서 어떻게 작용하여 행복과 자기실현이라는 긍정적 성과를 도출하는지 이해할 수 있기 때문이다. 긍정적 특질과 성과의 인과적 경로를 밝히기 위해서는 긍정적 과정을 평가할 수 있는 측정도구의 개발이 필수적이다. 아마도 대처과정을 연구하는 데에 사용되는 다양한 측정방법들이 긍정적 과정에도 적용될 수 있을 것이다. 예를 들어, 경험표집법(ESM)은 심리적 강점을 지닌 사람들이 다양한 생활장면에서 어떻게 대응하며 살아가는지를 이해할 수 있는 풍부한 자료를 제공할 수 있을 것이다. 또는 개인이 속해 있는 공동체의 여러 구성원들로부터 그 사람의 심리적 적응과정을 다양한 관점에서 평가하는 전방위 평가방법(360-degree assessment)이 적용될 수도 있을 것이다(Lopez et al., 2003).

긍정적 결과의 측정도구

긍정적 결과는 주관적 안녕, 직업적 성취, 만족스러운 인간관계 등과 같이 긍정적인 삶의 측면들을 뜻한다. 즉, 개인이 얼마나 행복하고 자기실현적이며 의미 있는 삶을 살고 있는지를 의미한다. 긍정 임상심리학에서 긍정적 특질과 과정을 이해하고자 하는 이유는 긍정적 결과를 이끌어내고 예측하기 위한 것이다. 달리 말하면, 긍정적 결과는 긍정 심리학자의 준거 변인(criteria variable)이라고 할 수 있다(Lopez et al., 2003). 긍정적 결과를 측정하는 도구들은 주관적 안녕, 심리적 안녕, 결혼만족도, 직업만족도, 직업성취도, 인생의 의미 등을 평가하고 있다.

긍정적 결과의 평가도구들은 긍정 사회과학(positive social science)의 발전을 위해서도 필수적이다(Lopez et al., 2003). 사회와 국가가 얼마나 잘 기능하고 있는지는 구성원의 행복과 자기실현을 반영하는 긍정적 결과에 의해서 평가될 수 있기 때문이다.

4 심리적 강점과 정신장애의 관계 연구

긍정 임상심리학은 정신장애의 발병, 악화 그리고 재발을 억제하거나 예방할 수 있는 긍정적인 심리적 요인에 관심을 지닌다. 특정한 심리적 강점은 특정한 정신장애의 발생을 억제하는 것으로 알려지고 있다. 예를 들어, 낙관성을 함양함으로써 우울증의 발병과 재발을 억제할 수 있는 것으로 밝혀졌다(Seligman et al., 1995). 청소년의 경우, 자원봉사와 같은 이타적 활동에 참여하거나 여가시간을 건설적으로 활용하는 것은 청소년의 반사회적 행동을 방지하는 데 중요하다(Eccles & Barber, 1999). 신체운동이나 예술활동에 대한 몰입 경험은 게임중독이나 약물중독을 약화시킬 수 있다. 심지어 스트레스에 대한 탄력성을 함양하거나 사회적 기술을 교육함으로써 정신분열증의 발병을 억제할 수도 있다(Seligman & Peterson, 2003). 이처럼 긍정적 특질과 강점들이 지니는 정신장애의 예방적 기능에 대한 연구가 필요하다. 다양한 정신장애의 발병을 억제하고 예방하는 심리적 강점들을 찾아내고 그 역할을 연구하는 것은 긍정 임상심리학의 주요한 과제이다.

인간의 삶을 총체적으로 이해하기 위해서는 긍정적 측면과 부정적 측면 모두에 대한 이해가 필요하다. 기존의 임상심리학은 정신장애의 발생에 영향을 미치는 부정적 요인에만 관심을 지녀왔다. 긍정 임상심리학은 정신장애의 발생과 억제에 긍정적 요인과 부정적 요인이 어떻게 상호작용하며 영향을 미치는지 연구해야 할 것이다.

아울러 긍정 임상심리학은 어떤 긍정적 특질을 지닌 사람이 어떤 긍정적 과정을 통해서 어떤 긍정적 결과를 나타내는지를 밝히는 데에 관심을 갖는다. 기존의 임상심리학에서는 취약성 요인을 지닌 사람이 병리적 과정을 거쳐 정신장애라는 부정적 결과를 나타내는 인과적 경로를 상당부분 밝혀냈다. 앞으로 긍정 임상심리학에서는 심리적 특질, 과

	개 인	환 경
부정적 요인	취 약 성	부정적 생활사건
긍정적 요인	심리적 강점	긍정적 생활사건 사회적 지지

〈그림 14-3〉 정신장애에 영향을 미치는 개인과 환경의 긍정적 요인과 부정적 요인(Snyder et al., 2003)

정, 결과의 세 측면에서 긍정적 요인과 부정적 요인들이 어떻게 상호작용하여 정신장애에 영향을 미치는지 밝힐 필요가 있다. 즉, 긍정적 요인(긍정적 특질, 긍정적 과정, 긍정적 결과)과 부정적 요인(부정적 특질, 부정적 과정, 부정적 결과)의 관계를 밝히는 것이다. 인간의 변화과정에 대한 정교한 설명체계를 구축하는 것은 정신장애를 예방하고 정신건강을 증진하는 이론적 바탕이 될 것이다.

마지막으로, 개인적 요인과 환경적 요인 모두에 대한 고려가 필요하다. 〈그림 14-3〉에서 볼 수 있듯이, 한 사람의 삶에는 개인과 환경의 긍정적 요인과 부정적 요인이 영향을 미친다. 이러한 네 가지 유형의 요인들이 정신장애의 발병과 억제에 어떤 영향을 미치는지 이해할 필요가 있다(Snyder et al., 2003). 그리고 이 네 요인들이 어떻게 상호작용하여 정신장애에 영향을 미치는지 밝히는 것 역시 긍정 임상심리학의 주요한 연구과제라고 할 수 있다.

5 긍정 심리치료

긍정 임상심리학은 정신장애의 치료에 있어서 기존의 심리치료와는 다른 방식의 접근을 시도한다. **긍정 심리치료**(positive psychotherapy)는 그 목표와 방법에 있어서 기존의 심리치료와 다르다. 기존의 심리치료가 부적응 증상의 제거에 초점을 맞추었다면, 긍정 심리치료는 증상 제거를 넘어서 행복 증진을 목표로 한다. 행복 증진을 통해서 부적응 증상을 극복할 수 있을 뿐만 아니라 증상 재발을 방지할 수 있다는 가정에 근거한다. 또한 긍정 심리치료는 긍정적 경험에 초점을 맞추면서 심리적 강점을 함양함으로써 내담자의 행복과 자기실현을 촉진한다(Seligman et al., 2006).

정신장애에 대한 기존의 심리치료나 약물치료는 증상을 경감시키는 데에 상당한 효과를 지니고 있지만 증상 재발을 방지하는 데에는 한계를 나타내고 있다. 따라서 최근에는 정신장애의 치료목표가 증상 제거를 넘어서 재발 방지로 확대되고 있다. 긍정 심리치료는 내담자의 행복을 증진하고 심리적 강점과 탄력성을 함양함으로써 재발을 방지하는 효과적인 방법이 될 수 있다.

긍정 임상심리학의 기본적 입장이 그러하듯이, 긍정 심리치료는 내담자의 부적응 상태를 평균적인 적응상태 또는 증상 부재상태로 개선할 뿐만 아니라 더 나아가서 최상의 기능상태로 향상시키는 것을 목표로 한다. 내담자가 자신의 심리적 강점을 발견하고 계발하여 잠재력을 최대한 발휘함으로써 행복하고 자기실현적인 삶을 살아가도록 돕는 것이다. 이렇게 부적응 상태의 극복을 넘어서 행복한 삶을 살아가도록 돕는 것이 좀 더 완전한 심리치료일 것이다.

긍정 심리치료의 효시는 30여 년 전으로 거슬러 올라갈 수 있다. 일찍이 Fordyce (1977)는 **행복 증진방법**(happiness intervention)을 개발하여 그 효과를 검증한 바 있다. 그가 제시한 행복 증진방법은 14개의 치료적 활동으로 구성되어 있다. 예를 들면, 좀 더 적극적으로 살아가기, 사교적 활동을 더 많이 하기, 의미 있는 일에 참여하기, 사랑하는 사람들과 좀 더 친밀하고 깊이 있는 관계 형성하기, 기대 수준을 적절하게 낮추기, 행복해지는 것을 우선시하기 등이 포함되었다. Fordyce(1983)에 따르면, 행복 증진 프로그램에 참여한 학생들은 통제집단보다 우울 증상을 덜 나타냈으며 더 높은 행복도를 보였다. 그러나 그 당시에 Fordyce의 시도는 심리치료 분야에서 커다란 주목을 받지 못했다.

최근에 다양한 형태의 긍정 심리치료가 개발되고 있다. 이러한 치료법들은 기존의 심리치료에 긍정 심리학적 요소를 추가한 보완적 형태에서부터 전적으로 긍정적 측면에만 초점을 맞추어 정신장애를 치료하려는 형태에 이르기까지 다양하다. 그 대표적인 치료법이라고 할 수 있는 삶의 질 치료(Frisch, 1998, 2006), 웰빙 치료(Fava, 1999; Fava & Ruini, 2003), 우울증의 긍정 심리치료(Seligman et al., 2006)를 살펴보기로 한다.

1) 삶의 질 치료

삶의 질 치료(Quality of Life Therapy)는 임상심리학자인 Frisch(1998, 2006)가 증상의 재발을 방지하기 위해서 개발한 긍정심리-지향적인 치료이다. 삶의 질 치료는 긍정 심리학과 인지치료의 접목을 통해서 삶의 만족도를 증진하고자 한다.

삶의 질 치료는 특정한 문제의 해결보다 인생 전반의 만족도 증진을 목표로 한다. 처음에는 우울증을 비롯한 정서장애의 치료를 위해서 개발되었지만, 현재 삶의 질 치료는 임상장면뿐만 아니라 비임상장면에서도 활용되고 있다. 임상장면에서는 정신장애를 지닌 환자뿐 아니라 신체적 질병이 있거나 수술을 받은 환자들에게도 적용되고 있다. 또한 삶의 만족도를 향상시키고자 하는 일반인에게도 적용되고 있으며, 이 경우에는 '삶의 질 코칭(Quality of Life Coaching)' 이라는 용어를 사용하기도 한다.

삶의 질 치료는 매주 1회씩 10~15회기 정도로 시행된다. 초기에는 내담자의 삶의 만족도를 평가한다. Frisch(1994, 2006)는 개인의 삶을 구성하는 16개의 영역(목표와 가치, 자기존중감, 건강, 사랑, 친구관계, 자녀관계, 부모 및 친척관계, 직업활동, 여가활동, 사회봉사, 새로운 학습, 창의성 발현, 돈과 생활 수준, 가정환경, 주거환경, 지역사회)을 구분하고 있다. 삶의 질 척도(Quality of Life Inventory; Frisch, 1994)를 통해서 전반적인 삶의 만족도뿐만 아니라 16개의 하위영역에 대한 만족도를 평가한다. 이러한 검사결과를 내담자와 함께 살펴보면서 상의한다.

아울러 치료자는 내담자로 하여금 자신이 소중하게 여기는 삶의 가치와 목표를 좀 더 분명하게 인식하도록 돕는다. 행복 파이 기법(Happiness Pie Technique)을 통해서 내담자가 16개 영역 각각에 대해 중요하게 여기는 정도와 우선순위를 정한다.

그러고 난 후에 중요도가 높지만 만족도가 낮은 삶의 영역에 초점을 맞추어 그 영역의 만족도를 향상시킬 수 있는 구체적인 목표와 실현방법을 함께 강구한다. 이를 위해서 삶의 질 치료는 **CASIO 모델**을 제시하고 있다. 이 모델은 전반적인 삶의 만족도에 영향을 미치는 요인들과 그 인과관계를 제시하고 있다. 첫째는 상황(Circumstances)으로서 내담자가 처해 있는 객관적인 삶의 여건이나 사건들을 의미한다. 둘째는 태도(Attitudes)로서 내담자가 자신의 상황에 대해서 지니는 지각과 인식을 뜻한다. 셋째는 기준(Standards)으로서 상황에 대한 평가를 의미한다. 상황에 대한 지각을 어떤 기준에 비추어 비교하느냐에 따라 평가가 달라질 수 있다. 넷째는 중요도(Importance)로서 평가된 삶의 영역이 얼마나 중요한지를 의미한다. 중요한 영역의 만족도가 낮을수록, 삶의 전반적 만족도는 저하될 것이다. 이러한 네 가지 요인들이 전반적 만족도(Overall satisfaction)에 영향을 미친다. 즉, CASIO 모델은 이러한 요인들의 인과적 관계를 상황, 태도, 기준, 중요도, 전반적 만족도의 순서로 배열하고 있다. 치료자는 삶의 질을 향상시키기 위해서 각 영역의 상황, 태도, 기준, 중요도, 만족도를 변화시킬 수 있는 방법을 내담자와 함께 모색한다.

일반적으로 치료자는 내담자와 함께 지난 한 주의 삶을 살펴보고 난 후에 회기마다 다룰 의제를 정한다. 그 시간의 의제를 CASIO 모델에 근거하여 구체적인 목표와 개선방법을 함께 논의한다. 치료자뿐만 아니라 내담자는 이러한 개선방법과 계획을 자신의 기록지에 기록한다. 그리고 이렇게 수립된 계획을 실천하는 일이 과제로 주어진다. 내담자에게는 **일일 활동 계획표**(Daily Activity Plan)를 작성하도록 격려한다. 이러한 계획표에는 매주 해야 할 일과 우선순위, 매일의 활동계획 그리고 실제의 활동을 기록하게 된다.

삶의 질 치료는 행복과 강점의 향상을 촉진하는 다양한 긍정적 신념(부정적 인지도식이나 신념에 상반되는 건강한 신념)을 내담자에게 전달하고 숙지시킨다. 예를 들면, "변화시킬 수 없는 것은 수용하라." "한 번에 하나씩 시도하라." "매일 짧은 휴가(15분 또는 30분)를 가져라." "일거리를 집으로 가져가지 말라." "과거의 아픔으로부터 교훈을 배우라." "당신이 하고 있는 일을 사랑하라." "현재 하고 있는 일에서 소중한 의미를 찾아보라." "지금 있는 이대로의 나 자신을 소중한 존재로 여기고 사랑하라." 등과 같은 다양한 신념과 방침을 제시한다. 삶의 질 치료는 내담자로 하여금 자신의 삶에서 추구하는 목표를 구체적인 하위목표로 세분하고 그러한 목표를 달성할 수 있도록 도움으로써 전반적인 삶의 만족도를 증진시킨다. 이를 위해서 내담자에게 긍정적인 신념과 생활관리 방법을 교육하고 실천하도록 격려한다.

삶의 질 치료는 우울증을 비롯한 정서장애뿐만 아니라 신체적 질병을 지닌 사람들에게 도움을 주는 것으로 보고되고 있다. 한 연구에서는 우울증을 지닌 16명에게 삶의 질 치료를 시행한 결과, 모두 임상적으로 우울하지 않은 상태로 개선되었으며 전반적인 삶의 질이 증가했을 뿐만 아니라 6개월 후의 추수단계에서도 1명을 제외한 15명에게서 치료효과가 지속되었다(Grant, Salcedo, Hynan, & Frisch, 1995). 또한 폐 이식수술을 기다리고 있는 환자들을 대상으로 삶의 질 치료를 시행한 결과, 치료집단은 통제집단에 비해서 전반적인 삶의 질이 향상되었을 뿐만 아니라 기분과 친밀감이 호전되어 간병인과의 관계가 더 원만해진 것으로 나타났다(Rodrigue, Baz, Widows, & Ehlers, 2005).

2) 웰빙 치료

웰빙 치료(WBT: well-being therapy)는 이탈리아의 임상심리학자인 Fava와 그의 동료들(Fava, Rafanelli, Cazzaro, Conti, & Grandi, 1998; Fava & Ruini, 2003)이 Ryff의 심리적 안녕 모델에 근거하여 개발한 긍정 심리치료라고 할 수 있다. 주로 인지행동치료의 기법을 사용하여 긍정적인 사고와 행동을 증진시킴으로써 심리적 안녕의 6개 차원(환경의 통제, 타인과의 긍정적 관계, 자율성, 개인적 성장, 인생의 목적, 자기수용)을 향상시키는 것을 목표로 삼는다. 웰빙 치료는 심리적 안녕의 증가가 개인을 만성 또는 급성 스트레스로부터 보호하는 예방적 기능을 지닌다는 연구결과에 근거하고 있다(Ryff & Singer, 1998, 2000).

처음에 웰빙 치료는 정서장애(우울증이나 불안장애)의 재발을 방지하기 위한 목적으로 개발되었다. 인지행동치료를 시행하여 정서장애 증상이 어느 정도 완화되면, 재발을 방지하기 위해서 웰빙 치료를 추가로 시행하였다. 특히, 약물치료나 다른 심리치료로 잘 호전되지 않는 정서장애 환자의 경우에 인지행동치료와 함께 웰빙 치료가 시행되었다. 그러나 최근에는 웰빙 치료가 다양한 정신장애의 치료에도 적용되고 있으며 상당히 유망한 치료효과를 거두었다고 보고되고 있다.

웰빙 치료는 매주 또는 격주로 8회에 걸쳐 시행되는 구조화된 단기 심리치료이다. 각 회기는 30~50분씩 진행된다. 그러나 회기 수나 시간은 환자의 욕구나 협조적인 정도에 따라 달라질 수 있으며 어떤 경우에는 12~16회에 걸쳐 시행되기도 한다. 치료과정에서 일반적으로 이루어지는 활동은 크게 세 단계로 나누어볼 수 있다.

초기 회기에 치료자는 환자와의 긍정적 관계 형성과 더불어 구조화된 기록지를 통해 환자로 하여금 웰빙 경험에 주의를 기울이도록 유도한다. 이를 위해서 〈표 14-1〉과 같은 구조화된 기록지를 사용하여 웰빙 경험을 기록하고 긍정적 감정의 수준을 0~100 척도로 평정하게 한다. 이러한 방법은 생활 속에서 접하게 되는 웰빙 경험을 포착하는 연습을 통해서 즐거운 기분을 느끼는 능력을 향상시키기 위한 것이다. 초기 회기는 환자의 협조적 태도 여부에 따라 그 기간이 달라질 수 있지만 평균적으로 2회 내외이다.

표 14-1 웰빙 경험 기록지의 예

일 시	상 황	웰빙 감정	강도
5월 1일	고모 집을 방문했는데, 가족들이 나를 환영하며 잘 보살펴주었다.	사랑받는 느낌 즐겁고 유쾌함	30 60
5월 2일	TV에서 감동적인 영화를 보았다.	헌신에 대한 감동	45
5월 3일	제출한 보고서에 대해서 교수님으로부터 칭찬을 받았다.	뿌듯함 유능감	40 30

환자가 웰빙 경험을 비교적 잘 포착하여 기록하게 되면, 중반 회기로 이행된다. 중반 회기에서는 크게 세 가지의 작업이 이루어진다. 첫째는 웰빙 경험을 방해하는 사고나 신념을 변화시키는 일이다. 이를 위해서 환자로 하여금 웰빙 경험을 방해하는 사고나 신념을 찾도록 격려한다. 예를 들어, 〈표 14-1〉에서 제시된 고모집 방문 경험의 경우, 사랑받는 느낌이 30점에 머무른 이유는 "아마도 내가 선물을 가져갔기 때문에 반겼을 것이다."라는 생각이 웰빙 경험을 냉각시켰기 때문일 것이다. 이것은 인지치료에서 다루는 부정적인 자동적 사고나 REBT의 비합리적 신념에 해당된다. 이 단계에서 치료자는 심리적 웰빙의 어떤 영역이 이러한 비합리적인 사고에 의해서 침해당하는지 또는 침해당하지 않는지를 파악하는 것이 중요하다. 치료자는 "그러한 생각의 근거가 무엇인가? 흑백논리에 의한 생각은 아닐까?"와 같은 물음을 통해서 이러한 사고에 대해서 적절하게 도전한다.

중기단계에서 치료자가 하는 두 번째 작업은 웰빙 경험을 촉발하는 활동을 하도록 강화하고 격려하는 일이다. 치료자는 심리적 웰빙의 6개 차원을 증진시킬 수 있는 구체적인 활동들을 환자와 함께 상의하고 계획한다. 예를 들어, 오래도록 만나지 못한 친한 친구를 만나는 일을 계획한다. 연락을 하여 약속을 하고 만나서 하게 될 즐거운 일들을 계획한다. 또는 매일 특정한 시간에 유쾌한 활동(운동, 음악듣기, 책읽기, 글쓰기, 대화하기 등)을 하도록 계획한다. 그리고 이러한 계획들을 실제로 행동에 옮기는 과제를 부여한다. 이러한 과제는 하기 쉬운 것부터 점차 복잡한 일로 옮겨가는 점진적 과제할당법을 통해서 이루어질 수 있다.

웰빙 치료의 초점은 웰빙 경험을 증가시킬 뿐만 아니라 웰빙 경험에 대한 자각을 증가시키는 것이다. 환자로 하여금 웰빙 경험의 순간과 감정을 스스로 관찰하도록 격려하는 것이 중기단계에서도 중요하다. 웰빙 경험 기록지를 꾸준히 기록하고 새로운 웰빙 경험을 시도하면서 그 즐거움을 체험하도록 격려한다. 이러한 중반단계는 환자의 동기와 능력에 따라 기간이 달라질 수 있지만 보통 3회 내외이다.

환자가 웰빙 경험의 순간을 어느 정도 잘 포착하게 되면, 치료자는 Ryff의 심리적 안녕 모델에 따라 어떤 차원에 문제가 있는지를 탐색한다. 이때 Ryff의 심리적 안녕 척도(Psychological Well-being Inventory; Ryff & Singer, 1996)를 시행할 수도 있다. 기록지의 자료에 근거하여 환자에게 심리적 안녕의 여섯 차원을 설명해준다. 예를 들어, 만약 환자가 어떤 특정한 영역(예: 자율성이나 개인적 성장)에 어려움을 나타낸다면, 그 영역에 대해서 자세하게 설명을 한다. 자율성이란 어떤 행동을 스스로 자유롭게 선택하여 결정한다는 느낌을 말하는 반면, 개인적 성장은 새로운 경험을 통해서 자신이 발전하고 있다는 느낌이라고 설명해준다. 그런 다음에, 기록지 자료에 근거하여 사고의 오류나 대안적 해석에 대해서 논의한다. 이를 통해서 치료자는 환자의 심리적 안녕 6개 차원이 저하된 수준에서 적절한 수준으로 향상되도록 돕는다.

웰빙 치료는 다양한 정신장애에 적용되었으며 상당히 유망한 치료효과가 보고되고 있다. 우선, 웰빙 치료는 정서장애의 잔여증상을 감소시키는 데에 효과적인 것으로 나타났다. 주요 우울장애, 공황장애, 사회공포증, 강박장애 등과 같은 정서장애의 경우, 인지행동치료나 약물치료를 통해서 비교적 성공적으로 치료되었지만 여전히 잔여증상을 지니고 있는 환자를 대상으로 웰빙 치료를 시행한 결과, 잔여증상이 감소했을 뿐만 아니라 치료 후의 치료효과나 심리적 웰빙이 인지행동치료만을 받은 집단에 비해서 더 오래도록 잘 유지되었다(Fava et al., 1998).

또한 웰빙 치료는 우울증 재발 방지에도 효과적인 것으로 보고되었다. 세 번 이상 우울증이 재발된 환자에게 인지행동치료와 웰빙 치료를 함께 시행한 결과, 약물치료를 받은 통제집단에 비해서 1년 후의 재발률이 현저하게 낮았다. 통제집단의 경우 재발률이 80%인 반면, 인지행동-웰빙 치료를 받은 집단은 25%의 재발률을 보였다(Fava, Ruini, Rafanelli, & Grandi, 2002).

행복 경험을 증진함으로써 심리적 부적응과 장애를 극복할 수 있다.

3) 우울증의 긍정 심리치료

Seligman 등(2006)은 우울증을 치료하기 위한 긍정 심리치료를 개발하여 보고한 바 있다. 삶의 질 치료나 웰빙 치료와 달리, 긍정 심리치료는 재발 방지를 위해 기존의 심리치료를 보완하는 것이 아니라 대안적 치료방법으로 개발되었다. 즉, 긍정 심리치료는 우울 증상에 초점을 맞추는 대신 처음부터 내담자의 긍정적 감정과 행복감을 높이는 데에 초점을 맞추고 있다.

긍정 심리치료는 Seligman(2002b)의 행복관에 근거하고 있다. 그에 따르면, 행복한 삶은 세 가지의 측면, 즉 즐거운 삶, 적극적인 삶, 의미 있는 삶을 영위하는 것이다. 달리 말하면, 진정한 행복을 위해서는 긍정적 감정, 활동에의 몰입, 삶의 의미가 중요하다. 개인이 지닌 대표 강점을 발견하고 계발하여 이를 인간관계, 직업, 자녀양육, 여가 등과 같이 중요한 생활장면에서 발휘함으로써 진정한 행복을 얻을 수 있다. 긍정 심리치료는 긍정적 감정, 적극적 활동, 삶의 의미를 육성함으로써 우울증이 효과적으로 치료될 수 있을 뿐만 아니라 재발을 방지할 수 있다는 가정에 근거하고 있다.

Seligman 등(2006)은 긍정 심리치료의 효과를 검증한 두 개의 연구결과를 소개하고 있다. 그 하나는 중증도 이하의 우울증을 겪고 있는 대학생들을 대상으로 실시되었다. 긍정 심리치료는 매주 2시간씩 6주 동안 집단치료의 형태로 시행되었다. 각 회기의 주요

내용은 〈표 14-2〉와 같다.

각 집단은 8~11명의 대학생으로 구성되었으며, 매 치료회기마다 지난 주의 활동에 대한 집단토론과 더불어 이번 주의 활동에 대한 구체적인 소개와 논의가 이루어졌다. 매주 참여자에게는 과제가 주어졌으며 그 결과를 가지고 와서 집단에서 논의하도록 했다. 모두 40명(치료집단 19명, 통제집단 21명)의 대학생들이 참여했으며, 치료 전후에 이들의 우울증 심각도(BDI-II)와 삶의 만족도(SWLS)를 평가하였다. 긍정 심리치료를 받은 대학생들은 아무런 치료를 받지 않은 통제집단에 비해서 우울증이 현저하게 호전되었을 뿐만 아니라 삶의 만족도 역시 증가되었다. 치료를 시작하기 전에 측정된 치료집단의 BDI 평

표 14-2 우울한 대학생을 대상으로 한 긍정 심리치료의 회기별 치료내용

1회: 강점 활용하기
VIA-IS 검사를 사용하여 내담자마다 5개의 대표 강점을 찾도록 하고 그러한 대표 강점들을 일상생활에서 더 많이 활용하는 방법을 논의한다.

2회: 긍정 경험 주목하기
최근에 경험한 즐거운 일들을 살펴보고 이야기한다. 그리고 매일 밤에 그날의 즐거웠던 경험 세 가지와 그러한 일이 생겨난 과정을 글로 써본다.

3회: 인생의 의미와 목적 발견하기
만약 보람 있고 만족스러운 삶을 살다가 죽게 된다면, 자신의 묘지명이나 지역신문의 사망기사에 어떤 내용이 기록되기를 원하는지 논의한다. 또는 인생의 말년에 자서전을 쓰게 된다면, 어떤 내용이 포함되기를 원하는지 살펴본다.

4회: 감사하기
감사한 마음을 지니고 있지만 아직 제대로 감사함을 표현하지 못한 사람에 대해서 생각해본다. 그리고 그러한 사람들에게 감사의 편지를 써보고, 만약 가능하다면, 그들에게 감사의 편지를 전하거나 전화를 하는 등 감사의 표현을 한다.

5회: 건설적인 행동하기
다른 사람과의 관계나 학업적 성취를 개선할 수 있는 긍정적인 행동들을 적극적인 방식으로 실행하도록 계획하고 격려한다. 적어도 하루에 한 번 이상 알고 있는 사람에게 건설적인 행동을 해본다.

6회: 음미하고 향유하기
평소에 바쁘게 서둘러서 하는 일(예: 식사하기, 샤워하기, 교실로 걸어가기)을 음미하며 즐길 수 있는 시간을 가져본다. 그러한 일이 끝났을 때, 서둘러 할 때와 비교해서 다른 점이 무엇이었으며, 어떻게 달리 느껴졌는지를 기록해본다. 하루에 한 번 이상 즐거운 경험을 음미하고 기록한다.

균 점수는 14.94였는데, 치료 후에는 9.57로 저하되었으며 1년 후의 추수단계에서는 7.57점으로 감소하였다. 반면에, 치료 전에 측정된 SWLS 점수는 12.25였는데, 치료 후에는 14.29로 증가했으며 1년 후에는 23.80로 현저하게 상승하였다. 반면에, 통제집단은 우울 증상의 변화가 없었다. 별다른 추수회기가 없었음에도 불구하고 치료효과가 1년 이후까지 증가하는 추세를 보였다.

Seligman 등(2006)은 주요 우울장애를 지닌 내담자를 대상으로 실시한 긍정 심리치료의 효과를 보고하고 있다. DSM-IV에 따라 주요 우울장애로 진단된 내담자 45명을 세 집단으로 나누어 긍정 심리치료, 전통적 심리치료, 약물치료를 각각 시행하였다. 심한 우울증 내담자를 대상으로 했기 때문에 이 연구에서 긍정 심리치료는 12~14주로 연장되어 실시되었다. 회기별 주된 치료내용은 〈표 14-3〉과 같다.

표 14-3 심한 우울증 내담자를 대상으로 한 긍정 심리치료의 회기별 치료내용

1회: 긍정 심리치료 소개하기
긍정적 감정, 성격적 강점, 인생의 의미를 지니지 못할 때 우울증과 공허감이 지속된다는 점을 논의한다. 긍정 심리치료의 구조 그리고 치료자와 내담자의 역할에 대해서 논의한다. (과제: 내담자의 심리적 강점을 잘 나타내는 구체적인 사건을 한 페이지 정도로 기록한 자기소개서를 쓴다.)

2회: 대표 강점 발견하기
내담자는 자기소개서로부터 자신의 대표 강점을 찾아내고, 그러한 대표 강점을 통해서 도움을 받았던 사건들을 이야기한다. 행복에 이르는 세 가지 길, 즉 즐거운 삶, 적극적인 삶, 의미 있는 삶에 대해서 논의한다. (과제: 내담자는 온라인으로 VIA-IS 질문지에 응답하여 자신의 대표 강점을 확인한다.)

3회: 대표 강점과 긍정적 감정 함양하기
대표 강점을 계발하고 활용하는 구체적인 방안에 대해서 논의하고 치료자로부터 코칭을 받는다. 아울러 긍정적 감정이 행복에 미치는 역할을 논의한다. (과제: 매일 일어난 세 가지 좋은 일을 기록하는 축복 일기를 쓰기 시작한다.)

4회: 긍정적 기억과 부정적 기억
긍정적 기억과 부정적 기억이 우울증 유지에 미치는 역할을 논의한다. 내담자가 지니고 있는 분노와 원망의 감정을 표출하도록 격려한다. 분노나 원망을 마음속에 지니고 있는 것이 우울증과 행복에 어떤 영향을 미치는지 논의한다. (과제: 내담자는 세 가지의 나쁜 기억들, 그와 관련된 분노 그리고 그것이 우울증에 미치는 영향을 써본다.)

5회: 용서하기
용서와 그 방법에 대해서 논의한다. 용서하기는 분노와 원망을 중성 감정으로 변화시키거나 때로는 오히려 긍정적 감정으로 변화시킬 수 있는 강력한 도구로서 도입된다. (과제: 내담자는 피해를 입은 경험, 그와 관련된 감정 그리고 피해를 준 사람을 용서하는 내용을 담은 편지를 쓴다. 하지만 그 편지를 보내지는 않는다.)

6회: 감사하기
감사한 마음을 지니고 있지만 아직 제대로 감사함을 표현하지 못한 사람에 대해서 생각해본다. 감사하기가 긍정적 또는 부정적 기억에 어떤 영향을 주는지 살펴본다. (과제: 감사의 표현을 하지 못한 사람들에게 감사의 편지를 써서 보낸다.)

7회: 치료과정 점검하기
용서와 감사 과제를 함께 다루어주고 계속하도록 한다. 아울러 긍정적 감정을 더 많이 느끼는 것이 중요하다는 점을 논의한다. 내담자들로 하여금 축복 일기를 가져와서 그 효과를 논의하도록 격려한다.

8회: 만족감 키우기
기대하는 최선의 결과가 아니더라도 "그만하면 괜찮은" 수준에서 만족할 수 있음을 논의한다. 최종적인 결과보다 즐거움과 열정을 지니고 임함으로써 만족을 얻도록 격려한다. (과제: 만족감을 증가시키는 방법들을 써보고 구체적인 실천계획을 세운다.)

9회: 낙관주의와 희망 키우기
내담자로 하여금 과거에 겪은 상실, 실패, 거부 경험들을 생각해보도록 한다. 그런 다음 그러한 경험의 긍정적 측면이나 해결방법을 살펴보도록 요청한다. (과제: 내담자는 어떤 사건의 부정적 측면 세 가지와 긍정적 측면 세 가지를 찾아본다.)

10회: 사랑과 친밀감 증진하기
다른 사람에 대해서 건설적이고 적극적으로 반응하는 방법에 대해서 논의한다. 내담자들로 하여금 자신에게 중요한 사람들의 대표 강점을 찾아보도록 한다. (과제 1: 다른 사람이 내담자에게 전달하는 긍정적 사건에 대해서 건설적인 반응을 해본다. 과제 2: 내담자는 자신의 강점과 더불어 중요한 타인의 강점을 함께 칭찬하는 만남을 주선한다.)

11회: 강점의 가계도 만들기
가족구성원의 대표 강점이 어떤 것인지를 살펴보는 동시에 그들의 대표 강점을 아는 것이 왜 그리고 얼마나 중요한지를 논의한다. (과제: 가족들이 온라인으로 VIS-IS를 해보도록 권유하고, 가족 모두의 대표 강점을 표시한 가계도를 그려본다. 가족구성원의 강점을 논의하는 가족 모임을 주선해 본다.)

12회: 향유 및 음미하기
생활 속의 즐거움을 자각하고 그러한 경험이 지속될 수 있는 다양한 향유방법을 소개하고 논의한다. (과제: 즐거운 활동 계획을 세우고, 계획한 대로 그 일을 시행한다.)

13회: 시간이라는 선물 선사하기
경제적 상황이 좋지 않더라도 내담자는 가장 소중한 '시간' 을 선물로 줄 수 있는 능력을 지닌다. 자신보다 더 큰 어떤 것(가족, 직장, 지역사회 등)을 위해서 봉사하는 시간을 선물로 선사하기 위해서 대표 강점을 사용하는 방법을 논의한다. (과제: 아동에 대한 상담이나 과외지도, 사회봉사활동과 같이 대표 강점을 활용할 수 있는 어떤 일을 함으로써 시간이라는 선물을 선사한다.)

14회: 충만한 삶 살아가기
즐거운 삶, 적극적인 삶, 의미 있는 삶이 통합되어 충만한 삶을 이루게 되는 점을 논의한다. 내담자에게 우울증 척도를 비롯한 심리검사를 실시한다. 아울러 앞으로의 적응과정을 다시 한 번 검토하고 치료효과와 그 유지를 위한 논의를 한다.

전통적 심리치료 집단은 절충적 형태의 심리치료를 받았으며, 약물치료 집단은 항우울제의 투여와 더불어 전통적 심리치료를 함께 받았다. 모든 집단에게는 치료 전후에 우울증상을 비롯한 다양한 측면의 심리검사가 실시되었다. 치료효과에 대한 주요 결과는 다음과 같다.

첫째, 자기보고형 검사에서 나타난 치료효과는 긍정 심리치료 집단이 다른 두 집단보다 유의미하게 우월했다. 둘째, 임상가에 의한 평정 척도에서는 긍정 심리치료가 전통적 심리치료보다 우월한 것으로 나타났다. 셋째, 증상이 현저하게 호전된 환자의 수에 있어서도 긍정 심리치료(11명 중 7명: 64%)가 전통적 심리치료(9명 중 1명: 11%)이나 약물치료/심리치료(12명 중 1명: 8%)보다 현저하게 우수했다. 이러한 결과는 전반적으로 긍정 심리치료의 효과가 다른 두 치료보다 우수한 것을 보여준다. 긍정적 감정, 적극적 참여, 의미의 발견을 체계적으로 증진함으로써 단극성 우울증을 효과적으로 치료할 수 있음을 보여주는 것이다.

6 긍정 예방: 행복과 정신건강의 증진

긍정 임상심리학의 주요한 관심사는 정신장애의 예방이다. 기존의 질병모델은 정신장애의 예방을 위해서 적절하지 않다고 여겨지고 있다. 긍정 심리학은 정신장애를 좀 더 효과적으로 예방할 수 있는 대안적 모델의 기초가 되고 있다. 긍정 임상심리학에서는 개인의 행복 증진과 강점 함양을 통해 정신장애의 발생을 억제하고자 하는 정신건강의 성장모델에 근거한다. 앞장에서 소개한 바 있듯이, 성장모델은 개인의 긍정적 성품과 강점을 함양하여 정서적·심리적·사회적 안녕을 증진함으로써 정신장애를 예방하고자 한다.

긍정 임상심리학은 정신장애의 억제뿐만 아니라 긍정적 정신건강을 증진하는 데에 깊은 관심을 지니고 있으며 이를 **긍정 예방**(positive prevention)이라고 한다. 기존의 예방이 정신장애의 취약성을 억제하는 데에 초점을 맞추었다면, 긍정 예방은 심리적 강점과 덕성의 계발을 통해 행복과 자기실현을 촉진하는 데에 초점을 맞춘다. 긍정 임상심리학은 아동과 청소년, 성인, 노년을 대상으로 그 발달단계에 적절한 긍정적 개입을 통해서 정신장애의 예방과 더불어 개인의 행복과 성장을 촉진하고자 한다.

정신장애의 예방

정신건강 분야에서의 예방은 정신장애의 발생을 억제할 뿐만 아니라 그 악영향을 최소화하기 위한 전반적 노력을 포함하며 일차 예방, 이차 예방, 삼차 예방으로 구분된다. **일차 예방**(primary prevention)은 정신장애가 발생하는 것을 막기 위한 노력을 의미한다. 이러한 예방활동이 지역사회의 모든 사람을 대상으로 이루어질 경우에는 **전반적 예방**(universal prevention)이라고 부르는 반면, 취약성을 지닌 일부 집단을 대상으로 할 경우에는 **선별적 예방**(selective prevention)이라고 한다. **이차 예방**(secondary prevention)이란 정신장애가 발생했을 때 그러한 장애를 초기에 발견하여 치료하려는 노력을 말한다. 정신장애가 이미 발생했지만 심각한 상태로 진전되기 전에 치료를 함으로써 그 영향을 최소화하려는 노력이다. **삼차 예방**(tertiary prevention)은 정신장애가 이미 상당히 심각한 만성적 상태에 이른 경우 더 이상의 악화를 막고 합병증을 최소화하기 위한 노력들을 말한다. 삼차 예방의 주된 목적은 재활이라고 할 수 있다. 심리치료는 이차 예방과 삼차 예방에 해당된다.

예를 들어, 부부불화의 경우 이러한 세 가지 예방을 적용하면 다음과 같다. 부부간에 대화시간을 자주 갖고 사랑을 나누는 것은 부부불화를 막기 위한 일차 예방이라고 할 수 있다. 왜냐하면 평소에 부부가 자주 대화를 하여 서로에 대한 이해와 믿음이 돈독하다면 부부싸움을 하게 될 이유가 없기 때문이다. 그러나 만약 부부가 사소한 싸움을 하게 되었다면, 그 싸움이 심각한 갈등으로 확대되지 않도록 취하는 조치들이 이차 예방이라고 할 수 있다. 서로 냉정하게 생각해보는 시간을 갖거나 친구가 개입하여 중재하는 것이 이에 해당할 것이다. 하지만 부부싸움이 확대되어 심각한 상태에 이르렀다면, 그러한 싸움이 가족 전체의 불화, 직장에서의 부적응, 건강상의 문제로 확산되지 않도록 어떤 한계 내에서 종결되도록 노력하는 것은 삼차 예방이라고 할 수 있다.

예술적 창의성의 발현을 통해 우울증을 극복한 사례

68세의 Elizabeth Layton 할머니는 전업주부이며 캔자스의 작은 마을에서 여생을 보내고 있었다. 그녀는 심한 우울증을 앓고 있었으며, 지난 30년 동안 약물 및 전기충격 치료를 포함한 모든 종류의 치료를 받았지만 별 효과를 보지 못했다. 막내아들이 질병으로 세상을 떠나자 우울증은 극도로 악화되었으며 수차례 자살을 기도하는 등 불행한 삶을 살고 있었다.

그러나 동생의 권유로 미술교실에 등록하면서 상황은 달라졌다. 그녀는 대단한 재능과 열정을 보이며 죽음, 슬픔, AIDS, 전쟁, 상업주의 및 사회적 문제들에 대한 작품들을 그려나갔으며 삶의 의미를 찾기 시작했다. 그녀의 작품들은 지역 갤러리와 미술관에 전시되기 시작했으며, 나중에는 미국 전역에 걸쳐 순회전시회를 갖게 되었다. 1993년에 숨질 때까지 그녀는 1,000점에 가까운 작품을 그렸으며 미국 전역의 팬들에게 깊은 감동을 심어주었다.

Elizabeth는 미켈란젤로나 피카소와 같이 역사에 기록되지는 않을 것이다. 그것은 그녀가 원했던 것이 아니며 긍정 심리학의 입장에서 보면 그녀의 예술적 업적 자체가 중요한 것은 아니다. 중요한 것은 예술적 창의성을 통해서 그녀가 마지막 15년 동안 이전의 삶에서 느끼지 못했던 기쁨과 목적의식을 가지고 살았다는 점이다. 게다가 그러한 목적의식을 지니고 살아가는 과정에서 그녀는 다른 사람들에게도 행복과 의미를 심어줄 수 있었다. Elizabeth의 삶은 개인이 지닌 재능과 강점을 발현함으로써 우울증의 늪에서 벗어나 행복하고 의미 있는 삶을 살 수 있다는 점을 잘 보여주고 있다(Layton, 1984).

긍정 예방: 정신건강의 증진

긍정 임상심리학은 적극적인 의미의 예방, 즉 긍정 예방을 지향한다. 긍정 예방은 정신장애의 취약성보다 행복과 자기실현을 위한 심리적 강점에 초점을 맞춘다. 사실, 예방이라는 용어는 장애가 발생하지 않도록 억제한다는 소극적인 의미를 담고 있다. 긍정 예방은 좀 더 적극적인 의미를 지니고 있으며 정신장애의 억제보다 정신건강의 증진에 주된 관심을 지닌다. 예방(prevention)이 질병이나 장애와 같은 부정적 상태의 발생을 억제

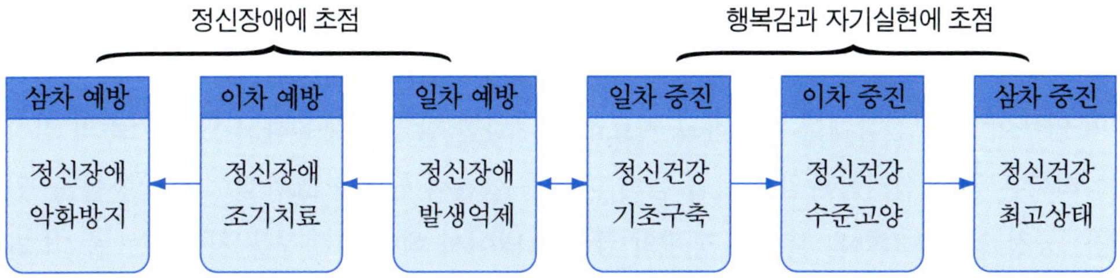

〈그림 14-4〉 예방과 증진의 다양한 기능

하는 소극적 활동이라면, 증진(enhancement)은 행복이나 성취와 같은 긍정적 상태의 발생을 촉진하는 적극적 활동을 뜻한다(Snyder & Lopez, 2007).

〈그림 14-4〉에서 볼 수 있듯이, 긍정적 정신건강의 증진 역시 다양한 활동으로 구분될 수 있다. 일차 증진(primary enhancement)은 개인이 행복한 삶을 살도록 돕는 노력을 의미한다. 이러한 노력은 주관적 행복에 초점을 맞추어 개인의 욕구가 잘 충족되어 만족감을 느끼도록 돕는 쾌락적 일차 증진(hedonic primary enhancement)과 개인의 효과적인 기능 수준에 초점을 맞추어 추구하는 목표가 잘 달성되도록 돕는 자기실현적 일차 증진(eudaemonic primary enhancement)으로 구분될 수 있다. 쾌락 추구와 자기실현 추구는 각기 다른 동기라는 점이 요인분석 연구를 통해서 확인된 바 있다(Compton, Smith, Cornish, & Quails, 1996; Keyes, Shmotkin, & Ryff, 2000). 이차 증진(secondary enhancement)은 이미 구축된 어느 정도의 행복 수준을 더 높은 수준으로 끌어올리는 노력을 뜻한다. 일차 증진을 통해서 기초적인 만족과 성취에 이르게 된 후에 더 나은 상태를 위해서 취해지는 노력이 이차 증진이라고 할 수 있다. 삼차 증진(tertiary enhancement)은 행복을 최고의 수준으로 끌어올릴 뿐만 아니라 이러한 상태를 유지하면서 다양한 삶의 영역으로 확산되도록 노력하는 것을 의미한다.

긍정 임상심리학은 정신장애의 예방활동뿐만 정신건강의 증진활동에 깊은 관심을 지닌다. 즉, 정신장애로 인한 부적응적 상태를 평균적인 적응상태로 변화시키는 노력뿐만 아니라 정상적이고 평균적인 적응상태를 좀 더 행복하고 생산적인 상태로 유도하고 개인의 잠재력을 최대한 발현할 수 있도록 돕는 일에 기여한다. 이를 위해서 행복 증진과 강점계발을 위한 효과적인 개입방법을 개발하고 그 효과를 검증하는 노력이 필요하다.

긍정 심리학은 정신건강이라는 의료관리 시스템을 넘어서 아동 발달, 교육, 직업, 여가와 관련된 학문분야이다. 인생의 모든 영역에서 인간의 삶을 개선시키는 것은 심리학의 임무이다. 정신장애를 진단하고 치료하는 다양한 방법을 보유하고 있는 기존의 임상심리학은 긍정 심리학과의 접목을 통해 이러한 실천적 활동을 효과적으로 실행할 수 있다. 긍정 임상심리학은 불행과 장애의 극복을 넘어서 행복과 성장을 지향하는 좀 더 완전한 치료와 예방 그리고 정신건강 증진을 통해서 모든 사람들에게 도움을 주는 역할을 해야 할 것이다.

요 약

1. 긍정 심리학이 가장 효과적으로 응용될 수 있는 분야는 임상심리학이다. 긍정 임상심리학은 개인의 심리적 강점을 함양하고 행복을 증진함으로써 정신장애를 치료하거나 예방하는 응용심리학이다. 인간의 긍정적 측면, 즉 성격적 강점과 덕성을 계발함으로써 정신장애를 완화시킬 뿐만 아니라 개인의 행복과 자기실현을 지원하고자 한다.
2. 긍정 임상심리학의 주요한 과제는 인간이 지니는 긍정적 특질의 연구와 측정 그리고 함양이다. 우선 인간의 성격적 강점과 덕성에 대한 신뢰로운 분류체계를 구축함으로써 임상가 간의 원활한 의사소통을 증진하고 체계적인 연구를 촉진해야 한다. 나아가서 개인의 강점을 평가하고 향상시키는 실제적 활동을 지원한다.
3. 긍정 임상심리학은 정신장애의 발병, 악화 그리고 재발을 억제하거나 예방할 수 있는 긍정적인 심리적 요인에 관심을 지닌다. 다양한 정신장애의 발병을 억제하고 예방하는 심리적 강점들을 찾아내고 그 역할을 연구하는 것은 긍정 임상심리학의 주요한 과제이다.
4. 긍정 임상심리학은 행복 증진과 강점 함양을 목표로 하는 긍정 심리치료를 지향한다. 최근에 개발된 대표적인 긍정 심리치료에는 삶의 질 치료, 웰빙 치료, 우울증의 긍정 심리치료가 있다.
5. 삶의 질 치료(Quality of Life Therapy)는 증상의 재발을 방지하기 위해서 개발한 긍정심리 지향적인 치료로서 긍정 심리학과 인지치료의 접목을 통해서 삶의 만족도를 증진하고자 한다.

6. 웰빙 치료(WBT: well-being therapy)는 Ryff의 심리적 안녕 모델에 근거하여 개발한 긍정 심리치료이다. 인지행동치료의 기법을 사용하여 긍정적인 사고와 행동을 증진시킴으로써 심리적 웰빙의 6개 차원을 향상시키는 것을 목표로 삼는다.
7. 우울증의 긍정 심리치료는 Seligman의 행복관에 근거하여 긍정적 감정, 적극적 활동, 삶의 의미를 육성함으로써 우울증을 치료할 뿐만 아니라 재발 방지를 위해 개발되었다. 긍정 심리치료는 단극성 우울증의 치료와 예방에 효과적인 것으로 알려져 있다.
8. 긍정 임상심리학의 주요한 관심사는 정신장애의 예방이다. 긍정 임상심리학은 정신건강의 성장모델을 지향하며 이러한 실제적 활동을 긍정 예방이라고 한다. 정신장애의 취약성을 억제하는 데에 초점을 맞추었던 과거의 예방과 달리, 긍정 예방은 심리적 강점과 덕성의 계발을 통해 행복과 자기실현을 촉진하는 데에 초점을 맞춘다. 긍정 임상심리학은 아동과 청소년, 성인, 노년을 대상으로 그 발달단계에 적절한 긍정적 개입을 통해서 정신장애의 예방과 더불어 개인의 행복과 성장을 촉진하고자 한다.
9. 긍정 임상심리학에서는 장애의 억제를 뜻하는 예방 대신 행복의 고양을 뜻하는 증진(enhancement)이라는 용어를 선호한다. 즉, 긍정 예방은 행복과 성장을 증진하는 것으로서 세 단계로 구분될 수 있다. 일차 증진은 개인이 행복한 삶을 살도록 돕는 노력을 의미하며, 이차 증진은 일차 증진을 통해서 기초적인 만족과 성취에 이르게 된 후에 더 나은 상태를 위해서 취해지는 노력을 뜻한다. 삼차 증진은 행복을 최고의 수준으로 끌어올릴 뿐만 아니라 이러한 상태를 유지하면서 다양한 삶의 영역으로 확산되도록 노력하는 것을 의미한다.

제15장

긍정 기관과 긍정 조직학

> 긍정 심리학은 우리가 누릴 수 있는 범위 내에서 최고의 행복을 누리며 살 수 있는 방법을 탐구한다.
>
> - Martin Seligman -

긍정 심리학은 개인의 행복뿐만 아니라 개인의 행복을 촉진하는 조직과 사회에도 깊은 관심을 지닌다. 개인의 행복은 그가 속한 조직이나 사회와 밀접한 관계를 지니기 때문이다. 건강하지 못한 사회에서 살아가는 개인은 행복하기 어려우며, 불행한 구성원으로 유지되는 사회는 발전하기 어렵다. 건강한 육체와 정신이 그러하듯이, 건강한 개인과 사회는 서로의 행복과 발전을 촉진한다. 구성원 개개인을 소중히 여길 뿐만 아니라 그들이 자신의 강점을 충분히 발휘하며 만족스러운 삶을 영위하도록 지원하는 조직이나 사회에서 살아가는 사람들은 행복하다. 또한 그러한 조직과 사회는 발전하게 된다. 긍정 심리학은 개인의 행복과 자기실현을 촉진하는 **긍정 기관**(positive institution)의 특성과 그 창출방법을 탐구한다. 앞에서 언급한 바 있듯이, 긍정 기관의 연구는 긍정 심리학의 세 기둥 중 하나이다.

긍정 심리학의 궁극적 목적은 개인의 행복을 증진하고 나아가서 개인의 행복을 촉진하는 사회를 구현하는 것이다. 이를 위해서 인간의 긍정적 상태와 특질뿐만 아니라 긍정적 조직에도 깊은 관심을 지닌다. 긍정 심리학의 세 기둥은 인류가 추구해온 세 가지 행복관을 반영한다고 볼 수 있다. 인간의 긍정적 상태를 의미하는 주관적 안녕의 탐구는 헤도니아(Hedonia)를 지향하는 쾌락주의적 행복관을 반영하는 반면, 인간의 긍정적 특질을 의미하는 심리적 강점과 덕성의 탐구는 유대모니아(Eudaimonia)를 지향하는 자기실현적 행복관을 반영하고 있다. 그리고 구성원 모두의 행복과 자기실현을 지향하는 긍정 기관의 탐구는 유토피아(Utopia), 즉 이상사회를 지향하는 사회환경적 행복관을 반영하는 것이다. 긍정 심리학은 인류가 소망해온 행복과 이상사회의 구현을 위한 21세기의 과학적 접근이라고 할 수 있다.

1 긍정 기관

인간은 집단을 이루어 생활하는 군집성 동물이다. 이러한 군집성은 진화과정에서 인간이 다른 동물을 지배하게 된 주요한 요인이다. 현대사회에서 인간은 가족, 학교, 직장, 지역사회, 국가를 이루며 공동의 목표를 위해 활동한다. 여러 사람으로 구성된 조직은 잘 기능하게 되면 구성원 개인의 역량을 합한 것보다 훨씬 더 큰 성과를 나타내는 효율성을 지닐 수 있다.

그러나 사람들로 구성된 조직이 원활하게 잘 기능하기란 쉬운 일이 아니다. 많은 경우 조직에는 이기심, 탐욕, 경쟁, 시기, 질투, 비밀, 갈등, 분쟁이라는 문제가 존재한다. 구성원들은 서로에 대한 불신 속에서 불안, 분노, 과로, 탈진, 착취감 등에 시달린다. 그래서 조직은 구성원의 갈등과 다툼으로 인해 생산성이 저하되고 구성원들은 심한 스트레스 속에서 불행감을 느낀다.

반면에, 어떤 조직은 활기, 협동, 공감, 정직, 존중, 신뢰의 긍정적 에너지가 넘친다. 구성원들은 서로에 대한 신뢰와 동료애 속에서 열정, 협동심, 창의성, 잠재능력을 발휘한다. 그래서 조직은 활기와 에너지가 넘쳐 생산성이 증대되고 구성원들의 행복 수준이 높아지는 긍정적 선순환이 일어난다.

긍정 심리학은 이러한 후자의 조직에 관심을 지닌다(Cameron, Dutton, & Quinn, 2003). 과거의 심리학은 조직의 부정적 측면, 즉 문제점, 갈등, 결함을 찾아내어 이를 해결하는 데에 초점을 맞추었다. 그러나 긍정 심리학은 구성원이 행복감 속에서 자신의 능력을 충분히 발휘하며 생산적으로 일하는 긍정 기관의 특성과 그러한 변화과정에 관심을 지닌다. 긍정 심리학의 주된 관심사는 크게 네 가지로 구분될 수 있다(Greenberg, 2007): (1) 긍정 기관이란 무엇인가? (2) 긍정 기관의 구성요소와 특성은 무엇인가? (3) 긍정 기관은 어떻게 창출될 수 있는가? (4) 현재의 기관을 어떻게 좀 더 긍정적으로 변화시킬 수 있는가?

기관은 여러 사람으로 구성된 사회적 집단으로서 나름대로의 조직구조와 운영체계를 지니고 있다. 우리는 가족, 학교, 직장, 지역사회, 국가라는 기관에 소속되어 살아간다. 과연 어떤 기관이 '좋은 기관(good institution)' 인가? 구성원을 행복하게 하는 기관은 어떤 특성을 지니는가? 어떤 조직구조와 운영체계를 지닌 기관이 바람직한 기관인가? 이러한 물음은 동서고금을 통해 많은 철학자와 사회사상가의 탐구주제였다. 평화, 자유, 평등, 정의, 조화 등의 다양한 사회적 덕목이 중요하다는 주장이 제기되어왔다. 일반적으로 좋은 사회는 구성원들의 다양한 입장과 욕구를 균형 있게 잘 조화시키면서 갈등과 투쟁이 적은 평화로운 사회라고 할 수 있다.

사회과학자들은 좋은 기관이 최소한 갖추어야 할 다음의 5가지 덕목에 대체로 동의하고 있다(Park & Peterson, 2003). 첫째, 좋은 기관은 구성원들이 공유하는 목표를 지닌다. 도덕적 목표와 더불어 공유하는 비전을 지닌다. 둘째, 좋은 기관은 안전을 보장한다. 구성원을 위협, 위험, 착취로부터 보호한다. 셋째, 좋은 기관은 공정성을 지닌다. 구성원의 보상과 처벌에 관한 공평한 규칙을 지닌다. 넷째, 좋은 기관은 자애로운 인간애가 넘친다. 구성원들이 서로에 대해서 관심과 보살핌을 나타낸다. 마지막으로, 좋은 기관은 구성원의 존엄성을 중시한다. 모든 구성원은 지위나 역할에 상관없이 소중한 존재로 여겨진다.

긍정 기관은 기관의 성장과 더불어 구성원 개인의 행복을 추구한다. 개인차원에서의 행복 추구와 조직차원에서의 집단적 행복 추구는 다른 점이 많을 것이다. 긍정 심리학에서 개인의 행복에 관한 이론과 지식이 조직에 그대로 적용될 수 있을지는 의문이다. 그러나 조직의 성장과 발전을 위해서는 구성원 개개인이 즐거움 속에서 자신의 역할을 열성적으로 수행하는 것이 필요하며 조직은 그러한 여건을 제공해야 할 것이다.

긍정 기관에 대한 연구는 긍정 심리학의 세 기둥 중에서 학술적 연구나 실제적 응용이

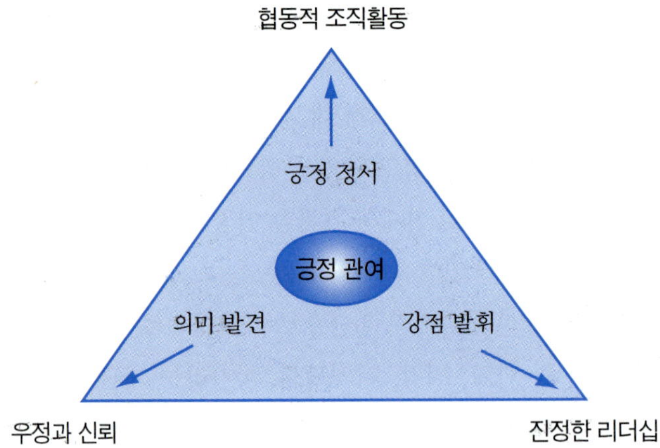

〈그림 15-1〉 긍정 관여의 세 가지 구성요소

가장 미흡한 분야이다. 그러나 최근에 매우 활발한 논의가 이루어지고 있다. Judge (2007)는 Seligman이 제시한 진정한 행복의 세 가지 요소, 즉 즐거운 삶(유쾌함과 긍정 정서), 참여적 삶(강점과 도전) 그리고 의미 있는 삶(개인을 넘어선 목표와 목적)에 초점을 맞추어 긍정 기관을 정의한 바 있다. 그에 따르면, 긍정 기관은 구성원들이 **긍정 관여** (positive engagement)를 할 수 있는 여건을 조성하는 것이 필요하다. 〈그림 15-1〉에 제시되어 있듯이, 긍정 관여는 구성원들이 조직생활 속에서 긍정 정서를 느끼면서 자신의 강점과 덕성을 발휘하고 아울러 소중한 의미를 발견할 수 있는 상태를 의미한다.

강력한 조직의 팀원들은 서로에 대한 애정을 지닐 뿐만 아니라 활기와 즐거움 속에서 활동한다. 또한 각자의 강점과 능력을 발휘할 수 있는 기회가 주어지며 개인과 조직이 추구하는 공동의 목표가 분명하다. 우선, 긍정 조직은 구성원들의 연결감을 중요하게 여긴다. 따라서 구성원 간의 소통과 관계를 증진하고 그들의 관심사를 통합하는 데에 노력한다. 이러한 과정에서 구성원의 긍정 정서가 매우 중요하다. 긍정 정서는 서로의 연결감을 증진하여 팀워크를 향상시키고 역량 발휘를 촉진한다. 구성원들은 각자의 강점과 능력을 발휘하게 됨으로써 자신의 분야에서 진정한 리더십을 발휘할 수 있게 된다. 조직은 개인들의 협동체계이다. 따라서 구성원들의 상호 촉진적 협동을 통해 개인의 역량이 최대한 발휘되도록 하는 것이 중요하다. 아울러 공동의 목표와 가치 추구를 통해서 구성원들은 소속한 기관과 자신이 맡은 역할의 소중한 의미를 발견하게 된다. 이러한 의미감은 구성원들의 소속감과 신뢰감을 증진하게 된다. 긍정 기관은 구성원들이 조직생활에서 긍정 정서, 강점 발휘, 의미 발견을 경험할 수 있는 여건을 조성함으로써 긍정 관여를 이끌어내는 것이 필수적이다.

최근에 긍정 기관이라는 주제에 대해 이 분야의 전문가들이 펜실베이니아 대학에 모여 학술토론회를 가진 바 있다. Greenberg(2007)에 따르면, 이 학술토론회에서 Martin Seligman은 긍정 기관의 5가지 구성요소를 제시하였다. 첫째, 긍정 기관은 성장 모드(growth mode)에 있어야 한다. 기관의 업적이나 성과가 침체되거나 부진하기보다 성장하며 번창하는 상태에 있어야 한다. 둘째, 긍정 기관은 유능한 지도자를 지녀야 한다. 조직에서는 최고결정권자의 역할이 중요하다. 조직의 운영에 관해서 가장 중요한 영향을 미칠 수 있는 최고결정권자가 유능할 뿐만 아니라 민주적이어야 한다. 셋째, 긍정 기관은 구성원 개인의 역량을 합한 것 이상의 역량과 성과를 나타내야 한다. 기관은 여러 사람들이 조직적 활동을 함으로써 개인적 노력보다 훨씬 커다란 힘을 발휘할 수 있는 시너지 효과를 창출해야 한다. 넷째, 긍정 기관은 구성원들이 최대한의 자기결정권을 갖도록 의욕을 불러일으켜야 한다. 이를 통해서 구성원들은 자율감과 통제감을 지니고 자신의 역할에 몰입할 수 있게 될 것이다. 마지막으로, 긍정 기관은 구성원들이 조직의 공동목표를 분명하게 인식하도록 해야 한다. 구성원들은 그러한 목표를 향해 나아가는 데 있어서 자신의 임무(mission)를 분명히 인식하는 동시에 자신의 임무가 중요하다는 의미감을 갖는 것이 중요하다.

이 학술회의에 참석했던 Kathy Owen은 구성원 모두가 공유하는 강렬한 목적의식과 비전이 중요하다고 역설했다. 아울러 기관은 구성원의 강점을 인정하고 존중하면서 이를 최대한 발휘하도록 촉진하는 강점-기반적 접근(strengths-based approach)이 필요하다고 주장했다. 또한 긍정 기관을 창출할 수 있는 최고결정권자의 긍정 리더십(positive leadership)이 중요하다는 점도 제기하였다. Ramin Sedehi는 긍정 기관을 창출하는 데에 필요한 세 가지 구성요소, 즉 기관 운영의 투명성, 임무의 인식과 성취 그리고 갈등과 역경을 건설적으로 해결하는 능력을 제시하였다. 이 밖에도 조직의 도덕성, 환경에 대한 책임감 등이 긍정 기관의 특성으로 제안되었다.

요컨대, 긍정 기관이란 구성원의 행복과 자기실현을 촉진하는 긍정적인 조건을 제공하는 조직을 말한다. 아울러 기관의 목표를 달성하기 위해 구성원의 능력과 동기를 최대한 이끌어내는 동시에 국가와 사회에 기여할 수 있는 조직을 말한다. 즉, 긍정 기관은 구성원의 행복, 조직의 생산성, 사회적 기여라는 세 가지 요소를 잘 겸비한 조직이라고 할 수 있다.

2 긍정 조직학

인간은 누구나 가족, 학교, 직장, 지역사회, 국가라는 사회적 조직에 속해 살아갈 수밖에 없다. 이러한 조직이 구성원의 행복과 능력 발휘를 효과적으로 지원할 수 있어야 개인이 행복할 수 있으며 또한 조직이 발전하게 된다. 과연 가족, 학교, 직장과 같은 기관이 어떤 특성과 조건을 갖추어야 그 구성원들이 자신의 능력을 잘 발휘하며 높은 성과를 나타내는 동시에 행복감을 느끼게 될 것인가? 이러한 물음에 답하기 위해서 긍정 심리학은 우선 긍정 기관의 특성과 구성요소를 밝히고자 한다. 특히, 긍정 기관을 연구하고 창출하기 위한 다학문적 노력을 **긍정 조직학**(positive organizational scholarship)이라고 한다(Cameron et al., 2003). 긍정 조직학은 구성원이 행복감 속에서 자신의 능력을 충분히 발휘하며 생산적으로 일하는 긍정 조직의 특성과 그러한 변화과정에 관심을 지닌다.

긍정 조직학의 주된 연구관심사를 좀 더 구체적으로 소개하면 다음과 같다: 조직에서 긍정 정서는 어떤 기능을 하는가? 구성원의 강점과 덕성을 어떻게 발견하고 발휘하도록 할 것인가? 구성원의 연결감을 증대하기 위해서 어떻게 해야 하는가? 구성원들은 조직생활에서 어떤 의미를 발견하는가? 조직과 구성원이 어떻게 더 높은 수준의 기능을 하도록 변화시킬 수 있는가? 역경과 난관을 잘 극복하는 조직의 특성은 무엇인가? 긍정 기관에서 리더는 어떤 역할을 하는가? 진정한 리더십은 어떤 것인가? 리더는 어떻게 기관을 운영하고 지휘하는 것이 구성원의 만족과 기관의 효율성을 위해서 바람직한가? 이러한 물음에 대한 탐구를 통해서 긍정 심리학은 행복한 가족, 건강한 학교, 신바람 나는 직장, 살기 좋은 지역사회와 국가를 구현하는 데에 기여하고자 한다.

1) 조직구성원의 긍정 정서

긍정 기관의 주요한 특성 중 하나는 밝고 긍정적인 정서적 분위기이다(Staw, Sutton, & Pellod, 1994; Wright & Staw, 1999). 잘 기능하는 조직에서는 긍정적인 역동이 나타난다. 즉, 긍정 정서가 조직의 인간관계와 생산성을 증진하고 그 결과 긍정 정서가 증대되는 선순환적 역동이 일어난다. 긍정 정서는 여러 가지 바람직한 현상을 발현하게 만든다. 조직의 긍정적 변화는 긍정 정서의 발현과 더불어 시작된다. 긍정 조직으로의 변화를 위해서는 조직의 긍정적 역동을 잘 이해하는 것이 중요하다.

긍정 정서의 확장 및 축적 이론(Fredrickson, 1998, 2000)은 조직의 긍정적 역동을 이해하는 데에 매우 유용하다. 긍정 정서는 개인의 행복과 성장뿐만 아니라 조직의 번영을 촉진하는 상향적 선순환(upward spiral)의 기폭제 역할을 한다(Fredrickson, 2003). 첫째, 긍정 정서는 개인과 조직의 기능을 향상시킨다. 긍정 정서는 조직구성원의 행복과 만족감을 의미할 뿐만 아니라 개인적 기능이 적절하게 잘 이루어지고 있음을 알려준다. 또한 긍정 정서는 개인적 기능이 최대한 발현되도록 촉진하며 구성원 간의 전염과정을 통해서 조직의 기능을 높여준다. 이처럼 긍정 정서는 직장에서의 상향적 선순환을 만들어낸다. Staw 등(1994)은 272명의 직장인을 대상으로 18개월의 종단적 연구를 통해서 긍정 정서와 업무 성과를 평가했다. 그 결과, 시점 1에서의 긍정 정서로 시점 2에서의 향상된 업무성과를 예측할 수 있었다. 또한 상급자와 동료로부터 얻게 된 사회적 지지의 증가도

긍정 기관에는 밝고 명랑한 정서적 분위기가 넘친다.

예측할 수 있었다. 이러한 연구결과는 긍정 정서가 개인을 업무성과와 인간관계에서 더 효과적인 직장인으로 변화시킨다는 점을 보여준다. 긍정 정서와 성과 향상의 관계는 흥분이나 환희와 같은 고양된 긍정 정서에 국한된 것이 아니라 편안함과 만족감과 같이 낮은 각성 수준의 긍정 정서에서도 나타났다(Wright & Staw, 1999). 긍정 정서를 경험하는 학생들은 판단과제에서 더 정확한 수행을 보였을 뿐만 아니라 리더가 없는 토론에서도 효과적인 대인관계를 나타냈다(Staw & Barsade, 1993). 긍정 정서는 개인의 인지적 기능과 인간관계를 향상시키며 이러한 효과는 지속적인 것으로 알려져 있다.

둘째, 조직은 개인이 긍정 정서를 반복적으로 경험할 수 있는 상황을 제공한다. 긍정 정서는 다른 사람과 상호작용하면서 경험하게 된다. 직장에 가면 동료와의 사회적 접촉을 통해서 긍정 정서를 경험하게 된다. 또한 직장은 도전적 과제를 제공함으로써 업무활동에 몰입하여 성취감과 의미감을 느낄 수 있도록 해준다. 직장은 개인이 긍정 정서를 경험할 수 있는 주요한 터전이다.

셋째, 개인의 긍정 정서가 다른 구성원들에게 확산됨으로써 조직의 긍정적 변화가 나타날 수 있다. 정서는 전염성이 있다. 한 사람이 긍정 정서를 표현하게 되면 상대방은 거울 신경세포(mirror cell)의 모방과정을 통해서 동일한 정서를 경험하게 된다(Ickes, 2003). 특히, 조직 리더의 긍정 정서는 전염성이 높다(Quinn, 2000). 리더의 긍정 정서는 구성원 전체의 수행을 향상시킨다(George, 1995).

마지막으로, 긍정 정서는 긍정적인 행동을 촉발하고 연쇄적으로 발생하게 함으로써 조직 전체로 확산될 수 있다. 예를 들어, 긍정 정서를 느끼는 사람은 이타적인 행동을 더 많이 한다. 긍정 정서를 많이 경험하는 판매원일수록 고객을 더 친절하게 대한다(George, 1991). 긍정 정서를 경험하는 사람은 더 유연하고 창의적이며 공감적이고 이타적이기 때문이다(George, 1998). 또한 도움을 준 사람은 자신의 행동에 대해서 자긍심을 느끼며 미래의 행동과 성취에도 자신감을 갖게 된다. 도움을 받은 사람 역시 감사의 긍정 정서를 느끼게 된다. 감사의 감정은 유쾌하게 느껴질 뿐만 아니라 친절한 행동으로 보답하려는 사회적 성향을 유발한다. 게다가 도움을 주고받는 행동을 목격하거나 간접적으로 전해들은 사람들도 긍정 정서를 경험한다. 이타행동의 관찰자는 고양된 감정을 느낄 뿐만 아니라 이타행동을 하고 더 좋은 사람이 되고자 하는 사고 및 행동 경향성을 나타낸다(Haidt, 2000, 2003).

조직 내에서 긍정 정서가 생성되고 확산되도록 하는 것이 중요하다. 긍정 정서를 함양하는 가장 좋은 방법은 매일의 조직활동에서 긍정적인 의미를 발견하도록 돕는 것이다. 조직에서의 긍정적 의미는 성취감, 유능감, 역할 중요성, 소속감, 사회적 연결감을 느낄 수 있는 경험을 통해서 얻게 될 수 있다(Fredrickson, 2000; Folkman & Moskowitz, 2000). 또한 보상체계, 조직의 인적 구성, 의사소통 구조, 재충전과 성찰의 기회 등을 통해서 긍정 정서를 함양할 수 있다. 긍정 정서의 함양노력을 통해서 구성원의 행복감뿐만 아니라 조직의 활기와 생산성을 증진할 수 있다.

2) 조직구성원의 강점 및 덕성 발휘

긍정 기관은 구성원의 긍정특질을 발휘하도록 촉진한다. 그 결과 긍정 정서가 경험되고 조직의 활기와 생산성이 증대된다. 제2부에서 소개한 바 있듯이, 개인이 지니는 긍정적 강점과 덕성은 매우 다양하다. 조직은 구성원 개인이 지닌 강점들을 계발하여 충분히 발휘하도록 하는 것이 중요하다.

지속적 강점과 상황적 강점

이와 관련하여 Park과 Peterson(2003)은 강점을 지속적 강점과 상황적 강점으로 구분하고 있다. **지속적 강점**(tonic strength)은 그러한 강점을 나타내지 말아야 할 특별한 경우를 제외하면 거의 항상 지속적으로 표현되는 강점을 뜻한다. 예를 들어, 호기심, 친절, 겸손, 열정은 대부분의 상황에서 나타나는 개인의 강점이다. 반면에, **상황적 강점**(phasic strength)은 상황의 특성에 따라서 제한적으로 나타나는 강점을 말한다. 예를 들어, 용기는 공포를 느끼는 상황에서만 나타날 수 있다. 협동심은 여러 사람과 함께 공동의 과제를 수행할 때 표출될 수 있다. 이러한 강점들은 그것을 발휘할 수 있는 상황적 조건이 주어지지 않으면 표출되지 않는다.

지속적 강점은 상황적 강점보다 환경의 영향을 덜 받는다. 조직은 두 유형의 강점을 모두 중시해야 하지만 그러한 강점을 촉진하는 수단을 각기 달리해야 한다. 지속적 강점의 경우는 그러한 강점을 나타내는 사람들을 처벌하지 않는 것만으로 충분하다. 그러나 상황적 강점의 경우는 그러한 강점을 나타낼 수 있는 적절한 조건이 조성되어야 할 뿐만 아니라 훈련과 보상이 이루어져야 한다. 예를 들어, 소방관들은 화재진압 행동에 필요한 기술을 충분히 훈련하여 자동화함으로써 용기 있는 행동을 나타내게 된다. 조직은 구성원들의 강점 발휘를 촉진하여 자기실현을 지원할 수 있는 조직활동의 구성방식에 관심을 지녀야 한다.

신지식 창출

지식정보화 사회에서는 조직의 창의성이 중요하다. 구성원들이 주어진 업무만을 수행하기보다 새로운 지식과 기술을 창조해내는 것이 중요하다. 이렇게 조직과 구성원들이 새로운 지식, 기술, 역량을 만들어내고 사용하는 과정을 **신지식 창출**(new knowledge creation)이라고 지칭한다. 이를 위해서는 다음과 같은 과정이 필요하다(Lee, Caza, Edmondson, & Thomke, 2003). (1) 이미 알고 있는 것에 대한 명확한 이해와 더불어 새로운 지식에 대한 욕구가 있어야 한다; (2) 새로운 지식을 창출하려는 계획과 노력이 이루어져야 한다; (3) 새로운 지식이 기존의 지식과 통합되어야 그 가치가 증대된다.

신지식 창출과정에는 긍정 정서가 중요한 역할을 한다. 긍정 정서는 새로운 방식으로 행동하려는 실험적 태도를 촉진한다. 새로운 아이디어를 생각해내며 즐기게 함으로써 새로운 기술과 지식의 창출에 핵심적인 역할을 한다. 또한 신지식 창출은 발견의 즐거움과 의미를 제공함으로써 긍정 정서를 증진한다. 이처럼 신지식 창출과 긍정 정서는 상향적 선순환을 이루게 된다.

신지식 창출을 위해서는 실수가 허용되어야 한다(Lee et al., 2003). 새로운 지식과 기술은 실험적인 시도과정에서 발견된다. 실험적 시도는 항상 성공할 수 없으며 필연적으로 실패를 초래하게 된다. 따라서 실패도 일종의 긍정적 결과로 여겨져야 한다. 실패는 외현적으로는 부정적인 것이지만 신지식 창출을 위해서는 필수불가결한 것이다. 실패를 두려워하거나 억제해서는 신지식 창출이 불가능하다. 조직은 완벽주의나 실수 방지를 강조하기보다 실험적 시도를 장려하여 실패에서 긍정적 의미를 발견할 수 있도록 촉진해야 한다. 긍정 기관은 성취와 실패를 모두 포용한다. 실험적 시도의 경제적 비용이 테크놀로지의 발전으로 인해서 현저하게 줄고 있지만 사람들은 실험적 시도를 하지 않으려는 경향이 있다(Thomke, 1998).

도움 추구(help-seeking) 역시 신지식 창출에 중요하다. 도움 추구를 통해서 사람들은 새로운 기술과 능력을 획득하고 효과적인 문제해결 방법을 만들어내며 동료와의 유대감을 발달시킨다(Ashford & Morthcraft, 1992). 이처럼 다양한 이득이 있을 뿐만 아니라 도움이 필요하고 도움을 받을 수 있는 상황임에도 불구하고 사람들은 도움을 추구하지 않는 경향이 있다. 이는 대부분의 조직이 개인의 독립성을 강조하며 도움 추구를 억제해왔기 때문이다. 신지식 창출을 위해서는 구성원 개인의 유능성과 독립성뿐만 아니라 구성원 간의 상호의존성을 중시함으로써 도움과 정보를 자유롭게 주고받는 분위기를 조성할 필요가 있다.

긍정적 일탈행동

일탈행동은 흔히 부정적인 의미로 사용된다. 평균적 기준으로부터 부정적인 방향으로 크게 벗어난 행동을 의미하기 때문이다. 청소년의 비행, 폭력, 약물남용과 같은 부적응 행동이 그 예이다. 그러나 평균적 기준으로부터 긍정적인 방향으로 크게 벗어난 행동들도 있다. 조직의 구성원 중에는 남다르게 긍정적인 행동을 하는 사람들이 있다. 뛰어난 성과를 나타내거나 구성원의 관계에 활기를 불어넣는 감동적인 일들을 반복하는 사람들이 있다. 모든 전문분야에는 탁월한 기술 수준에 도달한 달인이나 고수들이 존재한다. 이러한 사람들이 나타내는 행동들을 **긍정적 일탈행동**(positive deviance)이라고 부른다. 긍정 심리학은 이러한 긍정적 일탈행동에 관심을 지닌다. 긍정적 일탈행동을 연구하는 이유는 이러한 행동을 통해서 많은 것을 배울 수 있기 때문이다.

긍정적 일탈행동을 촉진하는 요인은 다양하다(Spreitzer & Sonenshein, 2003). 우선, 자신이 하는 일에 부여하는 의미가 일탈행동을 촉진한다. 자신의 일에 중요한 의미를 부여하게 되면, 내재적 동기가 촉발되어 활기와 열정을 느끼고 새로운 행동을 시도하며 난관에도 탄력적으로 대응하게 된다. 강한 의미감은 개인을 좀 더 적극적인 행동으로 유도함으로써 일탈행동을 증대시킨다. 둘째, 타인지향적 태도가 긍정적 일탈행동을 유발한다. 그 이유는 다른 사람의 욕구를 더 잘 이해하고 공감할 수 있기 때문이다(Parker & Axtell, 2001). 타인지향적 태도는 대인관계를 촉진하고 협동적인 도움행동을 유발하며 사회적 능력을 강화한다. 이것은 **섬기는 리더십**(servant leadership)과도 맥을 같이 하는 내용이다. 셋째, 긍정적 일탈행동은 자율감에 의해서 촉진될 수 있다. 자율감을 느끼는 사람들은 자신에게 주어진 것 이외에 역할과 행동을 하는 경향이 있다(Vandewalle, Van Dyne, & Kostova, 1995). 자신이 하는 업무에 대한 통제범위가 넓을수록, 주도적 행동을 많이 한다(Frese, Garst, & Fay, 2000). 넷째, 자기효능감도 긍정적 일탈행동을 강화할 수 있다. 스스로 유능한 존재라고 인식하게 되면, 자신이 하는 일에 자발적이고 적극적인 노력을 기울이게 된다. 마지막으로, 긍정적 일탈행동에는 용기가 필요하다. 다른 사람들이 하지 않는 새로운 행동을 하는 사람은 남다른 용기가 있어야 한다. 조직에 긍정적인 행동을 하기 위해서는 다른 사람의 비판이나 시기를 감수할 수 있는 용기가 있어야 한다.

3) 조직구성원의 연결

조직에서는 구성원 간의 연결감이 매우 중요하다. 조직 속의 생활은 다른 구성원과의 만남으로 이루어진다. 조직은 구성원의 연결과 상호작용에 의해서 성과물을 만들어낸다. 구성원 간의 연결과 관계의 질은 조직에서 시간을 보내는 구성원뿐만 아니라 조직의 기능에도 중대한 영향을 미친다. 관계의 질은 구성원 간의 연결이 그들에게 생기를 불어넣는가 아니면 오히려 생기를 박탈하는가에 의해 평가될 수 있다. 사람은 상대방으로부터 관심과 애정을 받을 때 활기와 에너지를 얻게 된다. 관계의 질은 연결감의 강도, 애정의 정서적 비중, 의사소통의 빈도, 상호성, 관계만족도 등에 의해서 영향을 받는다. 건강한 관계는 유연하면서 강력하고 위기에도 잘 와해되지 않는다.

긍정 기관에서는 구성원들이 조직 내 활동과 업무수행을 통해서 긍정적 연결감과 의미감을 경험하게 된다. Dutton과 Heaphy(2003)는 구성원 간의 매우 긍정적이고 효율적인 관계를 **양질의 연결**(High-Quality Connection)이라는 용어로 기술하고 있다. 양질의 연결은 지속적인 유대나 친밀감과는 다르다. 첫째, 양질의 연결에서는 정서적 전달력이 높다. 더 많은 정서가 표현되고 더 다양한 감정표현이 수용된다. 무엇이든지 이야기할 수 있고 공감적으로 수용된다. 심지어 실망감과 분노감도 건설적인 방식으로 표현될 수 있다. 둘째, 양질의 연결은 탄력성이 높다. 난관을 잘 견뎌내면서 다양한 상황에서 효율적으로 기능한다. 갈등을 해결하고 회복하는 능력뿐만 아니라 난관을 이겨내고 변화에 적응하는 능력이 뛰어나다. 셋째, 양질의 연결은 관계의 생산성이 높다. 새로운 아이디어를 열린 마음으로 교환하며 건강한 피드백을 주고받는다. 쾌활하고 명랑한 분위기 속에서 활기찬 행동과 창의성을 펼칠 수 있는 넓은 정서적 공간을 제공한다.

양질의 연결은 다양한 방식으로 조직의 생산성을 향상시킨다. 첫째, 구성원들이 서로 유용하고 가치 있는 능력과 그에 대한 보상을 주고받는다. 그렇게 함으로써 조직 구성원의 시너지 효과가 증대된다. 둘째, 구성원들이 자신과 조직에 대한 의미를 발견하도록 돕는다. 양질의 연결에서는 구성원들이 조직의 소속감뿐만 아니라 개인의 정체감과 의미감을 더 잘 발견하게 된다. 이처럼 개인의 정체감은 구성원 간의 상호작용을 통해서 창출되고 표현된다. 셋째, 구성원의 잠재력을 성장시킨다. 양질의 연결은 발달과 성장을 촉진한다. 즉, 구성원들이 서로에 대해서 공감적이고 강화적일 때 발달과 성장이 일어나게 된다. 넷째, 학습의 기회가 제공된다. 서로의 지식과 경험을 신속하고 구체적이며 충분하게 교류함으로써 학습의 기회가 증진된다. 지식은 사람들 간의 상호작용 속에서 증식되며, 구성원들은 동료를 통해서 많은 것을 배우게 된다. 마지막으로, 양질의 연결은 조직 구성원에게 생기를 불어넣는다. 조직에서의 긍정적 인간관계와 활동은 구성원 개인의 긴강과 행복을 증진한다. 양질의 연결은 조직을 건강하게 만들 뿐만 아니라 조직이 구성원에게 제공할 수 있는 특유의 강점이자 덕목이라고 할 수 있다.

긍정 조직에서는 구성원 간의 관계 조정이 중요하다. **관계 조정**(relational coordination)이란 조직 구성원 간의 서로 연결된 직무를 조화롭게 조정하고 통합하는 노력을 의미한다(Gittell, 2003). 직무가 서로 밀접하게 연결되어 있을 때, 한 사람의 행동은 다른 사람에게 영향을 줄 수 있다. 따라서 관계 조정이 잘 이루어지지 못하면 갈등이 초래될 수 있다. 대부분의 조직은 부서나 구성원 간에 갈등과 충돌이 존재한다. 관계 조정이 잘 되지 않았기 때문이다. 서로를 견제하고 대립함으로써 부정적 감정을 경험하게 되고 업무의 효율성이 저하된다. 그 결과, 구성원은 조직생활에서 불행감을 느끼게 되고 조직은 비효율적인 기관으로 전락하게 된다.

관계 조정을 위해서는 다양한 노력이 필요하다(Gittell, 2003). 우선, 양질의 의사소통이 필요하다. 빈번한 의사소통, 시기적절한 의사소통, 정확한 의사소통, 문제해결적 의사소통이 중요하다. 둘째, 양질의 관계가 필요하다. 친밀하고 신뢰할 수 있는 관계에서는 업무의 조정과 통합이 쉽게 이루어질 수 있다. 셋째, 구성원들이 공통적인 목표와 지식을 지니는 것이 필요하다. 구성원들이 공유하는 목표를 갖게 되면, 서로의 유대가 강화되고 행동방향의 일치도가 높아진다. 또한 서로의 업무와 역할에 대해서 지식을 공유하게 되면 불필요한 갈등을 줄일 수 있다. 마지막으로, 상호존중이 필요하다. 즉, 다른 사람의 역할이 소중함을 인정하는 것이다. 지위와 역할이 각기 다르지만 톱니바퀴가 돌아가듯 모든 역할이 소중하다는 인식을 지니는 것이다.

관계 조정에는 감독자의 역할이 중요하다. 감독자가 어떻게 개입하느냐에 따라서 구성원 간의 갈등이 감소될 수도 있고 오히려 증폭될 수도 있다. 감독자의 역할에 대해서는 두 가지의 상반된 입장이 있다. 그 첫째는 **최소 개입의 입장**(minimalist approach)으로서 일선의 구성원들이 하는 활동에 대해서 감독자가 최소한의 개입을 하는 것이 바람직하다는 것이다. 구성원들은 일을 하는 과정에서 자연히 스스로를 관리해야 할 필요성을 느끼게 되며 서로의 갈등을 자발적으로 해결하는 능력을 터득하게 된다는 입장이다. 다른 입장은 **적극 개입의 입장**(activist approach)으로서 감독자가 관계 조정을 위해서 적극적으로 나서야 한다는 입장이다. 감독자는 구성원 간의 관계를 세심하게 관찰하고 평가해야 할 뿐만 아니라 갈등이 있을 경우에는 신속하게 조정에 나서야 한다는 입장이다. 조직의 구조나 업무의 특성에 따라서 두 가지 입장이 적절하게 적용되어야 할 것이다.

4) 조직에서의 의미 발견

조직에 소속되어 활동하는 것에 대한 의미를 발견하는 것은 개인의 행복을 위해서 매우 중요하다. 자신이 하는 일에서 의미를 발견하지 못한 채 퇴근시간만 지루하게 기다리는 직장인은 행복하기 어려울 뿐만 아니라 자신의 능력을 충분히 발현할 수도 없을 것이다. 조직에서의 의미 발견은 개인의 정체감과도 밀접한 관계를 지니고 있다.

사람마다 자신의 직업에 부여하는 의미는 각기 다르다. 사람들은 직업을 생계, 경력 또는 소명으로 여긴다(Wrzesniewski, 2003). 10장에서 설명한 바 있듯이, 직업을 소명으로 여기는 사람들이 가장 만족도가 높다. 이들은 일 자체를 목적으로 여기며 경제적 보상이 없어도 열심히 일을 한다. 자신의 일이 더 나은 세상을 만드는 일이기 때문에 스스로 보상을 얻게 된다. 따라서 일을 하면서 더 많은 시간을 보내고 더 많은 즐거움과 만족감을 얻는다. 이들에게 일은 인생을 풍요롭고 의미 있게 만드는 소중한 활동이다.

자신의 일을 소명으로 여기기 위해서는 의미를 발견하는 것이 중요하다. Pratt과 Ashforth(2003)는 조직에서의 두 가지 의미 차원을 구분하고 있다. 직업의 의미는 두 개의 원천, 즉 직무와 직장으로부터 발견될 수 있다. 직무의 의미는 개인이 하는 직업적 활동에 대한 의미이다. 즉 "나는 무엇을 하고 있는가?" 또는 "내가 하는 일이 어떤 의미를 지니는가?" 에 대한 대답이 될 수 있다. 직장의 의미는 자신이 속해 있는 조직에 부여하는 의미를 뜻한다. "나는 어디에 속해 있는가?" 에 대한 대답을 말한다. 이러한 두 가지 물음에 대한 대답은 개인적 정체감("나는 누구인가?")의 중요한 요소가 된다. 〈그림 15-2〉에서 볼 수 있듯이, 이러한 정체감으로부터 "나는 왜 여기에 있는가?" 에 대한 대답, 즉 매 순간의 의미를 발견하게 되는 것이다.

직업의 의미를 강화하기 위해서는 직장에 대한 소속감과 더불어 개인이 담당하는 직무와 역할의 소중함을 발견하는 것이 필요하다. 이를 위해서 조직은 구성원의 선발, 배치, 훈련을 통해서 개인과 업무의 적합도를 높여야 한다. 아울러 구성원 간의 관계 증진을 위해서 가족과 같이 친밀한 관계구조를 구축하고 개성 있는 조직문화를 형성함으로써 공동체 의식을 진작하는 것이 필요하다. 또한 업무 재설계를 통해서 구성원으로 하여금 자신이 하는 일에서 소중한 의미를 발견할 수 있도록 장려하는 것이 중요하다.

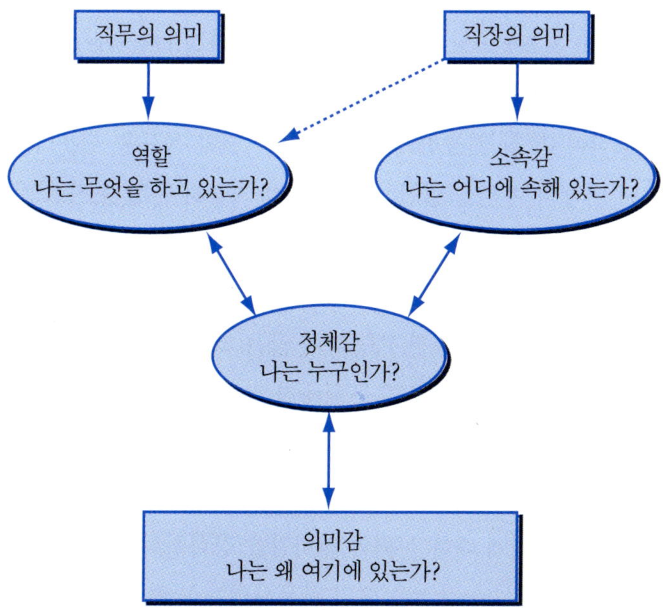

〈그림 15-2〉 직업에서의 의미 발견(Pratt & Ashforth, 2003)

5) 조직의 긍정적 변화

긍정 기관은 조직의 긍정적 변화를 위해서 끊임없이 노력한다. 조직의 문제점과 결함을 극복하기 위해 노력할 뿐만 아니라 조직의 탁월성과 강점을 발견하여 이를 증진하고 확산하기 위한 노력을 기울인다. 이를 위해서는 무엇이 문제인지에 초점을 맞추는 결함 조사가 아니라 무엇이 그처럼 좋은 성과를 유발했는지에 초점을 맞추는 탁월성 조사를 통해서 성취, 강점, 잠재력, 혁신, 모범사례, 소중한 가치를 촉진하는 것이 중요하다. 이처럼 조직의 긍정적 변화를 유도하기 위한 방법 중 하나가 **탁월성 조사**(AI: Appreciative Inquiry)이다.

탁월성 조사는 조직에서 잘 기능하고 있는 점을 발견하여 소중하게 여기고 영예롭게 시상함으로써 이를 장려하기 위한 조사와 발견과정을 말한다. 즉, 조직의 긍정적 핵심을 찾아내어 미래의 비전을 세우고 조직 전체로 확산시키는 방법이다. 이를 통해서 조직의 협동체계와 변화역량을 향상시킨다. 일반적으로 탁월성 조사는 다음과 같은 네 단계로 구성된다(Cooperrider & Sekerka, 2003). 첫째는 발견과정(Discover)으로서 조직에서 잘 기능하고 있는 탁월성을 발견하는 것이다. 둘째는 비전설정(Dream)으로서 탁월성에 근거하여 미래에 조직이 더 잘 기능하게 될 경우의 비전과 목표를 세운다. 셋째는 설계과정(Design)으로서 미래의 비전을 실현하기 위해 잘 기능하게 될 조직의 기능을 계획하고 우선순위에 둔다. 마지막은 실시과정(Deliver)으로서 제안된 계획을 집행하여 실시함으로써 목표한 비전을 이루도록 노력한다.

탁월성 조사의 기본적인 생각은 잘 기능하지 않는 것보다 잘 기능하는 것에 초점을 맞추어 조직을 구성하는 것이다. 이것은 문제해결적 접근법과 반대되는 것이다. 잘못된 1%를 고치는 데에 에너지를 투여하기보다 이미 잘 기능하고 있는 것을 더 강화하고 확산하는 데에 초점을 맞춘다. 탁월성 조사는 구체적인 성공사례를 찾아내어 개인의 공로를 소중히 여김으로써 조직에 대한 신뢰와 의미감을 강화한다. 아울러 부서 간의 교류를 촉진함으로써 서로의 탁월성과 강점을 배워 활용하려는 노력을 증진한다.

탁월성 조사를 통해서 신지식 창출과 같은 창조적 활동이 강화될 수 있는데, 그 과정은 다음과 같은 세 단계로 구성된다(Cooperrider & Sekerka, 2003). 첫째는 탁월성 조사의 장려단계이다. 이 단계에서는 조직 내의 긍정적 측면이 탐색되고 발견된다. 자신의 노력이 소중하게 여겨지게 되면, 구성원은 긍정 정서를 느끼고 창의적 사고가 증진되며 심리적 건강과 스트레스 인내력이 증가한다. 다른 사람의 바람직한 행동을 관찰하는 것은 개인의 생각과 행동에 긍정적인 영향을 준다. 구성원들의 진가를 놀라움 속에서 인식하게 됨으로써 서로의 유대가 강화되어 긍정 정서의 상향적 선순환이 일어나게 된다. 두 번째 단계에서는 탁월성의 융합이 일어난다. 조직원의 강점을 알게 되므로 그러한 강점을 활용할 수 있는 새로운 접근이 가능하다. 강점을 강화함으로써 조직의 단점을 극복하고 위기에 대처할 수 있는 역량이 강화된다. 예를 들어, 구성원 간의 유대강화는 편견, 공격성, 폭력을 감소시킨다. 마지막 단계는 에너지가 활성화되는 단계이다. 구성원들이 서로의 진가를 인정하고 성공담이 회자됨으로써 조직 내에 혁신과 도전이라는 변화의 바람이 불게 된다. 이러한 분위기가 조직의 일부분에서 전체로 확산됨으로써 조직의 긍정적 변화가 나타나게 된다.

6) 긍정 리더십

조직에서는 최고결정권자인 리더의 역할이 매우 중요하다. 리더는 조직의 구조와 운영방식에 강력한 영향을 미칠 수 있기 때문이다. 조직의 리더는 구성원을 통솔하는 다양한 역할을 하게 된다. Quinn(1988)은 리더의 역할을 지시자, 감독자, 혁신자, 중계자, 조정자, 촉진자, 후견자, 생산자의 8가지로 세분하고 있다.

긍정 기관의 창출을 위해서는 **긍정 리더십**(positive leadership)이 필요하다. 리더십은 특정한 목표의 달성을 위해 구성원들을 지휘하는 리더의 행동방식을 의미한다. 긍정 리더십은 위선적인 리더십이 아니라 투명성을 지니며 자신의 이득보다 집단의 이익을 추구하는 도덕성에 기반을 둔 진정한 리더십을 의미한다. Bass(1998)는 리더가 구성원에게 영향을 미치는 효과적인 지휘방법으로 변환적 리더십을 주장하고 있다. **변환적 리더십**(transformational leadership)을 지닌 리더는 구성원들을 변화시키기 위해 과업결과의 중요성과 가치를 인식시키고, 구성원들의 상위욕구를 활성화시켜, 구성원들이 조직을 위해 개인의 이익을 초월하도록 한다. 이러한 영향력의 결과로서 구성원들은 리더를 신뢰하고 존경하며, 처음에 기대했던 수준 이상으로 동기부여가 이루어진다.

변환적 리더들은 다음과 같은 특성을 지닌다(Bass, 1998; Jex, 2002). 첫째, 변환적 리더들은 이상화된 영향력을 지닌다. 그들은 구성원의 본보기가 될 수 있도록 행동하여 존경과 신뢰를 받는다. 구성원들은 리더와 자신을 동일시하며 리더와 같은 사람이 되기를 원한다. 또한 구성원들은 리더가 뛰어난 능력, 끈기, 결단력을 가지고 있다고 생각한다. 둘째, 변환적 리더들은 동기를 부여하는 감화능력을 지닌다. 구성원에게 일에 대한 의미와 도전을 제공함으로써 강한 동기를 부여한다. 구성원들이 미래에 대한 매력적인 청사진을 가질 수 있도록 함으로써 성취하고자 하는 분명한 목표와 기대를 제시한다. 셋째, 변환적 리더들은 구성원에게 지적인 자극을 제시한다. 구성원으로 하여금 현재의 상황에 의문을 제기하고 문제를 재구조화하여 새로운 방식으로 접근하게 함으로써 혁신적이고 창의적인 태도를 갖도록 자극한다. 구성원에게 새로운 아이디어와 창의적 문제해결을 요구하며, 구성원들이 문제해결 과정에 참여하도록 한다. 마지막으로, 변환적 리더들은 개인적 배려에 세심한 주의를 기울인다. 구성원 개인이 처해 있는 상황을 잘 인식하고 그들의 개인적 욕구에 각별한 관심을 기울인다. 변환적 리더는 구성원의 욕구와 바람의 개인차를 인식하고 수용한다.

Luthans와 그의 동료들(Luthans, Luthans, Hodgetts, & Luthans, 2001)은 리더십에 대한 긍정적 접근(PAL: positive approach to leadership)을 제안하고 있다. 불확실성과 도전이 증대하고 있는 현대사회에서는 구성원의 행복을 중시하는 동시에 현실적 낙관성을 지니는 리더십이 필요하다. 이들은 긍정 심리학에 근거하여 **긍정적 조직행동**(POB: positive organizational behavior)을 제시하고 있다. 아울러 긍정 리더십의 네 가지 주된 요소(RICH)로서 현실적 낙관주의(realistic optimism), 정서지능(emotional intelligence), 자신감(confidence), 희망(hope)을 제안하였다.

긍정 리더십은 다음과 같은 믿음에서 출발한다(Luthans & Avolio, 2003). 첫째, 리더는 구성원들이 각자 조직에 기여할 수 있는 긍정적인 측면을 지닌다고 믿는다. 구성원의 긍정적 역량에 대한 신뢰를 지닌다. 둘째, 리더는 구성원으로 하여금 그들의 소중한 능력과 강점을 잘 인식하고 발휘하도록 돕는다. 구성원의 자기실현과 역량 발휘를 적극적으로 지원한다. 셋째, 리더는 자신의 결점을 인식하고 공개함으로써 구성원과의 상호보완적인 관계를 형성한다. 대부분의 리더들은 자신의 결점을 은폐하고 완벽한 존재라는 이미지를 제시하지만 이것은 오히려 구성원의 무력함을 초래하게 된다. 넷째, 리더는 일선 현장에서 솔선수범해야 한다. 리더가 뒤에 숨어서 구성원들을 조정하기보다는 투명한 행동을 통해서 자신감, 희망, 낙관주의, 탄력성의 모델이 되어야 한다. 마지막으로, 리더는 갈등과 분쟁을 지혜롭게 판단할 수 있는 도덕적 역량을 계발해야 한다. 요컨대, 긍정 리더십은 군림하는 권력(power over)이 아니라 공유하는 권력(power with)을 지향한다.

3 한국사회의 긍정적 변화

한국인의 행복 수준은 세계의 여러 국가 중 중하위권에 속한다. 여러 나라의 주관적 안녕을 조사한 연구(Kahneman et al., 1999)에 따르면, 한국은 40개국 중에서 25위였다. 세계 10위권에 속하는 경제규모에 비하면, 한국인의 행복 수준은 현저하게 낮은 편이다. 뿐만 아니라 한국인의 자살률, 이혼율, 1인당 알코올 소비량, 40대 남성의 돌연사율 등은 세계에서 가장 높은 수준에 속한다. 한국인의 물질적 생활 수준은 현저하게 향상되었지만 행복 수준은 그러하지 못하다.

행복은 우리가 살아가는 사회적 환경과 밀접한 관련성을 지닌다. 한국의 가족, 학교, 직장, 지역사회, 국가가 긍정적으로 변화되어야 한국인의 행복도 증진될 수 있다. 또한 국민 개개인의 행복과 능력 발휘를 효과적으로 지원할 수 있어야 사회와 국가도 발전하게 된다. 한국사회는 개인의 행복뿐만 아니라 국가적 발전을 위해서 가족, 학교, 직장, 지역사회가 건강하게 긍정적으로 변화되도록 노력해야 한다.

1) 긍정 가족

가족은 모든 사람이 속하게 되는 가장 일차적인 사회적 조직인 동시에 개인의 행복과 성장을 위해 가장 중요한 원천이다. 대부분의 사람들은 가정의 화목을 행복의 가장 중요한 조건으로 여기고 있다. 건강한 가족은 우리 사회의 가장 중요한 사회적 기반시설이다(이정전, 2008). 그러나 불행하게도 한국은 높은 이혼율과 청소년 가출률을 나타내고 있다. 부모는 자녀들에게 과중한 학업부담을 강요하고 부부는 자녀교육을 위해서 엄청난 경제적 부담을 짊어질 뿐만 아니라 자발적인 별거를 하는 기러기 아빠들이 늘어나고 있다. 과연 한국의 가족은 행복한 삶을 위한 터전이 되고 있는가? 건강하고 행복한 가족이 되기 위해서는 어떤 변화가 필요한가?

가족은 자녀를 낳아 양육함으로써 가문을 이어가는 곳일 뿐만 아니라 한 인간의 기본적인 성격이 형성되는 장이다. 부모는 자녀의 성격형성에 매우 중요한 영향을 미친다. 양육과정에서 부모의 성격특성, 가치관, 도덕적 규범이 자녀에게 학습되어 전달된다. 아울러 사회생활을 위한 기본적인 적응능력이 가족관계 속에서 발달된다. 언어 및 인지발달, 정서 발달 그리고 사회성 발달이 가족관계 속에서 이루어진다. 아울러 가정은 인간의 가장 기본적인 욕구를 충족하는 곳이다. 생존의 필수조건인 의식주가 해결될 뿐만 아니라 안전한 가운데 편안한 휴식을 누리는 곳이다. 또한 가족은 가장 강력한 정서적 지지원인 동시에 운명공동체로서 가장 강력한 소속감을 제공한다. 이렇듯이 가정은 인간의 가장 기본적인 욕구가 충족되는 곳인 동시에 인간의 인격 발달이 이루어지는 곳이다. 가족은 개인의 행복과 성장을 위한 가장 기본적인 터전이라고 할 수 있다.

그동안 심리학자들은 가족갈등, 가정불화, 부부문제, 이혼 등과 같이 가족의 부정적 측면에 깊은 관심을 지녀왔다. 긍정 심리학에서는 가족구성원 모두가 좀 더 행복한 동시에 각자의 강점을 발휘하여 자신의 역할을 충실히 수행하는 **긍정 가족**(positive family)에 대해서 관심을 지닌다. 과연 긍정 가족은 어떤 가족인가? 우리가 지향해야 할 이상적인 가정은 어떤 특성을 지니는가? 긍정 가족은 강조되는 초점에 따라서 건강한 가족(healthy family), 기능적 가족(functional family), 성공적 가족(successful family), 강한 가족(strong family)이라고 불리기도 한다. 이런 가족의 공통적 특징은 가족구성원의 욕구를 서로 잘 충족시키며 부부관계뿐만 아니라 부모-자녀관계의 만족도가 높다는 것이다(Stinnett, 1985). 만족도는 개인이 지닌 기대와 실제로 받는 보상의 일치도에 의해서 결정된다. 따라서 개인이 가족관계에서 어떤 기대를 하느냐에 따라 만족도가 달라질 수 있으며, 가족구성원마다 가족에 대한 만족도가 다를 수 있다. 긍정 가족은 가족구성원 모두가 골고루 만족하는 가족관계를 이루어가는 가족이라고 할 수 있다. 긍정 가족은 일반적으로 다음과 같

화목한 가정은 행복한 삶의 필수적 요소이다.

은 특징을 지닌다(권석만, 2004).

첫째, 가족구성원은 가족의 행복과 안녕에 깊은 관심을 가지며 이를 무엇보다도 중요시한다. 많은 일을 처리해야 하는 바쁜 사회생활 속에서도 가족의 행복을 우선시하여 이를 중심으로 자신의 생활을 조정한다. 아울러 가족구성원은 서로의 행복과 안녕을 위해 깊이 관여한다.

둘째, 가족구성원은 서로에 대한 정서적 지지를 아끼지 않는다. 가족구성원 상호 간에 긍정적인 감정을 지니며 심리적으로 격려하고 지원한다. 상대방의 장점을 부각시키고 존중하는 노력을 기울인다.

셋째, 가족구성원 간에 효과적인 의사소통이 이루어진다. 가족구성원이 함께 대화를 나누는 시간이 많으며, 상대방의 견해에 관심을 보이고 적극적으로 경청하며 존중한다. 또한 갈등에 대해서는 개방적이고 솔직하게 논의함으로써 갈등을 효과적으로 처리한다.

넷째, 가족구성원끼리 많은 활동을 함께 공유한다. 가정의 안팎에서 함께 지내는 시간이 많으며 가족과 함께 있는 것을 즐긴다. 가족구성원들은 많은 생활영역에서 가족이 함께 지낼 수 있도록 자신의 생활을 조정한다. 온 가족이 운동, 산책, 여행, 종교활동 등에 함께 참여하면서 가족 간의 유대감을 공고히 한다.

다섯째, 효율적인 문제해결 능력을 지니고 있어 가족이 당면하는 여러 가지 문제나 위기를 잘 해결해나간다. 이런 문제나 위기에 대처할 때, 가족 간에 갈등을 유발하기보다는 온 가족이 결속하여 서로 협동적으로 대처해나간다.

마지막으로, 가족구성원은 자신의 가족역할을 잘 수행한다. 가족구성원 각자가 담당해야 할 역할이 잘 분담되어 있으며 이러한 역할을 효율적으로 수행한다. 아울러 가족구성원들이 지켜야 할 행동규범이 명료하게 정해져 있으며 이의 준수를 통해 가족 내에 불필요한 갈등을 최소화한다.

2) 긍정 학교

우리는 아동기부터 청년기에 이르기까지 학교에서 많은 시간을 보낸다. 학교는 사회인으로 성장하는 배움의 터전인 동시에 아동과 청소년의 행복에 지대한 영향을 미치는 중요한 기관이다. 우리나라는 과도한 교육열과 입시경쟁으로 인해 학생들이 과중한 학업부담을 안고 있다. 뿐만 아니라 학교에서는 언어적 폭력, 신체적 폭력, 금품갈취 행위, 괴롭힘과 놀림, 성폭력과 성추행의 문제가 지속적으로 발생하고 있다(김준호, 2006). 왕따현상과 더불어 교사에 의한 폭언과 체벌로 인해 심리적인 상처를 입는 학생들이 늘어나고 있다. 많은 학생들이 학교에 가기를 싫어할 뿐만 아니라 두려워한다.

과연 학생들이 즐거운 마음으로 등교하고 학생의 성장을 효율적으로 돕는 학교는 불가능한가? 과연 학생들의 성장과 행복을 촉진하려면, 학교는 어떠해야 하는가? 교사는 학생들을 어떻게 지도해야 하는가? 학교에서는 학생들에게 무엇을 가르쳐야 하는가? 학생-교사-학부모의 관계는 어떠해야 하는가?

Hunter와 Elias(1998)에 따르면, **좋은 학교**(good school)는 다음과 같은 특징을 지닌다: (1) 학생들은 학교에서 가르치는 교과목을 적절한 것으로 지각한다; (2) 학생들은 학교에서 그들에게 일어나는 일들에 대한 통제력을 지니는 것으로 지각한다; (3) 학생들은 학교의 훈육방침을 공정하며 분명하고 일관성 있는 것으로 지각하며 처벌보다는 교정과 기술 함양에 초점을 둔 것으로 인식한다; (4) 학생들은 학교의 보상체계를 합리적인 것으로 지각하며, 학교는 학생들의 성취를 소중한 것으로 인정하고 긍정적 행동에 공정한 보상을 제공한다; (5) 학교에는 강력하고 효과적인 학교관리 방식이 존재한다; (6) 학교장은 효과적인 민주적 리더십을 지닌다; (7) 학교는 학생의 인격을 존중하고 학생과 교사의 접촉을 증가시키는 활동을 통해서 학생들의 연결감과 소속감을 증진시킨다.

긍정 학교는 학생들의 행복과 성장을 촉진한다.

긍정 심리학은 학생의 행복과 성장을 지원하는 **긍정 학교**(positive school)를 지향한다. 긍정 학교는 다음과 같은 조건을 갖추어야 한다. 첫째, 학교는 육체적으로나 심리적으로 안전한 분위기를 제공해야 한다(Elias & Weissberg, 2000). 육체적 고통과 심리적 상처를 줄 수 있는 교육환경은 제거되어야 한다. 교사에 의한 체벌, 구타, 인격적 무시와 모욕이 없어야 한다. 뿐만 아니라 선배 또는 동료 학생에 의한 놀림, 왕따, 폭력, 갈취 등이 일어나지 않는 교육환경을 조성해야 한다. 좋은 학교는 폭력, 물질남용, 건강위험행동과 같은 부정적인 결과를 감소시키는 역할을 한다. 학생들이 편안한 마음으로 학교에 오갈 수 있는 안전한 교육환경이 필요하다.

둘째, 교사와 학생 사이에 민주적인 신뢰관계가 형성되어야 한다. 학생은 학교의 중요한 구성원이다. 교사는 학생들을 무시하거나 권위적으로 억압하기보다 인격적 존재로서 존중해야 한다. 학생들은 교사를 두려워하거나 불신하기보다 스승으로 존경해야 한다. 교사는 학생의 성장에 매우 중요한 멘터 역할을 해야 한다. 많은 학생들이 직업이나 전공분야를 결정할 뿐만 아니라 개인적인 고민이나 갈등이 있을 때 교사의 조언을 통해서 해결하게 된다. 교사와 학생은 멘터와 멘티의 관계로 발전될 필요가 있다. 학생과 교사뿐만 아니라 학생과 학생, 선배와 후배, 교사와 교사 간의 긍정적인 관계가 필요하다.

셋째, 학교장은 교사, 학생, 학부모의 의견을 효과적으로 종합하여 반영하는 리더십이 필요하다. 모든 기관에서 최고결정권자의 역할이 중요하듯이, 학교장은 교육환경, 교육방식, 교육내용, 교사와 학생의 관계에 세심한 관심을 지니고 교사와 학생들을 긍정적인 방향으로 이끌어갈 수 있는 리더십을 지녀야 한다. 아울러 학교운영에 대한 학부모의 지지와 참여가 필요하다. 학부모는 학교와 교사의 교육활동을 소중히 여기며 지원하고, 교사 역시 학부모와의 원활한 소통 속에서 학생들을 교육해야 한다. 교육은 학교뿐만 아니라 가정과 학교의 유기적 관계 속에서 효과적으로 이루어질 수 있는 것이다.

넷째, 학교에서 가르치는 교과목은 학생들의 사회적 적응뿐만 아니라 개인적 행복과 성장을 지원하는 것으로 구성되어야 한다. 학교교육은 교실 안에서의 활동뿐만 아니라 교실 밖에서의 전 인생에 영향을 미친다. 학교는 학생의 시험성적과 진학률을 교육의 윤리적 목적과 혼동해서는 안 되는데, 실상은 그렇지 못하다. 학교에서 배우는 많은 과목의 지식 중에는 실제 생활에서 거의 활용되지 않는 것들이 많다. 반면에, 학생의 성장과 행복을 지원하는 교과목은 거의 존재하지 않는다. 친구들과 친밀한 관계를 형성하고 효과적인 의사소통을 하며 자신의 생활과 감정을 어떻게 조절해야 하는지에 관한 교과목은 존재하지 않는다. 학생들 스스로가 많은 시행착오를 겪으면서 터득해야 한다. 그러나 이러한 삶의 기술이 개인의 행복과 성장에 매우 중요하다. 현재의 학교는 직업인으로 성장하기 위한 생산기술에 초점이 맞추어져 있다. 학교에서는 생산기술뿐 아니라 생활기술을 가르쳐야 한다(이정전, 2008).

다섯째, 학교는 학생들이 학교생활에 적극적으로 참여하도록 유도해야 한다. 학생은 학교의 중요한 구성원이다. 교장과 교사에 의해 일방적으로 결정된 사항을 순응하도록 요구해서는 안 된다. 학생들로 하여금 배움에 관해서 참여하고 열정을 지니도록 격려하는 학교의 노력이 필요하다(Maehr & Midgley, 1996). 학교에 대한 긍정적 태도와 동기는 학생들로 하여금 학업수행을 향상시킬 뿐만 아니라 학생들을 평생학습자로 만듦으로써 졸업 후에도 오랫동안 심리적 혜택을 누리게 된다(Schneider, 2000). 아울러 학교가 추구하는 목적과 비전이 분명하게 제시되고 공유되어야 한다(Maehr, 1991). 학교가 목적을 분명히 드러내야만 학생들이 그것을 인식하고 채택하게 된다. 목표는 배우려는 동기, 배우는 과정에의 참여, 힘든 공부에 대한 전념을 증대시킨다. 서구 사회의 경우, **학생의 목소리**(student voice)라는 운동을 통해서 학교운영과 교육내용에 관해 학생들의 입장과 의견을 반영하려는 노력이 이루어지고 있다.

마지막으로, 좋은 학교는 학생 개개인을 중시하고 그들의 노력과 향상에 대해서 보상을 준다(Anderson & Maehr, 1994). 학교는 학생의 개성과 강점을 존중하고 이를 육성해야 한다. 학교는 모든 학생을 규격화하는 일률적 교육으로부터 탈피하여 학생의 개인적 특성에 맞는 교육을 지향해야 한다. 아울러 학생들에게 긍정적 성품과 덕성을 함양하고 향상시키는 구체적인 교육 프로그램을 개발하여 시행할 필요가 있다. 좋은 학교는 인생을 통해서 효과적인 학습자가 되도록 준비시킨다. 그러한 학교는 학생들을 책임감 있고 생산적인 사회구성원으로 양성할 수 있다. 서구사회의 경우, 학교와 사회는 **긍정적 청소년 발달**(PYD: positive youth development)을 촉진하는 노력을 기울이고 있다. 긍정적 청소년 발달은 학생들로 하여금 그들의 관심사, 기술, 능력을 향상시킬 수 있는 기회를 제공함으로써 건강한 성인으로의 발달을 지원하려는 조직적인 노력이다. 학생들로 하여금 지역사회에 봉사하고 학생들의 자치활동뿐만 아니라 학교운영에도 참여하게 함으로써 사회에 대한 배움과 더불어 사회적 책임감과 리더십을 향상하도록 지원하고자 노력한다.

멘터링 시스템 – 현명한 조언자

우리는 학교나 직장생활에서 스스로 해결하기 어려운 문제에 직면하게 되는 경우가 많다. 이러한 경우에 현명한 조언과 심리적 지원을 구할 수 있는 사람이 있다면 커다란 도움이 된다. 이러한 조언자를 멘터(mentor)라고 하는데, 교사나 선배 또는 직장상사가 그러한 역할을 맡을 수 있다. 조언을 받는 사람은 멘티(mentee)라고 부른다. 조직에 새롭게 들어온 신참 구성원에게 멘터를 할당하여 친밀한 관계를 맺고 지속적인 유대 속에서 도움을 받게 함으로써 구성원의 적응과 성장을 돕는 멘터링 시스템이 우리 사회에 확산될 필요가 있다(권석만, 2004). 멘터는 멘티를 지도하고 조언하며 멘티의 성장에 도움을 주게 된다. 멘터는 멘티에 대해서 크게 심리사회적 기능과 경력지원 기능을 하게 된다(정현, 탁진국, 2003).

심리사회적 기능

- 역할모형(role model): 멘터가 기존의 조직구성원으로서 조직에 진입하는 멘티에게 조직 내에서 적절한 행동방식, 태도, 가치관 등을 전해줌으로써 멘티가 멘터를 바람직한 역할모델로 설정하고 모방하도록 하는 역할전수자로서의 기능
- 상담(counseling): 멘티가 가지고 있는 고민, 두려움, 혼란, 불안 등과 같은 내적 갈등을 상의하고 해결방안을 제시하거나 함께 고민함으로써 맨티가 효과적으로 난관을 극복할 수 있도록 돕는 기능
- 수용 및 인정(acceptance and confirmation): 멘터와 멘티의 서로 간의 공유되는 긍정적인 신뢰를 바탕으로 상호 간의 호감과 존중을 통하여 멘티의 자아의식을 높여주는 기능
- 우정(friendship): 멘터와 멘티가 업무상 또는 업무 이외에 사적으로 비공식적 관계를 맺음으로써 서로를 이해하고 호의적인 관계를 유지하는 기능

경력지원 기능

- 후원(sponsorship): 멘티가 조직 내에서 바람직한 역할로 수평적 이동과 승진을 할 수 있도록 기회를 제공해주거나 승진결정자에게 영향력을 행사하는 것
- 노출(exposure): 멘티의 경력발전에 영향을 미칠 수 있는 다른 관리자들과 문서상 또는 직접적 접촉을 필요로 하는 업무를 부여하여 그들과 관계를 갖게 함으로써 멘티의 능력과 업무를 다른 관리자들에게 노출시켜 경력발전의 기회를 증대시켜 주는 것
- 코칭(coaching): 멘티가 부여된 업무를 성공적으로 수행하고 다른 사람들로부터 인정을 받으며 경력목표를 달성하는 데 필요한 지식과 기술을 전수해주는 기능

- 보호(protection): 멘티가 스스로 주어진 업무에서 만족할 만한 성과를 올리기까지 멘터가 멘티의 노출 및 소개를 유보시키고 멘티의 평판을 위협하는 불필요한 위협과 경력발전의 저해요인을 줄여줌으로써 멘티를 보호하는 기능
- 도전적 업무부여(challenging assignment): 멘티에게 새로운 기술을 습득할 수 있는 도전적인 업무를 부여하고 그에 필요한 기술지원과 계속적인 성과에 대한 피드백을 제공함으로서 멘티의 업무수행 능력을 개발시키고 성취감을 갖고 더 나아가 경력개발을 할 수 있도록 도와주는 기능

3) 긍정 직장

직장은 성인의 경우 가장 많은 시간을 보내는 곳이다. 10장에서 소개한 바 있듯이, 직업만족도는 행복 수준을 예측하는 중요한 요인이다. 직장은 생계를 위한 소득을 얻고 경력을 발전시킬 뿐만 아니라 자신의 잠재력을 발휘하고 사회적 공헌을 이루는 자기실현의 장이다. 직장생활이 만족스럽지 못한 사람은 행복하기 어렵다.

우리나라의 경우, IMF 경제위기를 계기로 기업체의 다운사이징이 가속화되면서 고용불안이 심화되고 있다. 세계화로 인한 무한경쟁 시대에는 모든 직장이 치열한 경쟁, 과중한 업무부담, 부서 간 갈등, 고용 불안정성의 문제를 안고 있다. 행복과 자아실현의 장이 되어야 할 직장이 스트레스의 원천으로 여겨지고 있다. 이러한 치열한 경쟁 분위기 속에서 과로와 탈진으로 인한 한국 남성 40대의 돌연사율은 세계적으로 가장 높은 수준이다.

긍정 조직학은 개인의 행복과 조직의 성장을 함께 추구하는 **긍정 직장**(positive work)에 초점을 맞추고 있다. 직장은 구성원의 직무환경을 변화시킴으로써 그들의 만족도를 현저하게 증가시킬 수 있다. Turner 등(2002)에 따르면, 직무환경은 구성원들이 적극적으로 직무에 임할 수 있도록 조성되어야 한다. 이를 위해서 자율성과 도전의식 그리고 긍정적인 관계형성의 기회가 제공되어야 한다. 직무환경의 변화는 직무 재설계, 직무집단의 재구성 그리고 새로운 리더십을 통해서 이루어질 수 있다.

직무 재설계에 관해서는 10장에서 상세하게 설명된 바 있다. 직장에서 하는 직무를

긍정 직장은 구성원의 행복과 자기실현을 지원한다.

너무 단순하고 기계적인 일로부터 다양한 기술과 역량을 사용하는 도전적인 일로 변화시킬 필요가 있다. 업무의 내용과 범위를 좀 더 명료하게 제한하고 자율성과 재량권이 주어지는 상황에서 중요하고 의미 있는 과제를 수행하면서 적절한 피드백을 받게 될 때, 직장인들은 강한 의욕을 느낄 뿐만 아니라 열성적으로 일하면서 높은 만족감을 느끼게 된다(Hackman & Oldham, 1980; Oldham, 1996). 이처럼 직무환경의 변화를 통해서 직장인의 직무만족도와 생산성을 향상시킬 수 있다.

직무집단의 재구성을 통해서 직업만족도를 향상시킬 수 있다. 소수의 구성원으로 이루어진 팀의 구성을 통해 가족 같은 분위기에서 정서적 친밀감과 유대감을 느낄 수 있다. 구성원 간의 교류를 증진함으로써 지식과 역량의 시너지 효과를 통해 더 생산적인 성과를 나타내게 된다. 앞에서 설명한 바 있듯이, 구성원 간의 연결감과 정서적 교류를 증진함으로써 조직의 생산성뿐만 아니라 구성원의 긍정 정서가 증대된다.

조직이 침체되고 구성원의 갈등이 증폭될 경우에는 리더의 교체가 필요하다. 직장에서 리더의 역할은 매우 중요하다. 앞에서 언급한 바 있듯이, 변환적 리더십 또는 긍정 리더십은 구성원의 만족도를 현저하게 향상시킬 수 있다. 변환적 리더들은 직원들에 비전과 의미를 심어줄 뿐만 아니라 의욕을 부여하고 자기실현의 동기를 자극한다. 이들은 도덕적 가치관을 지니며 사람을 가장 중요하게 여긴다. 아울러 직원들이 최선을 다하도록 격려하고 고정관념에서 벗어나 새로운 방법으로 생각할 수 있도록 돕는다. 이러한 리더들은 직원들로 하여금 높은 사기와 직무만족, 상급자에 대한 긍정적 인식, 조직에 대한 높은 헌신을 유발한다.

Pfeffer(1998)는 조직이 사람을 최우선시할 때 직원들의 직무만족도는 물론 조직의 경제적 성과 역시 향상될 수 있다고 주장한다. 사람을 가장 중요하게 여긴다는 것은 직원들에게 직업 안정성을 보장하고 그들의 역량개발에 초점을 맞추며 의사결정 권한을 부여하면서 직원들 간의 교류를 증진하려는 다양한 노력을 의미한다. 그에 따르면, 130개의 현장연구 중 75%가 사람을 중시하는 회사들의 경제적 실적이 향상되었음을 보고하고 있다. 그러나 직무만족에 영향을 미치는 요인들은 충분히 밝혀져 있지 않다. 대부분의 사람들이 직무만족의 중요성을 인정하지만 직무만족은 그 복잡성 때문에 아직 충분히 알려져 있지 않다.

4) 긍정 지역사회

한국인의 50% 이상이 아파트에서 살고 있다. 그러나 같은 아파트에서 생활하는 사람들의 인간관계와 교류는 매우 미약한 상황이다. 우리가 함께 살아가는 지역사회 구성원 간의 연결이 매우 부족한 현실이다. 지역사회에 많은 문제점이 있음에도 불구하고 우리는 무관심하게 방관하고 있다. 구성원의 의견을 수렴하여 반영시킬 수 있는 방법에 대해서도 무지하다. 그러나 지역사회는 우리의 행복에 많은 영향을 미치고 있다. 지역사회의 안전 확보, 쾌적한 환경의 조성, 구성원의 친밀한 관계형성, 다양한 편의시설의 유치 등을 통해서 우리의 삶의 조건을 향상시킬 수 있다.

과거의 심리학은 사회적 환경이 인간의 행동에 미치는 영향을 무시하는 경향이 있었다. 그 대신 행동의 원인을 개인의 성격특성으로 돌리는 잘못된 귀인을 하는 경우도 많았다. Shinn과 Toohey(2003)는 이러한 문제를 **맥락 최소화 오류**(context minimization error)라고 지칭하면서 지역사회의 환경적 여건이 개인의 행동에 많은 영향을 미친다는 것을 보여주었다. 그러한 반성의 결과로 태동한 것이 **지역사회 심리학**(community psychology)이다.

지역사회 심리학은 사람을 사회적 맥락 안에서 연구할 뿐만 아니라 문제해결을 위한 개입에서도 사회적 환경의 역할을 중시한다(Rappaport & Seidman, 2000). 지역사회 심리학자들은 사람과 환경의 조화를 중요하게 여긴다. 아울러 사람과 환경의 강점과 자원을 고려하여 긍정적인 변화를 지향한다. 지역사회 심리학자들은 지역사회 수준의 긍정적 개입에 관심을 지닌다. 이러한 개입이 많은 사람들에게 영향을 미칠 수 있고 지역주민의 삶을 개선하는 효과적인 방법이라고 여기기 때문이다. 필요한 경우에는 사회적 정책에 관여하며 정치적 활동에도 직접적으로 참여한다.

지역사회 심리학의 중요한 개념 중 하나는 **역량 강화**(empowerment)이다(Rappaport & Seidman, 2000). 역량 강화는 사회적으로 소외되어 혜택을 받지 못하는 사람들에게 정당한 권리를 주장할 수 있는 정치적 역량을 갖출 수 있도록 도와주는 과정을 말한다. 달리 말하면, 역량 강화는 개인이 자신의 삶에 책임의식을 느끼고 기술과 능력을 함양하여 삶에 대한 자기결정권을 증대시키는 것이다. 이를 통해서 지역사회 구성원이 공평한 혜택을 누리는 동시에 범죄나 폭력과 같은 사회적 문제를 예방할 수 있다.

주민들은 지역사회를 좀 더 살기 좋은 곳으로 만들기 위한 공동의 노력을 기울일 수 있다. 이러한 노력을 Sampson(2001)은 **집단적 효능감**(collective efficacy)이라고 부르면서

긍정 지역사회는 주민의 사회적 일체감 속에서 지역사회를 살기 좋은 곳으로 발전시킨다.

역량 강화의 한 형태로 간주했다. 집단적 효능감은 지역주민의 사회적 일체감에 근거하며 인간관계망을 형성하여 지역사회를 살기 좋은 곳으로 발전시키려는 의지와 에너지를 만들어낸다. 지역사회의 집단적 효능감이 높아지면, 이웃과의 친분과 유대감이 증가할 뿐만 아니라 범죄가 감소하고 서로의 불신이 완화된다(Ross & Jang, 2000).

사람들이 자신이 속한 지역사회를 위해 기여할 수 있는 방법 중 하나는 자원봉사이다. 사람들은 개인적으로 의미 있는 목표를 추구할 때 더 행복하다고 보고하는 경향이 있다(Oishi et al., 1999). 매일 세계적으로 수백만 명의 사람들이 다른 사람들의 안녕을 위해 자신의 시간과 노력을 들여 자원봉사를 한다. 자원봉사에는 직접적이고 가시적인 보상이 없다. 그러나 자신의 노력으로 인해 도움을 받는 사람의 행복이 증진된다면 그것이 보상의 역할을 하게 된다.

우리는 다른 사람과 동떨어져 살아가는 섬과 같은 존재가 아니다. 주변사람들의 행복을 무시한 채 자신의 행복만을 추구해서는 온전한 행복을 누릴 수 없다. 다른 사람들과 더불어 행복한 삶을 지향함으로써 우리는 인생의 소중한 의미를 발견하는 동시에 진정한 행복을 누릴 수 있을 것이다.

요 약

1. 긍정 심리학은 개인의 행복과 자기실현을 촉진하는 긍정 기관의 연구와 창출에도 깊은 관심을 지닌다. **긍정 기관**은 구성원들이 조직생활에서 긍정 정서, 강점 발휘, 의미 발견을 경험할 수 있는 긍정적인 여건을 조성함으로써 구성원의 행복과 자기실현을 촉진하는 조직을 말한다. 아울러 긍정 기관은 구성원의 행복, 조직의 생산성, 사회적 기여라는 세 가지 요소를 잘 겸비한 조직이라고 할 수 있다.
2. 긍정 기관을 연구하고 창출하기 위한 다학문적인 접근을 **긍정 조직학**이라고 한다. 긍정 조직학은 구성원이 행복감 속에서 자신의 능력을 충분히 발휘하며 생산적으로 일하는 긍정 조직의 특성과 그러한 변화과정에 관심을 지닌다.
3. 긍정 기관의 주요한 특성 중 하나는 밝고 긍정적인 정서적 분위기이다. **긍정 정서**는 조직의 인간관계와 생산성을 증진하고 그 결과 긍정 정서가 확대되는 선순환적 역동을 촉발하

는 중요한 역할을 한다.

4. 긍정 기관은 구성원들의 긍정 특질이 잘 계발되고 발휘되도록 촉진함으로써 조직에 긍정 정서와 활기가 흐르고 생산성과 창의성이 증대되도록 한다. 새로운 지식, 기술, 역량을 만들어내고 사용하는 신지식 창출을 위해서는 새로운 행동을 촉진하는 긍정 정서의 증진, 실험적 시도와 실수의 허용, 상호의존성과 도움 추구의 장려가 필요하다.
5. 긍정 조직에서는 구성원의 연결감을 강화함으로써 긍정 정서와 상호 교류를 촉진한다. 관계의 질은 연결감의 강도, 애정의 정서적 비중, 의사소통의 빈도, 상호성, 관계만족도 등에 의해서 영향을 받는다. 긍정적이고 효율적인 양질의 연결에서는 정서적 전달력이 높고 조직구성원들이 효율적으로 기능할 뿐만 아니라 난관을 잘 견디며 생산성이 높다. 아울러 조직구성원의 서로 연결된 직무를 조화롭게 조정하고 통합하는 관계 조정 역시 매우 중요하다.
6. 조직생활의 의미 발견은 두 가지의 원천, 즉 직무와 직장으로부터 나올 수 있다. 자신의 직무가 매우 소중하다는 인식과 더불어 자신이 매우 중요한 기관에 소속되어 있다는 인식으로부터 의미를 발견할 수 있다.
7. 긍정 기관은 조직의 긍정적 변화를 위해서 끊임없이 노력한다. 조직의 긍정적 변화를 유도하기 위한 탁월성 조사(AI)에서는 구성원의 성취, 강점, 잠재력, 혁신, 모범사례를 발견하여 시상함으로써 이를 조직 전체로 확산시킨다.
8. 조직의 긍정적 변화를 위해서는 리더의 역할이 중요하다. 긍정 기관을 만들어내는 긍정 리더십은 구성원에 대한 신뢰를 바탕으로 그들의 역량 발휘를 적극적으로 지원하고 조직을 투명하게 운영하며 개인의 이득보다 집단의 이익을 추구하는 도덕성에 기반을 둔 진정한 리더십을 의미한다.
9. 한국인의 행복 수준은 세계의 여러 국가 중 중하위권에 속한다. 개인의 행복뿐만 아니라 국가의 발전을 위해서도 구성원의 강점 발휘와 자기실현을 적극적으로 지원하는 긍정 가족, 긍정 학교, 긍정 직장, 긍정 지역사회를 창출하는 노력이 필요하다.

참고문헌

구재선, 김의철(2006a). 심리적 특징, 생활경험, 행복의 통합적 관계. 한국심리학회지: 사회 및 성격, 20(4), 1-18.

구재선, 김의철(2006b). 한국인의 행복 경험에 대한 토착문화심리학적 접근. 한국심리학회지: 사회문제, 12(2), 77-100.

권석만(2003). 현대 이상심리학. 서울: 학지사.

권석만(2004). 인간관계의 심리학(개정증보판). 서울: 학지사.

권석만(2006). 위빠사나 명상의 심리치유적 기능. 불교와 심리, 1, 1-49.

권석만(2008). 욕망의 자각과 조절. 김종욱 (편). 욕망, 삶의 동력인가 괴로움의 뿌리인가 (pp. 243-291). 서울: 운주사.

권선중, 김교헌, 이홍석(2006). 한국판 감사성향 척도(K-GQ-6)의 신뢰도 및 타당도. 한국심리학회지: 건강, 11(1), 177-190.

김광수(1999). 용서교육 프로그램 개발. 서울대학교 박사학위논문.

김기범, 임효진(2006). 대인관계 용서의 심리적 과정 탐색: 공감과 사과가 용서에 미치는 영향 분석. 한국심리학회지: 사회 및 성격, 20(2), 19-33.

김대오(2000). 아리스토텔레스의 행복론. 서양고전학연구, 15, 47-72

김명소, 김혜원, 차경호(2001). 심리적 웰빙의 구성개념분석: 한국 성인 남녀를 대상으로. 한국심리학회지: 사회 및 성격, 15(2), 19-39.

김민희(2008). 한국인의 지혜개념 탐색과 중노년기 삶에서의 지혜의 의미. 서울대학교 박사학위논문.

김빛나(2008). 탈중심화가 내부초점적 반응양식과 우울증상에 미치는 영향. 서울대학교 석사학위논문.

김의철, 박영신(2006). 한국 사회에서 삶의 질을 구성하는 요인들에 대한 탐구. 한국심리학회지: 사회문제, 12(5), 1-28.

김정운, 이장주(2005). 여가와 삶의 질에 대한 비교문화 연구. 한국심리학회지: 사회 및 성격, 19(2), 1-15.

김정호(2001). 체계적 마음챙김을 통한 스트레스 관리: 정서 마음챙김을 중심으로. 한국심리학회지: 건강, 6(1), 23-58.

김정호(2004). 마음챙김명상의 유형과 인지행동치료적 함의. 인지행동치료, 4(2), 27-44.

김준호(2006). 학교폭력의 정의와 현상. 학교폭력의 예방과 상담(pp. 27-46). 서울: 학지사.

김진숙(2007). 부부문제에 대한 인지행동적 모델의 검증. 서울대학교 박사학위논문.

민경환(1995). 성격, 정서 및 동기. 권석만 외 (공저). 심리학 개론(pp. 240-275). 서울: 박영사.

민경환(2002). 성격심리학. 서울: 법문사.

박근수, 유태용(2007). 일몰입의 선행변인 및 결과변인에 관한 연구. 한국심리학회지: 산업 및 조직, 20(3), 219-251.

박영식(2002). 서양철학사의 이해 : 탈레스의 아르케에서 비트겐슈타인의 언어까지. 서울: 철학과 현실사.

박영신, 김의철(2006). 한국사회와 개인 삶의 질 인식에 대한 토착심리 탐구: 삶의 질을 높이는 요소와 낮추는 요소에 대한 세대별 지각을 중심으로. 한국심리학회지: 사회문제, 12(1), 161-195.

박종효(2003). 용서와 건강의 관련성 탐색. 한국심리학회지: 건강, 8(2), 301-321.

박종효(2006). Enright 용서심리검사(EFI-K)의 타당화 연구. 교육심리연구, 20, 265-282.

서경헌, 전겸구(2004). 영적 안녕, 생활 스트레스 및 대처. **한국심리학회지: 건강, 9(2)**, 333-350.

오동근(2004). 일가치감이 직무효과성에 미치는 영향. **한국심리학회지: 산업 및 조직, 17(3)**, 375-399.

오수성(2007). 지역사회 정신건강의 미래. **한국임상심리학회 춘계학술대회 자료집**(pp. 3-14).

윤희조(2001). 아리스토텔레스의 행복에 대한 정의적 해석-『니코마코스 윤리학』을 중심으로. 서울대학교 석사학위 논문.

원두리, 김교헌(2006). 심리적 웰빙을 어떻게 추구할 것인가: 웰빙에 영향을 주는 요소들에 대한 탐색. **한국심리학회지: 건강, 11(1)**, 125-145.

이부영(2002). **자기와 자기실현**. 서울: 한길사.

이용표(2007). 지역사회정신보건의 현황 및 미래 정책변화. **한국임상심리학회 춘계학술대회 자료집**(pp. 17-27).

이정전(2008). **우리는 행복한가-경제학자 이정전의 행복방정식**. 서울: 한길사.

이훈진, 원호택(1995). 편집증적 경향, 자기개념, 자의식 간의 관계에 대한 탐색적 연구. **한국심리학회 '95 연차대회 학술발표논문집**, 277-290.

장재윤, 유 경, 서은국, 최인철(2007). 일상재구성법(DRM)을 통해 살펴본 남녀 직장인과 주부의 삶의 질. **한국심리학회지: 사회 및 성격, 21(2)**, 123-139.

장현갑(2002). 스트레스 관련 질병 치료에 대한 명상의 적용. **한국심리학회지: 건강, 9(2)**, 471-492.

장현갑, 배재홍, 정애자, 권석만(2007). **마음챙김 명상 108가지 물음**. 서울: 학지사.

정 현, 탁진국(2003). 멘터역할척도 개발: 탐색적 연구. 한국 산업 및 조직심리학회(편). **핵심인재의 선발과 관리: 산업 및 조직심리학적 접근**(pp. 75-83).

조긍호(2006). **이상적 인간형론의 동·서 비교**. 서울: 지식산업사.

조명한, 김정오(1993). 정보화와 삶의 질: 사회활동 및 개인심리. **사회과학과 정책연구, 15(3)**, 3-31.

조명한, 김정오, 권석만(1994). 청소년의 삶의 질. **사회과학과 정책연구, 16(2)**, 61-94.

조수아(2008). 용서 신념이 용서와 부정적 정서 및 주관적 안녕감에 미치는 영향. 서울대학교 석사학위논문.

조현석(2008). 향유하기와 주관적 웰빙의 관계. 서울대학교 석사학위논문.

주기원(2008). 마음챙김 집단프로그램 개발: 부적응 군사병을 대상으로. 서울대학교 석사학위 논문.

한국갤럽(2006). 2006년, 한국인의 행복. http://www.gallup.co.kr/gallupdb/reportContent.asp

한덕웅(2006a). 한국문화에서 주관안녕에 영향을 미치는 사회심리 요인들. **한국심리학회지: 사회문제, 12(5)**, 45-79.

한덕웅(2006b). 한국문화에서 사회경험에 따른 행동들이 주관안녕에 미치는 영향. **한국심리학회지: 건강, 11(2)**, 363-387.

Abramson, L. Y., Alloy, L. B., & Metalsky, G. I. (1988). The cognitive diathesis-stress theories of depression: Towards an adequate evaluation of the theories' validities. In L. B. Alloy (Ed.), *Cognitive processes in depression* (pp. 3-30). New York: Guilford.

Ackerman, S., Zuroff, D. C., & Moskowitz, D. S. (2000). Generativity in midlife and young adults: Links to agency, communion, and subjective well-being. *International Journal of Aging and Human Development, 50,* 17-41.

Adams, T., Bezner, J., & Steinhart, M. (1997). The conceptualization and measurement of perceived wellness: Integrating balance across and within dimensions. *American Journal of Health Promotion, 11,* 208-281.

Adler, A. (1946). *Understanding human nature.* New York: Greenburg.

Adler, M. G., & Fagley, N. S. (2005). Appreciation: Individual differences in finding value and meaning as a unique predictor of subjective well-being. *Journal of Personality, 73,* 79-114.

Adorno, T. W., Frenkel-Brunswik, E., Levinson, D. J., & Sanford, R. N. (1950). *The authoritarian personality.* New York: Harper & Row.

Ainsworth, M. D. S. (1973). The development of infant-mother attachment. In B. M. Caldwell, & H. N. Ricciuti (Eds.), *Review of child development research* (Vol. 3, pp. 1-94). Chicago: University of Chicago Press.

Ainsworth, M. D. S., Blehar, M. C., Waters, E., & Wall, S. (1978). *Patterns of attachment: Assessed in the strange situation and at home*. Hillsdale, NJ: Erlbaum.

Alderfer, C. P. (1969). An empirical test of a new theory of human needs. *Organizational Behavior and Human Performance, 4*, 142-175.

Alderfer, C. P. (1972). *Existence, relatedness, and growth: Human needs in organizational settings*. New York: The Free Press.

Alfermann, D., & Stoll, O. (2000). Effects of physical exercise on self-concept and well-being. *International Journal of Sport Psychology, 31*, 47-65.

Allen, L., & Beattie, R. (1984). The role of leisure as an indicator of overall satisfaction with community life. *Journal of Leisure Research, 16*, 99-109.

Alloy, L. B., & Abramson, L. Y. (1979). Judgement of contigency in depressed and nondepressed college students: Sadder but wiser? *Journal of experimental Psychology: General, 108*, 441-487.

Allport, G. W. (1937). *Personality: A psychological interpretation*. New York: Holt.

Allport, G. W. (1955). *Becoming*. New Haven: Yale University Press.

Allport, G. W. (1961). *Pattern and growth in personality*. New York: Holt, Rinehart & Winston.

Allport, G. W., & Ross, J. (1967). Personal religious orientation and prejudice. *Journal of Personality and Social Psychology, 5*, 432-443.

Allport, G. W., Vernon, P., & Lindzey, G. (1960). *A study of values* (Rev. ed.). Boston: Houghton Mifflin.

Aluja-Fabregat, A. (2000). Personality and curiosity about TV and film violence in adolescents. *Personality and Individual Differences, 29*, 379-392.

Amabile, T. M. (1982). Social psychology of creativity: A consensual assessment technique. *Journal of Personality and Social Psychology, 43*, 997-1013.

Amabile, T. M., Hill, K. G., Hennessey, B, A., & Tighe, E. M. (1994). The Work Preference Inventory: Assessing intrinsic and extrinsic motivational orientations. *Journal of Personality and Social Psychology, 66*, 950-967.

American Psychiatric Association. (2000). *Diagnostic and Statistical Manual of Mental Disorders-4th edition-Text Revision (DSM-IV-TR)*. Washington, DC: Author.

Anderson, E. M., & Maehr, M. L. (1994). Motivation and schooling in the middle grades. *Review of Educational Research, 64*, 287-309.

Ardelt, M. (1997). Wisdom and life satisfaction in old age. *Journal of Gerontology, 52*, 15-27.

Ardelt, M. (1998). Social crisis and individual growth: The long-term effects of the Great Depression. *Journal of Aging Studies, 12*, 291-314.

Ardelt, M. (2000). Empirical assessment of a three-dimensional wisdom scale. *Research on Aging, 25*(3), 275-324.

Argyle, M. (1987). *The psychology of happiness*. London: Methuen.

Argyle, M. (1996). *The social psychology of leisure*. London: Routledge.

Argyle, M. (1999). Causes and correlates of happiness. In D. Kahneman, E. Diener, & N. Schwartz (Eds.), *Well-being: The foundation of hedonic psychology*. New York: Russell Sage Foundation.

Argyle, M. (2001). *The psychology of happiness* (2nd ed.). East Sussex, England: Routledge.

Aron, A., Norman, C. C., Aron, E. N., McKenna, C., & Heyman, R. E. (2000). Couples' shared participation in novel and arousing activities and experienced relationship quality. *Journal of Personality and Social Psychology, 78,* 273-284.

Aron, A., & Westbay, L. (1996). Dimensions of the prototype of love. *Journal of Personality and Social Psychology, 70,* 535-551.

Aseltine, R. H. (1995). A reconsideration of parental and peer influences on adolescent deviance. *Journal of Health and Social Behavior, 36,* 103-121.

Ashby, F. G., Isen, A. M., & Turken, A. U. (1999). A neuropsychological theory of positive affect and its influences on cognition. *Psychological Review, 106,* 529-550.

Ashford, S., & Northcraft, G. (1992). Conveying more (or less) than we realize: The role of impression-management in feedback-seeking. *Organizational Behavior and Human Decision Process, 53,* 310-334.

Ashton, M. C., Paunonen, S. V., Helmes, E., & Jackson, D. N. (1998). Kin altruism, reciprocal altruism, and the Big Five personality factors. *Evolution and Human Behavior, 19,* 243-255.

Aspinwall, L. G., & Brunhart, S. M. (2000). What I do know won't hurt me: Optimism, attention to negative information, coping, and health. In J. E. Gillham (Ed.), *Laws of Life Symposia Series. The science of optimism and hope: Research essays in honor of Martin E. P. Seligman* (pp. 163-200). Philadelpia, PA: John Templeton Foundation Press.

Asser, S. M., & Swan, R. (1998). Child fatalities for religion-motivated medical neglect. *Pediatrics, 101,* 625-629.

Assmann, A. (1994). Wholesome knowledge: Concepts of wisdom in a historical and cross-cultural perspective. In D. L. Featherman, R. M. Lerner, & M. Perlmutter (Eds.), *Life-span development and behavior* (Vol. 12, pp. 188-224). Hillsdale, NJ: Erlbaum.

Astin, J. (1997). Stress reduction through mindfulness meditation: Effects on psychological symptomatology, sense of control, and spiritual experiences. *Psychotherapy and Psychosomatics, 66,* 97-106.

Austin, A., Braeger, T., Schvaneveldt, J., Lindauer, S., Summers, M., Robinson, C., et al. (1991). A comparison of helping, sharing, comforting, honesty, and civic awareness for children in home care, day care, and preschool. *Child and Youth Care Forum, 20,* 183-194.

Austin, J. T., & Vancouver, J. F. (1996). Goal construction in psychology: Structure, process, and content. *Psychological Bulletin, 120,* 338-375.

Avolio, B. J., & Gibbons, T. C. (1988). Developing transformational leaders: A lifespan approach. In J. A. Conger, & R. N. Kanungo (Eds.), *Charismatic leadership: The elusive factor in organizational effectiveness* (pp. 276-308). San Francisco: Jossey-Bass.

Avolio, B. J., & Howell, J. M. (1992). The impact of leader behavior and leader personality match on satisfaction and unit performance. In K. E. Clark, M. B. Clark, & D. R. Campbell (Eds.), *Impact of leadership* (pp. 225-235). Greensboro, NC: Center for Creative Leadership.

Axelrod, S. R., Widiger, T. A., Trull, T. J., & Corbitt, E. M. (1997). Relations of five-factor model antagonism facets with personality disorder symptomatology. *Journal of Personality Assessment, 69,* 297-313.

Baltes, P. B., & Staudinger, U. M. (2000). Wisdom: A metaheuristic (pragmatic) to orchestrate mind and virtue toward excellence. *American Psychologist, 55,* 122-136.

Baltes, P. B., Staudinger, U. M., Maercker, A., & Smith, J. (1995). People nominated as wise: A comparative study of wisdom-related knowledge. *Psychology and Aging, 10,* 155-166.

Bammel, G., & Burrus-Bammel, L. L. (1996). *Leisure and human behavior.* Dubuque, IA: Brown & Benchmark.

Bandura, A. (1977). Self-efficacy: Toward a unifying theory of behavioral change. *Psychological Review, 84,* 191-215.

Barkow, J. H. (1997). Happiness in evolutionary perspective. In N. L. Segal, G. E. Weisfeld, & C. C. Weisfeld (Eds.), *Uniting psychology and biology: Integrating perspectives on human development* (pp. 397-418). Washington, DC: American Psychological Association.

Barnes, M. L., & Sternberg, R. J. (1997). A hierarchical model of love and its prediction of satisfaction in close relationship. In R. J. Sternberg, & M. Hojjat (Eds.), *Satisfaction in close relationships* (pp. 79-101). New York: Guilford Press.

Bass, B. M. (1990). *Bass & Stogdill's handbook of leadership: Theory, research and managerial applications* (3rd ed.). New York: Free press.

Bass, B. M. (1998). *Transformational leadership.* Mahwah, NJ: Erlbaum.

Bass, B. M., & Avolio, B. J. (1990). The implications of transactional and transformational leadership for individual, team, and organizational development. In R. W. Woodman, & W. A. Passmore (Eds.), *Researchin organizational change and development* (pp. 231-272). Greenwich, CT: JAI Press.

Batson, C. D., Bolen, M. H., Cross, J. A., & Neuringer-Benefiel, H. E. (1986). Where is the altruism in the altruistic personality? *Journal of Personality and Social Psychology, 50,* 212-220.

Batson, C. D., & Weeks, J. L. (1996). Mood effects of unsuccessful helping: Another test of the empathy-altruism hypothesis. *Personality and Social Psychology Bulletin, 22,* 148-157.

Baumeister, R. F. (1989). The optimal margin of illusion. *Journal of Social and Clinical Psychology, 8,* 176-189.

Baumeister, R. F. (1991). *Meanings of life.* New York: Guilford Press.

Baumeister, R. F., Bratslavsky, E., Muraven, M., & Tice, D. M. (1998). Ego depletion: Is the active self a limited resource? *Journal of Personality and Social Psychology, 74,* 1252-1265.

Baumeister, R. F., Heatherton, T. F., & Tice, D, M. (1993). When ego threats lead to self-regulation failure: Negative consequences of high self-esteem. *Journal of Personality and Social Psychology, 64,* 141-156.

Baumeister, R. F., Heatherton, T. F., & Tice, D. M. (1994). *Losing control: How and why people fail at self-regulation.* San Diego, CA: Academic Press.

Baumeister, R. F., & Leary, M. R. (1995). The need to belong: Desire for interpersonal attachments as a fundamental human motivation. *Psychological Bulletin, 117,* 497-529.

Baumeister, R. F., & Vohs, K. D. (2002). The pursuit of meaningfulness in life. In C. R. Snyder, & S. J. Lopez (Eds.), *Handbook of positive psychology* (pp. 608-618). Oxford, England: Oxford University Press.

Baumeister, R. F., & Wilson, B. (1996). Life stories and the four needs for meaning. *Psychological Inquiry, 7,* 322-325.

Baxter, L. A., & Montgomery, B. M. (1996). *Relating: Dialogues and dialectics.* New York: Guilford.

Beck, A. T. (1976). *Cognitive therapy and emotional disorders.* New York: International Universities Press.

Beer, J. S., & Robbins, R. W. (2000, February). *Positive illusions about the self: Their correlates and consequences*. Paper presented at the 1st Annual Meeting of the Society for Personality and Social Psychology, Nashville, TN.

Bem, D. J., & Allen, A. (1973). On predicting some of the people some of the time: The research for cross-situational consistencies in behavior. *Psychological Review, 81*, 506-520.

Benard, B. (1991). *Fostering resiliency in kids: Protective factors in the family, school and community*. San Francisco, CA: Western Regional Center for Drug Free Schools and Communities, Far West Laboratory.

Benjamin, J., Ebstein, R. P., & Belmaker, R. H. (1997). Personality genetics. *Israel Journal of Psychiatry and Related Sciences, 34,* 270-280.

Berg, J. H., Stephan, W. G., & Dodson, M. (1981). Attributional modesty in women. *Psychology of Women Quarterly, 5,* 711-727.

Berkowitz, L., & Lutterman, K. G. (1968). The traditional socially responsible personality. *Public Opinion Quarterly, 32,* 169-185.

Berkowitz, M. W., & Grych, J. H. (1998). Fostering goodness: Teaching parents to facilitate children' s moral development. *Journal of Moral Education, 27,* 371-391.

Berkowitz, M. W., Kahn, J. P., Mulry, G., & Piette, J. (1995). Psychological and philosophical considerations of prudence and morality. In M. Killen, & D. Hart (Eds.), *Morality in everyday life: Developmental perspectives* (pp. 201-224). New York: Cambridge University Press.

Berlyne, D. E. (1962). Uncertainty and epistemic curiosity. *Journal of British Psychology, 53,* 27-34.

Bernstein, J. H., & Ryan, R. M. (2001). *Nature's impact on subjective vitality: A first foray*. Unpublished manuscript, University of Rochester, NY.

Berry, J. W., Worthington, E. L., Parrott, L., O' Conner, L. E., & Wade, N. G. (2001). Dispositional forgiveness: Development and construct validity of the Transgression Narrative Test of Forgiveness (TNTF). *Personality abd Social Psychology Bulletin, 27,* 1277-1290.

Beutel, A. M., & Marini, M. M. (1995). Gender and values. *American Sociological Review, 60,* 436-448.

Bierhoff, H. W., Klein, R., & Kramp, P. (1991). Evidence of the altruistic personality from data on accident research. *Journal of Personality, 59,* 263-280.

Bieri, J. (1955). Cognitive complexity-simplicity and predictive behavior. *Journal of Abnormal and Social Psychology, 51,* 263-268.

Billig, S. H. (2000, May). Research on K-12 school based service learning: The evidence builds. *Phi Delta Kappan,* 658-664.

Birren, J. E., & Fisher, L. M. (1990). The elements of wisdom: Overview and integration. In R. J. Sternberg (Ed.), *Wisdom: Its nature, origins, and development* (pp. 317-332). New York: Cambridge University Press.

Bjorklund, D. F., & Kipp, K. (1996). Parental investment theory and gender differences in the evolution of inhibition mechanisms. *Psychological Bulletin, 120,* 163-188.

Bland, R. C. (1997). Epistemology of affective disorders: A review. *Canadian Journal of Psychiatry, 42,* 367-377.

Blasi, A. (1980). Bridging moral cognition and moral action: A critical review of the literature. *Psychological Bulletin, 88,* 1-45.

Blasi, A. (1993). The development of identity: Some implications for moral functioning. In T. Wren, & G. Noam (Eds.), *The moral self* (pp.99-122). Cambridge, MA: MIT Press.

Blum, L. (1988). Gilligan and Kohlberg: Implications for moral theory. *Ethics, 98*, 472-491.

Bonnano, G. A. (2004). Loss, trauma, and human resilience: Have we underestimated the human capacity to thrive after extremely aversive events? *American Psychologist, 59,* 20-28.

Bornstein, M. H., Davidson, L., Keyes, C. L. M., & Moore, K. A. (2003). *Well-being: Positive development across the life course*. New York: Lawrence Erlbaum.

Bowlby, J. (1951). *Maternal care and mental health*. Geneva, Switzerland: World Health Organization.

Bowlby, J. (1969). *Attachment and loss: Vol. 1. Attachment*. New York: Basic Books.

Bowlby, J. (1973). *Attachment and loss: Vol. 2. Separation: Anxiety and anger*. New York: Basic Books.

Bowlby, J. (1979). *The making and breaking of affectional bonds*. London: Tavistock.

Bowlby, J. (1980). *Attachment and loss: Vol. 3. Loss, sadness, and depression*. New York: Basic Books.

Brabeck, M. (1984). Ethical characteristics of whistle blowers. *Journal of Research in Personality, 18,* 41-53.

Brackett, M. A., & Mayer, J. D. (2003). Convergent, discriminant, and incremental validity of competing measures of emotional intelligence. *Personality and Social Psychology Bulletin, 29,* 1147-1158.

Bradburn, N. (1969). *The structure of psychological well-being*. Chicago: Adine.

Bradbury, T. N., & Fincham, F. D. (1990). Attributions in marriage: Review and critique. *Psychological Bulletin, 107,* 3-33.

Brandon, J. E., Oescher, J., & Loftin, J. M. (1990). The self control questionnaire: An assessment. *Health Values, 14,* 3-9.

Brehm, J., & Rahn, W. M. (1997). Individual level evidence for the causes and consequences of social capital. *American Journal of Political Science, 41*, 999-1023.

Brenner, C. (1955). *An elementary textbook of psychoanalysis*. New York: International Universities Press.

Brickman, P., & Campbell, D. T. (1971). Hedonic relativism and planning the good society. In M. H. Appley (Ed.), *Adaptation level theory: A symposium* (pp. 287-304). New York: Academic Press.

Brickman, P., Coates, D., & Janoff-Bulman, R. (1978). Lottery winners and accident victims: Is happiness relative? *Journal of Personality and Social Psychology, 36,* 917-927.

Brody, G., Stoneman, Z., Flor, D., & McCrary, C. (1994). Religion's role in organizing family relationships: Family process in rural, two-parent African American families. *Journal of Marriage and the Family, 56,* 878-888.

Brown, J. D. (1993). Self-esteem and self-evaluation : Feeling is believing. In J. M. Suls (Ed.), *The self in social perspective* (pp. 27-58). Hillsdale, NJ: Erlbaum.

Brown, L. M., Debold, E., Teppan, M., & Gilligan, C. (1991). Reading narratives of conflict and choice for self and moral voices: A relational method. In W. M. Kurtines, & J. L. Gewirtz (Eds.), *Handbook of moral behavior and development: Vol. 2. Research* (pp. 25-61). Hillsdale, NJ: Erlbaum.

Brunstein, J. C. (1993). Personal goals and subjective well-being: A longitudinal study. *Journal of Personality and Social Psychology, 65,* 1061-1070.

Brunstein, J. C., Schultheiss, O. C., & Graessman, R. (1998). Personal goals and emotional well-being: The moderating role of motive dispositions. *Journal of Personality and Social Psychology, 75,* 494-508.

Bryant, F. G. (2003). Savoring Beliefs Inventory (SBI): A scale for measuring beliefs about savoring. *Journal of Mental Health, 12*, 175-196.

Bryant, F. G., & Veroff, J. (2007). *Savoring: A new model of positive experience*. London: Lawrence Erlbaum.

Buchanan, G. M., & Seligman, M. E. P. (Eds.) (1995). *Explanatory style*. Hillsdale, NJ: Erlbaum.

Buhl, M. (2001). Involvement in free time activities and thoughts about society-Correlates and gender differences in seven nations. In A. Ittel, & H. P. Kuhn (Cochairs), *Political development and identity: The role of gender*. Biennial meetings of the Society for Research in Child Development, April 19-22, Minneapolis, MN.

Burke, J. D., & Regier, D. A. (1996). Epidemiology of mental disorders. In R. E. Hales, & S. C. Yudofsky (Eds.), *The American Psychiatric Press Synopsis of Psychiatry* (pp. 79-102). Washington, DC: American Psychiatric Press.

Burman, B., & Margolin, G. (1992). Analysis of the association between marital relationships and health problems: An interactional perspective. *Psychological Bulletin, 112*, 39-63.

Bushman, B. J., & Baumeister, R. F. (1998). Threatened egotism, narcissism, self-esteem, and direct and displaced aggression: Does self-love or self-hate lead to violence? *Journal of Personality and Social Psychology, 75*, 219-229.

Bushman, B. J., & Baumeister, R. F. (2002). Does self-love or self-hate lead to violence? *Journal of Research in Personality, 36*, 543-545.

Buss, D. M. (1989). Sex differences in human mate preferences: Evolutionary hypotheses tested in 37 cultures. *Behavioral and Brain Science, 12*, 1-49.

Buss, D. M. (1991). Evolutionary personality psychology. *Annual Review of Psychology, 42*, 459-492.

Buss, D. M. (2000). The evolution of happiness. *American Psychologist, 55*, 15-23.

Buss, D. M., Abbott, M., Angleitner, A., Asherian, A., Biaggio, A., Blanco-Villasenor., et al. (1990). International preferences in selecting mates: A study of 37 culture. *Journal of Cross-Cultural Psychology, 21*, 5-47.

Buss, D. M., Larsen, R. J., Westen, D., & Semmelroth, J. (1992). Sex differences in jealousy: Evolution, physiology, and psychology. *Psychological Science, 3*, 251-255.

Buss, D. M., & Kenrick, D. T. (1998). Evolutionary social psychology. In D. T. Gilbert, S. T. Fiske, & G. Lindzey (Eds.), *The handbook of social psychology* (4th ed., pp. 982-1026). New York: McGraw-Hill.

Buss, D. M., & Schmitt, D. P. (1993). Sexual strategies theory: An evolutionary perspective on human mating. *Psychological Review, 100*, 204-232.

Cacioppo, J. T., & Petty, R. E. (1982). The need for cognition. *Journal of Personality and Social Psychology, 42*, 116-131.

Cacioppo, J. T., Petty, R. E., Feinstein, J. A., & Jarvis, W. B. G. (1996). Dispositional differences in cognitive motivation: The life and times of individuals varying in need for cognition. *Psychological Bulletin, 119*, 197-253.

Calabrese, R. L., & Schumer, H. (1986). The effects of service activities on adolescent alienation. *Adolescence, 21*, 675-687.

Cameron, K. S., Dutton, J. E., & Quinn, R. E. (2003). Foundations of positive organizational scholarship. In K. S. Cameron, J. E. Dutton, & R. E. Quinn (Eds.), *Positive organizational scholarship* (pp. 3-13.) San Francisco: Berrett-Koehler.

Campbell, A. (1981). *The sense of well-being in America*. New York: McGraw-Hill.

Campbell, A., Converse, P. E., & Rodgers, W. L. (1976). *The quality of American life*. New York: Sage.

Campbell, W. K., Reeder, G. D., Sedikides, C., & Elliot, A. (2000). Narcissism and comparative self-enhancement strategies. *Journal of Research in Personality, 34,* 329-347.

Cantor, N., & Kihlstrom, J. F. (1987). *Personality and social intelligence*. Englewood Cliffs, NJ: Prentice Hall.

Cantor, N., & Sanderson, C. A. (1999). Life task participation and well-being: The importance of taking part in daily life. In D. Kahnemann, E. Diener, & N. Schwarz (Eds.), *Well-being: The foundation of hedonic psychology* (pp. 230-243). New York: Russell Sage Foundation.

Carr, A. (2004). *Positive psychology: The science of happiness and human strengths*. New York: Brunner-Routledge.

Carroll, L. (1989). A comparative study of narcissism, gender, and sex-role orientation among bodybuilders, athletes, and psychology students. *Psychological Reports, 64,* 999-1006.

Carter, C. S. (1992). Oxytocin and sexual behavior. *Journal of Biobehavioral Reviews, 16,* 131-144.

Carter, C. S. (1998). Neuroendocrine perspectives on social attachment and love. *Psychoneuroendocrinology, 23,* 779-818.

Caruso, D. R., Mayer, J. D., & Salovey, P. (2002). Relation of an ability measure of emotional intelligence to personality. *Journal of Personality Assessment, 79,* 306-320.

Carver, C. S., & Scheier, M. F. (1981). *Attention and self-regulation: A control-theory approach to human behavior*. New-York: Springer-Verlag.

Carver, C. S., & Scheier, M. F. (1982). Control theory: A useful conceptual framework for personality - social, clinical, and health psychology. *Psychological Bulletin, 92,* 111-135.

Carver, C. S., & Scheier, M. F. (1990). Origins and functions of positive and negative affect: A control-process view. *Psychological Review, 97,* 19-35.

Caspi, A., & Herbener, E. S. (1990). Continuity and change: Assortative marriage and the consistency of personality in adulthood. *Journal of Personality and Social Psychology, 58,* 250-258.

Cassey, W., & Burton, R. (1982). Training children to be consistently honest through verbal self-instructions. *Child Development, 53,* 911-919.

Cattell, R. B. (1943). The measurement of adult intelligence. *Psychological Bulletin, 40,* 153-193.

Cavanagh, G. F., & Moberg, D. J. (1999). The virtue of courage within the organization. *Research in Ethical Issues in Organizations, 1,* 1-25.

Cawley, M. J., Martin, J. E., & Johnson, J. A. (2000). A virtues approach to personality. *Personality and Individual Differences, 28,* 997-1013.

Chaleff, I. (1996). Effective followership. *Executive Exellence, 13(4),* 16-18.

Chapman, L. J., Chapman, J. P., & Miller, E. N. (1982). Reliabilities and intercorrelations of eight measures of proneness to psychosis. *Journal of Consulting and Clinical Psychology, 50,* 463-472.

Christensen, A., & Walczynski, P. T. (1997). Conflict and satisfaction in couples. In R. J. Sternberg, & M. Hojjat (Eds.), *Satisfaction in close relationships* (pp. 249-274). New York: Guilford Press.

Clark, L., & Watson, D. (1999). Temperament. In L. Pervin and O. John (Eds.), *Handbook of personality: Theory and research* (pp. 399-423). New York: Guilford Press.

Clark, C., Worthington, E., & Danser, D. (1988). The transmission of religious beliefs and practices from parents to firstborn early adolescent sons. *Journal of Marriage and the Family, 50,* 463-472.

Clarke, S. C., & Haworth, J. T. (1994). "Flow" experience in the lives of sixth-form college students. *British Journal of Psychology, 85,* 511-523.

Cleary,T.S., & Shapiro,S.I. (1995). The plateau experience and the post-mortem life: Abraham H. Maslow's unfinished theory. *The Journal of Transpersonal Psychology, 27,* 1-23.

Cloninger, C. R., Przybeck, T. R., & Svrakic, D. M. (1991). The Tridimensional Personality Questionnaire: US normative data. *Psychological Reports, 69,* 1047-1057.

Cloninger, C. R., Przybeck, T. R., Svrakic, D. M., & Wetzel, R. D. (1994). *The Temperament and Character Inventory(TCI): A guide to its development and use.* St. Louis, MO: Center for Psychobiology of Personality.

Clopton, N. A., & Sorell, G. T. (1993). Gender differences in moral reasoning: Stable or situational? *Psychology of Women Quarterly, 17,* 85-101.

Cobb, C. D., & Mayer, J. D. (2000). Emotional intelligence: What the research says. *Educational Leadership, 58,* 14-18.

Cohen, S., & Herbert, T. B. (1996). Health psychology: Psychological factors and physical disease from the perspective of human psychoneuroimmunology. *Annual Review of Psychology, 47,* 113-142.

Cohn, H. W. (1997). *Existential thought and therapeutic practice: An introduction to existential psychotherapy.* London: Sage.

Colby, A., & Damon, W. (1992). *Some do care: Contemporary lives of moral commitment.* New York: Free Press.

Colby, A., & Kohlberg, L. (1987). *The measurement of moral udgement* (Vols. 1 & 2). New York: Cambridge University Press.

Colin, V. L. (1996). *Human attachment.* New York: McGraw-Hill.

Compton, W. C. (1992). Are positive illusions necessary for self-esteem: A research note. *Personality and Individual Differences, 13,* 1343-1344.

Compton, W. C. (2000). Meaningfulness as a moderator of subjective well-being. *Psychological Reports, 87,* 156-160.

Compton, W. C. (2005). *An introduction to positive psychology.* Belmont, CA: Thomson Wadsworth. (서은국, 성민선, 김진주 역. 《긍정 심리학 입문》. 서울: 박학사, 2007.)

Compton, W., Smith, M., Cornish, K., & Quails, D. (1996). Factor structure of mental health measures. *Journal of Personality and Social Psychology, 71,* 406-413,

Cooperrider, D. L., & Sekerka, L. E. (2003). Toward a theory of positive organizational change. In K. S. Cameron, J. E. Dutton, & R. E. Quinn (Eds.), *Positive organizational scholarship* (pp. 225-240.) San Francisco: Berrett-Koehler.

Costa, P., & McCrae, R. (1984). Personality as a lifelong determinant of well-being. In C. Malatesta, & C. Izard (Eds.), *Affective processes in adult development and aging* (pp. 141-157). Beverly Hills, CA: Sage Publications.

Costa, P., & McCrae, R. (1986). Personality stability and its implications for clinical psychology. *Clinical Psychology Review, 6,* 407-423.

Costa, P., & McCrae, R. (1988). Personality in adulthood: A six-year longitudinal study of self-reports and spouse ratings on the NEO Personality Inventory. *Journal of Personality and Social Psychology, 54,* 853-863.

Costa, P. T., & McCrae, R. R. (1990). Personality disorders and the five-factor model of personality. *Journal of Personality Disorders, 4,* 362-371.

Costa, P. T., & McCrae, R. R. (1992). *The revised NEO personality inventory (NEO-PI-R) and NEO five factor inventory (NEO-FFI) professional manual.* Odessa, FL: Psychological Assessment Resources.

Cousins, N. (1981). *The anatomy of an illness.* New York: Norton.

Cox, C. M. (1926). *Genetic studies of genius: Vol. 2: The early mental traits of three hundred geniuses.* Stanford, CA: Stanford University Press.

Craik, K. H., Lampert, M. D., & Nelson, A. J. (1996). Sense of humor and styles of everyday humorous conduct. *Humor, 9,* 273-302.

Crandall, R., Nolan, M., & Morgan, L. (1980). Leisure and social interaction. In S. Iso-Ahola (Ed.), *Social-psychological perspectives on leisure and recreation* (pp. 285-306). Springfield, IL: Charles C. Thomas.

Craske. M. L. (1985). Improving persistence through observational learning and attribution training. *British Journal of Educational Psychology, 55,* 138-147.

Crocker, J., & Wolfe. C. T. (2001). Contingencies of self-worth. *Psychological Review, 108,* 593-623.

Csikszentmihalyi, M. (1975). Play and intrinsic rewards. *Journal of Humanistic Psychology, 15(3),* 41-63.

Csikszentmihalyi, M. (1990). *Flow: The psychology of optimal experience.* New York: Harper & Row.

Csikszentmihalyi, M. (1997). *Finding flow: The psychology of engagement with everyday life.* New York: Basic Books.

Csikszentmihalyi, M., & Csikszentmihalyi, I. S. (1988). *Optimal experience: Psychological studies of flow in consciousness.* New York: Cambridge University Press.

Cummins, R. A. (1996). The domains of life satisfaction: An attempt to order chaos. *Social Indicators Research, 38,* 303-328.

Damasio, A. (1999). *The feeling of what happens: Body and emotion in the marking of consciousness.* San Diego, CA: Harcourt.

Damon, W. (2004). *The moral child: Nurturing children's natural moral growth.* New York: Free Press.

Danner, D., Snowdon, D., & Friesen, W. (2001). Positive emotions in early life and longevity: Findings from the nun study. *Journal of Personality and Social Psychology, 80,* 804-813.

Darby, B. W., & Schlenker, B. R. (1982). Children' s reactions to apologies. *Journal of Personality and Social Psychology, 43,* 742-753.

Davidson, R. J. (2005). Well-being and affective style: Neural substrates and biobehavioural correlates. In F. A. Huppert., N. Baylis, & B. Keverne. (Eds.), *The science of well-being* (pp. 107-139). London: Oxford University Press.

Davidson, R., & Kabat-Zinn, J. (2004). Response to letter by J. Smith. *Psychosomatic Medicine, 66,* 149-152.

Davis, C. G., Nolen-Hoekseman, S., & Larson, J. (1998). Making sense of loss and benefiting from the experience: Two construals of meaning. *Journal of Personality and Social Psychology, 75,* 561-574.

Davis, G. A. (1975). In frumious pursuit of the creative person. *Journal of Creative Behavior, 9,* 75-87.

Day, H. I. (1971). The measurement of specific curiosity. In H. I. Day, D. E. Berlyne, & D. E. Hunt (Eds.), *Intrinsic motivation: A new direction in education* (pp. 99-112). New York: Holt, Rinehart & Winston.

Day, D. V., & Lord, R. G. (1988). Executive leadership and organizational performance: Suggestions for a new theory and methodology. *Journal of Management, 14,* 453-464.

Deci, E. L. (1975). *Intrinsic motivation.* New York: Plenum Press.

Deci, E. L., Koestner, R., & Ryan, R. M. (1999). A meta-analysis review of experiments examining the effects of extrinsic rewards on intrinsic motivation. *Psychological Bulletin, 125,* 627-668.

Deci, E. L., & Ryan, R. M. (1985). *Intrinsic motivation and self-determination in human behavior.* New York: Plenum.

Deci, E. L., & Ryan, R. M. (1991). A motivational approach to self: Integration in personality. In R. Dienstbier (Ed.), *Nebraska symposium on motivation: Vol. 38. Perspectives on motivation* (pp. 237-288). Loncoln: University of Nebraska Press.

Deci, E. L., & Ryan, R. M. (2000). The "what" and "why" of goal pursuits: Human needs and the self-determination of behavior. *Psychological Inquiry, 4,* 227-268.

Deckers, L. (1998). Influences of mood on humor. In W. Ruch (Ed.), *The sense of humor: Explorations of a personality characteristic* (pp. 309-328). New York: Mouton de Gruyter.

DeNeve, K. M., & Cooper, H. (1998). The happy personality: A meta-analysis of 137 personality traits and subjective well-being. *Psychological Bulletin, 124(2),* 197-229.

Deutsch, M. (1961). Courage as a concept in social psychology. *Journal of Social Psychology, 55,* 49-58.

de Waal, F., & Berger, M. L. (2000). Payment for labour in monkeys. *Nature, 404,* 563.

Dewey, J. (1913). *Interest and effort in education.* Boston: Riverside Press.

Dewey, J. (1933). *How we think: A restatement of the relation of reflective thinking to the educative process.* Boston: Heath.

Diener, E. (1984). Subjective well-being. *Psychological Bulletin, 193,* 542-575.

Diener, E. (1994). Assessing subjective well-being: Progress and opportunities. *Social Indicators Research, 31,* 103-157.

Diener, E. (2001, Feb.). *Subjective well-being.* Address presented at the annual meeting of the Society for Personality and Social Psychology, San Antonio, TX.

Diener, E., & Biswas-Diener, R. (2002). Will money increase subjective well-being? A literature review and guide to needed research. *Social Indicators Research, 57,* 119-169.

Diener, E., & Diener, C. (1996). Most people are happy. *Psychological Science, 7,* 181-185.

Diener, E., Diener, M., & Diener, C. (1995). Factors predicting the subjective well-being of nations. *Journal of Personality and Social Psychology, 69,* 653-663.

Diener, E., Emmons, R., Larsen, R., & Griffin, S. (1985). The satisfaction with life scale. *Journal of Personality Assessment, 49,* 71-75.

Diener, E., Horwitz, J., & Emmons, R. A. (1985). Happiness of the very wealthy. *Social Indicators, 16,* 263-274.

Diener, E., & Larsen, R. J. (1984). Temporal stability and cross-situational consistency of affective, behavioral, and cognitive response. *Journal of Personality and Social Psychology, 47,* 871-883.

Diener, E., Larsen, R. J., & Emmons, R. A. (1984). Person situations and congruence response models. *Journal of Personality and Social Psychology, 47,* 580-592.

Diener, E., Larson, R. J., Levine, S., & Emmons, R. (1985). Intensity and frequency: Dimensions underlying positive and negative affect. *Journal of Personality and Social Psychology, 48,* 1253-1265.

Diener, E., & Lucas, R. (1999). Personality and

subjective well-being. In D. Kahnemann, E. Diener, & N. Schwarz (Eds.), *Well-being: The foundation of hedonic psychology* (pp. 213-229). New York: Russell Sage Foundation.

Diener, E., & Lucas, R. E. (2000). Explaining differences in societal levels of happiness: Relative standards, need fulfillment, culture, and evaluation theory. *Journal of Happiness Studies, 1,* 41-78.

Diener, E., Oishi, S., & Lucas, R. E. (2003). Personality, culture, and subjective well-being: Emotional and cognitive evaluations of life. *Annual Review of Psychology, 54,* 403-425.

Diener, E., Sandvik, E., Seidlitz, L., & Diener, M. (1993). The relationship between income and subjective well-being: Relative or absolute? *Social Indicators Research, 28,* 195-223.

Diener, E., & Seligman, M. E. P. (2002). Very happy people. *Psychological Science, 13,* 81-84.

Diener, E., & Suh, E. M. (2000). *Culture and subjective well-being*. Cambridge, MA: MIT Press.

Diener, E., Suh, E. M., Lucas, R. E., & Smith, H. L. (1999). Subjective well-being: Three decades of progress. *Psychological Bulletin, 125,* 276-302.

Diener, E., Suh, E. M., Smith, H., & Shao, L. (1995). National differences in reported subjective well-being: Why do they occur? *Social Indicators Research, 34,* 7-12.

Dollahite, D. C. (1998). Fathering, faith, and spirituality. *The Journal of Men's Studies, 7,* 3-15.

Donahue, E. M., Robins, R. W., Roberts, B. W., & John, O. P. (1993). The divided self: Concurrent and longitudinal effects of psychological adjustment and social roles on self-concept differentiation. *Journal of Personality and Social Psychology, 64,* 834-846.

Donahue, M. J. (1985). Intrinsic and extrinsic religiousness: Review and meta-analysis. *Journal of Personality and Social Psychology, 48,* 400-419.

Doyle, D. (1992). Have we looked beyond the physical and psychosocial? *Journal of Pain and Symptom Management, 7,* 302-311.

Draper, T. W. (1981). Praise, reproof and persistence in preadolescent girls. *Journal of Early Adolescence, 1,* 407-411.

Drucker, P. M., Drucker, D. B., Litto, T., & Stevens, R. (1998). Relation of task difficulty to persistence. *Perceptual and Motor Skills, 86,* 787-794.

Duncan, O .D. (1969). *Toward social reporting: Next steps*. New York: Russell Sage Publication.

Dunn, J., & Munn, P. (1986). Siblings and the development of prosocial behavior. *Journal of Behavioral Development, 93,* 265-284.

Durkheim, E. (1915). *The elementary forms of religious life*. New York: Free Press.

Dutton, J. E., & Heaphy, E.D. (2003). The power of high-quality connections. In K. S. Cameron, J. E. Dutton, & R. E. Quinn (Eds.), *Positive organizational scholarship* (pp. 263-278.) San Francisco: Berrett-Koehler.

Dweck, C. S. (1975). The role of expectations and attributions in the alleviation of learned helplessness. *Journal of Personality and Social Psychology, 31,* 674-685.

Dweck, C. S. (1986). Motivational processes affecting learning. *American Psychologist, 41,* 1040-1048.

Eagly, A. H., & Crowley, M. (1986). Gender and helping behavior: A meta-analytic review of the social psychological literature. *Psychological Bulletin, 100,* 282-308.

Eagly, A. H., Karau, S. J., & Makhijani, M. G. (1995). Gender and the effectiveness of leaders: A meta-analysis. *Psychological Bulletin, 117,* 125-145.

Eberle, R. E. (1977). SCAMPER. Buffalo, NY: DOK.

Ebersole, P. (1998). Types and depth of written life

meanings. In P. T. P. Wong, & P. S. Fry (Eds.), *The human quest for meaning* (pp. 179-191). Mahwah, NJ: Erlbaum.

Eccles, J. S. (1984). Sex differences in achievement patterns. In T. B. Sonderegger (Ed.), *Nebraska symposium on motivation: Psychology and gender* (Vol. 32, pp.97-132). Lincoln: University of Nebraska Press.

Eccles, J. S., & Barber, B. L. (1999). Student council, volunteering, basketball, or marching band: What kind of extracurricular involvement matters? *Journal of Adolescent Research, 14,* 10-43.

Eccles, J. S., & Jacobs, J. E. (2000). Parents, task values, and real-life achievement-related choices. In C. Sansone, & J. M. Harackiewicz (Eds.), *Intrinsic and extrinsic motivation: The Search for optimal motivation and performance* (pp. 409-443). New York: Academic Press.

Eisenberger, R. (1992). Learned indusriousness. *Psychological Review, 99,* 248-267.

Eisenberg, N., Guthrie, I. K., Cumberland, A., Murphy, B. C., Shepard, S. A., Zhou, Q., et al. (2002). Prosocial development in early adulthood: A longitudinal study. *Journal of Personality and Social Psychology, 82,* 993-1006.

Eisenberger, R., & Selbst, M. (1994). Does reward increase or decrease creativity? *Journal of Personality and Social Psychology, 66,* 1116-1127.

Ekman, P. (1984). Expression and the nature of emotion. In P. Ekman, & K. Scherer (Eds.), *Approaches to emotion* (pp. 319-343). Hillsdale, NJ: Erlbaum.

Ekman, P. (1993). Facial expression and emotion. *American Psychologist, 48,* 384-392.

Ekman, P., Levenson, R. W., & Friesen, W. V. (1983). Autonomic nervous system activity distinguishes among emotions. *Science, 221,* 1208-1210.

Elias, M. J., & Weissberg, R. P. (2000). Wellness in the schools: The grandfather of primary prevention tells a story. In D. Cicchetti, J. R. Rappaport, I. Sandler, & R. P. Weissberg (Eds.), *The promotion of wellness in children and adolescents* (pp. 243-269). Washington, DC: CWLA Press.

Ellis, A. (1962). *Reason and emotion in psychotherapy.* New York: Lyle Stuart.

Ellison, C. (1983). Spiritual well-being: Conceptualization and measurement. *Journal of Psychology and Theology, 11,* 330-340.

Ellison, C. (1992). Are religious people nice people? Evidence from the national survey on Black Americans. *Social Forces, 71,* 411-430.

Ellison, C,, Gay, D., & Glass, T. (1989). Does religious commitment contribute to individual life satisfaction? *Social Forces, 68,* 100-123.

Emmons, R. A. (1984). Factor analysis and construct validity of the Narcissistic Personality Inventory. *Journal of Personality Assessment, 48,* 291-300.

Emmons, R. A. (1991). Personal strivings, daily life events, and psychological and physical well-being. *Journal of Personality, 59,* 453-472.

Emmons, R. A. (1992). Abstract versus concrete goals: Personal striving level, physical illness, and psychological well-being. *Journal of Personality and Social Psychology, 62,* 292-300.

Emmons, R. A. (1997). Motives and goals. In R. Hogan, & J. A. Johnson (Eds.), *Handbook of personality psychology* (pp. 485-512). San Diego, CA: Academic Press.

Emmons, R. A. (1999). *The psychology of ultimate concerns: Motivation and spirituality in personality.* New York: Guilford.

Emmons, R. A. (2003). Personal goals, life meaning, and virtue: Wellsprings of a positive life. In C. L. M. Keyes, & J. Haidt (Eds.), *Flourishing: Positive psychology and the life well-lived* (pp. 105-128). Washington, DC: American Psychological

Association.

Emmons, R. A., Cheung, C., & Tehrani, K. (1998). Assessing spirituality through personal goals: Implications for research on religion and subjective well-being. *Social Indicators Research, 45,* 391–422.

Emmons, R. A., & Crumpler, C. A. (1999). Religion and spirituality? The roles of sanctification and the concept of God. *The International Journal for the Psychology of Religion, 9,* 17–24.

Emmons, R. A., & Crumpler, C. A. (2000). Gratitude as human strength: Appraising the evidence. *Journal of Social and Clinical Psychology, 19,* 56–69.

Emmons, R. A., & King, L. A. (1988). Conflict among personal strivings: Immediate and long-term implications for psychological and physical well-being. *Journal of Personality and Social Psychology, 54,* 1040–1048.

Emmons, R. A., & McCullough, M. E. (2003). Counting blessings versus burdens: An experimental investigation of gratitude and subjective well-being in daily life. *Journal of Personality and Social Psychology, 84,* 377–389.

Enright, R. D., & Coyle, C. T. (1998). Researching the process model of forgiveness within psychological interventions. In E. L. Worthington (Ed.), *Dimensions of forgiveness: Psychological research and theological perspectives* (pp. 139–161). Philadelphia: Templeton Foundation Press.

Enright, R. D., Santos, M. D., & Al-Mabuk, R. (1989). The adolescent as forgiver. *Journal of Adolescence, 12,* 99–110.

Erikson, E. (1963). *Childhood and society* (2nd ed.). New York: Norton.

Erikson, E. (1968). *Identity: Youth and crisis.* New York: Norton.

Erikson, E. (1982). *The life cycle completed.* New York: Norton.

Esterling, B. A., L'Abate, L., Murray, E. J., & Pennebaker, J. W. (1999). Empirical foundations for writing in prevention and psychotherapy: Mental and physical health outcomes. *Clinical Psychology Review, 19,* 79–96.

Evans, P. D., & White, D. G. (1981). Towards as empirical definition of courage. *Behaviour Research and Therapy, 19,* 419–424.

Exline, J. J., Baumeister, R. F., Faber, J., & Holland, C. (2002). *Can admitting weakness be a strength? Seeing one's capability for a similar misdeed predicts forgiveness.* Unpublished manuscript, Case Western University, Cleveland, OH.

Exline, J. J., Bushman, B., Faber, J., & Phillips, C. (2000, February). Pride gets in the way: Self-protection works against forgiveness. In J. J. Exline (Chair), *Ouch! Who said forgiveness was easy?* Symposium presented at the annual meeting of the Society for Personality and Social Psychology, Nashville, TN.

Exline, J. J., & Geyer, A. L. (2004). Perceptions of humility: A preliminary study. *Self and Identity, 3,* 95–114.

Eysenck, H. (1988). Personality and scientific aesthetics. In F. H. Farley, & R. W. Neperud (Eds.), The foundations of aesthetics, art, and art education (pp. 117–160). New York: Praeger.

Fagen, S. A., Long, N. J., & Stevens, D. J. (1975). *Teaching children self-control: Preventing emotional and learning problems in the elementary school.* Columbus, OH: Merrill.

Farrell, P. A., Gustafson, A. B., Morgan, W. P., & Pert, C. B. (1987). Enkephalins, catecholamines, and psychological mood alternations: Effects of prolonged exercise. *Medicine and Science in Sports and Exercise, 19,* 347–353.

Fava, G. (1999). Well-being therapy: Conceptual and

technical issues. *Psychotherapy and Psychosomatics, 68,* 171-179.

Fava, G. A., Rafanelli, C., Cazzaro, M., Conti, S., & Grandi, S. (1998). Well-being therapy: A novel psychotherapeutic approach for residual symptoms of affective disorders. *Psychological Medicine, 28,* 475-480.

Fava, G. A., & Ruini, C. (2003). Development and characteristics of a well-being enhancing psychotherapeutic strategy: Well-being therapy. *Journal of Behavior Therapy and Experimental Psychiatry, 34,* 45-63.

Fava, G. A., Ruini, C., Rafanelli, C., Grandi, S. (2002). Cognitive behavior approach to loss of clinical effect during long-term antidepressant treatment: A pilot study. *American Journal of Psychiatry, 159,* 2094-2095.

Feeney, J., & Noller, P. (1996). *Adult attachment.* Thousand Oaks, CA: Sage.

Fehr, R. (1988). Prototype analysis of the concepts of love and commitment. *Journal of Personality and Social Psychology, 55,* 557-579.

Fehr, B. (1994). Prototype-based assessment of laypeople's views of love. *Personal Relationships, 1,* 309-331.

Feist, G. J. (1998). A meta-analysis of personality in scientific and artistic creativity. *Personality and Social Psychology Review, 2,* 290-309.

Fetzer Institute/National Institute on Aging Workgroup. (1999). *Multidimensional measurement of religiousness/spirituality for use in health research.* Kalamazoo, MI: Fetzer Institute.

Finfgeld, D. (1999). Courage as a process of pushing beyond the struggle. *Qualitative Health Research, 9,* 803-814.

Finkel, D., & McGue, M. (1997). Sex differences in nonadditivity of the Multidimensional Personality Questionnaire scales. *Journal of Personality and Social Psychology, 72,* 929-938.

Finkel, E. J., Rusbult, C. E., Kumashiro, M., & Hannon, P. A. (2002). Dealing with betrayal in close relationships: Does commitment promote forgiveness? *Journal of Personality and Social Psychology, 82,* 956-974.

Fiske, S. T., & Taylor, S. E. (1984). *Social cognition.* Reading, MA: Addition-Wesley.

Fitzgerald, P. (1998). Gratitude and justice. *Ethics, 109,* 119-153.

Flanagan, C. A. (2004). Volunteerism, leadership, political socialization, and civic engagement. In R. M. Lerner, & L. Steinberg (Eds.), *Handbook of adolescent psychology* (pp. 721-746). New York: Wiley.

Flanagan, C. A., Bowes, J., Jonsson, B., Csapo, B., & Sheblanova, E. (1998). Ties that bind: Correlates of male and female adolescents' civic commitments in seven countries. *Journal of Social Issues, 54,* 457-476.

Flanagan, C. A., Gill, S., & Gallay, L. S. (2005). Social participation and social trust in adolescence: The importance of heterogeneous encounters. In A. Omoto (Ed.), *Social participation in processes of community change and social action* (pp. 149-166). Mahwah, NJ: Erlbaum.

Flanagan, C. A., & Tucker, C. J. (1999). Adolescents' explanations for political issues: Concordance with their views of self and society. *Developmental psychology, 35,* 1198-1209.

Flanagan, O. J., & Jackson, K. (1987). Justice, care, and gender: The Kohlberg-Gilligan debate revisited. *Ethics, 97,* 622-637.

Fleishman, E. A., Mumford, M. D., Zaccaro, S. J., Levin, K. Y., Korotkin, A. L., & Hein, M. B. (1991). Taxonomic efforts in the description of leader behavior: A synthesis and functional interpretation. *Leadership Quarterly, 2,* 245-287.

Folkman, S., & Moskowitz, J. T. (2000). Positive affect and the other side of coping. *American Psychologist, 55,* 647-654.

Ford, M. E. (1992). *Motivating humans: Goals, emotions, and personal agency beliefs.* Newbury Park: Sage Publications.

Fordyce, M. W. (1977). Development of a program to increase personal happiness. *Journal of Counseling Psychology, 24,* 511-521.

Fordyce, M. W. (1983). A program to increase happiness: Further studies. *Journal of Counseling Psychology, 30,* 483-498.

Formica, S. (1998). *Description of the socio-emotional life space: Life qualities and activities related to emotional intelligence.* Unpublished senior honors thesis, University of New Hampshire, Durham.

Fowers, B. J. (1998). Psychology and the good marriage: Social Theory as practice. *American Behavioral Scientist, 41,* 516-541.

Frankl, V. (1963). *Man's search for meaning.* Boston: Beacon.

Frankl, V. (1969). *The will to meaning: Foundations and applications of logotherapy.* New York: New American Library.

Fredrickson, B. L. (1998). What good are positive emotions? *Review of General Psychology, 2,* 300-319.

Fredrickson, B. L. (2000). Cultivating positive emotions to optimize health and well-being. *Prevention and Treatment, 3,* Document available at http://journals. apa.org/prevention.

Fredrickson, B. L. (2001). The role of positive emotions in positive psychology: The broaden-and-build theory of positive emotions. *Journal of American Psychological Association, 54,* 218-226.

Fredrickson, B. L. (2002). Positive emotions. In C. R. Snyder, & S. J. Lopez (Eds.), *Handbook of positive psychology* (pp. 120-134). Oxford, England: Oxford University Press.

Fredrickson, B. L. (2003). Positive emotions and upward spirals in organizations. In K. S. Cameron, J. E. Dutton, & R. E. Quinn (Eds.), *Positive organizational scholarship* (pp. 163-175.) San Francisco: Berrett-Koehler.

Fredrickson, B. L. (2004). The broaden-and-build theory of positive emotions. *Philophical Transactions of the Royal Society of London (Biological Sciences), 359,* 1367-1377.

Fredrickson, B., & Levenson, R. (1998). Positive emotions speed recovery from the cardiovascular sequelae of negative emotions. *Cognition and Emotion, 12,* 191-220.

French, S., & Joseph, S. (1999). Religiosity and its association with happiness, purpose in life, and self-actualisation. *Mental Health, Religion and Culture, 2,* 117-120.

Frese, M., Garst, H., & Fay, D. (2000). *Control and complexity in work and the development of personal initiative: A four wave longitudinal study of occupational socialization.* Working paper, University of Giessen, Germany.

Freud, S. (1933). New introductory lectures on psychoanalysis. In J. Strachey (Ed. and Trans.), *The standard edition of the complete psychological work of Sigmund Freud,* Vol. 22. London: Hogarth.

Fried, R. L. (2001). *The passionate learner: How teachers and parents can help children reclaim the joy of discovery.* Boston: Bacon Press.

Frisch, M. B. (1994). *Manual and treatment guide for the Quality of Life Inventory or QOLI.* Minneapolis, MN: Pearson Assessment.

Frisch, M. B. (1998). Quality of life therapy and assessment in health care. *Clinical Psychology: Science and Practice, 5,* 19-40.

Frisch, M. B. (2006). *Quality of life therapy*. Hoboken, NJ: John Wiley & Sons.

Fromm, E. (1947). *Man for himself*. New York: Holt, Rinehart & Winston.

Fujita, F. (1991). *An investigation of the relation between extroversion, neuroticism, positive affect, and negative affect*. Unpublished masters thesis, University of Illinois at Urbana-Champaign.

Fujita, F., Diener, E., & Sandvik, E. (1991). Gender differences in negative affect and well-being: The case for emotional intensity. *Journal of Personality and Social Psychology, 61*, 427-434.

Gable, S. L. (2000). *Appetitive and aversive social motivation*. Unpublished doctoral dissertation, University of Rochester.

Gable, S. L., Asher, E., & Reis, H. T. (2000). *Capitalization in romantic relationships*. Unpublished manuscript, University of Rochester.

Gable, S. L., Reis, H. T., Impett, E. A., & Asher, E. R. (2004). What do you do when things go right? The intrapersonal and interpersonal benefits of sharing good events. *Journal of Personality and Social Psychology, 87*, 228-245.

Gal, R. (1995). Personality and intelligence in the military. In D. H. Saklofske, & M. Zeidner (Eds.), *International handbook of personality and intelligence* (pp. 727-735). New York: Plenum Press.

Gallup News Service. (2000). *American teens say they get along well with their parents*. Document available at http://www.gallup.com/poll/releases/prooo811b.asp.

Galotti, K. (1989). Gender differences in self-reported moral reasoning: A review and new evidence. *Journal of Youth and Adolescence, 18*, 475-488.

Galway, W. T. (1974). *The inner game of tennis*. New York: Random House.

Gardner, H. (1983). *Fames of mind: The theory of multiple intelligences*. New York: Basic Books.

Gardner, H. (1993). *Multiple intelligence: The theory in practice*. New York: Basic Books.

Gardner, H. (1997). *Extraordinary minds*. New York: Basic Books.

Garmezy, N. (1983). Stressors of childhood. In N. Garmezy, & M. Rutter (Eds.), *Stress, coping, and development in children* (pp. 43-84). Baltimore: Johns Hopkins University Press.

Gazzaniga, M. S. (1993). Brain mechanisms and conscious experience. In *Experimental and the oretical studies of consciousness: Ciba Foundation Symposium* (pp. 247-262). Chichester, England: Wiley.

Gazzaniga, M. S. (1997). Why can't I control my brain? In M. Ito, & Y. Miyashita (Eds.), *Cognition, computation, and consciousness* (pp. 69-79). Oxford, England: Oxford University Press.

George, C., Kaplan, N., & Main, M. (1985). *The adult attachment interview*. Unpublished manuscript, Department of Psychology, University of California, Berkeley.

George, J. M. (1991). State or trait: Effects of positive mood on prosocial behavior at work. *Journal of Applied Psychology, 76*, 299-307.

George, J. M. (1995). Leader positive mood and group performance: The case of customer service. *Journal of Applied Social Psychology, 25*, 778-794.

George, J. M. (1998). Salesperson mood at work: Implications for helping customers. *Journal of Personal Selling and Sales Management, 18*, 23-30.

George, L. K., Larson, D. B., Koenig, H. C., & McCullough, M. E. (2000). Spirituality and health: What we know, what we need to know. *Journal of Social and Clinical Psychology, 19*, 102-116.

Germer, C. K. (2005). Mindfulness: What is it? What does it matter? In C. K. Germer, R. D. Siegel, & P.

R. Fulton (Eds.), *Mindfulness and psychotherapy* (pp. 3-27). New York: Guilford Press.

Gerstner, C. R., & Day, D. V. (1997). Meta-analytic review of leader-member exchange theory: Correlates and construct issues. *Journal of Applied Psychology, 82,* 827-844.

Gesch, B. (2005). The potential of nutrition to promote physical and behavioural well-being. In F. A. Huppert, N. Baylis, & B. Keverne (Eds.), *The science of well-being* (pp. 171-214). New York: Oxford University Press.

Gibbs, J. C., Basinger, K. S., & Fuller, D. (1992). *Moral maturity: Measuring the development of sociomoral reflection.* Hillsdale, NJ: Erlbaum.

Gilbert, D. T., & Malone, P. S. (1995). The correspondence bias. *Psychological Bulletin, 117,* 21-38.

Gillham, J. E. (Ed.) (2000). *The science of optimism and hope: Research essays in honor of Martin E. P. Seligman.* Radnor, PA: Templeton Foundation Press.

Gilligan, C. (1977). In a different voice: Women' s conceptions of self and morality. *Harvard Educational Review, 47,* 481-517.

Gilligan, C. (1987). Moral orientation and moral development. In E. F. Kittary, & D. T. Meyers (Eds.), *Women and moral theory* (pp. 19-36). Totowa, NJ: Rowman & Littlefield.

Gilligan, C., & Attanucci, J. (1987). Two moral orientations: Gender differences and similarities. *Merrill-Palmer Quarterly, 34,* 223-237.

Girard, M., & Mullet, É. (1997). Propensity to forgive in adolescents, young adults, older adults, and elderly people. *Journal of Adult Development, 4,* 209-220.

Gittell, J. H. (2003). A theory of relational coordination. In K. S. Cameron, J. E. Dutton, & R. E. Quinn (Eds.), *Positive organizational scholarship* (pp. 279-295). San Francisco: Berrett-Koehler.

Gleason, J. B., & Weintraub, S. (1976). The acquisition of routines in child language. *Language in Society, 5,* 129-136.

Glenn, N. D., & Weaver, C. N. (1988). The changing relationship of marital status to reported happiness. *Journal of Marriage and the Family, 50,* 317-324.

Gloria, A. M., Kurpius, S. E.. R., Hamilton, K. D., & Willson, M. S. (1999). African American students' persistence at a predominantly white university: Influence of social support, university comfort, and self-beliefs. *Journal of College Student Development, 40,* 257-268.

Godfrey, D. K., Jones, E. E., & Lord, C. G. (1986). Self-promotion is not ingratiating. *Journal of Personality and Social Psychology, 50,* 106-113.

Goldberg, L. R. (1992). The development of markers for the Big-Five factor structure. *Psychological Assessment, 4,* 26-42.

Goldberg, C., & Simon, J. (1982). Toward a psychology of courage: Implications for the change (healing) process. *Journal of Contemporary Psychotherapy, 13,* 107-128.

Goldstein, K. (1934). *The Organism: A Holistic Approach to Biology Derived from Pathological Data in Man.* New York: Zone Books.

Goleman, D. (1972a). The Buddha on meditation and states of consciousness: Part 1. The teaching. *Journal of Transpersonal Psychology, 4,* 1-44.

Goleman, D. (1972b). The Buddha on meditation and states of consciousness: Part 2. A typology of meditation techniques. *Journal of Transpersonal Psychology, 4,* 151-210.

Goleman, D. J., & Schwartz, G. E. (1976). Meditation as an intervention in stress reactivity. *Journal of Consulting and Clinical Psychology, 44,* 456-466.

Gorsuch, R., & McPherson, S. (1989). Intrinsic/extrinsic measurement: I/E revised and single-item scales. *Journal for the Scientific Study of Religion, 28,* 348-354.

Gottfredson, M, R., & Hirschi, T. (1990). *A general theory of crime.* Stanford, CA: Stanford University Press.

Gottlieb, A. (2002). *The dream of reason: A history of philosophy from the Greeks to the Rennaissance.* New York: W. W. Norton. (이정우 역. 《이성의 꿈: 서양철학의 역사: 그리스에서 르네상스까지》. 서울: 산해, 2007.)

Gottman, J. M. (1994). *What prodicts divorce? The relationship between marital processes and marital outcomes.* Hillsdale, NJ: Erlbaum.

Gottman, J. M. (1998). Psychology and the study of marital processes. *Annual Review of Psychology, 49,* 169-197.

Gottman, J. M., & Notarius, C. I. (2000). Decade review: Observing marital interaction. *Journal of Marriage and the Family, 62,* 927-947.

Gough, H. G. (1979). A creative personality scale for the adhective check list. *Journal of Personality and Social Psychology, 37,* 1398-1405.

Gough, H. G., McClosky, H., & Meehl, P. E. (1952). A personality scale for social responsibility. *Journal of Abnormal and Social Psychology, 47,* 73-80.

Graham, S., & Weiner, B. (1986). From an attributional theory of emotion to developmental psychology: A round trip ticket? *Social Cognition, 4,* 152-179.

Grant, G., Salcedo, V., Hynan, L.S., & Frisch, M. B. (1995). Effectiveness of quality of life therapy. *Psychological Reports, 76,* 1203-1208.

Grasmick, J. F., Tittle, C. R., Bursik, R. J., & Arneklev, B. J. (1993). Testing the core empirical implications of Gottfredson and Hirschi' s general theory of crime. *Journal of Research in Crime and Delinquency, 30,* 5-29.

Greenberg, M. (2007). Positive psychology and institutions: Highlights from a panal discussion. *Positive Psychology Daily News.* January 14.

Griffith, R. W., & Hom, P. W. (1988). Locus of control and delay of gratification as moderators of employee turnover. *Journal of Applied Social Psychology, 18,* 1318-1333.

Gross, J. J. (1999). Emotion and emotion regulation. In L. A. Pervin, & O. P. John (Eds.), *Handbook of Personality: Theory and research* (2nd ed., pp. 525-552). New York: Guilford Press.

Guilford, J. P. (1967). *The nature of human intelligence.* New York: McGraw-Hill.

Habermas, J. (1973). *Legitimation crisis.* (T. McCarthy, Trans.). Boston: Beacon.

Hackman, J. R., & Oldham, G. R. (1980). *Work redesign.* Reading, MA: Addison-Wesley.

Haggbloom, S. J., et al. (2002). The 100 most eminent psychologists of the 20th century. *Review of General Psychology. 6,* 139-150.

Haidt, J. (2000). The positive emotion of elevation. *Prevention and Treatment.* Available at http://journals.apa.org/prevention.

Haidt, J. (2002a). *Psychology 101 strengths/weaknesses project: Suggested daily activities.* Unpublished manuscript, University of Virginia.

Haidt, J. (2002b). The moral emotions. In R. J. Davidson, K. Scherer, & H. H. Goldsmith (Ed.), *Handbook of affective sciences* (pp. 852-879). Oxford, England: Oxford University Press.

Haidt, J. (2003). Elevation and the positive psychology of morality. In C. L. M. Keyes, & J. Haidt (Eds.), *Flourishing: Positive psychology and the life well-lived* (pp. 275-289). Washington, DC: American Psychological Association.

Haidt, J., & Algoe, S. (2003). *The elevation-altruism hypothesis: Evidence for a new prosocial emotion.*

Unpublished manuscript, University of Virginia, Charlottesville.

Harker, L., & Keltner, D. (2001). Expressions of positive emotion in women's college yearbook pictures and their relationship topersonality and life outcomes across adulthood. *Journal of Personality and Social Psychology, 80,* 112-124.

Harlow, H. F. (1958). The nature of love. *American Psychologist, 13,* 673-685.

Harlow, H. F. (1965). Sexual behavior in the rhesus monkey. In F. Beach (Ed.), *Sex and behavior* (pp. 234-265). New York: Wiley.

Harris, J. R. (1995). Where is the child' s environment? A group socialization theory of development. *Psychological Review, 102,* 458-489.

Hart, K. E., & Huggett, C. (2003). *Lack of humility as a barrier to surrounding to the spiritual aspect of Alcoholics Anonymous.* Unpublished manuscript, University of Windsor, Windsor, Canada.

Hart, P. L., & Joubert, C. E. (1996). Narcissism and hostility. *Psychological Reports, 79,* 161-162.

Hart, P. M. (1999). Predicting employee life satisfaction: A coherent model of personality, work and non-work experiences, and domain satisfaction. *Journal of Applied Psychology, 84,* 564-584.

Harter, S., Waters, P. L., Whitesell, N. R., & Kastelic, D. (1998). Level of voice among female and male high school students: Relational context, support, and gender orientation. *Developmental Psychology, 34,* 892-901.

Hartman, P. S. (2000). *Women developing wisdom: Antecedents and correlates in a longitudinal sample.* Unpublished doctoral dissertation, University of Michigan, Ann Arbor.

Harvey, J. H., & Omarzu, J. (1997). Minding the close relationship. *Personality and Social Psychology Review, 1,* 223-239.

Harvey, J. H., & Omarzu, J. (1999). *Minding the close relationship: A theory of relationship enhancement.* New York: Cambridge University Press.

Harvey, J. H., Pauwels, B. G., & Zickmund, S. (2002). Relationship connection: The role of minding in the enhancement of closeness. In C. R. Snyder, & S. J. Lopez (Eds.), *Handbook of positive psychology* (pp. 423-433). Oxford, England: Oxford University Press.

Hatfield, E. (1988). Passionate ad companionate love. In R. J. Sternberg, & M. L. Barnes (Eds.), *Psychology of love* (pp. 191-217). New Haven, CT: Yale University Press.

Hathaway, W., & Pargament, K. I. (1990). Intrinsic religiousness and competence: Inconsistent mediation by different religious coping styles. *Journal for the Scientific Study of Religion, 29,* 423-441.

Haworth, J. T., & Hill, S. (1992). Work, leisure, and psychological well-being in a sample of young adults. *Journal of Community and Applied Social Psychology, 2,* 147-160.

Hayes, J. R. (1989). *The complete problem solver* (2nd ed.). Hillsdale, NJ: Erlbaum.

Hayes, S. C., Strosahl, D. K., & Wilson, G. K. (1999). *Acceptance and commitment therapy.* New York: Guilford Press.

Hazan, C., & Shaver, P. R. (1987). Romantic love conceptualized as an attachment process. *Journal of Personality and Social Psychology, 52,* 511-524.

Hazan, C., & Shaver, P. R. (1990). Love and work: An attachment theoretical perspective. *Journal of Personality and Social Psychology, 59,* 270-280.

Hazan, C., & Zeifman, D. (1994). Sex and the psychological tether. *Advances in Personal Relationships, 5,* 151-177.

Heady, B., Veenhoven, R., & Wearing, A. (1991).

Top-down versus bottom-up theories of subjective well-being. *Social Indicators Research, 24,* 81-100.

Heatherington, L., Burns, A. B., & Gustafson, T. B. (1998). When another stumbles: Gender and self-presentation to vulnerable others. *Sex Roles, 38,* 889-913.

Heine, S. J., Lehman, D. R., Markus, H. R., & Kitayama, S. (1999). Is there a universal need for positive self-regard? *Psychological Review, 106,* 766-794.

Heine, S. J., Kitayama, S., Lehman, D. R., Takata, T., IDe, E., Leung, C., et al. (2001). Divergent consequences of success and failure in Japan and North America: An investigation of self-improving motivations and melleable selves. *Journal of Personality and Social Psychology, 81,* 599-615.

Helson, R., & Srivastava, S. (2001). Three paths of adult development: Conservers, seekers, and achievers. *Journal of Personality and Social Psychology, 80,* 995-1010.

Henderson, J. E., & Hoy, W. K. (1983). Leader authenticity: The development and test of an operational measure. Educational and *Psychological Research, 3,* 63-75.

Hendrick, S. S., & Hendrick, C. (1992). *Romantic love.* Newbury Park, CA: Sage Publication.

Hendrick, S. S., & Hendrick, C. (2000). Romantic love. In C. Hendrick, & S. S. Hendrick (Eds.), *Close relationships: A sourcebook* (pp. 203-215). Thousand Oaks, CA: Sage.

Hendrick, S. S., Hendrick, C., & Adler, N. L. (1998). Romantic relationships: Love, satisfaction, and staying together. *Journal of Personality and Social Psychology, 54,* 980-988.

Herek, G. M., Janis, I. L., & Huth, P. (1987). Decision making during international crises. Is quality of process related to outcome? *Journal of Conflict Resolution, 31,* 203-226.

Herman, C. P., & Polivy, J. (1975). Anxiety, restraint, and eating behavior. *Journal of Abnormal Psychology, 84,* 666-672.

Higgins, E. T. (1987). Self-discrepancy: A theory relating self and affect. *Psychological Review, 94,* 319-340.

Hilbert, R. A. (1984). The accultural dimensions of chronic pain: Flawed reality construction and the problem of meaning. *Social Problems, 31,* 365-378.

Hogan, R., & Hogan, J. (1992). *Hogan Personality Inventory manual.* Tulsa, OK: Hogan Assessment System.

Hojjat, M. (1997). Philosophy of life as a model of relationship satisfaction. In P. J. Sternberg, & M. Hojjat (Eds.), *Satisfaction in close relationships* (pp. 102-128). New York: Guilford Press.

Holland, J. L. (1966). *The psychology of vocational choice: A theory of personality types and model environments.* Waltham, MA: Blaisdell.

Holland, J. L. (1985). *Making vocational choices: A theory of vocational personalities and work environment* (2nd ed.). Englewood Cliffs, NJ: Prentice-Hall.

Holmes, T. H., & Rahe, R. H. (1967). The Social Readjustment Rating Scale. *Journal of Psychosomatic Research, 11,* 213-218.

Hooley, J. M. (1985). Expressed emotion: A review of the critical literature. *Clinical Psychology Review, 5,* 119-139.

Houf, H. (1945). *What religion is and does: An introduction to the study of its problems and values.* New York: Harper and Brothers.

House, J. S. (1981). *Work stress and social support.* Reading, MA: Addison-Wesley.

House, J. S. (1995). *Americans' changing lives: Waves*

I and II, 1986 and 1989. Ann Arbor, MI: Inter-University Consortium for Political and Social Research.

House, J. S., Landis, K. R., & Umberson, D. (1988). Social relationships and health. *Science, 241,* 540-545.

Hoyle, R., Kernis, M., Leary, M., & Baldwin, M. (1999). *Self-hood: Identity, esteem, and regulation*. Boulder, CO: Westview Press.

Hsee, C. K., & Abelson, R. P. (1991). Velocity relation: Satisfaction as a function of the first derivative of outcome over time. *Journal of Personality and Social Psychology, 60,* 341-347.

Hunter, L., & Elias, M. J. (1998). Violence in the high schools: Issues, controversies, policies, and prevention programs. In A. Roberts (Ed.), *Juvenile justice: Policies, programs, and services* (pp. 71-94). Chicago: Nelson-Hall.

Ickes, W. (Ed.). (1996). *Empathic accuracy*. New York: Guilford.

Ickes, W. (2003). *Everyday mind reading*. New York: Prometheus Books. (권석만 역. 《마음읽기: 공감과 이해의 심리학》. 파주: 푸른숲, 2008.)

Independent Sector. (1999). *Giving and volunteering in the United States: Findings from a national survey*. Document available at http://independentsector.org/GrandV/s_keyf.htm.

Insel, T. R., & Winslow, J. T. (1998). Serotonin and neuropeptides in affiliative behavior. *Biological Psychiatry, 44,* 207-219.

Irving, L. M., Snyder, C. R., Cheavens, J., Gravel, L., Hanke, J., Hilberg, P., Nelson, N. (2004). The relationship between hope and optimism in the pre-treatment, beginning, and later phases of psychotherapy. *Journal of Psychotherapy Integration, 14,* 419-443.

Isaac, J., Sansone, C., & Smith, J. L. (1999). Other people as a source of interest in and activity. *Journal of Experimental Social Psychology, 35,* 239-265.

Isen, A. M. (2001). An influence of positive affect on decision making in complex situations: Theoretical issues with practical implications. *Journal of Consumer Psychology, 11,* 75-85.

Isen, A. M. (2002). A role for neuropsychology in understanding the facilitating influences of positive affect on social behavior and cognitive processes. In C. R. Snyder, & S. J. Lopez (Eds.), *Handbook of positive psychology* (pp. 528-540). Oxford, England: Oxford University Press.

Izard, C. E. (1977). *Human emotions*. New York: Plenum Press.

Jackson, S. E., & Schuler, R. S. (1985). A meta-analysis and conceptual critique of research on role ambiguity and role conflict in work settings. *Organizational Behavior and Human Decision Processes, 36,* 16-78.

Jacobs, J. (2000). The spiritual self-relation: Empathy and the construction of spirituality among modern descendants of the Spanish Crypto-Jews. *Journal for the Scientific Study of Religion, 39,* 53-63.

Jaffee, S., & Hyde, J. S. (2000). Gender differences in moral orientation: A meta-analysis. *Psychological Bulletin, 126,* 703-726.

Jahoda, M. (1958). *Current concepts of positive mental health*. New York: Basic Books.

James, W. (1890). *Principles of psychology* (2 vols). New York: Holt.

James, W. (1902/1958). *The varieties of religious experience*. New York: Mentor.

Janis, I. L. (1982). *Groupthink: Psychological studies of policy decisions and fiascos*. Boston: Houghton Mifflin.

Janis, I. L., & Mann, L. (1977). *Decision making: A psychological analysis of conflict, choice, and commitment*. New York: Free Press.

Jaynes, J. (1976). *The origin of consciousness in the breakdown of the bicameral mind*. Boston: Houghton Mifflin.

Jennings, H. H. (1943). *Leadership and isolation*. New York: Longmans, Green.

Jennings, M. K. (1991). Thinking about social injustice. *Political Psychology, 12*, 187–204.

Jex, S. M. (2002). *Organizational psychology: A scientist-practitioner approach*. New York: John Wiley & Sons.

John, O. P., Caspi, A., Robins, R. W., Moffitt, T. E., & Stouthamer-Loeber, M. (1994). The "little five": Exploring the nomological network of the five-factor model of personality in adolescent boys. *Child Development, 65*, 160–178.

John, O. P., & Srivastava, S. (1999). The Big Five trait taxonomy: History, measurement, and theoretical perspectives. In L. A. Pervin, & O. P. Hoyn (Eds.), *Handbook of personality: Theory and research* (2nd ed., pp. 102–138). New York: Guilford Press.

Johnson, R. C., Danko, G. P., Darvill, T. J., Bochner, S., Bowers, J. K., Huang, Y. H. et al., (1989). Cross-cultural assessment of altruism and its correlates. *Personality and Individual Differences, 10*, 855–868.

Jones, K., & Day, J. D. (1997). Discrimination of two aspects of cognitive-social intelligence from academic intelligence. *Journal of Educational Psychology, 89*, 486–497.

Johnson, B., Larson, D., Li, S., & Jang, S. (2000). Escaping from the crime of the inner cities: Church attendance and religious salience among disadvantaged youth. *Justice Quarterly, 17*, 377–391.

Johnson, S., & Greenberg, L. (1985). Emotionally focused couples therapy: An outcome study. *Journal of Marital and Family Therapy, 11*, 313–317.

Johnson, S., Hunsley, J., Greenberg, L., & Schindler, D. (1999). Emotionally focused couples therapy: Status and challenges. *Clinical Psychology: Science and Practice, 6*, 67–79.

Johnson, S. M. (1996). *The practice of emotionally focused couples therapy*. New York: Brunner/Mazel.

Judge, E. (2007). Employee engagement and happiness. *Positive Psychology New Daily*, January 16.

Kabat-Zinn, J. (1982). An outpatient program in behavioral medicine for chronic pain patients based on the practice of mindfulness meditation: Theoretical considerations and preliminary results. *General Hospital Psychiatry, 4*, 33–47.

Kabat-Zinn, J. (1990). *Full catastrophe living: Using the wisdom of your body and mind to face stress, pain, and illness*. New York: Dell.

Kagan, J. (1989). Temperamental contributions to social behavior. *American Psychologist, 44*, 668–674.

Kahneman, D. (1999). Objective happiness. In D. Kahnemann, E. Diener, & N. Schwarz (Eds.), *Well-being: The foundation of hedonic psychology* (pp. 3–25). New York: Russell Sage Foundation.

Kahneman, D., Diener, E., & Schwartz, N. (Eds.) (1999). *Well-being: The foundations of hedonic psychology*. New York: Russell Sage Foundation.

Kahneman, D., Fredrickson, B. L., Schreiber, C. A., & Redelmeier, D. A. (1993). When more pain is preferred to less: Adding a better end. *Psychological Science, 4*, 401–405.

Kahneman, D., Krueger, A. B., Schkade, D., Schwarz, N., & Stone, A. A. (2004). A survey method for characterizing daily life experience: The Day

Reconstruction Method(DRM). *Science, 306,* 1776-1780.

Kagan, J. (1981). *The second year: The emergence of self awareness.* Cambridge, MA: Harvard University Press.

Kagan, J. (1989). Temperamental contributions to social behavior. *American Psychologist, 44,* 668-674.

Kamen-Siegel, L., Rodin, J., Seligman, M., & Dwyer, C. (1991). Explanatory style and cell mediated immunity. *Health Psychology, 10,* 229-235.

Karasek, R. A. (1979). Job demands, job decision latitude, and mental strain: Implications for job redesign. *Administrative Science Quarterly, 24,* 285-308.

Karasek, R. A., & Theorell, T. (1990). *Healthy work: Stress, productivity, and the reconstruction of working life.* New York: Basic Books.

Karney, B. R., & Bradbury, T. N. (1995). The longitudinal course of marital quality and stability: A review of theory, method, and research. *Psychological Bulletin, 118,* 3-34.

Kashdan, T. B., & Roberts, J. E. (2002). *Individual differences in interpersonally-generated positive and negative affect.* Unpublished manuscript, University at Buffalo, State University of New York.

Kashdan, T. B., Rose, P., & Fincham, F. D. (2002). *Curiosity and exploration: Facilitating positive subjective experiences and personal growth opportunities.* Unpublished manuscript, State University of New York at Buffalo.

Kasser, T., & Ryan, R. M. (1993). A dark side of the American dream: Correlates of financial success as a life aspiration. *Journal of Personality and Social Psychology, 65,* 410-422.

Kasser, T., & Ryan, R. M. (1996). Further examining the American dream: Differential correlates of intrinsic and extrinsic goals. *Personality and Social Psychology Bulletin, 22,* 280-287.

Kasser, V. G., & Ryan, R. M. (1999). The relation of psychological needs for autonomy and relatedness to vitality, well-being, and morality in a nursing home. *Journal of Applied Social Psychology, 29,* 935-954.

Kelley, S. A., Brownell, C. A., & Campbell, S. B. (2000). Mastery motivation and self-evaluative affect in toddlers: Longitudinal relations with maternal behavior. *Child Development, 71,* 1061-1071.

Kelloway, E. K., & Barling, J. (1991). Job characteristics, role stress and mental health. *Journal of Occupational Psychology, 64,* 291-304.

Kelly, E. L., & Conley, J J (1987). Personality and compatibility: A prospective analysis of marital stability and marital satisfaction. *Journal of Personality and Social Psychology, 52,* 27-40.

Kelly, H. H., Berscheid, E., Christensen, A., Harvey, J. H., Huston, T. L., Levinger, G., McClintock, E., Peplau, L. A., & Peterson, D. R. (Eds.) (1983). *Close relationships.* New York: Freeman.

Kelly, J. R., & Ross, J. E. (1989). Later-life leisure: Beginning a new agenda. *Leisure Sciences, 11,* 47-59.

Kendall, P. C., Howard, B. L., & Hays, R. C. (1989). Self-referent speech and psychopathology: The balance of positive and negative thinking. *Cognitive Therapy and Research, 13,* 583-598.

Keyes, C. L. M. (1998). Social well-being. *Social Psychology Quarterly,* 61(2), 121-140.

Keyes, C. L. M., & Lopez, S. J. (2002). Toward a science of mental health: Positive directions in diagnosis and intervention. In C. R. Syner, & S. J. Lopez (Eds.), *Handbook of positive psychology* (pp. 45-59). New York: Oxford University Press.

Keyes, C. L. M., & Ryff, C. D. (1998). Generativity in

adult lives: Social structural contours and quality of life consequences. In D. P. McAdams, & E. de St. Aubin (Eds.), *Generativity and adult development: How and why we care for the next generation* (pp. 227-263). Washington, DC: American Psychological Association.

Keyes, C., Shmotkin, D., & Ryff, C. (2000). Optimizing well-being: The empirical encounter of two traditions. *Journal of Personality and Social Psychology, 82,* 1007-1022.

Kiecolt-Glaser, J. K. (1999). Stress, personal relationships, and immune function: Health implications. *Brain, Behavior, and Immunity, 12,* 61-72.

Kiesler, D. J. (1996). *Contemporary interpersonal theory and research: Personality, psychopathology, and psychotherapy*. New York: John Wiley & Sons.

King, L. A., & Pennebaker, J. W. (1996). Thinking about goals, glue, and the meaning of life. In R. S. Wyer (Ed.), Advances in social cognition (Vol. 9, pp. 97-106). Mahwah, NJ: Erlbaum.

Kirkpatrick, L. A., & Shaver, P. R. (1992). Attachment theory and religion: Children attachments, religious beliefs, and conversion. *Journal for the Scientific Study of Religion, 29,* 315-334.

Kirschenbaum, D. S. (1987). Self-regulatory failure: A review with clinical implications. *Clinical Psychology Review, 7,* 77-104.

Kitayama, S., & Markus, H. R. (2000). The pursuit of happiness and the realization of sympathy: Cultural patterns of self, social relations, and well-being. In E. Diener, & E. M. Suh (Eds.), *Culture and subjective well-being* (pp. 113-162). Cambridge, MA: The MIT Press.

Klein, M. (1957). *Envy and gratitude*. New York: Basic Books.

Kling, K. C., Hyde, J. S., Showers, C., & Buswell, B. (1999). Gender differences in self-esteem: A meta-analysis. *Psychological Bulletin, 125,* 470-500.

Klinger, E. (1998). The search for meaning in evolutionary perspective and its clinical implications. In P. T. P. Wong, & P. S. Fry (Eds.), *Handbook of personal meaning: Theory, research, and application* (pp. 27-50). Mahwah, NJ: Erlbaum.

Kobak, R. R., & Hazan, C. (1991). Attachment in marriage: The effects of security and accuracy of working models. *Journal of Personality and Social Psychology, 60,* 861-869.

Kobasa, S. C. (1979). Stressful life events, personality, and health: An inquiry into hardiness. *Journal of Personality and Social Psychology, 37,* 1-11.

Kobasa, S. C. (1982). Commitment and coping in stress resistance among lawyers. *Journal of Personality and Social Psychology, 42,* 707-717.

Kobasa, S. C., Maddi, S. R., & Courington, S. (1981). Personality and constitution as mediators in the stress-illness relationship. *Journal of Health and Social Behavior, 22,* 368-378.

Kobasa, S. C., Maddi, S. R., & Kahn, S. (1982). Hardiness and health: A prospective study. *Journal of Personality and Social Psychology, 42,* 168-177.

Kohlberg, L. (1984). *Essay on moral development: Vol. 2. The psychology of moral development.* San Francisco: Harper & Row.

Krapp, A. (2000). Interest and human development during adolescence: An educational-psychological approach. In J. Heckhausen (Ed.), *Motivational psychology of human development: Developing motivation and motivating development* (pp. 109-129). New York: Elsevier.

Krapp, A., & Lewalter, D. (2001). Development of interests and interest-based motivational orientations: A longitudinal study in vocational school and work settings. In S. Volet & S. Järvela (Eds.), *Motivation in learning contexts: Theoretical and methodological implication* (pp. 201–232). London: Elsevier.

Krause, N. (1997). Religion, aging, and health: Current status and future prospects. *Journals of Gerontology, 52B*, S291–S293.

Kruger, A. C. (1992). The effect of peer and adult–child transactive discussions on moral reasoning. *Merrill–Palmer Quarterly, 38*, 191–211.

Kuhn, D. (1991). *The skills of argument*. New York: Cambridge University Press.

Kuhn, D., Amsel, E., & O' Loughlin, M. (1988). *The development of scientific thinking skills*. New York: Academic Press.

Kweon, B. S., Sullivan, W. C., & Wiley, A. R. (1998). Green common spaces and the social integration of inner–city older adults. *Environment and Behavior, 30*, 832–858.

Lampert, M., & Ervin–Tripp, S. M. (1998). Exploring paradigms: The study of gender and sense of humor at the end of the 20th century. In W. Ruch (Ed.), *The sense of humor: Explorations of a personality characteristic* (pp. 231–270). New York: Mouton de Gruyter.

Landers, D. M., Han, M., Salazar, W., & Petruzzello, S. J. (1994). Effects of learning on electroencephalographic and electrocardiographic patterns in novice archers. *International Journal of Sport Psychology, 25*, 313–330.

Larsen, R. J. (1987). The stability of mood variability: A spectral analytic approach to daily mood assessment. *Journal of Personality and Social Psychology, 52*, 1195–1204.

Larsen, R. J., & Kasimatis, M. (1990). Individual differences in entrainment of mood to the weekly calendar. *Journal of Personality and Social Psychology, 58*, 164–171.

Larsen, R. J., & Ketelaar, T. (1991). Personality and susceptibility to positive and negative emotional states. *Journal of Personality and Social Psychology, 61*, 132–140.

Larson, R. (1994). Youth organizations, hobbies, and sports as developmental contexts. In R. K. Silbereisen, & E. Todt (Eds.), *Adolescence in context: The interplay of family, school, peers, and work in adjustment* (pp. 46–65). Boulder, CO: Westview Press.

Larson, R., & Csikszentmihalyi, M. (1983). The experience sampling method. *New Directions for Methodology of Social and Behavioral Science, 15*, 41–56.

Larus, J. P. (1989). *Significant Others Inventory: Towards charting the nature of significant others*. Unpublished master' s thesis, Virginia Commonwealth University, Richmond.

Lauer, R. H., Lauer, J. C., & Kerr, S. T. (1990). The long–term marriage: Perceptions of stability and satisfaction. *International Journal of Aging and Human Development, 31*, 189–195.

Lazarus, R. S. (1966). *Psychological stress and the coping process*. New York: McGraw–Hill.

Lazarus, R. S. (1981). The stress and coping paradigm. In C. E. Eisdorfer, D. Cohen, A. Kleinman, & P. Maxim (Eds.), *Models for clinical psychopathology* (pp. 177–214). New York: S. P. Medical & Scientific Books.

Lazarus, R. S. (1982). Thoughts on the relations between emotional and cognition. *American Psychologist, 37*, 1019–1024.

Lazarus, R. S. (1991). *Emotion and adaptation*. New York: Oxford University Press.

Lazarus, R. S. (1994). Appraisal: The long and the short of it. In P. Ekman, & R. J. Davidson (Eds.), *The nature of emotion: Fundamental questions* (pp. 208-215). New York: Oxford University Press.

Lazarus, R. S., & Folkman, S. (1984). *Stress, appraisal, and coping*. New York: Springer.

Leary, M. R., & Baumeister, R. F. (2000). The nature and function of self-esteem: sociometer theory. In M. P, Zanna (Ed.), *Advances in experimental social psychology* (Vol. 32, pp. 1-62). San Diego, CA: Academic Press.

Lee, F., Caza, A., Edmondson, A., & Thomke, S. (2003). New knowledge creation in organizations. In K. S. Cameron, J. E. Dutton, & R. E. Quinn (Eds.), *Positive organizational scholarship* (pp. 194-206). San Francisco: Berrett-Koehler.

Lee, G. R., Seccombe, K., & Shehan, C. L. (1991). Marital status and personal happiness: An analysis of trend data. *Journal of Marriage and the Family, 53,* 839-844.

Lee, J. A. (1977). A typology of styles of love. *Personality and Social Psychology Bulletin, 3,* 173-182.

Lee, J. A. (1988). Love styles. In R. J. Sternberg, & M. L. Barnes (Eds.), *Psychology of love* (pp. 38-67). New Haven, CT: Yale University Press.

Lee, J. E., Wong, C. M., T., Day, J. D., Maxwell, S. E., & Thorpe, P. (2000). Social and academic intelligence: A multi-trait-multimethod study of their crystallized and fluid characteristics. *Personality and Individual Differences, 29,* 539-553.

Lefcourt, H. M. (1981). *Research with the locus of control construct*. New York: Academic Press.

Lefcourt, H. M. (2002). Humor. In C. R. Snyder, & S. J. Lopez (Eds.), *Handbook of positive psychology* (pp. 619-631). Oxford, England: Oxford University Press.

LeFevre, J. (1988). Flow and the quality of experience during work and leisure. In M. Csikszentmihalyi, & I. Csikszentmihalyi (Eds.), *Optimal experience* (pp. 307-318). Cambridge: Cambridge University Press.

Leitner, M. J., & Leitner, S. F. (1996). *Leisure in later life* (2nd ed.). New York: Haworth Press.

Leonardi, f., Spazzafumo, L., Marcellini, f., & Gagliardi, C. (1999). The top-down/bottom-up controversy from a constructionist approach: A method for measure top-down effects applied to a sample of older people. *Social Indicators Research, 48,* 187-216.

Lepper, M., & Greene, D. (1978). *The hidden costs of reward*. Hillsdale, NJ: Lawrence Erlbaum Associates.

Lepper, M., Greene, D., & Nesbitt, R. (1973). Undermining children's intrinsic interest with extrinsic rewards: A test of the "overjustification" hypothesis. *Journal of Personality and Social Psychology, 28,* 129-137.

Levensen, R. W., Ekman, P., Heider, K., & Friesen, W. V. (1992). Emotion and autonomic nervous system activity in the Minangkabau of West Sumatra. *Journal of Personality and Social Psychology, 62,* 972-988.

Levin, J. (1997). Religious research in gerontology, 1980-1994: A systematic review. *Journal of Religious Gerontology, 10,* 3-31.

Lewis, C. A., Lanigan, C., Joseph, S., & deFockert, J. (1997). Religiosity and happiness: No evidence for an association among undergraduates. *Personality and Individual Differences, 22,* 119-121.

Liddell, D. L., Halpin, G., & Halpin, W. G. (1992). The measure of moral orientation: Measuring the ethics of care and justice. *Journal of College Student Development, 33,* 325-330.

Linehan, M. (1993). *Cognitive-behavioral treatment of borderline personality disorder*. New York:

Guilford Press.

Linley, P. A., & Joseph, S. (2004). Positive change following trauma and adversity: A review. *Journal of Traumatic Stress, 17,* 11-21.

Little, B. R. (1989). Personal projects analysis: Trivial pursuits, magnificent obsessions, and the search for coherence. In D. Buss, & N. Cantor (Eds.), *Personality psychology: Recent trends and emerging directions* (pp. 15-31). New York: Springer-Verlag.

Locke, E. A. (1976). The nature and causes of job satisfaction. In M. D. Dunnette (Ed.), *Handbook of industrial and organizational psychology* (pp. 1297-1350). Chicago: Rand McNally.

Locke, E. A., Kirkpatrick, S., Wheeler, J. K., Schneider, J., Niles, K., Goldstein, H., Welsh, K., & Chah, D. O. (1991). *The essence of leadership.* New York: Lexington Books.

Loehlin, J. C. (1992). *Genes and environment in personality development.* Newbury Park, CA: Sage.

Loewenstein, G. (1994). The psychology of curiosity: A review and reinterpretation. *Psychological Bulletin, 116,* 75-98.

Londerville, S., & Main, M. (1981). Security of attachment, compliance, and maternal training methods in the second year of life. *Developmental Psychology, 17,* 289-299.

Lopez, S. J., Snyder, C. R., & Rasmussen, H. N. (2003). Striking a vital balance: Developing a complementary focus on human weakness and strength through positive psychological assessment. In S. J. Lopez, & C. R. Snyder (Eds.), *Positive psychological assessment: A handbook of models and measures* (pp. 3-20). Washington, DC: American Psychological Association.

Lorenz, K. (1937). The companion in the bird's world. *Auk, 54,* 245-273.

Lowe, K. B., Kroeck, K. G., & Sivasubramaniam, N. (1996). Effectiveness correlates of transformational and transactional leadership: A meta-analytic review of the MLQ literature. *Leadership Quarterly, 7,* 385-425.

Lowenthat, K. MacLeod, A., & Cinnirella, M. (2002). Are women more religious than man? Gender differences in religious activity among different religious group in the UK. *Personality and Individual Differences, 32,* 133-139.

Lu, L., & Gilmore, R. (2004). Culture and conceptions of happiness: Individual oriented and social oriented SWB. *Journal of Happiness Studies, 5,* 269-291.

Lucas, R. E., Diener, E., Grob, A., Suh, E. M., & Shao, L. (2000). Cross-cultural evidence for the fundamental features of extroversion. *Journal of Personality and Social Psychology, 79,* 452-468.

Lufi, D., & Cohen, A. (1987). A scale for measuring persistence in children. *Journal of Personality Assessment, 51,* 178-185.

Luthans, F., & Avolio, B. (2003). Authentic leadership development. In K. S. Cameron, J. E. Dutton, & R. E. Quinn (Eds.), *Positive organizational scholarship* (pp. 241-258). San Francisco: Berrett-Koehler.

Luthans, F., Luthans, K. W., Hodgetts, R. M., & Luthans, B. C. (2001). Positive approach to leadership(PAL) implications for today's organizations. *Journal of Leadership Studies, 8,* 3-20.

Luthar, S. S., Cicchetti, D., & Becker, B. (2000). The construct of resilience: A critical evaluation and guidelines for future work. *Child Development, 71,* 543-562.

Lyubomirsky, S. (2001). Why are some people happier than others? The role of cognitive and motivational processes in well-being. *American*

Psychologist, 54, 239-249.

Lyubomirsky, S., King, L. A., & Diener, E. (2005). The benefits of frequent positive affect: Does happiness lead to success? *Psychological Bulletin, 131,* 803-855.

Lyubomirsky, S., & Ross, L. (1997). Hedonic consequences of social comparison: A contrast of happy and unhappy people. *Journal of Personality and Social Psychology, 73,* 1141-1157.

Lyubomirsky, S., Sheldon, K. M., & Schkade, D. (2005). Pursuing happiness: The architecture of sustainable change. *Review of General Psychology, 9,* 111-131.

Lykken, D. (1999). *Happiness: The nature and nurture of joy and contentment.* New York: St Martin' s Press.

Lykken, D., & Tellegen, A. (1996). Happiness is a stochastic phenomenon. *Psychological Science, 7,* 186-189.

Maehr, M. L. (1991). The "psychological environment" of the school: A focus for school leadership. In M. L. Maehr, & C. Ames (Eds.), *Advances in educational adminstration,* vol. 2, *School leadership* (pp. 51-81). Greenwich, CT: JAI Press.

Maehr, M. L., & Midgley, C. (1996). *Transforming school cultures.* Boulder, CO: Westview Press.

Mahdi, M. S. (2001). *Alfarabi and the foundations of Islamic political philosophy.* Chicago: University of Chicago Press.

Mahler, M. (1968). *On human symbiosis and the vicissitudes to individuation.* New York: International Universities Press.

Mahoney, A., Pargament, K. I., Jewell, T., Swank, A. B., Scott, E., Emery, E., & Rye, M. (1999). Marriage and the spiritual realm: The role of proximal and distal religious constructs in marital functioning. *Journal of Family Psychology, 13,* 321-338.

Main, M., & Solomon, J. (1990). Procedures for identifying infants as disorganized/disoriented during the Ainsworth Strange Situation. In M. Greenberg, D. Cicchetti, & M. Cummings (Eds.), *Attachment in the preschool years: Theory, research, and intervention* (pp. 121-160). Chicago: University of Chicago Press.

Malinowski, B. (1926). *Myth in primitive psychology.* London: Kegan Paul, Trench, Trunber.

Maltby, J., Macaskill, A., & Day, L. (2001). Failure to forgive self and others: A replication and extension of the relationship between forgiveness, personality, social desirability and general health. *Personality and Individual Differences, 30,* 881-885.

Manke, B. (1998). Genetic and environmental contributions to children' s interpersonal humor. In W. Ruch (Ed.), *The sense of humor: Explorations of a personality characteristic* (pp. 361-384). New York: Mouton de Gruyter.

Markus, H. R., & Kitayama, S. (1991). Culture and the self: Implications for cognition, emotion, and motivations. *Psychological Review, 98,* 224-253.

Marlatt, G. A., & Kristeller, J. L. (1999). Mindfulness and meditation. In W. R. Miller (Ed.), *Integrating spirituality into treatment: Resources for practitioners* (pp. 67-84). Washington, DC: American Psychological Association.

Martin, R. A. (2001). Humor, laughter, and physical health: Methodological issues and research findings. *Psychological Bulletin, 127,* 504-519.

Martin, R. A., & Lefcourt, H. M. (1983). Sense of humor as a moderator of the relation between stressors and moods. *Journal of personality and Social Psychology, 45,* 1313-1324.

Martin, R. A., & Lefcourt, H. M. (1984). Situational Humor Response Questionnaire: Quantitative measure of humor. *Journal of personality and*

Social Psychology, 47, 145-155.

Martin, R. A., Puhlik-Doris, P., Larsen, G,. Gray, J., & Weir, K. (2003). Individual differences in interpersonal and intrapersonal functions of humor: Development of the Humor Styles Questionnaire. *Journal of Research in Personality, 37,* 1-104.

Marx, K. (1990). Religion, the opium of the people. In J. Pelikan (Ed.), *The world treasury of modern religious thought* (pp. 79-91). Boston: Little, Brown.

Maslow, A. H. (1954). *Motivation and Personality.* New York: Harper and Row.

Maslow, A. H. (1968). *Toward a psychology of being.* New York: John Wiley & Sons.

Maslow, A. H. (1970). *Religion, values and peak experiences.* New York: Viking.

Maslow, A. H. (1971). *The farther reaches of human nature.* New York: Viking.

Maslow, A. H. (1976). *Religions, values, and peak experiences.* New York: Penguin.

Masten, A. (2001). Ordinary magic: Resilience processes in development. *American Psychologist, 56,* 227-238.

Masters, J. C., & Santrock, J. W. (1976). Studies in the self-regulation of behavior: Effects of contingent cognitive and affective events. *Developmental Psychology, 12,* 334-348.

Masterson, J. F. (1988). *The search for the real self.* New York: Free Press.

Maton, K., & Wells, E. (1995). Religion as a community resource for well-being: Prevention, healing, and empowerment pathways. *Journal of Social Issues, 51,* 177-193.

Mattis, J. (2000). African American women's definitions of spirituality: A qualitative analysis. *Journal of Black Psychology, 26,* 101-122.

Mattis, J. (2001). Religiosity and African American political life. *Political Psychology, 22,* 263-278.

Mattis, J. (2002). Religion and spirituality in the meaning making and coping experiences of African American women: A qualitative analysis. *Psychology of Women Quarterly, 26,* 308-320.

Mauger, P. A., Perry, J. E., Freeman, T., Grove, D. C., McBride, A. G., & McKinney, K. E. (1992). The measurement of forgiveness: Preliminary research. *Journal of Psychology and Christianity, 11,* 170-180.

Mauritzen, J. (1988). Pastoral care for the dying and bereaved. *Death Studies, 12,* 111-122.

May, R. (1969). *Love and will.* New York: Norton.

May, R., & Yalom, I. (2000). Existential psychotherapy. In R. J. Corsini, & D. Wedding (Eds.), *Current psychotherapies* (6th ed., pp. 273-302). Itasca, IL: F. E. Peacock.

Mayer, J. D. (2001). A field guide for emotional intelligence, In J. Ciarrochi, J. P. Forgas, & J. D. Mayer (Eds.), *Emotional intelligence and everyday life* (pp. 3-24). New York: Psychology Press.

Mayer, J. D., Caruso, D. R., & Salovey, P. (1999). Emotional intelligence meets traditional standards for an intelligence. *Intelligence, 27,* 267-298.

Mayer, J. D., & Cobb, C. D. (2000). Educational policy on emotional intelligence: Does it make sense? *Educational Psychology Review, 12,* 163-183.

Mayer, J. D., & Geher, G. (1996). Emotional intelligence and the identification of emotion. *Intelligence, 17,* 89-113.

Mayer, J. D., & Mitchell, D. C. (1998). Intelligence as a subsystem of personality: From Spearman's g to contemporary models of hot processing. In W. Tomic, & J. Kingma (Eds.), *Advances in cognition and educational practice* (Vol. 5, pp. 43-75). Greenwich, CT: JAI Press.

Mayer, J. D., Salovey, P., & Caruso, D. R. (2002).

Mayer-Salovey-Caruso Emotional Intelligence Test (MSCEIT) users manual. Toronto, Ontario, Canada: Multi-Health Systems.

McAdams, D. P. (1996). Personality, modernity, and the storied self: A contemporary framework for studying persons. *Psychological Inquiry, 7,* 295-321.

McAdams, D. P., & de St. Aubin, E. (1992). A theory of generativity and its assessment through self-report, behavioral acts, and narrative themes in autobiography. *Journal of Personality and Social Psychology, 62,* 1003-1015.

McAdams, D. P., de St. Aubin, E., & Logan, R. L. (1993). Generativity among young, midlife, and older adults. *Psychological and Aging, 8,* 221-230.

McAdams, D. P., Diamond, A., de St. Aubin, E., & Mansfield, E. (1997). Stories of commitment: The psychosocial construction of generative lives. *Journal of Personality and Social Psychology, 72,* 678-694.

McCallum, M., & Piper, W. E. (1987). *The psychological mindedness assessment procedure.* Unpublished manual and videotape. Department of Psychiatry, University of Alberta, Edmonton, Canada.

McCann, J. T., & Biaggo, M. K. (1989). Narcissistic personality features and self-reported anger. *Psychological Reports, 64,* 55-58.

McCombs, B. L. (1991). Motivation and lifelong learning. *Educational Psychologist, 19,* 211-222.

McCown, W., & Johnson, A. (1989). *Nonstudent evaluation of an adult inventory of procrastination.* Paper presented at the annual conference of American Psychological Association, New Orleans, LA.

McCrae, R. R. (1996). Social consequences of experiential openness. *Psychological Bulletin, 120,* 323-337.

McCrae, R. R., & Costa, P. T. (1997). Conceptions and correlates of openness to experience. In R. Hogan, J. Johnson, & S. Briggs (Eds.), *Handbook of personality psychology* (pp. 825-847). San Diego, CA: Academic Press.

McCraty, R., Atkinson, M., Tiller, W., Rein, G., & Watkins, A. D. (1995). The effects of emotions on short-term power spectrum analysis of heart rate variability. *American Journal of Cardiology, 76,* 1089-1093.

McCullough, M. E. (1995). Prayer and health: Conceptual issues, research review, and research agenda. *Journal of Psychology and Theology, 23,* 15-29.

McCullough, M. E,. Emmons, R. A., & Tsang, J. A. (2002). The grateful disposition: A conceptual and empirical topography. *Journal of Personality and Social Psychology, 82,* 112-127.

McCullough, M. E., Fincham, F. D., & Tsang, J. (2003). Forgiveness, forbearance, and time: The temporal unfolding of transgression-related interpersonal motivation. *Journal of Personality and Social Psychology, 84,* 540-557.

McCullough, M. E., Bellah, C. G., Kilpatrick, S. D., & Johnson, J. L. (2001). Vengefulness: Relationships with forgiveness, rumination, well-being, and the Big Five. *Personality and Social Psychology Bulletin, 27,* 601-610.

McCullough, M. E., & Hoyt, W. T. (2002). Transgression-related motivational dispositions: Personality substrates of forgiveness and their links to the Big Five. *Personality and Social Psychology Bulletin, 28,* 1556-1573.

McCullough, M. E., Kilpatrick, S., Emmons, R. A., & Larson, D. (2001). Gratitude as moral affect. *Psychological Bulletin, 127,* 249-266.

McCullough, M. E., & Witvliet, C. V. (2001). The

psychology of forgiveness. In C. R. Snyder, & S. Lopez (Eds.), *Handbook of positive psychology* (pp. 446-458). New York: Oxford University Press.

McDermott, D., & Hastings, S. (2000). Children: Raising future hopes. In C. R. Snyder (Ed.), *Handbook of hope: Theory, measures, and applications* (pp. 185-199). San Diego, CA: Academic Press.

McFadden, S. H. (1995). Religion and well-being in aging persons in an aging society. *Journal of Social Issues, 51,* 161-175.

McGhee, P. E. (1979). *Humor: Its origin and development.* San Francisco: Freeman.

McGhee, P. E. (1999). *Humor, health and the amuse system.* Dubuque, IA: Kendall/Hunt.

McGregor, I., & Little, B. R. (1998). Personal projects, happiness, and meaning: On doing well and being yourself. *Journal of Personality and Social Psychology, 74,* 494-512.

McNair, D. M., Lorr, M., & Droppleman, L. (1971). *Profile of Mood States manual.* San Diego, CA: Educational and Industrial Testing Service.

Means, J. R., Wilson, G. L., Sturm, C., Biron, J. E., & Bach, P. J. (1990). Humility as a psychotherapeutic formulation. *Counseling Psychology Quarterly, 3,* 211-215.

Mednick, S. A. (1962). The associative basis of the creative process. *Psychological Review, 69,* 220-232.

Meehl, P. E. (1975). Hedonic capacity: Some conjectures. *Bulletin of the Menninger Clinic, 39,* 295-307.

Micholas, A. C. (1985). Multiple discrepancies theory(MDT). *Social Indicators Research, 16,* 347-413.

Midlarsky, E., & Kahana, E. (1994). *Altruism in later life.* Thousand Oaks, CA: Sage.

Mikulincer, M. (1997). Adult attachment style and information processing: Individual differences in curiosity and cognitive closure. *Journal of Personality and Social Psychology, 72,* 1217-1230.

Miller, A., & Hom, H. L. (1990). Influence of extrinsic and ego incentive value on persistence after failure and continuing motivation. *Journal of Educational Psychology, 82,* 539-545.

Miller, P. A., Eisenberg, H., Shell, R., & Fabes, R. A. (1996). Relations of moral reasoning and vicarious emotionto young children' s prosocial behavior toward peers and adults. *Developmental Psychology, 32,* 210-219.

Miller, R, S., & Schlenker, B. R. (1985). Egotism in group members: Public and private attributions of responsibility for group performance. *Social Psychology Quarterly. 48,* 85-89.

Miller, T. (1995). *How to want what you have.* New York: Avon.

Miller, W. I. (2000). *The mystery of courage.* Cambridge, MA: Harvard University Press.

Mischel, W. (1974). Process in delay of gratification. In L. Berkowitz(Ed.), *Advances in experimental social psychology* (Vol. 7, pp. 249-292). San Diego, CA: Academic Press.

Mischel, W. (1996). From good intention to willpower. In. P. Gollwitzer, & J. Bargh (Eds.), *The psychology of action* (pp. 197-218). New York: Guilford Press.

Mischel, W., & Metzner, R. (1962). Preference for delayed reward as a function of age, intelligence, and the length of delay interval. *Journal of Abnormal and Social Psychology, 64,* 425-431.

Mischel, W., Shoda, Y., & Peake, P. K. (1988). The nature of adolescent competencies predicted by preschool delay of gratification. *Journal of Personality and Social Psychology, 34,* 687-696.

Mischel, W., Shoda, Y., & Rodriguez, M. L. (1989).

Delay of gratification in children. *Science, 244,* 933–938.

Moen, P., Dempster-McClain, D., & Williams, R. M. Jr. (1989). Social integration and longevity. *American Sociological Review, 54,* 635–647.

Moen, P., Dempster-McClain, D., & Williams, R. M. Jr. (1992). Successful aging: A life-course perspective on women's multiple roles and health. *American Journal of Sociology, 97,* 1612–1638.

Moneta, G. B., & Csikszentmihalyi, M. (1996). The effect of perceived challenges and skills on the quality of subjective experience. *Journal of Personality, 64,* 275–310.

Monk, R. (1990). *Ludwig Wittgenstein: The duty of genius.* New York: Free Press.

Montford, S. D. (1999). *Moral dilemma discussions: The role of moral judgement in their human leadership and the viability of their computer facilitation.* Unpublished doctoral dissertation, University of Birmingham, England.

Moore, C. W., & Allen, J. P. (1996). The effects of volunteering on the young volunteer. *The Journal of Primary Prevention, 17,* 231–258.

Morgan, V. G. (2001). Humility and the transcendent. *Faith and Philosophy, 18,* 307–322.

Morretti, M. M., & Higgins, E. T. (1990). Relating self-discrepancy to self-esteem: The contribution of discrepancies beyond actual-self ratings. *Journal of Experimental Social Psychology, 26,* 108–123.

Morris, W. N. (1999). The mood system. In D. Kahneman, E. Diener, & N. Schwarz (Eds.), *Well-being: The foundations of hedonic psychology* (pp. 169–189). New York: Russell Sage Foundation.

Moskowitz, D. S., & Cote, S. (1995). Do interpersonal traits predict affect? A comparison of three models. *Journal of Personality and Social Psychology, 69,* 915–924.

Moskowitz, D. S., & Young, S. N. (2006). Ecological momentary assessment: What it is and why it is a method of the future in clinical psychopharmacology. *Journal of Psychiatry and Neuroscience, 31,* 13–20.

Mroczek, D. K., & Kolarz, C. M. (1998). The effect of age on a positive and negative affect: A development perspective on happiness. *Journal of Personality and Social Psychology, 75,* 1333–1349.

Muchinsky, P. M. (2003). *Psychology applied to work* (7th ed.). Belmont CA: Wadsworth/Thomson.

Mullet, É., Houdbine, A., Laumonier, S., & Girard, M. (1998). "Forgivingness": Factor structure in a sample of young, middle-aged, and elderly adults. *European Psychologist, 3,* 289–297.

Muraven, M., Baumeister, R. F., & Tice, D. M. (1999). Longitudinal improvement of self-regulation through practice: Building self-control strength through repeated exercise. *Journal of Social Psychology, 139,* 446–457.

Murray, A. (2001). *Humility: The journey toward holiness.* Bloomington, MN: Bethany House.

Murray, C. (2003). *Human accomplishment: The pursuit of excellence in the arts and science, 800 BC to 1950.* New York; Harper Collins.

Murray, H. A. (1938). *Explorations in personality.* New York: Oxford University Press.

Murray, S. L., & Holmes, J. G. (1997). A leap of faith? Positive illusions in romantic relationships. *Personality and Social Psychology Bulletin, 23,* 586–604.

Murray, S. L., Holmes, J. G., Dolderman, D., & Griffin, D. (2000). What the motivated mind sees: Comparing friends' perspective to married partners' views of each other. *Journal of Experimental Social Psychology, 36,* 600–620.

Musick, M. A., Herzog, A. R., & House, J. S. (1999). Volunteering and morality among older adults: Findings from a national sample. *The Journals of Gerontology: Psychological sciences and social sciences, 54B,* S173-S180.

Musick, M. A., & Wilson, J. (2003). Volunteering and depression: The role of psychological and social resources in different age groups. *Social Science and Medicine, 56,* 259-269.

Myer, A. M., Malott, O. W., Gay, E., Tudor-Locke, C., Ecclestone, N. A., Cousins, S. O., et al. (1999). Measuring accumulated health-related benefits of exercise participation for older adults: The Vitality Plus Scale. *Journal of Gerontology, 54,* M456-M466.

Myers, D. G. (1992). *The pursuit of happiness.* New York: Avon Books.

Myers, D. G. (2000). The funds, friends, and faith of happy people. *American Psychologist, 55,* 56-67.

Myers. D. G. (2007). Psychology of happiness. *Scholarpedia, 2(8),* 3149.

Myers, C. G., & Diener, E. (1995). Who is happy? *Psychological Science, 6,* 10-19.

Myers, S. (1996). An interactive model of religiosity inheritance: The importance of family context. *American Sociological Review, 61,* 858-866.

Nakamura, J. (1995, May). *The presence and absence of unifying themes in creative lives.* Paper presented at the Wallace National Research Symposium on Talent Development, Iowa City, IA.

Nakamura, J., & Csikszentmihalyi, M. (2002). The concept of flow. In C. R. Snyder, & S. J. Lopez (Eds.), *Handbook of positive psychology* (pp. 89-105). New York: Oxford University Press.

Nakamura, J., & Csikszentmihalyi, M. (2003). The construction of meaning through vital engagement. In C. L. M. Keyes, & J. Haidt (Eds.), *Flourishing: Positive psychology and the life well-lived* (pp. 83-104). Washington, DC: American Psychological Association.

Nation, J. R., Cooney, J. B., & Gartrell, K. E. (1979). Durability and generalizability of persistence training. *Journal of Abnormal Psychology, 88,* 121-136.

Naylor, F. D. (1981). A state-trait curiosity inventory. *Australian Psychologist, 16,* 172-183.

Nevo, O., Aharonson, H., & Klingman, A. (1998). The development and evaluation of a systematic program for improving sense of humor. In W. Ruch (Ed.), *The sense of humor: Explorations of a personality characteristic* (pp. 385-404). New York: Mouton de Gruyter.

Newman, B., & Newman, P. (1991). *Development through life* (5th Ed.). Pacific Grove, CA: Brooks/Cole.

Newman, S., Vasudev, J., & Onawola, R. (1985). Older volunteers' s perceptions of impacts of volunteering on their psychological well-being. *Journal of Applied Gerontology, 4,* 123-127.

Newmann, F. A., & Rutter, R. A. (1983). *The effects of high school community service programs on students' social development: Final report.* Madison: Wisconsin Center for Educational Research.

Nickerson, R. S. (1999). Enhancing creativity. In R. J. Sternberg (Eds.), *Handbook of creativity* (pp. 392-430). New York: Cambridge University Press.

Niemi, R. G., Hepburn, M., & Chapman, C. (2000). Community service by high school students: A cure for civic ills? *Political Behavior, 21,* 45-69.

Nolen-Hoeksema, S. (1987). Sex differences in unipolar depression: Evidence and theory. *Psychological Bulletin, 101,* 259-282.

Nolen-Hoeksema, S., & Rusting, C. L. (1999). Gender

differences in well-being. In D. Kahnemann, E. Diener, & N. Schwarz (Eds.), *Well-being: The foundation of hedonic psychology* (pp. 330-352). New York: Russell Sage Foundation.

Norman, W. T. (1963). Toward an adequate taxonomy of personality attributes: Replicated factor structure in peer nomination personality ratings. *Journal of Abnormal and Social Psychology, 66,* 574-583.

Notarious, C., & Markman, H. (1993). *We can work it out: Making sense of marital conflict.* New York: G. P. Putnam' s Sons.

Nozick, R. (1974). *Anarchy, state, and utopia.* New York: Basic Books.

Nucci, L. (2001). *Education in the moral domain.* New York: Cambridge University Press.

Nygard, R. (1977). *Personality, situation, and persistence: A study with emphasis on achievement motivation.* Oslo, Norway: Universitetsforlaget.

Ogilvie, D. M. (1987). Life satisfaction and identity structure in late middle-aged men and women. *Psychology and Aging, 2,* 217-224.

Ohbuchi, K., Kameda, M., & Agarie, N. (1989). Apology as aggression control: Its role in mediating appraisal of and response to harm. *Journal of Personality and Social Psychology, 56,* 219-227.

Oishi, S., Diener, E., Suh, E., & Lucas, R. E. (1999). Value as a moderator in subjective well-being. *Journal of Personality, 67(1),* 157-184.

Okun, M. A., & Stock, W. A. (1987). Correlates and components of subjective well-being among the elderly. *Journal of Applied Gerontology, 6,* 95-112.

Okun, M. A., Stock, W. A., Haring, M. J., & Witter, R. A. (1984). Health and subjective well-being: A meta-analysis. *International Journal of Aging and Human Development, 19,* 111-132.

Oldham, G. R. (1996). Job design. In C. L. Cooper, & I. T. Robertson (Eds.), *International review of industrial and organizational psychology* (Vol. 11, pp. 33-60). Chichester, England: Wiley.

Omoto, A. M., & Snyder, M. (1995). Sustained helping without obligation: Motivation, longevity of service, and perceived attitude change among AIDS volunteers. *Journal of Personality and Social Psychology, 68,* 671-686.

Ortony, A., Clore, G. L., & Collins, A. (1987). *The cognitive structure of emotions.* New York: Cambridge University Press.

Orwoll, L., & Perlmutter, M. (1990). The study of wise persons: Integrating a personality perspective. In R. J. Sternberg (Ed.), *Wisdom: Its nature, origins, and development* (pp. 160-177). New York: Cambridge University Press.

O' Sullivan, M., Guilford, J. P., & deMille, R. (1965). *Reports from the Psychological Laboratory, University of Southern California* (No. 34). Los Angeles: University of Southern California.

Owen, T. R. (1999). The reliability and validity of a wellness inventory. *American Journal of Health Promotion, 13,* 180-182.

Pancer, S. M., Pratt, M., & Hunsberger, B. E. (2000, July). *The roots of community and political involvement in Canadian youth.* Paper presented at the biennial meeting of the International Society for the Study of Behavioral Development, Beijing, China.

Pargament, K. I. (1997). *The psychology of religion and coping: Theory, research, practice.* New York: Guilford Press.

Pargament, K. I. (1999). The psychology of religion and spirituality? Yes and no. *International Journal of the Psychology of Religion, 9,* 3-16.

Pargament, K. I., & Mahoney, A. (2002). Spirituality:

Discovering and conserving the sacred. In C. R. Snyder, & S. J. Lopez (Eds.), *Handbook of positive psychology* (pp. 646–659). Oxford, England: Oxford University Press.

Park, C. L., & Folkman, S. (1997). Meaning in the context of stress and coping. *Review of General Psychology, 1,* 115–144.

Park, N., & Peterson, C. M. (2003). Virtures and organization. In K. S. Cameron, J. E. Dutton, & R. E. Quinn (Eds.), *Positive organizational scholarship* (pp. 33–47.) San Francisco: Berrett-Koehler.

Park, N., & Peterson, C. (2005). The Values in Action Inventory of Character Strengths for Youth. In K. A. Moore, & L. H. Lippman (Eds.), *What do children need to flourish? Conceptualizing and measuring indicators of positive development*(pp. 13–23). New York: Springer.

Park, N., Peterson, C., & Seligman, M. E. P. (2004). Strengths of character and well-being. *Journal of Social and Clinical Psychology, 23,* 603–619.

Park, N., Peterson, C., & Seligman, M. E. P. (2005). *Strengths of character and well-being among youth*. Unpublished manuscript, University of Rhode Island.

Park, N., Peterson, C., & Seligman, M. E. P. (2006). Character strengths in fifty-four nations and all 50 U.S. states. *Journal of Positive Psychology. 1,* 118–129.

Parker, S. K., & Axtell, C. M. (2001). Seeing another viewpoint: Antecedents and outcomes of employee perspective taking. *Academy of Management Journal, 44,* 1985–1100.

Parnes, S. J. (1963). The deferment of judgment principle: Clarification of the literature. *Psychological Reports, 12,* 521–522.

Pasupathi, M., Staudinger, U. M., & Baltes, P. B. (2001). Seeds of wisdom: Adolescents' knowledge and judgment about difficult life problems. *Developmental Psychology, 37,* 351–361.

Paulus, D. L. (1998). Interpersonal and intrapsychic adaptiveness of trait self-enhancement: A mixed blessing? *Journal of Personality and Social Psychology, 74,* 1197–1208.

Paulus, P. B., & Konicki, K. P. (1973). Effect of positive and negative evaluations on perseverance on a simple task. *Psychological Reports, 32,* 711–714.

Pavot, W., Diener, E., & Fujita, F. (1990). Extraversion and happiness. *Personality and Individual Differences, 11,* 1299–1306.

Paykel, E. S. (1979). Recent life events in the development of the depressive disorders. In R. A. Depu (Ed.), *The psychology of the depressive disorders: Implications for the effects of stress* (pp. 245–262). New York: Academic Press.

Peacock, J. R., & Poloma, M. M. (1999). Religiosity and life satisfaction across the life course. *Social Indicators Research, 48,* 321–345.

Peeters, G., & Czapinski, J. (1990). Positive-negative asymmetry in evaluations: The distinction between affective and informational negativity effects. *European Review of Social Psychology, 1,* 33–60.

Pelletteri, J. (1999). The relationship between emotional intelligence, cognitive reasoning, and defense mechanisms. *Dissertation Abstracts International: Section B: The Sciences & Engineering, 60,* 403. (UMI No. AAM 9917182)

Pennebaker, J. W., & Beall, S. K. (1986). Confronting a traumatic event: Towards an understanding of inhibition and disease. *Journal of Abnormal Psychology, 95,* 274–281.

Pennebaker, J. W., Colder, M., & Sharp, L. K. (1990). Accelerating the coping process. *Journal of*

Personality and Social Psychology, 58, 528-537.

Pennebaker, J. W., & Francis, M. E. (1996). Cognitive, emotional, and language processes in disclosure. *Cognition and Emotion, 10,* 601-626.

Pennebaker, J. W., & Segal, J. D. (1999). Forming a story: The health benefits of narrative. *Journal of Clinical Psychology, 55,* 1243-1254.

Penninx, B. W. J. H., Guralnik, J. M., Bandeen-Roche, K., Kasper, J. D., Simonsick, E. M., Ferrucci, L., et al. (2000). The protective effects of emotional vitality on adverse health outcomes in disabled older women. *Journal of the American Gerontological Society, 48,* 1359-1366.

Penninx, B. W. J. H., Guralnik, J. M., Simonsick, E. M., Kasper, J. D., Ferrucci, L., & Fried, L. P. (1998). Emotional vitality among disabled older women: The women' s health and aging study. *Journal of the American Gerontological Society, 46,* 807-815.

Perkins, D. N., Bushey, B., & Faraday, M. (1986). *Learning to reason.* Unpublished manuscript, Harvard Graduate School of Education, Cambridge, MA.

Pert, C. B. (1997). *Molecules of emotion: Why you feel the way you feel.* New York: Scribner.

Peterson, B. E., & Stewart, A. J. (1993). Generativity and social motives in young adults. *Journal of Personality and Social Psychology, 65,* 186-198.

Peterson, C. (1999). Personal control and well-being. In D. Kahneman, E. Diener, & N. Schwarz (Eds.), *Well-being: The foundations of hedonic psychology* (pp. 288-301). New York: Russell Sage Foundation.

Peterson, C. (2000). The future of optimism. *American Psychologist, 55,* 44-55.

Peterson, C. (2006). *A primer in positive psychology.* New York: Oxford University Press.

Peterson, C., & Bossio, L. M. (1991). *Health and optimism.* New York: Free Press.

Peterson, C., Maier, S. F., & Seligman, M. E. P. (1993). *Learned helplessness: A theory for the age of personal control.* New York: Oxford University Press.

Peterson C., & Seligman, M. E. P. (2004). *Character strengths and virtues: A handbook and classification.* New York: Oxford University Press/Washington, DC: American Psychological Association.

Peterson, C., Seligman, M. E. P., & Vaillant, G. E. (1988). Pessimistic explanatory style is a risk factor for physical illness: A thirty-five-year longitudinal study. *Journal of Personality and Social Psychology, 55,* 23-27.

Peterson, C., Semmel, A., von Baeyer, C., Abramson, L. Y., Metalsky, G. I., & Seligman, M. E. P. (1982). The Attributional Style Questionnaire. *Cognitive Therapy and Research, 6,* 287-299.

Peterson, C., & Steen, T. A. (2002). Optimistic explanatory style. In C. R. Snyder, & S. J. Lopez (Eds.), *Handbook of positive psychology* (pp. 244-256). New York: Oxford University Press.

Peterson, C., & Vaidya, R. S. (2001). Explanatory style, expectations, and depressive symptoms. *Personality and Individual Differences, 31,* 1217-1223.

Pfeffer, J. (1998). *The human equation: Building profits by putting people first.* Cambridge, MA: Harvard Business School Press.

Piaget, J. (1932/1965). *The moral judgement of the child.* New York: Free Press.

Piedmont, R. L. (1999). Does spirituality represent the sixth factor of personality? Spiritual transcendence and the five-factor model.*Journal of Personality, 67,* 985-1013.

Pierrehumbert, B., Iannotti, R. J., Cummings, E. M., & Zahn-Waxler, C. (1989). Social functioning with mother and peers at 2 and 5 years: The influence of attachment. *International Journal of Behavioral Development, 12,* 85-100.

Piliavin, J. A. (2003). Doing well by doing good: Benefits for the benefactor.

In C. L. M. Keyes, & J. Haidt (Eds.), *Flourishing: Positive psychology and the life well-lived* (pp. 227-248). Washington, DC: American Psychological Association.

Piliavin, J. A., & Callero, P. L. (1991). *Giving blood: The development of an altruistic identity.* Baltimore: Johns Hopkins University Press.

Pinsker, H., Nepps, P., Redfield, J., & Winston, A. (1985). Applicants for short-term dynamic psychotherapy. In A. Winston (Ed.), *Clinical and research issues in short-term dynamic psychotherapy* (pp. 104 116). Washington, DC: American Psychiatric Association.

Piper, W. E., McCallum, M., Joyce, A. S., Azim, H. F., & Ogrodniczuk, J S. (1999). Follow-up findings for interpretive and supportive forms of psychotherapy and patient personality variables. *Journal of Consulting and Clinical Psychology, 67,* 267-273.

Plomin, R., & Caspi, A. (1999). Behavior genetics and personality. In L. A. Pervin, & O. P. John (Eds.), *Handbook of personality* (2nd ed., pp. 251-276). New York: Guilford Press.

Plomin, R., Scheier, M. F., Bergeman, C. S., & Pedersen, N. L. (1992). Optimism, pessimism, and mental health: A twin/adoption analysis. *Personality and Individual Differences, 13,* 921-930.

Plutchik, R. (1980). *Emotion: A psychoevolutionary synthesis.* New York: Harper & Row.

Poloma, M. M., & Gallup, G. H., Jr. (1991). *Varieties of prayer: A survey report.* Philadelphia: Trinity Press International.

Pratt, M. G., & Ashforth, B. E. (2003). Fostering meaningfulness in working and at work. In K. S. Cameron, J. E. Dutton, & R. E. Quinn (Eds.), *Positive organizational scholarship* (pp. 308-327.) San Francisco: Berrett-Koehler.

Putnam, D. (1997). Psychological courage. *Philosophy, Psychiatry and Psychology, 4,* 1-11.

Putnam, R. D. (2000). *Bowling alone: The collapse and revival of American community.* New York: Simon & Schuster.

Quinn, E. P., Brandon, T. H., & Copeland, A. L., (1996). Is task persistence related to smoking and substance abuse? The application of learned industriousness theory to addictive behaviors. *Experimental and Clinical Psychopharmacology, 4,* 186-190.

Quinn, J. B. (1988). *Beyond rational management.* San Francisco: Jossey-Bass.

Quinn, K. (1988). Children and deception. In R. Rogers (Ed.), *Clinical assessment of malingering and deception* (pp. 105-119). New York: Guilford Press.

Quinn, R. E. (2000). *Change the world: How ordinary people can achieve extraordinary results.* San Francisco: Jossey-Bass.

Ralph, R. O., & Corrigan, P. W. (Eds.) (2005). *Recovery in mental illness: Broadening our understanding of wellness.* Washington, DC: American Psychological Association.

Ramana, R., Paykel, E. S., Cooper, Z., Hayburst, H., Saxty, M., & Surtees, P. G. (1995). Remission and relapse in major depression. *Psychological Medicine, 25,* 1161-1170.

Rappaport, J., & Seidman, E. (Eds.) (2000). *Handbook of community psychology.* New York: Kluwer/Plenum.

Rashid, T., & Anjum, A. (2005). *340 ways to use VIA character strengths.* Unpublished manuscript, University of Pennsylvania.

Regan, P. C., Kocan, E. R., & Whitlock, T. (1998). Ain't love grand! A prototype analysis of the concept of romantic love. *Journal of Social and Personal Relationships, 15,* 411–420.

Reis, H. T., & Gable, S. L. (2003). Toward a positive psychology of relationship. In C. L. M. Keyes, & J. Haidt (Eds.), *Flourishing: Positive psychology and the life well-lived* (pp. 129–159). Washington, DC: American Psychological Association.

Reis, H. T., & Patrick, B. C. (1996). Attachment and intimacy: Component processes. In A. Kruglanski, & E. T. Higgins (Eds.), *Social psychology: Handbook of basic principles* (pp. 523–563). New York: Guilford Press.

Reis, H. T., & Shaver, P. (1988). Intimacy as an interpersonal process. In S. Duck (Ed.), *Handbook of personal relationships* (pp. 367–389). Chichester, UK: John Wiley and Sons.

Reis, H. T., Sheldon, K. M., Gable, S. L., Roscoe, J., & Ryan, R. M. (2000). Daily well-being: The role of autonomy, competence, and relatedness. *Personality and Social Psychology Bulletin, 26,* 419–435.

Reker, G. T., & Wong, P. T. P. (1988). Aging as an individual process: Toward a theory of personal meaning. In J. E. Birren, & V. L. Bengston (Eds.), *Emergent theories of aging* (pp. 214–246). New York: Springer.

Renninger, K. A. (1990). Children's play interests, representation, and activity. In R. Fivush, & K. Hudson (Eds.), *Knowing and remembering in young children* (pp. 127–165). New York: Cambridge University Press.

Renninger, K. A. (2000). Individual interest and its implications for understanding intrinsic motivation. In C. Sansone, & J. M. Harackiewicz (Eds.), *Intrinsic and extrinsic motivation: The search for optimal motivation and performance* (pp. 375–409). New York: Academic.

Renninger, K. A., & Shumar, W. (2002). Community building with and for teachers: The Math Forum as a resource for teacher professional development. In K. A. Renninger, & W. Shumar (Eds.), *Building virtual communities: Learning and change in cyberspace* (pp. 60–95). New York: Cambridge University Press.

Rest, J. R. (1979). *Development in judging moral issues*. Minneapolis: University of Minnesota Press.

Reynolds, D. K. (1989). *Flowing bridges, quite waters: Japanese psychotherapies, Morita and Naikan*. Albany: State University of New York Press.

Reznick, J. S., Kagan, J., Snidman, N., Gersten, M., Bask, K., & Rosenberg, A. (1986). Inhibited and uninhibited children: A follow-up study. *Child Development, 57,* 660–680.

Rhodewalt, F., & Morf, C. C. (1998). Self-aggrandizement and anger: A temporal analysis of narcissism and affective reactions to success and failure. *Journal of Personality and Social Psychology, 74,* 672–685.

Rice, C. L. (1999). *A quantitative study of emotional intelligence and its impact on team performance*. Unpublished master's thesis, Pepperdine University Malibu, CA.

Richards, R., Kinney, D. K., Lunde, I., Benet, M., & Merzel, A. P. C. (1988). Assessing everyday creativity: Characteristics of the Lifetime Creativity Scales and validation with three large samples. *Journal of Personality and Social Psychology, 54,* 476–485.

Riemann, R., Angleitner, A., & Strelau, J. (1997). Genetic and environmental influences on personality: A study of twins reared together using the self- and peer-report NEO-FFI scales. *Journal of Personality, 65,* 449–476.

Robak, R. W., & Griffin, P. W. (2000). Purpose in life: What is its relationship to happiness, depression, and grieving? *North American Journal of Psychology, 2,* 113-119.

Robinson, M. D., Johnson, J. T., & Shields, S. A. (1995). On the advantages of modesty: The benefits of the balanced self-presentation. *Communication Research, 22,* 575-591.

Rodrigue, J. R., Baz, M. A., Widows, M. R., & Ehlers, S. L. (2005). A randomized evaluation of quality-of-life therapy with patients awaiting lung transplantation. *American Journal of Transplantation, 5,* 2425-2432.

Rodrigue, J. R., Olson, K. R., & Markley, R. P. (1987). Induced mood and curiosity. *Cognitive Therapy and Research, 11,* 101-106.

Rogers, C. R. (1951). *Client-centered therapy.* Boston: Houghton Mifflin.

Rogers, C. R. (1957). The necessary and sufficient conditions of therapeutic personality change. *Journal of Consulting Psychology, 21,* 95-103.

Rogers, C. R. (1961). *On becoming a person.* Boston: Houghton Mifflin.

Rogers, C. R. (1971). Interview with Carl Rogers. In W. B. Frick (Ed.), *Humanistic psychology: Interviews with Maslow, Murphy and Rogers* (pp. 24-47). Columbus, OH: Merrill.

Rogers, S. J., & Amato, P. R. (1997). Is marital quality declining? The evidence from two generations [Electronic Version]. *Social Forces, 75,* 1089-1101.

Rogers, S. J., & Amato, P. R. (2000). Have change in gender relations affected marital quality? [Electronic Version]. *Social Forces, 75,* 731.

Rohan, M. J. (2000). A rose by any name? The values construct. *Personality and Social Psychology Review, 3,* 255-277.

Rokeach, M. (1960). *The open and closed mind.* New York: Basic Books.

Rokeach, M. (1973). *The nature of human values.* New York: Free Press.

Rokeach, M. (1979). *Understanding human values: Individual and social.* New York: Free Press.

Rosenbaum, M. (1980). A schedule for assessing self-control behaviors: Preliminary findings. *Behavior Therapy, 11,* 109-121.

Rosenberg, M. J. (1965). When dissonance fails: On eliminating evaluation apprehension from attitude measurement. *Journal of Personality and Social Psychology, 1,* 28-42.

Ross, C. E., & Jang, S. J. (2000). Neighborhood disorder, fear, and mistrust: The buffering role of social ties with neighbors. *American Journal of Community Psychology, 28,* 401-420.

Ross, M., & Sicoly, F. (1979). Egocentric biases in availability and attribution. *Journal of Personality and Social Psychology, 37,* 322-336.

Rothbaum, F., Weisz, J. R., & Snyder, S. S. (1982). Changing the world and changing the self: A two-process model of perceived control. *Journal of Personality and Social Psychology, 42,* 5-27.

Rothschild, J., & Miethe, T. D. (1999). Whistle-blower disclosures and management retaliation: The battle to control information about organization corruption. *Work and Occupations, 26,* 107-128.

Rozin, P. (1999). Preadaptation and the puzzles and properties of pleasure. In D. Kahnemann, E. Diener, & N. Schwarz (Eds.), *Well-being: The foundation of hedonic psychology* (pp. 109-133). New York: Russell Sage Foundation.

Rubin, M. M. (1999). *Emotional intelligence and its role in mitigating aggression: A correlational study of the relationship between emotional intelligence and aggression in urban adolescents.* Unpublished doctoral dissertation, Immaculata College, Immaculata, PA.

Ruch, W. (1992). Assessment of appreciation of

humor: Studies with the 3 WD humor test. In C.D. Spielberger?& J. N. Butcher (Eds.), *Advances in personality assessment* (Vol. 9, pp. 27-75). Hillsdale, NJ: Erlbaum.

Ruch, W. (1994). Temperament, Eysenck's PEN system, and humor-related traits. *Humor, 7,* 209-244.

Ruch. W., & Carrell, A. (1998). Trait cheerfulness and the sense of humor. *Personality and Individual Differences, 24,* 551-558.

Ruch, W., & Köhler, G. (1998). A temperament approach to humor. In W. Ruch (Ed.), *The sense of humor: Explorations of a personality characteristic* (pp. 203-230). New York: Mouton de Gruyter.

Rushton, J. P., Chrisjohn, R. D., & Fekken, G. C. (1981). The altruistic personality and the self-report altruism scale. *Personality and Individual Differences, 2,* 293-302.

Rushton, J. P., Fulker, D. W., Neale, M. C., Nias, D. K. B., & Eysenck, H. J. (1986). Altruism and aggression: The heritability of individual differences. *Journal of Personality and Social Psychology, 50,* 1192-1198.

Russell, J. A. (1980). A circumplex mode of affect. *Journal of Personality and Social Psychology, 39,* 1161-1178.

Rusting, C. L., & Larsen, R. J. (1998). Personality and cognitive processing of affective information. *Personality and Social Psychology Bulletin, 24,* 200-213.

Rutter, M. (1985). Resilience in the face of adversity: Protective factors and resistance to psychiatric disorder. *British Journal of Psychiatry, 147,* 598-611.

Ryan, R. M., & Connell, J. P. (1989). Perceived locus of causality and internalization: Examining reasons for acting in two domains. *Journal of Personality and Social Psychology, 57,* 749-761.

Ryan, R. M., & Deci, E. L. (2000). Self-determination theory and the facilitation of intrinsic motivation, social development, and well-being. *American Psychologist, 55,* 68-78.

Ryan, R. M., & Frederick, C. (1997). On energy, personality, and health: Subjective vitality as a dynamic reflection of well-being. *Journal of Personality, 65,* 529-565.

Rye, M. S., Loiacono, D. M., Folck, C. D., Olszewski, B. T., Heim, T. A., & Madia, B. (2001). Evaluation of the psychometric properties of two forgiveness scales. *Current Psychology: Developmental, Learning, Personality, Social, 20,* 260-277.

Ryff, C. D. (1989). Happiness is everything, or is it? Explarations on the meaning of psychological well-being. *Journal of Personality and Social Psychology, 57,* 1069-1081.

Ryff, C. D. (1995). Psychological well-being in adult life. *Current Direction in Psychological Science, 4(4),* 99-104.

Ryff, C. D., & Keyes, C. L. M. (1995). The structure of psychological well-being revised. *Journal of Personality and Social Psychology, 69,* 719-727.

Ryff, C. D., & Singer, B. (1996). Psychological well-being: Meaning, measurement, and implications for psychotherapy research. *Psychotherapy and Psychosomatics, 65,* 14-23.

Ryff, C. D., & Singer, B. (1998). The contours of positive human health. *Psychological Inquiry, 9(1),* 1-28.

Ryff, C. D., & Singer, B. (2001). *Emotion, social relationships, and health*. New York: Oxford University Press.

Ryff, C. D., Singer, B., & Love, G. D. (2004). *Positive health: Connecting well-being with biology*. Philosophical Transactions of the Royal Society of London, 359, 1383-1394.

Saarni, C. (1999). *The development of emotional competence*. New York: Guilford Press.

Saarni, C. (2001). Emotional competence: A developmental perspective. In R. Bar-On, & J. D. A. PArker (Eds.), *The handbook of emotional intelligence* (pp. 68-91). San Francisco: Jossey-Bass.

Sackett, P., & Wanek, J. (1996). New developments in the use of measures of honesty, integrity, conscientiousness, dependability, trustworthiness, and reliability for personnel selection. *Personnel Psychology, 49,* 787-829.

Sagiv, L., & Schwartz, S. H. (2000). Values priorities and subjective well-being: Direct relations and congruity effects. *European Journal of Social Psychology, 30,* 177-198.

Saleebey, D. (Ed.). (1992). *The strengths perspective in social work practice*. New York: Longman.

Sampson, R. J. (2001). How do communities undergird or undermine human development? Relevant contexts and social mechanisms. In A. Booth, & A. C. Crouter (Eds.), *Does it take a village? Community effects on children, adolescents, and families* (pp. 3-30). Mahwah, NJ: Lawrence Erlbaum Associates.

Sandage, S. J., Worthington, E. L., Hight, T. L., & Berry, J. W. (2000). Seeking forgiveness: Theoretical context and an initial empirical study. *Journal of Psychology and Theology, 28,* 21-35.

Sandvik, E., Diener, E., & Seidlitz, L (1993). Subjective well-being: The convergence and stability of self-report and non-self-report measures. *Journal of Personality, 61,* 317-342.

Sansone, C., & Morgan, C. (1992). Intrinsic motivation and education: Competence in context. *Motivation and Emotion, 16,* 249-270.

Sansone, C., & Smith, J. L. (2000). Interest and self-regulation: The relation between having to and wanting to. In C. Sansone, & J. M. Harackiewicz (Eds.), *Intrinsic and extrinsic motivation: The research for optimal motivation and performance* (pp. 341-372). New York: Academic Press.

Sansone, C., Weir, C., Harpster, L., & Morgan, C. (1992). Once a boring task always a boring task? Interest as a self-regulatory mechanism. *Journal of Personality and Social Psychology, 63,* 379-390.

Sansone, C., Wiebe, D., & Morgan, C. (1999). Self-regulating interest: The moderating role of hardiness and conscientiousness. *Journal of Personality, 67,* 701-733.

Santrock, J. W. (1996). *Child development* (7th ed.). Debuque, IA: Brown & Benchmark.

Sarason, B. R., Sarason, I. G., & Pierce, G. R. (Eds.) (1990). *Social support: An interactional view*. New York: Wiley.

Scheier, M. F., & Carver, C. S. (1982). Self-consciousness, outcome expectancy, and persistence. *Journal of Research in Personality, 16,* 409-418.

Scheier, M. F., Carver, C. S., & Bridges, M. W. (1994). Distinguishing optimism from neuroticism (and trait anxiety, self-mastery, and self-esteem): A reevaluation of the Life Orientation Test. *Journal of Personality and Social Psychology, 67,* 1063-1078.

Scherer, K. R., & Oshinsky, J. J. (1977). Cue utilization in emotion attribution from auditory stimuli. *Motivation and Emotion, 1,* 331-346.

Scheweb, R., & Petersen, K. U. (1990). Religiousness: Its relation to loneliness, neuroticism, and subjective well-being. *Journal for the Scientific Study of Religion, 29,* 335-345.

Schmidt, N., & Sermat, V. (1983). Measuring loneliness in different relationships. *Journal of Personality and Social Psychology, 44,* 1038-1047.

Schneider, S. (2001). In search of realistic optimism: Meaning, knowledge, and warm fuzziness. *Journal of American Psychologist, 54,* 250-263.

Schneider, S. F. (2000). The importance of being Emory: Issues in training for the enhancement of psychological wellness. In D. Cicchetti, J. R. Rappaport, I. Sandler, & R. P. Weissberg (Eds.), *The promotion of wellness in children and adolescents* (pp. 439-476). Washington, DC: CWLA Press.

Schor, J. B. (1998). *The overspent Americans: Upscaling, downshifting, and the new consumer.* New York: Basic Books.

Schriesheim, C. A., Neider, L. L., Scandura, T. A., & Tepper, B. J. (1992). Development and preliminary validation of a new scale (LMX-6) to measure leader-member exchange in organizations. *Educational and Psychological Measurement, 52,* 135-147.

Schulman, P., Keith, D., & Seligman, M. E. P. (1993). Is optimism heritable? A study of twins. *Behaviour Research and Therapy, 31,* 569-574.

Schwartz, B., & Sharpe, K. E. (2006). Practical wisdom: Aristotle meets positive psychology, *Journal of Happiness Studies. 7,* 377-395.

Schwartz, R. M. (1986). The internal dialogue: On the asymmetry between positive and negative coping thoughts. *Cognitive Therapy and Research, 10,* 591-605.

Schwartz, S. H. (1994). Are there universal aspects in the structure and content of human values? *Journal of Social Issues, 50,* 19-45.

Schwarz, N., & Strack, F. (1999). Reports of subjective well-being: Judgmental processes and their methodological implications. In D. Kahnemann, E. Diener, & N. Schwarz (Eds.), *Well-being: The foundation of hedonic psychology* (pp. 61-84). New York: Russell Sage Foundation.

Sedikides, C. (1993). Assessment, enhancement, and verification determinants of the self-evaluation process. *Journal of Personality and Social Psychology, 55,* 317-338.

Seeman, M. (1991). Alienation and anomie. In J. P. Robinson, & P. R. Shaver (Eds.), *Measures of personality and social psychological attitudes* (pp. 291-371). San Diego, CA: Academic Press.

Seeman, T. E., & McEwen, B. S. (1996). Impact of social environment characteristics on neuroendocrine regulation. *Psychosomatic Medicine, 58,* 459-471.

Segal, Z., Williams, J., & Teasdale, J. (2002). *Mindfulness-based cognitive therapy for depression.* New York: Guilford Press.

Segerstrom, S., Taylor, S., Kemeny, M., & Fahey, J. (1998). Optimism is associated with mood, coping, and immune change in response to stress. *Journal of Personality and Social Psychology, 74,* 1646-1655.

Seidlitz, L., & Diener, E. (1993). Memory for positive versus negative events: Theories for the differences between happy and unhappy person. *Journal of Personality and Social Psychology, 64,* 654-664.

Seligman, M. E. P. (1991). *Learned optimism.* New York: Knopf.

Seligman, M. E. P. (1999). The president's address. *American Psychologist. 54,* 559-562.

Seligman. M. E. P. (2000, October). *Positive psychology: A progress report.* Paper presented at the Positive Psychology Summit 2000. Washington, DC.

Seligman, M. E. P. (2002a). Positive psychology, positive prevention, and positive therapy. In C. R. Snyder, & S. J. Lopez (Eds.), *Handbook of positive psychology* (pp. 3-9). London: Oxford University Press.

Seligman, M. E. P. (2002b). *Authentic happiness.* New York: Free Press. (김인자 역. 《긍정 심리학》. 서울: 물푸레, 2006.)

Seligman, M. E. P., & Csikszentmihalyi, M. (2000). Positive psychology: An introduction. *American Psychologist, 55,* 5-14.

Seligman, M. E. P., & Peterson, C. (2003). Positive clinical psychology. In L. G. Aspinwall, & U. M. Staudinger (Eds.), *A psychology of human strengths: Fundamental questions and future directions for a positive psychology* (pp. 305-317). Washington, DC: American Psychological Association.

Seligman, M. E. P., Rashid, T., & Parks, A. C. (2006). Positive psychotherapy. *American Psychologist, 11,* 774-788.

Seligman, M. E. P., Reivich, K., Jaycox, L., & Gillham, J. (1995). *The optimistic child.* Boston: Houghton Mifflin.

Seligman, M. E. P., Steen, T. A., Park, N., & Peterson, C. (2005). Positive psychology progress: Empirical validation of interventions. *American Psychologist, 60,* 410-421.

Shackelford, T. K., & Buss, D. M. (1996). Betrayal in mateships, friendships, and coalitions. *Personality and Social Psychology Bulletin, 22,* 1151-1164.

Shapiro, A. F., Gottman, J. M., & Carrere, S. (2000). The baby and the marriage: Identifying factors that buffer against decline in marital satisfaction after the first baby arrives. *Journal of Family Psychology, 14,* 59-70.

Shapiro, S. L, Schwartz, G. E. R., & Bonner, G. (1998). Effects of mindfulness-based stress reduction on medical and premedical students. *Journal of Behavioral Medicine, 21,* 581-599.

Shapiro, S. L., Schwartz, G. E. R., & Santerre, C. (2002). Meditation and positive psychology. In C. R. Snyder, & S. J. Lopez (Eds.), *Handbook of positive psychology* (pp. 632-645). Oxford, England: Oxford University Press.

Shedler, J., Mayman, M., & Manis, M. (1993). The illusion of mental health. *American Psychologist, 48,* 1117-1131.

Sheldon, K. M. (2002). The self-concordance model of healthy goal-striving: When personal goals correctly represent the person. In E. L. Deci, & R. M. Ryan (Eds.), *Handbook of self-determination research* (pp. 65-86). Rochester, NY: University of Rochester Press.

Sheldon, K. M., & Elliot, A. J. (1999). Goal striving, need-satisfaction, and longitudinal well-being: The self-concordance model. *Journal of Personality and Social Psychology, 76,* 482-497.

Sheldon, K. M., Frederickson, B., Rathunde,K., Csikszentmihalyi, M., & Haidt, J. (2000). *A positive psychology manifesto.* Retrieved October 1, 2002, from http://www.positivepsychology.org/akumalmanifestor.htm.

Sheldon, K. M., & Kasser, T. (1995). Coherence and congruence: Two aspects of personality integration. *Journal of Personality and Social Psychology, 68,* 531-543.

Sheldon, K. M., & Kasser, T. (1998). Pursuing personal goals: Skills enable progress, but not all progress is beneficial. *Personality and Social Psychology Bulletin, 24,* 1319-1331.

Sheldon, K. M., & King, L. (2001). Why positive psychology is necessary. *American Psychologist, 56,* 216-217.

Sheldon, K. M., Ryan, R. M., Rawsthorne, L., & Ilardi, B. (1997). "True" self and "trait" self: Cross-role variation in the Big Five traits and its relations with authenticity and well-being. *Journal of Personality and Social Psychology, 73,* 1380-1393.

Shepela, S. T., Cook, J., Horlitz, E., Leal, R., Luciano,

S., Lutfy, E., et al. (1999). Courageous resistence: A special case of altruism. *Theory and Psychology, 9,* 787-805.

Sherman, R., & Dinkmeyer, D. C. (1987). *Systens of family therapy.* New York: Brunner/Mazel.

Shinn, M., & Toohey, S. M. (2003). Community contexts of human welfare. *Annual Review of Psychology, 54,* 427-459.

Shultz, T. M., & Veschio, J. P. (2001). *Humanity: A consistent self-rating across private and public conditions.* Unpublished manuscript, Grove City College, PA.

Silvia, P. J. (2006). *Exploring the psychology of interest.* New York: Oxford University Press.

Simons, A. D., Murphy, G. E., Levine, J. L., & Wetzel, R. D. (1985). Sustained improvement one year after cognitive and/or pharmacotherapy of depression. *Archives of General Psychiatry, 43,* 43-48.

Simonton, D. K. (1997). Creative productivity: A predictive and explanatory model of career trajectories and landmarks. *Psychological Review, 104,* 66-89.

Simonton, D. K. (1999). Creativity and genius. In L. Pervin, & O. John (Eds.), *Handbook of personality theory and research* (2nd ed., pp. 629-652). New York: Guilford Press.

Simonton, D. K. (2000). Creativity: Cognitive, developmental, personal, and social aspects. *American Psychologist, 55,* 151-158.

Simonton, D. K. (2002). Creativity. In C. R. Snyder, & S. J. Lopez (Eds.), *The handbook of positive psychology* (pp. 189-201). New York: Oxford University Press.

Singer, B. H., & Ryff, C. D. (2001). *New horizons in health: An integrative approach.* Washington, DC: National Academy Press.

Sirgy, M. J. (1998). Materialism and quality of life. *Social Indicators Research, 43,* 227-260.

Smart, J. C. (1982). Faculty teaching goals: A test of Holland's theory. *Journal of Educational Psychology, 74,* 180-188.

Smart, N. (1998). *The world religions* (2nd ed.). London: Laurence King Publishing. (윤원철 역. 《세계의 종교》. 서울: 도서출판 예경, 2004.)

Snowdon, D. (2001). *Aging with grace: What the nun study teaches us about leading longer, healthier, and more meaningful lives.* New York: Bantam.

Snyder, C. R. (1994). *The psychology of hope: You can get there from here.* New York: Free Press.

Snyder, C. R. (Ed.). (2000). *Handbook of hope: Theory, measures, and applications.* San Diego, CA: Academic Press.

Snyder, C. R. (2002). Hope theory: Rainbows of the mind. *Psychological Inquiry, 13,* 249-275.

Snyder, C. R., Harris, C., Anderson, J. R., Holleran, S. A., Irving, L. M., Sigmon, S. T., et al. (1991). The will and the ways: Development and validation of an individual differences measure of hope. *Journal of Personality and Social Psychology, 60,* 570-585.

Snyder, C. R., & Lopez, S. J. (2007). *Positive psychology: The scientific and practical explorations of human strengths.* London: Sage Publications, Inc.

Snyder, C. R. et al. (2003). Measuring and labeling the positive and the negative. In S. J. Lopez, & C. R. Snyder (Eds.), *Positive psychological assessment: A handbook of models and measures* (pp. 21-40). Washington, DC: American Psychological Association.

Snyder, C. R., Rand, K. L., & Sigmon, D. R. (2002). Hope theory: A member of the positive psychology family. In C. R. Snyder, & S. J. Lopez (Eds.), *Handbook of positive psychology* (pp. 257-276). Oxford, England: Oxford University Press.

Snyder, M., Clary, E. G., & Stukas, A. A. (2000). The functional approach to volunteerism. In G. R. Maio, & J. M. Olson (Eds.), *Why we evaluate: Functions of attitudes* (pp. 365-393). Hillsdale, NJ: Erlbaum.

Sparks, K., Cooper, C. L., Fried, Y., & Shirom, A. (1997). The effects of hours of work on health: A meta-analytic review. *Journal of Occupational and Organizational Psychology, 70,* 391-408.

Spearman, C. (1904). "General intelligence" objectively determined and measured. *American Journal of Psychology, 15,* 201-292.

Spera, S., Buhrfeind, E., & Pennebaker, J. W. (1994). Expressive writing and job loss. *Academy of Management Journal, 37,* 722-733.

Spielberger, C. D. (1979). *Preliminary manual for the State-Trait Personality Inventory (STPI).* Unpublished manuscript, University of South Florida, Tampa.

Spielberger, C. D., & Starr, L. M. (1994). Curiosity and exploratory behavior. In H. F. O' Neil, & M. Drillings (Eds.), *Motivation: Theory and research* (pp. 221-243). Hillsdale, NJ: Erlbaum.

Spilka, B., Hood, R. W. J., & Gorsuch, R. L. (1985). *The psychology of religion: An empirical approach.* Englewood Cliffs, NJ: Prentice Hall.

Spreitzer, G. M., McCall, M. W., & Mahoney, J. D. (1997). Early identification of international executive potential. *Journal of Applied Psychology, 82,* 6-29.

Spreitzer, G. M., & Sonenshein, S. (2003). Positive deviance and extraordinary organizing. In K. S. Cameron, J. E. Dutton, & R. E. Quinn (Eds.), *Positive organizational scholarship* (pp. 207-224.) San Francisco: Berrett-Koehler.

Sroufe, L. A. (1983). Infant-caregiver attachmant and patterns of adaptation in preschool: The roots of maladaptation and competence. In M. Perlmutter(Ed.), *Minnesota Symposium in Child Psychology, 16,* 41-81.

Stanley, S. (1980). The family and moral education. In R. L. Mosher (Ed.), *Moral education: A first generation of research* (pp. 341-355). New York: Praeger.

Stanovich, K. E., & West, R. F. (1997). Reasoning independently of prior belief and individual differences in actively open-minded thinking. *Journal of Educational Psychology, 89,* 342-357.

Stanovich, K. E., & West, R. F. (1998). Individual differences in rational thought. *Journal of Experimental Psychology: General, 127,* 161-188.

Starett, R. H. (1996). Assessment of global social responsibility. *Psychological Reports, 78,* 535-554.

Staub, E. (1978). *Positive social behavior and morality.* New York: Academic Press.

Staudinger, U. M., & Baltes, P. B. (1996). Interactive minds: A facilitative setting for wisdom-related performance? *Journal of Personality and Social Psychology, 71,* 746-762.

Staudinger, U. M., Lopez, D. F., & Baltes, P. B. (1997). The psychometric location of wisdom-related performance: Intelligence, personality, and more? *Personality and Social Psychological Bulletin, 23,* 1200-1214.

Staudinger, U. M., Maciel, A. G., Smith, J., & Baltes, P. B. (1998). What predicts wisdom-related performance? A first look at personality, intelligence, and facilitative experiential contexts. *European Journal of Personality, 12,* 1-17.

Staudinger, U. M., Smith, J., & Baltes, P. B. (1992). Wisdom-related knowledge in a life review task: Age differences and the role of professional specialization. *Psychology and Aging, 7,* 271-281.

Staw, B., Bell, N. E., & Clausen, J. A. (1986). The dispositional approach to job attitudes: A life-time longitudinal test. *Administrative Science*

Quarterly, 31, 56-77.

Staw, B. M., & Barsade, S. G. (1993). Affect and managerial performance: A test of the sadder-but-wiser vs. happier-and-smarter hypothesis. *Administrative Science Quarterly, 38,* 304-331.

Staw, B. M., Sutton, R. I., & Pellod, L. H. (1994). Employee positive emotion and favorable outcomes at the workplace. *Organizational Science, 5,* 51-71.

Steele, C. M. (1997). A threat in the air: How stereotypes shape intellectual identity and performance. *American Psychologist, 52,* 613-629.

Steinitz, L. Y. (1980). Religiosity, well-being and weltanschauung among the elderly. *Journal for the Scientific Study of Religion, 19,* 60-67.

Sternberg, R. J. (1986a). Implicit theories of intelligence, creativity, and wisdom. *Journal of Personality and Social Psychology, 49,* 607-627.

Sternberg, R. J. (1986b). A triangular theory of love. *Psychological Review, 93,* 119-135.

Sternberg, R. J. (1998). A balance theory of wisdom. *Review of General Psychology, 2,* 347-365.

Sternberg, R. J. (1999). Schools should nurture wisdom. In B. Z. Presseisen (Ed.), *Teaching for intelligence* (pp. 55-82). Arlington Heights, IL: Skylight Training and Publishing.

Sternberg, R. J. (2000). Intelligence and wisdom. In R. J. Sternberg (Ed.), *Handbook of intelligence* (pp. 631-649). Cambridge, England: Cambridge University Press.

Sternberg, R. J. (2001). Why schools should teach for wisdom: The balance theory of wisdom in educational settings. *Educational Psychologist, 36,* 227-245.

Sternberg, R. J., & Grajek, S. (1984). The nature of love. *Journal of Personality of Social Psychology, 47,* 312-329.

Sternberg, R. J., & Hojjat, M. (1997). *Satisfaction in close relationships.* New York: Guilford Press.

Stevenson, H. (1997). Managing anger: Protective, proactive, or adaptive racial socialization identity profiles and African American manhood development. *Journal of Prevention and Intervention in the Community, 16,* 35-61.

Stinnett, N. (1985). Strong families. In J. M. Henslin (Ed.), *Marriage and family in a changing society.* New York: The Free Press.

Stipek, D. J., Lamb, M. E., & Zigler, E. F. (1981). OPTI: A measure of children' s optimism. *Educational and Psychological measurement, 41,* 131-143.

Stogdill, R. M. (1963). *Manual for the Leader Behavior Description Questionnaire Form?* Columbus: Bureau of Business Research, Ohio State University.

Stogdill, R. M. (1974). *Handbook of leadership: A survey of theory and research.* New York: Free Press.

Stone, A., Neale, J., Cox, D., Napoli, A., et al. (1994). Daily events are associated with secretory immune response to an oral antegen in men. *Health Psychology, 13,* 440-446.

Stone, A. A., & Shiffman, S. (1994). Ecological monentary assessment (EMA) in behavioral medicine. *Annual Behavioral Medicine, 16,* 199-202.

Stone, A. A., Shiffman, S. S., & deVries, M. W. (1999). Ecological momentery assessment. In D. Kahnemann, E. Diener, & N. Schwarz (Eds.), *Well-being: The foundation of hedonic psychology* (pp. 26-39). New York: Russell Sage Foundation.

Suedfeld, P., & Piedrahita, L. E. (1984). Intimations of morality: Integrative simplification as a precursor of death. *Journal of Personality and Social Psychology, 47,* 848-852.

Suedfeld, P., & Tetlock, P. E. (1977). Integrative complexity of communications in international crises. *Journal of Conflict Resolution, 21,* 169-184.

Suedfeld, P., Tetlock, P., & Streufert, S. (1992). Conceptual/integrative complexity. In C. P. Smith (Ed.), *Handbook of thematic content analysis* (pp. 393-400). New York: Cambridge University Press.

Suh, E. M., & Oishi, S. (2004). Culture and subjective well-being: Introduction to the special issue. *Journal of Happiness Studies, 5,* 219-222.

Summers, C. H. (2000). *The war against boys: How misguided feminism is harming our young men.* New York: Simon & Schuster.

Swank, A., Mahoney, A., & Pargament, K. I. (1999, October). *The sanctification of parenting and its psychosocial implications.* Paper presented at the meeting of the Society of the Scientific Study of Religion, Boston.

Swann, W. B. (1997). The trouble with change: Self-verification and allegiance to the self. *Psychological Science, 8,* 177-180.

Szagun, G. (1992). Age-related changes in children' s understanding of courage. *Journal of Genetic Psychology, 153,* 405-420.

Szagun, G., & Schauble, M. (1997). Children' s and adults' understanding of the feeling experience of courage. *Cognition and Emotion, 11,* 291-306.

Takaku, S., Weiner, B., & Ohbuchi, K. (2001). A cross-cultural examination of the effects of a apology and perspective-taking on forgiveness. *Journal of Language and Social Psychology, 20,* 144-166.

Tangney, J. P. (2000). Humility: Theoretical perspectives, empirical findings and directions for future research. *Journal of Social and Clinical Psychology, 19,* 70-82.

Tangney, J. P. (2002). Humility. In C. R. Snyder, & S. J. Lopez (Eds.), *Handbook of positive psychology* (pp. 411-419). New York: Oxford University Press.

Tangney, J. P., Baumeister, R. F., & Boone, A. R. (2004). High self-control predicts good adjustment, less pathology, better grade, and interpersonal success. *Journal of Personality, 72,* 272-324.

Taylor, A. H. (2000). Physical activity, anxiety, and stress. In S. J. H. Biddle, K. R. Fox, & S. H. Boutcher (Eds.), *Physical activity and psychological well-being* (pp. 10-45). London: Routledge.

Taylor, S. (1989). *Positive illusions: Creative self-deception and the healthy mind.* New York: Basic Books.

Taylor, S., & Brown, J. (1988). Illusion and well-being: A social psychological perspective on mental health. *Psychological Bulletin, 103,* 193-210.

Talyor, S., Kemeny, M., Reed, G., Bower, J., & Gruenewald, T. (2000). Psychological resources, positive illusions, and health. *American Psychologist, 55,* 99-109.

Taylor, S. E. (1983). Adjustment to threatening events: A theory of cognitive adaptation. *American Psychologist, 38,* 1161-1173.

Taylor, S. E. (1991). Asymmetrical effects of positive and negative events: The mobilization-minimization hypothesis. *Psychological Bulletin, 110,* 67-85.

Taylor, S. E., Klein, L. C., Lewis, B. P., Gruenewald, T. L., Gurung, R. A., et al. (2000). Female responses to stress: Tend-and-befriend, not fight-or-flight. *Psychological Review, 107,* 411-429.

Teasdale, J., (1999). Metacognition, mindfulness and the modification of mood disorders. *Clinical Psychology and Psychotherapy, 6,* 146-155.

Teasdale, J., Segal, Z., Williams, J., Ridgeway, V., Soulsby, J., & Lau, M. A. (2000). Prevention of relapse/recurrence in major depression by mindfulness-based cognitive therapy. *Journal of Consulting and Clinical Psychology, 68,* 615-623.

Tedeschi, R. G., & Calhoun, L. G. (1995). *Trauma and transformation: Growing in the aftermath of suffering.* Thousand Oaks, CA: Sage.

Tellegen, A., Lykken, D. T., Bouchard, T. J., Wilcox, K. J., & Rich, S. (1988). Personality similarity in twins reared apart and together. *Journal of Personality and Social Psychology, 54,* 1031-1039.

Tetlock, P. E., (1986). A value pluralism model of ideological reasoning. *Journal of Personality and Social Psychology, 50,* 819-827.

Thayer, R. E. (1987). Energy, tiredness, and tension effects of a sugar snack versus moderate exercise. *Journal of Personality and Social Psychology, 52,* 119-125.

Thayer, R. E. (1989). *The biopsychology of mood and arousal.* New York: Oxford University Press.

Thayer, R. E. (1996). *The origin of everyday moods: Managing energy, tension and stress.* New York: Oxford University Press.

Thayer, R. E. (2001). *Calm energy.* New York: Oxford University Press.

Thomke, S. (1998). Managing experimentation in the design of new products. *Management Science, 44,* 743-762.

Thompson, J. (2000, winter). Calling all change agents. *Momentum: Positive Coaching Alliance Newsletter,* 2-3.

Thorndike, E. L. (1920). Intelligence and its use. *Harper's Magazine, 140,* 227-235.

Thunedborg, K., Black, C. H., & Beck, P. (1995). Beyond the Hamilton depression scores in long-term treatment of manic-melancholic patients: Prediction of recurrence of depression by quality of life measurement. *Psychotherapy and Psychosomatics, 64,* 131-140.

Tiger, L. (1979). *Optimism: the biology of hope.* New York: Simon & Schuster.

Travers, R. M. W. (1978). *Children's interests.* Kalamazoo: Western Michigan University College of Education.

Triandis, H. C. (1994). *Culture and social behavior.* New York: McGraw-Hill.

Trinidad, D. R., & Johnson, C. A. (2002). The association between emotional intelligence and early adolescent tobacco and alcohol use. *Personality and Individual Differences, 32,* 95-105.

Trivers, R. (1972). Parental investment and sexual selection. In B. Campbell (Ed.), *Sexual selection and the descent of man* (pp. 136-179). Chicago: Aldine-Atherton.

Troy, M., & Sroufe, L. A. (1987). Victimization among preschoolers: Role of attachment relationship history. *Journal of American Academy of Child and Adolescent Psychiatry, 26,* 166-172.

Tugade, M. M., & Fredrickson, B. L. (2004). Resilient individuals use positive emotions to bounce back from negative emotional experiences. *Journal of Personality and Social Psychology, 86,* 320-333.

Turner, N., Barling, J., & Zacharatos, A. (2002). Positive psychology at work. In C. R. Snyder, & S. J. Lopez (Eds.), *Handbook of positive psychology* (pp. 715-728). Oxford, England: Oxford University Press.

Turner, P. J. (1991). Relations between attachment, gender, and behavior with peers in preschool. *Child Development, 62,* 1475-1488.

Twerski, A. J. (1998). *Twerski on spirituality.* Brooklyn, NY: Shaar Press.

Uchida, Y., Norasakkunkit, V., & Kitayama, S. (2004). Cultural constructions of happiness: Theory and empirical evidence. *Journal of Happiness Studies, 5,* 223-239.

Uggen, C., & Janikula, J. (1999). Volunteerism and arrest in the transition to adulthood. *Social Forces, 78,* 331-362.

Unger, L. S., & Thumuluri, L. K. (1997). Trait empathy and continuous helping: The case of voluntarism. *Journal of Social Behavior and Personality, 12,* 785-800.

Uslaner, E. M. (2002). *The moral foundations of trust.* Cambridge, England: Cambridge University Press.

Vaillant, G. E. (1971). Theoretical hierarchy of adaptive ego mechanism. *Archives of General Psychiatry, 24,* 107-118.

Vaillant, G. E. (1977). *Adaptation to life.* Boston: Little, Brown.

Vaillant, G. E. (1993). *The wisdom of the ego.* Cambridge, MA: Harvard University Press.

Vaillant, G. E. (2000). Adaptive mental mechanisms: Their role in a positive psychology. *American Psychologist, 55,* 89-98.

Vaillant, G. E. (2002). *Aging well.* New York: Little, Brown.

Vaillant, G. E. (2004). Positive aging. In P. A. Linley, & S. Joseph (Eds.), *Positive psychology in practice* (pp. 561-578). New York: Wiley.

Vaillant, G. E. (2005, May 26). *Religion and spirituality.* Lecture given at the Positive Psychology Center, University of Pensylvania, Philadelphia.

Valera, F. J. (1999). *Ethical know-how; Action, wisdom, and cognition.* Stanford, CA: Stanford University Press.

Vallacher, R. R., & Wegner, D. M. (1987). What do people think they're doing: Action identification and human behavior. *Psychological Review, 94,* 3-15.

Vallerand, R. J., & Bissonnette, R. (1992). Intrinsic, extrinsic, and amotivational styles as predictors of behavior: A prospective study. *Journal of Personality, 60,* 599-620.

van den Boom, D. C. (1994). The influence of temperament and mothering on attachment and exploration: An experimental manipulation of sensitive responsiveness among lower-class mothers with irritable infants. *Child Development, 65,* 1449-1469.

van den Boom, D. C. (1995). Do first-year intervention effects endure? Follow-up during toddlerhood of a sample of Dutch irritable infants. *Child Development, 66,* 1798-1816.

Vandewalle, D., Van Dyne, L., & Kostova, T. (1995). Psychological ownership: An empirical examination of its consequence. *Group and Organization Management, 29,* 210-226.

Van Eynde, D. F. (1998). A case for courage in organizations. *Management Review, 87,* 62.

Van Ijzendoorn, M. H. (1992). Intergenerational transmission of parenting: A review of studies in non-clinical populations. *Developmental Review, 12,* 76-99.

Vaughn, B. E., Lefever, G. B., Seifer, R., & Barglow, P. (1989). Attachment behavior, attachment security, and temperament during infancy. *Child Development, 60,* 728-737.

Veenhoven, R. (1999). *World Database of Happiness.* Erasmus University, Rotterdam, Netherlands. Web site: http://www.eur.nl/fsw/research/happiness.

Veenhoven, R. (2003). Hedonism and happiness. *Journal of Happiness Studies, 4,* 437-457.

Verba, S., Schlozman, K. L., & Brady, H. E. (1995). *Voice and equality: Civic Volunteerism in American politics.* Cambridge, MA: Harvard University Press.

Veroff, J., Douvan, E., & Kulka, R. A. (1981). *Mental health in America: Patterns of health-seeking from 1957 to 1976*. New York: Basic.

Wadsworth, T. (2000). Labor markets, delinquency, and social control theory: An empirical assessment of the mediating process. *Social Forces, 78*, 1041-1066.

Walker, L. J. (1984). Sex differences in the development of moral reasoning: A critical review. *Child Development, 55*, 677-691.

Walker, L. J. (1991). Sex differences in moral reasoning. In W. Kurtines, & J. L. Gewirtz (Eds.), *Handbook of moral behavior* (pp. 333-364). Hillsdale, NJ: Erlbaum.

Walker, L. J., de Vries, B., & Trevethan, S. D. (1987). Moral stages and moral orientations in real-life and hypothetical dilemmas. *Child Development, 58*, 842-858.

Walker, L. J., & Richards, B. S. (1979). Stimulating transitions in moral reasoning as function of stage of cognitive development. *Developmental Psychology, 15*, 95-103.

Wallace, R. K., & Benson, H. (1972). The physiology of meditation. *Scientific American, 226*, 84?90.

Walling, J., & Keltner, D. (2003). *The epiphanic person*. Unpublished manuscript, University of California-Berkeley.

Walster, E., Walster, G. W., & Berscheid, E. (1978). *Equity: Theory and research*. Boston: Allyn & Bacon.

Warr, P. (1999). Well-being and the workplace. In D. Kahneman, E. Diener, & N. Schwartz (Eds.), *Well-being: The foundations of hedonic psychology* (pp. 392-412). New York: Russell Sage.

Waters, E., Wippman, J., & Sroufe, L. A. (1979). Attachment, positive affect, and competence in the peer group: Two studies in construct validation. *Child Development, 50*, 821-829.

Watkins, P. C., Grimm, D. L., & Hailu, L. (1998, June). *Counting your blessings: Grateful individuals recall more positive memories*. Paper presented at the 11th annual convention of the American Psychological Society, Denver, CO.

Watson, D. (2000). *Mood and temperament*. New York: Guilford Press.

Watson, D. (2002). Positive affectivity: The disposition to experience pleasurable emotional states. In C. R. Snyder, & S. J. Lopez (Eds.), *Handbook of positive psychology* (pp. 106-119). Oxford, England: Oxford University Press.

Watson, D., & Clark, L. A. (1992). On traits and temperament: General and specific factors of emotional experience and their relation to the five factor model. *Journal of Personality*, 60, 441-476.

Watson, D., Clark, L., & Tellegen, A. (1988). Development and validation of brief measures of positive and negative affect: The PANAS scales. *Journal of Personality and Social Psychology, 54*, 1063-1070.

Watson, D., Hubbard, B., & Wiese, D. (2000). General traits of personality and affectivity as predictors of satisfaction in intimate relationships: Evidence from self- and partner-ratings. *Journal of Personality, 68*, 413-449.

Watson, P. J., Morris, R. J., & Miller, L. (1997). Narcissism and the self as continuum: Correlations with assertiveness and hypercompetitiveness. *Imagination, Cognition, and Personality, 17*, 249-259.

Watts, A. (1960). *This is it and other essays on Zen and spiritual experience*. New York: Pantheon.

Way, N. (1998). *Everyday courage: The lives and stories of urban teenagers*. New York: New York University Press.

Wegner, D. M.(1989). *White bear and other unwanted thoughts*. New York: Vintage.

Wegner, D. M. (1994). Ironic precesses of mental control. *Psychological Review, 101,* 34–52.

Weiner, B., & Graham, S. (1988). Understanding the motivational role of affect: Life-span research from an attributional perspective. *Cognition and Emotion, 3,* 401–419.

Weiner, N., & Mahoney, T. A. (1981). A model of corporate performance as a function of environmental, organizational, and leadership influences. *Academy of Management Journal, 24,* 453–470.

Weinstein, N. D. (1989). Optimistic biases about personal risks. *Science, 246,* 1232–1233.

Weisenberg, M., Raz, T., & Hener, T. (1998). The influence of film induced mood on pain perception. *Pain, 76,* 365–375.

Weiss, H. M., & Knight, P. A. (1980). The utility of humility: Self-esteem, information search, and problem-solving efficiency. *Organizational Behavior and Human Decision Process, 25,* 216–223.

Weiss, R. F., Boyer, J. L., Lombardo, J. P., & Strich, M. H. (1973). Altruistic drive and altruistic reinforcement. *Journal of Personality and Social Psychology, 25,* 390–400.

Welwood, J. (1990). *Journey of the heart.* New York: Harper Collins.

Werner, E. E. (1982). *Vulnerable but invincible: A longitudinal study of resilient children and youth.* New York: McGraw-Hill.

Wheeler, J. A., Gorey, K. M., & Greenblatt, B. (1998). The beneficial effects of volunteering for older volunteers and the people they serve: A meta-analysis. *International Journal of Aging and Human Development, 47,* 69–79.

Wheeler, L., & Reis, H. T. (1991). Self-recording of everyday life events: origins, types, and uses. *Journal of Personality, 59,* 339–354.

White, A. (2007). A global projection of subjective well-being: A challenge to positive psychology? *Psychtalk, 56,* 17–20.

Wiebe, D. J. (1991). Hardiness and stress moderation: A test of proposed mechanism. *Journal of Personality and Social Psychology, 60,* 89–99.

Wiggins, J. S., & Pincus, A. (1989). Conceptions of personality disorders and dimensions of personality. *Psychological Assessment: A Journal of Consulting and Clinical Psychology, 1,* 305–316.

Willits, G. M., & Farrell, P. (1986). Adolscent activities and adult success and happiness: Twenty-four years later. *Sociology and Social Research, 70,* 242–250.

Wills, T. A., Weiss, R. L., & Patterson, G. R. (1974). A behavioral analysis of the determinants of marital satisfaction. *Journal of Consulting and Clinical Psychology, 42,* 802–811.

Wilson, W. (1967). Correlates of avowed happiness. *Psychological Bulletin, 67(4),* 294–306.

Wilson, W. (1998). Religion and psychoses. In H. Koenig (Ed.), *Handbook of religion and mental health* (pp. 161–173). New York: Academic Press.

Wink, P., & Helson, R. (1997). Practical and transcendent wisdom: Their nature and some longitudinal findings. *Journal of Adult Development, 4,* 1–15.

Winnicott, D. W. (1965). *The maturational processes and the facilitating environment.* New York: International Universities Press.

Winter, D. G. (1996). *Personality: Analysis and interpretation of lives.* New York: McGraw-Hill.

Witvliet, C. V., Ludwig, T. E., & Vander Laan, K. L. (2001). Granting forgiveness or harboring grudges: Implications for emotion, physiology, and health. *Psychological Science, 12,* 117–123.

Wolfe, R. N., & Johnson, S. D. (1995). Personality as a

predictor of college performance. *Educational and Psychological Measurement, 55,* 177–185.

Wolin, S., & Wolin, S. (1996). The challenge model. *Child and Adolescent Psychiatric Clinics of North America, 5,* 243–256.

Wong, P. T. P. (1998). Spirituality, meaning, and successful aging. In P. T. P. Wong, & P. S. Fry (Eds.), *The human quest for meaning* (pp. 359–394). Mahwah, NJ: Erlbaum.

Wong, P. T. P., & Fry, P. S. (Eds.) (1998). *Handbook of personal meaning: Theory, research, and application*. Mahwah, NJ: Erobaum.

Wood, J. V., Heimpel, S. A., & Michela, J. L. (2003). Savoring versus dampening: Self-esteem differences in regulating positive affect. *Journal of Personality and Social Psychology, 85,* 566–580.

Wood, W., Rhodes, N., & Whelan, M. (1989). Sex differences in positive well-being: A consideration of emotional style and marital status. *Psychological Bulletin, 106,* 249–264.

World Health Organization. (1948). *Constitution of the World Health Organization*. Geneva, Switzerland: Author.

Worthington, E. L., Sandage, S. J., & Berry, J. W. (2000). Group interventions to promote forgiveness: What researchers and clinician ought to know. In M. E. McCullough, K. I. Pargament, & C. E. Thoresen (Eds.), *Forgiveness: Theory, research, and practice* (pp. 228–253). New York: Guilford Press.

Wright, S. S. (2000). Looking at the self in a rose-colored mirror: Unrealistically positive self-views and academic performance. *Journal of Social and Clinical Psychology, 19,* 451–462.

Wright, T. A., & Staw, B. M. (1999). Affect and favorable work outcomes: Two longitudinal tests of the happy-productive worker thesis. *Journal of Organizational Behavior, 20,* 1–23.

Wrzesniewski, A. (2003). Finding positive meaning in work. In K. S. Cameron, J. E. Dutton, & R. E. Quinn (Eds.), *Positive organizational scholarship* (pp. 296–308.) San Francisco: Berrett-Koehler.

Wrzesniewski, A., McCauly, C. R., Rozin, P., & Schwartz, B. (1997). Jobs, careers, and callings: People's relations to their work. *Journal of Research in Personality, 31,* 21–33.

Wuthnow, R. (1991). *Acts of compassion: Caring for others and helping ourselves*. Princeton, NJ: Princeton University Press.

Yalom, I. D. (1980). *Existential psychotherapy*. New York: Basic Books.

Yammarino, F. J., & Bass, B. M. (1990). Long-term forecasting of transformational leadership and its effects among naval officers. In K. E. Clark, & M. B. Clark (Eds.), *Measures of leadership* (pp. 151–169). West Orange, NJ: Leadership Library of America.

Youniss, J., & Yates, M. (1999). Promoting identity development: Ten ideals for school-based service learning programs. In J. Claus, & C. Ogden (Eds.), *Service learning for youth empowerment and social change* (pp. 43–68). New York: Peter Lang.

Yukl, G. (2002). *Leadership in organizations*(4th ed.). Englewood Cliffs, NJ: Prentice Hall.

Yukl, G. A., Wall, S., & Lepsinger, R. (1990). Preliminary report on the validation of the management practices survey. In K. E. Clark, & M. B. Clark (Eds.), *Measures of leadership* (pp. 223–237). West Orange, NJ: Leadership Library of America.

Zaleski, Z. (1988). Close relationships and acting for self-set goals. *European journal of Social Psychology, 18,* 191–194.

Zuckerman, M. (1994). *Behavioral expressions and biosocial bases of sensation seeking*. New York:

찾아보기

인 명

내 용

▧저자 소개▧

• 권석만(權錫萬)

1958년 경기도 포천에서 출생
서울대학교 심리학과 학부 및 대학원 졸업(임상심리학 전공)
서울대학교병원 신경정신과 임상심리연수원 수료
호주 University of Queensland 심리학과 대학원 졸업(철학박사, 임상심리학 전공)
임상심리전문가 1급(한국심리학회), 정신보건임상심리사 1급(보건복지부)
서울대학교 사회과학대학 심리학과 교수(1993년~현재)
서울대학교 학생생활연구소 상담부장 역임
서울대학교 사회과학대학 학생부학장 역임
한국임상심리학회장 역임
서울대학교 대학생활문화원 원장

저서 및 역서
『현대 이상심리학』(대한민국 학술원 우수도서)
『인간관계의 심리학』(개정증보판), 『우울증』『자기애성 성격장애』(공저)
『인지치료의 창시자: 아론 벡』(역서), 『마음읽기: 공감과 이해의 심리학』(역서)
『단기심리치료』(공역), 『심리도식치료』(공역)
『정신분석적 사례이해』(공역), 『정신분석적 심리치료』(공역) 등

긍정 심리학
행복의 과학적 탐구

판권 긍정심리학 학지사

2008년 8월 19일 1판 1쇄 발행
2025년 11월 20일 1판 25쇄 발행

지은이 • 권 석 만
펴낸이 • 김 진 환
펴낸곳 • 학지사
121-837 서울시 마포구 서교동 352-29 마인드월드빌딩 5층
대표전화 02)326-1500 팩스 02)324-2345
http://www.hakjisa.co.kr
등록 1992년 2월 19일 제2-1329호

ISBN 978-89-5891-796-0 93180

정가 20,000원